PUBLICATIONS

DE

L'ÉCOLE DES LANGUES ORIENTALES VIVANTES

IIIe SÉRIE. — VOL. III

HISTOIRE

DE

LA DYNASTIE SAADIENNE AU MAROC

ANGERS, IMPRIMERIE BURDIN ET Cie, 4, RUE GARNIER

NOZHET-ELHÂDI

HISTOIRE

DE LA

DYNASTIE SAADIENNE AU MAROC

(1511-1670)

PAR

MOHAMMED ESSEGHIR BEN ELHADJ BEN ABDALLAH ELOUFRÂNI

TRADUCTION FRANÇAISE

PAR

O. HOUDAS

PROFESSEUR A L'ÉCOLE DES LANGUES ORIENTALES VIVANTES

PARIS
ERNEST LEROUX, ÉDITEUR
LIBRAIRE DE LA SOCIÉTÉ ASIATIQUE
DE L'ÉCOLE DES LANGUES ORIENTALES VIVANTES
28, RUE BONAPARTE, 28
—
1889

INTRODUCTION

En écrivant le Nozhet-Elhâdi, *Eloufrâni a fait en réalité le récit de la fondation de l'Empire du Maroc tel qu'il existe encore aujourd'hui. Jusqu'à l'avènement de la dynastie saadienne, les Berbers, qui constituent l'immense majorité des populations établies dans cette vaste région méditerranéenne désignée par les Arabes sous le nom de Maghreb, ne s'étaient point divisés en groupes nettement distincts. Parfois ils s'étaient unis sous une même bannière, mais le plus souvent ils avaient formé de petites confédérations sans lien solide et qui se désagrégeaient sous le moindre effort pour reparaître, il est vrai, un peu plus tard sous des formes différentes. Ce morcellement si capricieux et si mobile semble avoir eu deux causes principales : un esprit d'indépendance qu'on est tenté de qualifier d'exagéré et l'absence complète d'autorité morale chez les dynasties berbères nationales.*

Au début du XVIe *siècle, il était à peu près impossible de songer à discipliner les populations berbères, mais on pouvait essayer de donner au pouvoir politique l'autorité morale qui lui faisait défaut. C'est à cette dernière tâche que se dévouèrent les princes saadiens, et l'on peut dire, pour le Maroc, du moins, qu'ils ont réussi à l'accomplir.*

Mahomet, on le sait, ne s'était pas expliqué sur les titres nécessaires à l'obtention du califat, mais les premiers doc-

teurs musulmans qui tenaient à conserver à la race arabe sa supériorité dans les pays que l'islamisme devait conquérir, avaient décidé que nul ne serait légitimement investi du pouvoir suprême s'il n'était issu de la tribu de Qoreïch ou, pour mieux dire, de la famille même du Prophète. Les Berbers, après une courte et héroïque résistance, avaient adopté avec assez de sincérité la foi musulmane, mais ils avaient vu d'un œil jaloux la suprématie politique que les Arabes s'étaient réservée. Aussi dès que les premières ardeurs de la foi se furent calmées, ils secouèrent volontiers l'autorité légitime des Califes pour mettre à leur tête des souverains pris parmi eux, et c'est ainsi que les Almoravides, les Almohades et les Mérinides purent fonder dans le Maghreb leurs puissants empires.

Toutefois, ces dynasties berbères n'avaient réussi à se faire accepter par les fidèles croyants qu'en s'appuyant sur un parti religieux assez puissant pour leur assurer une sorte de consécration spirituelle. La force apparente donnée ainsi au pouvoir politique eut pour l'avenir des conséquences désastreuses. Au lieu de réunir dans une même main, comme l'avaient fait les Califes, l'autorité spirituelle et l'autorité temporelle, les souverains berbers avaient subordonné leur pouvoir nettement défini à un pouvoir occulte et vague dont chacun semblait en quelque sorte libre de s'emparer; car l'influence religieuse, en pays musulman, s'acquiert sans titres bien caractérisés. Il suffit souvent d'avoir dans sa conduite quelques allures bizarres tout en se livrant aux pratiques d'une dévotion exagérée pour devenir, aux yeux de la foule, un saint personnage et se voir aussitôt suivi d'un cortège de nombreux disciples.

La tentation de jouer un rôle considérable, sans avoir eu à dépenser de véritables efforts, devint si grande que sur tous les points du territoire on vit surgir des ascètes qui ne *tardèrent pas à fonder de riches zaoüias largement entretenues par la pieuse charité des fidèles. Parmi ces chefs religieux il en est qui se bornèrent à vivre saintement et grassement aux dépens du prochain, mais quelques-uns eurent une ambition plus haute et, après avoir exercé une sorte de royauté spirituelle, ils songèrent souvent à accaparer l'autorité temporelle.*

Sans cesse menacées par ces compétitions intérieures, les dynasties berbères furent incapables de se maintenir dès qu'une circonstance critique vint à se produire. Ce fut surtout sous les Mérinides que le danger devint pressant. L'expulsion des Maures de l'Espagne, la conquête des principaux ports du Maghreb occidental par les Portugais et les Espagnols, l'occupation de l'Algérie par les Turcs rendirent presque impossible le maintien d'une dynastie qui ne disposât pas d'une grande autorité morale. Aussi les princes saadiens n'eurent-ils pour ainsi dire qu'à se présenter pour recueillir l'héritage que ne savaient plus garder les Mérinides. Aux yeux des musulmans, ils avaient tous les titres voulus pour arriver au pouvoir souverain : leur origine noble était à peu près incontestée ; la bravoure dont ils avaient fait preuve contre les chrétiens établis dans le Sous leur avaient concilié l'estime de leurs concitoyens et, quoique d'origine arabe, un long séjour au Maghreb les avait en quelque sorte nationalisés berbers.

Malgré tous ces titres et ceux qu'ils acquirent plus tard, les Saadiens ne purent modifier aisément la triste situation que leur avait léguée leurs prédécesseurs. Si les zaoüias eurent quelque peine à contester aux Saadiens la légitimité de leur pouvoir politique, elles revendiquèrent énergiquement pour elles l'autorité spirituelle ; elles luttèrent dans ce but sans trêve ni relâche, souvent par la parole, mais souvent aussi par les armes. C'est le récit de cette lutte qui rend particulièrement intéressant l'œuvre de Eloufrâni. Comme tous les annalistes musulmans, il ne s'explique point catégoriquement sur cette importante question. Mais s'il tait son appréciation personnelle, il donne aux lecteurs un moyen topique de connaître ce qu'il faut en penser, en publiant in extenso *la correspondance échangée entre les souverains de la famille saadienne et les chefs des principales zaouïas de leur époque. En dépit des réserves, des sous-entendus et de cette obscurité voulue dont les musulmans usent volontiers dans leur correspondance, il sera désormais inutile de chercher ailleurs que dans le* Nozhet-Elhâdi *les raisons de la situation précaire dans laquelle se trouve encore l'empereur actuel du Maroc, vis-à-vis de ses sujets.*

C'est toujours une tâche ingrate que de faire passer dans une langue européenne le texte entier d'un ouvrage écrit par un auteur musulman. Pas plus que ses coreligionnaires, Eloufrâni ne s'est préoccupé de tracer à l'avance le plan du livre qu'il voulait composer. Comme eux, il a marché à l'aventure, exprimant ses pensées, au fur et à mesure qu'elles se présentaient à son esprit, sans s'inquiéter si quelque désordre pouvait ainsi en résulter; tout au plus a-t-il essayé d'éviter les répétitions par trop inutiles et les hors-d'œuvre dont les écrivains arabes émaillent volontiers leurs récits. Cependant, pour permettre au lecteur de s'expliquer bien des choses, il a cité un grand nombre de documents qui fournissent des renseignements précieux, mais qui auraient beaucoup gagné à être l'objet de quelques explications de la part de l'auteur lui-même.

Parmi ces citations, il convient de signaler de nombreux fragments de poésies qui, si elles n'ont pas le mérite d'être toujours d'un art irréprochable, ont du moins cet avantage de présenter une esquisse assez exacte de l'état de la littérature arabe au Maroc pendant les premières années du

XVI *siècle de notre ère. Malheureusement les copistes maghrebins modernes sont si peu instruits qu'ils ont parfois outrageusement défiguré ces textes au point d'en rendre l'intelligence douteuse. Je n'ai pas cru devoir relever toutes ces variantes qui, somme toute, sont sans grande importance dans un ouvrage historique, s'il est permis d'employer ce titre en parlant de ce simple échafaudage de matériaux.*

Il m'a été impossible de me procurer des renseignements précis sur la biographie de Eloufrâni. Tout ce qu'il dit de lui dans le cours de son ouvrage montre qu'il vivait sûrement sous le règne de Maulay Ismaïl (1672-1727); mais vivait-il encore alors que régnait Maulay Abdallah (1729-1757) comme pourrait le laisser croire l'exemplaire du ms. dont s'est servi Fr. José de Santo Antonio Moura, cela est assez problématique, car il ne fait pas mention de la prise d'Oran par les Espagnols en 1732. Il est également vraisemblable que Eloufrâni a occupé une situation officielle à la cour du sultan; les documents qu'il dit avoir vus et consultés et qui souvent étaient écrits de la main même du souverain, le laisseraient à penser. Cela d'ailleurs expliquerait aussi la disgrâce dont il fut l'objet et à laquelle il fait allusion à la fin de son ouvrage.

Quoi qu'il en soit de l'auteur, son ouvrage a été justement regardé comme l'une des sources intéressantes de l'histoire du Maroc. Dans les Memorias da Academia real das sciencias da Lisboa, Tomo X (1824), *Moura cite le* Nozhet-Elhâdi *d'après un manuscrit qui aurait contenu le règne de Maulay Abdallah; mais il ajoute que cette dernière partie lui paraît avoir été ajoutée par un autre auteur. C'est dans cet ouvrage qu'il a puisé la notice qu'il donne sur les Saadiens* (loc. cit., §. VI), *notice très sommaire dans laquelle se trouve pourtant une partie du récit donné par Eloufrâni sur la bataille d'Alcazar. Gräberg de Hemsö s'est également servi du* Nozhet-Elhâdi, *dans son* Specchio geografico e statistico dell' impero di Marocco, Genova 1834, *mais il n'en a guère extrait que la liste généalogique des princes Saadiens.* La Revue africaine *a publié, sous la signature de de Slane, la traduction du récit de l'expédition au Soudan de Maulay Ahmed Elmansour et plus tard, sous le nom du général Dastugue, la traduction du récit de la bataille d'Alcazar. Enfin, le* Bulletin trimestriel de géographie et d'archéologie d'Oran *contenait, dans son numéro d'octobre-décembre 1887, une nouvelle traduction par M. Mohammed ben Rahhal de la partie qu'avait déjà donnée de Slane.*

Quand j'ai édité le texte du Nozhet-Elhâdi *je n'avais à ma disposition que les trois manuscrits que je désignerai par les lettres A, B, C.*

Le ms. A que j'ai acheté à Tlemcen est de beaucoup le meilleur de ceux que j'ai consultés ; il a été copié par un certain Obeïd Esselâm ben Mohammed ben Obeïd Esselâm qui le destinait à sa bibliothèque personnelle. Il a été achevé le 19 de djomada Ier de l'année 1293.

Il est écrit avec beaucoup de soin, dans une bonne écriture maghrebine courante et comprend 215 ff. de 19 lignes à la page ; chaque page est ornée d'un triple encadrement formé de deux filets rouges et un filet bleu dont les dimensions sont de $0^m,14$ sur $0^m,095$.

Le ms. B qui a été obligeamment mis à ma disposition par le cadi actuel de Tlemcen, Si Choaïb, est moins complet et moins soigné. Il renferme surtout pour les vers, des variantes assez considérables, mais pour la prose, sauf quelques petites interpolations et une assez grande lacune, il concorde assez bien avec le ms. A. Selon toutes vraisemblances, le ms. B a servi de type aux autres mss. dont j'ai eu connaissance.

Le ms. C appartient à la Bibliothèque-Musée d'Alger et ne m'a pour ainsi dire pas servi ; il a été copié par un thaleb ignorant qui n'a pas compris un mot du texte qu'il copiait et qui, sachant sûrement que sa copie était destinée à des chrétiens, a cru devoir n'en soigner que l'apparence extérieure.

La Bibliothèque nationale possède également deux mss. du Nozhet-Elhâdi, mais tous deux appartiennent à la famille du ms. C et n'ont pu, par conséquent, m'être d'un grand secours. Je n'en ai du reste eu connaissance que lorsque l'impression du texte était presque entièrement achevée et, examen fait, j'ai pu m'assurer que je n'avais rien perdu à en ignorer l'existence.

Avant de clore cette brève introduction, il me reste à adresser l'expression de ma vive gratitude et tous mes remerciements à M. Jules Gantin, élève diplômé de notre École, qui, avec tout le soin qu'il apporte à ses divers travaux, a bien voulu se charger de faire l'index qui accompagne ce volume.

O. Houdas.

NOZHET-ELHÂDI

HISTOIRE

DE LA DYNASTIE SAADIENNE AU MAROC

(1511-1670)

Au nom de Dieu, le Clément, le Miséricordieux.

Voici en quels termes s'exprime l'auteur de ce livre, l'humble adorateur de son Dieu, Mohammed Esseghir ben Elhadj Mohammed ben Abdallah, originaire des Oufrân[1] et habitant la ville de Maroc. (Puisse Dieu panser ses blessures et calmer ses angoisses !)

DOXOLOGIE

Louange à Dieu dont l'empire plane au-dessus de la chronologie des siècles ; Il est le seul souverain de tout l'univers dont le nom mérite d'être sanctifié, et comment en serait-il autrement, alors que tout ce qui est Lui appartient ; Il est l'Éternel dont la puissance ne sera jamais détruite, ni altérée ;

---

1. La petite tribu des Oufrân ou Ifrân est de race chelha ; elle est installée dans la partie supérieure du bassin de l'Ouâd Imi Ougadir, affluent de la rive droite de l'Ouâd Draâ. Cf. Vicomte Ch. de Foucauld, *Reconnaissance au Maroc*, Paris, 1888, p. 316.

le Prévoyant qui ne néglige rien de ce qu'Il a créé, hommes ou choses. C'est Lui qui a parlé et qui a dit ces paroles de vérité : « Et cette autorité nous la répartirons à tour de rôle parmi les hommes [1]. » En effet, les astres de la royauté tantôt se lèvent à l'orient et tantôt disparaissent à l'occident dans le firmament des dynasties. Dieu est aussi le Survivant, car Il a décrété que toutes les créatures périraient, et Il a imprimé sur leur front le stigmate du trépas ; Il les conduit tous à la tombe, leur dernière demeure, aussi aisément qu'on conduit un chameau muselé. Ni le *Mokhtasar* d'Essaad [2], ni le *Motawwel* ne seraient d'aucun secours pour trouver des figures de rhétorique dignes de ses mérites.

Rendons grâces à Dieu de ce qu'il a rendu dociles entre nos mains les plumes qui plongent dans l'océan ténébreux des écritoires pour en retirer les perles du discours et nous a permis ainsi de nous emparer des mamelles de la science, et d'y puiser son lait à grands flots. La noblesse de la science nous donne toutes les satisfactions que les autres noblesses permettent d'espérer.

Que la bénédiction et le salut soit sur notre seigneur, notre prophète et maître Mohammed, lui par qui Dieu a délivré son peuple du péché et de l'idôlatrie et en qui il a réuni toutes les qualités que, sans un miracle, la main divine n'aurait jamais accumulées dans une même masse de chairs et de muscles. Élu parmi les fils de Hachem, il nous a fait respirer les parfums des antiques traditions, et Dieu lui a confié sa mission au moment où le règne de l'infidélité ne faisait que croître en puissance. Il a renversé les trônes de

---

1. *Coran*, Sourate III, verset 134.
2. Saad-eddin Mesaoud ben Omar Ettaftâzâni, mort en 792 (1390) a composé sur le *Telkhis el miftah* de Djelâl-eddin Mahmoud b. Abderrahman Elqazouïni deux commentaires qui sont devenus classiques : le premier, le *Motawwel* fut terminé en avril 1347 ; le second, le *Mokhtasar*, abrégé du premier, en janvier 1355.

l'erreur en disant : « Si vous êtes des vents, voici venir la tempête. » Il a alors détruit jusqu'aux traces de l'infidélité. Qui donc serait capable de faire renaître maintenant des traces effacées ! Seul, il a été agréé dans sa famille et parmi ses compagnons que Dieu a élevés comme des astres dans le ciel de notre religion, et auxquels il a donné les cohortes victorieuses en nombre incommensurable, en même temps qu'il leur départissait ses faveurs avec prodigalité.

INTRODUCTION

L'histoire, qui est une des sciences les plus nobles, a sa place marquée dans le cycle des études orthodoxes. Les meilleurs esprits n'ont jamais cessé de consacrer leurs instants les plus précieux à recueillir des faits et à en étudier les divers aspects, estimant que les événements historiques sont parmi les choses les plus illustres à enregistrer et à mettre en relief. Jamais ils n'ont admis comme principe que les récits historiques dussent être relégués au second plan, et il est certain, en effet, que l'étude des faits remarquables est une source de joie pour les imaginations ardentes.

Quant à moi, du jour où j'ai ceint mon bras de l'amulette du discernement et où j'ai placé à mon poignet le bracelet de l'étude, je n'ai pas cessé un seul instant de porter mon attention sur les récits concernant la dynastie saadienne, me demandant si quelqu'un en avait déjà aspiré les senteurs de rose. Voyant que je n'obtenais qu'une réponse négative, j'en conclus avec certitude que la dureté des temps avait effacé les traces de cette science et je saisis aussitôt l'occasion qui s'offrait à moi, de sertir un chaton utile dans l'anneau du passé. Je savais d'ailleurs que si je menais à bien mon entreprise et si je servais sur la table de l'histoire des mets appétissants, un glorieux succès couronnerait mon œuvre et, dans le cas contraire, que je stimulerais le zèle de quelque autre, et lui viendrais en aide dans un semblable dessein. De toute manière donc, l'opération était fructueuse, car les efforts de l'âme surnagent toujours dans l'océan du bien.

Tout d'abord j'avais songé à réunir sur la dynastie des Beni Ouattâs [1], et sur la fin de la dynastie des Beni Merin [2], des matériaux de façon à faire une suite au *Raudh Elqarthâs* [3] et au *Raudhet Ennesrin* [4], mais bientôt je m'aperçus que mes contemporains prenaient un intérêt plus vif à la dynastie saadienne, et qu'en me bornant à ce sujet, l'histoire de mon pays ne serait pas écourtée.

Cette œuvre dont les récits sont beaux, sincères et nullement fictifs, je lui ai donné le titre de : *Nozhet elhâdi biakhbâr molouk elqarn elhâdi* (*La récréation du chamelier ou histoire des princes du* XIe *siècle*). La dynastie saadienne a bien commencé en la seizième année du Xe siècle (916), mais elle n'a eu d'éclat et n'a étendu sa domination que vers la fin du Xe siècle, et au commencement du XIe, aussi l'ai-je placée sous la rubrique du XIe siècle, par ce motif qu'une chose voisine d'une autre est susceptible de lui être assimilée.

Pour la composition de cet ouvrage, je me suis servi d'un

---

1. La dynastie des Beni Ouattâs qui n'était qu'une branche de la famille des Mérinides régna de 875 (1470) à 957 (1550). Dans sa *Description et histoire du Maroc*, M. Léon Godard désigne ces princes sous le nom de Beni-Oatès.

2. Sur les Beni Merin ou Mérinides qui régnèrent sur le Maroc de 668 (1269) à 875 (1470), voy. de Slane, dans sa traduction de l'*Histoire des Berbères* d'Ibn Khaldoun, Alger, 1852, t. IV.

3. Le *Raudh Elqarthâs* est une histoire du Maroc qui s'arrête en l'année 727 (1326). Il a été traduit en latin par de Tornberg et en français par A. Beaumier, Paris, MDCCCLX.

4. Le *Raudhet Ennesrin fi molouk Beni Merin* ne donne qu'un récit très abrégé de l'histoire des Mérinides. L'auteur de cet opuscule, Ismaïl ben Aboulheddjâdj Youcef, surnommé Ibn Elahmer, a composé divers ouvrages, entre autres un commentaire du Borda et une histoire des Almohades ; il mourut en 807 (1404). Sur cet auteur cf. *Djedzouet eliqtibâs* fol. 45 v° et *Dorret elhidjâl*, fol. 61 r° mss. de la bibliothèque universitaire d'Alger.

certain nombre de livres qui, par leur éclat, font pâlir les fleurs des plus beaux parterres ; j'en donnerai plus loin les titres et dresserai des gradins à pente douce à quiconque en voudra gravir les sommets. Ceux qui jetteront les yeux sur ce volume, voudront bien montrer quelque indulgence pour sa trame et n'en point trop éplucher les expressions. Ils ne seront point, je l'espère, de ces gens qui dirigent leur langue avec les rênes de l'envie, ni de ceux qui transpercent des pointes de leurs lances la couche de leurs concitoyens. Toutefois, vouloir échapper à la critique est chose absolument impossible et l'honneur des hommes de bien sera toujours déchiré par les langues des méchants. Dieu, en nous absorbant dans son être, nous délivrera des épigrammes et des médisances, et nous mettra au nombre de ceux qui estiment que tous les discours des hommes sont des manières d'éloges.

Ceci dit, il est temps de se mettre à l'œuvre pour accomplir notre tâche ; puisse Dieu, par sa grâce et sa bonté, nous aider à la mener à bonne fin.

CHAPITRE PREMIER

DE LA NOBLE GÉNÉALOGIE DES SAADIENS ET DES OPINIONS CONTRADICTOIRES AUXQUELLES ELLE A DONNÉ LIEU.

Voici l'arbre généalogique de ces princes, tel qu'il a été donné par plus d'un historien et reproduit par un nombre incalculable de professeurs renommés :

Mohammed Elmahdi, fils de Mohammed elqâîm-biamrillah, fils de Abderrahman, fils de Ali, fils de Makhlouf, fils de Zidân, fils de Ahmed, fils de Mohammed, fils de Aboulqasim, fils de Mohammed, fils de Elhasen, fils de Abdallah, fils de Mohammed, surnommé Abou Arfa, fils de Elhasen, fils de Abou Bekr, fils de Ali, fils de Elhasen, fils de Ahmed, fils de Ismaïl, fils de Qâsim, fils de Mohammed, surnommé Ennefs Ezzakia (l'âme pure), fils de Abdallah Elkâmil, fils de Elhasen le second, fils de Elhasen Essibt, fils du prince des croyants, Ali, fils de Abou Thaleb et de Fathima, fille du Prophète.

Dans son ouvrage intitulé : *Elmonteqa elmaqsour 'ala maatsir khilafet essolthân Abi'l'abbás Elmansour*, le maître, le pontife, le très docte Aboulabbâs Ahmed ben Elqâdhî[1] rapporte que la noble généalogie indiquée ci-dessus lui a été communiquée par Aboulabbâs Ahmed ben Yahia Elhouzâli,

---

1. Ahmed b. Mohammed b. Moh^d. b. Moh^d. b. Elâfia, surnommé Ibn Elqâdhî vivait sous le règne de Maulay Aboulabbâs Ahmed Elmansour. Il a composé un certain nombre d'ouvrages biographiques et historiques qui seront souvent cités dans le cours de cette histoire. La bibliothèque universitaire d'Alger possède de cet auteur deux manuscrits : 1° le *Djedzouet eliqtibas fimen halla min elaulâm medinet Fâs* ; 2° le *Dorret elhidjâl fi asma erridjâl* qui sont tous deux des dictionnaires biographiques.

caïd des caïds de l'héritier présomptif d'Elmansour, Maulay Abou Abdallah Mohammed Elmamoun.

« Même liste, ajoute Ibn Elqâdhi, m'a été fournie par mon professeur Aboulabbâs Ahmed ben Ali Elmandjour ; un autre de mes professeurs, Abou Râched Yaqoub ben Yahia Elyedri m'a assuré avoir vu cette même généalogie écrite de la main de Abou Abdallah Mohammed ben Ghâleb ben Hachchâr et cette copie portait les pronostics du cadi Abou Abdallah ben Allàl. Moi-même j'ai vu cette généalogie ainsi établie de la main d'un certain chérif saadien. Je soupçonne toutefois qu'elle présente une lacune entre Qâsim et Mohammed Ennefs Ezzakia. En effet, il n'y a pas eu d'enfant d'Ennefs Ezzakia ayant porté le nom de Qâsim ; le seul Qâsim de la descendance de ce prince était fils de Elhasen, fils de Mohammed, fils de Abdallah Elachter, fils de Mohammed Ennefs Ezzakia, fils de Abdallah Elkamil. Y a-t-il eu là inadvertance du copiste ou ignorance de sa part sur le véritable état de la question ? Dieu seul le sait. »

Le doute émis par Ibn Elqâdhi est fondé ; on ne connait, en effet, aucun fils de Mohammed Ennefs Ezzakia ayant porté le nom de Elqâsim et ce nom ne figure pas dans la descendance directe de ce prince, ni dans la *Djemhara*[1] de Abou Abdallah Elmosaab Ezzobeïri, ni dans celle de Ibn Hazm[2], ni enfin dans aucun autre des ouvrages des généalogistes érudits.

Le point faible que signale le cheikh Elmasnaouî dans la généalogie des Saadiens c'est que ces princes sont en réalité issus de Abdallah Elachter, fils de Mohammed Ennefs Ezzakia. En effet, que Ennefs Ezzakia ait eu cinq fils : Abdallah

---

1. Il s'agit d'un traité de généalogie qui aurait été écrit par le célèbre généalogiste de la tribu des Qoreïch, Abou Abdallah Elmosaab Ezzobeïri, né à Médine en 156 (773), mort en 236 (850).

2. Abou Mohammed Ali ben Hazm, mort en 456 (1064) est l'auteur d'un traité de généalogie très estimé et qui a pour titre : *Djemharet elansâb*.

CHAPITRE PREMIER

Elachter, Ali, Elhoseïn, Etthaher et Ibrahim, ainsi que le rapporte Mosaab ou six suivant l'opinion d'Ibn Hazm qui ajoute à cette liste Ahmed et qui remplace Elhoseïn par Elhasen, il n'en est pas moins vrai, comme le fait remarquer le chérif Elmekki Essamarqandî dans son traité intitulé : *Tohfet Etthâleb*, que sa descendance ne se perpétua que par Abdallah Elachter qui périt à Kaboul, dans le pays du Sind. Or, Elachter n'eut qu'un seul fils, Mohammed, qui naquit à Kaboul, et il est certain que ce Mohammed n'eut qu'un fils, Elhasen, surnommé Elaʿouer (le borgne) qui fut le plus remarquable des fils de Hâchem et qui fut tué sous le règne de l'Abbasside Elmoatezz[1]. Cet Elhasen eut quatre fils : Abou Djaafar Mohammed et Abou Abdallah Elhoseïn dont la postérité s'éteignit durant le vi° siècle, Abou Mohammed Abdallah, sur les enfants duquel les opinions sont si contradictoires qu'il faut user de la plus grande réserve pour établir une généalogie remontant jusqu'à lui et enfin Qâsim. Trois des fils de Elhasen ont laissé une postérité.

Après avoir transcrit ces paroles, le cheikh Elmasnaouî ajoute : « Il ressort de tout ceci que le Qâsim qui, dans le tableau généalogique, suit immédiatement Mohammed Ennefs Ezzakia n'était point le fils de ce dernier, mais bien celui de Elhasen Elaʿouer, fils de Mohammed Elkaboulî, fils de Abdallah Elachter, fils de Mohammed Elmahdi, c'est-à-dire Ennefs Ezzakia. Il y a donc une lacune de trois ancêtres entre Elqâsim et Mohammed Ennefs Ezzakia. Dieu sait ce qu'il en est. »

Quant à l'idée émise par l'auteur du *Monteqa*[2] que Mohammed Elqâïm serait le descendant direct de Abderrahman, c'est une opinion qui se rencontre effectivement dans un ouvrage, mais elle n'est point exacte, car Elqâïm était le fils de

---

1. Successeur de Mostaïn-billah ; il ne régna que deux ans 252-254 (866-868).
2. Ibn Elqâdhi, v. ci-dessus, p. 7, note 1.

Mohammed, fils de Abderrahman. L'auteur a donc omis Mohammed, fils de Abderrahman.

A ce sujet j'ai lu une lettre autographe adressée par le critique, le pontife, Abou Abdallah Mohammed ben Elqâsim Elqassâr au sultan Aboulabbâs Elmansour. Cette lettre était ainsi conçue : « Le salut de Dieu, sa miséricorde et ses bénédictions soient sur notre maître Elmansour. Que Dieu lui accorde son puissant secours et perpétue la dignité de calife dans sa personne et dans celle de sa postérité jusqu'au jour de la Résurrection. Votre esclave, Elqassâr (que Dieu augmente la faveur dont il jouit auprès de vous !) qui baise votre tapis, a appris que dans votre illustre et magnifique généalogie il y avait trois Mohammed[1]. Remplacez donc le duel par le pluriel et le nombre de trois se trouvera ainsi naturellement indiqué, car, s'il y en avait eu davantage on en aurait fixé le chiffre d'une manière précise. Il faut donc dire ainsi : Ahmed, Mohammed au pluriel[2], Abderrahman. Votre humble esclave ajoute :

« Abou Daoud, Elhakem ensuite, ont donné la tradition exacte au sujet du Rénovateur[3]. Sache donc

« qu'il viendra au commencement d'un siècle et qu'il sera un des descendants du Prophète : telle est la prescription du hadits, le reste est vain.

« Vous n'avez donc pas vu d'autre rénovateur de la religion que notre pontife Elmansour. L'infidélité s'est arrêtée

« devant ses escadrons, tandis que son feu faisait revivre les sciences, leurs adeptes et leur production littéraire.

« Chaque jour sa générosité se répand sur le noble, le captif, le jurisconsulte et le faible.

1. C'est-à-dire que Mohammed Elqâïm-biamrillah serait non le fils de Abderrahman, mais celui de Mohammed, fils de Abderrahman et qu'il devrait y avoir dans cette généalogie trois Mohammed de suite.
2. Ces mots « au pluriel » sont indiqués dans le texte par l'abréviation habituelle ح ; par ce moyen on évite d'écrire plusieurs fois de suite un même nom et surtout de laisser croire que cette répétition pourrait être due à une négligence du copiste.
3. Ou mahdi.

« Quant aux mosquées, elles sont comme des jardins du paradis, grâce à leurs embellissements à leurs enseignements constants.

« Que Notre Seigneur nous conserve Elmansour pour faire revivre la religion avec vigueur et dans une gloire immuable.

« Si je savais, sire, que quelqu'un vous aimât plus que je ne vous aime, je cesserais de me considérer comme appartenant à la communauté des musulmans. »

Par ces mots « remplacez donc le duel, etc. », Elqassâr voulait marquer que quand on énonce cette généalogie on doit dire : Ahmed Elmansour, fils des Mohammed, en mettant ce mot au pluriel, car le plus petit nombre marqué par le pluriel est trois. Lorsque l'on écrit, on trace les mots : Ahmed, Mohammed et à la suite de ce dernier on place un *jim*[1] abréviation qui marque le nombre trois[2]. Toutes ces indications ont pour objet d'éviter les erreurs de copie.

C'est par suite d'une erreur de ce genre qu'on a omis le nom de Mohammed, fils d'Abou Arfa. En effet, la postérité de Ennefs Ezzakia s'est perpétuée à Yanbo Ennakhil[3] jusqu'au seyyid[4] Elqâsim et au seyyid Abdallah, tous deux fils de Mohammed, fils d'Abou Arfa ; c'est du moins ce que rapporte le cheikh, le généalogiste, Abou Abdallah Elazourqânî dans son livre intitulé : *Eddauhat*.

Les princes saadiens assurent que le premier de leurs ancêtres qui pénétra dans le Maghreb vint de Yanbo ; ils

---

1. Ce djim est le nom de la lettre qui commence en arabe le mot qui signifie pluriel ; elle s'écrit souvent seule pour marquer l'abréviation du mot ج. (*pluriel*).
2. Le duel existant en arabe, le plus petit nombre marqué par le pluriel est, en effet, trois.
3. Petite ville située dans l'intérieur des terres, à une journée de marche du port de Yanbo, dans la mer Rouge.
4. Le titre de Seyyid est donné en Arabie aux descendants du Prophète ; partout ailleurs on se sert du mot *chérif* avec la même valeur.

ajoutent qu'ils sont les cousins des princes chérifs établis à Sidjilmassa et que le seyyid Elhasen, fils de Qâsim, qui le premier des membres de cette famille, ainsi qu'on le verra plus loin, entra dans la ville de Sidjilmassa, était le fils de l'oncle paternel de Zìdân, fils de Ahmed, fils de Mohammed. Ce Zìdân père de Qâsim, père de Elhasen Eddakhil[1] fut le premier de sa famille qui pénétra dans le Drâa[2].

C'est à cause de cela que l'auteur du *Monteqa* dit : « Personne ne conteste la noble origine de ces princes et dans tout le Maghreb il n'existe pas de noblesse plus authentique que la leur, puisqu'ils tirent leur origine des chérifs de Yanbo. L'histoire de leur venue de Yanbo dans le Draâ, amenés par les habitants de cette dernière contrée, est exactement la même que celle de leurs cousins qui furent, à une époque antérieure, appelés par les gens de Sidjilmassa. Ce fait étant bien connu de tous les historiens, nous n'en parlerons pas plus longuement. »

Dans ce dernier passage Ibn Elqâdhi fait allusion à l'histoire suivante que racontent les Saadiens : Les habitants du Draà ne pouvaient arriver à récolter leurs dattes qui, sous l'influence de divers fléaux, tombaient avant maturité. Si, leur dit-on, vous ameniez un chérif dans votre pays ainsi que l'on fait les gens de Sidjilmassa, vos dattes mûriraient aussi bien que les leurs. C'est alors que les habitants du Draâ amenèrent de Yanbo le seyyid Zìdân ben Ahmed et, depuis cette époque, leurs dattes arrivèrent à maturité.

Certaines personnes, il est vrai, n'acceptent point cette tradition que nous reproduisons ici d'après l'imam, l'érudit, l'argument fait homme, Aboulabbâs Ahmed Elmaqqari

---

1. Ce surnom de Eddakhil se donne souvent à un personnage important qui, le premier de sa famille, a pénétré dans une contrée et s'y est établi.
2. La province du Draâ est la plus méridionale du Maroc ; elle tire son nom de l'Ouad Draâ dont elle occupe une grande partie du bassin.

Ettlemsânî [1] ; mais plus d'un savant de la dynastie des Saadiens s'est prononcé catégoriquement en faveur de l'authenticité de leur généalogie et a déclaré qu'elle était à l'abri de toute critique. Tel a été aussi l'avis d'un certain nombre de maîtres qui doivent nous servir de modèles, par exemple, l'imam Elmandjour, Abou Youcef Yaqoub Elyedrî, l'imam Aboulabbâs Ahmed ben Qâsim Essouma'î et le cheikh Aboulabbâs Sidi Ahmed Baba Essoudânî [2].

Ibn Ardhoun dit également que cette généalogie est absolument notoire et qu'elle ne saurait être contestée. Peut-être, ajoute-t-il, l'affirmation formulée par Elmaqqari que les Saadiens appartiennent à la famille des Benou Saad et non à celle des Qoreïch ne doit-elle pas être considérée comme authentique. Cet auteur, en effet, déclare dans le *Nefh Etthib* [3] que les Saadiens sont chérifs, or, cet ouvrage est un des derniers qu'il ait composés puisqu'il l'a écrit en Syrie.

Dans les *Naouâzil* [4] du grand-cadi Abou Mahdi Aïssa ben Abderrahman Essedjtânî on trouve la réponse suivante faite à l'une des questions que lui avait adressées par écrit le jurisconsulte, le pieux Abou Zeïd Abderrahman Ettlemsânî : « Il est incontestable que Maulay Abdallah réunit à la fois l'équité et la légitimité, car je tiens de certain personnage digne de foi et disciple du cheikh, le point de ralliement, le grand pôle, Aboulabbâs Sidi Ahmed ben Moussa Essemlâlî que celui-ci a dit : « Maulay Abdallah est la perle des chérifs, ce n'est pas

---

1. Le célèbre auteur du *Nefh Etthib* naquit à Tlemcen vers 985 (1577) et mourut au Caire en 1041 (1632). Sa biographie a été donnée par M. G. Dugat dans le tome premier des *Analectes sur l'histoire et la littérature des Arabes d'Espagne*, Leyde, 1855-61, pp. xxi et xxii.
2. On verra plus loin le récit de la captivité au Maroc de ce littérateur soudanien qui a composé un dictionnaire biographique sous le titre de *Tekmilet eddibâdj*.
3. Le *Nefh Etthib* est l'ouvrage capital de Elmaqqari ; c'est un tableau de l'Espagne arabe du viiie siècle au xve siècle.
4. Le titre de *Naouâzil* est commun à un grand nombre d'ouvrages de jurisprudence dans lesquels on discute les jugements rendus sur certains points difficiles.

un souverain, c'est un saint. » Pareil témoignage suffit amplement à démontrer la noblesse de Maulay Abdallah et sa haute équité. On retrouvera plus loin ce récit à sa véritable place et avec plus de détails qu'il n'en est donné ici.

L'histoire particulière de certain prince de cette dynastie, a été écrite par divers auteurs, entre autres par le jurisconsulte, le polygraphe, la *langue* du Maghreb, Abou Faris Abdelaziz ben Mohammed ben Ibrahim Elfichtâlî[1] qui a intitulé son ouvrage : *Menâhil essafa fi akhbâr elmolouk ecchorafa*. L'auteur du *Nefh Etthib* dit qu'à sa connaissance, l'ouvrage comptait huit volumes. Le brillant secrétaire Abou Abdallah Mohammed ben Aïssa a également écrit sur ces princes un livre ayant pour titre : *Elmamdoud ou elmaqsour min sena essolthan Abilabbâs Elmansour*. Ce titre à lui seul, ajoute l'auteur du *Nefh Etthib*, cause une douce émotion.

L'usage s'est répandu de donner à ces chérifs le nom de Saadiens, mais cette appellation ne leur était pas attribuée autrefois. Jamais, ni dans leurs diplômes, ni sur leurs sceaux, ni dans les protocoles de leurs dépêches, ces princes n'ont usé de cette dénomination. Bien plus, ils n'acceptaient pas qu'on s'en servît à leur égard et personne n'eût osé l'employer en leur présence. Cette dénomination était uniquement usitée par ceux qui, doutant de la noblesse de leur origine, s'inscrivaient en faux contre leur généalogie embrouillée et prétendaient que ces princes étaient issus des Benou Saad, fils de Bekr, fils de Haouâzin, tribu à laquelle appartenait Halima Essaadia[2], la nourrice du Prophète. Quant à la masse du peuple et aux lettrés vulgaires, ils s'imaginaient que le nom de Saadiens venait de ce que ces princes avaient rendu

---

1. On trouvera dans le cours de cet ouvrage de nombreux renseignements sur ce personnage qui fut l'un des secrétaires du sultan Aboulabbâs Ahmed Elmansour.
2. Halima fut la dernière nourrice du Prophète; avant elle le Prophète avait eu pour nourrice Tsowayba.

leurs sujets heureux[1], ou bien encore ils en donnaient d'autres raisons qui n'avaient aucune valeur.

Dans une lettre adressée par Maulay Mohammed Eccheikh Elasgher, fils de Maulay Zîdân, au prince Maulay Mohammed, fils de Maulay Eccherif Elhasanî Essidjilmâssî, j'ai relevé le passage suivant : « J'ai appris que tu déclares hautement dans les assemblées de citadins comme dans celles de bédouins, que notre famille est issue des Benou Saad, fils de Bekr, fils de Haouâzin, alors qu'il est prouvé surabondamment par bonnes mesures et poids pesants, qu'elle tire son origine des Benou Nizâr, fils de Maadd[2]. Nous sommes de Tedsi[3], un des qsours de l'Ouad Draâ ; c'est là que Dieu a fait naître notre souche et a fait fleurir et fructifier ses branches. Si ton dessein est de détacher de la noblesse le ceinturon de notre puissance, c'est là une ignominie qui te coûtera cher, et, si tu cherches à effacer notre nom des tablettes de la considération, tu émets là encore une prétention vaine qui ne fera renchérir, ni diminuer pour nous le prix des denrées de nos marchés. Je t'adresse un exemplaire du *Menâhil essafa fi akhbâr ecchorafa*, afin qu'en lisant ce livre, les princes de ta race y trouvent de quoi dissiper les confusions qui ont surgi dans leurs esprits. »

Voici maintenant comment Maulay Mohammed Eccherif répondit à ce paragraphe : « Vous nous reprochez d'avoir, à tort, déclaré que vous descendiez des Benou Saad, fils de Bekr, fils de Haouâzin, et d'avoir propagé cette opinion sous les tentes, dans les qsours et dans les villes. Par Dieu ! en agissant ainsi, nous n'avons pas entendu vous diffamer, vous méconnaître ou vous mettre au nombre de ceux qui n'ont

---

1. Le mot *saad* signifie *bonheur*.
2. C'est-à-dire de la famille même à laquelle appartenait le Prophète.
3. Tedsi ou Tidsi est un petit district composé de trois villages dans la vallée de l'Ouad Oulghas. Cf. Vicomte Ch. de Foucauld, *Reconnaissance au Maroc*, pp. 339 à 340.

ni relations, ni famille ; nous n'avons fait que nous appuyer, avec l'aide de Dieu, sur l'autorité des annalistes qui figurent parmi les savants de Maroc, de Tlemcen, de Fez et de Miknaset Ezzitoun [1]. Or, après un examen attentif et de mûres réflexions, tous ces docteurs ont trouvé que votre famille ne pouvait être rattachée qu'aux Benou Saad, fils de Bekr. Inutile donc de se référer soit aux ouvrages d'un des Fichtâli, soit à ceux du seyyid Ahmed ben Elqâdhî Elmiknâsî ou d'Ibn Asker Eccherif Ecchefchâounî [2]. Nous avons reçu l'exemplaire du *Menâhil essafa,* mais nous n'y avons rien trouvé qui dénotât l'œuvre d'un historien habile et impartial, et d'ailleurs nous nous contentons, et pour le fond et pour la forme, de la déclaration du personnage digne de foi, Maulay Abdallah ben Ali ben Thâher. Toutefois, nous n'avons point entendu contester la noblesse de votre origine, ni vous enlever le haut prestige que Dieu vous a départi. » Ici se termine la partie de cette lettre qui a trait à notre sujet ; on la retrouvera du reste en entier, plus loin, à une place mieux appropriée que celle-ci.

Par ces mots, « déclaration d'un personnage digne de foi, Maulay Abdallah ben Ali ben Thâher », le prince faisait allusion à l'aventure suivante, que chacun sait et raconte : « Le sultan Aboulabbâs Elmansour était un jour assis en compagnie de l'austère et scrupuleux jurisconsulte, Abou Mohammed Maulay Abdallah ben Ali ben Thâher Elhasanî, un des seigneurs de Sidjilmassa. Devant eux se trouvait une table à laquelle ils mangeaient, et la scène se passait dans le

---

1. Méquinez est presque toujours désignée sous le nom de Miknaset Ezzitoun pour la distinguer des autres localités de même nom.
2. Il s'agit ici de Moh^d. b. Ali b. Omar b. Hosaïn b. Misbah, surnommé Ibn Asker, l'auteur d'un dictionnaire biographique ayant pour titre : *Dauhet ennáchir limahâsin man kâna min elmaghrib min ahl elqarn clâchir.* Il était né à Hibth dans le district d'Alcazar Esseghir et mourut au commencement du xiie siècle de l'hégire (fin du xvie siècle).

palais du sultan, dans la ville de Maroc. S'adressant à Abou Mohammed, le sultan lui dit : « Où sommes-nous réunis ? » (Il entendait par là demander à quel ancêtre commun leurs deux généalogies se confondaient). — « A cette table, répondit Abou Mohammed, ou suivant un autre récit, dans cette salle. » A ces mots, le sultan fut saisi d'une violente colère, mais il la dissimula, et ce ne fut que plus tard qu'il se vengea en employant un stratagème à l'aide duquel il fit goûter à Abou Mohammed, la coupe de la mort.

Depuis ce jour, Elmansour invita souvent Abou Mohammed. Malgré un froid très vif, dont les rigueurs ne discontinuaient point, le sultan, durant ces entrevues, recevait son convive assis sur le pavé, qui était de marbre, mais il avait eu la précaution de disposer dans ses chausses un feutre de laine de façon à n'être point incommodé par le froid. Abou Mohammed voyant le sultan assis comme lui sur le sol, s'armait de courage et n'osait point se lever de sa place tant que le sultan restait à discuter avec lui certaines questions scientifiques. Grâce à ce manège qui se renouvela à de nombreuses reprises, Abou Mohammed fut atteint d'un refroidissement d'entrailles ; il se plaignit longtemps des douleurs qu'il ressentait et qui enfin déterminèrent sa mort.

La réponse faite par Abou Mohammed appartient à la catégorie que les rhéteurs désignent sous le nom de *teleqqi elmokhâtheb bighayri ma yetereqqeb* (accueillir son interlocuteur par tout autre chose que ce qu'il attend), ainsi que cela est expliqué dans tous les traités de rhétorique.

Quant au sultan, il n'avait posé sa question que parce que les Saadiens de Sidjilmassa assuraient qu'à aucune époque il n'y avait eu communauté d'ancêtre entre eux et les Saadiens. Dieu sait si cela est exact.

Toutefois, plusieurs de mes professeurs m'ont assuré que le cheikh Ibn Thâher était revenu plus tard sur cette dénégation lorsque le sultan Aboulabbâs Elmansour lui eut montré une charte signée de l'imam Ibn Arfa[1] et de son professeur Abdesselâm, charte qui confirmait sa généalogie. Cette circonstance calma les scrupules de Ibn Thâher sur ce point, et dans la suite, il affirma l'authenticité de cette généalogie, malmenant tous ceux qui la révoquaient en doute : or l'autorité et la loyauté de Ibn Thâher sont bien connues.

Enfin, l'imam, le très docte mufti de la ville de Maroc, Abou Malek Abdelouâhed ben Ahmed Eccherif Elhasanî Elfilalî, un des cousins de Ibn Thâher s'est également prononcé dans le même sens que son cousin. Ce mufti qui a composé des odes dans lesquelles il a célébré la noblesse de Elmansour était d'ailleurs un homme instruit, religieux et très scrupuleux dans ses écrits et dans ses discours.

Pour ce qui est de l'opinion relatée ci-dessus que l'ancêtre des Saadiens serait venue de Yanbo, voici ce qu'en dit Ibn Elqâdhî dans le *Dorret essolouk*[2] : « Leur ancêtre était venu de Yanbo et les premiers princes de cette famille s'établirent dans le Draâ où ils demeurèrent. Cet événement eut lieu au commencement du viii° siècle ; c'est à cette même époque, ainsi qu'on le verra plus loin, que l'ancêtre des chérifs filalis arriva à Sidjilmassa. »

Voici, en partie du moins, ce qui se rapporte à la généalogie des Saadiens. J'ai passé sous silence certaines critiques qu'il m'a paru plus convenable d'écarter de cet ouvrage, car il est du devoir de l'historien de ne point s'appesantir sur les choses malséantes, et de ne point entacher l'honneur des gens. C'est à Dieu qu'il faut demander la faveur de nous couvrir de son égide dans ce monde ou dans l'autre.

---

1. Jurisconsulte de Tunis ; il est surtout connu par les définitions rigoureuses qu'il a données des divers contrats qu'autorise la loi musulmane.
2. Le titre complet de cet ouvrage est, *Dorret essolouk fîman haoua elmolk min elmolouk.*

CHAPITRE II

DE LA FAÇON DONT LES SAADIENS ARRIVÈRENT AU POUVOIR ET DES MOTIFS QUI LES FIRENT S'EMBARQUER DANS CETTE ENTREPRISE.

« Les ancêtres des Saadiens, dit l'auteur du *Dorret essolouk* ne cessèrent de résider dans le Draâ jusqu'au jour où naquit parmi eux Abou Abdallah Elqâïm-biamrillah. Ce prince élevé dans la chasteté et la piété, entreprit le pèlerinage au Temple sacré et fut un de ceux dont Dieu exauce les prières. Dans son voyage aux deux villes nobles et saintes[1], il eut occasion de voir un grand nombre de savants célèbres et de grands personnages religieux.

« Je tiens d'un personnage éminent qu'étant dans la noble cité de Médine, le prince eut une entrevue avec un saint homme qui lui prédit l'avenir qui l'attendait lui et ses deux fils et cela à l'occasion d'un songe dans lequel le prince avait vu deux lions sortir de son nombril et la foule les suivre jusqu'au moment où ils étaient entrés dans une tour. Quant au prince, il s'était vu arrêté à la porte de la tour. Le saint homme expliqua ce songe en disant que ces deux fils auraient une situation considérable et qu'ils règneraient sur les peuples.

« A son retour dans le Maghreb, Abou Abdallah, poursuivi par cette idée, répétait dans toutes les assemblées que ses deux fils règneraient sur le Maghreb où ils joueraient un rôle considérable. Nul ne contestait cette assertion tant était grande la confiance qu'on ajoutait aux paroles du saint homme et à son interprétation du songe. Le prince ne cessa

---

1. La Mecque et Médine.

de tenir ces propos jusqu'en l'année 915 (1509-1510) époque à laquelle il fit acte de prétendant au pouvoir. »

L'idée contenue dans ce songe se trouve répétée dans la légende suivante que chacun raconte : Les deux fils d'Abou Abdallah Elqâïm qui se nommaient Aboulabbâs Ahmed Elaaredj et Mohammed Elmahdi étaient, tout jeunes encore, occupés à lire le Coran dans une école lorsqu'un coq entra, sauta successivement sur la tête de chacun d'eux et se mit à chanter. Le maître d'école expliqua le fait en disant qu'une haute situation attendait ces deux enfants et l'événement justifia sa prévision.

Le commentateur du *Zahret ecchemarikh*[1] donne au mouvement provoqué par Abou Abdallah Elqâïm les causes suivantes : « Les populations du Sous étaient pressées de tous côtés par les ennemis infidèles qui occupaient un grand nombre de points de leur territoire. Et tandis que les chrétiens obscurcissaient l'espace par leur multitude et affermissaient leur puissance, les musulmans demeuraient dans la plus grande confusion, faute d'avoir un chef qui les groupât autour de lui et ralliât ainsi les forces de l'Islam.

« L'autorité des Benou Ouattâs sur la contrée du Sous s'était, en effet, fort amoindrie; elle était encore reconnue dans les villes du Maghreb, mais dans le Sous elle était purement nominale. En outre, à ce moment, les Benou Ouattâs étaient absorbés par leur lutte contre les infidèles dans les places fortes d'Asila[2], de Larache, de Tanger, de Badis et autres villes ou ports de mer.

« Lorsque les gens du Sous se virent menacés des plus grands malheurs par les entreprises des chrétiens qui convoitaient leur pays, ils s'adressèrent à leur patron, le saint

---

1. Je n'ai trouvé aucun renseignement sur cet ouvrage historique; le seul ouvrage de ce nom que je connaisse est celui du cheikh Bou Ras, historien, mort en 1823.
2. Arzille.

personnage Abou Abdallah Mohammed ben Mobârek : ils lui exposèrent la triste situation que leur faisaient, d'une part, la dispersion de leurs forces et la division qui régnait parmi eux et, d'autre part, l'ardeur de l'ennemi dont les attaques étaient incessantes. Ils proposèrent ensuite au saint homme de se grouper autour de lui et de lui prêter serment d'obéissance, lui donnant ainsi l'autorité nécessaire pour gouverner les tribus et les conduire au combat contre l'ennemi.

« Abou Abdallah refusa énergiquement d'accepter cette proposition : « Il y a, dit-il, à Tagmadart[1], dans le Draâ, « un chérif qui assure que ses deux fils sont appelés à un grand « avenir. Adressez-vous à ce personnage et prêtez-lui serment « d'obéissance : cela sera plus digne et plus utile à vos des- « seins. » Les gens du Sous envoyèrent alors une députation au chérif qui se rendit auprès d'eux et y joua le rôle que le sort lui réservait. »

Voici maintenant ce que j'ai lu écrit de la main du jurisconsulte, le docte, l'érudit, l'historien Abou Zeïd Sidi Abderrahman, fils du grand cheikh Abou Mohammed Sidi Abdelqâder Elfâsi : « Mon père nous a raconté tenir de Sidi Ahmed, fils de Sidi Ali Essousi Elbousaïdi, que l'avènement de la dynastie des chérifs dans le Sous fut déterminé par les faits suivants : un certain seyyid, Sidi Barakât, s'étant entremis pour le rachat de quelques prisonniers voulut entrer en pourparlers avec les chrétiens et convenir avec eux qu'on ne ferait plus de prisonniers ; comme il traitait cette question, ceux-ci lui répondirent : « Nous verrons cela quand vous aurez un « chef, car actuellement vous ne relevez plus d'aucun gou- « nement constitué. »

« Quelque temps après cela, des habitants du Sous étant allés dans la tribu des Djesîma pour y acheter des grains,

---

1. Tagmadart est le nom d'un district appelé aussi Fezouata qui occupe les deux rives de l'Ouad Draâ. Cf. *Reconnaissance au Maroc*, p. 292.

furent arrêtés par les gens de cette tribu qui pillèrent leurs marchandises et leurs bagages. Plainte ayant été portée par les victimes de cette agression au cheikh des Djesîma qui était un homme énergique et habile, celui-ci leur fit restituer tout ce qui leur avait été pris.

« De retour dans leur pays les gens de Sous dirent : « Voilà « le chef suprême auquel il convient que nous prêtions serment « d'obéissance. » En conséquence, ils se réunirent pour se rendre auprès de lui et lui demandèrent de se mettre à leur tête. Mais le cheikh refusa le pouvoir se retranchant derrière sa piété et alléguant que s'il agissait autrement il serait distrait de ses devoirs religieux. Toutefois il leur indiqua un chérif qui était muezzin dans le Draâ en leur disant : « Si « vous persistez dans votre dessein, adressez-vous au chérif un « tel qui raconte que ses deux fils régneront un jour sur le « Maghreb. »

« Ce fut alors que les gens du Sous se rendirent auprès de ce chérif, l'emmenèrent dans leur pays et lui assignèrent une somme d'argent suffisante pour son entretien et celui de ses enfants. Le chérif resta au milieu d'eux combattant l'ennemi qui occupait leur territoire jusqu'au jour où son destin s'accomplit.

« Le Sidi Barakat dont il vient d'être question était le saint patron, Barakat ben Mohammed ben Abou Bekr Ettedsi et j'ai lu écrit de la main d'un personnage éminent qu'il introduisit les chérifs dans le Sous en l'année 917 (mars 1511-mars 1512). »

Dans le *Dauhat* d'Ibn Asker[1], à la biographie de Abou Abdallah Mohammed ben Elmobârek, on trouve que ce fut ce dernier personnage qui donna aux tribus du Sous l'ordre de se soumettre à l'autorité des deux sultans chérifs, Aboul-

---

1. V. ci-dessus p. 16. note 2.

abbâs Ahmed Elaaredj et Abou Abdallah Mohammed Eccheikh, son frère, et qui invita en même temps ces deux princes à régner avec justice et à faire la guerre sainte contre les chrétiens maîtres, à cette époque, de toute la zone maritime de la province du Sous. On sait d'ailleurs quelle fut la destinée de ces deux princes.

Ce passage présente une certaine divergence avec celui rapporté ci-dessus du commentateur du *Zahret ecchemârikh*, car il semble, d'après ce dernier auteur, que Ibn Elmobârek engagea seulement les gens du Sous à proclamer comme souverain Abou Abdallah Elqâim, le père des deux princes, et non ceux-ci, comme le dit l'auteur du *Dauhat*. Peut-être faut-il admettre que Ibn Elmobârek provoqua la proclamation des trois personnages. Dieu sait s'il en est ainsi.

Ibn Elmobârek, dont il est question ici, fut un des grands saints qui se sont rendus célèbres par leurs miracles dûment constatés ; il habitait Aqqa[1] et la zaouïa qu'il possédait dans cette ville est encore connue de nos jours. Il jouissait d'une autorité absolue sur les habitants du Sous et fit de nombreux miracles entre autres ces deux-ci :

Un jour un groupe de bédouins s'étaient rendus auprès de Ibn Elmobârek avec l'intention de lui contester son pouvoir miraculeux. Le saint donna alors l'ordre de faire cuire de l'*asida*[2] dans des corbeilles en feuilles de palmier, puis, conformément à ses intentions, ces corbeilles furent placées sur le feu et y demeurèrent intactes tout le temps de la durée de la cuisson. La chose se fit publiquement.

Ce même cheikh avait fixé pour chaque mois trois jours de la semaine pendant lesquels il était interdit de porter les

---

1. Grande oasis du sud du Maroc qui était autrefois le point d'arrivée des caravanes du Soudan. Cf. *Reconnaissance au Maroc*, p. 150.
2. L'asida est le mets national des Berbères du Maroc ; c'est une sorte de bouillie fort épaisse assaisonnée de beurre fondu.

armes et de guerroyer de tribu à tribu. Quiconque enfreignait cette prescription était assuré d'un prompt châtiment. On raconte que pendant un de ces jours de trêve, un Arabe avait pris une gerboise : « Lâchez-la, lui dirent ses camarades, car nous sommes dans un des jours de trêve qu'a institués Sidi Mohammed ben Mobârek. » « Non », répliqua l'Arabe, qui, frappant alors la gerboise, lui cassa une patte. A peine avait-il donné ce coup qu'il s'écria : « Ah ! malheureux que je suis, je viens de me briser la jambe. » Depuis ce jour, en effet, cet Arabe ne put plus faire usage de sa jambe.

On cite de nombreux miracles de Ibn Elmobârek. Son autorité morale était si bien établie sur les peuplades du Sous qu'elles lui étaient entièrement dévouées et qu'elles acceptaient tous ses ordres : ce fut ainsi que sur son injonction, elles se groupèrent comme il vient d'être dit. Dieu sait si telle est la vérité.

Dans le *Dauhat* également, à l'article biographique consacré au célèbre cheikh, au savant si renommé Abou Mohammed Abdallah ben Omar Elmethghâri dont le tombeau est dans le Draâ, on trouve la phrase suivante : « Le sultan Abou Abdallah Mohammed Eccheikh et son frère Aboulabbâs Elaaredj furent au nombre de ses disciples et ce fut lui qui les fit arriver au pouvoir. »

Ici encore il y a contradiction avec ce qui a été rapporté précédemment, à moins qu'il ne faille interpréter cette phrase dans le sens que Ibn Elmobârek, Ibn Omar et d'autres auraient également contribué par leur influence à faire proclamer les deux princes, ou bien encore que Ibn Elmobârek aurait agi sur le Sous, tandis que Ibn Omar aurait exercé son action sur la province du Draâ.

A ce propos, le *Mirât Elmahâsin* raconte que Abou Abdallah Mohammed Eccheikh, le fondateur de la dynastie des chérifs, était rempli de méfiance à l'égard des chefs des confréries religieuses et qu'il les redoutait précisément parce que c'était grâce à leur entremise qu'il était monté sur le trône.

Tous ces auteurs sont donc unanimes sur ce point que Abou Abdallah Mohammed Elqâïm ne prit le pouvoir que sur l'invitation de saints personnages et avec l'autorisation de docteurs pratiquant religieusement leur foi. Point n'est besoin d'autre témoignage pour prouver qu'ils admettaient l'authenticité de la noble origine des Saadiens, car sinon, ils n'eussent point spécialement choisi cette famille pour l'élever au pontificat suprême, honneur qui ne peut être goûté que par un chérif légitime d'origine qorèichite.

Tels sont les renseignements que j'ai recueillis sur l'avènement de cette dynastie au trône. J'ai laissé de côté les récits qu'affectionne le vulgaire, pensant qu'il était plus digne de les exclure de cet ouvrage. Dieu conduit qui il lui plaît dans la voie droite.

J'ai lu l'ingénieuse observation suivante écrite de la main même du jurisconsulte, le maître, le précepteur des princes, Abou Abdallah Mohammed ben Youcef Etterghî (Dieu lui fasse miséricorde!) : Sidi Ali ben Haroun avait trouvé que l'avènement de la dynastie des Chérifs dans le Draâ était annoncé par le verset suivant du Coran : « Et déjà nous avons écrit dans les Psaumes, et cela après l'Invocation ; la terre sera l'héritage de mes adorateurs vertueux[1]. » Toutefois l'auteur n'explique pas comment on peut tirer une telle prédiction de ce verset sublime.

Dans la *Rihlat* du maître de nos maîtres, le jurisconsulte, le savant, le docte, l'imam Abou Sâlem Abdallah ben Mohammed Elayâchî[2], j'ai encore trouvé le récit suivant : « Chihâb Eddin Aboulabbâs Ahmed ben Ettadj nous a raconté que le

---

1. *Coran*. Sourate XXI, verset 105.
2. La *Rihlat* de Elayâchi a été traduite dans le tome IX de l'*Exploration scientifique de l'Algérie*, Paris, MDCCCXLVI. Son voyage eut lieu en 1073 (1661).

sultan ottoman Sélim[1], un des souverains des Turcs, fut le premier prince de cette nation qui s'empara de l'Égypte et l'arracha des mains du sultan ghouride[2], en l'année 923 (1517-1518). Voici de quelle manière se fit cette conquête :

« Devenu maître de la Syrie, Sélim voulut entreprendre la conquête de l'Irâq qui avait servi de demeure à ses ancêtres, les Turcs. Mais au moment où il allait se mettre en marche et quitter la Syrie, il fut arrêté dans ses projets par la pénurie des vivres et leur excessive cherté. Il écrivit alors au sultan ghouride d'Égypte, dont il vient d'être question, et lui demanda l'autorisation de s'approvisionner dans son pays.

« Le Chah[3] qui régnait à cette époque sur l'Irâq, ayant appris que le sultan Sélim allait marcher contre lui, écrivit au ghouride avec lequel il était lié par une vive amitié, et lui demanda de détourner l'attention de Sélim, et de le retarder autant qu'il le pourrait. Le ghouride était d'ailleurs jaloux du sultan et très troublé de ce que celui-ci avait conquis la Syrie ; il redoutait, en effet, qu'après avoir agrandi ses États, le sultan songeât à s'emparer de l'Égypte.

« A cette époque, l'Égypte était la mère-patrie de l'Islam. Son souverain était le plus influent des monarques depuis que le siège du califat abbasside avait été transféré de l'Irâq dans ses États après l'invasion des Tatars.

« Quand le sultan Sélim demanda des approvisionnements au prince ghouride, celui-ci répondit qu'il lui était impossible pour le moment, de les lui fournir, prétextant la cherté des vivres et d'autres raisons sans valeur. Sélim devina le motif de ce refus, et sachant qu'il était fait dans le seul but de l'empêcher de pénétrer dans l'Irâq, il conçut le projet d'attaquer

---

1. Sélim Ier.
2. Touman-Bey.
3. Chah Ismaïl, roi de Perse de la dynastie des Sophis.

le ghouride, et changeant aussitôt son itinéraire, il renonça à sa campagne contre l'Irâq pour marcher sur l'Égypte.

« Toutefois, il demanda aux docteurs qui se trouvaient auprès de lui, leur avis sur cette entreprise, leur donnant pour justification que le prince ghouride l'avait empêché de s'approvisionner dans ses États à un moment où lui, Sélim, manquait de vivres. « Cette expédition est illicite, répon-
« dirent les docteurs d'une commune voix ; le sultan ghou-
« ride est le souverain de son pays ; il n'a en aucune façon
« manqué aux égards qu'il vous doit ; il ne vous a point
« attaqué le premier, de quel droit pourriez-vous donc enva-
« hir ses États et lui déclarer la guerre ? Vous n'avez aucun
« motif d'agir ainsi. »

Parmi les savants présents à cette réunion, se trouvait le subtil Ibn Kemâl Pacha[1], qui était plus jeune que tous les autres docteurs. « Prince, s'écria-t-il, il vous est permis
« d'entreprendre cette campagne, car il est dit dans le Coran
« que vous entrerez en Égypte cette année. » — « Comment
« cela, répartit Sélim ? » — « Je ne puis, répondit Ibn
« Kemâl, interpréter la loi canonique en présence de ces
« imams qui sont les princes de la foi musulmane, tant que
« vous ne leur aurez accordé une semaine de délai pour
« réfléchir à cette question et l'examiner. Car Dieu ayant
« dit : « Nous n'avons rien omis dans le Coran[2] », comment
« se pourrait-il qu'il n'y eût rien à ce sujet dans le Livre de
« Dieu qui renferme l'explication de toutes choses. » — « Vous
« avez une semaine pour rechercher si ce que vient dire Ibn
« Kemâl est vrai, dit alors Sélim en se tournant vers les
« docteurs. » — « Prince, s'écrièrent ceux-ci, dans sept jours,
« nous n'aurons pas d'autre réponse à faire que celle que

---

1. Il s'appelait Ahmed ben Soliman, mais il était connu sous le nom de Ibn Kemâl Pacha ; il mourut en 940 (1533-34).
2. *Coran.* Sourate VI, verset 38.

« nous avons faite aujourd'hui. » — « Ce délai est absolument
« indispensable, ajouta Ibn Kemâl. »

« En disant ces mots, Ibn Kemâl avait probablement pour
but, — car Dieu seul sait si cela est vrai, — de faire éclater
sa supériorité aux yeux du sultan en lui montrant qu'il avait,
lui, trouvé de suite une solution que les docteurs seraient
incapables de donner, même après un long temps de réflexion.
Car s'il eût fait connaître son opinion séance tenante, on
n'eût sans doute pas manqué de dire qu'il aurait été possible
d'arriver au même résultat après examen et réflexion.

« Le sultan accorda donc les sept jours de délai, puis
quand ils furent expirés, il réunit de nouveau les docteurs
et renouvela sa question : « Notre réponse aujourd'hui est la
« même que celle que nous avons faite il y a sept jours,
« répondirent les docteurs. » — « Prince, dit alors Ibn Kemâl,
« ces imams ont tous pu lire dans le Livre de Dieu que tu
« entrerais cette année en Égypte avec tes fils et tes armées,
« seulement ils n'ont pas saisi le sens de ce passage. » —
« Où cela se trouve-t-il, demandèrent les docteurs ? — Dans
« le passage suivant du Coran, répartit Ibn Kemâl : « Et déjà
« nous avons écrit dans les Psaumes, et cela après l'Invoca-
« tion : la Terre sera l'héritage de mes adorateurs vertueux[1]. »
A ces mots les docteurs se prirent à rire, et s'écrièrent :
« Quel rapport peut-il bien y avoir entre ce verset et le sujet
« qui nous occupe. »

« Ces mots « Et déjà », dit Ibn Kemâl, donnent exacte-
« ment la même valeur numérique que le mot « Sélim »,
« d'après l'évaluation du *djomal*[2], chacun de ces deux
« groupes de lettres valant cent quarante. L'indication four-

---

1. *Coran*. Sourate XXI, verset 105.
2. Le mot *djomal* signifie addition ; par suite on donne ce nom à une sorte de procédé de divination qui consiste à additionner la valeur numérique des lettres d'un texte du Coran pour connaître la date à laquelle un fait déterminé doit se produire.

« nie par le verset devient donc : « Sélim, nous avons écrit
« dans les Psaumes et cela après 920 : la Terre sera l'héri-
« tage de mes serviteurs vertueux. » En effet, les lettres du
« mot « l'Invocation » en supprimant l'article donnent la
« valeur de 920 ci-dessus marquée ; la « Terre » dont il est
« question dans ce sublime verset est bien la terre d'Égypte,
« selon l'opinion de nombreux commentateurs et les « servi-
« teurs vertueux », en ce moment, sont certainement les sol-
« dats du sultan Sélim, car il n'y a pas parmi les musulmans
« de toutes les contrées de la terre de soldats plus dignes
« qu'eux de pratiquer la guerre sainte et qui aient fait plus
« de conquêtes dans les pays occupés par les chrétiens. Ils
« sont, du reste, les seuls qui suivent les préceptes de la
« Sonna[1] et les doctrines orthodoxes, car pour ce qui est des
« autres musulmans, les uns, comme dans l'Irâq, une grande
« partie du Yémen et de l'Inde, ont de fausses croyances ;
« d'autres, les habitants du Maghreb, par exemple, ne
« suivent point exactement les vraies pratiques de l'Islam ;
« enfin, il en est qui, comme les habitants de l'Égypte, se
« sont laissés séduire par les attraits de la vie terrestre. »

« Continuant alors dans cet ordre d'idées, Ibn Kemâl
développa éloquemment sa proposition et ravit d'aise le sultan Sélim par son discours. Les docteurs concédèrent que
l'allusion du verset avait été fort bien déduite : « Cependant,
« ajoutèrent-ils, tout cela ne suffit pas à justifier une décla-
« ration de guerre à un prince qui n'a point manqué à ses
« devoirs et n'a point fait acte d'agression contre un seul
« musulman. Or, en admettant que l'indication coranique
« dût avoir la portée indiquée, il faudrait encore s'appuyer
« sur un des motifs fournis par la loi musulmane. »

« Sire, dit Ibn Kemâl, rien n'est plus aisé que cela. Faites

---

1. Ce mot désigne le droit coutumier, canonique, civil et criminel fondé non sur un texte du Coran, mais sur les décisions rendues par Mahomet.

p. ١٠ « parvenir au prince ghouride les paroles suivantes : « Venu « dans ces contrées et n'ayant pu mettre à exécution le pro- « jet qui m'y avait amené, j'ai résolu de me rendre dans le « Hedjâz pour y accomplir les devoirs du pèlerinage. La « route que j'ai à suivre traverse votre pays, et c'est chez « vous seulement que je puis m'approvisionner. En consé- « quence, je viens vous demander de m'autoriser à passer « sur votre territoire et à m'y ravitailler. Il est certain que « le ghouride refusera et vous interdira le passage à travers « ses États. S'il agit ainsi, vous aurez légitimement le droit de « le combattre puisqu'il aura fait acte d'hostilité en s'opposant « à votre pèlerinage. »

Cet avis fut approuvé par les docteurs qui étaient partisans de la doctrine suivant laquelle les stratagèmes sont choses licites. Le sultan Sélim écrivit dans le sens indiqué au ghouride et celui-ci répondit en termes grossiers par un refus catégorique : « Vous ne boirez pas une seule gorgée de l'eau du Nil, lui écrivit-il, avant d'avoir passé sur le dos des cadavres. »

« Bien fortifié alors dans sa résolution de conquérir l'Égypte, le sultan Sélim entreprit à cet effet ses préparatifs. Les événements suivirent leur cours, l'Égypte fut prise de vive force. Ibn Kemâl, à la suite de ces circonstances, jouit d'un grand crédit dans l'esprit du sultan Sélim qui lui donna à choisir la fonction qu'il voudrait exercer. Il demanda la dignité de mufti qui lui fut accordée et dans ces fonctions, il se fit une place distinguée en contribuant à la diffusion des études théologiques. Puisse Dieu agréer ses efforts ! » Ici se termine la citation de la *Rihlat*.

Le sultan Sélim pénétra en Égypte en l'année 920 ainsi que l'avait annoncé Ibn Kemâl. Aussitôt entré dans ce pays, Sélim ordonna de mettre à mort le calife abbasside [1] et mit ainsi fin

---

1. Motawakkel.

à cette dynastie. Il fit également périr un grand nombre de savants, de saints personnages, de santons et d'hommes influents. Elghoûrî avait emmené toute cette suite dans l'espérance de s'attirer par là la victoire, mais tout cela ne put le mettre à l'abri des arrêts du Destin. Dites : « Qui donc pourrait quelque chose contre Dieu qui, s'il l'avait voulu, aurait fait périr le Messie fils de Marie, sa mère et tous ceux qui sont sur la terre[1]. »

Peut-être que celui qui a trouvé l'annonce de la dynastie saadienne dans le Coran a-t-il fait allusion à la déduction de Ibn Kemâl, car l'autorité des chérifs saadiens commença effectivement à s'établir dans le cours de l'année 920 ainsi qu'on le verra plus loin. Toute science est par devers Dieu.

Il y a quelque chose d'analogue à ceci dans ces mots que j'ai lus écrits de la main même du jurisconsulte, le grand-cadi de la capitale ismaïlienne, Abou Abdallah Mohammed ben Abderrahman Elmedjâsî : « Certain de mes amis, Abdkerim Essidjilmâssî a trouvé le chiffre de 1400 qui, dit-on, indique le nombre d'années que durera cette nation, dans ces mots du prophète Daniel rapportés dans le Coran : « Et déjà « ses indices sont venus[2]. »

CHAPITRE III

SUITE DU RÉCIT RELATIF AU RÈGNE DU PRINCE ABOU ABDALLAH ALQAIM-BIAMRILLAH

Au dire de Ibn Elqâdhî, Abou Abdallah Elqâïm eu avec le cheikh, le bienheureux Abou Abdallah Moham-

---

1. *Coran.* Sourate v, verset 19.
2. *Coran.* Sourate xlvii, verset 20.

med ben Mobârek dont il a été parlé ci-dessus, une entrevue dans la localité appelée Aqqa, sise dans le Sous ultérieur. Après un entretien avec le cheikh, Elqâïm retourna dans la province du Draâ où il avait sa résidence. Cet événement eut lieu en l'année 915 (1509-1510) et l'année suivante, par conséquent en 916 (1510-1511), les jurisconsultes des Masmouda[1] et les chefs des tribus adressèrent une députation à Elqâïm, le priant de se mettre à leur tête et lui offrant de remettre entre ses mains le soin de toutes leurs affaires. Cédant à leurs sollicitations, Elqâïm se rendit à leur désir et prit rendez-vous avec eux dans un bourg nommé Tedsi, près de Taroudant : là il reçut le serment de fidélité du peuple qui se trouva dès lors uni de cœur avec lui et unanimement disposé à faire la guerre sainte. Il convia aussitôt les populations à marcher contre les chrétiens et à les chasser du port de Teftent[2]; de nombreux contingents répondirent à son appel, on marcha à l'ennemi et on l'attaqua. Dieu décida la victoire en faveur de Elqâïm; il mit en pièces les membres de l'infidélité avec les griffes du triomphe; il chassa de son repaire le serpent de l'erreur et fit rentrer dans leur patrie les égarés de la religion.

En présence de ce succès, les musulmans reconnurent que Elqâïm était né sous une heureuse étoile et augurèrent favorablement de sa destinée; leur affection pour lui en devint plus vive et ils lui témoignèrent le plus grand respect.

Rentré ensuite à Tedsi, Elqâïm eut avec quelques uns des chefs de ce bourg des démêlés qui l'amenèrent à quitter le pays; il retourna alors dans le Draâ où il demeura jusqu'en l'année 918 (1512-1513), époque à laquelle il revint à Tedsi.

1. Une des grandes tribus berbères dont les descendants sont établis au sud du Maroc.
2. ou Fonti, source et village près d'Agadir ou Santa-Cruz sur l'océan Atlantique, dans la province de Sous.

Cette fois son séjour ne fut point troublé, Dieu ayant fait disparaître de cette bourgade les causes qui l'en avaient éloigné.

Sur l'invitation de Elqâim, les habitants de Tedsi prêtèrent serment de fidélité à l'aîné de ses fils, Aboulabbàs Ahmed Elaaredj. Les chefs du Haha et du Chiâdhma ayant appris la belle conduite de Elqâim et le triomphe de ses armes, se rendirent auprès de lui et se plaignirent de la situation que leur créaient la présence de l'ennemi sur leur territoire et les vives attaques qu'ils avaient à en subir. En conséquence, ils prièrent le prince de se transporter dans leur pays et d'y amener son fils, l'héritier présomptif. Elqâim accéda à leur requête; accompagné de son fils il se mit en route avec eux et alla s'établir à l'endroit dit Foughal, dans la province de Haha. Quant à son fils cadet Abou Abdallah Mohammed Elmahdi, il le laissa dans le Sous afin d'organiser le pays, d'y asseoir les bases de son empire et de harceler l'ennemi nuit et jour. Abou Abdallah Elqâim demeura à Foughal jusqu'à l'époque de sa mort, qui survint en 923 (1517-1518).

En cette même année, les Turcs établirent leur autorité sur le Maghreb central[1] en s'emparant des villes d'Alger, de Tlemcen et des territoires qui les avoisinaient. Avant cette époque, ils ne possédaient rien dans le Maghreb et n'exerçaient aucune influence sur ce pays. Voici comment ils furent amenés à faire cette conquête.

Le cheikh, l'imam, le docte Aboulabbàs Ahmed ben Elqâdhi Ezzouâouï était animé d'un vif désir de combattre les infidèles et sentait une force irrésistible le pousser contre eux. D'ailleurs ce personnage jouissait d'une grande célébrité dans les plaines et les montagnes du Maghreb, et voici le jugement que portait sur lui le cheikh Sidi Abdallah Elhibthî : « Je n'ai vu personne qui ait conservé dans toute sa pureté la tradition

---

[1]. Le Maghreb central correspondait à peu de chose près au territoire actuel des provinces d'Alger et d'Oran.

prophétique et ait imité la conduite de l'Envoyé de Dieu, à l'égal de Sidi Ahmed ben Elqâdhî chez les Zouâoua et Sidi Saïd ben Abdelmonaïm dans le Haha. »

Quand Sidi Ahmed, dont il vient d'être parlé, vit la puissance redoutable des chrétiens s'étendre dans les pays du Maghreb, et les musulmans, dans leur faiblesse, incapables de les repousser, il entra en correspondance avec les Turcs et leur dépeignit l'importance de ces contrées. Ce qui l'avait engagé à agir ainsi, c'est qu'il avait entendu vanter la vigueur militaire des Turcs et leur bravoure dans les combats et les dangers, et qu'il avait entendu parler de la terreur qu'ils inspiraient aux infidèles. Ce fut donc avec les meilleures intentions qu'il leur demanda de relever le prestige effacé de l'Islam et de lui rendre sa vigueur affaiblie : « Notre pays, disait-il, sera à vous, à votre frère, ou au loup. »

Les Turcs se hâtèrent d'accourir à l'appel du cheikh et celui-ci engagea vivement la population à faire cause commune avec eux, à entrer dans leurs rangs et à obéir aveuglement à leur émir et bey Aroudj Ettorkomânî[1]. Mais après être entrés dans Alger et dans Tlemcen, les Turcs, usant de ruse, firent périr traîtreusement le cheikh dont ils redoutaient l'influence pour leur suprématie. Sidi Ahmed succomba en martyr en l'année 930 (1523-1524).

Maîtres de Tlemcen, les Turcs s'y livrèrent à toutes sortes d'exactions. Aroudj mit au pillage les biens des habitants et, les broyant sous la meule de la ruine et de la férocité, il les accabla de mille maux, puis il les laissa pour se rendre chez les Beni Yznasen[2].

Débarrassés pour un moment de Aroudj, les habitants de Tlemcen craignirent qu'au retour de son expédition il ne

---

1. L'aîné des frères Barberousse.
2. Les Beni Yznasen habitent au nord de Oudjda sur la rive droite et près de l'embouchure de la Molouïa.

voulût les exterminer. Ils s'adressèrent dans cette circonstance au cheikh, à l'imam, au savant de Tlemcen qui, à cette époque, était Aboulabbâs Ahmed ben Melouka ; ils se plaignirent à lui des violences que Aroudj leur avait fait subir précédemment et lui marquèrent la crainte que leur inspirait son retour. En entendant ces plaintes, le cheikh éprouva d'abord un vif saisissement, puis frappant le sol de sa main, il s'écria : « Par Dieu ! il ne rentrera jamais à Tlemcen. » Ce disant, il avait foi en Dieu pour réaliser sa menace qui s'accomplit en effet, car Aroudj périt avec tous les renégats et les Turcs qui l'accompagnaient.

Ce cheikh était un de ceux auxquels se sont appliquées ces paroles véridiques du Prophète dont tous les dires se sont réalisés : « Parmi les adorateurs de Dieu il en est qui obtiennent la réalisation des choses qu'ils affirment en son nom. »

Lorsque le sultan Abou Abdallah mourut dans la localité de la province de Haha que nous avons indiquée, son corps fut enterré en cet endroit, vis-à-vis du mausolée du bienheureux patron, le pôle brillant, le maître dans la voie droite, la source de vérité, Abou Abdallah Sidi Mohammed ben Seliman Eldjezoûlî, l'auteur du *Delâil elkheirât*[1].

Cette inhumation eut lieu avant la translation à Maroc des restes du cheikh Eldjezoûlî, mais lorsque la dépouille mortelle du cheikh fut transférée dans cette ville par les soins du sultan Aboulabbâs Elaaredj, ce prince ordonna de transporter également les restes de son père et de les ensevelir auprès de ceux du cheikh Eldjezoûlî, à l'endroit de la ville de Maroc où ils sont encore aujourd'hui.

Voici maintenant à quel propos eut lieu la translation des cendres d'Eldjezoûlî. Omar Elmeghîtî Ecchiâdhmî, connu

---

1. Le *Delail elkheirât* est un petit recueil de prières en l'honneur du Prophète : il jouit d'une très grande vogue dans toutes les contrées musulmanes du nord de l'Afrique.

sous le nom de Esseyyâf (le bourreau), avait pris les armes, après la mort du cheikh Eldjezoûlî, sous le prétexte de tirer vengeance de ceux qui avaient empoisonné le cheikh, celui-ci ayant en effet succombé aux effets du poison. Omar s'était présenté au peuple comme prétendant au trône, puis ayant retiré le corps du cheikh de sa tombe il l'avait fait transporter à sa suite et avait été vainqueur de tous ses adversaires tant qu'il avait été accompagné de cette relique. Omar avait fini cependant par être tué à la suite d'événements qu'il serait trop long de rapporter.

Arrivés au pouvoir, les chérifs, craignant que quelqu'un ne se révoltât contre eux et n'usât du procédé employé par Omar, firent transporter le corps de Eldjezoûlî à Maroc. On prétend encore qu'ils prirent cette détermination parce qu'on leur avait dit qu'un trésor était caché sous le corps du cheikh et qu'ils se servirent du prétexte de la translation pour opérer leurs fouilles. Dieu sait ce qu'il y a de vrai dans cela. Cette translation eut lieu dans le courant de l'année 930 1523-1524). Le pouvoir appartient à Dieu.

CHAPITRE IV

RÉCIT RELATIF AU RÈGNE DU SULTAN ABOULABBAS AHMED, SURNOMMÉ ELAAREDJ

D'après Ibn Elqâdhî, qui tenait ce renseignement de Abdelazîz ben Yaqoûb Elahsen, un personnage en qui il avait toute confiance, Elaaredj naquit en l'an 891 (1486), et le serment de fidélité lui fut prêté, à la demande de son père, en 918 (1512).

CHAPITRE QUATRIÈME

Quelque temps après avoir fait reconnaître son fils comme héritier présomptif, Elqâïm mourut. Elaaredj mit aussitôt tous ses soins à organiser ses États, à réunir des troupes et à les cantonner dans les places fortes. Il lança de nombreuses expéditions contre les ennemis infidèles à Talmest et à Asfî. Les chrétiens s'étaient répandus sur toute la zone maritime, et après l'avoir ravagée, ils s'étaient établis à demeure sur tous les points de la côte. Elaaredj les chassa de ces contrées, que Dieu purifia ainsi de leur contact impur.

On rapporte que les chrétiens (Dieu les anéantisse!), considérant les pertes d'hommes tués ou faits prisonniers qu'ils avaient eu à subir, évacuèrent Azemmour et le ribath[1] d'Asila, sans combat. Une troupe de vaillants musulmans, parmi lesquels figuraient le cheikh Abou Abdallah Mohammed ben Sâsi et le cheikh Abou Mohammed Abdallah Elkoûch, pénétra en toute hâte dans la place d'Azemmour afin de la garder en attendant que les musulmans eussent eu le temps de rassembler les troupes nécessaires pour terrasser les infidèles et sauvegarder cet *œuf* de l'Islam, car on craignait un retour offensif de l'ennemi.

Le destin prescrit par Dieu voulut en effet que les ennemis revinssent bientôt et qu'ils s'emparassent de tous les musulmans qu'ils trouvèrent dans la place. Les deux cheikhs, dont il vient d'être parlé, furent faits prisonniers, mais plus tard ils recouvrèrent la liberté moyennant rançon.

On raconte qu'au moment où, après avoir recouvré la liberté, le cheik Elkoûch se disposait à partir, une femme chrétienne, dont il avait été l'esclave, lui dit: « J'ai quelques livres ayant appartenu à des musulmans, prenez-les. » Le cheikh les prit et les plaça dans une corbeille qu'il chargea sur

---

1. On appelait *ribâth* des sortes de couvents dans lesquels vivaient des musulmans qui se consacraient exclusivement à la prière et à la défense du pays contre les chrétiens.

sa tête. Parmi ces livres se trouvait le *Tenbih Elanâm*[1], ouvrage connu par les prières qu'il contient sur le meilleur des êtres (Mahomet) et qui fut introduit pour la première fois dans ces contrées par l'entremise du cheikh ci-dessus nommé.

Dès que le renom du sultan Aboulabbâs Ahmed Elaaredj se fut répandu au loin par tous pays, que sa puissance eut grandi et que son autorité fut établie sur tous les districts du Sous, les populations se rallièrent à lui de tous côtés, et lui députèrent des ambassades. Les émirs de Hintata et les princes de Maroc entrèrent d'abord en correspondance avec lui, puis se soumirent à son autorité ; enfin, dans le courant de l'année 930 (1523-1524) il entra dans la ville de Maroc.

Le souverain mérinide[2] était à Fez, lorsqu'il apprit la nouvelle de l'entrée des chérifs à Maroc. Aussitôt il se mit en route pour cette dernière ville à la tête de troupes nombreuses, ayant avec lui son vizir et cousin paternel Mesaoud ben Ennâser.

Jugeant qu'il ne pourrait résister au Mérinide en rase campagne, le sultan Aboulabbâs se fortifia dans Maroc ; il mit les remparts en état de défense, les garnit de soldats et d'obusiers, puis il soutint le siège pendant un certain temps.

On raconte qu'il y avait en ce moment-là à Maroc le cheikh instruit en Dieu, le grand pôle Abou Mohammed Sidi Abdallah Elghezouâni. C'était ce cheikh qui, après avoir eu des démêlés avec les Beni Ouattâs, et avoir été mis en prison ainsi que ses disciples, avait, au moment où il sortait de Fez pour se rendre à Maroc, pris son burnous et s'était écrié en montrant la ville qu'il quittait : « O royauté de Fez, viens avec moi et allons à Maroc. » Un jour on vint lui dire que les habitants de la ville étaient cruellement éprouvés par le

---

1. Ouvrage dû à Abdeldjelil ben Mohammed b. Ahmed b. Hathoum (peut-être علطوم Addhoum) Elmorâdi Elqaïrouâni. Cf. *Hadji Khalfah*, édit. Fluegel, t. II, p. 425.
2. Ahmed ben Mohammed.

siège. Aussitôt le cheikh monta à cheval et, suivi de ses disciples, il sortit de la ville de Maroc par la porte connue sous le nom de porte du cheikh Aboulabbâs Essebti. Tandis qu'il s'arrêtait à considérer les soldats du Mérinide occupés à tirer sur les gens placés sur les remparts, une balle vint le frapper à la poitrine, transperça sa tunique et s'aplatit sur sa chair comme un morceau de pâte tombant sur un roc très dur. Prenant alors cette balle dans sa main, le cheikh dit : « Voici le sceau de cette guerre », puis il rentra dans la ville. Ce même soir, le Mérinide reçut la nouvelle que ses cousins s'étaient révoltés contre lui à Fez, où ils avaient fait méconnaître son autorité et, dès le lendemain, il s'éloigna de Maroc.

Ainsi se vérifièrent les paroles du cheikh Elghezouânî, car depuis ce jour, le prince mérinide ne revint plus à Maroc et n'entra même plus dans le district de cette ville. Ce fut aux environs de Tadela seulement qu'Aboulabbâs eut une nouvelle rencontre avec le Mérinide. Ils se livrèrent bataille dans une localité appelée Anmâï, au mois de dzoulkaada de l'année 935 (juillet 1529), et se séparèrent après avoir conclu la paix.

Plus tard, le Mérinide marcha de nouveau contre Elaaredj. La rencontre, cette fois, eut lieu à Bou Oqba, un des gués de l'Ouad Elabîd [1], et le Mérinide fut encore vaincu. Cette bataille eut lieu le vendredi, 8 du mois de safar de l'année 943 (28 juillet 1536).

Les populations, comprenant le danger que faisaient courir au pays les pertes en hommes qu'occasionnait la lutte entre le sultan mérinide et Aboulabbâs Elaaredj, s'interposèrent entre ces deux princes et essayèrent de les amener à faire la paix en consentant de part et d'autre à un partage de territoire.

Les négociations de cette affaire furent confiées à un grand nombre de savants et de pieux personnages au nombre des-

---

1. Affluent de la rive gauche de l'Ouad Omm-errebia.

quels se trouvaient Sidi Omar Elkhettâb, dont le corps repose dans la montagne de Zerhoun, et Sidi Elmahdjoub, connu sous le surnon de Abou Errouaïn. Ce dernier personnage était un illuminé, brouillon et exalté, aussi lui avait-on bien recommandé de garder le silence de peur qu'il jetât le trouble dans la discussion.

Quand les négociateurs se présentèrent devant le sultan Aboulabbâs Elaaredj et devant son frère Mohammed Eccheikh et qu'ils eurent fait connaître les motifs de leur démarche, ils ne trouvèrent chez ces deux princes qu'un accueil hautain, froid et dédaigneux, ceux-ci n'étant guère disposés à se prêter au désir des populations. Ce fut alors que le cheikh Sidi Omar Elkhettâb leur lança cette imprécation : « Puissiez-vous ne jamais entrer dans Fez tant que je serai sur la surface de la terre ! » Et effectivement, les deux princes n'entrèrent à Fez que quelque temps après la mort d'Elkhettâb.

Si, disait alors quelqu'un, les Beni Merin avaient été habiles, ils n'auraient pas laissé enterrer Sidi Omar Elkhettâb ; ils l'auraient fait enfermer dans une châsse qu'on aurait portée à dos d'homme, le cheikh ayant espressément dit « tant que je serai à la surface de la terre ». Je donne cette histoire telle qu'elle est racontée par l'auteur du *Momatti' elasmâ'*.

D'après le commentateur du *Zahret ecchemârikh*, la paix fut conclue entre les deux souverains sur les bases suivantes : les chérifs devant régner sur le pays qui s'étend de Tadela au Sous, et les mérinides sur le territoire compris entre Tadela et le Maghreb central. Le même auteur ajoute que le grand-cadi de Fez, Aboulhasen Ali ben Haroun Elmethgharî, des Methghara de Tlemcen, le célèbre imam Abou Mâlek Abdel-ouâhed ben Ahmed Elouancherîsî et d'autres personnages de Fez assistèrent à la conclusion de ce traité.

On raconte que lorsque les assistants se furent mis d'accord pour conclure la paix et que les conditions, en ayant été fixées, le bruit des voix se fut apaisé et le brouhaha calmé, on apporta un écritoire et du papier pour rédiger les termes du traité. Tous les savants présents à qui l'on avait successivement offert ces objets ayant baissé les yeux en s'effaçant et les ayant repoussés dans la crainte d'écrire au milieu de cette assemblée quelque chose qui ne fût pas digne des parties contractantes, le grand-cadi de Fez se leva, prit l'écritoire, le papier et les plumes et plaça le tout devant Abou Malek. Celui-ci rédigea aussitôt un magnifique protocole ; il disposa ensuite avec un art admirable les clauses du traité et les formula d'une manière si merveilleuse qu'il excita l'étonnement de tous les assistants. Chacun admira ce sang-froid et cette lucidité d'esprit dans une réunion aussi solennelle qui aurait rendu muets de respect et d'admiration les orateurs les plus éloquents. Le grand-cadi de Fez se leva ensuite et, baisant Abou Mâlek entre les deux yeux, il lui dit : « Dieu vous récompense au nom de tous les musulmans ! D'ailleurs ce n'est point votre première bonne œuvre, ô descendant de Abou Bekr. » Cet événement se passa dans le courant de l'année 940 (1533-1534).

CHAPITRE V

RÉCIT DE LA DÉPOSITION DU SULTAN ABOULABBAS ELAAREDJ, DE SON EMPRISONNEMENT QUI DURA JUSQU'A SA MORT ET DES MOTIFS QUI AMENÈRENT CES ÉVÉNEMENTS.

Tandis qu'Aboulabbâs Elaaredj s'élevait dans la royauté et la puissance au rang que nous avons dit, son frère, Mohammed Eccheikh, plus jeune que lui, demeurait sous ses ordres prêt à lui obéir au moindre signe. Néanmoins Aboulabbâs consultait son frère et s'entendait avec lui et pour prendre une décision dans les affaires importantes ou dans les circonstances difficiles; il avait également recours à ses lumières dans les ténèbres des combats. Eccheikh était un homme d'action doué d'une vive intelligence, d'une grande netteté de vues et d'une remarquable justesse d'esprit.

L'entente complète entre ces deux princes dura jusqu'au moment où des intrigants intervinrent et altérèrent leurs relations. Par suite leurs sentiments réciproques se modifièrent et la situation changea au point qu'ils en arrivèrent à se livrer bataille; chacun d'eux se mit alors à la tête d'une armée et et une longue lutte s'engagea entre eux.

Dans cette lutte contre son frère Aboulabbâs, Eccheikh fut vainqueur; il arracha des mains de son frère l'anneau de la royauté, s'empara de tous ses trésors et de ses approvisionnements et, l'ayant fait prisonnier, il le fit enfermer avec ses enfants dans la ville de Maroc. Toutefois il attribua au captif une pension considérable et le traita avec les plus grands égards. C'est en l'année 946 (1539-1540) qu'eut lieu cet événement.

Aboulabbâs demeura ainsi interné jusqu'au jour où, ainsi qu'on le verra plus loin, les Turcs firent périr son frère Mohammed Eccheikh dans le Sous ultérieur, et cela dans la dernière décade du mois de dzoulhiddja 964 (25 sept.-5 oct. 1557). Aussitôt que le caïd Ali ben Abou Bekr Azikki, gouverneur de Maroc, eut appris que Eccheikh avait péri, il se hâta de faire mettre à mort Aboulabbâs ainsi que tous les enfants de ce prince, garçons et filles, quel que fût leur âge ; il agit ainsi parce qu'il craignait que les habitants de Maroc ne voulussent élargir son prisonnier et le proclamer souverain, profitant de ce que le fils de son maître, l'héritier présomptif Abou Mohammed Abdallah Elghâleb était alors absent de Maroc et fixé à Fez, où il gouvernait au nom de son père. Tout ceci sera raconté plus loin d'une manière plus explicite.

Un auteur rapporte que le cheikh instruit en Dieu, le saint personnage, le célèbre Sidi Abou Amr Eqasthelî Elandalousî Elmerrakochî se présenta un jour chez le sultan Aboulabbâs Elaaredj avant que celui-ci cût été dépouillé du pouvoir royal, et lui dit en termes fort durs des choses désagréables. Comme le cheikh sortait, un de ses parents lui adressa de vifs reproches, le blâmant d'oser interpeller ainsi un sultan et l'engageant à se méfier de la violence des souverains : « Qu'ai-je à redouter de cet égorgé, s'écria Abou Amr? Par Dieu! je vois sur son cou d'une oreille à l'autre la place où il sera saigné, et si je n'enterre pas moi-même son cadavre, personne ne lui donnera la sépulture. »

Les choses se passèrent ainsi que le cheikh l'avait prédit : quand Aboulabbâs et ses enfants eurent été égorgés, personne n'osa les ensevelir et ce fut Abou Amr qui les mit en terre près du mausolée du cheikh, l'imam Abou Abdallah Sidi Mohammed ben Seliman Eldjezoûlî. La coupole qui surmonte leurs tombes est celle qui est voisine du mausolée de l'imam Eldjezoûlî et qui porte le nom de *Qobour elachráf* (les tombeaux des chérifs).

Selon Ibn Elqâdhî, Aboulabbâs régna vingt-deux ans, et il s'écoula trois jours entre sa mort et celle de son frère. Parmi ses chambellans on cite : Mohammed ben Ali Elankarthî et Mohammed ben Abou Zëid Elmetrâzî et parmi ses secrétaires, Saïd ben Ali Elhâmidî. Dieu fasse à tous miséricorde! C'est à lui seul qu'appartiennent l'empire, l'immutabilité et l'éternité.

CHAPITRE VI

RÉCIT RELATIF A ZIDAN BEN ABOULABBAS ELAAREDJ

On n'est pas d'accord, dit l'auteur du *Dorret elhidjâl*, sur la question de savoir si Zìdân fut ou non proclamé souverain après la mort de son père. Suivant l'auteur du *Zahret ecchemárikh*, Zìdân, qui était à ce moment à Sidjilmassa, reçut dans cette ville le serment de fidélité, mais il ne régna pas. Il mourut en l'année 960 (1553).

CHAPITRE VII

DES PREMIÈRES ANNÉES DU RÈGNE DU SULTAN ABOU ABDALLAH MOHAMMED ECCHEIKH, FILS DU PRINCE DES CROYANTS ABOU ABDALLAH ELQAIM-BIAMRILLAH.

Ce prince, qui naquit en 893 (1488), fut surnommé Amghâr, mot qui, en lange berbère, signifie « ancien »; il porta également le surnom royal de Elmahdi que lui a donné plus d'un historien. Élevé dans la chasteté et la modestie, il se livra à l'étude dès son âge le plus tendre et s'attacha aux hommes de science. Il reçut les leçons d'un grand nombre de maîtres et la solidité de son instruction devint telle, qu'il obligea fort souvent les cadis, dont il discutait les sentences ou contrôlait les décisions, à reconnaître qu'il était seul dans le vrai. Il composa des gloses marginales sur l'interprétation du Coran, ce qui, entre autres choses, témoigne de sa profonde érudition.

« Ce prince, est-il dit dans le *Monteqa*, était un lettré, d'une instruction variée, dont la mémoire était richement ornée. Mon professeur, Abou Râched, m'a raconté que la conversation de ce prince était des plus séduisantes, que son caractère était élevé et son air imposant. Il ajoutait encore que personne, excepté son maître Aboulhasen Ali ben Haroun, n'avait, à sa connaissance, retenu par cœur un plus grand nombre de morceaux de poésie que ce sultan, qui citait bien souvent ce vers :

« Les hommes se ressemblent et les circonstances sont identiques ;
le sort est le même pour tous et le monde appartient à qui sait vaincre.

Eccheikh possédait tout le Coran par cœur et le comprenait admirablement. Il avait aussi appris le *Divan* de Motanebbi, pensant bien faire, contrairement à l'opinion du *Sahih* de Elbokhârî[1] et il savait tout ce qui avait été dit sur ce poète. Parlant du commentaire de Ibn Hadjar[2], il disait que rien d'aussi beau n'avait été composé dans tout l'Islamisme, et que cet auteur était un maître dans l'interprétation du Coran et dans les autres sciences.

Le prince engageait vivement les gens à donner des conseils, disant que cela était surtout nécessaire à l'égard d'un souverain, et, à ce propos, il citait ce vers du poète :

« Combien de gens ignorent leur propre valeur, en sorte que d'autres voient en eux ce qu'ils n'y voient pas eux-mêmes. »

Un souverain, disait-il encore, doit longuement réfléchir ; cette lenteur dans la réflexion qui, en général, est un défaut,

---

1. Ce *Sahih* est le recueil le plus estimé des traditions relatives au Prophète et forme, par suite, une des principales sources du droit musulman.
2. Chihâb-eddin Ahmed, surnommé Ibn Hadjar Elasqalâni.

devient, chez un prince, une qualité utile à ses sujets. C'est à la suite de mûres réflexions, ajoutait-il, que j'ai réussi à conquérir Tlemcen, Ceuta et bien d'autres villes.

Quant au motif qui lui avait fait apprendre par cœur le *Divan* de Monatebbi, le voici tel que je l'ai vu donné par l'auteur du *Dauhat* : « Le vénéré vizir Abou Abdallah Mohammed, fils de l'émir Abou Mohammed Abdelqâder, fils du sultan Abou Abdallah Mohammed Eccheikh Eccherif, m'a raconté le fait suivant : La tribu de Monabaha, ayant trahi mon grand-père, le sultan ci-dessus nommé, celui-ci, après avoir échappé grâce à Dieu, à cette trahison, avait adressé le récit de cet événement au cheikh Abou Mohammed ben Omar. Le cheikh lui répondit par une lettre contenant ces mots : « Ah! « que vous êtes loin de ces paroles de Aboutthaïeb Elmotanebbi :

« La loyauté a disparu depuis la trahison de Ohod[1] ; la sincérité fait maintenant défaut aussi bien dans les récits que dans les serments. »

« Ce fut alors que le sultan se consacra entièrement à l'étude du *Divan* de Motanebbi jusqu'à ce qu'il l'eût appris en entier sans en omettre un seul vers. »

Ibn Omar, dont il vient d'être question, était un des professeurs du sultan Eccheikh ; son nom complet était Abdallah ben Omar Elmethgharî. Il avait suivi les leçons de Abou Abdallah Elghoûrî, de Elouancherîsî, l'auteur du *Miyâr*, et d'autres maîtres. C'était un homme très instruit et doué d'une grande mémoire ; il mourut dans le Draâ en 927 (1521). Du moins c'est ce que rapporte Ahmed Baba dans le *Kifayet elmohtadj*, car l'auteur de *Elfaouâid* dit qu'il mourut en 958 (1551), ce qui est plus vraisemblable.

L'affection que Ibn Omar éprouvait pour le sultan Abou

---

1. Vaincu par les Qoreïchites au combat de Ohod, Mahomet attribua sa défaite à la trahison de Abdallah, fils d'Obayy, fils de Saloul.

Abdallah et pour le frère de celui-ci, le sultan Aboulabbàs Elaaredj était très vive. On a déjà vu par le récit de l'auteur du *Dauhat*, que Ibn Omar avait été le promoteur de l'arrivée au pouvoir de ces deux princes. Il fut envoyé par le sultan en ambassade dans le Sous auprès du prince Abdallah, son élève.

Dans son livre intitulé *Elfaouâïd*, Abou Zéïd rapporte le récit suivant de Abou Mohammed Abdallah ben Mobârek Elaqàouni, qui disait le tenir de Abou Otsmàn Elhoûzàli :
« Un jour que Ibn Omar revenait d'une mission diplomatique dans le Draâ, les jurisconsultes de ce pays lui demandèrent son opinion sur les gens du Sous : « Dans ce pays-là, « répondit-il, j'ai trouvé des jurisconsultes ayant de piètres « doctrines, des dévots toujours en dispute, et une populace « adonnée à toutes sortes de vices. »

C'est à Ibn Omar interrogé sur le *modd*[1] du Prophète qu'on doit la réponse suivante :

« Salut à vous, maîtres, et que Dieu répande sur vous sa miséricorde et ses bénédictions !

« Vous m'avez demandé quelle était la valeur du *sâ'*[2] du Prophète ; je vous réponds, en priant Dieu qu'il me seconde, et vous donne ci-après le résultat de mes travaux et de mes études sur ce sujet, qui a été de ma part l'objet de longues recherches.

« Celui qui désire savoir exactement ce qu'est un sâ' et en connaître expérimentalement la capacité, doit prendre des grains d'orge de moyenne grosseur et dont les extrémités ont été émondées et en réunir 34,601 et trois cinquièmes. En effet, le *rothl* pesant 128 dirhems sunnites, et le

---

1. Mesure de capacité pour les grains.
2. Le *sâ'* est le nom ordinaire de la mesure de capacité employée par les Barbaresques.

dirhem sunnite étant de cinquante grains et deux cinquièmes, si vous multipliez par 4 le contenu du modd vous obtenez le produit total qui vient d'être indiqué pour le sâ'[1].

« Voici maintenant ce qui m'a amené à ce résultat. Lorsque j'apportai de Fez (que Dieu la protège !) le modd, le sâ' et le demi-sâ', je rencontrai mon professeur, le glorieux jurisconsulte Abou Ali Elhasen ben Otsmân ben Abdallah Ettâmeli : « Rapportes-tu de Fez le saâ du Prophète et son « modd, me demanda-t-il ? » Je répondis que je les avais effectivement, et en même temps je dis à mon compagnon de les retirer de nos bagages. A peine le cheikh les avait-il aperçus qu'il se prit à rire et me dit : « Par le maître de la « Kaaba ! tu ne nous as rapporté ni le sâ', ni le modd du « Prophète ; on s'est trompé d'une façon honteuse sur ses « mesures. » Comme il paraissait les trouver trop grandes et qu'à cette époque j'étais plein d'enthousiasme pour Fez et ses habitants, je m'écriai : « Craignez Dieu, cher maître ! « Comment osez-vous soupçonner d'une erreur la capitale « des musulmans ! Voyez ces poinçons marqués sur ces « mesures par l'illustre savant chargé de surveiller les me- « nuisiers ; aucun de ces artisans ne peut vendre ni modd, « ni sâ' sans qu'il ait été poinçonné après examen préalable. » — « Faites bien attention, me répondit-il, l'erreur des gens « de Fez provient de ce que tout en s'appuyant sur le dire « des jurisconsultes qui assurent que le modd pèse un rothl « et un tiers, ils se servent pour en établir le poids de choses « légères ; or, ne pensez-vous pas que s'ils s'étaient servis de « paille, par exemple, leurs mesures eussent été encore « beaucoup plus grandes. »

« Convaincu de la justesse de ces paroles, je me mis à la recherche de la vérité. Je me suis alors appuyé sur ces

---

[1]. Le calcul indiqué ici est inexact ; le produit serait de 37.804 et quatre cinquièmes et non 34.601 et trois cinquièmes.

paroles de Abou Râched Elgafsî qui me revinrent à la mémoire : « Le sâ‘ que tu nous a apporté de Fez contient « dix-huit jointées, tandis que le nôtre n'en contient que douze ; « il y a donc entre les deux un écart d'un tiers. » Quiconque voudra mettre sa conscience à l'abri n'aura qu'à payer la dîme de la Rupture du jeûne avec la plus grande mesure et prendre la plus petite pour l'évaluation de la base de l'impôt. »

Parmi les professeurs du sultan Abou Abdallah on cite également l'imam connu, le maître célèbre, le grand cheikh de la contrée du Sous, Abou Ali Elhasen ben Otsmân Ettâmeli. Ce cheikh est mentionné dans le *Monteqa* comme un homme d'un grand savoir et un historien : il consacrait tout son temps à enseigner, ne prenant jamais de repos et multipliant ses veilles en leçons et en pratiques de dévotion. Quand il se sentait invinciblement gagné par le sommeil, il posait sa tête sur une pierre afin d'être réveillé par ce dur contact et jamais il ne demeurait plongé dans un sommeil profond.

Ses cours duraient toujours fort longtemps et il lui arrivait parfois d'étudier jusqu'à quatorze règnes dans une même leçon. A force d'avoir copié et enseigné le *Taudih*[1] de Khelil, il posséda ce livre par cœur. On assure qu'il le copia quatorze fois, et pendant son séjour à Fez il vivait du produit des copies de cet ouvrage et des copies de la *Risâla*[2]. Tous ces détails, dit Elmendjoûr dans son *Fahrasat*[3], je les tiens d'un neveu du cheikh, l'homme digne de confiance, l'érudit, le noble, le bienfaisant, le bon conseiller, le bienheureux,

---

1. Le *Taudih* est le grand ouvrage de droit de Sidi Khelil qui en a fait lui-même l'abrégé, aujourd'hui classique chez les Malékites, et qui porte le nom de *Elmokhtasar*.
2. Il s'agit de la *Risâla* d'Abou Zéïd Elqaïrouâni, petit traité de droit classique.
3. C'est le titre qu'on donne souvent aux dictionnaires biographiques.

Aboulhasen Ali ben Selimân ben Abdallah ben Otsmân, que Dieu l'assiste dans l'entreprise qu'il a conçue de diriger les musulmans.

Abou Ali fit un voyage à Fez où il demeura un certain temps. Après avoir suivi dans cette ville les cours de nombreux professeurs, entr'autres ceux de l'imam Elouancherîsì, l'auteur du *Miyâr* et de l'imam Ibn Elghâzì, il revint dans le Sous, son pays natal. Lors de son départ de Fez, son professeur Elouancherîsì lui fit l'honneur de l'accompagner un bout de chemin.

Le *Monteqa* rapporte, d'après un récit de Abou Râched, qu'au moment où Abou Ali allait retourner dans son pays après avoir achevé de suivre les cours de Ibn Elghâzì, il se rendit auprès de son professeur pour lui faire ses adieux. Ibn Ghâzì prit alors la main droite de son élève et lui dit : « Je confie à Dieu ta piété, ta loyauté et la perfection de ton œuvre. » Puis il ajouta : « Maintenant Fez ne produit plus que des filles », se servant pour exprimer cette idée d'un terme tiré de la racine d'un mot ainsi interprété qui se trouve dans ce verset : « Ils lui ont donné comme adorateurs des filles [1]. »

Les habitants du Sous attachent un grand prix aux décisions juridiques de Abou Ali. Ce fut lui qui décida qu'il était licite de manger du gibier tué par les armes à feu, opinion qui fut repoussée par un de ses contemporains, ainsi qu'on peut le voir dans le *Naouâzil* de Abou Mahdì Essektanî. On cite encore de Abou Ali la consultation suivante : « Les biens de main-morte attribués à une mosquée doivent acquitter la dîme aux frais du constituant. Si quelqu'un constitue un bien de main-morte, dont la valeur est imposable, il doit en payer la dîme, sinon, il n'y est pas tenu. Dans le premier cas il n'y

---

1. *Coran*, Sourate XLII, verset 14.

a pas lieu de distinguer si la constitution est faite, partie pour l'entretien de la mosquée et partie pour une œuvre d'enseignement, car les docteurs disent qu'il faut considérer l'ensemble ; or le mot ensemble s'applique à la totalité de ce que la personne a constitué, non, bien entendu, à la totalité des biens de main-morte de la mosquée. Quant à ce qui est acheté avec les fruits du bien de main-morte, il n'a pas à payer la dîme : ce n'est plus en effet la propriété du constituant, et ni la mosquée, ni les constituants défunts ne sont imposables ; dans cette hypothèse la question ne serait à examiner qu'autant que le constituant serait encore vivant. » Les services ainsi rendus par Abou Ali sont nombreux. Il mourut en l'année 932 (1526).

Au nombre des professeurs du sultan Abou Abdallah il faut ajouter encore l'imam, le très docte, le subtil Abou Abdallah Mohammed ben Ahmed Elyestetsnî qui lui enseigna diverses sciences entr'autres l'interprétation du Coran. « J'ai été le lecteur de ce maître, dit Elmendjoûr, et cela en présence du prince des Croyants, le savant, le pieux, le sanctifié, le combattant dans la voie de Dieu, Abou Abdallah qui avait pour Elyestetsnî une très vive affection. »

Elmendjoûr donne encore les détails suivants : « Le cheikh étant mort pendant la nuit, nous allâmes le lendemain matin, son fils et moi, annoncer cette triste nouvelle au sultan. Celui-ci qui était alors dans la mosquée du Mérinide, occupé à lire l'*ouerd*[1] du cheikh, vint aussitôt à nous et se mit à sangloter si fort qu'il attrista tous ceux qui l'entendirent : ce fut un spectacle vraiment touchant. Le sultan demeura ainsi longtemps avant de se calmer ; il connaissait en effet la valeur de ce cheikh qui, par sa foi ferme et pure,

---

1. L'*ouerd* est la formule spéciale de prière imaginée par le fondateur d'une confrérie religieuse ; chaque confrérie a son ouerd particulier.

par ses sages avis, avait rendu service à tous les musulmans, grands et petits. Il assista aux obsèques de ce maître qui mourut en l'année 959 (1552).

Abou Abdallah eut bien d'autres professeurs, mais ce que nous venons de dire à ce sujet est suffisant. Dieu nous seconde !

CHAPITRE VIII

DE L'AVÈNEMENT AU TRÔNE DU SULTAN ABOU ABDALLAH MOHAMMED ECCHEIKH ET DE SES CONQUÊTES

Suivant le commentateur du *Dorret essolouk*, Abou Abdallah Elmahdî fut proclamé souverain à Maroc en l'année 951 (1544-1545). Tout d'abord, il n'exerça son autorité que sur son propre territoire et sur celui de son frère Aboulabbâs le Détrôné, c'est-à-dire sur le pays compris entre Tadela et l'Ouâd Noûl [1].

Bientôt ce prince sentit remuer en lui une ambition royale et une ardeur hachémite [2]; il songea à agrandir ses États et jeta son dévolu sur les villes et les bourgs du Gharb [3]. Rompant la trêve qu'il avait conclue avec les Beni Merîn, il s'attaqua aux débris de leur empire et les accabla sous les plus dures épreuves et les plus terribles calamités. Grâce à la protection divine, il leur arracha la couronne et les dépouilla de tout ce qu'ils possédaient. La ville de Méquinez fut la première ville du Gharb dont il s'empara; il y entra en l'année 955

---

1. Ou Ouâd Noun; c'est cette dernière forme qui a été adoptée par les cartographes.
2. C'est-à-dire digne de la tribu de Hachem, à laquelle appartenait le Prophète.
3. On désigne sous ce nom la province dont Alcazar Elkebir est le chef-lieu, mais on étend souvent cette dénomination à tout le territoire de Fez et de Méquinez.

(1548), après en avoir fait le siège et lui avoir livré l'assaut.

« Mohammed Eccheikh, dit l'auteur du *Dauhat* avait déjà pris Méquinez et pressait la population de Fez de se rendre à lui quand le cheikh Abou Errouâïn vint le trouver et lui dit : « Sire, achetez-moi la ville de Fez moyennant cinq cents dinars. » — « Mais, répondit le sultan, Dieu n'a rien révélé qui puisse donner un pouvoir pareil et la loi est muette sur ce point. » — « Par Dieu ! s'écria alors Abou Errouâïn, vous n'entrerez pas dans Fez cette année. »

Comme on était resté de longs mois devant cette place, sans autre résultat que de voir s'accentuer la résistance des habitants, le prince Abou Mohammed Abdelqâder dit au sultan, son père : « Faites donc, mon cher père, ce que vous a demandé le cheikh Abou Errouâïn, car c'est un homme béni du Ciel, un des saints de Dieu. » Le jeune prince ayant réitéré ses instances, le sultan l'autorisa enfin à entrer en pourparlers avec le cheikh. Celui-ci demanda alors à Abdelqâder de lui remettre la somme fixée, puis quand ce payement lui eut été fait, il dit : « A la fin de cette année, si Dieu le veut, cette affaire sera terminée : j'agis ainsi par l'ordre du Très-Haut. » Le même jour, le cheikh Abou Errouâïn distribua aux pauvres et aux malheureux tout l'argent qu'il avait reçu et n'en garda pas même une seule pièce pour lui-même. A dater de ce moment le sultan eut l'avantage et, dès la fin de l'année, suivant la prédiction faite, il entra dans la ville de Fez.

Selon l'auteur du *Momti elasmá*, le cheikh Abou Errouâïn fut un de ceux qui contribuèrent à aider Mohammed Eccheikh à s'emparer de l'empire et à en chasser les Beni Merîn. Voyant d'un côté le désarroi des populations et de l'autre les succès des chrétiens qui envahissaient le territoire de l'islamisme, Abou Errouâïn s'en était allé par les rues en criant : « O Harrân, viens, je te donne le Gharb. »

Or Harrân était, ainsi qu'on le verra plus loin, le nom du fils aîné du souverain dont nous donnons la biographie. Ce fut lui qui eut la direction de toutes les opérations militaires, et pas une des villes dont s'empara son père ne fut conquise autrement que par ses soins.

Après avoir tenu le langage ci-dessus rapporté, le cheikh Abou Errouâïn s'aperçut qu'un des principaux cheikhs de cette époque soutenait le parti des Beni Merîn; c'était selon les uns, le cheikh Abou Amr Abdelouâhed Ezzaëri, selon d'autres, le cheikh Aboulabbâs Ahmed ben Ecchâhed Elmis-
p. ٢٩ bâhî, des Oulâd Misbâh, rejetons de saints personnages. Monté sur sa mule, Abou Errouâïn se rendait auprès du cheikh lorsqu'arrivé devant la porte de la maison il trouva un des fils de ce personnage qui lui dit : « Mon oncle[1] Abou Errouâïn, donnez-moi donc cette mule. » — « Tiens, la voici, répliqua celui-ci », puis descendant de sa monture il la remit à l'enfant qui entra chez son père et lui raconta ce qui venait de se passer. Le père sortit aussitôt, salua Abou Errouâïn et lui dit : « Que demandes-tu pour prix de cette mule? » — « Que tu cesses de soutenir ces gens-là, les Beni Merîn, répondit-il. » — « C'est chose faite, répliqua le cheikh. »

On a déjà vu plus haut une aventure analogue arrivée au cheikh Abou Mohammed Abdallah Elghazaouânî. On raconte encore que Aboulhasen Ali Essenhâdjî étant un jour sur le pont des Teinturiers à Fez se mit à crier : « Sortez, ô Beni Merîn; par Dieu ! nous ne vous garderons pas toujours dans notre ville. »

Le sultan Abou Abdallah Mohammed Eccheikh Elmahdî fit son entrée dans la ville de Fez en l'année 956 (1549). Ibn Elqâdhî, dans le commentaire du *Dorret essolouk*, dit que la

---

1. Locution que l'on emploie en parlant à une personne plus âgée que soi et qui implique une certaine familiarité.

CHAPITRE HUITIÈME

date exacte de cet événement est donnée par le chronogramme suivant : « *boldat sarika*[1]. »

Après avoir pris possession de Fez et s'y être établi en jetant là son bâton de voyage, le sultan conçut la haute ambition de conquérir Tlemcen. En conséquence il se mit à la tête d'une armée nombreuse, marcha sur cette ville dont il s'empara après en avoir chassé les Turcs et étendit son autorité sur le territoire de Tlemcen jusqu'aux rives du Chélif. L'entrée de Eccheikh à Tlemcen eut lieu le lundi, 23 de djomada Ier de l'année 957 (10 juin 1550).

Le sultan rentra ensuite à Fez. Comme son empire s'était considérablement accru sur le Maghreb, dont presque toutes les villes avaient reconnu sa domination, il s'occupa à ce moment d'en organiser l'administration : il régla le cérémonial de sa cour et fixa les attributions de tout son personnel domestique, hommes et femmes. On raconte que depuis leur entrée à Fez, le prince et ses courtisans, qui étaient alors vêtus de casaques jaunes et portaient la trace visible de leur existence bédouine, avaient fait tous leurs efforts pour acquérir les manières des gens des villes et en prendre les habitudes.

Toute l'organisation de la cour des Chérifs fut dirigée, dit-on, par un seul homme et une seule femme. L'homme, Qâsem Ezzerhoûnî, régla l'étiquette royale du sultan Mohammed Eccheikh au sujet des vêtements, du cérémonial des entrées et des sorties, des audiences, des devoirs des courtisans et de leur tenue en présence du souverain. La femme, qui se nommait Elarifa[2] bent Neddjoû, eut à charge tout ce

---

1. En additionnant la valeur numérique des lettres qui composent ces deux mots arabes on trouve en effet 956, mais en tenant compte de la valeur particulière qu'assignent les Barbaresques à certaines lettres. Ainsi le س vaut ici 300 et non 60.

2. *Elarifa* signifie devineresse ; il se pourrait ici que cette épithète ne fût pas un nom propre, mais un simple surnom.

qui concernait la vie du prince dans l'intérieur de son palais, nourriture, lingerie, rapports avec les femmes, etc... Cette organisation, en faisant suivre à Eccheikh les usages royaux, donna un vif relief à son autorité et augmenta son prestige aux yeux de la masse du peuple.

Abou Abdallah parcourut sans cesse les différentes villes du Maghreb, tout en prolongeant ses séjours à Fez, jusqu'au moment où Abou Hassoûn, venu de Tlemcen l'attaqua dans Fez et le chassa de cette ville. Dieu seul est vainqueur en toute chose.

CHAPITRE IX

ABOU HASSOUN LE MÉRINIDE ENTRE DANS LA VILLE DE FEZ ET EN CHASSE ABOU ABDALLAH MOHAMMED ECCHEIKH

Abou Hassoûn, connu sous le nom d'Elbâdisi, était le fils du cheikh Mohammed ben Abou Zekrî, le mérinide, l'ouattaside. Contraint par Abou Abdallah Eccheikh de quitter Fez, sa résidence royale, dont ce prince s'était emparé, comme nous l'avons raconté plus haut avec détails, Abou Hassoûn s'était enfui à Alger pour échapper à la mort et y demander du secours.

Il resta alors auprès des Turcs les circonvenant sans cesse par de brillantes descriptions du Maghreb qu'il faisait miroiter à leurs yeux : « Eccheikh, disait-il, m'a enlevé mon royaume, le royaume de mes pères ; il m'a ravi l'héritage de mes aïeux. Venez à moi, allons le combattre et il est probable que Dieu nous viendra en aide et nous assurera le succès et la victoire, sans que vous ayez rien à perdre des trésors et du butin que vous avez amassés. »

Séduits par l'appât d'une somme considérable que Abou Hassoûn leur promit, les Turcs se décidèrent à marcher avec lui. Ils partirent avec une nombreuse armée, ayant à leur tête le pacha turc Sâlah[1], et entrèrent dans la ville de Fez. Abou Abdallah Eccheikh, après de grands combats et une lutte très vive, avait été réduit à quitter la ville et à prendre la fuite.

Abou Hassoûn fit son entrée à Fez le 4 du mois de safar de l'année 961 (9 janvier 1554.) La population le reçut avec de grands transports de joie. Le prince mit pied à terre, embrassa tout le monde, grands et petits, nobles et vilains et se mit à fondre en larmes au souvenir des maux dont, en se soulevant contre son autorité, les Chérifs l'avaient accablé lui et sa famille.

Tout le monde était alors heureux du retour du prince et augurait bien de sa destinée. Mais peu de temps s'était écoulé que des plaintes nombreuses s'élevèrent contre les Turcs qui s'emparaient des femmes et commettaient toutes sortes d'excès. Abou Hassoûn se hâta de leur remettre les sommes qu'il leur avait promises et les éloigna de Fez où bien peu d'entre eux demeurèrent.

Aussitôt arrivé à Maroc où il s'était rendu après sa défaite, Abou Abdallah Mohammed Eccheikh Elmahdi avait employé tous ses efforts à rallier les tribus, à organiser son armée et à lui conserver ses plus braves soldats. Dès qu'il eut des troupes suffisantes pour assurer son succès, il les conduisit à Fez. Abou Hassoûn sortit à sa rencontre à la tête des archers de la ville et de toutes les troupes du Maghreb qui s'étaient jointes à lui, mais vaincu dans le combat qu'il livra, il dut se mettre à l'abri derrière les murs de Fez et soutenir un siège.

p. ٣١

---

1. Sâlah-Raïs succéda à Hassen ben Kheir-eddin et exerça les fonctions de pacha de la Régence d'Alger de 960 à 963 (1552-1556).

Abou Abdallah Mohammed Eccheikh tint la place assiégée jusqu'au jour où Abou Hassoûn fut tué dans une bataille livrée à un endroit appelé Mosellema; il entra alors dans la ville de Fez, le samedi, 24 du mois de chaouâl de l'année 961 (23 septembre 1554) : telle est du moins la date assignée par certains historiens, mais l'auteur du *Dauhat* dit que Abou Hassoûn entra dans Fez au mois de moharrem de l'année 960 (18 décembre 1552-17 janvier 1553) et que le sultan Abou Abdallah y revint au mois de dzoulqaada de la même année (octobre 1553).

Cet Abou Hassoûn dont il vient d'être parlé s'appelait Ali ben Mohammed ben Abou Zekrî Elouattâsî. Après avoir été proclamé souverain à Fez en l'année 932 (1526) il avait été fait prisonnier par son neveu Ahmed ben Mohammed; celui-ci l'ayant renversé du trône avait fait constater par témoins cette déposition et, le même jour, c'est-à-dire à la fin du mois de dzoulhiddja de la même année (septembre 1526), il s'était fait prêter serment de fidélité.

Ibn Elqâdhî rapporte qu'il a vu le texte de ce serment de fidélité écrit de la main de l'imam Abdelouâhed Elouancherîsî; ce document rédigé par l'imam portait les signatures d'un grand nombre de jurisconsultes de Fez, entr'autres celles d'Aboulabbas Elhabbâk et du jurisconsulte Elmouâsî.

On s'explique difficilement que le serment prêté à Ahmed, alors que rien ne rendait légitime la déposition de Abou Hassoûn, ait été écrit par Elouancherîsî qui, comme on le verra bientôt, était un homme fort scrupuleux : cela se produisit sans doute à la suite de quelque circonstance qui nous est restée inconnue.

Le sultan Ahmed avait continué à régner à Fez jusqu'au jour où le sultan Abou Abdallah Mohammed Eccheikh l'avait fait prisonnier après s'être emparé de cette capitale. Abou Hassoûn avait alors réussi à s'enfuir à Alger, mais Abou

Abdallah avait pu arrêter tous les autres membres de la famille des Beni Ouattâs et les avait envoyés chargés de chaînes à Maroc. Plus tard, à ce que l'on prétend, il les avait fait périr traîtreusement, après avoir tout d'abord usé de clémence à leur égard et avoir même délivré de ses fers le sultan Ahmed. Dieu est vainqueur en toute chose.

Ce fut lors de sa seconde entrée à Fez, que le sultan Abou Abdallah ordonna de mettre à mort le pieux jurisconsulte, le grand cadi de Fez, Abou Mohammed Abdelouahhâb, fils de Mohammed Ezzeqqâq qu'il soupçonnait d'être favorable à Abou Hassoûn. On raconte que le sultan dit à Abou Mohammed lorsque celui-ci fut amené en sa présence : « Choisissez le genre de supplice que vous allez subir. » — Faites ce choix pour vous-même, répliqua le magistrat, car l'homme doit périr de la façon dont il fait périr les autres. » — « Qu'on lui tranche la tête avec une hache, s'écria le sultan. » Dieu dans sa toute-puissance, réalisa l'affirmation divinatoire du jurisconsulte Abou Mohammed : en effet, ainsi qu'on le verra plus loin, le sultan fut tué à coups de hache.

Le jurisconsulte Abou Mohammed possédait une instruction très variée ; il eut avec un de ses contemporains, l'imam Elyestetsnî une discussion sur le point de savoir si Dieu pouvait faillir à l'accomplissement de ses menaces[1]. Abou Mohammed soutenait que Dieu possédait ce pouvoir, tandis que Elyestetsnî était d'un avis contraire. Chacun de ces deux savants composa une mémoire sur ce sujet, mais c'est l'opinion de Elyestetsnî qui est la vraie. Le supplice d'Abou Mohammed eut lieu au mois de dzoulqaada de l'année 961 (28 septembre-28 octobre 1554).

Ce fut également lors de cette conquête de Fez que le sultan donna l'ordre de mettre à mort le *Khathîb*[2] de Miknâset

---

1. Ou, en d'autres termes, si Dieu peut revenir sur une décision prise par lui.
2. Prédicateur.

Ezzitoûn[1], (Dieu la protège!) le cheikh, le jurisconsulte Aboulhasen Ali Harzoûz Elmiknâsî. Il avait formulé cette sentence parce qu'il avait appris que dans ses prônes, ce prédicateur avait parlé de lui de façon à détourner le peuple de sa soumission et de son obéissance. « Cet homme, disait Aboulhasen aux fidèles, est venu vers vous du Sous ultérieur; quand il sera votre maître, il parcourra la terre en y semant le désordre et fera périr vos moissons et vos troupeaux. Or, Dieu n'aime pas le désordre. Quand on dit à ce personnage de craindre Dieu, il se glorifie de ses péchés. C'est dans la Géhenne, cet horrible séjour qu'il expiera ses méfaits. » Harzoûz qui tenait ces discours et d'autres du même genre, mais dont je n'ai pas conservé un souvenir aussi précis, subit le dernier supplice au mois de dzoulqaada de cette année (28 septembre-28 octobre 1554).

On lit dans le *Dauhat* que Sidi Abou Errouâïn avait un jour envoyé dire en son nom à Aboulhasen Harzoûz : « Achète-moi ta vie. » Harzoûz n'ayant prêté aucune attention à ce propos, Abou Errouâïn dit au messager de retourner auprès du prédicateur et de lui annoncer que prochainement il périrait lui et son fils et que leurs deux cadavres seraient suspendus au-dessus de la porte de leur maison. A peine Harzoûz eut-il entendu ces mots qu'il se rendit en toute hâte auprès du cheikh Abou Errouâïn : « Maître, dit-il alors, que signifient ces paroles? » — « Cela m'a échappé, répliqua le cheikh ; il y a eu erreur. » — « Maître, s'écria Harzoûz, je ferai tout ce que vous me direz de faire. » — « Il n'arrivera que ce qui doit arriver, se contenta d'ajouter Abou Errouâïn. » Trois mois s'écoulèrent après cet incident, puis la prédiction du cheikh s'accomplit.

Tout le monde connaît encore l'anecdote suivante : Un

---

1. Méquinez.

jour le fils d'Aboulhasen Harzoûz était assis devant la porte de sa maison. La rue était remplie de boue. Abou Errouâïn, vêtu d'habits superbes comme s'il fût allé à la prière du vendredi, vint alors à passer : « Si tu aimes Dieu, lui dit le fils de Harzoûz, roule-toi dans cette boue que Dieu a créée avant l'homme. » Le cheikh se roula aussitôt dans la boue, puis se relevant il demanda : « Est-ce assez comme cela ? » — « Oui, répliqua le jeune homme. » — « Eh ! bien, répartit le cheikh, c'est ainsi que ton père et toi vous vous roulerez dans les fers. » L'événement justifia ces paroles.

Avant d'entrer à Fez la première fois, le sultan Abou Abdallah Mohammed Eccheikh avait également fait mettre mort le jurisconsulte, l'imam, le mufti, le prédicateur, Abou Mohammed Abdelouâhed, fils du docte imam Aboulabbâs Ahmed Elouancherîsî ; voici dans quelles circonstances. Tandis que le sultan faisait les plus grands efforts pour s'emparer de la ville de Fez et qu'il rencontrait de graves difficultés dans son entreprise, quelqu'un lui dit : « Vous n'aboutirez à aucun résultat et vous ne réussirez pas à vous faire proclamer souverain par les habitants de cette ville, tant que le fils de Elouancherîsî ne vous aura pas tout d'abord prêté serment de fidélité. » Aussitôt le sultan dépêcha un messager chargé de solliciter la démarche en question, mais Abou Mohammed répondit : « Je me suis engagé à être fidèle à ce souverain, — il voulait entendre par là Aboulabbâs Ahmed ben Mohammed Elouattâsî ; — rien qu'un motif légal ne peut me dégager de mon serment et ce motif n'existe pas. »

Le fils de Elouancherîsî ayant ainsi refusé de répondre au désir du sultan Mohammed Eccheikh, celui-ci donna l'ordre à une bande de brigands d'aller trouver ce personnage et de l'entraîner hors de Fez. Les brigands se rendirent auprès du fils de Elouancherîsî, l'engagèrent à les suivre et, sur son refus, ils le tuèrent.

On dit encore que le sultan Abou Abdallah Mohammed Eccheikh avait adressé aux habitants de Fez une proclamation ainsi conçue : « Si c'est à la suite d'une capitulation que j'entre dans votre ville, je la remplirai de justice, mais si j'y pénètre de force, je la remplirai de meurtres. » Le fils de Elouancherîsî répondit à cette proclamation par une véhémente pièce de vers qui commençait ainsi :

> « Tu mens ! Par le temple de Dieu ! tu ne pratiqueras pas la justice. Dieu ne t'a attribué aucun mérite ni aucune autorité ;
> « Tu n'es qu'un prodigue et un rebelle ; tu as plus que tout autre les traits caractérisés du païen. »

Le sultan ayant acquis la certitude que le fils de Elouancherîsî était l'auteur de ces vers, donna l'ordre de le faire périr.

Le fils de Elouancherîsî, à ce que l'on rapporte, était chargé de faire la lecture du *Sahîh* de Elbokhârî dans la mosquée de Elqaroüin. Après chaque lecture qui avait lieu entre les deux prières du soir [1], le professeur citait les gloses de Ibn Hadjar (que Dieu lui ouvre le ciel !) et les développait conformément aux prescriptions édictées par le donateur du manuscrit [2]. « Mon père, lui dit un jour son fils, je viens d'apprendre que des brigands t'assailleraient ce soir dans la mosquée ; tu devrais remettre ta lecture d'aujourd'hui. » — « Où nous sommes-nous arrêtés dans notre lecture de Elbokhârî, demanda le père ? » — « Au chapitre de la prédestination, répliqua le fils. » — « Comment essayerions-nous d'échapper à la destinée qui nous emporte vers la fin promise, s'écria le professeur. »

---

1. La première de ces deux prières a lieu au coucher du soleil, l'autre quand la nuit complète est venue.
2. Il arrive souvent que celui qui fait don d'un livre à une mosquée lègue en même temps une certaine somme qui sert à payer un lecteur dont les heures de lecture ou la façon de lire sont fixées par le donateur.

CHAPITRE NEUVIÈME

Sa lecture terminée, le fils de Elouancherîsî sortit par la porte de la mosquée dite *Bâb ecchemmâin*[1] ; un des brigands le frappa aussitôt et lui coupa une main, puis les autres l'achevèrent sur place. Cet événement eut lieu au mois de dzoulhiddja de l'année 955 (janvier 1549.)

Chacun sait, dit Elmendjoûr dans son *Fahrasat* que le pieux jurisconsulte Abou Abdallah Mohammed ben Ibrahîm, surnommé Abou Châma, vit en songe le fils de Elouancherîsî quelques jours après sa mort et lui demanda dans quel état il se trouvait et ce que Dieu avait fait de lui. Le fils d'Elouancherîsî répondit par ces vers :

> « Dieu m'a comblé de ses grâces et de ses faveurs ; je n'ai rien vu que d'heureux dans la solitude du tombeau.
>
> « Je demande au Seigneur qu'il me fasse la grâce de me protéger encore, le jour où je sortirai de la tombe pour la Résurrection
>
> « et durant les terribles épreuves qui suivront, quand on dépouillera le livre des actions[2] et qu'il faudra passer le pont[3].
>
> « Je lui demande cela au nom du Prophète hachémite, Mohammed, au nom de ses compagnons et en celui de sa famille, source de la noblesse illustre[4]. »

Abou Mohammed Abdelouâhed Elouancherîsî a été, sans conteste, l'imam de son époque ; sa piété était vive, son honnêteté inébranlable et son air vénérable. D'un abord séduisant et de manières agréables, il était encore élégant dans son langage et supérieur à tous ses contemporains dans l'art d'écrire et de rédiger soit un traité, soit un contrat. Son

---

1. La porte des fabricants de bougies.
2. Suivant la croyance musulmane, les actions bonnes et mauvaises de chaque homme sont inscrites sur un registre qui, au jour du Jugement dernier, servira a régler le sort de chacun et à décider s'il doit aller au Paradis ou en Enfer.
3. Le *Sirâth* est une sorte de pont très étroit sur lequel les hommes devront passer pour aller au Paradis, aussitôt après que leur sort aura été décidé. Tous ceux qui en franchissant ce pont éprouveront quelque doute seront précipités en enfer.
4. Les Arabes ne reconnaissent d'autre noblesse que celle qui résulte de la descendance de la lignée du Prophète.

père, l'illustre auteur du *Miyár* le maria encore bien jeune. Néanmoins, le jurisconsulte, le cadi, le mufti, Abou Abdallah Mohammed ben Abdallah Elyfrenî, l'auteur du *Elmedjális elmiknásiya* voulut signer à son contrat comme témoin et dit au père : « Ce sera mon cadeau de noces. » Ce magistrat estimait, en effet, que le rôle de témoin est d'une grande importance [1] et doit être considéré comme une haute faveur. Il allait même jusqu'à dire : « Me demander d'être témoin dans un contrat, c'est presque aussi grave que de me demander la main de ma fille. » Et en parlant ainsi il avait raison, car on cite un cadi qui disait aux témoins : « C'est vous qui êtes les vrais magistrats, nous cadis, nous ne sommes que vos agents d'exécution. »

A peine marié, Abou Mohammed Abdelouâhed fut nommé témoin assermenté [2] près le tribunal; puis, sa situation grandissant, il fut nommé cadi de Fez et exerça cette magistrature pendant dix-huit ans. Après la mort du cheikh Ibn Haroùn, il résigna ses fonctions pour occuper la place de mufti. Poète distingué, Abdelouâhed a composé des odes et des ballades. D'une nature fine, il éprouvait de vives sensations en entendant les modulations de la voix ou le chant des instruments de musique, tant son tempérament était bien équilibré et sa constitution régulière.

Elmendjoûr raconte le trait suivant qui témoigne de la délicatesse et de la sensibilité d'Abdelouâhed : un jour, ce dernier était occupé à faire une leçon sur les « *Deux branches* [3] » de Ibn Hâdjeb dans la mosquée qui domine la place de Ezzebîb, quand vint à passer près de là un cortège nuptial

---

1. En droit musulman la preuve par écrit a beaucoup moins de valeur que celle faite de vive voix par des témoins.
2. Ou témoin instrumentaire appelé *adel*; l'adel remplit en outre les fonctions de notaire et celles de greffier du cadi.
3. Titre sous lequel on désigne les deux traités grammaticaux intitulés *Elkáfia* et *Ecchâfia* de Ibn Hâdjeb.

accompagné d'un orchestre de flûtes, de tambourins et de trompettes. Le professeur mit la tête à la fenêtre pour mieux entendre, puis il dit : « Comment ! les gens de ce cortège ont dépensé une somme considérable pour se procurer un tel plaisir et moi qui peux l'entendre sans bourse délier, je m'en priverais ! »

Lorsque Elouancherîsî mourut on disait que Abdelouâhed serait incapable de continuer l'enseignement de son père. Aussi quand Abdelouâhed prit possession de la chaire que son père occupait dans la medresa Elmisbâhiya pour y enseigner dans la *Modawwana*[1], nombre de personnages parmi lesquels figurait Ibn Ghâzî vinrent assister au cours et juger le nouveau professeur. Il fut si remarquable que Ibn Ghâzî charmé le baisa au front et lui dit : « Si vous n'aviez pas réussi, je vous aurais suppléé en attendant que vous vous fussiez perfectionné et que vous eussiez acquis le talent de votre père. » Ces paroles témoignaient de la vive affection qui avait uni entre eux Ibn Ghâzî et Elouancherîsî.

Les principaux *thalebs,* tels que le cheikh Abou Mohammed Elmesârî, l'auteur d'une glose sur Elmakoûdî, Ezzeqqâq, etc..., assistaient aux leçons du fils de Elouancherîsî. Le fils de Elouancherîsî a mis en vers un ouvrage de son père intitulé : *Idâh elmenâsik* et en a fait un commentaire : il a également composé d'autres poésies parmi lesquelles se trouvent les vers suivants qui donnent la date de la réfection du pont de Errecîf :

> « Celui qui a restauré le pont de Erresif, c'est Aboulabbâs le plus glorieux des souverains des Beni Ouattâs.
>
> « Ce pont s'élève aujourd'hui dans toute sa solidité pour permettre de passer d'un quartier de Fez à l'autre.

1. Un des traités de droit malékite les plus estimés : il a été composé à Qaïrouân par Sahnoun.

« Ces travaux ont été terminés au milieu de l'année *riche*[1] de l'hégire de celui qui a été choisi pour être envoyé vers les hommes. »

Le prince ouattaside dont il est parlé dans ces vers, obéissait au moindre signe de Abou Mohammed Elouancherîsî ; jamais il ne transgressait aucun de ses ordres, ni ne contrevenait à l'un de ses avis. Voici un exemple de cette soumission dans une affaire relative à un musulman connu sous le nom de Abderrahman Elmendjoûr. Cet homme qui était négociant avait acquis une fortune considérable et, à la suite d'événements qu'il serait trop long de rapporter, quarante témoins des plus honorables avaient déclaré qu'elle devait être confisquée. Le sultan avait alors donné l'ordre de saisir cet homme, de le mettre à mort et de réunir tous ses biens au domaine public des musulmans. Quelque temps après, les enfants de Elmendjoûr vinrent trouver le sultan et lui offrirent de lui verser 20,000 dinars à la condition que la confiscation cesserait ses effets et qu'on leur rendrait tous leurs biens. Le sultan envoya alors son chambellan trouver le cheikh Abdelouâhed Elouancherîsî et lui demander son avis sur ce sujet. « Dites-lui bien, ajouta-t-il, que j'ai besoin de cet argent pour mon expédition actuelle. » Le chambellan se rendit auprès du cheikh et lui fit part de la demande du sultan en le priant d'y donner son acquiescement. « Par Dieu ! s'écria le cheikh, Dieu ne va pas rejeter le témoignage de quarante justes parmi les musulmans pour assurer la royauté de ton maître. Va lui dire que jamais je ne me ferai le complice d'une pareille chose, ni ne la tolérerai. » Quand le chambellan eut rapporté les paroles du cheikh au sultan, celui-ci renonça au projet qu'il avait conçu.

---

1. La valeur numérique du mot غنى *riche* est de 960 ; c'est ce mot qui forme le chronogramme.

Voici une autre anecdote qui peut figurer à côté de la précédente. Un jour de fête [1], le peuple était sorti de la ville pour faire la prière en commun. On attendit le sultan pour commencer, mais celui-ci tarda à venir et n'arriva qu'après que l'heure de la prière eut été passée ; c'est alors seulement qu'on le vit s'avancer à la tête de son cortège. A peine le sultan était-il arrivé au *Mosalla* [2] que Elouancherîsî qui s'était assuré que l'heure canonique était passée, monta en chaire et dit : « Puisse Dieu, ô fidèle assemblée de musulmans, vous récompenser magnifiquement pour la prière de cette fête qui va être une prière de midi ! » Puis donnant au muezzin l'ordre d'appeler à la prière, il commença l'office et fit avec la foule la prière de midi. Le sultan rougit de confusion et confessa sa faute. Il y aurait nombre d'anecdotes à raconter au sujet de Abou Mohammed Elouancherîsî, mais ce que nous venons d'en dire est suffisant. Dieu seul sait tout.

CHAPITRE X

DE LA GRANDEUR DU RÈGNE DU SULTAN ABOU ABDALLAH MOHAMMED ECCHEIKH ELMAHDI ET DE L'ÉTENDUE DE SES ÉTATS

Devenu maître de la ville de Fez qu'il avait de nouveau conquise, Abou Abdallah Mohammed Eccheikh Elmahdi se trouva dans le Maghreb à la tête d'un vaste empire qui s'é-

---

1. Il est d'usage aux trois grandes fêtes annuelles de faire en commun la prière qui a lieu quotidiennement vers neuf heures du matin.
2. Dans les grandes villes où aucune mosquée ne serait assez vaste pour contenir toute la population des fidèles, on fait les prières solennelles dans un enclos appelé *mosalla*. Le mosalla est presque toujours situé hors de l'enceinte de la ville.

tendait des portes de Tlemcen aux confins du Sahara. Toutes les populations de ce territoire lui étaient soumises et reconnaissaient sa seule autorité. Son action s'exerçait même jusqu'aux rives du Chélif sur tous les districts relevant de Tlemcen. On a vu précédemment qu'il s'était emparé de cette dernière ville le lundi, 23 de djomada 1ᵉʳ année 957 (12 juin 1550) après un siège qui avait duré neuf mois et pendant lequel était mort son fils Maulay Mohammed Elharrân.

Les Turcs ayant fait un retour offensif sur Tlemcen et ayant chassé le sultan de cette place, celui-ci revint dans le Gharb d'où il retourna de nouveau à Tlemcen en l'année 967 (30 octobre 1559-22 septembre 1560), quand il eut appris que les habitants s'étaient révoltés contre les Turcs et les tenaient assiégés dans la casbah. Après avoir bloqué cette citadelle sans réussir à y pénétrer, il se retira dans ses États.

Ibn Elqâdhî s'exprime ainsi : « Mohammed Eccheikh était un homme actif dans ses résolutions, doué d'une énergie indomptable et d'un extérieur imposant. Avec son extrême activité, ses préoccupations élevées et son audace rare, il assit sur de larges bases l'édifice de son pouvoir et fit revivre les traces disparues et la gloire effacée du khalifat. Heureux dans ses entreprises, il déploya un grand zèle pour la guerre sainte et la fit avec éclat en faveur de l'Islam. Il reprit les forteresses du Sous aux chrétiens qui les avaient occupées soixante-douze ans. La terreur qu'il inspirait suffisait à lui assurer la victoire et c'est ainsi que Asfi, Azemmoûr et Asila furent abandonnés par l'ennemi sans démonstration ni combat. »

On a vu précédemment dans le chapitre relatif au règne de Aboulabbâs Ahmed Elaaredj que mon récit diffère de celui de Ibn Elqâdhî. Les chrétiens s'étaient emparés de Azemmoûr en 914 (2 mai 1508-21 avril 1509) et ce fut durant cette même année qu'ils construisirent la forteresse de

Bâdis. Ils avaient conquis Oran pendant la dernière décade du mois de moharrem de la même année [1] et massacré ou fait prisonniers les habitants de cette ville que Dieu fit rendre à l'Islam, par l'entremise des Turcs dans le courant de l'année 1120 [2] (23 mars 1708-13 mars 1709). A Dieu seul appartient le pouvoir.

CHAPITRE XI

DU NOM DES FILS DU SULTAN ABOU ABDALLAH MOHAMMED ECCHEIKH, DE SES CHAMBELLANS ET DE SES CADIS

Le sultan Mohammed Eccheikh eut un grand nombre d'enfants distingués, mais le plus remarquable d'entr'eux fut l'aîné, Maulay Mohammed Elharrân, connu surtout sous ce dernier nom. Ce fut lui qui eut la direction des opérations militaires, et toutes les conquêtes faites par son père s'accomplirent par ses soins. C'est à lui que Abou Errouâïn s'adressait quand il s'écriait avant même qu'il fut question des Chérifs : « Viens, ô Harrân, je te donne le Gharb. » Personne ne comprit ces mots avant la venue de Maulay Mohammed, connu sous le nom de Elharrân.

Parmi les enfants du sultan on peut citer : le vizir Abou Mohammed Abdelqâder qui mourut en 959 (1552) Abou Mohammed Abdallah Elghâleb-billah, Abou Merouan Abdelmalek Elghâzî-fî-sebîl-allah, Aboulabbâs Ahmed Elmansour,

---

1. Ce n'est pas en 914, mais bien en 915 qu'eut lieu la prise d'Oran par les Espagnols.
2. Il s'agit de la prise d'Oran par le bey de Mascara, Moustafa Bou Chelaghem L'auteur ne parlant pas de la reprise d'Oran par les Espagnols en 1732 avait donc composé son ouvrage avant cette dernière époque.

Abou Saïd Otsmân, Aboussaâda Abdelmoumen, Abou Hafs Omar, etc...

Dans son *Fahrasat* Elmendjour rapporte ce qui suit : J'assistais un jour à une audience du prince des Croyants, Abou Abdallah Mohammed Eccheikh Elmahdi, qui avait auprès de lui ses glorieux fils, les princes Maulay Mohammed Elharrân, Maulay Abdelqâder et Maulay Abdallah. Mon professeur, le savant imam Abou Abdallah Elyestetsni qui entra en ce moment voyant ces enfants autour de leur père déclama ce vers emprunté au *Telkhis elmisbâh* :

« Et je dis : il se peut que tu me voies entourée de mes fils pareils à de jeunes lionceaux. »

Cette citation fit grand plaisir au sultan et à ses fils.

Le sultan eut pour chambellans : Ali ben Abou Bekr Azîkî Elhâhî, Moussa ben Djomâda Elghomrî, etc... Ses cadis furent, à Fez : Abou Hassoûn Ali ben Ahmed Elakhsâsî ; à Maroc : Abou Ali Elhasen ben Abou Bekr Essedjtâni.

CHAPITRE XII

DE LA CONDUITE DE CE PRINCE. APERÇU SUR SON ADMINISTRATION

Mohammed Eccheikh aimait à s'occuper de l'administration de ses sujets et son esprit était toujours en éveil sur ce qui se rapportait à cette question. Toutefois il agissait avec énergie en toute chose et ne craignait pas de répandre le sang.

Il fut le premier qui préleva l'impôt désigné vulgairement sous le nom de *nâiba*[1] et il établit sur le peuple toutes sortes

---

1. La *nâiba* est un impôt direct prélevé sur les biens mobiliers et immobiliers. Gräberg de Hemsö en évaluait le revenu à 1.470.000 francs en 1821.

de taxes et de redevances. Personne ne fut exempt de ces charges à ce que rapporte Ibn Asker dans le *Dauhat*, car il dit, dans la biographie de Sidi Khâled Elmasmoûdî — si je ne me trompe, — que le sultan imposa ces contributions même aux fils de Sidi Khâled. Pourtant ce Sidi Khâled jouissait d'une grande célébrité comme saint et sa renommée s'étendait dans toute la contrée; il suffira, du reste, pour le démontrer, de citer le miracle suivant parmi ceux dont le souvenir s'est conservé jusqu'à nous : « Un jour Sidi Khâled de son doigt ayant tracé sur une pierre ces mots « Il n'y a d'au-« tre divinité que Dieu » cette devise s'inscruta dans la pierre aussi profondément que si le doigt eût pressé de la cire. » Malgré cela le sultan refusa d'exonérer le fils de ce personnage et ne revint sur sa décision qu'après un nouveau miracle de Sidi Khâled, miracle qui est raconté dans le *Dauhat*[1].

J'ai vu une lettre adressée par le sultan Aboulmaâlî Zîdân ben Mansoûr au cheikh Abou Zakaria Yahia ben Abdallah ben Saïd ben Abdelmonaïm Elhâhi; cette lettre contenait entr'autres le passage suivant :

« J'abrège en ce qui touche à l'historique de l'impôt et ne m'appesantis pas davantage sur les bases qui ont servi à l'établir dans les premiers temps de l'islamisme et sous les grandes dynasties [2], m'en tenant spécialement à ce qui s'est passé dans le Maghreb. Le premier souverain qui établit l'impôt dans cette contrée, Abdelmoumen ben Ali, le fit porter sur les terres, se fondant sur ce principe que le Maghreb était une terre conquise par les armes [3]. Cette doctrine a été acceptée par certains docteurs, mais d'au-

---

1. J'ai publié ce passage du *Dauhat* dans le *Recueil des Textes étrangers*, A. Lanier. Paris, MDCCCLXXXVIII.
2. Les Omayyades et les Abbassides.
3. Suivant la loi musulmane, les propriétaires du sol conquis perdent tout droit de propriété quand l'annexion a lieu de vive force; si, au contraire, les habitants se soumettent sans résistance, en vertu d'un traité, ils conservent tous leurs droits.

tres prétendent que les plaines seules sont des terres conquises par les armes tandis que les montagnes sont des terres de capitulation[1].

« Si l'on admet cette dernière distinction en tenant compte de ce que, comme vous le savez, les populations qui détenaient ces terres au moment de la conquête ont entièrement disparu, toutes les plaines sans exceptions appartiennent par voie d'héritage au domaine public et il est clair dès lors que l'impôt peut les frapper au gré du propriétaire du sol qui est le sultan. Pour les pays de montagnes, il y aurait eu lieu de distinguer les parties qui avaient été l'objet d'une capitulation, mais comme il n'existait aucun moyen d'obtenir une certitude à cet égard, il y a donc eu nécessité de recourir à l'interprétation juridique[2]. Or, dès les premiers jours de l'établissement de leur noble dynastie, nos glorieux ancêtres ont décidé, et cela d'après l'avis conforme des docteurs de la Sonna et des maîtres en science et en religion de cette époque, que l'impôt devait être appliqué aux terres de montagnes.

« Cette règle dûment établie a subsisté jusqu'au jour où le vent de la discorde souffla pour faire régner notre cousin[3] qui occupait la montagne, tandis que notre seigneur l'Imam et défunt son compagnon asseyaient leur autorité sur les villes et les plaines du Maroc avec l'aide des Turcs. L'insurrection dura dans la montagne, jusqu'au moment où notre cousin périt avec les chrétiens dans la bataille célèbre (de Ouâdi elmekhâzin). Ce fut alors seulement que Dieu fit régner sur la montagne notre seigneur le saint Imam

---

1. C'est-à-dire que chacun y conservait les droits de propriété qu'il avait avant l'occupation.
2. Ou, autrement dit, la question du droit de propriété étant contestable, il y avait lieu de prendre l'avis des jurisconsultes pour trancher le différend.
3. Maulay Mohammed ben Abdallah qui périt à la bataille de Ouâdi elmekhâzin, ainsi qu'on le verra plus loin.

qui avait été l'appui de l'Islam dans ce déluge de dangers. Appréciant justement la situation, l'Imam comprit qu'au milieu de ces troubles, le Maroc était exposé à être englouti par deux ennemis puissants, les Turcs d'une part, l'ennemi de la Foi, le prince chrétien[1] d'autre part. De là, pour lui, la nécessité impérieuse d'augmenter l'effectif de ses troupes afin de tenir tête à l'ennemi, de défendre la religion et de protéger les places fortes des musulmans.

« Pour accroître le nombre de soldats, il fallait augmenter les dépenses et par suite élever le chiffre des impôts. Or, élever le chiffre des impôts, c'eût été aggraver les charges des populations, et le prince répugnait à prendre une telle mesure qui était en contradiction avec les sentiments d'équité qui l'animèrent durant tout son règne. Dans ces conditions il ne lui restait donc d'autre ressource que de réviser soigneusement les bases de l'impôt.

« A la suite d'un examen attentif, il reconnut que le taux de la valeur des céréales, du beurre et des moutons, qui avait servi de base à l'assiette de l'impôt que payaient ses sujets, avait doublé depuis l'établissement des taxes. Agissant alors d'après les règles d'une stricte équité, il demanda à ses sujets de choisir entre les deux systèmes suivants : ou payer l'impôt en nature, ou opérer la conversion en argent d'après la valeur actuelle des denrées. Le peuple choisit ce dernier système parce qu'il redoutait une nouvelle augmentation des denrées. Le prince ayant confirmé ce choix, tout le monde reconnut qu'il avait agi équitablement et personne, soit parmi les théologiens, soit parmi les hommes politiques, ne trouva à redire à cette décision.

« Plût à Dieu qu'aujourd'hui nous demandassions à nos sujets de payer l'impôt d'après la valeur actuelle des denrées,

---

1. Le roi de Portugal.

valeur qui a quadruplé depuis cette époque-là. Qu'auriez-vous à dire à cela, vous qui ne nous payez qu'une somme bien inférieure à cette estimation ? En fin de compte reportez-vous à ce que dit l'imam Elmâouerdî dans son ouvrage *Elahkâm essolthaniya*[1], au sujet de l'établissement de l'impôt, où il y traite la question d'une manière complète.» Ici se termine la partie de ce document qu'il nous a paru nécessaire de donner.

A l'époque du sultan Abou Abdallah, la *nâïba* avait été répartie par foyer et son quantum, proportionnel au nombre des habitants, était très modéré. Elle ne subit aucun changement pendant les règnes de Elghâleb et de son frère le sultan Elmoatasem, fils d'Abou Abdallah, mais elle augmenta dans une forte proportion sous Elmansour et devint de plus en plus lourde sous ses successeurs.

Voici le texte d'une autre dépêche que j'ai lue et qui était adressée par le sultan Abou Merouân Abdelmalek Elghâzi Elmoatasem à son frère Elmansour. Elle avait pour objet d'inviter Elmansour à fixer la *mouna*[2] que certaines tribus devaient fournir à l'armée du prince. Vous verrez qu'à cette époque les charges étaient bien légères :

« De la part du serviteur de Dieu, qui s'appuie sur l'Être suprême et combat dans sa voie, le prince des Croyants, Abou Merouân Abdelmalek, fils du prince des Croyants, Abou Abdallah Mohammed Eccheikh, le chérif hasanide, que Dieu fortifie son autorité et accroisse sa puissance ! A notre frère, le très puissant, le très noble Baba Ahmed, fils de notre auguste père, que Dieu veille sur cette fraternité généreuse !

---

1. Ce traité, le plus important qui ait été composé sur les institutions politiques de l'Islamisme, a été édité par Enger. Bonn, 1853.

2. Réquisitions en nature que doivent fournir les tribus à l'armée du souverain lorsqu'elle passe sur leur territoire.

Salut à vous et que Dieu vous accorde sa miséricorde et ses bénédictions !

« Nous vous écrivons de Tamesna où nous sommes avec notre armée fortunée. Rien de nouveau, sinon que tout va bien et que la paix et l'abondance règnent ici. Aussitôt que vous recevrez ces lignes, vous expédierez des gens à vous dans les districts de Méquinez et d'Azemmoûr et chez les Oulâd Djelloul afin d'établir les réquisitions en vivres et en fourrage destinées à notre glorieuse armée et leur ferez donner l'ordre de porter le tout dans la ville de Salé. Le taux de la réquisition sera d'une *sahfa*[1] d'orge et de vingt *modd*[2] de blé par chaque nâïba[3], d'un *sâ*[4] de beurre et d'un mouton par chaque quatre nâïba. Recommandez bien, nous vous en prions, que l'on veille à ce que le tout soit transporté à l'endroit précité, sans aucun retard. C'est tout ce que nous avions à vous mander; Dieu vous garde en sa grâce. Salut. »

A rapprocher de ce qui précède l'anecdote suivante : On raconte qu'après avoir été proclamé souverain dans la province de Sous, Abou Abdallah Elqâïm, considérant sa situation précaire et la modicité de ses ressources pour conserver la royauté qui ne saurait se maintenir sans argent, ordonna aux habitants de Sous de donner un œuf par chaque feu. On réunit de cette façon une quantité innombrable de milliers d'œufs, tant les gens avaient trouvé cette imposition légère. Mais quand le prince eut reçu ces œufs, il ordonna l'ordre à tous ceux qui avaient fourni un œuf d'apporter un dirhem. Il rassembla ainsi une somme considérable avec laquelle il

---

1. Mesure de capacité pour les grains.
2. Le *modd* vaut 14 litres 287.
3. Le mot *nâïba* est employé ici pour désigner l'unité imposable dans l'impôt dit nâïba.
4. Le *sâ* vaut 4 modd, soit 285 litres, 74.

put améliorer sa situation et accroître ses forces militaires. Cette contribution fut la première nâïba imposée par le gouvernement des Chérifs. Dieu conduit qui il lui plaît dans la voie orthodoxe.

CHAPITRE XIII

DES MONUMENTS ÉLEVÉS PAR LE SULTAN ABOU ABDALLAH MOHAMMED ET DE DIVERS ÉVÉNEMENTS QUI EURENT LIEU SOUS SON RÈGNE

Il est dit dans le *Monteqa* que ce prince fit exécuter de magnifiques travaux parmi lesquels on doit citer le pont de la rivière du Sebou et celui de l'Omm Errebia. On verra, quand nous ferons la biographie de Elmansoûr, que nous ne sommes point d'accord sur ce point.

Ce fut également ce prince qui, le premier, traça le port d'Agadîr dans le Sous ultérieur en l'année 947 (1540), après avoir chassé les chrétiens de la localité appelée Fonti qui est voisine d'Agadîr. Cette création témoignait d'une grande justesse de vues et d'une véritable perspicacité.

En l'année 933 (1527) les pluies furent extrêmement abondantes à Maroc ; les puits ayant débordé, nombre de maisons s'écroulèrent et le peuple donna à cette année le nom d'année des puits[1]. L'expédition contre les Mâloû eut lieu en 958 (1551). La même année le sultan ordonna une persécution contre les membres des *zaouïas*[2] qui prétendaient

---

1. De même que nous disons l'année de la Comète, les Arabes désignent souvent les années par le nom d'un des événements importants qui se sont produits durant son cours.

2. La *zaouïa* est une sorte de couvent servant en même temps d'hôtellerie aux voyageurs et d'école aux gens de la contrée.

au rôle de *cheikh*[1] et qui constituaient un danger pour la royauté, puisque c'était grâce à eux qu'il était lui-même arrivé au pouvoir. Cette persécution s'étendit à un grand nombre de personnages, entr'autres à Sidi Abdallah Elkoûch qui dut faire évacuer sa zaouïa et reçut l'ordre de se rendre à Fez.

Dans le *Dauhat*, à l'article biographique relatif à Abou Ali Elhasen ben Aïssa Elmisbâhî, il est dit ce qui suit : « Quand le sultan Abou Abdallah Mohammed Eccheikh exerça sa persécution contre les zaouïas du Maroc, quelqu'un dit : « Ce sultan ne t'inspire-t-il aucune crainte » ? — « Dieu « seul est à craindre, répondit-il; dans tous les cas il y a « deux choses qu'on ne saurait nous enlever, l'eau et la « *qibla*[2]; quant au reste il faut le laisser à qui le recherche. »

Le sultan réclamait aux membres des zaouïas des dépôts qu'il les soupçonnait d'avoir reçus des Beni Merin. Un jour il avait envoyé un de ses serviteurs réclamer un de ces dépôts à Abou Otsmân Saïd ben Abou Bekr qui est aujourd'hui enterré à Méquinez. Le messager du prince trouva le cheikh assis dans un coin de la zaouïa et occupé à tresser du palmier-nain; en ce moment un oiseau, une cigogne sans doute, ayant laissé tomber ses excréments devant Abou Otsmân, celui-ci eut à peine levé les yeux vers l'oiseau que l'animal tomba foudroyé et que ses plumes volèrent de tous côtés. A cette vue, le serviteur du sultan, saisi de terreur, prit la fuite et retourna vers son maître.

En l'année 959 (1552) le sultan reçut à Maroc la visite du savant, du docte, du bienheureux Abou Abdallah Mohammed

---

1. Chef de la zaouïa. On voit qu'à cette époque et en pays purement musulman, les zaouïas constituaient déjà un danger pour le gouvernement établi. Cet état de choses ne s'est pas modifié.

2. Point vers lequel on doit se tourner pour faire sa prière. Dans les mosquées cette direction est indiquée par le *mihrab*.

ben Ali Elkharroûbî, originaire de Tripoli et habitant la ville d'Alger. Ce personnage avait été envoyé comme ambassadeur par le sultan des Turcs, Abourrebia Solimân-chah,[1] souverain de Constantinople, avec la mission de conclure une trêve et de fixer les limites communes aux États des deux souverains.

Ce fut pendant ce voyage à Maroc que Elkharroûbî reprocha à Sidi Abou Amr Elqasthelî de tailler sa moustache en disant que c'était là une innovation diabolique et, comme on lui faisait observer que le cheikh Eldjezzoûlî en usait de même, il répondit : « Eldjezzoûlî agissait sans doute ainsi en vertu d'une dispense qui ne vous est pas applicable. Car si les dispenses accordées au Prophète doivent s'étendre à tous ses disciples, celles données à un saint ne sauraient profiter à ses adeptes. » Elkharroûbî reprocha encore bien d'autres choses à Sidi Abou Amr et lui adressa à ce sujet une lettre célèbre et des plus éloquentes ; il mourut à Alger en 963 (1556) et fut enterré en dehors de l'enceinte de cette ville. Dieu seul sait ce qui est vrai dans tout cela.

CHAPITRE XIV

DE LA MORT DU SULTAN ABOU ABDALLAH MOHAMMED ECCHEIKH ELMAHDI DE SES CAUSES ET DE LA FAÇON DONT ELLE EUT LIEU

Ce prince ayant conquis tout le territoire du Maroc et voyant toutes les villes et toutes les vallées soumises à son autorité, sentit naître en lui d'ambitieux desseins sur les pays de l'Orient. Il faut, disait-il, que j'aille en Égypte, que je

---

1. Soliman le Magnifique, qui régna de 1520 à 1566.

chasse les Turcs de leurs repaires et que je m'établisse à leur place dans ces contrées.

Solimân, le souverain ottoman, fut effrayé des projets de Abou Abdallah et, comme il avait appris que ce dernier, par dédain, ne l'appelait jamais autrement que le *sultan des pêcheurs*, parce que les Turcs étaient presque constamment en voyage sur leurs vaisseaux, il se décida à lui envoyer des ambassadeurs. Abou Abdallah reçut ces envoyés sans aucun apparat et osa même leur dire ces mots : « Annoncez à votre maître que je me dispose à conquérir ses États et à marcher contre lui. »

Quand les ambassadeurs furent de retour et qu'ils eurent fait part à Solimân de la réponse qui leur avait été faite et de l'accueil qu'ils avaient reçu, celui-ci manda aussitôt aux Turcs d'Alger de lui envoyer la tête de Abou Abdallah. Les Algériens choisirent alors un des plus braves d'entr'eux nommé Sâlah Elkiahia qui se mit à la tête d'une petite troupe de Turcs et, feignant d'avoir déserté le service du sultan ottoman, alla trouver le souverain marocain et lui demanda de le prendre lui et les siens dans son armée et de les protéger contre toute poursuite. En réalité c'était un stratagème, car ils n'avaient d'autre but que de massacrer Abou Abdallah par surprise, dès que les circonstances le permettraient.

L'arrivée de cette troupe causa au sultan marocain une joie très vive qu'il manifesta hautement. Déjà, comme cela a été dit précédemment, quand il était entré à Fez pour la deuxième fois, Abou Abdallah avait trouvé dans cette ville un corps de Turcs qui avaient abandonné l'armée amenée d'Alger par Abou Hassôun, le mérinide l'ouattaside ; ces Turcs avaient été incorporés à l'armée du sultan qui en avait fait une division spéciale qu'il appelait les *janissaires*. Lorsque Abou Abdallah s'était rendu ensuite à Maroc, il avait voulu pendant tout le voyage avoir ces Turcs sans cesse auprès de lui et leur avait témoigné la plus grande confiance. Il ignorait que le poète a dit des Turcs :

> « Garde-toi de te fier à ce que dit un Turc, même quand sa piété est telle qu'il est capable de voler dans les nuages.
> « S'il est bon envers toi, c'est par pure erreur de sa part ; s'il est méchant, c'est qu'il tient de son père et de sa mère. »

Les Turcs furent tout heureux de la venue de Sâlah El-kiahia et lui témoignèrent un vif empressement. Tout étranger dans un pays se trouve en quelque sorte apparenté avec les étrangers qu'il y rencontre et se plaît en leur société. Après avoir sans cesse cherché un stratagème et guetté une circonstance qui leur permît de mettre à exécution leur projet contre le sultan Abou Abdallah, Sâlah et ses compagnons trouvèrent enfin une occasion favorable à un endroit appelé Guelâguel, durant une expédition entreprise dans les montagnes de Deren.

Profitant d'un moment de négligence de la part de la garde du sultan, les Turcs pénétrèrent dans la tente du prince, puis l'un d'eux le frappa avec une hache et, d'un seul coup, détacha la tête du tronc. Les assassins emportèrent la tête dans une musette et s'enfuirent à la faveur des ténèbres de la nuit. Inquiets et tremblants, ils prirent la direction de Sidjilmassa et afin que personne ne les soupçonnât, ils se donnèrent comme des gens envoyés à Tlemcen. On réussit cependant à les atteindre dans leur marche ; on en tua même un certain nombre, mais quelques-uns d'entr'eux s'échappèrent en emportant la tête du sultan qu'ils envoyèrent au souverain de Constantinople. Cette tête resta exposée suspendue à un des murs de cette ville jusqu'à ce qu'elle tomba en pourriture. Le jurisconsulte Aboulhasen Ali ben Abou Bekr Essedjtânî et Abou Imran Eloudjânî, secrétaire du sultan, avaient été tués dans la même nuit que leur maître.

L'auteur du *Momatti' elasmâ'* raconte que « Sidi Ahmed

Eccherif, établi chez les Beni Selmân dans la montagne de Lamtha, était un personnage important et jouissant d'une grande influence religieuse. Une sourde inimitié ayant éclaté entre lui et le sultan de cette époque, c'est-à-dire Abou Abdallah, les choses en vinrent à un tel degré que Sidi Ahmed ne songea plus qu'au moyen de faire périr le prince. Une fois, il se vit en songe entrant chez le sultan, une hache à la main, pour le frapper, ou tout au moins arrivant près de lui et le menaçant de son arme ; mais à ce moment Sidi Saïd ben Abou Bekr, dont le corps repose à Méquinez, se dressant au chevet du sultan, la main placée sur la tête de celui-ci comme pour la protéger, lui dit d'un ton de reproche : « Assez ! va-t'en ! tu n'arriveras pas jusque-là. » A ces mots, Sidi Ahmed se retira.

« L'événement justifia cette prédiction, ajoute le *Momatti*, car ce furent les Turcs qui tranchèrent avec une hache la tête du sultan : toutefois cela n'eut lieu que longtemps après. » Sidi Ahmed jouissait d'une réputation divinatoire bien établie ainsi que cela résulte de la suite de ce récit.

L'assassinat du sultan Abou Abdallah eut lieu le mercredi, 29 de dzoulhiddja de l'année 964 (23 octobre 1557) ; son corps, privé de la tête, fut transporté à Maroc où il fut enterré dans le cimetière des Chérifs, au sud de la mosquée de Elmansoûr. Sur la dalle qui recouvre ce tombeau bien connu, se trouve gravé ce qui suit :

> « Salut au mausolé enveloppé de miséricorde et dont la tombe est ombragée par les nues !
>
> « Les effluves de la sainteté s'en dégagent comme un parfum, et par lui, de l'éternel séjour, les brises soufflent jusqu'à nous.
>
> « A cause de ta mort, le soleil de la Foi s'est obscurci et les sept terres se sont voilées de ténèbres,
>
> « O âme qu'a ravie et conduite à la tombe un funeste événement, et qui a été transpercée par les flèches de la mort !
>
> « Les piliers de la gloire se sont écroulés de douleur et les sept cieux ont tremblé, en apprenant la nouvelle de ton trépas.

« C'est escorté par les voix et les mélodies des anges que ton cercueil a été transporté vers l'Éden ;

« Les Pléiades l'ont emporté avec elles dans leur course céleste et cependant tu gis sous le sol que surmontent les nuages.

« O miséricorde divine, abreuve-le du nectar de tes faveurs et que des coupes toujours pleines d'ambroisie circulent sans cesse devant lui !

« Le destin s'est accompli à la date qui correspond à ces mots : *il est clair que la demeure de l'imam de la Foi, du Mahdi, c'est le Paradis*[1]. »

On a vu, plus haut, les noms des personnages qui furent assassinés en même temps que le sultan, ainsi que le récit du meurtre de son frère Aboulabbâs Elaaredj, tué dans sa prison trois jours après. Dieu, dans sa grâce et sa bonté, fasse à tous miséricorde !

CHAPITRE XV

DU RÈGNE DU SULTAN ABOU MOHAMMED MAULAY ABDALLAH, FILS DU SULTAN ABOU ABDALLAH MAULAY MOHAMMED ECCHEIKH ECCHÉRIF

Yeux noirs, face large et arrondie, joues ovales, expression noble et taille un peu au-dessous de la moyenne, tel était le portrait de ce prince. Il naquit à Taroudant après l'année 920 (1514) et reçut le surnom royal de Elghâleb-billah, sous lequel la plupart des historiens le désignent. Élevé dans la pratique des vertus, il occupa son enfance à parfaire son éducation, à apprendre le Coran et à étudier diverses branches de la science. Son père l'avait choisi comme héritier présomptif, et aussitôt que la nouvelle de la fin tragique

---

1. Les mots en italique forment un chronogramme ; en supprimant les deux alifs de l'article aux mots هدى et مهدي, la somme de la valeur des lettres de cette phrase donne 964.

du sultan eut été connue, tous les habitants de Fez sans exception le proclamèrent souverain et lui prêtèrent serment de fidélité.

L'auteur du commentaire du *Zahret ecchemârikh* raconte que le jurisconsulte, chargé du gnomon et de la fixation des heures de prières au minaret des Qarouïin, Abou Abdallah Elmezouârî, était habile dans la science des horoscopes et dans l'art de prédire l'avenir. Durant une nuit des plus noires et des plus obscures, Elmezoûarî qui était occupé à observer le lever et le coucher des astres, vit tomber l'étoile du sultan Abou Abdallah Mohammed Eccheikh. Comme il connaissait Maulay Abdallah, avec qui il était en relations, il partit en toute hâte pour se rendre auprès de lui et lui raconter ce qu'il venait de voir, mais arrivé sous les murs de Fez la Neuve, il trouva la porte de la ville fermée. Il pria les gardes de lui ouvrir la porte et tout d'abord ceux-ci refusèrent : « Je me rends, leur dit-il alors, auprès du *khalifa*[1] pour une affaire qui l'intéresse au plus haut point ; si vous ne le prévenez pas sur l'heure que je suis ici, vous aurez lieu demain de vous en repentir. » Les gardes aussitôt allèrent avertir le khalifa ; Elmezouârî bientôt conduit en présence d'Abdallah et interrogé par lui, lui raconta ce qu'il venait de voir et lui annonça la mort de son père. Abdallah n'éprouva aucun doute sur l'exactitude de cette nouvelle et prit immédiatement ses dispositions en conséquence.

Quelques jours s'étaient à peine écoulés que l'on apprit que le sultan était assassiné, précisément à cette heure à laquelle l'astrologue était venu trouver son fils ; à ce moment, Abdallah se trouva prêt à tout événement.

Aussitôt qu'ils eurent appris que le nouveau sultan avait

---

1. Ce mot s'emploie à la fois pour désigner le souverain ou calife et le lieutenant ou successeur éventuel d'un personnage administratif. Il équivaut ici à vice-roi.

été proclamé à Fez, les habitants de Maroc ratifièrent ce choix en sorte que, fort de cet appui, le prince put, sans difficultés, prendre possession du royaume de son père. Tous ces faits se passèrent au mois de moharrem de l'année 965 (24 octobre-23 novembre 1557).

CHAPITRE XVI

DE LA CONDUITE DU SULTAN, DES ÉLOGES QU'ELLE LUI VALUT ET DE TOUT CE QUI A ÉTÉ DIT A CE SUJET

Le sultan, Abou Mohammed Abdallah Elghâleb-billah, était un homme habile en politique et dans l'art de gouverner. Doux de caractère, il se fit remarquer, dès son arrivée au pouvoir suprême par ses manières bienveillantes et une grande affabilité. Par sa sage administration, il rétablit la concorde parmi ses sujets et ramena parmi eux la prospérité et l'abondance. La situation devint telle qu'on disait alors que les trois personnalités, formant en quelque sorte les yeux du monde, étaient : Maulay Abdallah, Sidi Abdallah ben Hosaïn Eccherif et Sidi Ayyâd Essoussî.

Dans la série de questions adressées par le jurisconsulte, le pieux prédicateur de la grande mosquée de Taroudant, Abou Zéïd Abderrahmân Ettlemsânî, au grand cadi, le jurisconsulte Abou Mahdi Sidi Aïssa ben Abderrahmân Essedjtânî, j'ai vu que ce dernier personnage disait : Il est certain que Maulay Abdallah est à la fois un monarque équitable et un prince légitime.

Des personnes dignes de foi, qui avaient figuré parmi les disciples du savant maître, du pôle illustre, Aboulabbâs Sidi Ahmed ben Moussa Essemlâlî, m'ont assuré avoir entendu dire à ce personnage: « Maulay Abdallah est le joyau des Chérifs; ce n'est pas un sultan, c'est un saint. » Le jurisconsulte, Sidi Abderrahmân ben Omar Elbouâqîlî, m'a dit encore que, quelqu'un ayant demandé à Sidi Ahmed ben Moussa qui était le « Pôle [1] », celui-ci aurait répondu : « Moi. » Et après vous ? aurait ajouté son interlocuteur : « Un tel : » Et après un tel ? : « Maulay Abdallah. » Et ensuite : « En voilà assez », s'écria alors Sidi Ahmed qui cessa dès lors de répondre. Remarquez l'importance d'une pareille attestation de la part de ce cheikh.

C'est un fait bien connu de tous, grands et petits, que Maulay Abdallah fut un prince équitable et un homme vertueux. Cependant j'ai vu dans une lettre adressée par son neveu, Aboulmaâlî Zìdân ben Ahmed Elmansoûr, à Abou Zakaria Yahia ben Abdallah ben Saïd ben Abdelmonaïm Elhâhî, quelque chose qui est en contradiction avec cette légende et qui autoriserait à croire que ce prince était comme tous les autres souverains.

Aboulmaâlî reprochait à Abou Zakaria de s'occuper des questions gouvernementales et le blâmait de faire acte de politique, en méconnaissant l'autorité royale. C'était pur verbiage de sa part, car on sait que des compagnons du Prophète vivaient encore à l'époque de Elyezid ben Moawia, et cependant, aucun d'eux ne chercha à détrôner ce prince, à se révolter contre lui, ni même à s'immiscer dans ses affaires; on sait aussi qu'un souverain ne peut être déposé, même en cas d'impiété et de tyrannie.

Aboulmaâli ajoutait ceci: « Sachez encore que votre père vous est supérieur ainsi que cela résulte du hadits [2] qui dit : « Vos pères seront supérieurs à vos enfants jusqu'au jour

---

1. Le mot de *pôle* est employé pour désigner toute personne, qui par ses vertus et sa piété, s'élève bien au dessus de ses contemporains et leur sert de guide.
2. Fait ou parole attribué au prophète Mahomet.

du jugement dernier. » Notre oncle, Maulay Abdelmalek, s'était montré plein d'indulgence pour votre père, malgré la conduite que celui-ci tenait publiquement. Votre père, qui vivait sous le règne de Abdelmalek et qui lui avait prêté serment de fidélité, était resté en relations avec ce prince, sans croire pour cela déroger à ses convictions ; jamais il ne témoigna d'hostilité au pouvoir royal, ni ne chercha à nuire, par ses actes ou par ses paroles, à l'autorité des princes de son époque. En agissant ainsi, c'est qu'il acceptait la conduite du souverain et s'en rendait solidaire, sinon, pourquoi aurait-il gardé le silence et aurait-il continué ses relations avec lui ?

« Vous savez parfaitement aussi que l'influence religieuse de Ahmed ben Moussa faillit devenir toute puissante, que les vertus de ce personnage étaient connues de tous, grands et petits, et enfin que tous les habitants du Maghreb le considéraient comme un grand saint. Or Ahmed vivait sous le règne de Maulay Abdallah (que Dieu refroidisse sa tombe !) et, malgré sa haute situation et sa célébrité, il ne cessa pas un instant de faire des vœux pour la vie du souverain et le maintien de son autorité. Il lui témoignait une vive amitié, bien qu'il eût cependant le pouvoir d'investir, de révoquer, de mettre à mort et qu'il eût donné asile dans sa zaouïa à Elmorabit Elandalousî, à Ould Azik et à d'autres. Il faisait auprès du souverain les démarches qu'on sollicitait de lui, sans récriminer, sans émettre de blâmes et sans rien chercher au-delà, retenu qu'il était par ses serments de fidélité et par son affection. Et pourtant les scellés ayant été apposés sur la maison de Ibn Hosaïn, par ordre du prince, ce fut celui-ci seul qui les fit lever de son propre mouvement, personne ne songeant à trouver à cela quelque chose d'excessif, à y voir un abus d'autorité ou à en tirer prétexte pour ouvrir les portes de la sédition.

« Les principaux chefs de l'entourage de Maulay Abdallah, tels que son ministre Ibn Chaqra, Abdelkerîm ben Eccheikh, Abdelkerîm ben Moussa Eleudj, Elhibthî, Ezzerhôunî Abdessâdeq ben Moloûk et d'autres, dont les noms ne me reviennent pas en mémoire, car cela se passait il y a longtemps, s'adonnaient à la boisson des spiritueux, entretenaient des chanteuses, et portaient des vêtements de soie et des ornements d'or et d'argent. Or, à cette époque vivaient Ahmed ben Moussa, dont il vient d'être parlé, Ibn Hosaïn, Eccherqî, Abou Amr Elqasthelî, Mohammed ben Ibrahim Ettinmartî Ecchethîbî et d'autres cheikhs, tous gens pieux dont aucun musulman ne saurait prétendre surpasser les mérites ou même égaler les vertus. Tous pourtant approuvèrent la conduite du souverain ; pas un d'eux ne chercha à entraver l'exercice de la royauté et jamais on n'entendit émaner de leur part une critique malveillante contre les fonctionnaires ou les chefs de l'armée cités ci-dessus, qui étaient les rouages du pouvoir et les véritables agents du gouvernement.

« On peut rapprocher de l'attitude de ces personnages celle du savant de son temps, l'incomparable maître des cheikhs d'Ifriqiya et de certains cheikhs du Maghreb, Abdelazîz Elqosanthînî, le grand docteur soufite et l'auteur de miracles connus. Ce cheikh habitait Tunis. Les princes de cette ville et leur entourage se livraient, on le sait, à des turpitudes sans nombre qui leur ont valu une triste célébrité, en Orient comme en Occident. Abdelazîz vécut cependant au milieu d'eux, sans jamais tenter, jusqu'au jour de sa mort, soit de réformer leur déplorable conduite, soit de leur prêcher l'amour du bien. » Ici se termine la partie de cette lettre utile à mon sujet.

Le récit d'Aboulmaâlî ne concorde pas avec l'opinion qui a cours aujourd'hui ; il contredit positivement ce que chacun sait sur le personnage en question. Quant aux paroles de Ahmed ben Moussa Eldjezzoûli, qui décernait au prince le titre de « Pôle, » peut-être avait-elle trait à sa situation politique et non à son caractère religieux. Voici en effet ce que j'ai lu dans l'ouvrage intitulé *Qoût elqoloûb* de Abou Thâleb Elmekkî: « Abou Mohammed Sahl ben Abdallah Ettestourî disait: « Si le calife n'est pas un saint homme, il reste toujours « un grand personnage ; mais s'il est un saint, il devient alors « un des pôles autour duquel gravite le monde. » Abou Thâleb ajoute : « Il faut entendre ici par « grand personnage », un grand personnage politique.

Quelque chose d'analogue à cette opinion se trouve dans le passage suivant que j'ai lu à la fin du livre intitulé : *Elmonteqa elmaqsoûr* de Ibn Elqâdhî : « Le souverain peut être, soit un saint, soit un pôle. » Mais ce que j'ai vu de mieux sur ce sujet, c'est ce qui est dit dans le *Qaouâid* du cheikh Zerroûq: « L'imam Ahmed ben Hanbal prétendait que si le souverain était un saint homme, il était supérieur à tous les saints de la nation et que, s'il était irréligieux, un saint du peuple valait mieux que lui. » Cette appréciation est parfaitement juste.

L'auteur du *Momatti'* rapporte que « le sultan Maulay Abdallah, étant allé faire une visite pieuse à Ahmed ben Moussa Edjezzoûlî, demanda à ce saint homme de lui faire obtenir sans luttes, ni combats, la possession de son royaume ; « si vous m'abandonnez, ajouta-t-il, l'existence me devien- « dra impossible, car je ne pourrai plus dès lors sauvegarder « ma vie, ni trouver un asile sur la terre». Ahmed ben Moussa fit alors l'invocation suivante : « Arabes, Berbers, plaines et montagnes, obéissez au sultan Abdallah ! » Depuis ce moment, le sultan put organiser son empire dans le calme et la sécurité, jusqu'au moment où les Turcs débarquèrent dans les ports de Tanger et de Ceuta. Effrayé par cette attaque, il il dépêcha aussitôt un courrier au cheikh. Le courrier était à peine arrivé auprès de Ahmed qu'il entendit celui-ci s'écrier, avant même de l'avoir vu: « O Turcs, retournez dans votre pays ! Et toi, ô Maulay Abdallah, que Dieu t'accorde la paix dans ton royaume ! » Le courrier repartit à l'instant, mais le sultan avait déjà reçu la nouvelle que les Turcs, saisis de terreur, s'étaient rembarqués au moment où le cheikh avait prononcé les paroles ci-dessus rapportées.

« Quand Ahmed ben Moussa vint à Maroc, le sultan l'invita à venir dans son palais et lui offrit un repas ; le cheikh refusa d'y goûter en disant : « Quiconque étant en état de grâce, mange à la table d'un souverain, corrompt son cœur pour quarante jours ; s'il y mange, sans être en état de grâce, il aura le cœur mort pendant quarante ans. »

Au lieu de lire, dans le *Momatti'*, « les ports de Tanger et Ceuta, » il est probable que la vraie lecture, à la place de « et de Ceuta », doit être « et de Hodjr Bâdis », car c'était dans ce dernier port que les Turcs avaient débarqué, ainsi que le dit Ibn Elqâdhî dans le *Dorret elhidjál*, comme on le verra plus loin.

Certain auteur rapporte que le sultan Abdallah, voyant la prospérité d'Alger, dont les vaisseaux fréquentaient sans cesse les ports de Hodjr Bâdis et de Tanger, craignit que les Algériens ne voulussent s'emparer de ces deux derniers ports. Aussi, dans le but d'arrêter les empiétements des Turcs dans le Maroc et de leur ôter tout moyen d'y pénétrer, il convint avec le roi chrétien qu'il lui livrerait le port de Hodjr Bâdis et que celui-ci en expulserait les musulmans. En conséquence les chrétiens s'établirent à Hodjr Bâdis, en chassèrent les musulmans et leur témoignèrent leur profond mépris en déterrant les cadavres des cimetières et en les faisant brûler.

« Quand Maulay Mohammed, le fils du souverain et son lieutenant à Fez, apprit le débarquement des chrétiens à Hodjr Bâdis, il sortit à la tête de ses troupes pour se porter au secours des musulmans ; mais, arrivé à l'Ouâd Elleben, il reçut la nouvelle de la reddition de la place. Renonçant alors à son dessein, il revint sur ses pas et laissa les chrétiens occuper librement la ville.

« Dans une autre circonstance, Maulay Mohammed avait dû agir d'une façon analogue : son caïd Ali ben Ouedda était entré dans Elbrîdja, place voisine d'Azemmour ; il avait déjà commencé à détruire une partie des remparts de cette citadelle et s'apprêtait à en achever la démolition le lendemain, de façon à ne point laisser la moindre trace des travaux des infidèles, quand Maulay Abdallah lui écrivit de n'en rien faire. Aussi les chrétiens purent-ils rentrer à Elbrîdja, alors que, résolus à abandonner cette ville, ils s'étaient déjà rembarqués sur leurs vaisseaux. »

L'auteur que je cite rapporte encore un trait analogue de Maulay Abdallah à l'égard des habitants de Grenade. Il entre à ce sujet dans de longs développements que je m'abstiens de reproduire ici, me contentant de ce qui vient d'être dit. Ces faits attribués à Maulay Abdallah seraient odieux s'ils avaient été réellement accomplis, mais je ne saurais les admettre, étant donné que je ne les ai lus que sur des feuillets détachés, dus à la plume d'un écrivain dont j'ignore le nom, et qui n'a fait qu'une virulente diatribe contre les princes de la dynastie saadienne. A mon avis, l'auteur de ces récits était un des ennemis de cette famille, car il a cherché à jeter sur elle la déconsidération, en l'excluant de la descendance du Prophète, et il a dépeint le gouvernement de cette dynastie comme un gouvernement odieux. Aussi ai-je passé sous silence nombre de faits qu'il a mentionnés et qui ne sauraient être imputés à ces nobles Chérifs.

Dans ses *Tabaqât*,[1] le cheikh, Tadj-eddin Ibn Essebkî, dit

---

1. Nom que portent souvent les ouvrages biographiques consacrés à une seule et même catégorie de savants, par exemple, poètes, grammairiens, etc.

que « les historiens sont en quelque sorte sur une berge minée par les eaux. En effet, par suite de la longue étude qu'ils font du caractère des hommes, il peut leur arriver de calomnier certains personnages, soit par esprit de parti, soit par ignorance ou encore en s'appuyant sur l'autorité de gens qui ne sont pas dignes de foi. Aussi, ajoute-t-il, l'historien doit avant tout craindre Dieu. »

Toutefois il ne faut pas trouver étrange de la part des princes qu'ils sapent les bases de la loi pour établir le phare de leur autorité et qu'ils foulent aux pieds les choses les plus sacrées afin d'obtenir pendant un instant l'obéissance de leurs sujets. Comment d'ailleurs n'en serait-il pas ainsi, alors que le vent des passions, se déchaînant dans les voiles de leur cœur, lance leur nacelle contre les rivages d'une mer où l'on désespère de la miséricorde du Très-Haut. Dieu nous soit à tous bienveillant ; que, par sa grâce et sa bonté, il se montre indulgent à l'égard de tous les rebelles de cette noble nation !

p. o.

CHAPITRE XVII

SUITE DE L'HISTOIRE DE MAULAY ABDALLAH ; DES ÉVÉNEMENTS QUI EURENT LIEU SOUS SON RÈGNE

A peine arrivé au pouvoir, dit Ibn Elqâdhî, Maulay Abdallah s'occupa d'organiser ses États et de les mettre en état de défense en faisant provision d'armes et de munitions ; mais il ne songea point à accroître l'étendue de l'empire que lui avait légué son père.

Au mois de djomada Ier de l'année 965 (19 février-21 mars 1558), un nombreux corps de Turcs commandés par le pacha

Hosaïn[1], fils de Kheir-eddin Ettorki, se mit en marche contre Maulay Abdallah. Celui-ci se porta à la rencontre de ses adversaires et la bataille s'engagea près de l'Ouâd Elleben, dans le district de Fez. Hosaïn, vaincu, dut se retirer en désordre et gagner des montagnes escarpées, afin de pouvoir rentrer à Bâdis qui, à cette époque, était au pouvoir des Turcs. Maulay Abdallah reprit ensuite le chemin de Fez, mais il n'entra pas dans cette ville à cause de la peste qui y régnait. Ce terrible fléau se répandit bientôt sur toutes les plaines et les montagnes du Maghreb et décima le pays en emportant dans la tombe ses hommes les plus marquants et les plus valeureux. Au retour de cette expédition, Maulay Abdallah, qui avait à se venger de son frère Abou Saïd Otsmân, donna l'ordre de mettre à mort ce prince et l'ordre fut exécuté cette même année.

Le mercredi, 28[2] du mois de ramadhan de l'année 964 (26 juillet 1557), il y eut une grande éclipse de soleil. Le premier du mois de moharrem de l'année 977 (16 juin 1569), après la prière du vendredi, il se produisit un formidable tremblement de terre. En l'an 978 (5 juin 1570-26 mai 1571), pendant la dernière décade du mois de chaoual, correspondant au milieu du mois de mars de l'année chrétienne, les sauterelles arrivèrent en grand nombre à Maroc.

Au mois de dzoulhiddja de l'année 985 (février 1578) périt le jurisconsulte Mohammed Elandalousî. Ce personnage qui, en apparence, se livrait à la dévotion et à la pratique de toutes les vertus, avait séduit la foule qui, dans son enthousiasme, le suivait partout. Imitant l'exemple de Ibn Hazm, le Dhahérite, il fulminait des propos injurieux à l'égard des

---

1. Il s'agit de Hasen ben Kheir-eddin, qui fut pacha d'Alger à trois reprises différentes, de 1545 à 1552, de 1557 à 1561, et enfin de 1562 à 1567.

2. Le 28 étant un dimanche, c'est peut-être le 24 qu'il faut lire, à moins que l'erreur ne porte sur le jour de la semaine.

fondateurs de la doctrine orthodoxe et ne craignait pas de déblatérer contre la religion. Le sultan ayant décidé de le faire mettre à mort, Mohammed, s'appuyant sur la foule, provoqua une sédition dans laquelle il périt ; son corps fut mis en croix au-dessus de la porte de sa maison située à Riâdh Ezzîtoûm (le jardin des oliviers.) Sur ce personnage consultez le *Dauhat*[1].

Ce fut en l'année 981 (3 mai 1573-23 avril 1574) qu'eut lieu l'*affaire des poudres*, au cours de laquelle la grande coupole de la mosquée de Elmansoûr fut entièrement détruite et son minaret fendu en deux. Cette catastrophe se produisit à la suite d'un complot tramé par les prisonniers chrétiens ; ceux-ci avaient creusé une mine qu'ils avaient remplie de poudre afin de faire sauter la mosquée avec tous les fidèles, pendant la prière du vendredi. Mais Dieu mit les Croyants à l'abri de cette machination et ne permit point que les circonstances fussent favorables aux chrétiens pour mener à bout leur entreprise.

Maulay Abdallah commença, en l'an 970 (31 août 1562-21 août 1563), la construction de la mosquée des Chérifs, ainsi que celle du réservoir y attenant, réservoir que surmonte l'enceinte de la ville à Elmouâsîn. Il fit également bâtir l'hôpital, dont l'utilité est manifeste, et assigna à ce monument d'importants biens de main-morte. On lui doit encore la reconstruction de la médressa qui avoisine la mosquée de Ali ben Youcef Ellemtoûnî, mais contrairement à l'opinion de beaucoup de gens, Maulay Abdallah ne fut pas fondateur de cette médressa qui avait été primitivement bâtie par Aboulhasen

1. Abou Abdallah Mohammed Elandalousî s'était surtout occupé d'études scientifiques, médecine, histoire naturelle, astronomie. Il n'admettait pas qu'on adressât des prières au Prophète et refusait de reconnaître les doctrines de l'imam Malek, qui étaient adoptées par tous les Marocains. Ses opinions, très goûtées de la foule, furent condamnées par les ulémas de Maroc, et il avait été emprisonné à deux reprises différentes lorsqu'il provoqua la sédition dont il est parlé ici.

Elmerînî, ainsi que le rapporte Ibn Batouta dans sa *Rihla*[1].

Une tradition populaire, très répandue, veut que le sultan Maulay Abdallah ait fait exécuter tous ces travaux à l'aide des ressources que lui procurait l'alchimie, science qui lui aurait été enseignée par le vertueux cheikh Aboulabbâs Ahmed ben Moussa, dont il avait été l'élève, comme il a été dit plus haut. C'est là une erreur absolue qui a sa source dans une ignorance complète des choses. En effet, on rapporte que le cheikh, Sidi Ahmed ben Moussa, ayant reçu la visite d'un homme qui venait lui demander des leçons d'alchimie aurait fait la réponse suivante : « Le nombre des lettres du mot alchimie est de cinq, nombre qui est égal à celui des doigts de la main ; si, mon ami, vous désirez pratiquer une telle science, faites du labourage et de l'agriculture : voilà la véritable alchimie des hommes et non celle qui emploie le plomb et le cuivre. » Ajoutez à cela que le cheikh était un grand saint et qu'il n'était pas homme à ouvrir à un musulman une des grandes portes qui donne accès aux tribulations, ni à lui fournir un des plus graves éléments de tourments. On sait, en effet, que la science de l'alchimie est une des plus importantes sources de trouble, et que le cheikh avait coutume de citer à ses visiteurs le vers suivant :

> « En tout recherchez les choses moyennes : là est le salut. Ne montez pas un animal trop mou, ni une bête trop rétive. »

Tous les saints personnages sont unanimes à mettre les hommes en garde contre l'étude et la pratique de l'alchimie ; ils donnent pour cette abstention l'une des trois raisons suivantes :

1° L'alchimie est une science chimérique ainsi que l'a fait remarquer Avicenne, qui fournit comme preuve ces mots du Coran: « Il n'y aura aucune transformation pour l'être

---

1. *Les voyages* d'Ibn Batouta.

créé par Dieu.[1] » Or, de même qu'il n'est pas au pouvoir de l'être créé de métamorphoser un singe en homme ou un chacal en gazelle, de même il ne sera pas en sa puissance de transformer le plomb en or ou le cuivre en argent. Dans une discussion qui s'était engagée au sujet de l'alchimie entre deux personnes, l'une d'elles, celle qui croyait à cette science, dit à l'autre : « Nierez-vous ce qui se passe sous vos yeux dans la teinture : un objet rouge qui devient jaune ou un bleu qui devient noir? » — « Je ne nie pas cela, répondit l'adversaire ; dans la teinture, il n'y a pas de changement dans la nature même du corps ; ce que je nie, c'est qu'un vêtement de laine blanche puisse par la teinture être transformé en coton ou en soie de couleur verte ou rouge. Il est bien certain que par la teinture le cuivre devient blanc, mais cela ne change rien à sa nature intrinsèque et ne fait pas qu'il perde son nom de cuivre, car vous dites alors que c'est du cuivre blanc ; de même, quand elle est teinte, la laine ne perd point son nom de laine. »

2° Le pouvoir transmutateur existe, mais nul ne saurait le mettre en pratique. Telle est l'opinion d'Aboulfaradj Ibn Eldjauzî. Selon cet auteur, il y a trois choses dont on admet l'existence et cependant, de l'aveu de tous, aucun habitant de l'Orient ou de l'Occident ne les a jamais vues ; ces trois choses sont : l'alchimie, les *ghoul* et l'*anqa*. Tout ce qu'on en sait repose sur des récits ou des traditions authentiques ; les histoires que l'on raconte à ce sujet sont comme les fables où figurent des êtres fictifs ou des corps inanimés.

3° Enfin dans l'hypothèse où l'alchimie existerait et où elle pourrait être mise en pratique, il serait illicite d'en faire usage et d'en tirer profit. Comme on demandait à Abou Ishâq Ettounsî s'il serait licite de faire usage d'une substance ainsi obtenue

---

[1] *Coran*, Sourate XXX, v. 29.

à la condition qu'elle fût pure, ce docteur répondit : « Si en opérant sur de l'argent ou sur tout autre matière vous arrivez à obtenir de l'or pur, il n'y a pas de doute que vous soyez autorisé à en faire usage. Toutefois, si vous le vendez sans dire à l'acheteur : « Ceci était de l'argent ou tout autre matière « que par des procédés j'ai transformé en or fin », il y aura une fraude évidente. Si au contraire vous dites ce qu'il en est, personne ne voudra vous l'acheter et l'on vous dira : Qui m'assure que par d'autres procédés quelqu'un ne lui rendra pas sa nature primitive. Or, celui qui ne s'expliquerait pas sur l'origine du métal rentrerait dans la catégorie de ceux dont le Prophète a dit : Quiconque nous a trompés sur une denrée, ne sera pas des nôtres, car il a commis là un sacrilège.

Ibn Abdelberr rapporte les paroles suivantes du cadi Abou, Youcef : « Ne rechercher la religion qu'en paroles, c'est être hérétique ; demander la fortune à la pierre philosophale, c'est vouloir la misère. » Abou Mohammed Sâlah disait encore : « Il y a trois choses que vous devez éviter, car elles vous entraîneraient à trois autres choses : ne buvez pas de sirop, vous seriez amenés à boire des spiritueux ; abandonnez la recherche de la pierre philosophale, cela vous conduirait à la sophistication et à la fraude ; enfin évitez le commerce des vieilles femmes, vous voudriez ensuite en fréquenter de trop jeunes. »

Comme on disait un jour à un personnage éminent : « Pourquoi ne parlez-vous donc jamais de cet art (l'alchimie) ? ce serait une distraction pour l'esprit. » — « Quand, répondit-il, on demande à un âne, pourquoi il n'a pas étudié, il vous répond que c'est parce qu'il ne veut pas remuer ses mâchoires inutilement. » Puis il dit ce vers :

p. ٥٢   « Je dis à mes compagnons : elle est comme le Soleil qui, bien qu'il nous touche de sa lumière, est si loin de nous ! »

En résumé, tout ce qui a été dit à ce propos sur Maulay Abdallah ne repose sur aucun fondement. Cependant les gens scrupuleux s'abstinrent pendant un certain temps de faire leurs prières dans la mosquée des chérifs, mais ce fut surtout parce qu'on disait que cette mosquée avait été bâtie sur l'emplacement d'un cimetière juif; Dieu maudisse les Juifs!

CHAPITRE XVIII

DES MINISTRES, CHAMBELLANS, SECRÉTAIRES ET PRÉVÔTS DE CE PRINCE

Parmi les ministres de Maulay Abdallah, il faut citer le prince glorieux, le jurisconsulte, Abou Abdallah Maulay Mohammed, fils du frère du souverain, Abdelqâder ben Maulay Mohammed Eccheikh. Ce personnage surpassa les autres ministres par son habileté, sa bienveillance dans la gestion des affaires et son humeur enjouée; il maniait agréablement le vers et la prose.

Mon ami Abou Mohammed Abdallah ben Mohammed Elfâsî, dans son livre intitulé : *El i'lâm bimen madha oua ghabara min ahl elqarn alhâdî âchara*[1], raconte l'anecdote suivante :

Le vizir, Abou Mohamed ben Abdelqâder, allait de Maroc à Fez en compagnie du grand-cadi Abou Malek Abdelouâhed Elhamîdî et de l'imam Aboulabbâs Elmandjoûr. Quand on aperçut les monuments de Fez la Neuve, que le feu du désir se fût allumé dans les entrailles des voyageurs et qu'alors, comme a dit le poète:

[1]. Dictionnaire biographique des personnages qui ont vécu au xi⁰ siècle.

« Ce qu'on souhaite le plus ardemment, c'est de voir un jour les demeures se rapprocher les unes des autres. »

Abou Mohammed improvisa les vers suivants :

« O mes chers amis, voilà le Mosteqa et ses jardins ; voici les norias de la ville qui gémissent !

p. ٥٤ « Ici est le Mosalla, prairie de l'espérance et de la tristesse ; ici sont les demeures qui brillent ! »

Le cadi Elhamîdî continua aussitôt par cette improvisation :

« Voici les coupoles vertes semblables à l'émeraude, où sont des femmes aux regards ardents,

« Qui se courbent comme les rameaux chargés de fruits d'un verger et dont les parfums s'exhalent au loin de leurs demeures. »

A son tour Aboulabbâs Elmandjoûr ajouta les vers suivants :

« Elles traînent leurs tuniques et sont constellées de bijoux ; tous les genres de beauté éclatent parmi elles ;

« Elles s'empressent de fermer de leurs voiles les baies du palais, pour aller goûter un amour aux transports prolongés. »

Lorsque le cheikh, l'imam, le maître Aboulabbâs Ahmed Ezzemmoûrî eut connaissance de ces vers, il y ajouta ce distique :

« Considère ces beautés qui se cachent derrière leurs voiles et ressemblent au soleil qui brille à travers les nuages ;

« Elles embellissent de leur grâce les jardins du Mosteqa au moment même où tu marches vers ses coupoles. »

Certain auteur attribue les deux premiers vers, que je viens de citer, à l'imam Sidi Abdelouâhed ben Ahmed Eccherif Essidjelmâssi, qui était le secrétaire du vizir et, alors, il remplace ces mots « ô mes chers amis », par « ô mon seigneur ; » les deux vers suivants seraient, dans ce cas, ceux du vizir. Le mot Mosteqa est le nom d'un jardin bien connu.

Dans ce même ouvrage, *El'ilâm*, de mon ami Elfâsi, on trouve une autre histoire, analogue à celle qui vient d'être racontée. Le même vizir était avec son secrétaire, l'imam Sidi Abdelouâhed Eccherif, lorsque, pendant un voyage, les cataractes du ciel fondirent sur eux :

> « Je me plains à Dieu de cet horrible plateau où la marche de nos montures est ralentie et où nous sommes le jouet des vents », s'écria le vizir.
>
> « Alors qu'à l'horizon les nuées laissent tomber de leurs chevelures leurs traits liquides qui ne cessent de nous frapper » ; repartit le secrétaire.
>
> « En sorte que l'eau qui inonde les collines nous dérobe la trace du bon chemin et pas un ami n'est là pour nous guider.
>
> « Nos chevaux nagent au milieu des flots comme les vaisseaux d'une flotte. Plaise au Ciel que la fortune nous conduise à bon port ! » ajouta le vizir.
>
> « Notre âme est dans une angoisse à laquelle elle n'est pas accoutumée ; le désir nous entraîne, mais le sort nous retient entre ses mains ? » répliqua le secrétaire.
>
> « Il semble que nous n'ayons jamais passé la nuit avec l'amour en tiers, sans que l'oiseau de mauvais augure ne soit venu le matin planer au-dessus de nous sur les hautes terres, » dit alors le vizir.

Les anecdotes de ce genre abondent au sujet de ce vizir qui a laissé de glorieux souvenirs et qui était doué de qualités brillantes et de vertus admirables. Il mourut le 20 de djomada II de l'année 975 (23 décembre 1567).

Parmi les chambellans de Maulay Abdallah on cite : le caïd Abdelkerîm ben Moumen ben Yahia Eldjondî, le renégat, Ibn Touda, Qâsem Ezzerhoûnî et Ahmed Elhibthî ; parmi ses prévôts : Abou Imrân Moussa ben Makhloûf Elkensoûsî. Ce personnage, qui était chargé de la direction de la police, était un jurisconsulte érudit. On raconte que, durant un des voyages que le vertueux cheikh Sidi Ahmed ben Moussa fit à la cour de Maulay Abdallah, la foule s'était assemblée pour lui rendre un pieux hommage. Abou Imrân, voulant éloigner ces visiteurs, se tint debout devant la porte et dit : « Ceux d'entre vous qui feront cette visite seront hérétiques. » — « Ne dites pas cela, s'écria le cheikh Ahmed, qui avait entendu ces paroles ; dites plutôt : Ceux qui auront été injustes seront des hérétiques. »

Au nombre des secrétaires du sultan, on compte Mohammed ben Abderrahman Essidjilmâssî, Mohammed ben Ahmed ben Aïssa, etc. Aboulqâsem ben Ali Ecchâtthibî fut le grand cadi de Maroc sous le règne de Maulay Abdallah ; à Fez, cette haute magistrature fut exercée successivement par Abou Abdallah Ela'oufî, Abdelouâhed ben Ahmed Elhamîdî et d'autres. Le souverain pouvoir et la durée appartiennent à Dieu, qui est l'incomparable et qui sait tout.

CHAPITRE XIX

DE LA MORT DE MAULAY ABDALLAH ET DES CAUSES QUI L'AMENÈRENT

Dans son commentaire du *Dorret essoloûk*, le jurisconsulte Aboulabbâs Ahmed ben Elqâdhî s'exprime en ces termes : « Abou Mohammed Maulay Abdallah Elghâleb-billah mourut le 27[1] du mois de ramadhan de l'année 981 (21 janvier 1574) à la suite d'une suffocation. » Cette suffocation qu'éprouvait le prince était celle que le vulgaire désigne sous le nom *dheïqa* (asthme) ; Dieu nous préserve d'une telle maladie !

Suivant d'autres historiens, le sultan serait mort au mois de chaoual, par suite de la fatigue du jeûne qui aurait déterminé une issue fatale à la maladie dont il vient d'être

---

1. La nuit du 26 au 27 du mois de ramadhan est appelée la *nuit du destin* parce qu'on croit que cette nuit-là Dieu peut modifier les arrêts de la destinée et, par suite, exaucer des vœux dont la réalisation n'aurait pas été prévue par le destin.

CHAPITRE DIX-NEUVIÈME

parlé ci-dessus. Dans le peuple, on raconte qu'ayant passé toute la nuit du 27 de ramadhan en prières, le prince aurait été surpris par la mort pendant qu'il était encore à genoux, mais cela est absolument faux.

Maulay Abdallah fut enterré près du mausolée de son père, dans le cimetière des Chérifs, et son tombeau, qui est connu de tous, porte gravés sur le marbre les vers suivants :

> « O toi qui visites ma tombe, sois généreux, accorde-moi tes prières, j'en ai le plus pressant besoin.
>
> « Autrefois la vie des musulmans et leur fortune étaient entre mes mains et ma renommée s'étendait au loin ;
>
> « Maintenant me voici gisant dans cette fosse, sans qu'aucun caïd ou vizir ait pu me préserver d'y tomber.
>
> « J'ai fait provision de sublimes croyances en Dieu, mon juge clément, et ma foi en lui est des plus vives.
>
> « Quiconque, comme moi, croit à l'indulgence de l'Éternel peut espérer obtenir son pardon.
>
> « Car Dieu a dit dans sa suprême bonté : le fidèle obtiendra de moi ce qu'il m'aura cru capable de faire. »

On rapporte que Abou Abdallah, le fils du sultan, ayant lu ces vers, en punit l'auteur après lui avoir dit : « C'est avec une intention perfide que vous avez employé le mot « fosse » ; vous avez sans doute voulu faire allusion à ce noble hadits : la tombe est un des jardins du paradis ou une des fosses de l'enfer. Pourquoi n'avoir pas fait usage du mot « site » ou de tout autre équivalent ? »

CHAPITRE XX

DU RÈGNE DU SULTAN ABOU ABDALLAH MAULAY MOHAMMED, FILS DE MAULAY ABDALLAH, FILS DE MAULAY MOHAMMED ECCHEIKH

Ce prince, qui fut proclamé souverain après la mort de son père, en 981 (1574), avait été du vivant de celui-ci désigné comme héritier présomptif. Il reçut dans la ville de Fez le premier acte de proclamation qui avait été dressé, à Maroc, aussitôt après la mort de son père.

Au dire de Ibn Elqâdhî, Maulay Mohammed était le fils d'une esclave-mère [1]; son prénom était Abou Abdallah et son surnom royal Elmotawwakil-'ala-llahi; mais il est connu parmi le peuple sous le nom de Elmesloûkh (l'écorché) parce qu'après sa mort, il fut écorché; sa peau fut ensuite bourrée de paille, ainsi qu'on le verra plus loin.

Certains auteurs, autres que Ibn Elqâdhî, dépeignent ce prince comme très orgueilleux, sans égard pour personne, porté à répandre le sang et très dur envers ses sujets. Cependant c'était un jurisconsulte érudit, un lettré remarquable et fort habile à rédiger soit en vers, soit en prose. Voici du reste quelques fragments de ses poésies :

> « Mes chers amis, vous n'ignorez pas combien je suis féru d'amour; détachez mes liens, mes chaînes me font trop souffrir!
> « Ne me blâmez pas, mais ne tergiversez point; car les mers du blâme n'ont point de rivages. »

Le jurisconsulte, l'imam, le cheikh, le maître Aboulabbâs

---

1. C'est-à-dire une esclave qui a conçu des œuvres de son maître; on sait que par ce seul fait l'esclave était affranchie.

Ahmed Ezzemmoûrî a fait de ces vers le *tekhmis* [1] suivant :

« Ah ! soyez surpris ; mon censeur est parti. Que de fois il avait chassé le sommeil de mes yeux et il m'avait fait souffrir !

« Ma conduite maintenant m'est tracée par un calife lui-même : mes chers amis, vous n'ignorez pas combien je suis féru d'amour,

« Détachez mes liens, mes chaînes me font trop souffrir !

« Ah ! tremblez en voyant une juste passion devenir funeste, un cœur enchaîné de plus en plus par la séparation,

« Les yeux baignés de larmes de sang à cause d'une autre ! Ne me blâmez pas, mais ne tergiversez pas.

« Car les mers du blâme n'ont point de rivages. »

Maulay Mohammed a également composé ces vers :

« Allons ! buvons de grand matin la liqueur enivrante dont la surface semble un lingot d'or constellé de pierreries !

« Hâtons-nous donc, en dépit de nos ennemis moroses, car c'est un crime de retarder l'instant du plaisir ! »

Ces vers furent mis en *tekhmis* par l'imam Aboulabbâs dont il vient d'être parlé :

« Combien de faons parfois ont lancé sur mon cœur les flèches de leurs regards, combien de houris ont fait couler mon sang !

« C'est dans l'ivresse du vin que tu goûteras un plaisir sans remords ; allons ! buvons de grand matin la liqueur enivrante,

« Dont la surface semble un lingot d'or constellé de pierreries.

« Laisse dire le censeur qui prêche le blâme ; ferme-lui la bouche et ne crains pas d'insister ;

« Il ne saurait connaître notre bonheur sans que l'insomnie le ronge. Hâtons-nous donc en dépit de nos ennemis moroses,

« Car c'est un crime de retarder l'instant du plaisir ! »

Voici encore un autre distique du prince :

---

1. Le *tekhmîs* consiste à faire précéder chacun des vers qui en est l'objet de trois hémistiches, ce qui forme des sortes de stances composées chacune de cinq hémistiches.

« Elles sont parties, et mon cœur marche à la suite de leurs litières. Elles m'ont laissé loin d'elles, le corps amaigri et rempli de tristesse.

« Puissent les lèvres de la générosité ne plus s'entr'ouvrir aujourd'hui qu'elles sont parties ! Puisse la nuée gonflée d'eau ne plus arroser aucune rose, ni aucun myrte ! »

L'imam Aboulabbâs en a fait encore ce tekhmis :

« Elles ont voulu avoir de mes nouvelles après qu'elles m'avaient eu quitté. Eh bien ! mes entrailles brûlent du feu qu'a allumé la séparation.

« La passion que j'avais pour elles je ne la ressentirai plus pour d'autres. Elles sont parties et mon cœur marche à la suite de leurs litières.

« Elles m'ont laissé loin d'elles, le corps amaigri et rempli de tristesse.

« Ce fut le bonheur de ma vie quand elles se rapprochèrent de moi ; mon trouble était extrême lorsque je m'avançais vers leurs demeures.

« Maintenant que me voici abandonné dans le désert de la passion, puissent les lèvres de la générosité ne plus s'entr'ouvrir aujourd'hui qu'elles sont parties !

« Puisse la nuée gonflée d'eau ne plus arroser aucune rose, ni aucun myrte ! »

Le règne de ce prince fut de courte durée, car il se termina les derniers jours de l'année 983 (février-mars 1576). A cette époque, son oncle Abou Merouân Abdelmâlek vint l'attaquer à la tête d'une armée turque, lui ravit ses États et lui enleva la couronne.

Maulay Mohammed avait eu pour lieutenant à Maroc, le caïd Ali ben Chaqra ; pour chambellan, Ahmed ben Hammou Edder'aï et comme secrétaires, Younès ben Seliman Ettâmelî, Ali ben Abou Bekr et d'autres.

CHAPITRE XXI

DE LA VENUE DE ABOU MEROUAN, MAULAY ABDELMALEK, FILS DE MAULAY MOHAMMED ECCHEIKH A LA TÊTE D'UNE ARMÉE TURQUE ET DE LA VICTOIRE QU'IL REMPORTA SUR SON NEVEU MAULAY MOHAMMED BEN ABDALLAH.

Lors de la mort du sultan Abou Abdallah Mohammed Eccheikh et de l'avènement au trône de son fils, Maulay Abdallah, les frères de ce dernier, Maulay Abdelmâlek Elghâzî et Ahmed Elmansour se trouvaient à Sidjilmassa. Aussitôt qu'ils eurent appris ce double événement, les deux frères craignant pour leurs jours, s'enfuirent à Tlemcen où ils furent rejoints par un autre de leurs frères Abdelmoumen. Après un séjour de quelque temps à Tlemcen, les deux frères se rendirent à Alger, qu'ils habitèrent jusqu'au moment où ils apprirent la mort de leur frère Abdallah et l'arrivée au pouvoir de Maulay Mohammed, fils et successeur d'Abdallah.

Ce fut alors que Abdelmâlek se rendit à Constantinople et s'adressa au sultan ottoman, Mourâd [1], fils du sultan Selim, surnommé Selim-chah, fils du sultan Selim-khan. Il insista vivement auprès de ce souverain pour obtenir que celui-ci mît à sa disposition une armée turque avec laquelle il irait au Maroc dépouiller son neveu de la couronne. Mourâd accueillit avec colère cette proposition et refusa tout d'abord de favoriser un tel dessein; mais Abdelmâlek et sa mère, Sahâba Errahmânia, demeurèrent auprès de lui jusqu'à ce qu'il finît par céder.

Suivant un auteur, Mourâd se serait décidé à la suite des

---

1. Amurat III (1574-1595).

circonstances suivantes : la ville de Tunis venait de tomber au pouvoir des infidèles et ceux-ci, après avoir occupé la citadelle et avoir laissé aux habitants la moitié seulement de la ville, avaient imposé une taxe de capitation que la population avait accepté de payer tout en restant sous le joug. Une rivalité qui avait allumé la guerre entre le prince de Ifriqia et son frère, le roi de Tunis, avait été la cause de cet événement. Vaincu par son frère, le roi de Tunis avait cherché asile auprès du monarque chrétien ; celui-ci le ramena à Tunis avec une armée chrétienne qui s'empara de la ville, ainsi que nous venons de le dire. Ces soldats étrangers se livrèrent à toutes sortes d'excès et profanèrent les mosquées.

Dans sa *Fahrasat,* Ibn Elmandjoûr dit qu'après la prise de Tunis, Aboutthaïeb Eddherîf Ettounsi, prédicateur à la mosquée de Zitoûna, s'était rendu à Fez où le grand cadi de cette dernière ville, Aboulhasan Ali ben Hâroûn, lui adressa une pièce de poésie qui contenait les vers suivants :

« La nuée chargée d'orage t'a anéantie, ô capitale merveilleuse par ta société si policée !

« Et cela en moins d'un clin d'œil, en moins de temps que ne brille l'éclair, ô Tunis !

« O douloureuse surprise quand est venue la nouvelle que tu étais la sœur germaine de l'Andalousie.

« Que de joues sur des visages resplendissants comme la lune se sont alors couvertes de larmes versées par de beaux yeux !

« Que de brunes qui autrefois régnaient sur les cœurs ont aujourd'hui leurs traits altérés et avilis par la captivité !

« Elles sont maintenant prisonnières entre les mains des Infidèles qui les ont achetées à vil prix.

« Qu'est-il besoin des Turcs? Armés d'arcs et de flèches, faites sortir les païens de leurs sombres ténèbres ;

« Invoquez à votre aide Ali, Omar, Abou Bekr, le bien-aimé de Dieu et Anas ;

« Priez Dieu matin et soir et bientôt sans doute Dieu vous assurera la victoire.

« La nouvelle du triomphe et du succès arrivera peut-être avant que je ne descende dans la tombe.

« Déjà, je vois l'infidèle enchaîné que l'on traîne en brandissant le glaive au dessus de sa tête,

« Je vois Aboutthaïeb, calme, qui ouvre ses livres pour enseigner du haut de sa chaire;

« Je vois l'Islam glorifié, la vérité se répandant au loin, grâce à la valeur de cœurs hachémites. » p. ٦٦

Abouthaïeb lui répondit par des vers parmi lesquels se trouvaient ceux-ci :

« O cheikh et jurisconsulte éminent, vous qui êtes la gloire de notre siècle et l'honneur de nos assemblées,

« Les vers chatoyants que vous m'avez fait l'honneur de m'adresser m'ont été directement au cœur.

« Je sens bouillonner en moi le désir de suivre vos traces, bien que je me sente impuissant à vous égaler.

« A l'heure du crépuscule, quand le zéphyr souffle, les oiseaux songent au repos de la nuit. »

Dans l'ouvrage *Ennefha elmeskia*, il est dit que les chrétiens, après s'être emparés de Tunis et avoir enlevé cette cité aux descendants des Hafsides, partagèrent la ville avec les musulmans qui y étaient demeurés sous leur autorité. La citadelle et les quartiers avoisinants furent exclusivement occupés par les chrétiens, tandis que les musulmans furent relégués dans le reste de la ville dont on avait, au préalable, détruit tout ce qui aurait pu servir de moyen de défense, portes et murs de quartiers, grandes habitations, etc.

Les chrétiens construisirent ensuite, en dehors et au-dessus d'une des portes de la ville, une nouvelle citadelle très forte, puis ils en élevèrent une semblable au milieu du lac qui s'étend entre le port et la porte de la ville. Près du port se trouve un chenal, par lequel la mer entre dans ce lac, à l'endroit appelé Halq elouâd [1] (le goulet de la rivière), bien qu'il n'existe pas de

---

1. La Goulette.

rivière d'eau douce en cet endroit. Les chrétiens bâtirent là une forteresse et un château si solides que, lorsqu'ils s'en emparèrent plus tard, les Turcs ne purent les démolir. Tous ces forts furent armés de canons, pourvus de garnison et approvisionnés en munitions et en vivres, les chrétiens se croyant à cette heure définitivement maîtres du pays et ne songeant point que personne pût jamais les en chasser.

Les Turcs cependant se décidèrent à entreprendre une expédition contre Tunis et voici à la suite de quelles circonstances. Le sultan Mourâd (Amurat III) dormait une nuit, quand il vit en songe un homme s'arrêter auprès de lui et lui dire : « Si tu ne vas pas au secours des Arabes, c'est que tu n'es plus un musulman. » Se levant aussitôt, le sultan fit ses ablutions, puis retourna dans son lit en priant Dieu de le délivrer des suggestions du diable, mais les deux hommes reparurent de nouveau à son chevet et répétèrent ce qu'ils avaient déjà dit. « Qui êtes-vous donc, leur demanda alors le souverain ? » — « Je suis Ibn El'aroûs, dit l'un, et mon compagnon que voici est Ibn Elkelâ'ï. » Ces deux personnages étaient des saints de Tunis. S'étant réveillé, le sultan raconta son rêve à ses courtisans et, comme ceux-ci lui rapportèrent les événements dont Tunis venait d'être le théâtre, il décida d'envoyer par mer une armée nombreuse au secours de cette ville.

L'auteur du *Ennefha elmeskia* ajoute que le nombre des navires envoyés, tant de Constantinople que de divers ports de l'Ifriqia, s'élevait à 450, portant plus de 100.000 combattants. Maulay Abdelmâlek s'embarqua avec cette armée qui, grâce à Dieu, défit les infidèles, en fit périr un grand nombre et purifia le pays de leur contact impur, après un siège qui dura quarante jours, et cela en l'année 982 (23 avril 1574-12 avril 1575 [1]).

---

1. Il s'agit de l'expédition dirigée par Sinan-Pacha.

CHAPITRE VINGT ET UNIÈME

Maulay Abdelmâlek fut le premier à envoyer un de ses fidèles porter le message annonçant cette bonne nouvelle au sultan ottoman. Aussitôt qu'elle eut reçu la lettre de son fils, Sahâba Errahmânia s'empressa de la porter au sultan et lui demanda pour prix de l'annonce de cet heureux événement, de donner l'ordre aux Algériens d'assister Maulay Abdelmâlek dans son entreprise contre le Maroc.

Le sultan ayant accédé à cette requête, Abdelmâlek, accompagné de sa mère, se rendit à Alger et remit aux habitants de cette ville la lettre par laquelle le sultan leur donnait l'ordre de partir avec lui, afin de l'aider à reconquérir le trône de ses ancêtres. Les Algériens demandèrent à Abdelmâlek de leur payer leur solde ; celui-ci les pria de lui faire crédit jusqu'à ce que l'expédition fût terminée, mais il fut convenu qu'il donnerait, par chaque étape, une somme de 10.000 pièces[1] à l'armée turque qu'il emmenait avec lui et qui se composait de 4.000 hommes.

D'après le commentaire du *Dorret*, Abdelmâlek n'aurait demandé au chef des Turcs qu'une faible escorte pour l'accompagner jusqu'à la frontière du Maroc, car, une fois entré dans son pays, il ne devait trouver devant lui que les troupes de son père, et ces troupes, pleines de respect pour lui, n'oseraient ni le combattre, ni lui résister. Le chef des Turcs accédant à sa requête ne lui aurait donc fourni qu'un petit nombre d'hommes.

Quoi qu'il en soit, Abdelmâlek se mit en route avec son escorte et arriva à l'endroit appelé Errokn sur le territoire des Benî Ouâretsîn, une des tribus nomades des environs de la ville de Fez. Maulay Mohammed ben Abdallah, ayant appris l'arrivée de son oncle, quitta aussitôt Fez, se porta à la rencontre de son adversaire, et les deux armées se trouvèrent

---

1. Le texte ne dit pas de quelle monnaie il s'agit.

en présence à Errokn. A ce moment, le commandant des troupes andalouses [1], Saïd Eddeghâlî fit défection et rallia Abdelmâlek ; celui-ci était du reste en correspondance avec les courtisans et l'entourage intime de Maulay Mohammed ; il était même en relations avec le commandant des troupes de son rival et, ayant menacé de sa colère quiconque lui résisterait, il avait fait de belles promesses à tous ceux qui viendraient à lui.

La nouvelle de la trahison des troupes andalouses, qui, leur chef en tête, s'étaient rangés sous les ordres de son oncle, fit perdre courage à Maulay Mohammed. Il sentit que son autorité s'était affaiblie et se crut dès lors assuré de la défaite, car il pensait bien que toutes ses troupes suivraient l'exemple de celles d'Eddeghâlî. Dans ces conditions, il se laissa gagner par la crainte et prit la fuite sans combattre, perdant ainsi son royaume, qui tomba au pouvoir de son oncle. On raconte aussi que, après la défection du caïd Garmân et des Oulâd Amran qui avaient rallié Abdelmâlek, on serait venu annoncer à Maulay Mohammed la trahison du caïd Ibn Chaqra, et que ce fut alors seulement que le prince, effrayé, aurait pris la fuite. Tous les approvisionnements de Maulay Mohammed devinrent la proie de ses ennemis qui y mirent le feu ; la lueur produite par l'explosion des poudres fut telle qu'on l'aperçut du sommet des montagnes.

Maulay Mohammed rentra alors à Fez la Neuve, y prit toutes les choses auxquelles il tenait le plus et s'enfuit en se dirigeant dans la direction de Maroc. Arrivé sur les bords de l'Ouâd Ennedja près de Fez, il fut rejoint par le caïd Ibn Chaqra qui lui reprocha en termes très durs d'avoir manqué de fermeté, de patience et de résignation. Les décrets de la Providence sont inéluctables !

---

1. Les troupes andalouses étaient celles formées par les Maures d'Espagne qui étaient venus s'établir au Maroc, principalement à Fez.

CHAPITRE XXII

DU RÈGNE DE ABOU MEROUAN MAULAY ABDELMALEK ET DE L'ÉTABLISSEMENT DE SON AUTORITÉ SUR LE MAGHREB

Suivant Ibn Elqâdhî, Abou Merouân Abdelmâlek entra à Fez, dont il venait de s'emparer par suite de la fuite de son neveu, dans les dix derniers jours du mois de dzoulhiddja de l'année 983 (fin mars 1576.) Après avoir été proclamé souverain par les habitants de cette ville, il y séjourna quelques jours et songea ensuite à se mettre à la poursuite de son neveu réfugié à Maroc. Comme il se disposait à partir pour cette dernière ville, les Turcs vinrent lui demander à retourner dans leur pays et lui réclamèrent la somme qu'il s'était engagé à leur payer, somme que dans leur langue ils appelaient *baqchich*.[1] Abdelmâlek donna à chaque soldat turc 400 onces,[2] mais il fut obligé d'emprunter cet argent aux notables de Fez, en attendant que sa situation financière fut améliorée. Il distribua ainsi 500.000 onces et fit présent aux Turcs de dix canons, entr'autres d'un grand canon à 10 bouches; il ajouta encore, à titre de gratification, divers objets curieux et précieux du Maroc et enfin, au moment du départ de ces soldats, il les accompagna à cheval jusqu'à la rivière du Sebou.

Cela fait, Abdelmâlek revint à Fez, d'où il partit pour Maroc à la tête des troupes qu'il avait levées et organisées lui-même et aussi de celles qui composaient auparavant l'armée de

---

1. Gratification.
2. L'*once* vaut environ 20 centimes ; sa valeur varie de 0 fr. 18 à 0 fr. 28.

son neveu et qui s'étaient ralliées à lui. En apprenant la marche de son oncle sur Maroc, Mohammed se prépara à le combattre. Les deux armées prirent contact à un endroit appelé Khandaq Errîhân, près de Eccherâth dans le district de Salé. Mohammed ben Abdallah fut de nouveau vaincu dans cette rencontre et, suivant son habitude, il prit la fuite. Son oncle, Aboulabbâs Elmansoûr, lieutenant de Abou Merouân Abdelmâlek, ayant reçu mission de le poursuivre, Mohammed, qui n'eut connaissance de cette poursuite qu'après son arrivée à Maroc[1], quitta aussitôt cette dernière ville et se réfugia dans la montagne de Deren. Au nom de son frère Abdelmâlek, Aboulabbâs Elmansoûr occupa la ville de Maroc qui venait ainsi de lui être livrée.

Le sultan Abdelmâlek ne tarda pas à venir rejoindre son frère installé à Maroc ; il fit son entrée dans cette ville et y séjourna quelques temps, puis il se remit à la poursuite de son neveu ; mais ayant perdu la trace du fugitif, il revint à Maroc.

Mohammed avait erré dans les montagnes du Sous sans demeurer un seul instant à la même place, jusqu'au moment où il avait pu grouper autour de lui une bande de vagabonds, qui lui avaient constitué bientôt une sorte d'armée, à la tête de laquelle il marcha alors sur Maroc. En apprenant cette nouvelle, Abdelmâlek se porta à la rencontre de son neveu, mais celui-ci ayant pris une autre route que celle suivie par son oncle, put gagner Maroc et y entrer avec l'assentiment des habitants qui lui prêtèrent assistance et le proclamèrent de nouveau leur souverain. Toutefois Mohammed ne put occuper la citadelle dans laquelle Abdelmâlek avait laissé sa sœur Meriem, sous la garde d'environ 3.000 fusilliers qui tenaient cette place en état de défense. Prévenu de l'occupation de

---

1. Nom sous lequel on désigne la partie la plus élevée de l'Atlas marocain, au sud du Maroc.

Maroc par Mohammed, Abdelmâlek s'empressa de regagner cette ville où il assiégea son adversaire, puis il écrivit à son frère, Ahmed Elmansoûr, de venir en toute hâte le rejoindre avec l'armée de Fez.

Après être entré à Maroc, lorsque son neveu Mohammed avait abandonné cette ville pour se réfugier dans le Sous, Ahmed Elmansoûr avait demandé à son frère Abdelmâlek de le nommer son lieutenant à Fez. Abdelmâlek avait consenti à l'investir de ces fonctions, mais le vizir Abdelazîz, surnommé Azzoûz ben Saïd Elouzkîtî, qui était présent au moment où les deux frères concluaient cet arrangement, les avait blâmés d'agir ainsi. Leur conduite en cette circonstance ne lui avait pas paru raisonnable, car, avait-il dit, il ne convient pas que ni l'un ni l'autre de vous ne demeure en repos, tant que Dieu n'aura point décidé définitivement entre vous et votre neveu. Ahmed Elmansoûr avait été vivement froissé par ces paroles qu'il avait attribuées à un faux jugement de Abdelazîz à son égard et à une rancune personnelle. Mais on n'avait tenu aucun compte de ces observations et Elmansoûr était allé à Fez comme lieutenant du sultan. Quand Elmansoûr revint à Maroc à la tête de ses troupes, il rencontra Abdelazîz et lui dit : « Vous aviez bien raison ; la première idée qui vient à l'esprit est la dernière à mettre à exécution. » Depuis ce jour, Elmansoûr qui avait reconnu la sagesse du vizir, chassa de son cœur les sentiments qui l'avaient agité dans cette circonstance.

A peine Elmansoûr fut-il arrivé à la tête des troupes de Fez, que Mohammed s'enfuit dans le Sous. Néanmoins les habitants de Maroc continuèrent à soutenir le siège jusqu'au moment où Abdelmâlek eut noué des intelligences avec les notables des Guerâra qui l'introduisirent dans la ville par une brèche pratiquée dans les remparts. Lorsque Mohammed chercha un refuge dans le Sous, Elmansoûr se mit à sa poursuite et lui livra divers combats importants dans lesquels Dieu lui assura la victoire ; suivant sa coutume, Mohammed prit encore la fuite et se réfugia dans les montagnes du Deren, puis il se rendit à Tanger où il demanda secours au prince des chrétiens. C'est à Dieu qu'appartient la fin de toute chose ; il égare qui il lui plaît et dirige qui il veut, sans que personne ait à lui demander compte de ses actions.

CHAPITRE XXIII

DE L'APPEL ADRESSÉ AUX CHRÉTIENS PAR MAULAY MOHAMMED BEN ABDALLAH ET DES ÉVÉNEMENTS QUI EN FURENT LA CONSÉQUENCE

Incapable de tenir tête à son oncle Abdelmâlek et ne trouvant nulle part appui ni refuge, Maulay Mohammed ben Abdallah (Dieu lui pardonne ainsi qu'à nous!) se rendit auprès du souverain des chrétiens, le roi de Portugal[1], et lui demanda aide et protection contre Abdelmâlek. Le monarque portugais ayant consenti à fournir une nombreuse armée de secours, Maulay Mohammed adressa alors une proclamation aux principaux personnages du Maroc, notables, ulémas et chérifs. Dans cette proclamation, il faisait un crime à ses anciens sujets d'avoir, sans motif légal, renié et déchiré leur pacte de fidélité pour proclamer son oncle souverain en son lieu et place. « Si j'ai demandé secours aux chrétiens, disait-il, c'est uniquement parce que l'appui des musulmans m'a manqué. Or les ulémas affirment qu'il est licite d'user de tous les moyens en son pouvoir contre quiconque lui a ravi ses biens. » Et il ajoutait encore dans ce document où il tonnait, fulgurait et accumulait les menaces : « Puisque

---

1. Don Sébastien.

vous ne voulez pas agir autrement, reconnaissez donc que vous méritez d'être combattus au nom de Dieu et du Prophète. »
Enfin, pour éviter d'employer le mot « chrétiens » il désignait ses alliés sous le nom de « gens de la contrée [1] ».

Les docteurs de l'Islam répondirent à cette proclamation par une lettre qui repoussait toute cette avalanche d'arguties et faisait bonne justice de ces misérables interprétations. Voici d'ailleurs le texte de cette lettre, mot pour mot :

« Louange à Dieu comme il convient à sa gloire. Que le salut et la bénédiction soient en notre seigneur Mohammed, le plus parfait des prophètes et des envoyés de Dieu ! Que la satisfaction divine soit accordée à la famille du Prophète et à ceux de ses disciples qui ont émigré pour la foi de l'Islam. En agissant ainsi, ils ont fui la religion des infidèles qu'ils ne voulaient ni aider, ni appeler à leur secours, et ils ont pu attendre que la foi de l'Islam fût assise sur des bases certaines et définitives.

« Voici maintenant ce que disent les habitants du Maroc, chérifs, docteurs, saints personnages, soldats et capitaines (Dieu leur soit à tous propice !) à Maulay Mohammed, fils de Maulay Abdallah le Saadien, en réponse à la proclamation qu'il leur a adressée et qui les convie, par des arguments faibles, prolixes et sans force, à se soumettre à la décision du Livre sacré.

« En ce qui touche au premier argument qui figure en tête de votre proclamation, si vous aviez été capable de faire un retour sur vous-même et de vous adresser un blâme ou un reproche, vous vous seriez aperçu certainement que cet argument tournait contre vous. Ainsi, vous nous dites que nous avons rompu le pacte conclu avec vous, après que nous avions pris volontairement l'engagement de l'observer avec

p. ٦٦

---

1. Le mot ناحية, *contrée*, qui est employé ici, s'applique le plus souvent à l'Espagne quoiqu'on s'en serve aussi pour désigner le nord du Maroc.

fidélité. Mais, par Dieu ! si nous avons agi ainsi, ce n'a pas été sous l'empire d'un pur caprice ; nous ne nous sommes pas non plus laissés entraîner à cela par le désir de sortir, grâce à une innovation, du chemin qui nous a été tracé par la loi. Bien au contraire ; nous avons voulu seulement rester ainsi dans la voie indiquée par le Coran, en nous maintenant dans la plus stricte légalité, et c'est ce que nous allons vous expliquer en détail et vous démontrer par des arguments et des preuves tirées du Coran et de la Sonna.

« Certes, vous avez été notre souverain légitime en vertu du serment de fidélité que vous avait fait prêter par nous votre père. Grâce à l'héritage que celui-ci vous a laissé, vous avez eu entre les mains plus d'argent, de trésors, d'approvisionnements, de munitions et de forteresses que n'en avait jamais pu réunir aucun de vos généreux ancêtres (Dieu leur témoigne sa satisfaction !). Vos aïeux cependant, avec les seuls biens qu'ils possédaient, avaient déployé le plus grand zèle pour la guerre sainte ; ils avaient réussi à arracher des mains des chrétiens les personnes des musulmans et les forteresses de leur territoire ; ils avaient établi sur des bases fixes et solides la religion de Dieu et avaient recouvré une partie notable des villes et des provinces du Maroc.

« Quant à vous, aussitôt arrivé au pouvoir, vous avez vu toute la population remettre son sort entre vos mains et se laisser guider par vous. Personne n'a songé à changer ni à modifier cet état de choses, personne ne vous a été hostile ni rebelle, jusqu'au jour où votre oncle a pris les armes contre vous, invoquant un droit qu'il vous est impossible de méconnaître, car il est parfaitement établi. C'est vous-même alors qui vous êtes hâté de transmettre et d'abandonner votre situation à votre oncle et qui avez été l'instrument de sa fortune, en portant en quelque sorte, son drapeau.

« En effet, votre oncle n'avait avec lui qu'une faible troupe avec laquelle un homme intelligent ne pouvait avoir un instant la pensée de combattre une seule de vos armées, ni même de soutenir la lutte contre le moindre des régiments rangés sous vos étendards. Et pourtant, à peine le combat allait-il être entamé et la mêlée avoir lieu que vous vous êtes dérobé en fuyant à la façon d'un homme traqué pour des représailles. Vainement vos soldats vous ont appelé, tant vous aviez hâte alors de trouver un refuge. Vos armes, votre camp avec tout ce qu'il contenait, vous avez tout laissé aux mains de l'ennemi qui l'a détruit ou pillé. A Fez même, alors que vous quittiez cette ville, les habitants ne vous ont-ils pas crié : « Pourquoi nous abandonner ainsi ; sur qui désormais nous appuyer ? Vous avez fui sans seulement détourner la tête ; vous avez abandonné cette cité célèbre et populeuse avec ses trésors, ses immenses approvisionnements, ses nombreux quartiers et les hautes murailles qui la protègent. Ses habitants se sont trouvés subitement à la merci de vagabonds et de scélérats qui ne demandaient qu'à porter leurs mains criminelles sur les femmes, sur les enfants et sur tous les biens acquis par le travail ou par héritage. Personne n'était là pour défendre les faibles et les malheureux ; ils n'avaient d'autre protecteur que Dieu, qui a dit en parlant d'êtres faibles comme eux, et qui donc est plus véridique que Dieu dans ses paroles ? « Ils sont incapables d'initiative et ne sauraient se diriger dans la vie[1]. »

« Maintenant que vous aviez fui en les laissant livrés à l'anarchie, les gens de Fez ne pouvaient plus songer qu'à examiner la situation qui leur était faite et réfléchir aux moyens de s'en tirer eux-mêmes. C'est alors que votre oncle, à la tête de son armée, se présenta à la porte de la ville ; il invoqua ses droits, imitant dans cette circonstance l'exemple

---

1. *Coran*, Sourate IV, vers. 100.

que lui avait donné son père, ce que vous savez pertinemment, car vous n'ignorez ni le fait dont il s'agit, ni ses conséquences.

« Vous savez bien que Maulay Mohammed, le premier ancêtre de votre dynastie, avait fait promettre à ses enfants Maulay Ahmed et Maulay Mohammed Eccheikh et à leurs frères, qu'aucun d'eux ni aucun de leurs enfants n'occuperait le trône à moins qu'il ne fût l'aîné de la famille. Cet engagement fut tenu par eux jusqu'au jour où leurs enfants furent devenus grands. Votre aïeul demanda alors à son frère d'exécuter cette convention, mais celui-ci s'y étant refusé, il dut le combattre et ce fut seulement à la suite de cette lutte qu'il arriva au pouvoir. L'ordre de primogéniture[1] ayant été ensuite observé par votre aïeul pour la désignation de votre père comme son successeur, personne ne songea à contester ce choix. Mais votre père rejeta cette tradition et vous désigna pour lui succéder, sans que nul cependant y mît obstacle.

« Si vous admettez ce qui précède, quel droit osez-vous invoquer? sur quel précédent pouvez-vous vous appuyer? Si vous ne l'admettez pas, la royauté de votre père, qui a régné avant vous, celle de votre aïeul, qui l'a précédé, sont illégitimes, car alors la couronne eût dû revenir à votre oncle Maulay Ahmed. Votre aïeul en effet n'aurait eu, dans ce cas, aucun droit de combattre son frère Maulay Ahmed et l'avènement au trône de ce dernier eût seul été légitime, puisque votre bisaïeul l'avait désigné pour son successeur.

« En dehors de cette double hypothèse, il ne reste plus que le droit que concède la force, droit que vous récusez lorsqu'il s'agit de votre oncle et de la lutte qu'il a entre-

---

1. Il s'agit ici de la *tanistry*, ordre successoral dans lequel c'est l'aîné de la famille au moment de la mort du *de cujus*, et non l'aîné des enfants seulement, qui hérite du pouvoir.

prise contre vous. Mais si vous voulez contester la royauté de votre oncle en tirant argument de ce qu'il l'a acquise par la violence, cet argument retourné contre vous sera encore plus décisif, puisqu'il est prouvé que celui de qui vous tenez la couronne n'avait aucun droit lui-même à la royauté : or ce qui n'a point d'existence légale ne saurait avoir d'existence réelle. Il n'y aurait plus alors pour décider entre vous deux qu'à mettre en pratique le dicton : « Après Abou Leïla, la couronne appartiendra au vainqueur. »

« Comme conséquence de ce qui vient d'être dit, vous devriez admettre la décision prise par votre premier ancêtre, au sujet de la transmission du pouvoir, et en faire bénéficier votre oncle qui, en ce moment, est votre aîné à tous. Si vous contestez la validité de la décision prise par votre ancêtre, nous vous répondrons par ce passage de l'imam Elmâouerdî au chapitre du « Droit au pouvoir royal », dans son livre intitulé : *Elahkâm essolthâniya* : « Abdelmâlek ben Merouân[1] décida que la royauté appartiendrait successivement à l'aîné de ses fils[2] et personne n'a contesté ce principe. » Ne dites pas que la façon d'agir de Abdelmâlek ne fait pas autorité, nous vous répondrions que ce qui lui donne une valeur décisive, c'est le silence qu'ont gardé à ce sujet les illustres docteurs qui vivaient à cette époque, silence qu'ils n'eussent certainement pas observé si cette décision eût été inique. Quand tous les gens d'une même époque sont unanimes sur une question de droit, cela équivaut à un *idjmâ*[3], c'est-à-dire que le point ainsi établi devient une vérité de Dieu sur la terre.

« Les docteurs de Fez savent aussi le hadits que Moslim

---

1. Le cinquième calife Omayyade qui régna de 685 à 705.
2. Le texte porte le mot « ses fils », mais il serait plus exact de dire « de ses descendants mâles ».
3. On dit qu'il y a *idjmâ* sur une question de droit canonique ou civil, lorsque tous les docteurs sont d'un avis unanime sur cette question.

a inséré dans son *Sahîh*[1] au chapitre intitulé : *Elimâra* et dont voici le texte : « Le Prophète a dit : Au jour de la Résurrection, on portera devant chaque traître un étendard qui servira à le faire reconnaître. On dira : ceci est la trahison d'un tel, fils d'un tel. Toutefois le traître le plus infâme sera celui qui, étant souverain, aura trahi ses sujets. » Dans son commentaire qui a pour titre *Ikmâl elmoallim âla charh Moslim*, le cadi Aboulfadhl 'Iyâd ben Moussa[2] ajoute ces mots : « c'est-à-dire le prince qui ne les aura pas rendus heureux, qui ne les aura pas guidés de ses conseils et qui n'aura pas été fidèle au pacte conclu avec eux en prenant la direction des affaires. » Dans le même chapitre, on trouve également ces paroles du Prophète : « Tout prince à qui Dieu aura confié la garde de sujets et qui ne les aura pas guidés de ses conseils, ne respirera jamais le parfum du Paradis, parfum qui cependant se fait sentir à une distance de cinq cents journées de marche. » Dans le *Ikmâl*, le commentateur dit : « L'opinion reçue est qu'un peuple livré à l'anarchie, abandonné, sans chef, a le droit de se concerter pour choisir un souverain et le proclamer; ce sera alors au prince qu'ils auront chargé du soin de leurs affaires, qu'il appartiendra de faire régner la justice parmi eux et de réprimer les crimes. »

« Quand ils ont été abandonnés par vous, qu'ils se sont trouvés sans chef et en présence de votre oncle, qui invoquait les droits dont nous avons parlé, vos sujets se sont souvenu des paroles du Prophète et de la décision prise autrefois par votre vertueux ancêtre. Désespérant alors de vous voir revenir, abandonnés à eux-mêmes et en pleine anarchie, ils ne

---

1. On donne le nom de « Sahih » aux recueils de traditions autenthiques relatives à Mahomet. Le recueil d'Elbokhâri et celui de Moslim sont les plus estimés.
2. Ce célèbre cadi, connu sous le nom du cadi 'Iyâd, naquit à Ceuta en 1083 et mourut à Maroc en 1149.

leur est resté d'autre ressource que de se ranger à l'opinion reçue et de s'entendre pour donner la couronne à votre oncle, en vertu des arguments que nous avons énumérés et que, sans jactance, il vous est impossible de ne pas admettre. Depuis ce jour les populations sont calmes et vivent en paix ; partout les routes sont sûres, car la répression est là pour arrêter toute tentative criminelle.

« Si vous dites que maintenant les habitants de Fez devraient prendre les armes pour vous et lutter en faveur de celui envers qui ils s'étaient engagés à demeurer fidèles, nous vous répondrons qu'une telle lutte ne serait obligatoire qu'autant que vous vous trouveriez parmi eux. Alors seulement leur prise d'armes aurait un caractère légal, car, d'après les prescriptions divines, un peuple ne doit combattre que s'il a à sa tête un prince qui le dirige. Allons ! comment pourriez-vous nier ceci !

« Vous êtes ensuite allé à Maroc, cette cité superbe dans laquelle affluent les richesses des villes et des campagnes, et qui attire à elle les caravanes de toutes les provinces et de toutes les contrées. Ses habitants vous ont accueilli à bras ouverts et avec des démonstrations non équivoques de joie et d'allégresse. Dans cette ville, vous avez trouvé des trésors bondés de richesses, des remparts et des hommes tels qu'on aurait pu lui appliquer ce dicton : « Terre de saint aux bastions solidement construits, coffret à bijoux. »

« Vous vous êtes installé là, vous emparant de tous ces trésors et de toutes ces richesses ; les habitants vous ont aussitôt secondé, sans vous manquer un instant de parole, ni vous trahir ; ils n'ont pas non plus désobéi à vos ordres royaux, ni contesté votre autorité. Vous avez voulu alors combattre votre oncle et, dans ce but, vous avez rassemblé une armée si nombreuse qu'aucun registre n'en aurait pu contenir l'énumération, ni aucune langue parlée, exprimer le chiffre de ses combattants ; puis vous êtes sorti traînant à votre suite des flots de cavaliers et une masse de fantassins qui couvraient les plaines et les coteaux. Eh ! bien, qu'avez-vous fait à ce moment ? A peine la bataille était-elle commencée, à peine les coups d'estoc et de taille allaient-ils pleuvoir et la mêlée s'engager que, selon votre habitude, vous preniez la fuite ; vous abandonniez la direction de votre armée à vos capitaines et laissiez les malheurs et les calamités fondre sur vos soldats que la main de la mort décimait. Enfin vous livriez à l'ennemi votre camp avec vos femmes, vos richesses, vos armes et vos guerriers.

« Après cela, vous avez regagné en toute hâte Maroc. Les habitants de cette ville ne vous ont point repoussé ; aucun d'eux ne vous a dit que vous n'étiez plus digne d'en être le maître ; bien au contraire, ils ont pris les armes pour vous soutenir et, retranchés derrière les puissantes murailles de leur cité, ils se sont résignés à subir les rigueurs d'un siège. Mais vous, la nuit venue, vous les avez de nouveau trahis ; vous vous êtes enfui de la citadelle abandonnant lâchement vos filles, vos femmes, vos sœurs et vos tantes, sans même laisser un portier, un gardien, un fantassin ou un cavalier pour veiller sur elles. Quelle affreuse détresse et quelle triste situation pour ces femmes ! N'eussent été la faveur et la bienveillance de Dieu, la recommandation qu'il a faite de ne point souiller la pureté des membres de la famille du Prophète, les débauchés les plus vils auraient porté sur elles leurs mains criminelles.

« Qu'osez-vous prétendre après tout cela ? Quel crédit pourrait avoir maintenant votre parole parmi les hommes ? Armé des droits dont nous avons parlé, votre oncle s'est présenté devant Maroc ; il a vu les habitants de cette ville veiller, grâce à Dieu, sur leurs enfants et sur leurs demeures pour les préserver de toute atteinte. Dieu l'envoyait comme sauveur, aussi fut-il acclamé souverain et la paix et le calme régnèrent alors à Maroc.

« Ensuite vous vous êtes réfugié dans la montagne et, aidé du chef de la contrée, vous vous êtes mis à piller les biens de vos sujets et à répandre leur sang. Et quels étaient vos principaux auxiliaires dans cette tâche ? les mécréants, qui méprisent l'autorité du Coran et qui demeuraient ainsi en paix et en sécurité sous l'égide du seigneur des hommes et des génies ! Vous et eux, dans votre tyrannie et votre oppression, vous méritiez qu'on vous appliquât ce vers du poète :

« Il ne règne sur personne, sinon sur les plus vils des insensés. »

« Vous ne teniez donc aucun compte de ces paroles du Prophète : « Au jour de la Résurrection vous me trouverez l'adversaire impitoyable de quiconque aura été un oppresseur. »

« Vous avez si bien saccagé les pays florissants et ruiné les superbes édifices élevés par vos ancêtres en l'honneur de l'islamisme qu'en vous voyant faire, les habitants du Sous ultérieur ont cru que vous n'aviez d'autre dessein que d'anéantir l'Islam et ses adhérents. Tous les gens instruits et religieux se sont alors éloignés de vous et vous êtes resté, suivant la locution consacrée, « semblable à la dépouille d'un animal galeux ».

« Dans le but d'amoindrir la valeur des faits que nous venons d'établir, n'allez point nous dire qu'il y a telle fraction du peuple qui n'a point prêté serment de fidélité à votre oncle, car nous vous répondrions ceci : Personne n'a contesté le califat du prince des Croyants, Ali ben Abou Thâleb, et pourtant bon nombre des habitants de la Syrie, parmi lesquels se trouvaient les gens que vous savez, avaient refusé de reconnaître son autorité. Il y a, en effet, accord unanime pour admettre la légitimité de son règne et pour donner

p. ٧. le nom de rebelles à ceux qui l'ont méconnue, en se référant sur ce dernier point à ces mots que le Prophète adressa à Omar : « Tu périras de la main d'une bande de rebelles », or les assassins d'Omar furent précisément des partisans de Moâwia. Ce hadits est un de ceux qui prouvent que Mahomet avait le don de prédire l'avenir. En somme, la règle est que toute chose unanimement admise par les personnages marquants d'une même époque, forme une base solide d'appréciation et que quiconque y contrevient fait plus que manifester une simple divergence d'opinion.

« Tout ce qui précède ne vise que votre conduite avant que vous vous soyez ligué avec les ennemis de notre religion, avant que vous ayez entrepris vos infâmes machinations contre les musulmans, en convenant avec les chrétiens que vous les laisseriez entrer dans Arzille et que vous leur livreriez des territoires de l'Islam. Mais ô Dieu ! ô Prophète ! que dire du terrible malheur et de la désolation que vous avez attirés sur les musulmans ! Ah ! le Très-Haut vous guette ainsi qu'eux, vous qui n'avez pu vous contenir, qui vous êtes livré aux chrétiens et avez consenti à accepter leur contact et leur voisinage, comme si jamais vos oreilles n'avaient été frappées par ces paroles divines : « O vous qui croyez, ne prenez ni les juifs, ni les chrétiens comme protecteurs ; ils se soutiennent entr'eux, et quiconque recherche leur protection est un des leurs [1]. » Ce que Abou Hayyân commente ainsi : « C'est-à-dire ne leur donnez pas votre appui et ne recherchez pas leur aide. »

Au chapitre intitulé « De l'autorité juridique », dans le *Naouâzil* de l'imam Elborzoulî, il est dit que le prince des Croyants, Ali ben Youcef ben Tachefin le Lemtounien [2], s'adressa aux docteurs de son temps, qui étaient les savants que

1. *Coran*, Sourate, V, vers. 56.
2. Prince almoravide qui régna de 1106 à 1142.

l'on sait, et leur demanda une consultation sur le cas de Ibn Abbâd[1] l'Andalous, qui avait écrit aux Francs pour obtenir leur appui contre les musulmans. Tous ces docteurs répondirent qu'en agissant comme il l'avait fait, Ibn Abbâd avait commis un véritable acte d'apostasie et d'infidélité. Comparez cette aventure avec la vôtre et vous verrez que votre cas est tout à fait analogue et conforme dans son genre à celui de Ibn Abbâd, qui mérita d'être déposé uniquement parce qu'il avait fait appel aux infidèles. Observez encore que le Prophète a dit que nous devions l'obéissance passive. Or les docteurs ayant décidé que le fait de faire appel aux chrétiens contre les musulmans constituait un acte d'apostasie, vous voici donc en présence d'un texte formel qui rend votre déposition obligatoire et qui délie vos sujets du serment de fidélité qu'ils vous avaient prêté. Il ne vous reste plus désormais qu'à contester les justes décisions de Dieu, or « quiconque fera opposition à Dieu ou à son Prophète, Dieu sera terrible pour lui dans son châtiment[2] ».

« Lorsque vous dites en parlant des chrétiens « je me suis alors retourné du côté des gens de l'Adoua », évitant ainsi de les désigner par le nom de chrétiens, vous commettez une action odieuse, vous ne l'ignorez pas. Et lorsque vous ajoutez « je me suis retourné de leur côté au moment où il m'a été impossible de trouver un appui parmi les musulmans », vous exprimez-là deux monstruosités qui appellent toutes deux la colère divine : la première, c'est que vous croyez que tous les musulmans sont dans l'erreur et que la vérité n'est plus soutenue que par les chrétiens (Dieu les anéantisse et nous préserve d'un sort semblable !) ; la deuxième, c'est que vous avez fait appel aux chrétiens contre les musulmans. Or un hadits rapporte le fait suivant : « Un homme d'entre les

---

1. Prince ou roi de Séville.
2. Coran, Sourate VIII, verset 13.

polythéistes connu par sa valeur et son courage alla trouver l'Envoyé de Dieu qui était occupé à aiguiser une arme : « O Mohammed, dit cet homme, je viens vous offrir mon aide. » — « Je l'accepterai, répondit le Prophète, si vous croyez en Dieu et au jour du jugement dernier. » — « Ah! pour cela, non, s'écria l'homme. » — « Eh! bien moi, répliqua Mahomet, je ne demanderai jamais assistance à un polythéiste. »

« Ce que vous avez entendu dire par les docteurs, relativement à l'assistance que l'on peut demander aux chrétiens, s'applique exclusivement aux services qu'ils peuvent rendre en transportant du fumier ou en faisant d'autres travaux analogues et non point à leur emploi comme combattants. L'idée de s'en servir contre les musulmans n'a jamais pu venir qu'à un homme qui cache son cœur derrière sa langue. Vous avez dit encore qu'il était permis d'user de tous les concours possibles contre un spoliateur et vous avez voulu tirer de ces paroles un argument qui vous autoriserait à faire appel aux chrétiens contre les musulmans ; mais vous savez bien qu'en agissant ainsi vous êtes en contradiction formelle avec le texte du Coran, ce qui est le propre de l'infidélité. Dieu nous préserve d'un tel sentiment!

« Et lorsque vous ajoutez « puisque vous ne voulez pas agir autrement, reconnaissez donc que vous méritez d'être combattus au nom de Dieu et du Prophète », voyons, vous croyez-vous de bonne foi avec Dieu, avec son Prophète et avec leurs fidèles ! Réfléchissez donc à ce que vous dites et songez à ce hadits : « Il en est parmi vous qui prononcent des paroles « qui les entraîneront dans le feu de l'enfer durant soixante-« dix automnes. »

« Quand les soldats de Dieu et ses auxiliaires, quand les défenseurs de la religion, Arabes et étrangers, ont entendu ce discours, ils ont bondi sous l'empire d'un sentiment d'ardeur jalouse et ont voulu voler au secours de la foi islamique ; l'éclat lumineux de leur croyance, entouré de l'auréole de la vérité, a brillé de nouveau à leurs yeux. « Vous verrez « ce que je ferai au jour du combat, s'est écrié l'un. » « Dieu « reconnaîtra sûrement ceux qui ont cru et ceux qui ont été « hypocrites, » a dit un autre. « Moi, a ajouté un troisième, je « n'ai d'autre but que de rendre la paix aux musulmans, car « si cet homme avait voulu leur bien, il n'aurait pas commis « tous ces actes abominables. » Ainsi ont fait les autres et Dieu leur en saura gré et les récompensera au nom de l'Islam, il les bénira, car c'est lui qui a inspiré ces fantassins et ces cavaliers, ces héros et ces braves. Même s'ils n'avaient fait autre chose que de sentir leurs cœurs attristés à cause de la religion, ces gens-là eussent suffisamment montré la sincérité de leur foi et la grandeur de leurs convictions, mais ils ont voulu porter jusqu'aux marches du trône de Dieu les éclats de leur colère : l'amour et la haine pour la cause de Dieu font, en effet, partie des bases de la foi.

« Sans tenir aucun compte ni de la force ni de la puissance de Dieu, vous nous dites : « Si vous ne faites pas ce « que je demande, que le sabre décide ! » C'est là une pure jactance qui montre seulement le peu de pudeur de celui qui l'a proférée. Votre sabre dont vous parlez aurait donc été ébréché dans les vingt-quatre combats que vous avez livrés aux musulmans et où vous n'avez jamais pu soutenir l'honneur de votre drapeau. Dire qu'avec les infidèles le tranchant lui serait revenu, serait une véritable plaisanterie, réfléchissez-y.

« Pour ce qui est des paroles que vous attribuez à l'imam de Médine, votre imposture est suffisamment démontrée par l'impuissance où vous êtes de nous citer un texte formel sur lequel vous auriez pu appuyer votre argumentation. Vous attribuez aussi aux seuls hanéfites le fait d'autoriser, en cas de nécessité, la consommation des chairs

p. ٧٢ d'animaux morts et l'usage immodéré des boissons fermentées, alors que cela se trouve dit expressément par les malékites dans les précis qu'ils mettent entre les mains des enfants. Pourquoi, dans ce cas, ne citer que les textes hanéfites ? Serait-ce par ignorance de votre part ou par dédain de la doctrine de Malek qui, lui cependant, fut un *astre perçant*.

« Vous nous traitez de rebelles et de fauteurs de désordre ; mais il nous est impossible de vous donner raison sur ce point, car c'est seulement si vous étiez resté parmi nous et si vous aviez combattu dans nos rangs, que vous auriez vu si oui ou non nous vous aurions trahi. Du moment que vous avez fui loin de nous, que vous nous avez abandonnés, l'accusation tourne contre vous et non contre nous, en dépit des termes de votre lettre où vous déclarez tout le monde prévaricateur ou impie. Les docteurs l'ont dit : « Quiconque « traite un peuple d'impie, mérite plus que tout autre cette « appellation » et cette opinion a été corroborée par le maître des jurisconsultes, le prince des docteurs, Aboulwalid ben Rochd et par le cadi Aboulfadhl ben ʿIyâd.

« Comment se fait-il que vous n'ayez pas songé à ce qui s'est passé à Tunis, à Tlemcen et dans d'autres villes où les souverains ont appelé les chrétiens à leurs secours contre les musulmans. Sont-ils arrivés au but qu'ils s'étaient proposé ? Ont-ils obtenu le résultat qu'ils cherchaient ? Non. Et comme en outre les docteurs les ont déclarés apostats, ils ont ainsi perdu et les biens de ce monde et ceux de la vie future. Dieu nous préserve d'un tel sort !

« Dans votre lettre, vous vous montrez très fier d'avoir obtenu l'appui des chrétiens qui mettent à votre disposition des troupes nombreuses ; vous vous croyez sûr, grâce à ces armées, de reconquérir votre royaume. Mais comment pourrait-il en être ainsi, quand Dieu a dit : « Aujourd'hui je vous

« ai donné une doctrine complète, je vous ai comblés de mes
« faveurs et je suis satisfait que l'Islam soit votre religion[1].
« Dieu veut seulement prodiguer ses lumières en dépit même
« des infidèles[2]. » Le Prophète a dit encore : « Jamais cette
« nation ne sera vaincue, quand tous les infidèles répandus
« sur la terre entière se ligueraient contre elle » ; « L'Ante-
« christ combattra cette nation », et « j'ai demandé à Dieu
« trois choses ; il m'en a accordé deux et m'a refusé la troi-
« sième. Je lui ai demandé de ne point vous faire disparaître
« après un nombre d'années déterminées, comme il l'a fait
« pour le peuple de Joseph ; il y a consenti. Je lui ai demandé
« que vous ne fussiez pas vaincus par un ennemi infidèle ; il
« m'a accordé cette faveur. Enfin, je lui ai demandé qu'il ne
« laissât point la guerre civile éclater parmi vous ; cela il me
« l'a refusé. » Tous ces hadits sont contre vous et s'appliquent
bien à vous.

« En ce qui touche à ce que vous dites de votre oncle
Elmansour, sachez ceci : Aussitôt que votre oncle eut appris que
vous aviez demandé aide aux infidèles, il noua[3] son glorieux
étendard au centre de la mosquée de Elmansour ; mais au
préalable, les *porteurs*[4] du Coran avaient récité cent fois le
Livre sacré et le *Sahih* de Elbokhârî ; on avait adressé à
Dieu un concert d'invocations et d'action de grâces ; on avait
appelé les prières et les bénédictions du ciel sur l'Apôtre
chargé de transmettre promesses et menaces ; on avait fait
des vœux pour le prince et pour l'Islamisme en faveur desquels on demandait l'aide de Dieu et le triomphe le plus glorieux, le plus complet et le plus éclatant. Ah ! si vous aviez
entendu cela, vous auriez été sûrement convaincu que les

---

1. *Coran*, Sourate V, verset 5.
2. *Coran*, Sourate IX, verset 32.
3. Cette expression « nouer » correspond à la nôtre « hisser son pavillon. »
4. On appelle ainsi ceux qui savent par cœur le Coran.

portes du ciel avaient dû s'entr'ouvrir à ce moment et que ces prières étaient exaucées là-haut.

« Au moment où Elmansour recevait votre lettre, en réponse de laquelle nous vous adressons celle-ci, il était à Tâmesna entouré des milices de Dieu, des auxiliaires et des défenseurs de la Foi en un nombre tel que Dieu le voulait pour assurer la victoire. Si la loi divine ne faisait un devoir aux fidèles d'honorer les troupes de l'Islam et les milices de la Foi, de se glorifier et de s'enorgueillir de leur multitude, nous n'aurions pas insisté sur ce point; mais le prince (que Dieu le fortifie!) ne devait pas seulement compter sur eux, car lui et les siens ne pouvaient avoir d'autre appui que la puissance et la force de Dieu, son assistance et sa protection. Le peuple a secondé son prince, qui vous a combattu dans plus de vingt batailles, sans qu'une seule fois votre drapeau ait triomphé. Quelle honte et quelle souillure pour le pays des chrétiens que vous vous soyez réfugié chez eux ! Mais Dieu vous guette ainsi qu'eux.

« Revenez donc à Dieu, malheureux que vous êtes, et faites amende honorable puisque Dieu accepte le repentir de ses adorateurs à toute heure et à tout moment. Laissez de côté les dires de ceux qui ne sont point en état de vous relever et dont les discours ne vous guideront point vers Dieu. Tels sont les sages conseils que vous devez suivre, les charitables avertissements dont vous devez tenir compte. Dieu guide qui il lui plaît dans la voie droite ; il est le meilleur des maîtres et des protecteurs. C'est sur lui seul que nous comptons, car en qui mieux placer sa confiance? Salut. »

CHAPITRE XXIV[1]

DE LA BATAILLE DE OUÂDI ELMEKHÂZIN ET DE L'ÉCLATANTE VICTOIRE QU'Y REMPORTÈRENT LES MUSULMANS

Cette bataille, dit l'auteur du *Monteqa*, mérite de figurer parmi les grands combats mémorables, et, à cause du nombre considérable des pieux personnages qui y prirent part, on peut dire qu'elle présente la plus grande analogie avec la bataille de Bedr. Mon professeur, Abou Râched Yaqoub Elyedderi, m'a raconté le fait suivant qu'il tenait de personnes dignes de foi : « Chacun des musulmans qui assistaient à cette bataille se précipitait en avant sur un des chrétiens qu'il apercevait, mais le plus souvent il n'arrivait à rejoindre ce chrétien que quand celui-ci avait été déjà tué par un autre musulman. »

Les chrétiens mirent en ligne dans cette bataille des forces considérables et le nombre de leurs combattants s'éleva, dit-on, au chiffre de 125.000. Ils avaient conçu le projet de ruiner le Maroc, de presser les musulmans de toute part, et de broyer les adeptes de la foi sous la meule de l'avilissement ; aussi le cœur rempli de terreur, la poitrine envahie par l'angoisse, les populations effrayées avaient-elles cru que leur dernière heure était venue. Les gens de cœur eux-mêmes se sentirent atteints par la violence de ces provocations, tant que Dieu n'eût pas décidé de la victoire en faveur de sa religion, qu'il n'eût pas fait triompher sa parole et

---

[1]. Ce chapitre a été traduit par le colonel H. Dastugue, dans la *Revue africaine*, t. XI, année 1867, p. 130.

montré que par sa grâce, il pouvait faire ce qu'il ne serait venu à l'esprit de personne d'imaginer.

Voici maintenant des détails sur cet événement. Après s'être rendu à Tanger, Mohammed ben Abdallah s'était adressé au souverain chrétien et lui avait demandé de lui fournir des troupes pour marcher contre son oncle. Le prince chrétien promit son concours à la condition qu'il resterait maître de tout le littoral du Maroc et que l'intérieur du pays seul appartiendrait à Mohammed ben Abdallah. Cette clause ayant été acceptée, le monarque chrétien qui s'appelait Sébastien le Portugais, se mit en mouvement avec son allié à la tête d'une armée considérable dont nous avons déjà indiqué le nombre de combattants d'après l'évaluation de Ibn Elqâdhî, mais qui, selon d'autres auteurs comptait seulement 60.000 hommes environ. Le *Monteqa* donne le chiffre de 125.000, mais il ajoute que 25.000 hommes restèrent à bord des navires et que les 100.000, qui entrèrent en ligne au moment du combat, furent tous tués ou faits prisonniers. Quant à Mohammed ben Abdallah il n'avait avec lui qu'environ trois cents de ses compagnons.

Cette armée, dit un auteur, qui traînait avec elle deux cents canons, avait tout d'abord commencé par saccager le littoral. Les habitants avisèrent de cette situation le sultan Abdelmâlek, qui était alors à Maroc, et se plaignirent vivement des cruautés exercées par l'ennemi. Abdelmâlek écrivit aussitôt de Maroc au monarque chrétien : « Vous avez déjà, lui dit-il, fait preuve de courage en quittant votre pays et en traversant la mer pour venir dans cette contrée. Si maintenant vous demeurez en place jusqu'à ce que je me porte à votre rencontre, c'est que vous êtes un vrai chrétien et un brave, sinon vous n'êtes qu'un chien, fils de chien. »

Quand il eut reçu cette lettre, le roi portugais très irrité consulta son entourage en ces termes : « Faut-il demeurer ici

en attendant que nos compagnons d'arme nous ait rejoints ? »
— « Mon avis, dit Mohammed ben Abdallah, est que nous marchions en avant et que nous nous emparions de Tétouan, d'Alcazar et de Larache. Les approvisionnements de ces villes et leurs trésors que nous amasserons ainsi viendront accroître nos forces. » Toute l'assistance approuva ce conseil, excepté le monarque qui ne goûta point cet avis.

Abdelmâlek qui avait écrit à son frère Ahmed en lui enjoignant de quitter Fez et la banlieue de cette ville pour se mettre à la tête de ses troupes et se préparer à la lutte, avait adressé ensuite au roi chrétien les mots suivants : « Je vais faire seize journées de marche afin de me porter à votre rencontre, ne ferez-vous pas une seule journée de marche pour venir vers moi ? » L'ennemi qui était alors à un endroit appelé Tahaddert se mit aussitôt en marche et vint camper sur les bords de l'Ouâdî Elmekhâzin, à peu de distance du château de Ketâma[1]. Dans cette circonstance Abdelmâlek avait employé une ruse de guerre, car dès que le roi portugais eut franchi la rivière avec ses troupes et fait camper son armée sur la rive opposée, il donna l'ordre de couper le pont et envoya à cet effet un détachement de cavelerie qui exécuta la mission qui lui avait été confiée. Il faut ajouter qu'à cet endroit la rivière n'était pas guéable.

A la tête des troupes musulmanes et d'une cavalerie d'élite Abdelmâlek marcha à l'ennemi ; un corps de volontaires formé de tous ceux qui aspiraient à la suprême récompense ou aux palmes du martyre se joignit à lui. De tous côtés la foule accourut en toute hâte, car personne ne voulait manquer à ce glorieux rendez-vous. Parmi les personnages notables qui assistèrent à cette bataille, on cite entr'autres, Aboulmahâsin Sidi Youcef Elfâsî. J'ai également entendu dire que le

p. ٧٥

---

1. Alcazar elkebir.

Ghouts[1], Sidi Aboulabbâs Essebtî, apparut aux yeux de tous durant la mêlée ; il était monté sur un cheval gris et allait de tous côtés exciter l'ardeur des combattants. Pareil fait ne saurait être nié, car on sait que les martyrs sont toujours vivants auprès de Dieu.

Les deux armées ayant pris contact se précipitèrent l'une sur l'autre et engagèrent vivement l'action ; bientôt l'air fut obscurcie par la poussière que soulevaient les chevaux et par la fumée des canons ; le combat devint acharné et pendant longtemps les coups d'estoc et de taille volèrent de tous côtés. Au moment même du premier choc, alors que le combat venait de s'engager, que la mêlée commençait et que le feu de la guerre s'allumait, Abdelmâlek qui était malade mourut dans sa litière. Mais dans son admirable prévoyance et dans sa grâce inépuisable, Dieu voulut que la mort du sultan fût ignorée de tous à l'exception de son chambellan et affranchi, Redhouân le rénégat. Celui-ci cacha cette mort et se mit à aller de tente en tente en disant : « Le sultan ordonne à un tel de se rendre à tel endroit, à un tel de rester auprès du drapeau, à un tel de se porter en avant, à un tel de se porter en arrière, etc. »

Le commentateur de la *Zahra* donne le récit suivant : Quand Abdelmâlek mourut, l'écuyer chargé de sa litière ne fit point connaître la mort du souverain ; il continua à faire avancer l'attelage dans la direction de l'ennemi en criant aux soldats : « Le sultan vous ordonne de marcher en avant contre les infidèles. » Il n'y eut que Elmansour qui connut également la triste nouvelle, mais il la cacha aussi. La lutte continua dans ces conditions : les glaives s'entremêlèrent et abreuvèrent les coupes de la mort jusqu'au moment où le

---

1. Mot-à-mot *secours*; c'est le nom que l'on donne aux saints personnages qui ont le pouvoir de venir aux secours des fidèles et de faire directement des miracles en leur faveur.

vent de la victoire souffla en faveur des musulmans ; la fortune leur devint favorable, les fleurs du triomphe donnèrent des fruits dans les spadices de leurs lances. Vaincus, les infidèles tournèrent le dos, mais enfermés dans un cercle de mort ils virent les glaives s'abattre sur leur tête et quand ils voulurent prendre la fuite il était trop tard. Le prince portugais périt noyé dans la rivière. La destruction du pont, que les chrétiens voulurent regagner et dont ils ne trouvèrent plus la moindre trace, fut la principale cause de leur perte. Cette habile opération leur fut fatale, car c'est à peine si quelques rares combattants purent échapper au carnage.

En cherchant parmi les morts, on trouva le corps de Mohammed ben Abdallah qui s'était noyé dans l'Ouâdi Lokkos[1]. Voyant la bataille perdue, il s'était jeté dans cette rivière pour la traverser à la nage, mais il avait été emporté par le courant et avait péri. Le cadavre retiré par des plongeurs fut écorché et la peau remplie de paille fut ensuite promenée à travers les rues de Maroc et d'autres villes.

On retrouva également parmi les morts Abou Abdallah Mohammed ben Asker, l'auteur du *Dauhat ennâchir* ; il avait accompagné l'Écorché dans sa fuite et s'était rendu avec lui au pays des chrétiens en qualité de courtisan : son cadavre gisait au milieu de ceux des infidèles. A ce propos on a raconté diverses choses, entr'autres que son corps avait été trouvé couché sur le côté gauche et tournant le dos à la *kibla*. C'est à cause de ce récit que, dans une des poésies qu'il composa en l'honneur des disciples de son père, le jurisconsulte, le savant Sidi Mohammed, fils du célèbre imam Sidi Abdallah Elhibthî, cherchant à excuser Ibn Asker et à montrer l'inanité de la croyance populaire à son égard, dit les vers suivants :

---

1. Cette rivière se jette dans la mer à Larache ; l'Ouâdi Elmekhâzin est un de ses affluents de la rive droite.

« Parmi eux figurait le cheikh dont la valeur ne saurait être méconnue, Mohammed Asker qui eut un sort funeste ;

« S'il avait commis une faute manifeste, son cœur cependant était pur de tout scepticisme.

« Je l'ai vu en songe, il avait le visage radieux et le corps éclatant de beauté et de parure. »

La rencontre des deux armées eut lieu le lundi, dernier jour de djomada Ier de l'année 986 (4 août 1578). D'après l'auteur du *Monteqa*, et suivant le récit qui lui en aurait été fait par un astronome, le combat aurait duré de quarante-cinq à cinquante-deux degrés[1].

Abdelmâlek était mort le même jour à midi et, ainsi qu'on le verra plus loin, s'il plaît à Dieu, il eut pour successeur au trône son frère, Aboulabbâs Ahmed Elmansour. L'auteur du *Dorret elhidjâl* dit à ce propos : « Admirez la sagesse du Dieu unique et tout puissant ; dans un même jour il a fait périr trois princes : Abdelmâlek, son frère Mohammed ben Abdallah et Sébastien le monarque chrétien et il n'en a élevé au pouvoir qu'un seul, Aboulabbâs Elmansour. »

Quand le grand monarque chrétien eut appris la nouvelle de cette défaite, il envoya demander à Elmansour qui, proclamé souverain, était alors de retour à Fez, l'autorisation de racheter les prisonniers chrétiens. Cette autorisation lui ayant été accordée, il les racheta moyennant une somme considérable qu'il avait réunie à cet effet. Un auteur rapporte qu'après avoir été rendus à la liberté, les prisonniers chrétiens restèrent dans leur pays et se présentèrent devant leur souverain qui leur dit : « Pourquoi ne vous étiez-vous pas emparé d'Alcazar, de Larache et de Tétouan avant l'arrivée du sultan ? » — « C'est, répondirent-ils, le prince que vous aviez placé à notre tête qui s'y est opposé. » Sur cette réponse, le monarque avait ordonné de faire brûler tous les prisonniers.

---

1. Quatre heures ou quatre heures et demie ; c'est-à-dire pendant le temps que le soleil met à parcourir dans sa course un arc de 45° à 52°.

A titre de fait singulier et plaisant on raconte ce qui suit :
« Comme les chrétiens (que Dieu les maudisse!), à la suite p. ٧٧
du désastre qu'ils venaient d'éprouver, avaient perdu beaucoup de monde, les évêques voyant le petit nombre d'hommes qui restaient et craignant que le pays ne se dépeuplât, autorisèrent le peuple à commettre l'adultère, afin d'augmenter ainsi le nombre des naissances et de réparer les pertes qu'ils avaient subies. Ils s'imaginaient de cette façon assurer le triomphe de leur religion et relever les forces de la nation. Dieu les avilisse et les anéantisse ! »

CHAPITRE XXV

DES CAUSES DE LA MORT DE ABOU MEROUAN ABDELMALEK ET D'AUTRES FAITS QUI CONCERNENT CE PRINCE

« La mort de Abdelmâlek, dit Ibn Elqâdhî, fut le résultat d'un empoisonnement pratiqué dans les circonstances suivantes : Redhouân Eleuldj, le caïd des Turcs, qui accompagnait le prince, avait mandé aux autres caïds qu'il leur remettrait un gâteau empoisonné pour l'offrir à Abdelmâlek au moment où celui-ci passerait auprès d'eux. Le but de Redhouân avait été de faire périr le sultan aussitôt qu'avec son concours il se serait rendu maître de la ville de Fez, et d'établir de cette façon l'autorité des Turcs dans cette ville. Dieu ne permit pas à ce dernier dessein, de s'accomplir, les Turcs l'ayant eux-mêmes jugé impraticable en voyant la force et la puissance des troupes du Maroc, mais la mort du prince fut la conséquence de cette trahison. » Le corps de de Abdelmâlek fut, aussitôt après sa mort, transporté à Maroc où il fut enterré.

Ce prince n'avait régné que quatre ans. Il avait compté au nombre de ses chambellans, Redhouân Eleuldj et parmi ses secrétaires, Mohammed ben Aïssa et Mohammed ben Omar Ecchâoui. Quant à ses cadis ils avaient été les mêmes que ceux de son neveu. Il avait adopté le costume des Turcs et suivait leurs usages en bien des circonstances. On le soupçonnait d'avoir du penchant pour les choses nouvelles et ce qui vient d'être dit prouve que parfois il ne craignait pas de le laisser paraître. Il avait pris le surnom royal de Elmoatasem.

Abdelmâlek avait donné la lieutenance de Fez et du district de cette ville à son frère, Aboulabbâs Ahmed Elmansour, pour qui il avait la plus entière affection. Il l'avait désigné comme son héritier présomptif et le comblait de ses libéralités. Ses sentiments à l'égard de son frère se montrent bien dans une lettre que j'ai lue et dont voici la teneur :

« Au nom du Dieu clément et miséricordieux. De la part du serviteur de Dieu, de celui qui s'appuie sur l'Éternel et combat dans sa voie, le prince des Croyants, Abdelmâlek, fils du prince des Croyants, Abou Abdallah Mohammed Eccheikh, le Chérif hassanide. Dieu, par sa grâce, fortifie son autorité et le favorise de son aide ; qu'il accorde le bonheur à ceux qui vivent dans son siècle béni et qu'il perpétue sa gloire !

« Ceci a été dicté par le prince lui-même, que Dieu le protège et éternise sa renommée : A notre frère chéri et bien-aimé Baba Ahmed, que Dieu le garde et lui accorde son salut et sa bénédiction ! Ensuite : sachez qu'après moi-même, il n'est personne à qui j'ai voué l'affection que je vous porte, aussi mon désir est-il de ne transmettre à aucun autre qu'à vous le pouvoir que je détiens. Toutefois je trouve que d'ordinaire vous montrez trop de mollesse dans les affaires ; ainsi vous négligez des choses importantes et en prenez si peu de souci qu'il devient souvent impossible de remédier à certains faits qui parviennent à ma connaissance et, n'était la faveur divine, cela pourrait amener la ruine de l'empire, en ébranler les bases et permettre à l'ennemi d'arriver à son but et à ses fins. Je vous signalerai, par exemple, l'état d'abandon dans lequel vous laissez les troupes de Larache et votre insouciance à leur égard. Cependant à tout instant vous recevez de ces troupes des demandes de vivres, de poudre, de plomb, toutes choses indispensables et sans lesquelles il ne leur est pas possible de tenir tête à l'ennemi. Jusqu'à cette heure vous avez négligé de répondre à leur appel et vous ne vous êtes point inquiété de leur procurer ce qu'elles demandaient.

« Au reçu de la présente lettre et avant même qu'elle soit sortie de vos mains, vous enverrez aux troupes de Larache dix jours de vivres, en attendant que nous-mêmes, s'il plaît à Dieu, nous arrivions dans cette ville et avisions à la pourvoir de tout ce dont elle aurait encore besoin. Vous expédierez également au même endroit et sans aucun retard tout ce que vous avez de poudre et de plomb par devers vous. Sur ce point, qui ne saurait souffrir la moindre négligence, je n'accepterai aucune excuse : agissez, il le faut, il le faut.

« J'ai appris que le chef des chrétiens se trouve près d'Arzille avec 1,500 hommes ; je souhaite vivement que vous vous sentiez mû par le désir de joindre l'ennemi en cet endroit à la tête de vos troupes, qui le couvriront sûrement de confusion, car à peine l'ennemi vous aura-t-il aperçu que, selon sa coutume, il prendra honteusement la fuite. Secouez donc votre torpeur, ouvrez les yeux de la vigilance et sachez que les circonstances présentes ne comportent que de la décision, une grande activité dans les opérations, du zèle et de l'audace. Salut. »

CHAPITRE XXVI

DES DÉBUTS DU SULTAN ABOULABBAS MAULAY AHMED ELMANSOUR EDDZEHEBI

Voici le portrait de ce prince : d'une taille élevée, de large carrure, les joues pleines et recouvertes d'une teinte jaunâtre, brun, les cheveux et les yeux noirs, il avait les dents bien plantées et les incisives fort brillantes. Son visage agréable était de forme régulière, son abord était affable, ses manières gracieuses et son maintien élégant. Il était né à Fez en l'année 956 (1549).

Sa mère, la dame Mesaouda, fille du fameux cheikh Aboulabbâs Ahmed ben Abdallah Elouzguîti Elouerzerâtî, était une sainte femme éprise d'une véritable passion pour la construction des monuments et recherchant les occasions de faire le bien. Ce fut elle, est-il dit dans le *Monteqa*, qui fit bâtir la grande mosquée du quartier de Bab Dokkala dans la ville de Maroc ; à l'aide de biens de main-morte, elle assigna de nombreuses ressources à cette mosqué qu'elle avait fait élever en 965 (1557-58). Elle fit également construire le pont de la rivière d'Omm Errebîa et d'autres monuments encore. Elle mourut à l'aube du mardi, 26 de safar de l'année 999 (24 décembre 1590).

Suivant un bruit répandu, cette princesse apparut en songe après sa mort. Comme on lui demandait de quelle façon Dieu l'avait traitée, elle répondit : « Dieu m'a pardonné mes péchés parce qu'un jour, étant occupée à satisfaire un besoin naturel et ayant entendu le muezzin commencer son appel à la prière, je remis vivement mes vêtements jusqu'au moment où l'appel à la prière fut terminé. Dieu m'a su gré du respect que j'avais ainsi témoigné en entendant prononcer son nom et il m'a pardonné.

Elmansour fut élevé dans la sagesse et la vertu. Bien avant qu'on lui eût attaché ses premières amulettes on voyait briller en lui les signes de la noblesse royale, et son père, Elmahdî, le signalait déjà comme le plus remarquable de ses enfants. « Le vénérable vieillard, le caïd Abou Mohammed Moumen ben Ghâzî Elamrî, est-il dit dans le *Menâhil Essefâ*, m'a raconté qu'étant encore enfant, Elmansour se rendit du vivant de son père dans la salle du Conseil remplie à ce moment de personnages considérables et s'ouvrit un passage en fendant la foule : Elmahdi, ajouta Moumen, m'appela alors, car j'étais le plus infime personnage de cette assemblée, et me dit : « Emporte cet enfant, ô Moumen, cela te profitera « plus tard à toi et à tes descendants. » Je me hâtai aussitôt d'emporter l'enfant et la prédiction du prince se réalisa. En effet, lorsque Elmansour arriva au pouvoir suprême, le caïd Moumen ben Ghâzî occupa auprès de lui un rang distingué et une haute situation.

Abou Fâres dit encore : « Quand, ainsi qu'on l'a vu plus haut, Elmahdi fit reconnaître le prince Elghâleb-billah comme héritier présomptif, il le fit venir de Fez et lui recommanda chaleuresement Elmansour en prononçant ces mots ou quelque chose d'approchant : « Il y a parti à en tirer. » Elmansour racontait qu'il avait vu en songe le Prophète enveloppé d'une brillante auréole : « L'idée me vint, dit-il, de le consulter sur les chances que j'avais d'arriver au pouvoir suprême. Saisissant aussitôt ma pensée, le Prophète y répondit d'une façon précise, car avec trois de ses nobles doigts, le pouce, l'index et le médius qu'il réunit ensemble, il fit un geste vers moi en disant : « Prince des croyants. »

Le jurisconsulte, l'ambassadeur royal, le savant, le saint, Abou Abdallah Mohammed ben Mohammed ben Ali Edderaï, Eldjezzoulî, rapporte qu'il se rencontra un jour au Caire avec un devin. Celui-ci, ajouta-t-il, m'ayant demandé des renseignements sur le sultan Mohammed Eccheikh Elmahdi et sur ses enfants, je lui donnai le nom des enfants en me bornant aux plus âgés et sans mentionner, par conséquent, Elmansour qui était le plus jeune de toute la famille. « Il en est un que vous n'avez pas encore nommé, me fit observer le devin. » — « Ahmed, lui répondis-je. » — « Celui-ci, répliqua-t-il, mais c'est le joyau de cette famille, il sera l'honneur de cette dynastie. » Effectivement il en fut ainsi.

Dans son ouvrage intitulé : *Elfaouâïd eldjomma bi isnâd 'oloum elomma*, l'imam Abou Zéid Abderrahman ben Mohammed Ettinmârtî fait le récit suivant : « Une nuit, nous dit le jurisconsulte Aboulabbâs Ahmed ben Abdallah Eddeghoughî, chef de la police à Taroudant, je me vis en songe au milieu d'un groupe de savants qui lisaient le *Sahîh* de Elbokhârî dans une pièce du palais impérial de Taroudant où se trouvait alors Aboulabbâs Elmansour qui, à ce moment, n'était pas encore investi du pouvoir suprême. En marge du livre je lus ces mots « il a fait jaillir le feu du briquet »; je cherchai à saisir le sens de ce passage, quand en me retournant j'aperçus assis sur un tapis un homme qui se tenait à l'écart. L'idée me vint de demander à ce personnage l'explication de cette phrase et lui apportant aussitôt le livre je lui dis : « Maître, quel est donc le sens des mots qui sont en « marge de ce livre ? » — « Allez, me répondit-il, dire à Mau- « lay Ahmed que c'est moi qui ferai jaillir l'étincelle de son « briquet tant qu'il restera dans la bonne voie ; mais s'il n'y « restait point, je ne m'occuperais plus de lui. » — « Qui « êtes-vous donc, maître, lui demandai-je ? » — « Le Pro- « phète de Dieu, répondit-il. » A ce moment je me réveillai.

Il s'écoula peu de temps avant que le prince arrivât au pouvoir suprême et sa conduite fut toujours digne d'éloges. » « Que désirer de mieux, s'écrie Abou Zéid, qu'un briquet dont le Prophète lui-même fait jaillir l'étincelle. » Ce qui précède nous montre en outre, que dans l'islamisme, le pouvoir souverain ne peut être acquis que sur l'ordre du Prophète ; c'est là du reste une opinion très répandue.

On peut encore rapprocher de ceci le passage du livre intitulé *Ibtihâdj elqoloub*, passage dans lequel l'auteur parlant des miracles de Sidi Abderrahman Elmedjdzoub s'exprime ainsi : « Le saint patron, Sidi Gueddâr le malékite, ayant vu en songe le Prophète de Dieu, se plaignit à lui des Oulâd Motha' à cause des désordres que ceux-ci commettaient sur la terre. « Ahmed ira chez eux, répondit le Prophète. » En effet, le sultan Ahmed Elmansour se rendit dans le Gharb, attaqua cette tribu et en dispersa les menbres, comme il sera dit plus loin, s'il plaît à Dieu.

L'auteur du *Monteqa* rapporte qu'étant encore tout jeune, Elmansour fut atteint d'une grave maladie qu'on désespérait de guérir. La mère du prince vit alors en songe une personne qui lui dit : « Conduis ton fils en pèlerinage à Sidi Edderrâs ben Ismaïl ; ton enfant est seulement atteint du mauvais œil. » La mère fit ce pèlerinage avec le jeune prince qui, aussitôt après, fut guéri.

Les anecdotes de ce genre sont nombreuses et leur énumération serait longue si on voulait toutes les colliger.

CHAPITRE XXVII

DE L'AVÈNEMENT DE ELMANSOUR AU TRÔNE

Nous avons déjà dit de quelle façon Elmansour avait été proclamé souverain. Ce fut aussitôt après la bataille de Ouâdî Elmekhâzin, le lundi, dernier jour de djomada Ier de l'année 986 (4 août 1578) et tous les personnages influents qui se trouvaient là furent unanimes à saluer son avènement. Quand, après la bataille, Elmansour rentra à Fez la Haute, le jeudi 10 de djomada II de cette même année (15 août), on lui renouvela dans cette ville le serment de fidélité que lui prêtèrent alors tous ceux qui n'avaient pas pris part au combat. On expédia ensuite des messagers à Maroc, dans toutes les villes du Maghreb, dans les campagnes, et tout le peuple s'empressa de reconnaître le nouveau souverain et de confirmer ainsi les engagements pris par l'assemblée des notables.

A peine Elmansour avait-il été acclamé souverain sur le champ de bataille de l'Ouâdî Elmekhâzin que les troupes lui réclamèrent leur solde et exigèrent le don de joyeux avènement que ses prédécesseurs avaient eu coutume d'accorder. A son tour, le sultan demanda le quint du butin que les soldats s'étaient attribué en entier et qu'ils n'avaient point partagé selon les prescriptions de la loi. Faute de renseignements précis, et aussi à cause de l'impudence avec laquelle les gens fraudaient, cette restitution était difficile à obtenir et le sultan consentit à faire abandon du butin, à la condition qu'on ne lui réclamerait ni solde, ni don de joyeux avènement. Un arrangement, intervenu sur ces bases, rétablit l'harmonie entre le prince et ses troupes et mit fin à toute discussion. Toute chose appartient à Dieu.

CHAPITRE XXVIII

ELMANSOUR ENVOIE DANS TOUS LES PAYS ANNONCER LA NOUVELLE DE SA GRANDE VICTOIRE

Aussitôt, dit Elfichtâlî, que la bataille de l'Ouâdî Elmekhâzin eut été terminée, que Dieu en abattant l'infidélité et ses sectateurs eut fait triompher la vraie foi et que Elmansour, maître du pouvoir, eut reçut le serment de fidélité à Fez, le nouveau souverain écrivit au sultan de Constantinople et aux autres souverains musulmans voisins du Maroc pour leur annoncer la haute faveur dont Dieu l'avait comblé, en assurant le triomphe de la religion musulmane par l'extermination des adorateurs de la croix, en anéantissant la puissance des chrétiens et en refoulant leur perfidie dans leurs gorges.

Des ambassadeurs de tous les pays vinrent féliciter Elmansour de la victoire que Dieu venait de remporter par ses mains. La première ambassade qui arriva fut celle du pacha d'Alger, puis vint celle du roi de Portugal, Henri, qui avait pris la direction des affaires des chrétiens, après la mort de son neveu Sébastien qui avait péri à Ouâdî Elmekhâzin. Cette dernière ambassade apporta des présents considérables qui, le jour de l'entrée à Fez, furent chargés sur des chariots et des voitures, choses qui causèrent un profond étonnement parmi les habitants de la ville. Dans ces présents figuraient 300,000 ducats d'argent monnayé et une quantité innombrable de vases et d'objets précieux. L'ambassade du prince de Castille, qui arriva ensuite, apporta également un riche cadeau composé de grosses hyacinthes, que le souverain avait détachées de la couronne de ses pères, d'une cassette remplie de perles magnifiques, etc.

On discuta parmi le peuple la question de savoir lequel du présent du roi du Portugal ou de celui du prince de Castille était le plus riche ; les gens intelligents n'estimèrent pas que la valeur de l'un d'eux dépassât celle de l'autre.

Les envoyés du sultan ottoman arrivèrent ensuite et offrirent en présent un sabre chargé d'ornementation ; jamais on n'avait vu une arme aussi tranchante et d'un acier aussi pur. L'ambassade du roi des Francs, c'est-à-dire de ceux qu'on appelle aujourd'hui les Français, se présenta à son tour et apporta également un magnifique cadeau. Enfin de tous côtés, de nouvelles députations arrivèrent à la porte du palais du sultan et, matin et soir, on en voyait qui attendaient leur tour d'audience au seuil de sa demeure. Aucune des nations, avec lesquelles on désire avoir des rapports, ne manqua d'envoyer une ambassade.

A ce moment, Elmansour éprouva le calme et la satisfaction que goûtent tous ceux qui voient tout leur sourire, mais au mois de djomada Ier de l'année 987 (26 juin-26 juillet 1579) il fut atteint d'une maladie dangereuse qui dura si longtemps qu'elle faillit compromettre la situation des affaires. Toutefois, Dieu assura sa guérison, grâce aux soins de l'habile médecin Abou Abdallah Mohammed Etthebîb. Aussitôt rétabli, le prince combla son médecin de ses bienfaits. Le premier jour que le sultan sortit fut un jour d'allégresse, et, à cette occasion, d'innombrables cadeaux furent donnés à Etthebîb.

Le jurisconsulte, le lexicographe, le littérateur, Abou

Abdallah Mohammed ben Ali Elhouzâlî, surnommé Ennàbigha[1], composa pour la circonstance les vers suivants :

> « A cause de ta maladie la terre et la mer ont été envahies par la douleur ; le soleil et la lune ont retenti des plaintes de ton corps.
>
> « La Foi a passé ses nuits dans la veille et dans l'angoisse ; c'était le cœur rempli d'effroi que l'homme généreux s'éveillait chaque matin.
>
> « Mais lorsque Dieu t'a rendu la santé et a ainsi dissipé l'angoisse des bédouins et des citadins,
>
> « Le monde s'est montré à nous paré de sa beauté, et l'allégresse a de nouveau régné parmi nous.
>
> « Dans toutes les villes, l'Islam, à cause de toi, reprend sa sérénité et fait des vœux pour la durée de ton existence.
>
> « Notre espoir, un instant troublé, a retrouvé sa force ; ses rameaux verdoyants vont maintenant produire des fruits.
>
> « Quoi d'étonnant que l'espoir ait demandé l'hospitalité à une table généreuse, quand la terre se couvre de poussière, et que la pluie reste emprisonnée.
>
> « Grâce à Aboulabbâs, les lances du malheur, qui ont été émoussées par lui autrefois, craignent de reprendre l'offensive.
>
> « Si les hauts personnages sont forts, les jeunes guerriers valeureux grandissent et leur teint se bronze.
>
> « Tu restes pour soutenir la religion et la préserver de sa perte, et le maître du Trône te protégera tant que dureront les siècles. »

p. ٨٣

CHAPITRE XXIX

ELMANSOUR FAIT PRÊTER SERMENT DE FIDÉLITÉ A SON FILS, L'HÉRITIER PRÉSOMPTIF MOHAMMED ECCHEIKH ELMAMOUN ; DES MOTIFS DE CETTE MESURE.

Au dire de Elfichtâlî, Elmansour était à peine guéri de la maladie que nous venons de dire et revenu à son état de

---

1. On se sert du nom de ce poète célèbre en parlant d'un grand poète, comme nous dirions, par exemple, en parlant d'un auteur, que c'est un Corneille, un Racine.

santé, que les grands et les notables du royaume se concertèrent et furent d'avis qu'il fallait demander au sultan de désigner un héritier présomptif qui serait son successeur éventuel. Mais comme Elmansour était très redouté, personne n'osait aborder avec lui un pareil sujet. On convint alors que la première démarche serait faite par le caïd Moumen ben Ghâzî Elghamri, à cause de la faveur dont il jouissait auprès du souverain, grâce à ses longs services et aux soins qu'il avait pris autrefois de son éducation. « Sire, dit le caïd, Dieu, en vous guérissant de votre maladie et en vous maintenant ainsi à la tête de la religion, a sauvé l'Islam. Durant le temps que vous avez été malade, le peuple a été dans une grande angoisse et vous n'ignorez pas l'inquiétude dont il a souffert. Ne pensez-vous pas qu'il conviendrait de désigner un de vos vaillants fils qui grouperait autour de lui les musulmans et serait plus tard naturellement appelé au trône : ce serait là une mesure excellente et tout à l'avantage des affaires du royaume. Votre tout dévoué fils, Abou Abdallah Maulay Mohammed Elmamoun est digne de ce choix et capable de mener à bien cette tâche, car outre son caractère bienveillant et ses vertus politiques, il est avisé dans les affaires, hardi dans ses desseins, et chacun a déjà pu juger de l'habileté de sa conduite. » Tout en reconnaissant la justesse de cette proposition et en approuvant le choix qui lui était indiqué, Elmansour répondit : « Je vais demander à Dieu de m'inspirer à cet égard et, si j'ai une réponse favorable, il sera donné suite à ce projet. » Le sultan, en attendant l'inspiration divine, consulta tous les théologiens et les pieux personnages qu'il jugea capables de lui donner un bon conseil, puis quand le temps marqué pour l'inspiration se fut écoulé et qu'il eut reconnu la sagesse de cet avis, que tout le monde s'accordait à trouver excellent, il assembla les notables de Maroc, sa capitale, ceux de la grande cité de Fez, les principaux chefs de tribus, les autorités des villes et des campagnes et il les invita à reconnaître, en qualité d'héritier présomptif, son fils Abou Abdallah Mohammed Eccheikh Elmamoun. La cérémonie du serment de fidélité eut lieu le lundi, 2 du mois de chaaban de l'année 987 (26 septembre 1579).

A cette époque, Elmamoun, qui était lieutenant de son père à Fez, ne put assister à cette solennité, mais quelque temps après, Elmansour manda à son fils de venir à Fez afin qu'il reçût en personne le serment de fidélité, Elmamoun ne s'étant pas tenu pour satisfait de l'engagement pris en son absence. Après avoir mandé son fils, Elmansour quitta Maroc à la tête de ses troupes et alla camper à Tensift, le 12 du mois de safar de l'année 989 (19 mars 1581); il resta longtemps campé en cet endroit avec son armée en attendant la venue de son fils qui n'arriva que le 1er de djomada II de cette même année (2 juillet 1581). Ce fut un jour mémorable que celui de la rencontre de ces deux princes. Aussitôt que les troupes d'Elmansour et celles de Elmamoun se furent alignées, Elmamoun descendit de cheval, s'avança pieds nus vers son père et se prosterna la face contre terre; ensuite il baisa le pied de Elmansour qui était resté à cheval entre les rangs des deux armées. Elmansour bénit alors son fils et parut très heureux de sa venue. Elmamoun avait équipé ses soldats d'une façon telle que jamais on n'avait rien vu de pareil car, aussi bien au point de vue du costume que sous les autres rapports, il les avait admirablement organisés.

Elmansour éprouva une joie très vive à ce spectacle et, quelques jours après cette entrevue, il donna l'ordre d'installer son fils dans sa superbe tente, si magnifique qu'aucun prince avant lui n'en avait eu de pareille; nous en parlerons d'ailleurs plus loin. Puis il convoqua tous les personnages influents qui vinrent en foule baiser la main de Elmamoun et lui prêter serment de fidélité. Les poètes décrivirent en termes élégants tous les détails de cet événement; Elmansour combla tout le monde de présents; enfin ce fut un jour mémorable.

Quelques jours s'écoulèrent ainsi, après quoi, Elmansour donna à Elmamoun l'ordre de retourner à Fez, ce que celui-ci fit aussitôt, puis il rentra lui-même dans Maroc, sa capitale fortunée. Dieu très-haut la garde!

CHAPITRE XXX

SÉDITION ET RÉVOLTE DU PRINCE DAOUD, FILS D'ABDELMOUMEN, CONTRE SON ONCLE ABOULABBAS ELMANSOUR; ÉVÉNEMENTS QUI S'ENSUIVIRENT.

A peine, dit Elfichtâlî, la cérémonie du serment prêté à Elmamoun fut-elle terminée, que le très illustre *raïs*[1] Abou Soliman Daoud, fils d'Abdelmoumen, fils de l'imam Elmahdî, qui était le neveu de Elmansour, se révolta contre son oncle et se déclara souverain dans la montagne de Seksâoua où il s'était réfugié. Quelques bandes de Berbères et d'autres populations s'étant ralliées à lui, sa fortune grandit et le bruit de sa renommée frappa bien souvent les oreilles du peuple.

Elmansour dirigea contre le rebelle, son brave caïd Abou Abdallah Mohammed ben Ibrahîm ben Elqâsem ben Beddja qui lui offrit le combat dans la montagne de Seksâoua et le mit en fuite. Daoud se réfugia alors dans la montagne de Houzâla dont les habitants, ayant fait cause commune avec lui, le rendirent redoutable. Grâce à cet appui, il put multi-

---

1. Ce titre se donne ordinairement à ceux qui exercent un commandement dans la marine.

plier ses incursions contre les gens du Draâ. Incapables de se défendre, les habitants du Draâ firent parvenir leurs doléances à Elmansour qui envoya le caïd dont il vient d'être question ; celui-ci attaqua vivement le rebelle et réussit à le chasser du Houzâla. Daoud s'enfuit alors dans le désert et y mena la vie nomade, au milieu de la tribu arabe des Oudaïas, une des tribus des provinces méridionales ; il demeura parmi eux jusqu'à sa mort qui survint en 998 (1589-90). Cet événement délivra enfin Elmansour de ce souci. La suprême puissance est entre les mains de Dieu.

CHAPITRE XXXI

DE LA CONDUITE DE ELMANSOUR VIS-A-VIS DU SULTAN OTTOMAN AMURAT ET DES CAUSES QUI LA PROVOQUÈRENT

Nous avons déjà dit que Elmansour avait reçu, des souverains de divers pays, des ambassades envoyées pour le féliciter et que, parmi les ambassadeurs qui franchirent le seuil de son palais, se trouvaient les envoyés du sultan Ottoman. Bien que ces derniers eussent apporté un magnifique présent, Elmansour ne s'occupa point d'eux, les laissant abandonnés à eux-mêmes dans sa capitale ; il tarda même beaucoup à répondre au Khaqan, souverain de Constantinople, le sultan Amurat, fils du sultan Sélim le Turcoman. Amurat avait été irrité de cet accueil et son ministre de la marine, le raïs Ali Oloudj, profita de cette circonstance pour exciter son maître contre Elmansour, en lui rappelant les affronts que le père du souverain marocain avait infligés au gouvernement turc, et en lui dépeignant la faiblesse du Maroc. Convaincu par ces discours, Amurat finit par donner l'autorisation d'entreprendre une expédition contre le Maroc afin de s'emparer de ce pays, d'anéantir la puissance de Elmansour et d'en éteindre le feu.

Le ministre commença aussitôt ses préparatifs, mais Elmansour, avisé de son dessein, se rendit à Fez, et de là, il donna l'ordre d'armer les forteresses et de mettre les ports en état de défense; puis quand tout fut prêt et l'armement achevé, il envoya une ambassade à Amurat pour lui offrir un superbe présent. A la tête de l'ambassade marocaine se trouvaient le vaillant caïd Ahmed ben Ouedda Elghamri et le célèbre secrétaire, Aboulabbâs Ahmed ben Ali Elhouzâlî. La mission s'embarqua dans le port de Tétouan et, pendant qu'elle était en mer, elle rencontra à mi-route le ministre du Khaqan, Oloudj dont il vient d'être parlé. Celui-ci, qui se rendait au Maroc dans le but de combattre Elmansour, fut tout déconcerté de cette rencontre ; comprenant que le coup était manqué, il chercha à détourner les envoyés de leur mission et à leur enlever tout espoir d'arranger les affaires en leur disant : « Le mal est trop grand pour qu'on y puisse porter remède; si votre maître avait été animé de bonnes intentions, il n'aurait pas laissé nos ambassadeurs rester devant sa porte comme des chiens, et, vous le savez, le plus coupable est celui qui commence[1]. » Poursuivant ce discours, Oloudj parvint à persuader le caïd Ibn Ouedda qui revint sur ces pas et laissa Elhouzâlî faire seul parvenir ses lettres au sultan ottoman. Le ministre avait pensé qu'à cause de son jeune âge, Elhouzâlî ne saurait pas plaider sa cause auprès du Khaqan, tandis que Ibn Ouedda, qu'il emmenait avec lui, devait être un homme très habile à discuter avec les souverains.

---

1. Cette dernière phrase renferme une allusion au proverbe : الشر بالشر والبادي اظلم « Le mal pour le mal, celui qui commence est le plus coupable. »

Arrivé auprès du Khaqan, Elhouzâlî montra dans son entretien une sagacité et une adresse telles que le prince en fut tout étonné. Il excusa le retard de Elmansour à répondre par des motifs qui n'amoindrissaient en aucune façon le prestige de son maître et ne pouvaient être victorieusement réfutés. Le Khaqan agréa donc ses excuses ; il accueillit avec bienveillance les présents qui lui étaient offerts et remit à Elhouzâlî une lettre qu'il adressait à son ministre Oloudj pour lui enjoindre d'avoir à s'abstenir de toute attaque contre Elmansour. Transporté de joie, Elhouzâlî se remit aussitôt en route, porteur de cette lettre, et fut de retour un mois après sa première rencontre avec Oloudj : celui-ci grinça des dents de regret et fut désolé de la maladresse qu'il avait commise.

Le Khaqan fit accompagner Elhouzâlî par une ambassade, chargée de faire des représentations à Elmansour au sujet de la négligence qu'il avait apportée dans ses relations diplomatiques. Elmansour fit une magnifique réception à ces nouveaux envoyés ; il les accueillit avec bienveillance et les renvoya comblés de présents, en compagnie du jurisconsulte, l'imam, le grand-cadi Aboulqâsem ben Ali Ecchâthibi et du vaillant caïd Abderrahman ben Mansour Ecchiâdhemi Elmorîdi. L'arrivée de ces deux personnages marocains causa la joie la plus vive au Khaqan. Ecchiâdhemî avait composé pour la circonstance un éloquent discours dans lequel il montrait les mérites des deux familles souveraines ; constatant ensuite les droits au pouvoir des membres de la famille du Prophète, il terminait par un éloge pompeux de Elmansour et un appel pressant à tous les musulmans de s'unir pour la bonne cause. Ecchiâdhemi donna lecture de son discours le jour même où il fut admis à présenter ses hommages au Khaqan ; celui-ci éprouva une grande joie et une vive émotion en entendant cette lecture et, quelques jours plus tard, il congédia les envoyés après leur avoir prodigué toutes les marques de sa satisfaction.

Cette affaire terminée, et l'empire ayant ainsi échappé au danger qu'il avait couru, Elmansour retourna à Maroc aussitôt après l'heureuse arrivée de ses ambassadeurs. Lorsqu'il quitta Fez, les notables de la ville et les principaux docteurs de la loi lui firent cortège jusqu'à une certaine distance de Fez et, là, on lut le livre de Elbokhâri comme c'était l'usage pour les khalifes. (Dieu leur témoigne sa satisfaction!) Le départ eut lieu en l'année 989 (15 février 1581 — 26 janvier 1582).

CHAPITRE XXXII[1]

DE LA CONQUÊTE DES PAYS DU TOUAT ET DU TIGOURARIN

A son retour de Fez, Elmansour demeura quelques jours à Maroc, puis, n'ayant plus à redouter la guerre avec les Turcs, il forma le projet de s'emparer des pays du Touât et de Tigourarîn, ainsi que des bourgs et des villages qui en dépendent. Comme, depuis un certain temps, les habitants de ces contrées avaient secoué le joug de l'autorité royale et n'étaient plus soumis à un pouvoir régulier et fort, Elmansour se décida à les placer sous sa dépendance et à les ramener à l'observance des lois divines. A cet effet, il dirigea contre eux une armée considérable sous les ordres des caïds Ahmed ben Barka et Ahmed ben Haddâd Elghamri Elmaâqili; les troupes, parties de Maroc, n'atteignirent le territoire des deux pays qu'après soixante-dix jours de marche. On somma à diver-

---

1. Ce chapitre et les quatre suivants ont été traduits par De Slane dans la *Revue africaine*, avril 1857.

ses reprises les habitants d'avoir à faire acte de soumission, mais entraînés par le démon, ils s'y refusèrent ; on les attaqua donc et après une lutte assez vive qui se prolongea quelques jours, Dieu dompta ces rebelles auxquels on put justement appliquer le proverbe : « Le lendemain ils étaient comme s'ils avaient été à la veille de partir. » Le succès de cette expédition causa une joie extrême à Elmansour et les poètes chantèrent ce glorieux événement, qui eut lieu en 989 (15 février 1581 — 26 janvier 1582). Dieu est maître de la fin de toute chose.

CHAPITRE XXXIII

DE LA CONQUÊTE DU SOUDAN PAR ELMANSOUR ; DES CAUSES QUI L'AMENÈRENT ET DE LA FAÇON DONT ELLE FUT ACCOMPLIE

Maître du pays du Touât et de Tigourârîn et de leurs dépendances, Elmansour songea à s'emparer du Soudan, qui maintenant avoisinait ses nouvelles possessions. Dès que son plan fut arrêté, il pensa qu'il fallait tout d'abord envoyer des messages aux divers princes du Soudan pour les engager à reconnaître son autorité ; si ces princes se soumettaient sur cette seule invitation, le but se trouverait atteint et Dieu épargnerait ainsi la guerre aux musulmans, sinon ce serait alors à Dieu à décider entre lui et ses adversaires. En conséquence Elmansour écrivit à Sokîa, le souverain des noirs, au sujet de la mine de sel située à Tighâzî, mine à laquelle s'approvisionnaient toutes les populations du Soudan, et demanda qu'on lui payât une redevance d'un *mitsqâl* d'or pour chaque charge de sel, cette contribution devant servir de subside aux armées de l'Islam.

En recevant cette lettre, Sokiâ manifesta hautement l'intention de résister à une telle prétention et refusa d'y donner son assentissement. Avant d'adresser son message, Elmansour avait consulté les savants de son royaume et les plus habiles juriconsultes qui tous avaient décidé, d'après les textes des docteurs autorisés, qu'en droit strict la disposition des mines appartenait au seul chef de la communauté musulmane et non à d'autres. Personne ne pouvait donc exploiter une mine sans l'autorisation du sultan ou de son représentant. La rédaction du message envoyé à cette occasion avait été confiée à l'imam, le très docte, le très illustre mufti de la ville de Maroc, Abou Malek Abdelouâhed ben Ahmed Eccherif Essidjilmâssi, parce que Abou Fârès Abdelaziz ben Mohammed ben Ibrahim Elfichtâlî, ordinairement chargé de la correspondance du sultan, était malade à ce moment. Quand la rédaction de la lettre eut été achevée et qu'il ne resta plus qu'à fixer les termes du protocole, Abdelouâhed fut fort embarrassé ; il ne savait quel titre donner à Sokiâ, ni quelles formules de politesse employer ; devait-il faire usage d'épithètes louangeuses ou simplement d'expressions banales ? Très perplexe sur ce point il adressa à Elmansour la lettre suivante :

« Que Dieu vous fortifie et assure la victoire à vos étendards. Ma langue s'embrouille à chercher les termes à employer vis-à-vis de cet homme qui n'a, par rapport à une Majesté molouyenne[1], que le rang d'un esclave ; mes doigts s'arrêtent à l'idée de plonger dans un pareil gouffre, tant je suis éloigné de la voie à suivre. Je n'ose forcer cette porte close devant moi, dans la crainte d'agir avec trop de négligence ou avec un excès de zèle. Le mieux, comme en tout, eût été d'arriver à un terme moyen, mais je ne le connais pas

---

1. Les souverains marocains prennent souvent la qualification de princes molouyens, épithète empruntée sans doute au nom de la rivière de la Molouya.

et n'aurais pu réussir à le trouver que si j'avais connu les deux extrêmes, résultat auquel un esclave comme moi est à coup sûr incapable d'atteindre. En conséquence, je cède la place à quelqu'un de plus autorisé que moi et laisse le soin de formuler ce protocole au maître le plus habile, à Abou Farès Abdelaziz pour qui vos portes sont toujours ouvertes et que votre éclatante majesté a guidé elle-même de ses lumières dans cette voie. Si je n'agissais pas ainsi, il me semble que j'entendrais murmurer à mon oreille les paroles du poète :

« O toi qui veux tailler un arc, sans être habile à ce métier, ne torture pas ce bois, donne-le à qui sait le tailler. »

Dieu nous seconde !

CHAPITRE XXXIV

DE LA FAMILLE DES SOKIA, PRINCES DU SOUDAN ET DE SON ORIGINE

L'imam Ettekrouri, dans son livre intitulé : *Nasîhet ahl essoudán*, s'exprime en ces termes : « La famille des Sokìa tire son origine des Senhadja ; ses membres ont exercé le pouvoir royal sur une grande partie du Soudan et le premier d'entr'eux qui régna sur ces contrées, fut Elhadj Mohammed Sokìa. Vers la fin du IXe siècle, ce dernier personnage s'était rendu en Égypte et, de là, au Hedjaz, pour accomplir le pèlerinage au Temple sacré et faire une visite pieuse au tombeau du Prophète. En Égypte, il avait vu le calife abbasside et lui avait demandé l'autorisation d'exercer le pouvoir suprême au Soudan en qualité de représentant du calife dans ces régions. Le prince abbasside, lui avait alors confié la direction des affaires du Soudan et l'avait, en outre, nommé son délégué sur tous les musulmans qui pourraient se trouver au delà de ce pays.

Rentré dans sa patrie, Elhadj établit son autorité sur les bases de la loi islamique et se conforma aux règles suivies par les adeptes de la Sonna. En Egypte, il avait aussi rencontré l'imam, le cheikh de l'Islam, le prince des érudits, Djelâl-eddin Essoyouthî et c'est auprès de ce maître qu'il avait étudié les *Aqaïd* et appris à discerner le juste de l'injuste. Il avait encore suivi bon nombre de leçons de Essoyouthî sur le droit et la jurisprudence et profité de ses recommandations et de ses salutaires conseils. Aussi, de retour au Soudan, s'empressa-t-il de faire triompher la Sonna et de faire revivre la pratique de la justice. Il suivit d'ailleurs les usages des califes en toutes choses : dans ses vêtements, dans l'étiquette de sa cour, et abandonna complètement les coutumes barbares pour adopter les manières arabes. Sous son règne, la situation du Soudan devint prospère et, grâce à lui, le corps de l'orthodoxie en ces contrées fut enfin guéri du mal de l'hérésie.

D'un abord facile, Elhadj Mohammed était doué d'un cœur sensible et d'une humeur bienveillante ; il avait le plus grand respect pour les princes de la religion et il témoignait de l'amitié à tous les savants, qu'il traitait avec les plus grands égards et auxquels il faisait une large place, aussi bien dans ses conseils que dans ses munificences. Durant tout son règne, il n'y eut, dans son royaume entier, ni guerre, ni sédition ; ses sujets vécurent dans l'abondance et dans une paix profonde. Elhadj n'avait établi qu'un seul impôt bien léger et il assurait qu'avant d'avoir recours à cette mesure, il avait pris conseil de son maître, l'imam Essoyouthî. Sa conduite, jusqu'au jour où la mort le surprit, fut toujours celle que nous venons de dire. Son fils, Daoud, qu'il eut pour successeur, mena également une vie exemplaire et suivit les traces de son père, jusqu'au moment où Dieu le rappela à lui. La couronne passa alors à Ishâq, fils de Daoud ; ce dernier prince s'écarta de la voie tracée par son père et son aïeul et c'est avec lui que le pouvoir royal s'éteignit dans la famille des Sokìa, qui avait régné dans le Soudan sur un territoire d'une étendue de six mois de marche. Le pouvoir appartient à Dieu seul qui dispose des événements à son gré.

CHAPITRE XXXV

LE SULTAN ELMAMSOUR CONSULTE SON ENTOURAGE SUR L'EXPÉDITION QU'IL VEUT ENTREPRENDRE CONTRE ISHÂQ SOKIA ET SUR LA CONQUÊTE DU SOUDAN.

Aussitôt, dit Elfichtâlî, que les envoyés de Elmansour à Ishâq Sokìa furent de retour avec la réponse du monarque soudanien qui refusait de se soumettre aux prétentions du sultan, alléguant qu'il était le maître absolu de son pays et ne devait obéissance à personne, Elmansour décida de consulter son entourage et réunit à cet effet les principaux fonctionnaires de son empire, en choisissant parmi eux ceux qui étaient hommes d'expérience et de bon conseil. Le jour de la réunion de cette assemblée, qui fut un jour mémorable, Elmansour prit la parole en ces termes :

« J'ai résolu d'attaquer le prince de Kàghou, qui est le maître du Soudan, et d'envoyer des troupes contre lui, afin de réunir dans une seule et même pensée toutes les forces de l'Islam. Le Soudan étant un pays fort riche et fournissant d'énormes impôts, nous pourrons ainsi donner une importance plus grande aux armées musulmanes et fortifier la valeur de la milice des croyants. D'ailleurs le chef actuel des Soudaniens, celui qui exerce sur eux l'autorité royale, est légalement déchu de ses fonctions, car il n'appartient pas à la famille des Qoreïch et il ne réunit aucune des autres conditions requises pour disposer de la puissance suprême. »

Quand Elmansour eut fini de vider son carquois, qu'il eut montré ainsi le fond de sa pensée et expurgé la bile de son foie, les assistants se turent sans avoir soulevé la moindre objection. « Votre silence, dit alors le sultan, marque-t-il votre approbation ou annonce-t-il que votre opinion est en contradiction avec la mienne ? » « Sire, s'écrièrent tous les conseillers d'une voix unanime, votre dessein est loin d'être correct et ne mérite pas d'être considéré comme judicieux ; comment a-t-il pu germer dans l'esprit d'un prince, alors qu'il ne serait jamais venu à l'idée d'un malfaiteur ? » — Qu'est-ce à dire, exclama le sultan ? » — « Prince, répondirent les conseillers, il y a entre le Soudan et notre pays un immense désert sans eau, ni plantes et si difficile à franchir que le *qatha*[1] lui-même ne le traverserait pas sans inquiétude. Non seulement le voyage y est impossible à cause de l'incertitude des routes, mais encore à raison des dangers qu'on y court et des terreurs qui remplissent ces solitudes. Ni le gouvernement des Almoravides malgré sa vaillance, ni celui des Almohades malgré sa grandeur, ni celui des Mérinides malgré sa puissance n'ont songé un instant à avoir de semblables visées et n'ont essayé de se mêler des affaires de ces pays. Et s'ils ont agi ainsi, c'est uniquement parce qu'ils ont vu les difficultés d'une semblable entreprise et l'impossibilité d'arriver à un heureux résultat. Nous espérons donc que vous suivrez les traces de ces gouvernements, car les modernes ne surpassent pas les anciens en intelligence. »

---

1. Oiseau du désert auquel les Arabes attribuent une habileté remarquable à retrouver son chemin au milieu des solitudes les plus uniformes.

Ce discours terminé, et l'assemblée ayant ainsi manifesté et justifié son opinion, Elmansour reprit la parole et dit : « Si c'est là le seul point faible de mon projet et la seule objection que vous trouviez à lui faire, votre argumentation est sans valeur et n'effleure même pas ma résolution. Vous parlez de déserts dangereux qui nous séparent, de solitudes rendues mortelles par leur stérilité et l'absence d'eau ; mais ne voyons-nous pas tous les jours des négociants qui, tout en étant faibles et pauvres en ressources, traversent ces espaces et y pénètrent hardiment à pied ou à cheval, en groupes ou isolés. Jamais les caravanes n'ont cessé de sillonner ces contrées et moi, qui suis mieux pourvu qu'eux de toutes choses, je ne pourrais le faire avec une armée qui inspirerait la crainte et la terreur ! Aucun des gouvernements célèbres qui nous ont précédé n'a, dites-vous, conçu une telle entreprise. Mais vous savez bien que les Almoravides ont employé toute leur sollicitude à conquérir l'Andalousie, à guerroyer contre les Francs et autres chrétiens qui peuplent ces rivages, que les Almohades ont suivi la même voie et qu'en outre ils ont eu à lutter contre Ibn Ghânia[1], enfin que les Mérinides ont livré le plus grand nombre de leurs combats contre les Abdelouadites de Tlemcen. Or, aujourd'hui le chemin de l'Andalousie nous est fermé depuis la conquête totale qui a été faite de ce pays par nos ennemis, les infidèles, et nous n'avons plus de guerres ni avec Tlemcen, ni avec le reste de l'Algérie, depuis que les Turcs se sont emparé de ces territoires. D'ailleurs les gouvernements qui nous ont précédé auraient éprouvé de grandes difficultés, s'ils avaient voulu exécuter l'entreprise que nous méditons, car leurs armées ne comprenaient que des cavaliers armés de lances et des archers ; ils ne connaissaient ni la poudre, ni les armes à

---

1. Sur la lutte de Ibn Ghânia contre les Almohades, cf. Ernest Mercier, *Histoire de l'Afrique septentrionale*, Paris, 1888. Tome II, p. 115.

feu au bruit terrifiant. Encore aujourd'hui les gens du Soudan n'ont que des lances et des sabres, armes qui ne sauraient servir utilement contre les nouveaux engins de guerre. Il nous est donc aisé de combattre ces peuples et de guerroyer contre eux. Enfin le Soudan est une contrée plus riche que l'Ifriqiya, et il nous est plus avantageux d'en faire la conquête que de lutter contre les Turcs, ce qui nous occasionnerait de grandes fatigues pour un médiocre profit. Voici la réponse que j'ai à faire à vos objections. Que l'abstention de nos prédécesseurs ne vous induise pas à regarder comme lointain ce qui est proche et comme difficile ce qui est aisé. Combien d'entreprises les anciens n'ont-ils pas laissées à faire aux modernes! Combien ceux-ci ont-ils pu accomplir de choses que leurs devanciers n'avaient pu entreprendre! »

Quand Elmansour eut achevé son discours, toute l'assemblée approuva la réponse que le prince venait de faire et se rangea à son avis, après avoir admiré ses piquantes allusions. « Vous venez, lui dirent les assistants, de consolider ce qui était disjoint; Dieu vous a inspiré la vérité et personne de nous n'a plus rien à ajouter, tant il est vrai, comme on l'a dit, que les esprits des princes sont les princes des esprits. » On se sépara ensuite, après qu'il eût été décidé qu'on enverrait une armée au Soudan, qu'on en combattrait les habitants et enfin qu'on suivrait de tous points l'avis de Elmansour.

Je ferai remarquer qu'il est deux choses dans l'allocution de Elmansour qui auraient besoin d'éclaircissements: tout d'abord il dit que les Almoravides n'ont point régné sur le Soudan. Or, j'ai appris, dans Ibn Khaldoun et d'autres historiens, que les Almoravides ont possédé Ghana et qu'ils ont prélevé des impôts et des tributs sur cette ville, qui était la capitale du Soudan et qui était assise sur les deux rives du

Niger[1]. En second lieu, le prince dit que la poudre venait d'être inventée et qu'elle n'aurait pas été connue à l'époque où régnaient ces dynasties. Or, voici ce que j'ai lu au sujet de la date de cette invention dans le commentaire que fit de son poème didactique sur les coutumes de Fez, le maître de nos maîtres, l'imam, l'érudit, Abou Zéid Abderrahman ben Abdelqâder Elfâsi : « L'invention de la poudre, au dire d'un auteur qui a fait un traité sur la guerre sainte, daterait de l'an 768 (7 sept. 1366 — 27 août 1367) ; cette découverte serait due à un médecin qui s'occupait d'alchimie et qui, ayant vu un mélange qu'il avait composé faire explosion, aurait renouvelé l'expérience ; satisfait du résultat, il aurait alors préparé la poudre actuelle. Dieu seul sait si cela est exact. » Dieu, dans son empire, fait tout ce qu'il lui plaît.

CHAPITRE XXXVI

ELMANSOUR ENVOIE SON ARMÉE AU SOUDAN

Dès qu'il se fut mis d'accord avec ses conseillers, composés des notables de son royaume, sur l'envoi d'une expédition contre le Soudan, Elmansour choisit parmi ses soldats et ses auxiliaires les hommes les plus vaillants, dont il connaissait la fidélité et le dévouement, et composa ainsi une magnifique armée, qu'il pourvut de vigoureux chameaux, de robustes chamelles, de chevaux de race et de nobles coursiers choisis avec le plus grand soin. Le commandement en chef de ces troupes fut confié à un affranchi du prince, le pacha Djouder, qui se mit en marche en grande pompe et avec un apparat inusité

---

1. Le texte porte « le Nil », mais on sait que les Arabes, ignorant les véritables sources du Nil, croyaient que le Niger en était une des branches.

jusque-là ; il quitta Maroc le 16 de dzoulhiddja de l'année 998 (16 octobre 1590). A ce même moment, Elmansour écrivit au cadi de Tombouctou, qui alors était l'imam, le très docte, Abou Hafs Omar, fils du cheikh Mahmoud ben Amrâguît Essenhâdji, et enjoignit à ce magistrat de presser la population afin qu'elle se soumît à ses ordres et qu'elle rentrât dans le giron de la communauté musulmane.

Après avoir quitté Maroc, Djouder poursuivit sa marche d'étape en étape et, arrivé aux terres fertiles de Tombouctou, il campa dans les environs de cette ville, où il rencontra Ishâq à la tête de ses troupes. Aussitôt qu'il avait appris qu'une armée s'était mise en route pour envahir son pays, Ishâq Sokîa avait rassemblé ses soldats et avait envoyé recruter des hommes dans toutes les villes, en sorte qu'il avait pu réunir des forces considérables qui s'élevaient, dit-on, au nombre de 104.000 combattants bien armés et bien approvisionnés.

Non content, dit Elfichtâli, d'avoir autour de lui une telle multitude, Ishâq avait encore adjoint à son armée de grands magiciens, des souffleurs de nœuds et autres sorciers ; il s'était imaginé que ces gens-là lui porteraient bonheur, mais hélas ! le poète l'a dit :

> « Le sabre est plus véridique et mieux informé que les livres ; son tranchant allie le sérieux à la plaisanterie ;
> « C'est sur sa blanche lame et non sur des feuillets noircis qu'on trouve les textes qui dissipent le doute et dévoilent l'avenir. »

A peine les deux armées en venaient-elles aux mains que, se voyant perdu, Ishâq tourna les talons tandis que ses troupes se débandaient ; cependant la lutte dura depuis le moment du *doha*[1] jusque vers l'heure de l'*asr*. Durant ce

---

1. Le *doha* est le moment intermédiaire entre le lever du soleil et midi ; l'*asr*, entre midi et le coucher du soleil. Le combat dura donc de 9 heures du matin environ à 3 heures de l'après-midi.

temps, la guerre broya sous sa meule les Soudaniens et les réduisit à un tel état qu'ils ressemblaient à des tronçons de palmiers dont le cœur aurait été évidé. Entouré seulement de quelques hommes de sa garde, Ishâq s'était enfui. Ses soldats n'avaient d'autres armes que de courts javelots, des lances ou des sabres, et aucun d'eux n'était porteur d'arme à feu ; ces javelots et ces lances ne pouvaient rien contre les fusils, aussi les troupes soudaniennes tournèrent-elles le dos immédiatement, se sentant sûrement perdues. Djouder et ses soldats sabrèrent impitoyablement les nègres, qui cependant leur criaient : « Nous sommes musulmans ! nous sommes vos frères en religion ! » Cette bataille eut lieu le 16 de djomada Ier de l'année 999 (13 février 1591).

Après la déroute de Ishâq, Djouder s'empara tout d'abord de Tombouctou, des villes et villages avoisinants et expédia à Elmansour un messager chargé de lui porter la nouvelle de son succès et un magnifique présent comprenant entr'autres choses 10.000 mitsqals d'or et 200 esclaves. Puis il se mit à la poursuite de l'ennemi qui, fuyant devant lui, traversa le Niger ; lui-même à la tête de ses troupes il franchit le fleuve et vint mettre le siège devant la ville de Kâghou, capitale du royaume d'Ishâq, où le prince soudanien avait cherché un refuge. Ishâq entra aussitôt en pourparlers avec Djouder ; il demanda la paix, en offrant de payer un tribut annuel et de verser en outre une somme considérable si on le laissait dans la capitale de son royaume. Djouder trouvant ces conditions acceptables, envoya demander à Elmansour son avis sur ces propositions. Le sultan les accueillit avec hauteur ; il refusa absolument d'y souscrire, et de sa main écrivit ce qui suit sur le dos de la lettre qui lui avait été adressée : « Vous m'offrez de l'argent, mais Dieu m'en a donné bien plus qu'à vous. Que dis-je ? vous êtes déjà tout fier du présent que vous m'avez envoyé. Retournez à l'ennemi et, s'il en est besoin, j'enverrai contre ces noirs des troupes en nombre tel qu'ils ne pourront point leur résister et je les chasserai de leur pays couverts d'opprobre et d'infamie. »

Quand il avait vu que le siège traînait en longueur et que ses soldats, décimés par un long séjour dans ces contrées, se plaignaient vivement de l'insalubrité du climat et des nombreuses maladies qui les accablaient, Djouder s'était replié vers Tombouctou, où il attendait la réponse de Elmansour relativement à la paix que Ishâq avait sollicitée. Elmansour fut vivement irrité de ce que son armée avait battu en retraite et était revenue sur ses pas, aussi envoya-t-il le pacha Mahmoud prendre le commandement en chef à la place de Djouder, qui fut révoqué de ses fonctions et laissé en sous-ordre.

Chargé du soin de combattre Ishâq et de reprendre le siège de Kâghou, Mahmoud ramena les troupes marocaines devant cette ville, mais entre temps, Ishâq, qui redoutait la prise de la place, avait donné l'ordre d'en retirer les approvisionnements et d'en faire sortir les habitants. Serré de près par l'ennemi, Ishâq s'enfuit de Kâghou et, pensant qu'on ne le poursuivrait pas, il se retira dans la ville de Koukîa après avoir franchi le Niger, mais l'armée marocaine traversa le fleuve à sa suite et ne cessa de chercher à l'atteindre jusqu'au jour où il mourut, laissant son royaume dans un complet désarroi. Tous les princes soudaniens se soumirent alors aux ordres de Elmansour, dont l'empire au Soudan s'étendit des confins extrêmes du Maghreb sur l'océan Atlantique au pays de Kano, qui fait partie du Bornou. Le roi de Bornou lui-même, dont les États touchent à la Nubie qui confine au Saïd d'Égypte, fit également sa soumission. « Ainsi, dit Elfichtâlî, l'autorité de Elmansour était reconnue dans tout l'espace compris entre la Nubie et la partie de l'océan Atlantique qui avoisine le

Maroc. » C'était là un immense royaume et un puissant empire, tel que personne avant lui n'en avait possédé de pareil. Dieu donne le pouvoir à qui il lui plaît.

A la suite de la conquête des principautés du Soudan, le sultan marocain reçut tant de poudre d'or, que les envieux en étaient tout troublés et les observateurs fort stupéfaits ; aussi Elmansour ne paya-t-il plus ses fonctionnaires qu'en métal pur et en dinars de bon poids. Il y avait à la porte de son palais 1.400 marteaux qui frappaient chaque jour des pièces d'or, et il y avait en outre une quantité du précieux métal qui servait à la confection de boucles et autres bijoux. Ce fut cette surabondance d'or qui fit donner au sultan le surnom de Eddzehebî (*l'aurique*).

Aussitôt que ces bonnes nouvelles lui parvinrent, Elmansour éprouva la joie la plus vive ; il donna l'ordre de faire des réjouissances et de pavoiser les rues, matin et soir, pendant trois jours. Il reçut alors de tous côtés des ambassades qui vinrent le féliciter du triomphe et de l'éclatant succès que Dieu avait procuré à ses armes. Des poètes chantèrent ce glorieux événement et des orateurs le célébrèrent en tous lieux. Parmi les poésies composées à cette occasion, voici celle qui eut pour auteur Abou Fârès Addelazîz ben Mohammed Elfichtâlî :

> « L'armée du jour s'est précipitée contre l'armée de la nuit, et la blancheur de celle-là a effacé la noirceur de celle-ci.
>
> « Les étendards de ton armée se sont élevés au dessus des noirs et leur masse blanche, qui flottait,
>
> « A brillé dans cet horizon de ténèbres pareille à la colonne de l'aube qui s'élance dans l'obscurité de la nuit.
>
> « Ils se sont ensuite répandus en formant une nuit noire qu'a seule éclairée ton glaive qui, nouveau Dzoulfiqâr [1], taillait tout en pièces.
>
> « Tu as envoyé ces étendards comme des fléaux ou plutôt comme

---

1. Nom d'un sabre qui appartint à Mahomet et, plus tard, à Ali.

des carnassiers qui tenaient chacun entre leurs serres un corbeau qui croassait ;

« Ils ont marché la nuit guidés vers l'ennemi par ton esprit ingénieux et par les pointes de fer aux reflets bleus.

« Les ténèbres de la nuit se dissipaient devant eux grâce à l'auréole prophétique qui brille sur ton front.

« Par eux tu as fait retentir les tonnerres de ton feu ; leur éclat retentissant a fait trembler l'Irâq ; il a foudroyé

« Et mis en pièces le misérable Ishâq et son clan ! Quand il a voulu tirer le glaive, il avait déjà la chaîne au cou ;

« Il espérait échapper au danger, mais comment l'aurait-il pu, alors que derrière lui étaient les cohortes de ton vaillant Djouder,

« Cette armée dont l'arrière-garde débordait de la porte de ton palais, comme le torrent de Mareb, tandis que l'avant-garde bloquait déjà Kâghou ?

« Il n'a pas eu le temps de se reconnaître que les légions du sultan lui offraient le combat et le cernaient de tous côtés.

« Dieu a décrété que tes ennemis serviraient de but à tes traits, que ces ennemis fussent en Orient ou en Occident.

« Ils sont insensés les princes qui veulent rivaliser de gloire avec toi, car personne ne saurait atteindre à ton degré d'illustration.

« Ils veulent t'égaler, toi qui n'as pas ton pareil dans tout l'univers. Comment oser comparer l'argent au mercure !

« Annonce aux rois de la terre que, grâce à ton glaive, tu as conquis les pays les plus lointains

« Et que Dzoulfiqâr se serait émoussé entre tes mains. Sépare ce que d'autres ont joint, et unis ce qu'ils ont séparé.

« Que les oiseaux du bonheur ne cessent de gazouiller pour toi dans le Mochtaha et y fassent éclater la joie,

« Tant que le renom de la gloire durera sur les feuillets de l'éloge ! ô toi qui es la racine de la gloire à laquelle tout le reste se rattache. »

Ibn Elqâdhî, dans son commentaire du *Dorret essolouk*, dit : « La conquête du Soudan dont il vient d'être question eut lieu en l'année 999 (1591), date que j'ai indiquée dans le vers suivant d'une de mes *qacida* :

« Conquête glorieuse dont voici la date : Admire cette conquête qui n'a pas de limites. »

CHAPITRE TRENTE-SIXIÈME

C'est Dieu le Très-Haut qui a dirigé dans la bonne voie notre ami Aboulhasen Ali ben Abderrahman ben Amrân Esselâsi en lui faisant reconnaître la date de la victoire précitée, au moyen du calcul du *nîm*[1], dans le verset suivant, à la condition d'éliminer les alifs d'union du calcul et de ne point tenir compte des *techdid* : « Et Dieu donnera certes la victoire à celui qu'il voudra soutenir, car Dieu est fort et puissant »... jusqu'à ces mots : « Et à Dieu appartient la fin de toutes choses[2]. » Cette observation est ingénieuse, car on m'a assuré que le commentateur Elkouchî a indiqué le verset qui précède comme un de ceux qui servent à connaître l'avenir.

Après avoir établi solidement son autorité dans ces contrées, Mahmoud renvoya la moitié de ses troupes au Maroc et adressa en même temps à Elmansour un présent d'une valeur inestimable : il se composait de 1.200 esclaves tant mâles que femelles, quarante charges de poudre d'or, quatre selles en or fin, de nombreuses charges de bois d'ébène, des pots de musc, des civettes et bien d'autres objets rares ou d'un très grand prix. Mahmoud demeura ensuite au Soudan en qualité de lieutenant du sultan et, durant son séjour dans cette contrée, il fit arrêter l'imam, le très docte, le magnanime, l'étendard des étendards, Abboulabbas Ahmed ben Ahmed Baba qui, ainsi que tous les membres de sa famille, fut chargé de chaînes et conduit à Maroc. Les femmes elles-mêmes furent emmenées prisonnières et les biens du cheikh, ses trésors et ses livres livrés au pillage.

L'auteur du *Bedzl elmonâsaha* rapporte avoir entendu le cheikh Ahmed Baba dire ces mots : « De tous mes amis j'étais celui qui avais le moins de livres et cependant on m'a

---

1. Sur ce calcul divinatoire, cf. De Slane, *Prolégomènes d'Ibn Khaldoun*, dans le tome XIX des *Notices et extraits des Manuscrits*, p. 241.
2. *Coran*, Sourate XXII, versets 41 *in fine* et 42.

pris 1.600 volumes. » L'arrestation de cette famille avait eu lieu pendant la dernière décade du mois de moharrem de l'année 1002 (17 - 27 octobre 1593) ; les membres qui la composaient arrivèrent à Maroc au mois de ramadhan de l'année suivante (10 mai - 9 juin 1595) et y demeurèrent en captivité jusqu'au moment où, le malheur cessant enfin de les accabler, ils furent mis en liberté, le dimanche, 21 du mois de ramadhan de l'année 1004 (20 mai 1596); cet élargissement causa une vive satisfaction à tous les Croyants.

Lorsqu'après avoir été rendu à la liberté, Ahmed Baba se présenta au palais de Elmansour, il remarqua que ce prince restait caché derrière un rideau flottant, qui le séparait du public, quand il donnait audience : « Dieu, qu'il soit béni et exalté, dit alors le cheikh, a déclaré dans le Coran qu'aucun être humain ne pouvait communiquer avec Dieu autrement que par la révélation ou en demeurant caché derrière un voile : vous imitez donc le Maître des maîtres ; mais si vous avez à me parler, venez vers moi et écartez ce rideau. » Elmansour s'étant alors rapproché et ayant relevé le store, Ahmed Baba lui dit : « Qu'aviez-vous besoin de saccager mes biens, de piller mes livres et surtout de me faire enchaîner pour m'amener de Tombouctou ici ; c'est à cause de ces chaînes que je suis tombé de mon chameau et me suis cassé la jambe. » — « Nous avons voulu, répondit Elmansour, faire l'unité du monde musulman et, comme vous êtes un des représentants les plus distingués de l'Islam dans votre pays, votre soumission devait entraîner celle de vos concitoyens. » — « Pourquoi, dans ce cas, répondit le cheikh, n'avoir pas fondé cette unité avec les Turcs de Tlemcen et des localités avoisinantes, qui sont beaucoup plus rapprochés de vous que nous ? » — « Parce que, répliqua Elmansour, le Prophète a dit : « Laissez en paix les Turcs tant qu'ils vous laisseront tranquilles. » Nous nous sommes donc conformé à ce hadits. — « Cela a été vrai pour un temps, s'écria alors Ahmed Baba ; mais, plus tard, Ibn Abbâs n'a-t-il pas dit : « Ne laissez point en repos les Turcs, même s'ils ne s'occupent pas de vous. » En entendant ces mots, Elmansour se tut, et ne trouvant rien à répondre, il mit fin à l'audience.

Devenu libre de sa personne, Ahmed Baba se livra à l'enseignement de la théologie et vit aussitôt la foule accourir pour profiter de ses leçons. Il continua à demeurer à Maroc jusqu'à la mort de Elmansour, qui ne l'avait fait sortir de prison qu'à la condition qu'il résiderait dans cette ville. Ce fut seulement après la mort de ce souverain qu'il obtint de son fils, Zîdân, l'autorisation de retourner dans sa patrie. Il rentra donc dans son pays qu'il désirait vivement revoir et dont il ne parlait jamais que les larmes aux yeux, bien qu'il eût toujours conservé l'espoir que Dieu l'y ramènerait un jour. Voici quelques-uns des vers qu'il composa pour exprimer l'amour qu'il ressentait pour sa patrie et le désir qu'il avait de la revoir :

> « O toi qui vas à Kâghou, fais un détour vers ma ville natale ; murmure mon nom à mes amis et porte-leur
>
> « Le salut parfumé de l'exilé, qui soupire après le sol où résident ses amis, sa famille et ses voisins.
>
> « Console là bas mes proches chéris de la mort des seigneurs qui ont été ensevelis dans mon pays, de celle
>
> « De Abou Zéïd, le prince des vertus et de l'orthodoxie, le modèle de mes concitoyens, celui à qui je voudrais le plus ressembler.
>
> « A cause de leur disparition, le glaive de la séparation est levé sur moi et la mort menace mon soutien et mon appui.
>
> « N'oublie pas Abdallah, l'homme vaillant et généreux. Ma tristesse est profonde depuis que j'ai perdu mes concitoyens et mes amis ;
>
> « Les jeunes gens de ma famille, tous jusqu'au dernier, sont allés rejoindre le Roi des rois pendant mon exil.
>
> « Quelle douleur et quelle tristesse m'envahissent à cause d'eux ! O mon Dieu, fais-leur une large part de ta miséricorde ! »

Au moment de quitter Maroc pour rentrer dans son pays, Ahmed Baba fut accompagné par les principaux savants de la ville, puis, quand on fut sur le point de se séparer, l'un d'eux prit le cheikh par la main et récita ces paroles du Coran : « Certes, celui qui a institué pour toi le Coran, te ramènera à ton point de départ[1] », paroles qu'il est d'usage d'adresser à celui qui part, afin qu'il revienne à bon port. En entendant ces mots, Ahmed Baba retira vivement sa main et s'écria : « Puisse Dieu ne jamais me ramener à ce rendez-vous, ni ne me faire revenir dans ce pays ! » Cela dit, le cheikh prit congé des personnes qui l'avaient accompagné et partit pour le Soudan, où il arriva heureusement et sans encombre.

CHAPITRE XXXVII

EXPÉDITIONS DE ELMANSOUR CONTRE LES TRIBUS ARABES DES KHOLTH ET AUTRES POPULATIONS DE L'AZGHAR, ET MOTIFS QUI LES DÉTERMINÈRENT.

Ces tribus arabes, les Kholth, les Mokhtâr et les Sofiân, sont issues des Djochem, tribu bien connue. Elles formaient autrefois le clan des Beni Merin et avaient amenés ceux-ci du Maghreb central où ils étaient établis ; aussi avaient-elles joui d'une grande influence sous le règne des Mérinides; mais lorsque cette dynastie fut arrivée à son déclin et que Abou Abdallah Mohammed Eccheikh Elmahdi les eut soumises à son autorité, elles se rallièrent à leur nouveau maître et parurent se dévouer à son service. Cependant, ainsi que nous l'avons dit plus haut avec détails, Abou Hassoun le

---

1. *Coran*, Sourate XXXIII, verset 85.

Mérinide étant venu au Maroc soutenu par les Turcs, ces Arabes avaient pris parti pour le Mérinide et avaient contribué à la défaite de Elmahdi. Ce dernier les avait alors exclus de son armée et les avait soumis à l'impôt ; puis, après avoir rayé leurs noms de ses cadres, il avait fait venir à Maroc les principaux chefs de ces tribus et les avait gardés comme otages.

Les choses étaient restées dans cet état, jusqu'à l'avènement de Elmansour ; mais ce prince ayant vu la façon remarquable dont ces tribus arabes s'étaient conduites à la bataille de Ouâdi Elmekhâzin, choisit la moitié de leurs hommes pour les incorporer dans son armée. Quant aux autres, il les laissa confondus dans la masse de ses sujets et les transporta ensuite à Azghâr, qu'il leur assigna comme demeure. Là, ces Arabes ravagèrent le pays avoisinant et se portèrent aux plus grands excès : ils attaquèrent les Oulad Mothâ', pillèrent leurs biens et serrèrent de près les Beni Hassan. A la suite de nombreuses plaintes qui lui parvinrent, Elmansour imposa à ces perturbateurs une contribution de 70.000 pièces d'argent, ce qui n'eut d'autre résultat que d'accroître leurs violences. Il leur enjoignit alors d'envoyer un contingent à Tigourârîn et, comme ils refusèrent d'obéir à cet ordre, il expédia contre eux le caïd Moussa ben Abou Djomâda Elamri. Celui-ci réussit à leur enlever leurs chevaux, puis, quand ils furent ainsi réduits à l'état de fantassins, il les attaqua et les tailla en pièces. De ce jour la puissance de ces Arabes fut anéantie et leurs armes furent sans force pour une entreprise sérieuse.

CHAPITRE XXXVIII

ELMANSOUR FAIT DE NOUVEAU PRÊTER SERMENT DE FIDÉLITÉ A SON
FILS MOHAMMED ECCHEIKH ELMAMOUN

Au mois de chaoual 992 (6 octobre-4 novembre 1584), Elmansour fit de nouveau prêter serment de fidélité à son fils, Mohammed Eccheikh Elmamoun, en qualité d'héritier présomptif. Cette formalité était faite surtout à cause des frères du jeune prince, frères qui, à l'époque du premier serment, n'avaient pas encore atteint l'âge de puberté ; le sultan voulait ainsi donner plus de force à leur serment et couper court à toute contestation ultérieure. Ce fut dans ce but que Elmansour quitta Maroc et se rendit à Tâmesna, d'où il envoya chercher son fils à Fez par le pacha Azzouz ben Saïd Elouzkîtî. Quand les deux princes et leur suite furent réunis à Tâmesna, Elmansour assista en personne à la cérémonie du serment. Entouré des personnages les plus influents, il se fit apporter le précieux exemplaire du Coran qui avait appartenu à Oqba ben Nâfi Elfihri[1] et qui était un des plus riches trésors des califes ; puis on apporta également les deux Sahîh, celui de Elbokhâri et celui de Moslem, et lecture fut ensuite donnée de la formule du serment. Elfichtâli, qui avait été chargé de lire ce document, était assisté du cadi Aboulqâsem Ecchâthibi, qui expliquait aux assistants les expressions difficiles contenues dans cet écrit. Tout le monde prêta serment de fidélité, à l'exception des enfants

---

1. Le célèbre conquérant de l'Afrique et le fondateur de la ville de Qaïrouân.

de Elmansour, qui, le lendemain seulement, apposèrent, en signe d'adhésion, leurs signatures au bas du document.

Dans une lettre écrite par Zìdân ben Elmansour, à qui ce serment avait porté préjudice, j'ai lu ce qui suit : « J'ai assisté au serment qui a été prêté à Mohammed Eccheik, souverain du Maroc ; tous les enfants de Elmansour étaient présents à cette cérémonie et furent invités, sauf moi, à prêter serment. Mon père, en effet, avait dit alors : « Un tel n'a pas à prêter « serment, car il fera toujours ce que je lui ordonnerai de « faire. » Ces paroles affectèrent péniblement mes frères qui, par l'expression de leurs visages, manifestèrent leur mécontentement. »

La cérémonie de ce nouveau serment terminée, Elmansour songea à pourvoir chacun de ses fils d'un commandement et à faire entre eux le partage de ses États ; il espérait ainsi ne plus laisser trace de colère dans leurs âmes et empêcher les passions haineuses d'envahir leurs cœurs. A Abou Fârès, frère consanguin de Elmansour, il assigna le Sous et ses villages ; Aboulhasen Ali reçut Méquinez et le territoire voisin de cette ville, et Zìdân eut en partage le pays de Tâdela. Certaines circonstances firent plus tard modifier cette répartition : Zìdân alla à Méquinez et Aboulhasen à Tâdela. Cette dernière combinaison fut définitive.

CHAPITRE XXXIX

RÉVOLTE DE ENNASER BEN ELGHALEB-BILLAH CONTRE SON ONCLE ABOULABBAS ELMANSOUR

Du vivant de son père Elghâleb, Ennâser fut lieutenant de la province de Tâdela ; mais, lorsque son père mourut et que le frère de ce dernier, Elmotawekkel, s'empara du pouvoir ainsi que nous l'avons exposé plus haut avec détails, celui-ci fit arrêter Ennâser et le garda en prison juqu'à la fin de son règne. Plus tard, comme il a été dit ci-dessus, Elmoatassem ayant arraché le pouvoir des mains de Elmotawekkel, rendit la liberté à Ennâser et le traita avec égards. Celui-ci vécut alors dans une situation heureuse, sous les ordres de Elmoatasem, jusqu'à la mort de ce prince, qui eut lieu le jour de la bataille de Ouâdi Elmekhâzin. A ce moment, Ennâser se réfugia à Arzille, qui était alors au pouvoir des chrétiens, puis il passa la mer et alla en Espagne où il resta un certain temps auprès du roi de Castille. Le monarque chrétien l'envoya ensuite à Mélilla[1], mais, tout en l'internant dans cette ville, il lui en rendit le séjour agréable, dans l'espoir que Ennâser lui servirait à jeter la désunion parmi les musulmans.

Ennâser se rendit à Mélilla, où il demeura jusqu'au 3 du mois de chaaban de l'année 1003 (14 avril 1595). Les gens turbulents, les aventuriers de toute sorte et la plus vile canaille, en apprenant son arrivée dans cette ville, arrivèrent en foule auprès de lui et s'empressèrent de se mettre à sa disposition. Aussitôt que ces partisans eurent formé un groupe considérable et une véritable armée, Ennâser se mit à leur tête et quitta Mélilla pour se rendre à Taza[2], qu'il occupa. Les tribus voisines, telles que les Brânès et autres, se joignirent à lui et se disposèrent à l'envi à lui prêter secours et assistance. En entrant à Taza, Ennaser avait exigé que les habitants lui payassent une redevance, les chrétiens, leur avait-il dit, imposant même les œufs.

---

1. Le petit port de Melilla, situé sur la côte du Maroc en face de Malaga, est encore occupé aujourd'hui par les Espagnols, qui y ont établi un bagne. Cette ville a été prise aux Marocains en 1496 par le duc de Medina-Sidonia.

2. Cette petite ville, située sur un col qui sépare le bassin de la Molouïa et celui du Sebou, a une grande importance stratégique; c'est le point le mieux choisi pour diriger une attaque contre Fez.

A la nouvelle de ces événements, Elmansour fut très attristé et conçut de vives inquiétudes sur l'avenir ; en effet, le Maghreb s'était soulevé à l'appel de Ennâser et tous les grands personnages souhaitaient le succès de l'usurpateur, ayant perdu toute sympathie pour Elmansour, qui les malmenait et faisait durement peser son autorité sur ses sujets.

Dans l'ouvrage intitulé : *Ibtihâdj elqoloub*, l'auteur, à l'article consacré à la biographie du bienheureux ouali, Aboulhasen Ali ben Mansour Elbouzîdî, dit : « Un jour que, monté sur une mule, il voyageait avec ses disciples, il s'écria : « Frères, n'entendez-vous pas ce que dit ma mule ? elle pro-« clame le triomphe de Maulay Ennâser. Les pierres et les « arbres redisent les mêmes paroles, et pourtant je vois autre « chose que cela. » Les événements donnèrent raison au ouali : tout, dans le Maghreb, se souleva en faveur de Maulay Ennâser, mais, peu de temps après, il fut tué avant d'avoir conquis le souverain pouvoir. »

Elmansour ayant envoyé une armée considérable combattre Ennâser, celui-ci mit en déroute les forces dirigées contre lui et accrut ainsi son prestige. Elmansour donna alors à son héritier présomptif l'ordre de se porter contre le rebelle ; le jeune prince partit aussitôt à la tête d'une magnifique armée admirablement organisée et engagea un combat dans lequel la fortune se déclara contre Ennâser, qui s'enfuit en passant par Taza. Durant cette fuite, l'usurpateur, qui s'était arrêté dans la petite ville de Ledjâia du district de Djebel Ezzebîb, fut atteint par l'héritier présomptif qui lui livra bataille et réussit à s'emparer de sa personne. Ennâser ayant été mis à mort, sa tête fut tranchée et expédiée à Maroc. Ces événements s'accomplirent en l'année 1005 (25 août 1596-14 août 1597).

Dans ses *Mohâdharât*, le cheikh Abou Ali Elyousi rapporte l'anecdote suivante : « Quand Ennâser, neveu de Elmansour, se révolta contre son oncle, Sidi Ahmed ben Belqâsem Essoumaï déclara que Ennâser entrerait à Tâdela, et il entendait par là qu'il y entrerait en souverain. En apprenant ce propos, Sidi Mohammed Eccherqî s'écria : « Malheureux Baba Ahmed, il a vu entrer la tête de Ennâser à Tâdela et il a cru que c'était Ennâser en personne ! » Après sa défaite, Ennâser eut en effet la tête tranchée et sa tête, portée à Maroc, passa à Tâdela durant le trajet.

La mort du rebelle causa une grande joie à Elmansour, qui reçut à l'occasion de sa victoire de nombreuses députations venues pour le féliciter. De son côté, il écrivit au sultan de la Mecque, Hassen ben Abou Anmi, au cheikh connaissant Dieu, Sidi Ahmed Elbekri Esseddiqi, à l'imam Bedr-eddin Elqirâfi et à d'autres personnages, pour les informer du succès et du triomphe que Dieu avait bien voulu lui assurer.

L'éloquent secrétaire, Abou Abdallah Mohammed ben Omar Ecchâouï, à l'occasion de cet événement, composa les vers suivants :

> « Reçois nos félicitations, prince des Croyants ; grâce à ta valeur les destins ont précipité leur marche ;
>
> « Grâce à toi ton empire a brillé, tandis que celui de ton ennemi s'assombrissait et que les têtes les plus altières tremblaient.
>
> « Tel a été le sort funeste de celui que Dieu a voulu frustrer dans ses espérances, et auquel le secours de l'infidèle ne pouvait profiter.
>
> « Pour lui, la prédiction s'est bien réalisée ; mais si la tête est arrivée la première, les pieds ne l'ont point suivie. »

Un autre auteur a fait une allusion semblable en parlant du vizir Ibn Elferes, qui avait été tué et mis en croix : en le voyant la tête penchée, il s'écria :

> « Le poulain rétif a voulu arriver au but en dépassant les têtes des chevaux pur sang et rapides à la course ;
>
> « Il a donc couru, et ses pieds se sont mis en marche ; mais si la tête est arrivée première, les pieds ne l'ont point suivie. »

CHAPITRE XL

DE LA CONSTRUCTION DU PALAIS DE ELBEDI' PAR ELMANSOUR ; DATE A LAQUELLE IL FUT ÉDIFIÉ ET MOTIFS QUI LE FIRENT BATIR

Suivant l'auteur du *Menâhil essafa*, le motif qui engagea Elmansour à élever le Bedî' et à employer à cette construction de précieuses richesses et des sommes considérables, fut le désir de laisser une trace durable de sa dynastie, issue du Prophète, et d'en faire valoir la supériorité sur les dynasties berbères et autres, telles que les Almoravides, les Almohades et leurs successeurs, les Mérinides. Tous ces gouvernements avaient élevé des monuments destinés à perpétuer leur souvenir, tandis que, jusqu'alors, la dynastie chérifienne n'avait rien fait de semblable pour augmenter sa gloire, bien qu'elle en fût plus digne que tout autre, à cause de son illustre ancêtre et de son antique noblesse. Ce fut donc dans le dessein de rehausser l'éclat des Chérifs que Elmansour se mit à l'œuvre et construisit ce palais, car selon l'expression du poète :

« Lorsque les princes veulent rappeler le souvenir de leur gloire, ils le font par le langage des monuments :
« Tout édifice qui atteint des proportions considérables reste comme l'indice d'un personnage glorieux. »

Dès que cette construction fut décidée, Elmansour convoqua tous les savants et les personnages réputés vertueux et leur demanda de fixer l'époque à laquelle on devrait commencer à mettre la main à l'œuvre. Les premiers travaux de fondation eurent lieu pendant le cinquième mois du règne du prince, au mois de chasual de l'année 986 (1er-30 décembre 1578), mais l'édifice ne fut entièrement terminé qu'en 1002 (27 septembre 1593-16 septembre 1594), bien que la construction n'en eût pas été interrompue.

Elmansour avait fait venir des ouvriers de tous les pays, même d'Europe, et chaque jour le nombre des artisans et des architectes habiles était si considérable qu'il s'établit à la porte du chantier un marché important, auquel les négociants apportaient leurs marchandises et leurs objets les plus précieux. Le marbre apporté d'Italie était payé en sucre poids pour poids, Elmansour, ainsi que le rapporte Elfichtâli dans la *Menâhil Essafa*, ayant établi dans le Haha, le Chouchaoua et ailleurs encore, de nombreux pressoirs pour la canne à sucre. Quant au plâtre, à la chaux et aux autres matériaux, le sultan les avait tirés de tous les pays. On trouva même, dans les comptes, un reçu constatant qu'un individu avait livré un sâ' de chaux qu'il avait apporté de Tombouctou et qui formait sa part contributive dans la masse des charges imposées au peuple. Toutefois Elmansour se montra très libéral et très bienveillant dans cette circonstance ; il paya largement les ouvriers chargés de la construction et leur prodigua les gratifications. Il s'occupa même de l'entretien de leurs enfants, afin que ces artisans pussent se consacrer entièrement à leur œuvre et n'en fussent distraits par aucune préocupation.

Le Bedî' est un édifice de forme carrée ; sur chacune des faces de ce carré se dresse une grande et magnifique coupole, autour de laquelle sont groupés d'autres coupoles, des palais et des habitations. Sa hauteur est considérable et il recouvre une vaste superficie. Il est certain que c'est la construction la plus remarquable et l'œuvre la plus belle qui existe aujourd'hui ; les trompettes de la renommée sont insuffisantes à en célébrer la magnificence, car elle éclipse le souvenir de

Ghomdân[1], fait pâlir Ezzahra[2] et Ezzahira[3] et regarder avec dédain les coupoles de Damas ou les pyramides du Caire.

On y trouvait des onyx de toutes les couleurs et des marbres blancs comme l'argent ou entièrement noirs ; les chapiteaux des colonnes étaient recouverts d'or fondu ou de feuilles d'or fin. Le sol était pavé de superbes dalles de marbre poli et finement taillé et les revêtements des murs, couverts de faïences aux couleurs variées, simulaient un entrelacement de fleurs ou les riches broderies d'un manteau. Enfin, les plafonds étaient incrustés d'or et les murailles, décorées de ce même métal, étaient en outre ornées de brillantes sculptures et d'inscriptions élégantes faites du plus beau stuc. La décoration terminée, le sultan fit courir l'onde la plus pure dans les cours de ce palais. Pour tout dire, le Bedi' est un des monuments les plus hauts et les plus splendides qui aient existé, et il surpasse en beauté les palais de Bagdad. C'est une sorte de paradis terrestre, une merveille du monde, le comble de l'art ; il fait pâmer de plaisir et d'admiration. C'est de lui que le poète a dit :

> « Tout palais semble laid auprès du Bedi', car c'est là seulement que les fruits sont savoureux et les fleurs odorantes :
> « Son aspect est féérique, son onde est pure, sa terre parfumée et ses édifices se dressent fièrement dans les airs.
> « Maroc lui doit son immense célébrité et, grâce à lui, sa gloire durera des siècles. »

Des inscriptions en vers brodées, sur des portières, sculptées dans le bois, dessinées sur des faïences ou moulées en stuc, égayaient les yeux et provoquaient l'admiration et l'étonnement des visiteurs : chaque inscription était en rap-

---

1. Palais célèbre de Sanaa dans le Yémen qui était déjà en ruines à l'époque de Mahomet.
2. Palais construit en 936 par Abderrahman III, près de Cordoue.
3. Palais construit par Elmansour ben Abou Amir, le célèbre vizir de Hichâm II, calife de Cordoue.

port avec la nature de la coupole qui la contenait et quelquefois même elle renfermait une sorte de défi à l'adresse de la coupole voisine. Il serait trop long de reproduire toutes ces inscriptions, mais il ne nous semble pas qu'il y ait inconvénient à en donner ici quelques-unes. Nous allons donc écrémer ce réservoir et plonger dans cette mer de merveilles, afin d'y trouver des renseignements utiles et des consolations pour notre âme sur la façon dont le temps a agi envers ceux qui ont disparu.

Voici d'abord l'inscription gravée extérieurement sur la coupole appelée Elkhamsìniya et que l'auteur du *Nefh Etthìb* dit avoir été ainsi nommée parce qu'elle avait cinquante coudées. Ces vers sont dus à la plume de l'éloquent secrétaire, Abou Fârès Elfichtâli, qui fait parler cette coupole en ces termes :

« Je me suis élevée ; alors la pleine lune s'est abaissée et s'est prosternée devant moi ; à ce moment, le disque du soleil a formé comme une boucle à mon oreille ;

« J'ai mis la constellation d'Iklîl comme couronne à mon front et j'ai suspendu les Gémeaux à mon cou, en guise de collier.

« Sur ma poitrine brillent les Pléïades, pareilles à une rivière de perles que termine un riche joyau.

« Je surpasse l'éclat des étoiles, car j'ai placé mes pieds sur la planète Saturne qui est au-dessous de moi.

« Je déborde de bienveillance et de générosité en un torrent qui recouvrirait la Voie lactée.

« Sur ce torrent, j'ai jeté pour la gloire un pont que viennent battre les flots de la mer qui engloutit tout ce qu'elle atteint.

« Au milieu des frondaisons courent des ruisseaux dont les cailloux châtoient à l'égal d'une tunique aux dessins bigarrés.

« Un rideau d'arbres les entoure et la source débordante sillonne le parc de ses eaux,

« Qui s'élancent à travers les plantes et s'ouvrent un chemin à travers les fleurs, en brillant comme une frange à l'extrémité des feuilles que,

« Dans son souffle nocturne, le zéphyr balance ; ainsi se balance un homme enivré d'absinthe.

« Ces eaux traversent des parterres embellis à grands frais et

CHAPITRE QUARANTIÈME

qui n'ont point à s'inquiéter si la nuée les inondera bientôt ou tardera à venir ;

« Elles débordent de leurs réservoirs et se répandent sur l'argile brillante, pareilles à des mers qui n'ont d'autres limites que les bornes de l'immensité,

« Et s'élèvent en gerbe d'une vasque centrale et, comme le soleil, elles ne redoutent ni éclipse, ni déclin :

« Lorsque les tuyaux y versent leurs eaux, la vasque ressemble à la pleine lune qui se montre dans le ciel, parmi les étoiles.

« Quand le soleil l'éclaire, elle réfléchit ses rayons sur sa face argentée en un ruissellement abondant.

« Moi-même je trace sur sa surface éclatante des arabesques qui sont pour ainsi dire parsemées de grains de musc,

« Et quand la blancheur des coupoles m'enserre comme un collier, je suis, dans cette parure, pareil au joyau central ;

« Leurs blanches silhouettes m'entourent, pareilles à des vierges qui ont dépouillé leurs colliers et leurs voiles

« Pour montrer leurs tailles ; mais la nudité les embellit et fait ressortir avec avantage leurs reliefs et leurs ciselures.

« Leurs couronnes s'élèvent dans les airs et vont briser, avec fracas, les sphères des firmaments de la générosité.

« Oh ! comme tu erres au loin dans la félicité ! dans la région que parcourt la gloire, à laquelle l'orthodoxie sert de monture,

« Temple de gloire, élevé par la puissance et dont les vœux des plus humbles des hommes ne cessent de parcourir l'enceinte ;

« Parc où gîtent de nombreuses gazelles et qui n'est fermé, ni par les taillis, ni par le chaume, mais par les arceaux des coupoles.

« Là ce ne sont ni l'*ithel*[1], ni le *kamth*[2] qui fleurissent ; ce sont les tapis et non le jujubier et l'*arth*[3] qui y servent de couches.

« Il semble fait de morceaux de musc que la nuée a humectés pour leur donner une forme.

« Quand la brise[4], venue le matin, s'éloigne le soir, elle transporte à l'odorat de tous, le parfum de son ambre en forme de présent quotidien.

« Ezzahra et Elkhould[5] reconnaissent sa supériorité et les salons du Khosroès persan jalousent avec fureur sa magnificence.

---
1. Tamaris.
2. Espèce d'*arak*, arbre sans épine qui croît dans les solitudes désertiques.
3. Buisson qui croît dans les terrains sablonneux.
4. Il manque un mot dans le texte.
5. Nom d'un palais célèbre.

« La tente de la gloire est là, dressée avec ses cordes tendues en l'honneur de celui qui, parmi les hommes, peut revendiquer la plus noble origine,

« L'Imam qui emporte la fortune dans les plis de son drapeau et qui fait mouiller les vaisseaux de la gloire là où il arrête ses pas.

« Il a conquis les contrées de la terre avec des cohortes qui ont brisé les crânes de l'ennemi partout où elles l'ont vu s'agiter.

« Des flammes jaillissaient de leurs lances si brillantes que leur éclat rendait blanches les chevelures des peuples d'Éthiopie.

« Ses escadrons victorieux, s'ils marchent au combat, sont précédés des destins qui les devancent au loin.

« Chaque fois qu'ils arborent la bannière alide, la victoire est une des conditions qu'ils posent pour l'arborer.

« Leurs croissants ne sont point là pour la parade ; leurs coursiers veulent chasser tout ce qui se trouve devant eux ;

« Ils obéissent aux hommes illustres qui tiennent leurs rênes et se taillent une large part dans les libéralités de la Fortune.

« C'est la main du prince des Croyants, de celui qui mène en laisse les Grecs, les Persans et les Coptes,

« Qui a élevé à la gloire ces murailles et ces pavillons et qui tient la terre entière sous sa domination. »

Voici maintenant les vers émanés du même auteur qui se trouvent à l'intérieur de cette même coupole :

« La beauté de mes merveilles charme les yeux ; la splendeur de mon aspect ravit le regard ;

« Mes sculptures sont si belles que leur éclat éblouit les yeux de tous les spectateurs.

« Au sommet de mon plafond apparaissent des étoiles brillantes, dont la clarté à aucun instant ne s'obscurcit.

« Mon atmosphère est formée des vapeurs de la générosité qui projettent sur le sol l'ombre et l'obscurité.

« Je surpasse en hauteur les sphères des sept cieux et c'est pour cela que la Fortune ne goûte plus un moment de repos.

« De mes croissants et de mes arceaux j'ai fait mes bracelets, mes anneaux de pieds et mes boucles d'oreille ;

« Les bassins d'eau m'entourent de tous côtés ; il y en a devant moi, à ma gauche et à ma droite ;

« Leur file s'étend au loin sous mon regard, la surface couverte de barques, de radeaux et de vaisseaux.

« Tous ces ruisseaux se dirigent vers moi et lorsqu'ils arrivent, dans leur course, à confondre leurs eaux en un lac,

« Vous voyez les étoiles se noyer dans cette masse et s'y refléter pareilles à des perles précieuses,

« Tandis que les gouttes d'eau, répandues à sa surface, sont comme des perles qui font pâlir celles des colliers de prix.

« Je suis fière et j'ai le droit de l'être, puisque j'ai été choisie pour servir de demeure au prince des Croyants,

« Elmansour, l'homme généreux par excellence, qui a élevé à la gloire d'indestructibles monuments,

« Le lion de la guerre qui, s'il rugit de colère, porte l'effroi jusque dans l'Inde et dans la Chine.

« Quand ses escadrons s'avancent contre l'ennemi, son nom seul inspire la terreur aux armées les mieux retranchées ;

« C'est lui qui les enveloppe au moyen de tous les stratagèmes, qui les brise sous la meule ou les affole.

« Il est l'imam des Maghrebs; il y brille comme un soleil qui répand jusqu'en Orient sa lumière éblouissante.

« Dans ces palais merveilleux je suis comme un joyau, qui brillera à leur horizon durant des siècles ;

« Les anges généreux, qui écrivent les actes de la destinée, se tiendront à ma porte tout dévoués à vos ordres,

« Car, ô prince des Croyants, vous êtes le bienvenu en ces lieux, entrez-y en paix et demeurez-y en toute sécurité. »

Le même auteur composa les vers suivants qui sont tracés, en marbre noir sur du marbre blanc, au fronton du monument :

« Dieu a inspiré l'auteur de ce fronton qu'il serait difficile à aucun autre d'égaler, quand il brille et resplendit à l'égal d'un parterre.

« Les sculptures qui l'ornent rappellent les arabesques des colliers, dont les femmes aux yeux noirs parent leur gorge.

« Il semble que l'or qui s'entremêle à ses ornements forme un dessin de brocart, sur un fond d'argent, blanc comme le camphre.

« Le sol même, sur lequel il repose, est pareil à une étoffe de soie qui serait ornée de superbes broderies à ramages.

« Quand sa masse est sillonnée de lumière, des rayons brillants se reflètent de tous côtés.

« Les palais anciens ne sauraient l'égaler en beauté, qu'il s'agisse de Khawarnaq¹ ou de Sedir².

« Si tu arrêtes ta vue sur ses jardins, ta foi chancelle, tant sa magnificence est enchanteresse.

« Les flots des deux bassins qui le précèdent ondulent, semblables à des tentures que le vent d'ouest agite.

« Des statues d'argents ornent son vestibule; on les dirait des êtres vivants, tant elles sont admirablement modelées.

« Mais pour apprécier un vin, il faut en boire une deuxième fois, car c'est alors seulement qu'il fait pénétrer l'allégresse dans les corps.

« De même, il faut revoir ces lions, qui rugissent en bondissant, et ces noirs pythons qui n'ont d'autre cri qu'un sifflement.

« Ses ruisseaux s'étendent comme un tapis de cristal sur lequel des barques étincelantes projettent l'ombre de leur masse;

« Les cailloux de leur lit et les nénuphars, qui flottent à leur surface, brillent avec l'éclat des perles égrenées.

« Quelle beauté dans cette œuvre, dont la splendeur rivalise avec celle des étoiles qui éclairent le firmament.

« Il semble que toutes les fleurs des parterres entourent ce monument et, de quelque côté que l'on regarde, on ne voit qu'étoiles et pleines lunes.

« Le comble de ma gloire, c'est que l'auteur de cette construction ait été l'honneur et le guide de l'humanité, Elmansour,

« Le prince qui, par son rang, s'élève au-dessus des étoiles Castor et Pollux, et qui s'abrite sous le dais d'un trône dominant Arcturus;

« Le pôle du califat, la couronne qui ceint le front d'une dynastie, celui au nom duquel les armées lancent des boulets,

« Qui vont faire trembler, jusqu'au fond de l'Iráq, une armée en train de franchir l'Euphrate sur un pont.

« Il est le rejeton du Prophète, fils de calife et de la race de ceux qui épargnent le sang et sont chastes, tout en étant puissants.

« Il est un océan de générosité, mais qui agite ses flots; il est un glaive glorieux, mais qui féconde.

« C'est une montagne que l'on supporte et vénère sans peine et qui, au jour du combat, envoie des armées nombreuses.

---

1. Nom d'un palais célèbre que fit bâtir Noaman ben Mondhir dans l'Iráq.
2. Superbe château construit par l'architecte Sinnimar dans le Yémen.

« Puisse durer sa grandeur; puisse son renom être rivé comme un collier au cou de la gloire!

« La victoire a fait pacte avec lui et, matin et soir, il voit arriver à lui d'heureuses nouvelles.

« Que cet endroit ne cesse jamais d'être le séjour de son bonheur et qu'il y plante après la victoire son étendard déployé!

« Que les coursiers de l'allégresse courent ici en son honneur et que des convives y fassent circuler la coupe de l'amitié! »

Sur une autre partie du Bedî' on trouve encore, toujours du même auteur, l'inscription suivante :

« Les signes de la beauté se manifestent dans les monuments et exercent leur fascination, comme la prunelle des beaux yeux.

« On voit maintenant les soins qu'il a pris à faire une œuvre d'art et à la rendre digne du séjour des femmes.

« Sur chaque colonne sont des lames d'argent qui se dressent, tantôt droites comme des branches,

« Tantôt la tige est couverte de trois rainures, enlacées les unes dans les autres.

« Et recouvrant d'autres belles choses qui font pâlir celles des palais des Sapor et des Khosroès.

« Grâce à ses statues, la Kheizourâna reçoit un éclat pareil à celui du rubis de l'Inde.

« Tout cela est en rapport avec ta gloire et serait digne aussi des œuvres produites à Sanaâ,

« Car tu es puissant, comme l'était le fils de Dhou Yazan, et ce palais peut être comparé à celui de Ghomdân dans le pays yéménite.

« C'était un lieu mal famé, mais la foi et l'espérance y sont entrées maintenant pour t'y visiter,

« Et c'est devenu la demeure des califes et l'orthodoxie y fait entendre les sept versets rythmés [1].

« C'est le vrai monde, qu'habite le guide de tous les peuples de la terre, qu'ils soient loin ou rapprochés,

« Ces palais qui n'ont point leur pareil sur le globe, pas plus qu'il n'existe pour la gloire un autre Elmansour. »

---

1. Le premier chapitre du Coran.

Sur le grillage du balcon, qui donnait sur les jardins et qui surmontait la coupole verte, on voyait encore ces vers que Elfichtâli avait composés en l'année 995 (12 décembre 1586-2 décembre 1587).

> « Hâte-toi d'apporter le matin la coupe de l'allégresse et abreuve tes convives, soleils ou lunes en croissants.
>
> « Monte sur mon belvédère au plafond étincelant, tu trouveras là Castor et Pollux réfugiés sous mon toit.
>
> « Et toi, lune de la gloire, quand tu parviendras à mon sommet, tu n'accepteras plus d'autres compagnes que les étoiles.
>
> « Ce palais s'éclaire et s'embellit, si l'on contemple d'ici son tapis de fleurs paré comme un fiancé,
>
> « Et j'en veux à Elmansour Ahmed quand il cueille ces roses, qui sont dévorées d'envie en regardant le Bedî'.
>
> « O Prince. qui, dans ta grandeur, considères les rois comme des esclaves et dont l'univers entier est le domaine,
>
> « Puissent les messagers du bonheur encombrer sans cesse ma porte et y amener la joie et les divertissements,
>
> « Car il y a ici, pour l'honneur du califat, une dynastie si puissante que sa vue seule met en fuite l'avant-garde de Jésus. »

Un autre secrétaire avait composé les vers suivants, qui furent brodés sur une pièces d'étoffe d'or admirablement tissée qui servait à recouvrir les quatre parois de la coupole Khamsîniya ; ce genre de tapisserie était celui que les habitants du Maghreb désignent aujourd'hui sous le nom de *hâithi*[1] :

Sur la première paroi :

> « Promène ton regard sur cet admirable tissu et, en l'honneur de ma beauté, fais circuler la coupe ardente,
>
> « Pour abreuver ces coteaux et ces parterres, car à quoi bon pour eux l'eau que versent les nuages.

---

1. La tenture dite *hâithi* (murale) se place derrière les sofas ; les dessins qui les ornent représentent généralement des colonnades avec arceaux et sont formés à l'aide de morceaux d'étoffes rapportés sur un fond uni.

« Comment d'autres parterres pourraient-ils briller d'un éclat pareil au mien ou même simplement l'égaler ?

« Alors que des êtres grossiers peuplent seuls ces parterres, tandis que moi je sers d'asile à des faons de gazelles ! »

Sur la deuxième paroi :

« On dédaigne toutes les beautés, pareilles à une tige qui se ploie, en présence du robuste saule qui se balance.

« Quant à moi, j'étends ma chevelure au-dessus d'Arcturus et je jette un regard de mépris sur le vulgaire.

« Je traîne les pans de ma tunique sur la Voie lactée, en me jouant, et suis toute glorieuse de mon inventeur Aboulabbâs ;

« Aucune coupole pareille à moi n'a été faite et nul autre n'a illustré, comme lui, le trône et les grandeurs. »

Sur la troisième paroi :

« C'est un prince à la puissance duquel les autres rois ne sauraient atteindre, eux qu'il accable sous son dédain et son ironie.

« Il est le nuage fécondant, l'océan des vertus, le lion des combats, la terreur des batailles,

« L'incomparable en splendeur et en gloire, le pôle de la grâce, le maître de la générosité et de la vaillance,

« Ce prince qui, par sa seule présence dans les pays qu'il visite, change en effluves parfumés les senteurs des cloaques. »

Sur la quatrième paroi :

« Quand sa pleine lune s'élève au milieu d'un halo, elle éblouit de sa clarté les yeux qui la contemplent.

« Sous son règne, se montrent des astres tous plus brillants que des noces ou des jours de fêtes.

« Puisse-t-il, pour sa plus grande gloire, toujours bâtir et élever sa demeure sur des bases solides !

« Tant que le zéphyr fera onduler les branches et que les perles de la générosité vivront sur son front resplendissant. »

Un autre secrétaire avait aussi composé ces deux vers qui étaient gravés sur les deux chambranles d'une porte :

« O toi qui regardes, par Dieu ! arrête-toi et réfléchis ! admire ces beautés et cette merveille accomplie,

« Et lorsque tu l'auras examinée avec soin, dis-toi : le mystère est dans les habitants et non dans l'édifice. »

L'éloquent secrétaire Abou Fârès Abdelazîz ben Mohammed ben Ibrahim Elfichtâli avait composé ce quatrain qui était gravé sur une des portes :

« Ces messagers de bonheur accourent à moi et les avant-coureurs de la félicité se précipitent vers ma porte ;

« Ils arrivent à l'heure fixée, comme la foule des pèlerins se rend au puits de Zemzem [1].

« Les heureuses nouvelles se posent sur cette porte des félicités et, pareilles à des étoiles, brillent pour les Chérifs.

« Le mieux à faire serait de dire et cela sans crainte : le Bedî‘ de Ahmed est le *Jardin de délices* [2]. »

Quand, dit Elfichtâli, je présentai ces vers au sultan, il les admira sauf l'expression de *Jardin* qui lui déplut et le chagrina beaucoup. La construction du Bedî‘ fut terminée en l'année 1002 (27 septembre 1593-16 septembre 1594) ; le vizir, le jurisconsulte, le lettré, Aboulhasen Ali ben Mansour Ecchiâdhemî, avait composé le chronogramme suivant qui était gravé sur la Porte de marbre, l'une des portes du Bedî‘ :

« La beauté est un mot dont ce palais donne la signification. Que sa vue et sa splendeur sont admirables !

« C'est le Bedî‘ dont les merveilles resplendissent, œuvre dont le nom est si bien approprié à la chose dénommée.

« C'est un immense édifice, élevé sur les bases de la piété, et le sens de son nom indique, à lui seul, la date de sa construction.

« Cette date brille également, et les yeux de la mémoire la perçoivent, dans le complément de cette phrase : Dis : lui seul est Dieu. »

---

1. Le puits de Zemzem est dans l'enceinte même du temple de la Mecque. Ses eaux passent pour posséder des vertus merveilleuses et aucun pèlerin ne quitte la Mecque sans emporter une fiole de précieux liquide.
2. Le Paradis.

CHAPITRE QUARANTIÈME

Le même vizir avait composé ces vers qui étaient gravés sur une des portes du Bedî' :

> « Cette porte est merveilleuse comme le croissant de la lune : le palais solide n'en est en quelque sorte que la continuation.
> « Aussi l'a-t-on nommé Bedî' en employant l'hyberbole, l'assonance et le pléonasme.
> « Il est arrivé à la perfection et j'ai dit alors pour marquer sa date : *demeure sans nodosité, ni déformation*[1].
> « Monument bâti par la piété qui vient de Dieu, sous les auspices du bonheur et de la félicité. »

C'est encore ce vizir qui avait composé ce vers qui figure sur l'auvent de la « Coupole de Cristal » :

> « Si tu veux la date de l'achèvement du Bedî', dis : *le palais de Ahmed est le palais des félicités*[2]. »

Lors de l'achèvement du monument, le vizir s'adressa au prince en ces termes :

> « O souverain, dont l'empire s'est élevé au milieu des autres royaumes pareil à l'aurore qui suit les ténèbres,
> « Ce palais est achevé, habite-le toujours heureux et en possession de ta couronne. »

« Elmansour, dit l'auteur du *Nefh Etthîb*, avait conçu trois œuvres admirables de formes et merveilleuses de beauté : le Bedî', le Meserra et le Mochtaha. » Parmi les vers que Elmansour composa sur ces monuments on cite le distique allégorique suivant :

> « Le parterre de ta beauté a montré ses splendeurs et j'ai cherché à détourner mon cœur de toi sans y réussir.
> « Car si, ô beauté, tes branches élégantes se ploient dans le Meserra, tes grenades sont au Mochtaha. »

---

1. Pour que ce chronogramme soit exact, il faut retrancher les alifs et donner au ش du mot اشكال la valeur qu'il a dans l'alphabet oriental ; il donne alors 1002.
2. La date que représente cette phrase est 994.

Voici ce que l'auteur du livre intitulé : *Kitáb elbayán elmoarib an akhbâr elmaghrib*, le cheikh Abou Abdallah ben Adhâri l'Andalous, rapporte dans un passage que j'ai lu dans le second volume de son ouvrage : « Le premier qui créa le Meserra, situé au delà du jardin de Essâliha, fut Abdelmoumen ben Ali, le chef des Almohades. C'est un immense verger d'une longueur de trois milles et d'une largeur à peu près égale ; il produit tous les fruits que l'on peut désirer et reçoit les eaux qui lui sont amenées de Aghmât ; on y a aussi creusé un grand nombre de puits. »

« Quand, dit Elyesa', je quittai Maroc en l'année 543 (22 mai 1148-11 mai 1149), les produits des plantations de ce jardin, s'élevaient déjà, tant en olives qu'en autres fruits, à 30.000 dinars d'Abdelmoumen et pourtant, à cette époque, les fruits étaient bon marché à Maroc. »

Il se peut que Elmansour ait simplement restauré le Meserra qui était tombé en ruines et qu'il ait déversé la vie à flots sur ses plantations mourantes.

Elmansour se montrait très fier du Bedî' et après lui, ses fils en tirèrent aussi orgueil. C'est à cela que fait allusion Abou Fârès Elfichtâli dans ces vers :

> « Ce Bedî', il serait difficile d'égaler les merveilles que tu y as créées et qui en font une œuvre admirable.
>
> « La gazelle en est jalouse à en perdre sa beauté ; l'homme généreux, pour la même cause, en devient méchant.
>
> « Tu as élevé toi-même cet édifice, avec toutes ses décorations artistiques, acquittant ainsi la promesse que tu avais faite à la gloire et qu'elle attendait de toi.
>
> « Dans tous les genres, tu as recherché la perfection et tu es arrivé à l'atteindre, sans avoir éprouvé aucune faiblesse.
>
> « Jouis, dans ce palais, de ta royauté qui y demeurera respectée et cueille là les branches du bonheur, tandis qu'elles sont encore verdoyantes. »

Quand le Bedî' fut terminé, ses décorations et ses enjoli-

CHAPITRE QUARANTIÈME

vements achevés, Elmansour donna une fête magnifique à laquelle il invita tous les notables et les grands du royaume. On servit aux invités des mets de toute sorte et des friandises variées, puis on leur fit des cadeaux et jamais auparavant on n'avait vu distribuer des sommes aussi considérables. Parmi la foule des gens, qui prirent part à cette fête, se trouvait un bouffon qui jouissait à cette époque d'une certaine réputation de sainteté : « Que penses-tu de ce palais, ô un tel, lui dit Elmansour en plaisantant? » — « Quand il sera démoli, il fera un gros tas de terre, répliqua le bouffon. » Elmansour fut tout interdit, en entendant cette réponse, et en augura un sinistre présage.

Cette prédiction se réalisa et fut accomplie par le sultan victorieux Maulay Ismaïl ben Eccherif. Ce prince ordonna, en effet, de détruire le Bedî' en l'année 1119 (26 mars 1610-16 mars 1611) et cela pour des causes qu'il serait trop long d'énumérer ici. Toutes les constructions furent donc démolies de fond en comble, les matériaux bouleversés, les objets d'art mutilés et dispersés de tous côtés ; le sol resta ensuite en jachères, comme si jamais il n'avait été mis en valeur, et devint un pâturage pour les bestiaux, un repaire de chiens et un asile pour les hiboux. Ainsi se vérifia ce fait que Dieu n'élève rien sur la terre qu'il ne l'abaisse ensuite. Détail curieux : il n'y eut pas une seule ville du Maroc qui ne reçût quelques débris du Bedî'.

A ce propos, je me souviens d'avoir lu le récit suivant d'un des historiens de l'Andalousie : « Le palais de Ezzâhira, bâti par Elmansour ben Abou Amir, était une des merveilles du monde, et sa solidité était à toute épreuve. Sous le règne de Elmansour ben Abou Amir, un personnage, doué d'une grande perspicacité, vint à passer près de ce palais qui alors était florissant et embelli par ses habitants : « O palais, s'écria-t-« il, tu contiens quelque chose de chacune de nos maisons ;

« puisse Dieu rendre à chacune de nos demeures une parcelle « de toi ! » La fortune ne tarda pas à frapper ce palais de ses coups et il tomba bientôt au pouvoir de l'ennemi. On le détruisit alors et tous les objets d'art qu'il contenait furent disséminés de tous côtés, au point qu'on en retrouva quelques-uns dans l'Irâq.

Au cours d'un de mes voyages, mon chemin me fit traverser le Bedî'. En voyant ces ruines effrayantes, je récitai ces vers insérés par Mohiy-eddin ben Arbî dans son livre intitulé : *Elmosâmarât*, vers qu'il avait composés lors d'une visite aux ruines de Ezzâhira :

> « Demeures qui brillez dans ces vallons, vous n'êtes plus peuplées. Vous ne formez plus qu'une solitude,
> « Dans laquelle les oiseaux gémissent de tous côtés, cessant parfois leurs plaintes pour les reprendre aussitôt.
> « J'ai interrogé un de ces oiseaux qui, le cœur rempli de chagrin et de terreur, se tenait à l'écart.
> « Pourquoi, lui ai-je dit, gémis-tu et te plains-tu ? — Parce que, me répondit-il, le temps heureux a fui et ne reviendra plus. »

Je récitai ensuite ce distique de Ibn Elabbâr rapporté dans le *Tohfat elqâdim :*

> « Un jour m'adressant à un palais dont les habitants avaient disparu, je dis : Que sont devenus tes habitants si illustres pour nous ?
> « Une voix me répondit : Ils n'ont séjourné ici que peu de temps ; ils sont ensuite partis et je ne sais où ils sont allés. »

Enfin je terminai par ces paroles du poète :

> « Je me suis arrêté devant Ezzahra, et tout songeur je me suis lamenté en contemplant ses ruines.
> « Ah ! Zahra, me suis-je écrié, reviens. — Celui qui n'est plus peut-il revenir, m'a-t-elle répondu ?
> « Alors je me suis mis à pleurer, à gémir sur son sort. Arrière, mes larmes, arrière !

« Les traces de ceux qui ont disparu ne sont-elles pas elles-mêmes comme les pleureuses d'un convoi funèbre ? »

En examinant le mot Bedi'[1], j'ai reconnu que la valeur numérique de ses lettres donnait le chiffre de 117, et que ce nombre est exactement celui des années pendant lesquelles ce palais est resté debout et florissant. Il fut en effet terminé en 1002 (27 septembre 1593-16 septembre 1594) et, ainsi que cela est indiqué par le chronogramme de son nom, il dura 117 ans après son entier achèvement. C'est là une coïncidence singulière. La durée, l'éternité et le pouvoir absolu appartiennent à Dieu, le souverain rétributeur ; il demandera compte à tous, sans que personne puisse lui demander compte de ce qu'il fait.

CHAPITRE XLI

DE LA FAÇON DONT ELMANSOUR ORGANISA ET DISPOSA SES ARMÉES

Sous les règnes de Abou Abdallah Mohammed Eccheikh Elmahdi, de son fils Elghâleb et de son petit-fils Elmotawekkel, l'armée, dit Elfichtâli, était restée organisée à la façon arabe sous le rapport du costume, des vivres, etc... En arrivant au pouvoir, Elmoatasem qui, lors de son séjour chez les Turcs, avait vu leurs coutumes, avait essayé de suivre les habitudes étrangères et de les imposer à la population en toute chose ; mais le peuple répugna à ces usages et, malgré les ordres du prince, conserva ses anciennes traditions.

Dès que, grâce à Dieu, il fut monté sur le trône, Elmansour tenta de concilier les habitudes des Arabes avec celles

---

1. En lui donnant l'article.

des étrangers : il choisit, parmi les étrangers quelques affranchis qu'il éleva à ses frais et qu'il combla de ses faveurs. C'est ainsi qu'il fit choix de Moustafa-bey, — ce mot bey, en turc, signifie généralissime, — lui donna le commandement spécial des spahis et le chargea en outre de garder la porte du palais impérial. Au nombre de ces affranchis, il faut encore citer : le pacha Mahmoud, chargé des trésors du palais et de la garde des clés du trésor public; le caïd Eloloudj, chef de la troupe des renégats; le pacha Djouder, le conquérant du Soudan, chef des troupes andalouses, les Andalous formant un corps considérable de fusiliers; Omar, le caïd de l'armée du Sous. Tels étaient les principaux renégats que le prince avait à son service, mais au-dessous d'eux s'en trouvaient encore d'autres, comme Bakhtiàr et Beghî.

Tous les soldats étrangers, turcs et renégats, furent divisés en six corps : 1° les *biyâk*, porteurs d'un bonnet jaune doré orné d'une aigrette en plumes d'autruche de diverses couleurs, formaient deux compagnies qui se tenaient devant l'appartement du prince ou devant sa tente ; 2° les *sollâq* avaient de longs bonnets qui retombaient sur les épaules ; à ces bonnets étaient attachés au sommet du front des tubes jaunes dorés; leurs ceintures étaient garnies de longs panaches de plumes d'autruche non apprêtées ; enfin ils plantaient dans les tubes, qui ornaient leurs bonnets, d'autres plumes d'autruche qui, fixées au sommet du front, étaient rejetées en arrière. Ils marchaient immédiatement après les biyâk ; 3° les *beleberdouch*, armés de *leqqâf*, sorte de lance au manche court et épais garni de plaques de fer retenues par de nombreux clous; le fer de ces lances était très long et très large et de chaque côté de la tige se dressaient à angle droit de formidables crocs. Ces troupes marchaient derrière les sollâq ; 4° les *chanchariya*, spécialement chargés de la cuisine et du transport des vivres ; leur chef

Bakhtiâr était un des prisonniers faits à la bataille de Ouâdi Elmekhâzin; 5° les *qabdjiya*, qui avaient pour office de de garder les portes, de les ouvrir et de les fermer; ils avaient à leur tête le caïd Mouloud Ecchâouï. Chaque nuit, une escouade de qabdjiya montait la garde et parcourait le chemin de ronde des remparts qui entouraient la ville. Ces hommes avaient en outre à s'occuper du trône et du lit de justice, sur lesquels siégeait le monarque dans son palais, et à régler le cérémonial des audiences; 6° les *chaouchs*, dont la mission consistait à marquer la place des troupes en temps de paix et en temps de guerre; c'est également à eux que revenait le soin de faire parvenir les lettres et missives envoyées de divers côtés pour annoncer d'heureuses ou fatales nouvelles.

Toutes ces choses, dit Elfichtâli, contribuèrent à donner à son règne un prestige que n'avaient pas eu les autres gouvernements. Chaque fois qu'Elmansour sortait, que ce fût un jour de fête ou qu'il s'agît d'une expédition ou d'une réception, toutes les troupes l'accompagnaient dans l'ordre indiqué ci-dessus. Au moment du défilé, chaque caïd marchait en tête de sa troupe avec les drapeaux et entouré de son état-major composé de tous les officiers à cheval: ces officiers formaient ce qu'on appelait les Boloukbâchi et établissaient une démarcation entre les différents corps de troupes qui se suivaient.

Quant à l'armée dans son ensemble, ajoute Elfichtâli, elle était d'ordinaire disposée dans l'ordre suivant: les troupes du Sous ouvraient la marche, puis venaient immédiatement après les Cheraga, chacun de ces groupes étant partagé en deux divisions; à leur suite prenaient place les deux corps d'élite des affranchis, renégats et autres, puis la troupe des Andalous avec tous ceux qui leur avaient été assimilés et qui avaient été incorporés dans leurs rangs. Ces deux derniers corps marchaient sur une même ligne, car ils avaient exactement le même rang, et lorsqu'on distribuait des gratifications, chacun d'eux avait tour à tour la préférence ; toutefois les affranchis occupaient la droite à cause de la supériorité que leur valait le titre d'affranchis. Chacun de ces corps avait en outre l'honneur de marcher aux côtés du sultan, et leurs chefs Mahmoud, caïd des affranchis, et Djouder, caïd des Andalous, prenaient la tête du cortège, abrités par les drapeaux qui flottaient au-dessus d'eux et entourés d'une escorte de Boloukbâchi. Après eux se trouvait le noyau principal formé des Biyâk, des Sollâq et des Beleberdouch, ces trois régiments marchant sur une même ligne en avant de Elmansour ; les Biyâk prenaient place immédiatement à la droite et à la gauche du souverain, et l'un deux portait devant lui une de ses lances yézénites. Les Biyâk fournissaient aussi le porteur du parasol qui pendant la marche ombrageait la tête du sultan, comme aurait pu faire un turban ; ce porteur était l'officier le plus élevé en grade après le caïd Perviz. Quand le sultan se rendait à pied à la mosquée de Elmansour, qui se trouvait du côté des tombeaux des Chérifs ou au Mochtaha, le caïd Perviz portait lui-même le parasol. Enfin, à droite et à gauche des Biyâk, se tenaient les Sollâq, qui étaient eux-mêmes flanqués de chaque côté par les Beleberdouch, armés de leurs hallebardes. Le tout formait un ensemble tel qu'il jetait l'effroi dans les cœurs.

Les chevaux de prix étaient placés côte à côte, en rang, entre les deux divisions du gros de l'armée et s'étendaient jusqu'aux étendards du corps d'artillerie ; ils étaient conduits par des cavaliers spéciaux appelés les *serrádja*. Quant aux montures royales, elles étaient menées en laisse par des gens de Ouzegha, marchant à pied, ce qui était une excellente mesure. Les spahis placés sous la direction du Beylerbey étaient divisés en deux grands escadrons qui marchaient, l'un à droite, l'autre à gauche, en avant de l'escorte qui portait le grand étendard blanc, appelé *Ellîouâ Elmansour* (le drapeau victorieux) : ce drapeau, emblème du pouvoir royal, flottait au-dessus de la tête de Elmansour et servait de point de repère à tout ceux qui suivaient. Il y avait d'ailleurs beaucoup d'autres étendards de diverses couleurs.

Devant le sultan on portait le grand tambour dont le bruit s'entendait à une très grande distance ; derrière lui se trouvaient les autres tambours, ainsi que les *ghâithât*, dont le singulier est *ghâitha*[1]. Ces derniers instruments étaient confiés à des artistes étrangers, passés maîtres dans leur art, et qui en tiraient des airs et des sons tels qu'ils ne pouvaient faire autrement que de surexciter les courages et d'inspirer des sentiments belliqueux. Cette musique faisait marcher les chevaux en cadence et donnait une forte dose de stoïcisme aux cœurs timorés. Outre les instruments déjà mentionnés, il y en avait encore d'autres sortes de flûtes et de longs tubes en cuivre de la grandeur du *negîr* et qu'on appelait *trombetta*[2]. Tout cela était encore une des innovations des princes de cette dynastie et une des choses qui contribuèrent à augmenter leur gloire et leur puissance. En arrière des étendards et de la musique venait le prince des Croyants au milieu d'un magnifique cortège. Tel était l'ordonnancement des troupes de Elmansour résumé succinctement d'après le *Menâhil essafa*.

Un auteur a prétendu que le parasol, dont il a été question ci-dessus et qui était porté au dessus de la tête de Elmansour, était une des choses imaginées par les princes de la dynastie saadienne, mais il résulte de ce que j'ai lu dans

---

[1]. La *ghaïtha* est une sorte de clarinette ou musette à anche. Sur cet instrument v. G. Delphin et L. Guin, *Notes sur la poésie et la musique arabes*. Paris, 1886, p. 47.

[2]. Trompette.

des ouvrages d'histoire que cet usage était connu depuis longtemps. On voit, en effet, dans Ibn Khallikân[1], au chapitre consacré à la biographie de Yaqoub, vizir de Elazìz ben Nizâr, que lors de la mort de son ministre, Elazìz, vêtu de deuil assista aux funérailles et suivit le convoi monté sur une mule, mais qu'il n'avait pas de parasol, bien qu'il en fît ordinairement usage toutes les fois qu'il voyageait sur une monture. Les princes saadiens ont été seulement, sans doute, les premiers à introduire l'usage du parasol au Maroc. Dieu seul sait ce qu'il en est.

Tout ce que rapporte Elfichtâli sur les forces militaires de Elmansour et sur le grand nombre de ses soldats est absolument exact, mais dans le peuple, où l'on est avide de récits empreints d'exagération, on raconte l'anecdote suivante : Un jour Elmansour, sans rien dire à ses courtisans, était sorti de son palais pour se rendre à Erromeïla, aux environs du Maroc. A peine sût-on que le prince était sorti que toutes les personnes de son entourage, les unes équipées, les autres non, partirent à sa recherche et le rejoignirent. Elmansour ayant alors donné l'ordre de faire le dénombrement des soldats qui l'avaient suivi, on trouva qu'il y en avait 80.000 : « Dieu puissant, s'écria le sultan, j'expose gravement ma personne en sortant accompagné d'un aussi petit nombre de personnes. » Point n'est besoin de relever l'exagération et la hâblerie d'un tel langage.

Dans son livre intitulé : *Rihlet ecchihâb ila liqa elahbâb*, le cheikh, Aboulabbâs Ahmed Afqaï Elandalousi, raconte ce qui suit : La péninsule hispanique aurait été aisée à arracher des mains des infidèles et il aurait fallu peu de temps pour arriver à ce résultat. En effet, quand je suis allé à Maroc, sous le règne de Elmansour, j'ai vu que ce prince avait 26.000

---

(1) Cf. Ibn Khallikan's biographical dictionary, trad. de Slane, tome IV, p. 359 à la biographie de Yakub ben Killis.

chevaux ; si, à ce moment, l'idée lui était venue d'entreprendre la conquête de l'Espagne, il se serait emparé en moins de rien de toute cette contrée. Tel est en substance le récit de ce cheikh, car je le retrace de mémoire, ainsi que je l'ai fait d'ailleurs pour les extraits que j'ai donnés dans cet ouvrage.

CHAPITRE XLII

DE LA BRAVOURE DE ELMANSOUR ; SON ACTIVITÉ, SON HABILETÉ ET SA PERSPICACITÉ

Elmansour était un homme entreprenant et d'un courage héroïque ; il ne s'intéressait qu'aux braves et aux héros ; le feu de la guerre et des combats était seul capable de l'enflammer. Il avait l'instinct des ruses de guerre et de la stratégie. Son vizir, Aboulhasen Ali ben Mansour Ecchiâdhemi, lui ayant, à la suite d'une bataille livrée à Elmotawekkel, récité ce distique composé, en son honneur, par le secrétaire Abou Abdallah Mohammed ben Aissa :

> « Il est la nuée, il est la mer s'il s'agit de générosité et de libéralité ; il est un lion féroce quand il s'évertue dans le combat ;
> « Son entrain et son élan surpassent alors ceux de la flèche, et par la solidité de sa résistance il défie le nombre. »

Elmansour répondit par ce distique de Abou Fârès :

> « Nous sommes de ceux pour qui la seconde place n'existe pas ; il nous faut la première, au dessus de tous les autres, ou la tombe.
> « Pour nous la vie n'a plus de prix dès qu'il s'agit de grandes choses : quiconque veut épouser la plus belle ne doit pas marchander sa dot. »

L'activité de ce prince était telle que, non content des avis qu'il recevait des provinces de son empire, il allait au-devant des renseignements ; il n'apportait aucun retard au dépouillement de la correspondance qu'il recevait de ses agents, s'empressait de répondre, disant que toute chose pouvait souffrir du retard, sauf la réponse à une lettre d'un fonctionnaire. Ses secrétaires étaient tenus de rester dans les bureaux, qu'ils ne pouvaient quitter qu'à certaines heures déterminées. A ce propos Elfichtâli raconte le fait suivant : Un jour, nous étions, dit-il, nous autres secrétaires, réunis devant la porte du palais, attendant que le sultan sortît de ses appartements, lorsqu'un messager vint annoncer à l'éloquent secrétaire, Abou Abdallah Sidi Mohammed ben Ali Elfichtâli, la triste nouvelle qu'un de ses enfants était à l'agonie. Incapable de maîtriser son inquiétude, Abou Abdallah rentra immédiatement chez lui. A peine était-il parti que Elmansour sortit de ses appartements ; il demanda où était ce secrétaire et, comme on lui répondit qu'il était retourné chez lui, il entra dans une violente colère et envoya aussitôt quelqu'un le chercher. Abou Abdallah fut ramené tout tremblant, et nous ne doutions pas qu'il ne fût sévèrement puni ; mais quand il fut arrivé en présence du souverain et que, celui-ci l'ayant interrogé sur le motif qui l'avait fait partir, Abou Abdallah eut répondu que c'était une grave maladie de son enfant que les remèdes des médecins ne réussissaient pas à guérir, Elmansour, pris de pitié, lui dit : « Les maladies des enfants ne peuvent être guéries que par les remèdes des vieilles femmes et surtout par ceux des vieilles femmes de notre palais : envoie donc quelqu'un leur demander ce qu'il y a à faire. »

Une preuve de son ingéniosité, c'est l'idée qu'il eut d'imaginer des caractères nouveaux en nombre égal à ceux de l'alphabet et de s'en servir pour écrire les dépêches qu'il voulait tenir secrètes ; il faisait un mélange de ces caractères avec ceux de l'alphabet ordinaire, en sorte que le texte restait indéchiffrable. Si la lettre se perdait, s'égarait ou tombait entre les mains de l'ennemi, personne n'en pouvait connaître le contenu exact, ni même le sens général. Quand un de ses enfants ou un de ses agents quittait la capitale, Elmansour lui remettait une copie de la liste de ces caractères afin qu'il pût déchiffrer les messages du souverain. Les adresses étaient écrites de la même façon.

Elmansour était tenace ; c'est ainsi qu'il apprit l'écriture orientale afin de correspondre avec les savants de l'Orient, et il acquit même, dans ce genre, une habileté de plume comparable à celle des meilleurs calligraphes orientaux. On raconte qu'un jour ayant adressé un billet écrit de sa main en caractères orientaux à son secrétaire, Abou Abdallah Mohammed ben Aïssa, pour lui demander un livre, celui-ci en lui envoyant le livre demandé y joignit ce distique :

> « J'ai bu à pleins bords la coupe de l'allégresse en recevant ces lettres tracées sur un parchemin.
>
> « Cette écriture, ayant vu que la main de Ahmed était une mer de générosité, est venue à lui de l'Orient. »

CHAPITRE XLIII

DE LA FAÇON DONT ELMANSOUR VOYAGEAIT ET DE CE QUI TOUCHE A CE SUJET

« Elmansour, dit l'auteur du *Zahret ecchemârikh*, voyageait peu, car il ne fit en tout que deux voyages à Fez. Durant tout son règne il se livra au plaisir et s'adonna à ses passions. » On voit par là que la légende qui rapporte qu'il passait alternativement six mois à Fez et six mois à Maroc ne serait nullement fondée. Chaque fois qu'il allait en voyage, Elmansour faisait d'immenses préparatifs et menait un train somptueux. D'après l'auteur du *Ennefha elmiskiya*, il emportait un pavillon formé de planches que l'on clouait et qu'on reliait par des anneaux, des crampons et des plaques de métal argenté de superbe apparence. Autour de ce pavillon, et formant une sorte de muraille, se dressait une cloison de toile de lin dont les dessins apparaissaient comme un jardin verdoyant ou comme une façade ornementée. A l'intérieur de cette enceinte se trouvaient des coupoles de couleurs variées, rouges, noires, vertes et blanches, semblables en éclat aux fleurs d'un parterre. Les parois du pavillon étaient couvertes de magnifiques sculptures et de superbes tentures ; elles étaient percées de portes pareilles à celles d'une construction en maçonnerie et qui donnaient accès dans des vestibules et dans des antichambres, par lesquels on pénétrait ensuite dans les pièces des appartements toutes surmontées de coupoles. L'ensemble formait une sorte de ville transportable, véritable merveille royale comme on n'en avait vu de pareille que chez les souverains d'autrefois. Ce pavillon portait le nom de *Essiâdj* (la haie).

Ce fut au sujet de ce Essiâdj qu'eut lieu entre le savant, le grand imam, le mufti de la capitale, Abou Mâlek Abdelouâhed ben Ahmed Eccherif et l'auguste et disert secrétaire, Abou Fârès Abdelaziz ben Mohammed ben Ibrahim Elfichtâli, le dialogue qui est relaté ainsi dans le *Menâhil essafa* : Un jour, dit Elfichtâli, Elmansour était allé visiter les mausolées des saints d'Aghmât ; comme j'étais resté en arrière, Abou Mâlek vint me rejoindre à la queue du cortège et nous entamâmes le dialogue suivant :

Lui :

« O Abou Fârès, les amis sont partis et nous ont fait leurs adieux. »

Moi :

« Ils sont partis en emportant avec eux le meilleur de ma résignation. »

Lui :

« Le chamelier de la séparation a sifflé le départ et la mort les a pris. »

Moi :

« Aussi s'en est-il peu fallu que mon cœur fût brisé de cette séparation. »

Lui :

« C'est à Dieu que je me plains d'être séparé d'eux car »   p. ١٢١

Moi :

« J'ai goûté à la coupe de la séparation ce qu'eux-mêmes avaient goûté. »

Lui :

« Si leur départ rend inutile pour moi toute consolation, »

Moi :

« En compagnie de Elmansour je trouverai l'oubli de tout. »

Lui :

« Un halo entoure ses coupoles, »

Moi :

« Au centre desquelles on voit briller le palais du califat. »

Lui :

« La mer de générosité l'enserre de ses vagues, »

Moi :

« Et le soleil de la loyauté se lève sur son horizon. »

C'était au milieu d'un magnifique cortège que Elmansour s'était rendu en pèlerinage auprès des saints d'Aghmât. Arrivé dans cette ville, il y séjourna deux jours, puis, le troisième jour, il partit faire un pèlerinage à l'imam Abou Abdallah Elhezmîrî ; et après s'être détourné de sa route pour passer chez le cheikh Sidi Abdelmedjîd, il fit une halte au grand cimetière. Là, il fit de nombreuses prières, et Aboulqâsem Ecchiâdhemi et l'intègre jurisconsulte, Ali ben Seliman Ettâmeli, distribuèrent en son nom de l'argent aux pauvres. Dans ce voyage, Elmansour avait amené avec lui le jurisconsulte, le cadi Abou Mâlek Abdelouâhed Elhamîdî, qu'il avait fait venir de Fez pour la récitation des prières. Cet Elhamîdî était un homme doué d'une rare intelligence et d'une grande vivacité d'esprit ; il composa dans cette circonstance, des vers que les lettrés et les poètes de la cour auraient été incapables d'égaler. Par exemple, l'éminent jurisconsulte, le secrétaire Abou Zëïd Abderrahman ben Mohammed ben Abdallah Elannâbi lui ayant offert en cadeau du miel et un mouton gras, le cadi Elhamîdî lui écrivit en manière de plaisanterie, les vers suivants :

> « O secrétaire d'État, ô toi dont les qualités brillent parmi les hommes.
> « Tu m'as offert le remède[1] en signe d'amitié ; c'est là certes un splendide cadeau,
> « Puis un mouton gras avec des rognons qui surpassent en grosseur tous les autres rognons.
> « Puisse-tu toujours tracer pour le souverain des missives redoutables à ses ennemis. »

Voici ce qu'a dit Abou Fârès Abdelazîz ben Mohammed Elfichtâli :

> « O mer de science qui débordes de tous côtés, ô brillant soleil des connaissances humaines,
> « Tu es plein d'indulgence, toi dont les brillantes légions de poésie,
> « Brandissent les glaives de la rhétorique. Bien que grâce à elles tu puisses renverser une puissance formidable,
> « Tu te contentes de les lancer en expédition pour répandre tes maximes populaires. »

Abou Abdallah Mohammed ben Elfichtâli a dit aussi du même personnage :

> « O Abou Malek, tu as tissé une tunique avec les ressources de ton esprit fertile ;
> « Tu as arrosé d'un fleuve de rhétorique les parterres de ton intelligence, qui produisent des fruits merveilleux ;
> « Tu dissimules l'enchaînement des pensées dans les fastes de ton imagination victorieuse,

---

1. Le miel entre dans la composition de la plupart des remèdes des Arabes qui lui attribuent de grandes vertus curatives.

« Qui a les yeux de la logique, mais qui ne regarde jamais autre chose que les sommets élevés.

« Reçois ces vers improvisés par celui dont les traits d'éloquence sont en voyage. »

Abou Malek Sidi Abdelouâhed ben Ahmed Eccherif répondit ainsi :

« O toi qui es le maître et le pôle des assemblées, toi qui es le centre du cercle de la gloire,

« En lançant tes vers dans l'arène, tu as fait revivre en moi des souvenirs effacés ;

« Tu m'as rappelé un pays dans lequel ma prunelle en éveil n'a cessé de demeurer ;

« Tu as agité ma pensée par une science dont les traces s'étaient effacées dans mon cœur.

« Telle est ma réponse à tes vers, à toi, fils des pleines lunes qui voyagent dans la gloire.

« A toi, rejeton des hommes éminents, à toi dont les vertus apparaissent au monde entier. »

Le secrétaire Abou Abdallah Mohammed ben Omar Ecchâoui loua également Elhamîdî dans ces vers :

« O toi, qui as fait revivre les traces effacées de la magistrature, toi qui es comme la prunelle de son œil vigilant,

« Toi qui, par ta magie manifeste, as fait lever à l'Occident le soleil de la science,   p. ١٢٢

« Océan de savoir à qui la gloire et l'honneur seront dus dans l'autre monde;

« Cadi des armées d'un prince aux pieds duquel les sept planètes forment comme une troupe de voyageuses,

« D'un prince à qui toute la terre est soumise, à qui tous les rois envoient

« A la porte de son palais demander un asile et un refuge contre sa puissance redoutable.

« Il suffit à ta gloire, ô Abou Mâlek, d'avoir vécu sous le règne glorieux de ce monarque. »

Aboulhasen Ali ben Abdelkerim a dit de ce magistrat :

« O prince des sciences, ô toi dont les vers merveilleux voyagent de tous côtés,

> « Tu t'es élevé, pareil à l'astre du matin, et tu es devenu un maître, grâce à tes qualités parfumées.
>
> « Chaque fois que tu as désiré la gloire, les honneurs en foule sont accourus vers toi.
>
> « Hier j'ai reçu tes vers, véritables parterres où brillent les fleurs de la rhétorique.
>
> « Vers qui rappellent Abdelmedjid et font revivre son éloquence aujourd'hui disparue ;
>
> « Ils auraient excité l'admiration de Bohtori lui-même, s'ils eussent paru de son temps.
>
> « Tu domines et surpasses tous les cadis de la terre. Puisses-tu longtemps continuer ainsi à être le centre du monde ! »

Le secrétaire Abou Abdallah Mohammed ben Ali Elhouzàli, connu sous le nom de Ennâbigha, en a fait l'éloge ainsi :

> « O présent du siècle, ô toi qui en es l'œil et le regard éclatant,
>
> « Pleine lune de la science, dont l'éclat éblouissant a dissipé les ténèbres de l'ignorance,
>
> « Toi dont l'esprit merveilleux de finesse hume les flots de la rhétorique :
>
> « Est-ce ta poésie que nous entendons ou bien un murmure de Babel ? sont-ce tes paroles ou bien celles d'une sybille ?
>
> « Car tu abreuves nos âmes de volupté avec les effluves de ton parterre fleuri.
>
> « Notre demeure s'est-elle transportée vers toi au milieu de la nuit, ou tes qualités parfumées se sont-elles exhalées jusqu'à nous ?
>
> « Grâce à tes paroles, tu as détaché, des prisonniers faits par l'ennemi, les chaînes qui les entouraient de tous côtés.
>
> « Puisses-tu, ô notre maître, ne jamais cesser de nous guider dans la nuit par tes lumières qui ne s'éteignent jamais. »

Enfin le caïd, le vizir, le jurisconsulte Aboulhasen Ali ben Mansour Ecchiâdemi a dit à son tour :

> « O toi qui es le guidon de la science, qui la propages et portes son étendard triomphant,
>
> « Cadi des cadis, toi par qui notre Occident rivalise de gloire avec l'Orient,

CHAPITRE QUARANTE-QUATRIÈME

« Toi qui tresses avec les fleurs de rhétorique des colliers dont les métaphores courantes ne sauraient donner une idée ;

« Tes vers font pénétrer dans l'intelligence une volupté pareille à celle que procure le parfum des fleurs d'un parterre ;

« Ils provoquent d'incessants transports d'admiration et donnent à l'esprit une idée de ton âme pure,

« De ta puissante nature qui ne se lasse jamais d'égrener des perles magnifiques.

« Tu as réveillé délibérément la logique dont les yeux s'étaient fermés sous l'effet d'une langueur magique,

« En faisant allusion, par de gracieuses images, aux beautés de la nature d'élite ;

« Tu as enfermé la magie de l'éloquence dans des parchemins qui sans cesse proclament leur reconnaissance pour toi.

« L'art de la rhétorique était plongé dans le sommeil ; tu l'as réveillé doucement et aussitôt il est accouru vers toi.

« Ce réveil opéré par toi a été l'œuvre d'un homme éloquent parmi nous, d'un esprit aiguisé, d'une intelligence pénétrante,

« Qui broie les résistances, non celle d'un être pusillanime qui mange à la table d'autrui,

« Et dont les idées courent sous la plume comme un nuage chargé de pluie qui est chassé par le vent.

« Si je ne craignais d'émousser le tranchant de mon glaive, je comparerais tes vers à des faons aux regards languissants.

« Dieu seul peut donner une telle gloire à un homme, le douer de si nombreuses qualités,

« Et en faire un maître qui joigne à la finesse d'esprit les vertus les plus suaves et les plus rares. »

CHAPITRE XLIV

DE LA GÉNÉROSITÉ ET DE LA BIENVEILLANCE DE ELMANSOUR. DES AMBASSADES QU'IL REÇUT DE PAYS LOINTAINS

Elmansour avait l'âme généreuse ; il était d'une nature si prodigue qu'il donnait sans compter et distribuait son argent en cadeaux, comme un homme qui n'a pas à redouter la pauvreté. D'après Elfichtâli, le cheikh, la sommité des sommités, Aboulabbâs Ahmed ben Ali Elmandjour disait à ce propos : « C'est seulement sous la dynastie des Chérifs que nous avons vu donner, en cadeau, des centaines de pièces d'argent à la fois, mais il n'y a que sous le règne de Elmansour qu'on ait prodigué les pièces d'argent par milliers. » L'auteur du *Monteqa* rapporte que Elmansour fit souvent présent de plus de mille pièces d'argent en une seule fois, comme cela lui arriva, par exemple, à l'égard du secrétaire émérite, Abou Abdallah Mohammed ben Omar Ecchâoui, surnommé Eldjezâïrî.

Cet Eldjezâïrî, qui avait été un des plus anciens compagnons de Elmoatasem, s'était retiré avec lui dans la ville d'Alger où il avait séjourné de longues années. Quand Elmansour monta sur le trône, il voulut indemniser ce personnage de son exil et lui accorda, à ce titre, les revenus des villages du Mesfioua en se réservant, toutefois, le produit de la dîme de l'huile. Eldjezâïri écrivit alors au souverain une pièce de vers, pour lui demander de lui faire l'abandon complet de tous les revenus ; Elmansour fit droit à cette requête, et la vente des produits assura à Eldjezâïrî plusieurs milliers de pièces d'argent. Voici la pièce de vers dont il vient d'être parlé :

> « O mer de générosité, ô le plus magnifique des princes, le plus éminent des souverains qui ont gravi les marches du trône,
>
> « Tu t'es admirablement conduit vis-à-vis de l'islamisme et tu t'es distingué par de glorieuses et solides victoires.
>
> « O sire, mets le comble à ta générosité, car j'ai besoin de ces biens qui sont si abondants chez toi.
>
> « Voici que va venir le moment de fabriquer l'huile et j'ai pour cette denrée un désir que je ne saurais dissimuler.
>
> « Car c'est grâce à elle que je m'éclaire dans les ténèbres et que

je me parfume; c'est elle encore qui sert à l'assaisonnement de mes mets.

« Je suis, en effet, d'une nature sauvage ; j'aime l'odeur de l'huile et pour moi, sire, elle tient lieu d'ambre et de musc. »

On peut citer, comme autre exemple de la libéralité de Elmansour, le présent qu'il fit au chérif, au lettré, Aboulfadhl, connu sous le nom de Ibn Elaqqâd Elmekkî ; il consistait en 4.000 onces environ, sans compter les vêtements et manteaux d'honneur que le souverain lui avait fait remettre durant le temps de son séjour à la cour et sans tenir compte non plus des livres dont il lui avait fait cadeau. En outre, Elmansour écrivit au sultan des Turcs et lui demanda d'investir Ibn Elaqqâd des fonctions de cadi dans le Yémen ; on sait que cette requête fut exaucée.

Ibn Elaqqâd était venu de la Mecque à Maroc en ambassade ; il avait été suivi de près par Imam-eddin Elkhelîlî qui était venu de Jérusalem, et par un autre personnage de la noble cité de Médine, nommé Eccherif. Quand, dit l'auteur du *Nefh Etthîb*, ces trois ambassadeurs se trouvèrent réunis à la cour de Elmansour, Elkhelîlî prit un jour la parole en ces termes : « O prince des Croyants, les habitants des trois villes, dont les temples attirent la foule des visiteurs, vous ont envoyé chacune un des leurs : voici, en effet, un Mecquois, un homme de Médine et moi-même je suis de Jérusalem. » Puis il récita ce distique :

« Certes le prince des Croyants, Ahmed, est un océan de générosité, aussi nul ne conteste sa gloire;

« Car Médine, la Mecque et Jérusalem avec leurs habitants sont ici pour en témoigner. »

Suivant l'auteur du *Monteqa*, Elkhelîlî en disant ces mots : « Médine, la Mecque », montra du doigt ses deux compagnons qui étaient auprès de lui, et arrivé au mot « Jérusalem », il se désigna par le même geste, puis il ajouta :

« Dieu t'accorde la victoire ! Tu es le seul prince dans les États duquel je sois allé. » En entendant ces mots, Elmansour sourit, puis donna l'ordre de leur distribuer de nombreux présents et de pourvoir à leur entretien, comme il le faisait à l'égard de tous les ambassadeurs de quelque pays qu'ils vinssent. Son souci était de rechercher la gloire et d'accroître sa grandeur.

Imam-eddin Elkhelîlî, dit Abou Zéïd dans les *Faouäid*, était le fils du jurisconsulte, le célèbre Abou Abdallah Mohammed ben Youcef Elbethâïhî Elmoqadessi Ecchâféï; il était imam de la mosquée d'Abraham et il parcourut le monde. Il se rencontra avec un grand nombre de maîtres à la Mecque, à Médine, au Caire et en Syrie ; il alla ensuite à Constantinople, où il séjourna quelque temps, et partit de là pour se rendre en ambassade à Maroc, auprès de Elmansour. Il habita Maroc et Taroudant et périt assassiné au cours d'un des voyages qu'il fit de Taroudant à Maroc, en l'année 999 (30 octobre 1590 — 19 octobre 1591). Ce fut lui qui composa ce distique :

> « Par Dieu ! il est chaste et gai ; il a une conscience pure qui n'a jamais été souillée ;
> « Il connaît bien les sentiments des hommes, et connaître les sentiments des hommes est chose difficile. »

Il composa également ces vers :

> « Huit personnes en ce monde méritent des soufflets et aucun reproche n'est à faire à ceux qui les soufflettent ; ce sont :
> « Celui qui manque d'égards envers un prince puissant ; celui qui se mêle à la conversation de deux personnes causant ensemble ;
> « Celui qui essaie de raconter une chose à qui ne veut pas l'entendre ; celui qui entre en parasite dans une maison où il n'est pas invité ;
> « Celui qui demande un bienfait à qui n'en est pas capable ; celui qui se mêle, dans une assemblée, à des gens d'un rang au dessus du sien ;

« Celui qui choisit un ennemi comme compagnon de route et enfin celui qui commande chez la personne dont il reçoit l'hospitalité : retiens bien ceci, toi qui es intelligent. »

Ces vers rappellent ce que j'ai lu dans le livre intitulé : *Bostân eladeb* où il est dit : « Il est huit choses qui vous font bafouer sans qu'on ait à s'en prendre à un autre qu'à soi-même : 1° se rendre à un repas auquel on n'est pas invité ; 2° prendre un air de commandement vis-à-vis du maître de la maison ; 3° se mêler à la conversation de deux personnes sans qu'on en ait été prié ; 4° manquer d'égards à un souverain ; 5° prendre place dans une société à laquelle on n'est pas digne d'appartenir ; 5° imposer ses paroles à qui ne veut pas les entendre ; 7° chercher un compagnon de route parmi ses ennemis ; 8° espérer de la générosité de la part d'un fripon.

Voici une anecdote instructive rapportée par Imam-eddin Elkhelîlî. Mon maître, disait-il, le mufti des musulmans au pays de Jérusalem, Chems-eddin Mohammed ben Aboullothf, reçut un jour la question suivante, contenue dans ce quatrain :

« Que dis-tu de ceci, ô imam de ton époque, ô toi qui surpasses en science les gens de ton siècle,

« Toi qui possèdes une supériorité marquée et qui laisses exhaler de tous côtés ton parfum musqué ;

« Le Prophète — chut ! — portait-il un pantalon ? avait-il coutume d'en revêtir par décence, oui

« Ou non ? Hâte-toi, seigneur, de me donner une prompte réponse, Dieu t'en récompensera longuement. »

Il y répondit par ces vers :

« Après avoir loué Dieu et lui avoir témoigné ma reconnaissance pour son immense et ineffable bonté ;

« Après avoir appelé ses bénédictions sur celui qu'il a envoyé vers nous porter ses commandements et ses défenses,

p. ١٢٧

« Je dirai : le Prophète acheta des pantalons, mais de sa vie il n'en fit usage pour lui-même,

« Ainsi du moins le raconte Elachmoûni dans sa glose sur le *Chifa* et garde-toi de le mettre en doute.

« D'autres ont écrit que l'usage n'était point d'en porter. C'est là un *lapsus calami* dont ils ne se sont pas aperçu.

« Abraham avait l'habitude d'en porter; puisqu'il n'y a aucun inconvénient à cela, portez-en donc par décence.

« A rédigé ceci Ibn Aboullothf dont le nom est Mohammed et qui reconnaît son indigence.

« En louant Dieu, en appelant ses bénédictions sur le Prophète et en demandant pardon pour ses péchés. »

Cet Ibn Elaqqâd, dont il vient d'être parlé, avait composé une pièce de vers en l'honneur de Elmansour. Voici cette poésie dans laquelle l'auteur répond à une ode de Ibn Sahl :

« Oh ! Ciel ! pourrai-je éteindre ma soif sur les lèvres de cette bouche purpurine ?

« Mes yeux pourront-ils voir ces femmes que l'on cache et qui balancent leur taille en se jouant ?

« Elles sont entrées en paix dans ce dédale et leur éloignement attriste mon cœur et l'enchaîne ;

« Ma patience et mes forces sont ébranlées sur leur base, et, sur mes paupières, le sommeil a fait place à l'insommie.

« La réunion étant devenue pour moi impossible dans ce labyrinthe, mes yeux versent maintenant des torrents de larmes.

« Se pourrait-il que vous fussiez assez généreuses pour me laisser vous rencontrer dans les noires ténèbres,

« Et guérir le cœur d'un amant que vos beaux yeux ont blessé ?

« Chaque fois que la nuit étend son ombre épaisse, je me sens agité d'un ardent désir de vous voir;

« Votre résistance augmente mon affliction, quand je songe à vos cœurs magnanimes et affectueux ;

« Le feu de mon amour me consume alors et la perte que j'ai faite de vous accroît mon trouble.

« Ah ! soyez-moi propice et daignez m'accorder ce qui pourra éteindre le feu violent qui me dévore !

« Accordez-moi une de ces femmes qui avec son âme guérira mon corps.

CHAPITRE QUARANTE-QUATRIÈME

« Avant ce jour, j'étais gai et fier au milieu de mes amis dont je partageais les jeux,

« Et j'avais avec moi un jeune faon dont l'une des joues était un soleil qui se lève et l'autre un soleil couchant;

« Mais un jour il m'a décoché une flèche qui a amené la séparation de mon cœur ulcéré.

« Maintenant, je n'ai d'autre espoir de vous revoir qu'en faisant l'éloge de l'Imam suprême,

« Ahmed, le véritable glorifié de par le ciel, le célèbre Chérif, fils de Chérif. »

Un autre trait qui montre la magnanimité de Elmansour, c'est qu'il envoyait aux seigneurs bécrites du Caire, entr'autres à Mohammed, fils du pôle sublime Aboulhasen Elbekri, des lettres qui semblaient être des plates-bandes d'un parterre et dont l'effet magique rappelait celui des beaux yeux languissants. Dans une des lettres qu'il écrivit à Aboulabbâs Elmansour, cet Elbekri mit les vers suivants :

« Quand vous m'avez appelé, il m'a été impossible d'accourir moi-même vers vous;

« C'est donc avec les pieds d'un messager que je me suis rendu vers vous et c'est avec la langue de ma plume que je vous adresse ce discours. »

L'auteur des *Faouáid* rapporte encore que, Elmansour ayant adressé ces deux vers au roi de Perse, celui-ci répondit par le distique suivant :

« Si vous veniez nous visiter et si vous daigniez nous honorer en portant vos pas jusqu'ici,

« Il n'y aurait pour vous ni honte, ni abaissement, pas plus qu'il n'y en a pour un maître à entrer dans la maison de son serviteur. »

CHAPITRE XLV

DES ÉTUDES DE ELMANSOUR ; DES SCIENCES QU'IL CULTIVAIT ET DES DIPLÔMES QU'IL REÇUT DES SAVANTS

Selon Ibn Elqâdhi, Elmansour était fort instruit ; il connaissait à fond les divers genres de poésies, les chroniques du Prophète, la grammaire, la lexicographie, la rhétorique, la logique, l'exégèse, les hadits, l'arithmétique, la science des successions, la géométrie, l'algèbre et le mouvement des planètes. Il fut l'auteur d'études critiques sur les hadits.

Ce prince, dit à son tour Elfichtâli, étudia d'abord le Coran sous la direction du précepteur des enfants des deux dynasties, le maître Abou Abdallah Mohammed ben Youçef Edderaï, puis il continua cette étude avec le jurisconsulte qui s'occupait des origines du droit, Abourrebia Seliman ben Ibrahim. Il commença ensuite l'étude de la *Risâla* sous la direction de Abou Imrân Moussa Erredâni, et revit complètement cet ouvrage, texte et commentaire, avec Aboulabbâs Elmandjour et Abou Fârès Abdelazîz ben Ibrahim. Il s'occupa encore d'arithmétique et prit des leçons de langue arabe du grammairien le plus célèbre de son époque, Aboulabbâs Ahmed Elqedoumî, l'auteur de gloses marginales sur Elmorâdî. Enfin l'imam Aboulabbâs Ahmed Elmandjour lui enseigna les principes de la théologie et lui fit lire les œuvres de Essenoussi, sa glose sur la *Kobra*, son grand et son petit commentaire sur le *Molkhis almaqâsid* de Ibn Zekri, la *Khazeredjiya* par deux fois, le *Mokhtasar* de Essaad sur le *Telkhis*, la *Kafiya* de Ibn Elhâdjeb sur la grammaire, la *Chemsiya* sur la rhétorique, le *Djami'eldjouámi* de Ibn Essebkî. Il lui délivra des diplômes sur toutes les matières traitées dans sa *Fahrasat*, ainsi qu'il le dit lui-même en tête de cet ouvrage.

Guidé par le saint personnage Sidi Redhouân ben Abdallah et par le pieux Sidi Mohammed ben Ali, Elmansour étudia aussi les cinq livres d'après la tradition de Alqami qui, lui-même, suivait celle de l'imam Essoyouthi. Il assista à un grand nombre de leçons faites par l'imam, le mufti du Maghreb, Sidi Chagroun ben Hibet-Allah Elouaharani Ettlemsâni, sur l'exégèse, le droit, la grammaire et la scolastique. Enfin, il suivit les cours du remarquable imam, le mufti de Fez, Abou Zakariya Yahia Esserrâdj. Dieu avait gratifié Elmansour d'une intelligence pénétrante à nulle autre pareille; aussi ce prince put-il étudier sans maître l'ouvrage d'Euclide sur la géométrie. Chaque jour, il cherchait lui-même la solution d'un théorème, personne au Maghreb n'étant capable à cette époque d'enseigner la géométrie. Elmansour possédait en outre quelques connaissances en astronomie et en astrologie.

J'ai, dit Elfichtâli, transcrit toutes ces indications d'après une note écrite de la main même de Elmansour. En outre, j'ai vu écrites de la main du cheikh Elqassâr les lignes suivantes : Voici les vers que j'ai composés lorsque Sidi Redhouân ben Abdallah Eldjenouî délivra un diplôme au prince des Croyants, le sultan Aboulabbâs Elmansour :

« Le prince des Croyants, le Hassanide Elmansour, le célèbre conquérant, a étudié Elbokhâri,

« Sous la direction de Sidi Redhouân qui l'avait lui-même étudié sous Sidi Sofyân Essofyâni,

« Lequel était le disciple de Zakariya, disciple de Ibn Hadjar, disciple de Ettonoukhi, disciple de Elhidjâzî,

« Disciple de Ezzobeïri, disciple de Aboulouoqt, disciple de Eddaoudi, disciple du sagace Esserekhsi,

« Disciple de Elfezri, disciple de Elbokhâri. Il a également étudié Moslem d'après Zakariya Elghomari,

« Disciple du logicien serré Ezzerkechi, disciple de Elasâkiri, disciple de Elmoayyed,

« Disciple de l'autorité la plus universelle, Elfcraouï, disciple de Abd Ghâfir, disciple de Eldjeloudi,

« Disciple de Ibn Sofyân, le saint, qui lui-même avait étudié sous Moslem. Que Dieu conserve ce prince pour veiller sur les musulmans ! »

Elmansour avait tant de goût pour ce genre d'études qu'il envoya demander aux docteurs du Caire de lui délivrer un diplôme constatant la filiation rigoureuse de ses autorités et la trace non interrompue de la voie qu'il avait suivie. L'imam Elbekri, dont il a déjà été question, fut du nombre de ceux qui délivrèrent un diplôme dans la rédaction duquel il introduisit un passage contenant l'éloge de la lettre de Elmansour et de son style élégant sous la forme suivante :

« J'ai reçu un modèle inimitable dont l'ordonnancement fait prendre en pitié celui des colliers de perles ; c'est quelque chose de magique, mais cette magie-là du moins est licite. Si quelqu'un voulait prétendre que le Prophète a fait un miracle en demandant à Dieu de fournir des écrivains généreux sous son règne au prince des Croyants, l'imam Ahmed, le descendant de Mahomet, en sorte que ce prince pût adresser à un vieil ami une lettre merveilleuse et d'un style parfait, certes cette prétention serait justifiée. N'est-il pas certain, en effet, que tout événement extraordinaire qui se produit dans le monde musulman est un miracle du Prophète et un témoignage de sa gloire ?

« Quant à l'honneur que vous me faites en me demandant un diplôme, je ferai tout d'abord remarquer qu'il n'y a aucune parité à établir entre nous, soit au point de vue de la naissance, soit au point de vue du rang, car vous êtes, vous, à l'apogée de la grandeur et des honneurs. Cependant il arrive souvent

CHAPITRE QUARANTE-CINQUIÈME

qu'un père adresse à son fils un présent et qu'il charge un esclave de le porter et de le remettre à destination. En conséquence, puisque Votre Seigneurie a donné un ordre, cet ordre doit être exécuté et c'est un honneur que de l'accomplir. Votre siècle vous a déjà décerné tous les diplômes que votre serviteur pourrait vous délivrer ; car votre recension des hadits sera désormais la seule admise par tous les hommes compétents en pareille matière. L'opinion publique de vos contemporains vous décerne encore ce diplôme, parce qu'il faut que tous prennent place à la table illustre de Votre Seigneurie et s'abritent à l'ombre de ses faveurs, et que c'est par ce moyen seulement qu'ils ont pu atteindre le but désiré. Écrit le 4 du mois de rebia II de l'année 972 (10 novembre 1564) par Mohammed ben Aboulhasen Essediqi, descendant de la famille de Elhasen. »

Cette déclaration et ce témoignage de l'illustre imam suffisent à la gloire de Elmansour, car Sidi Mohammed Elbekri était un homme d'une vaste érudition et d'une science profonde. Ainsi, dans son livre intitulé *Tohfet elakhilla bi isnâd eladjilla*, le maître de nos maîtres, Abou Salem, rapporte qu'il a copié, écrit de la main même de l'imam Aboulabbâs Ahmed Adfâl Essousâni, le passage suivant : « Le savant en Dieu, le cheikh Zìn-elabidîn Mohammed Elbekri a fait deux mille cent conférences sur le point de la lettre *ba*, dans l'expression *bismillah*. » L'imam Elbekri mourut en l'année 994 (23 décembre 1585 - 12 décembre 1586).

Dans son ouvrage qui a pour titre *Loqath Elfaouâid*, Ibn Elqâdhi assure que « Elmansour demanda d'autres diplômes à des savants du Caire, entr'autres à l'imam, le très docte Bedr-eddin Elqirâfi, un des descendants de l'imam Abou Djomra. » Ce savant délivra un diplôme général longuement libellé ; aussi, pour rester concis, n'en donnerons-nous pas le texte. Toutefois, on pourra s'en faire une idée par la conclusion en vers qui termine ce document et que nous retraçons ci-dessous :

> « Je délivre ce diplôme à celui qui le mérite et qui me l'a demandé ; il a, en effet déployé ses efforts à faire bien et y a réussi.
>
> « Il a, grâce à Dieu, obtenu ce résultat par la situation qu'il s'est acquise en suivant les voies de la science,
>
> « Lui, l'imam parfait, le plus juste des hommes, le prince des Croyants qui a tout étudié et tout appris.
>
> « J'agis ainsi sur l'ordre qu'il m'a fait l'honneur de m'adresser et à sa requête,
>
> « Me hâtant, autant qu'il est en pouvoir, de m'y conformer en suivant les règles adoptées par ceux qui délivrent des diplômes.
>
> « Je le déclare sincèrement et sans aucune restriction, cet imam mérite ce brevet
>
> « Pour le Coran et la Sonna, la meilleure des coutumes, ainsi que pour le choix de la série des autorités qu'il invoque,
>
> « Et qui appartenaient à la glorieuse cité de l'Hégire[1]. C'est un maître qui a réussi dans tout ce qu'il a entrepris.
>
> « J'espère qu'il me prodiguera ses prières et me fera ainsi obtenir la plus haute des récompenses ;
>
> « Que ses oraisons me feront atteindre mon but, le Paradis qui est pour moi l'unique faveur ;
>
> « Qu'il donnera à mes maîtres des marques de sa satisfaction et qu'il leur accordera des faveurs dont il lui sera tenu compte. »

A propos des renseignements que rapporte Elfichtâli sur les connaissances que Elmansour possédait en astrologie, voici ce que j'ai lu dans l'ouvrage intitulé *Elfaouâïd Eldjomma* : « Elmansour connaissait la science des astres. Un jour qu'il observait les étoiles, il s'aperçut qu'il allait avoir affaire à une armée redoutable ; cette découverte lui causa un grand effroi et il supposa qu'un de ses sujets allait se révolter contre lui. Dans son trouble il crut devoir faire part de cette circonstance à son confident, le jurisconsulte,

---

1. Médine.

le loyal imam, Aboulhasen Ali ben Seliman Ettâmeli. Celui-ci lui dit alors qu'il n'y avait à cette époque personne qui fût plus versé en astrologie que le cheikh, le jurisconsulte, Abou Zéïd Abderrahman ben Omar Elbouaqili. Le prince ordonna aussitôt à Ettâmeli d'écrire à son frère, Abou Bekr Seliman, pour le prier de consulter Abou Zéïd dont il était le disciple. Abou Zéïd interrogé répondit qu'il s'agissait d'une bande innombrable de sauterelles. Abou Bekr manda par écrit cette réponse à Elmansour et quelques jours s'étaient à peine écoulés que les sauterelles couvraient tout le Maghreb.

Elmansour était remarquablement doué. Son instruction variée et son excellente mémoire rendaient son commerce des plus agréables. Si l'on venait à lire devant lui Elbokhâri ou tout autre auteur, il se livrait à de curieuses remarques ou faisait des objections si judicieuses qu'il était impossible de les réfuter et d'y répondre. Souvent, dans les cas difficiles, les cadis embarrassés pour trouver une solution venaient s'adresser à lui et, souvent aussi, il réforma les jugements rendus par ces magistrats, en leur signalant ce qui viciait leurs sentences. Il avait en grande affection les savants, aimant leur société, recherchant les assemblées où ils se tenaient, et ne s'en séparant jamais qu'il fût en son logis ou en voyage.

On raconte qu'un jour s'étant rendu à Taroudant, accompagné d'un groupe de savants tels que Elhamîdi, Elmandjour et autres, il avait fait dresser sa tente à la porte de la ville. Tout son entourage était campé en ce même endroit lorsqu'un homme, vêtu de guenilles et d'un aspect misérable, mit en passant le pied sur une des cordes de la tente du cadi Elhamîdi : « Quel est l'animal qui se vautre sur ma tente, s'écria Elhamîdi plein de mépris pour cet homme? » S'avançant alors vers le cadi, l'homme lui dit : « L'animal, c'est celui qui est incapable de répondre à cette question. » Et ce disant, l'homme lança un billet qui contenait les six vers suivants :

> « C'est à ta science profonde que sont soumises ces questions, ô Hamîdi ; réfléchis donc et réponds-moi en disant la vérité :
> « Quelle est la règle au sujet des lézards ? Est-il permis de les manger ? Que faut-il décider à l'égard de la mort civile des fous ? Allons, parle !
> « Celui qui arrive en retard à la prière, alors que le *chehada*[1] est achevé, peut-il valablement achever sa prière ?
> « Quelle est la forme grammaticale du mot *leïsa*[2] et quelle est la forme primitive de ce mot ? Quel est le pluriel de paucité du mot *sâ'* ? Sois précis.
> « Dis aussi la forme grammaticale de ce dernier mot. Allons ! à l'œuvre ! ne nous leurre point et donne encore le pluriel de *saouâ*. Donne carrière à ton esprit !
> « Explique-nous l'analyse logique de la formule : *Aoudzou birabbina min Iblis*[3]. Garde-toi dans tout ceci d'être hétérodoxe ! »

Le cadi Elhamîdi ayant été incapable de répondre à ces questions, l'affaire fut soumise à Elmansour qui, vivement surpris, s'écria : « Comment ! cet homme, qui est un simple bédouin, peut infliger une pareille humiliation au grand-cadi de ma capitale ! » Puis il donna ordre à Elmandjour de répondre, ce que celui-ci fit en ces termes :

> « Sur la première question je réponds que selon notre rite, il est permis de manger cette chair ; ce point est certain, crois-m'en.
> « C'est ainsi que Ibn Habib dans le *Khachâch* autorise en cas de nécessité l'usage de cette chair de même que celle des scorpions ; saisis ce point.

---

1. Profession de foi des musulmans qui consiste à dire : J'atteste qu'il n'y a d'autre divinité que Dieu et que Mahomet est l'envoyé de Dieu.
2. Verbe qui signifie « n'être pas. »
3. Formule d'exorcisme : « Je me réfugie auprès de Notre Seigneur contre Satan. »

« D'autres pourtant ont interdit la chair des lézards, tel est l'avis exprimé par Youcef dans le *Elkâfi*. Songe à ceci.

« Moqtadzir est partisan de la non-interdiction, bien que Ecchebih l'ait combattu sur ce point. Comprends et sois subtil ;

« Mais la non-interdiction est seul admise par les auteurs qui ont approfondi la question et ne l'ont point traitée légèrement.

« La mort civile du fou ne doit pas être déclarée selon certains auteurs, mais ne sois point de ceux qui ne craignent pas Dieu ;

« La vérité est qu'aussitôt la folie déclarée, l'aliéné devient comme mort et perd tous ses droits : Retiens ceci.

« Parfois l'aliénation mentale se manifeste après la puberté, d'autres fois elle se montre plus tôt ; il y a lieu de distinguer :

« Tantôt elle se produit après la lucidité d'esprit, tantôt elle se rencontre à la suite de grands excès ;

« Enfin elle peut durer jusqu'à la mort ou cesser à un moment donné. Aie soin de bien distinguer tous ces cas.

« La prière de celui qui arrive après le *chehada* est admise comme valable, si l'on s'en rapporte à l'autorité d'un certain imam dans le *Melâha* ; songe-y.

« *Leïsa* est un verbe concave comme *qâla* ; le *ya* devait en principe porter le *kesra* ; le paradigme pour être dans le vrai aura donc un *kesra* sous la deuxième radicale.

« Le pluriel de paucité de *sâ'* est *aswou'* et *as'ou'* avec un *hamza* sur le *waou*, telle est la règle à suivre.

« Si tu le veux cependant, renverse l'ordre des lettres et tu auras *âso'* ; un bon grammairien doit rechercher l'exactitude dans la science.

« *Sâ'* est comme *'âm* dont la seconde radicale a de l'affinité avec le *dhomma* ; sa forme a donc certainement deux *fatha*.

« Le mot *min* dans la formule d'exorcisme est employé pour marquer le but et *Iblis* est l'inchoatif de la proposition selon Elmowaffaq.

« Le pluriel de *saouâ* est *asouya*, suivant le principe formel de l'analogie, remarque-le bien.

« On se sert aussi d'une forme analogue à celle de *khethâyâ* et on a alors *saouâiyâ* ; sers-toi de cette forme. »

CHAPITRE XLVI

DES OUVRAGES REMARQUABLES QUI FURENT COMPOSÉS PAR ELMAN-
SOUR ET SPÉCIMENS DE SES POÉSIES MERVEILLEUSES

Elmansour, dit Elfichtâli, composa un certain nombre d'ouvrages, tous remarquables, qui témoignaient d'une vive imagination et d'un rare bonheur de plume. On peut citer tout d'abord le *Kitab essiâsa* dont la doxologie était ainsi conçue:

« Nous te louons, ô mon Dieu, parce que tu nous as donné le pouvoir, parce que tu nous as enseigné les devoirs de la politique, et parce que tu nous as gratifiés d'un royaume que tu as élevé au rang qu'il occupe, en le protégeant contre ses ennemis et lui accordant une sage direction. Nous appelons les bénédictions du ciel sur celui qui nous a apporté ta révélation et qui est le plus parfait des prophètes, celui qui a réconforté les habitants du ciel et de la terre, qui te servira d'argument contre tes créatures et qui, par ses paroles sincères, a dirigé les fidèles dans la bonne voie. Puisse cet appel être de notre part une compensation de ce que nous lui devons et un juste tribut payé à sa sublime gloire

Ensuite : « Nous avons besoin pour perfectionner les forces naturelles de nos âmes de les exercer à la pratique des vérités des sciences exactes et des sciences d'observation. Les sciences philosophiques sont les plus importantes à acquérir, à cause de la situation dans laquelle nous sommes, et les plus profitables à notre gouvernement *alide* et *fatimide*, soit que nous imaginions des choses nouvelles, soit que nous suivions les errements anciens. Commençons donc

CHAPITRE QUARANTE-SIXIÈME

par discourir sur ce sujet et attirons-en la cavalerie et l'infanterie sur le champ de bataille de ce livre. Pour cette œuvre, nous demanderons à Dieu son assistance et son appui, car lui seul est notre soutien et il est notre meilleur protecteur. Il n'y a de force et de puissance qu'en Dieu le très-haut, le puissant et le glorieux. »

Parmi les œuvres de Elmansour, on cite encore un livre sur les prières qui convient pour les oraisons ou exorcismes dans toutes les circonstances, en marche comme au repos, au matin comme au soir. Elfichtâli rapporte aussi que Elmansour avait formé le projet de réunir en un volume spécial toutes les poésies des Chérifs issus du Prophète. Quant aux annotations diverses qu'il écrivit, elles furent fort nombreuses, et dans ce genre, il faut remarquer les gloses marginales sur l'interprétation du Coran, gloses dans lesquelles il se montra l'émule de Zamakhchâri et d'autres et qui furent rassemblées par son caïd Aboulhasen Ali ben Mansour Ecchiâdhemî.

Ce prince, qui avait un goût très vif pour les productions littéraires encourageait les savants à mettre leurs idées par écrit. Ce fut lui qui invita l'éminent jurisconsulte, le savant, Sidi Mohammed ben Abdelli Erregrâgui à faire un recueil des notes de l'imam Elmesîlî et de celles de Esselâoui, qui avaient étudié l'exégèse sous la direction de leur maître Ibn Arfa, recueil qui fut exécuté. Il donna également l'ordre à Elmandjour de composer un commentaire de l'*Alfiya*[1] de Ibn Mâlek et de condenser dans cet ouvrage les divers commentaires et toutes les gloses marginales de façon à ce que, grâce à ce travail, on pût se dispenser d'avoir recours à tout autre commentaire : l'ouvrage forma deux forts volumes. Enfin, il commanda à Elmandjour d'exécuter un commentaire du *Molkhis elmeqâsid*.

---

1. Célèbre traité de grammaire arabe en vers.

La bibliothèque de Elmansour, dit Elfichtâli, était une des bibliothèques royales les mieux ordonnées et les plus magnifiques. On y trouvait, entr'autres ouvrages rares, ceux de l'éminent, du très docte voyageur, Abou Djomaa Saïd ben Mesaoud Elmâghousî, par exemple : le commentaire du *Lamiyat eladjem* qu'il avait dicté en Orient et qui fait les délices de tous les savants de cette contrée ; le commentaire du *Lamiyat elarab* qu'il avait dicté en partie ou en entier en Orient, mais auquel il mit la dernière main dans le Maghreb et qui servit à Elmansour, enfin le commentaire du *Dorer Essimth fi akhbár Ibn Abbár*.

« Elmâghousi, dit l'auteur du *Dorret elhidjál*, était un littérateur remarquable ; il composa divers ouvrages... » puis il ajoute : « Il fit un voyage en Orient et alla en pèlerinage à la Mecque. Au cours de ce voyage, il suivit les cours des savants qu'il rencontra en Égypte, en Syrie, au Hedjaz, à Constantinople et ailleurs. Il a publié, je crois, la liste de ces maîtres avec l'indication des matières qui lui furent enseignées par chacun d'eux. L'opinion commune est qu'il naquit postérieurement à l'année 905 (1499-1500). Il fut un des personnages marquants de son siècle ; c'était un calligraphe émérite, un érudit et un homme d'une rare sagacité. »

Elmansour était grand amateur de livres et cherchait à se les procurer de tous côtés. Sa collection était la plus précieuse qu'on eût jamais formée avant lui et, depuis cette époque, personne n'en a possédé une semblable. Il avait lu en entier la plupart de ses livres qu'il avait couverts d'annotations de sa main, soit pour en signaler les pensées profondes, soit pour en expliquer les passages difficiles. Quant à ses poésies, elles étaient enchanteresses et, par la perfection de leur forme et la fertilité de l'imagination, elles rivalisaient de limpidité avec une onde pure. Voici, par exemple, les vers qu'il composa sur une rose qui penchait sur sa tige, devant une de ses maîtresses ; c'était son premier essai de poésie, qui était déjà élégant et bien tourné.

> « O rose qui intercèdes en ma faveur auprès de celle qui me tient dans ses chaînes, tu brilles et nous fascines par tes yeux langoureux.
>
> « Le vert qui recouvre tes pétales roses semble un grain de beauté d'ambre parfumé, qui orne ta joue. »

Elmansour a également composé ce sixain :

> « Serait-ce de l'ambre de Chahar ou du musc de Dârin ? Oh ! oui ! et il s'en dégage des senteurs de myrte.
>
> « Elle est mince et, quand elle se courbe, je crois voir une tige d'anémone ou encore[1].....
>
> « La faute en est à moi et non à elle, si les œillades qu'elle m'a décochées ont fait naître en moi l'amour.
>
> « Combien cette contrainte me serait douce et réaliserait mes vœux si elle devait toujours durer !
>
> « Depuis votre départ l'insomnie m'a tourmenté ; ah ! soyez bonne et rendez-moi un sommeil profond.
>
> « Laissez la salive de ma bouche passer sur cette joue rosée et transformer ainsi cette rose en églantine. »

J'ai vu sur ce sixain un commentaire formant la valeur de deux cahiers environ. Ce commentaire qui fait ressortir toutes les beautés littéraires de ces vers, merveilles d'esprit et de style, est, dit-on, l'œuvre de Elhoseïn Ezzeyyâti. Voici encore d'autres vers de Elmansour :

> « Sache, ô toi qui me guettes, que la nature entière est pour moi comme un miroir qui reflète l'image de celle que j'aime ; aussi de quelque côté qu'ils se dirigent mes regards l'aperçoivent.
>
> « Elle semble attendre le moment de nous réunir, mais un espace profond, comme celui qui nous sépare du croissant de la lune, retarde notre union. »

Autres :

> « Toi qui es comme un parterre qui m'entoure de ses fleurs, toi qui seule as sans cesse attiré mes yeux,

---

1. Je n'ai pu trouver le sens des deux mots qui suivent.

« Laisse-moi conserver des effluves de ton parfum afin que, si tu t'éloignes de moi, mon nez puisse en quelque sorte te voir. »

Autres :

« Ses cheveux encadraient mon visage et formaient comme un grillage afin que le soleil indiscret ne pût voir mes traits.

« Noyé dans ce cadre, j'ai passé ma nuit à contempler la pleine lune de ses traits sans toutefois réussir à noter son passage. »

Autres :

« Comment un cœur épris d'elle pourrait-il changer ! comment peut-il aussi rester en place au milieu des côtes.

« O faon, qui es la pâture des cœurs, es-tu dans un endroit fertile ou dans quelque lieu stérile et desséché ?

Autres vers dans le genre dit : *Ettedjnis elmorakkeb* :

« J'ai frappé à sa demeure alors que les lions erraient aux alentours et elle[1] s'est éloignée au milieu des gazelles.

« J'ai montré alors aux lions de la terre comment on s'avance, tandis que tu montrais aux gazelles du désert comment on fuit. »

Autres :

« Elle a paru et aussitôt l'amour a battu le briquet du désir et allumé dans mon âme les flammes qui le consument.

« Puis elle m'a fait ses adieux en souriant, tandis que je détournais la tête, ému dans mon honneur d'homme libre et dans mon cœur ulcéré.

« Je dédaignerais cet amour s'il ne s'était établi dans mon âme, mais mon cœur est fier d'être épris d'elle.

« O prodige ! vous voyez les lions de la terre fuir, quand ils voient s'avancer vers eux les gazelles du désert. »

Autres :

« Lorsque l'objet de mon amour eut été parti, la nuit a eu pitié de moi et m'a consolé en me laissant repaître de ses étoiles.

---

1. Dans le texte les pronoms sont au masculin, mais on sait que, dans leurs poésies, les Arabes ne se servent que rarement du féminin quand il s'agit de la personne aimée.

« O mon cœur, le corbeau de la séparation s'est emparé de celle que tu aimais : la séparation décoche ses étoiles contre le matin. »

Autres :

« Un jour, elle est apparue à mes yeux et les a remplis de sa beauté parfaite;
« Une de mes paupières a dit alors à l'autre : la rencontre nous est impossible car, entre moi et elle, il y a la distance d'un mille. »

L'auteur du *Nefh Etthib* raconte que les courtisans de Elmansour s'empressèrent à l'envi de mettre ce distique en *tekhmîs*. Le plus célèbre de ces tekhmîs est le suivant qui fut composé par le maître, l'imam, l'historien, le littérateur, l'éloquent et discret Aboulabbâs Ahmed Ezzemmourî :

« Un indiscret me poursuit de ses regards; son unique désir est que je sois plus éloigné encore de mon amie.
« Ses yeux s'attristent depuis que ma joue a pris la couleur de la rose, car un jour elle est apparue à mes yeux.
« Et les a remplis de sa beauté parfaite.
« Il a essayé de me devancer auprès de cette beauté et de me priver du bonheur de la joindre et de l'embrasser.
« Mon œil allait enfin goûter le plaisir de la contempler, mais une de mes paupières a dit à l'autre : la rencontre nous est impossible,
« Car, entre moi et elle, il y a la distance d'un mille. »

En parlant d'une de ses maîtresses, nommée Amina, Elmansour dit ces vers :

« O faon, que ton parfum décèle, qui me protègera contre ta flèche traîtresse?
« Est-il permis que ce soit mon cœur que la crainte remplisse, tandis que la gazelle que j'ai effarouchée soit rassurée? »

Elmansour a dit encore :

« Il est comme un glaive tranchant et poli, qui n'a pas hérité de ses qualités depuis longtemps;

« Il est courageux quand il attaque. La dureté suprême n'appartient-elle pas au fer ? »

Ces vers étaient en réponse à ceux qu'un certain personnage avait faits contre Ibn Elhadîd (le fils du fer) et que voici :

« Il est comme le fer froid et lourd qui n'a pas hérité de ses qualités depuis longtemps;

« On peut lui appliquer le dicton : une chose de valeur n'est jamais en fer. »

Le distique qui suit et qui forme un jeu de mots sur le nom de Sollâf est dû également à Elmansour :

« Combien de femmes aux yeux noirs ont le regard ardent, qui brûle à l'égal de la salive d'une lèvre empourprée.

« Ce regard passa comme un glaive sans jamais s'émousser et son feu s'accroît quand il vient de Solla suivi d'un *f*. »

Autres vers de Elmansour :

« Les cils de tes paupières débordent sur le méplat de tes joues, mais tes yeux les rejettent en arrière au moment de la passion.

« L'amour a injustement jugé mon ivresse, car tes paupières ont fait un faux témoignage quand elles ont déclaré que je t'avais possédée. »

Autres :

« Le parterre de ta beauté est merveilleux par ses fleurs; tu as voulu accaparer la beauté, mais sans y parvenir;

« Les rameaux flexibles qui sont dans le Meserra, ô beauté, ont leurs fruits dans le Mochteha. »

Autres :

« Par sa beauté, ton parterre a éclipsé ses rivaux et a réalisé les promesses que tu tardais à accomplir.

« Serait-ce la splendeur de ces vergers qui serait venue en son temps pour former l'éclat de tes joues?

« Tu as envoyé les zéphyrs s'établir dans ce parterre brillant pour en faire ondoyer les rameaux. »

Autres :

« J'ai un ami qui est une merveille accomplie : pour moi, il est la détermination et l'indétermination ;

« Je ne me plains pas de sa conduite à mon égard, car c'est un compagnon d'enfance fidèle en toutes circonstances;

« Il est pour moi comme un verbe actif et transitif, avec ou sans augment et intensif. »

Autres :

« Ses yeux m'avaient semblé pleins de promesses, alors qu'ils étaient d'accord pour me perdre.

« Le feu de ses regards me torturait et me trompait; il éveillait mon désir, et pourtant elle se riait de moi.

« Je me plains de la violence de ma passion et de son indifférence, deux choses qui augmentent ma douleur.

« Si j'écoute celle-là, qui aurai-je pour remplacer l'espoir perdu ; si j'écoute celle-ci, qui me rendra l'estime disparue. »

Autres :

« Oui! j'en jure par ce regard qui perce comme un glaive, par cette taille qui se redresse comme celle d'une concubine de prix;

« Par cet éclat qui brille quand elle sourit et nous montre des dents semblables à des perles et à des grêlons;

« Le croissant de la lune est sûrement jaloux de sa beauté, de sa grâce et de sa souplesse. »

« C'est à cause de cela que le croissant est si faible et si amaigri. La jalousie n'amaigrit-elle pas tous ceux qu'elle dévore ? »

Ces vers offrent un parallélisme complet avec ceux qui suivent et qui sont du cheikh, du littérateur, l'imam de Jérusalem dont il a été question ci-dessus :

« Oui ! j'en jure par cette chevelure noire comme les ténèbres de la nuit, par ce front qui brille comme l'aurore,

« Par ce visage que la pleine lune envierait, par ces joues dont l'éclat égale celui du crépuscule,

« La gazelle du désert est sûrement jalouse de ce cou et de la vivacité de ses yeux ;

« Aussi pleine d'effroi s'est-elle enfuie. Comment ne s'enfuirait-on pas quand on redoute les voleurs ! »

Parlant d'une de ses concubines, la célèbre Nesîm, qui habitait la coupole de Nesîm, Elmansour dit ces vers qui forment une cryptologie :

« O croissant qui se lève au milieu de mes tentures, ô gazelle qui gîte à mes côtés,

« Tu m'as décoché une flèche. Efface deux lettres et, si tu prends les deux extrémités, tu n'auras aucun doute en conservant la dernière lettre de mon cœur. »

Le prince avait écrit de son auguste main le commentaire suivant de ce distique : « les mots ان سهما forment un *tansîs* et غادرهما un *isqâth*, c'est-à-dire qu'il faut retrancher une partie des deux premiers mots. تناهى est un *intiqâd* : l'intiqâd indique quelles lettres du mot il faut conserver pour trouver le mot cherché ; ainsi, quand l'intiqâd exprime une idée comme celle de visage, de poitrine ou de couronne, on ne doit prendre que la première lettre du mot ; si c'est une idée de cœur, de ventre, d'entrailles ou de taille, prenez la lettre médiane ; si enfin c'est une idée de terme, de fin ou d'achèvement, conservez la dernière lettre du mot. Quand j'ai dit لوتناهى j'ai voulu dire que si on prend la dernière lettre du mot هما sans le mettre au duel, c'est-à-dire alors de هم il ne reste que le م. Dans l'expression ماشك اخر قلبى, il y a également intiqâd, c'est-à-dire qu'il faut prendre le ى du mot قلبى. Ce jeu de mots s'appelle encore cryptologie (تعمية) ; il consiste à désigner le signe par la chose ou la chose par le signe qui la représente. Lorsqu'on veut indiquer le nom d'une personne au moyen de la cryptologie, on n'est pas tenu d'en donner les voyelles, ni les signes orthographiques ; on se contente d'en indiquer les consonnes sans même s'astreindre à en reproduire exactement la forme. Employée en poésie, la cryptologie est regardée comme une chose des plus belles ; on l'appelle alors *El'amel ettedzyili.* »

Elmansour composa sur le mot *ghezâl* (gazelle) le distique suivant qui renferme à la fois une cryptologie et une énigme :

> « Flexible, le ventre replié et sans croupe, elle n'a pas de taille ou du moins l'imagination peut seule se la figurer
>
> « Pour la moitié de son nom le cœur palpite et, en renversant l'ordre des lettres, on obtient le nom de celui pour qui l'oreille d'un ami est toujours sourde. »

Voici l'explication fournie par le sultan lui-même sur ce distique : « Par le mot الما j'ai voulu dire qu'il fallait prendre le mot غن ; les mots طوى الحنا forment intiqâd. Quant à زال ردفه c'est une expression qui sert à deux fins : 1° elle dissipe toute hésitation sur la suppression qui reste à faire dans le mot غصن après en avoir retranché la lettre médiane, le ص ; 2° elle indique l'endroit même où cette suppression doit avoir lieu. J'ai d'ailleurs rendu ceci plus clair, en ajoutant ces mots فلا خصر, bien qu'ils ne fussent pas nécessaires, ne voulant rien introduire dans le vers qui ne se rapportât pas à la cryptologie.

Sur le nom de Amina, Elmansour fit encore le distique suivant qui appartient au genre de *El'amel ettedzyili.*

> « Pour mon malheur, je l'ai poursuivie à la chasse toute jeune encore et, pour lui plaire, j'ai prodigué des trésors royaux.
>
> « Elle est flexible, sa taille est mince ; par son amour elle donne le double de ce que j'ai dépensé. »

Au dessous de ces vers Elmansour avait écrit : « Par le mot الما j'ai exprimé un terme de comparaison ; تخلل خصر منه indique l'intiqâd, le mot خصر marquant qu'il faut prendre le milieu de l'expression : منه ; تخلل indique qu'il faut retrancher le *sokoun* qui est sur le ن. Les mots وثنّي s'appliquent à l'idée de mettre au duel et non à celle de replier. Ici le nom est complet avec toutes ses voyelles et ses signes ; c'est un *'amel ettedzyili* dans lequel le nom est donné avec toutes ses voyelles, chose remarquable ainsi qu'il a été dit plus haut.

Le sultan composa encore un distique de ce genre sur le vêtement appelé *mansouriya*. La mansouriya, dit Ibn Elqâdhî dans le *Monteqa*, était un vêtement de drap qui n'avait pas été en usage jusqu'alors. Elmansour l'ayant imaginé le premier, on donna son nom à ce costume qui fut appelé mansouriya. Voici ce distique fait à l'occasion d'un vêtement de ce genre en drap dit « cœur de pierre [1] » :

> « Ils ont dépeint ma passion pour un ami et se sont réjouis lorsqu'il leur a dit : je le repousserai.
>
> « Mon cœur pour lui est de pierre. J'ai dit alors pour dépister ces erreurs malveillantes : moi je suis dedans. »

Au dessous de ces vers, le prince avait écrit de son auguste main : « Ce distique renferme, en dehors de la cryptologie, divers genres de beautés, entr'autres un *djinâs ettawria etterkibiya* nommé encore *elmofalleq*. Dans ce dernier genre, il faut que les deux termes de l'allitération soient formés chacun de deux mots, ce qui le distingue du *morakkeb* simple, distinction que font peu de personnes. Dans ce distique, on trouve encore un *insidjâm* et un *istikhdâm*. C'est le jurisconsulte, Aboulhasen Ali ben Mansour Ecchiâdhemi, qui m'a enseigné la chose et me l'a commentée dans un cahier. Dans cette sorte de cryptologie on emploie souvent la figure dite *el'mael elhisâbi* ; je crois même être le créateur de ce genre car je n'en ai pas vu un seul exemple avant celui-ci. »

La cryptologie se trouve dans ces mots : وثنّى فليه حجر انا نا فيه. Ces mots انا نا فيه signifient qu'il faut multiplier la valeur numé-

---

[1]. A cause de la couleur du drap.

rique de ان par celle de ه ; l'expression فيه indique cette multiplication qui donne un produit égal à 260, chiffre qui équivaut à la valeur numérique de وحفك هيماني. Quant à قلبى له حجر le mot حجر par transposition de la lettre médiane devient رجح. On obtient donc la phrase هيمانى وحفك رجح qui forme la *tawria* et هيمانى وحفك produit de la multiplication donnée ci-dessus égale الواشى, ce qui est encore une chose digne de remarque ainsi que l'est l'expression وحفك. Cette cryptologie mériterait le nom de *iftinân*, car on sait que, pour les poètes, l'iftinân consiste à se servir de deux figures de rhétorique de valeurs opposées dans un même vers, et ici l'opposition se trouve dans un seul et même mot. En effet, il est évident que انا فيه forme opposition avec هيمانى وحفك رجح qui, saisissez-le bien, est tiré de la première expression par le calcul indiqué plus haut. On pourrait aussi trouver l'*istikhdâm* d'une autre cryptologie dans ce dernier hémistiche للحاسد الموذى انا انا فيه.

L'*istikhdâm* auquel Elmansour veut faire allusion, dit l'auteur du *Nefh Etthib* se trouve dans ces mots انا فيه, c'et-à-dire « je suis dans ce vêtement nommé cœur de pierre », comme l'indique d'ailleurs le récit ; quant au second sens de انا فيه il est parfaitement clair.

Un jour, dit Elfichtâli, je remis à son auguste majesté un placet dans lequel je faisais appel à sa générosité pour me délivrer de certains soucis pécuniaires. Le sultan me remit mon placet avec l'apostille suivante :

> « O secrétaire, qui, lorsque tu écris, sembles semer un parterre de de fleurs variées,
> « Voici ma réponse à la plainte que tu me fais de ta misère : dissipe mon chagrin. »

Si, dit Elfichtâli, vous examinez cette apostille, vous trouverez dans ces deux vers une foule de beautés. Tout d'abord ces vers annoncent la noblesse de leur auteur ; tout homme ayant un goût sûr comprendra qu'ils sont l'œuvre d'un personnage qui possède la gloire, la puissance, l'ambition et la magnanimité et qui, à cause de son rang, est accoutumé à ce qu'on se plaigne à lui et à ce qu'on lui adresse des requêtes dans de graves circonstances. Ces simples mots : « Voici ma réponse à la plainte que tu me fais de ta misère » annoncent la grandeur, l'illustration, l'autorité souveraine. Puis ces mots : « dissipe mon chagrin » employés pour répondre à un plaignant marquent un sentiment de pitié et de consolation, sentiment naturel chez un philanthrope et à plus forte raison chez un descendant du Prophète. L'indication contenue dans tout le second vers sur la générosité de son auteur à l'égard de tous ceux qui se plaignent à lui de leur misère, quels qu'ils soient d'ailleurs, suffit à dissiper le chagrin et à ôter tout souci, car la réunion des deux derniers termes forme une énigme, dont le mot est argent. Le prince ne s'est point contenté de fixer une somme ; il a voulu encore, sous une forme délicate, affirmer la réalisation de la promesse qu'il faisait et l'accomplissement du vœu qui lui était exprimé.

Voici maintenant l'explication de l'allusion faite par le souverain qui a employé ici la figure dite *ettawria elmorakkaba fi'lasl* : le mot ادرد est le synonyme de در (laisse) que l'on emploie communément dans le sens du mot précédent ; حزن est synonyme de هم (souci), ce qui donne le mot درهم (argent[1]) en réunissant les deux syllabes, suivant le procédé usité dans la *tawria morakkaba*. C'est là une véritable magie des mots, et pour qu'un homme arrive à combiner le mot درهم de cette façon, il faut que Dieu lui ait donné une nature d'élite et

---

1. Ce jeu de mots de mauvais goût est absolument identique à celui qui en français, consiste à demander une *rosse* au lieu d'une *sole*, puisque, dit-on alors, *sol*, fait *rhino* et que *rhino* c'est *rosse* et que deux quantités égales à une troisième sont égales entre elles.

l'ait formé du métal le plus pur et des éléments les plus nobles.

Nous nous contenterons des spécimens énumérés dans ce chapitre pour montrer la fertilité d'imagination et la valeur littéraire de Elmansour ; une étude complète serait cependant de nature à rendre de la vigueur à un esprit fatigué, mais nous en avons dit suffisamment pour faire apprécier le personnage et la variété de ses connaissances. Dieu lui fasse miséricorde !

CHAPITRE XLVII

DU CÉRÉMONIAL ADOPTÉ PAR ELMANSOUR POUR LA FÊTE DE LA NATIVITÉ DU PROPHÈTE ET DU SOIN QU'IL APPORTAIT A LA CÉLÉBRATION DES FÊTES RELIGIEUSES

Au rapport de Elfichtâli, voici quel était le cérémonial pratiqué à l'occasion des fêtes de la nativité du Prophète : dès qu'on apercevait les premiers rayons de la lune de rebia Ier[1], le souverain adressait des invitations à ceux des faquirs de l'ordre des soufis qui exerçaient les fonctions de muezzins et se dévouaient à faire les appels à la prière pendant les heures de la nuit. Il en venait de toutes les villes importantes du Maroc et, de tous côtés, ces agents du culte se rendaient à l'invitation du sultan. Ordre était ensuite donné aux marchands de cire de préparer un certain nombre de cierges et de mettre tous leurs soins à cette fabrication. Aussitôt, ces habiles artisans se mettaient à l'œuvre et rivalisaient de zèle comme le font les abeilles lorsqu'elles construisent les

---

1. C'est-à-dire quand la nouvelle lune annonçait le commencement du mois de rebia Ier, mois pendant lequel le Prophète est né.

gracieux enchevêtrements de leurs alvéoles. Ces cierges avaient une grande variété de formes; ils étaient si élégants qu'ils émerveillaient les regards et leurs couleurs étaient si vives que leur éclat ne pâlissait pas devant celui des plus belles fleurs.

La veille de la fête de la Nativité, les gens dont le métier consiste à porter les litières des fiancées, lorsqu'on les conduit à leurs maris, se mettaient en devoir de transporter en grande pompe ces magnifiques cierges. Ce cortège était si brillamment ordonnancé et présentait un si beau coup d'œil que les habitants de la ville accouraient de tous côtés pour le contempler. Aussitôt que la chaleur du jour commençait à se calmer, que le soleil était sur son déclin et sur le point de se coucher, les porteurs se mettaient en marche, tenant sur leurs têtes ces cierges qui semblaient être alors de jeunes vierges traînant les pans de splendides tuniques; leur nombre était tel qu'on croyait voir une forêt de palmiers. Le cou tendu, hommes et femmes se bousculaient pour admirer ces porteurs de cierges que suivaient d'habiles musiciens jouant du tambour et de la trompette. Le cortège allait ainsi s'installer sur des estrades qui lui avaient été préparées dans une des salles du palais royal.

Dès que l'aurore apparaissait, le sultan sortait du palais, faisait la prière avec la foule du peuple, puis, vêtu d'une tunique blanche, emblême de la royauté, il allait prendre place sur le trône, devant lequel on avait déposé tous les cierges aux couleurs variées, les uns blancs comme des statues, d'autres rouges, tous garnis d'étoffes de soie, pourpres et vertes; à côté, étaient rangés des flambeaux et des cassolettes d'un si beau travail qu'ils causaient l'admiration des spectateurs et émerveillaient les assistants. Cela fait, la foule était admise à pénétrer; chacun se plaçait selon son rang, et quand tout le monde avait pris place, un prédicateur s'avançait et faisait une longue énumération des vertus du Prophète et de ses miracles, rappelait succinctement tout ce qui avait trait à la naissance de Mahomet et à son allaitement. La conférence terminée, tous les assistants accomplissaient les cérémonies de l'office de la Nativité, puis on voyait alors s'avancer les membres des confréries murmurant les paroles de Ecchochtari[1] et celles d'autres soufis, tandis qu'une troupe de coryphées déclamait des vers en l'honneur des deux familles[2].

Cette première partie de la cérémonie achevée, les poètes prenaient la parole à leur tour : tout d'abord, c'était le *rossignol*[3], qui, du haut de la chaire, présidait habituellement aux offices du vendredi et des fêtes, le grand-cadi Qâsem ben Ali Ecchâthibi qui débutait par réciter une *qacida*[4]; ce poème s'ouvrait par un *tekellouç* et un *nesîb*, il continuait par un panégyrique du Prophète et se terminait par l'éloge du prince et par des vœux formés pour son bonheur et celui de l'héritier présomptif.

Aussitôt qu'il avait terminé, c'était l'imam, le mufti, Abou Mâlek Abdelouâhed ben Ahmed, le chérif filalien qui débitait à son tour un poème du même genre; puis c'étaient successivement le vizir Aboulhasan Ali ben Mansour Ecchiâdhemi, le secrétaire Abou Fàrès Abdelazîz ben Mohammed ben Ibrahim Elfichtâli, le secrétaire Abou Abdallah Mohammed ben Ali Elfichtâli, le littérateur Abou Abdallah Mohammed ben Ali Elhouzâli, surnommé Ennabigha[5] et enfin le jurisconsulte, le littérateur, Aboulhasen Ali ben Ahmed Elmesfîoui qui ré-

---

1. Sur ce célèbre soufi Sahl Al-tustari ou Shushtari, mort en 896 (A. C.) cf. *Ibn Khallikan's biographical dictionary*, v. I, pp. 602 et 603.
2. La famille du Prophète et celle de Elmansour.
3. Surnom donné à Ecchâthibi à cause de son éloquence.
4. La *qasida* est un poème destiné à célébrer les vertus d'un personnage, mais, avant de commencer son panégyrique, le poète débute par une introduction dite *tekhellouç* suivie d'un *nesîb* ou description d'une femme aimée.
5. Ce nom, qui a été porté par huit grands poètes arabes, se donne comme surnom à tout poète remarquable.

citaient chacun un poème. Dès que ces agapes littéraires avaient pris fin, on dressait sur des tables des plateaux chargés de mets. Les notables, chacun suivant son rang, prenaient part les uns après les autres à ce festin auquel la foule des musulmans était admise ensuite. Enfin, quand les fêtes étaient terminées, chaque poète recevait une gratification proportionnée à son mérite.

Tel était le cérémonial adopté à chacun des anniversaires de la Nativité et il serait impossible d'énumérer toutes les largesses que le sultan faisait en cette occasion. Le récit qui précède est un résumé de celui du *Menáhil Essafa*.

« Lors de mon retour de Turquie, dit l'auteur des *Ennefha elmiskia fi'ssefára ettorkia*, j'assistai à l'une de ces fêtes de la Nativité. Elmansour avait invité le peuple à venir dans ses appartements fortunés et l'avait admis à pénétrer dans le Bedi', ce palais aux coupoles altières. Toutes les pièces étaient tapissées d'étoffes de soie, ornées de sièges rembourrés, de portières, de moustiquaires et de lits incrustés d'or. Sous chaque arceau, dans chaque coupole, était dressée une estrade derrière laquelle se déroulaient sur le mur des bandes d'étoffes de soie couvertes de dessins semblables aux fleurs d'un parterre. Jamais, dans les siècles précédents, on n'avait vu une profusion pareille, car ces étoffes couvraient entièrement les murs et faisaient ressortir les soubassements et les colonnes de marbre de diverses couleurs dont les chapiteaux étaient garnis d'or massif. Le sol, pavé de marbre blanc rayé de noir, était coupé de distance en distance par des pièces d'eau.

« Tout le monde avait été admis, mais chacun était placé suivant l'ordre des préséances : cadis, ulémas, pieux personnages, vizirs, secrétaires, hôtes et soldats occupaient les places qui leur avaient été réservées et tous pouvaient s'imaginer qu'ils étaient dans le Paradis. Revêtu de son plus beau costume qu'il rehaussait encore par son aspect majestueux et imposant, le sultan se tenait assis sous les regards pleins de respect et d'admiration des assistants. On suivait d'ailleurs, en cette circonstance, le cérémonial accoutumé des audiences. Debout, derrière le prince, et présentant un spectacle imposant, se tenaient les nègres et les renégats coiffés de casques, la taille enserrée dans des ceinturons dorés et des écharpes d'étoffe tissée d'or ; devant eux étaient dressés les cierges. Comme la réception était ouverte, on voyait entrer des gens des diverses tribus, des soldats et des tolbas de toute catégorie. Parfois on arrêtait le flot des visiteurs ; on servait alors à ceux qui se trouvaient dans la salle des mets variés, dans des plats dorés de Malaga ou de Valence et dans de la vaisselle de Turquie ou de l'Inde. On apportait ensuite des aiguières et des bassins qui servaient aux ablutions des mains des invités. Enfin il y avait des brûle-parfums contenant de l'ambre et de l'aloès, et c'était dans des coupes d'or ou d'argent remplies d'eau de rose et d'eau de fleurs d'oranger, que l'on trempait de fraîches branches de myrte avec lesquelles on aspergeait abondamment les convives, de façon à ce qu'ils conservassent des traces de ces parfums [1]. Les poètes récitaient leurs vers et le prince les traitait généreusement. La cérémonie se terminait par une prière en l'honneur du sultan. Le septième jour de la fête était célébré avec une pompe plus grande encore. Tel était le cérémonial accoutumé. »

On procédait de même, après le mois de ramadhan, lorsqu'on avait achevé la lecture du *Sahîh* de Elbokhâri. Dès que le mois de ramadhan commençait, le cadi et les principaux jurisconsultes faisaient, chaque jour, la lecture d'un fragment du *Sahîh* de Elbokhâri, qui était divisé par eux en

---

[1]. Cet usage de parfumer ses convives, au moment de leur départ, s'observe toujours après les dîners de cérémonie.

trente-cinq parties. Cette lecture se continuait chaque jour jusqu'à la fin du jeûne et c'était seulement à l'octave de la fête que la lecture de tout le *Sahîh* était achevée. Le sultan avait ainsi admirablement réglé ce service. Toutefois l'usage était que le cadi en personne présidât à cette lecture et lût lui-même environ deux pages d'un fragment, puis discutât sur les matières contenues dans ces pages avec les assistants, accueillant d'ailleurs toutes les observations que ceux-ci croyaient devoir présenter. La conférence durait jusqu'au moment où le jour commençait à grandir, et le cadi, levant alors la séance, emportait le volume qu'il achevait de lire chez lui ; le lendemain, il faisait de même pour le volume suivant. Pendant cette lecture, le sultan se tenait assis à une place qui lui avait été réservée près du centre du cercle que formait l'auditoire.

« Le prince, dit Elfichtâli, distribuait de fortes sommes d'argent aux pauvres, pendant le ramadhan, lorsque l'on avait achevé la lecture du Coran. Le jour de Achoura[1], il organisait une grande solennité pour la circoncision des enfants pauvres et donnait à chacun des nouveaux circoncis quelques coudées d'une belle étoffe de lin, des pièces d'argent et un morceau de viande afin, par cet usage, de perpétuer le souvenir de ce beau jour. Ses libéralités s'adressaient à une quantité innombrable de personnes et tous les pauvres avaient part à ses aumônes. Dans ce jour solennel et béni, le prince des Croyants se préparait une ample provision de bonnes œuvres qui étaient destinées à peser d'un grand poids dans le plateau de la balance des bonnes actions au jour de la Rétribution promise. »

Mais il est temps pour compléter ce sujet de donner des spécimens de ces poèmes qu'on récitait dans ces nobles fêtes

---

1. Dixième jour du premier mois de l'année musulmane.

CHAPITRE QUARANTE-SEPTIÈME

de la Nativité. Voici d'abord celui qui fut composé par l'imam, le cadi, Aboulqâsem ben Ali Ecchâthibi :

« Pourquoi ton image erre-t-elle toujours devant mes yeux ? Pourquoi as-tu dressé tes tentes dans les replis de mon cœur ?-

« Faut-il que ceux qui me décochent les traits du blâme, à cause de toi, soient florissants de santé, alors que je meurs d'amour et de passion pour toi ?

« Comment permets-tu que mes larmes se versent dans ton torrent ? Ne sais-tu pas qu'il est interdit de mêler les eaux de deux fleuves ?

« A peine ai-je eu le temps, dans un instant de demi-sommeil, de goûter l'eau de tes lèvres que déjà tout avait disparu comme si c'eût été un songe.

« Cesse tes discours si tu dois me repousser, car mon cœur s'égare quand il entend formuler un refus.

« Je me remémore alors le hadits des deux Raqma et mes yeux en pleurs ne cessent de verser d'abondantes larmes.

« Accepte du moins mon salut que t'apportera la brise ; ma passion se trouvera ainsi soulagée et calmée.

« O désespérés des deux mondes, vous qui souhaiteriez la misère plutôt qu'une existence fortunée, si cela devait vous permettre de satisfaire longuement votre amour,

« Emparez-vous de cette terre qui m'est interdite, maintenant que mon cœur est habitué à demeurer dans la solitude ;

« Vengez-moi de ces gens hautains qui ont ravi mon cœur et qui consument mon corps.

« A chaque déclin du jour, les larmes brillent dans mes yeux et cela à cause des étoiles qui les ont couverts de ténèbres ;

« Mes yeux brûlent du feu du désir ; ce feu gagne mes prunelles qui bientôt nagent dans un océan de larmes,

« Qui coulent sans fin, pour le seul qui ait droit à notre prière et à notre salut,

« Le meilleur des êtres, Mahomet, le guide qui a chassé l'erreur et lui a coupé sa bosse.

« Il est le trésor des mondes, la merveille de l'argile qui a servi à former Adam, et il est venu pour confirmer l'existence de ce secret de la création.

« Il est le plus illustre de ceux qui ont été envoyés à l humanité, et c'est auprès de lui que Younas[1] a cherché protection, quand il a été plongé dans les ténèbres.

1. Jonas.

« Tous les êtres réunis ne sauraient égaler cette personnalité qui occupe le premier rang dans la gloire.

« Il a fait un voyage nocturne dans les sept cieux et des troupes d'anges sont venues, au devant de lui, lui rendre hommage;

« Dans cette nuit, les anges se sont pressés en foule pour marcher devant lui et derrière lui.

p. ١٤٩

« O toi, le meilleur de ceux dont l'autorité réduit le rebelle à l'impuissance, toi qui lui imposes silence en l'obligeant à s'étouffer avec sa salive;

« Ta gloire est si grande que l'orateur se fatiguerait vainement à vouloir la décrire et que la plume elle-même resterait muette.

« Que Dieu répande sur toi ses bénédictions, tant que la vie embellira les parterres et que les fleurs ouvriront leurs calices.

« Je n'éprouve de plaisir à faire un panégyrique qu'autant qu'il s'adresse, ô mon Dieu, à celui qui est l'imam de ton Prophète,

« Le meilleur des hommes et leur guide, Elmansour, celui qui abrite le peuple à l'ombre de son gouvernement,

« Qui a répandu sur les deux continents sa puissance protectrice et qui, grâce à elle, a été le défenseur des hommes et leur maître.

« Comme l'aigle du désert, il a pris son vol au dessus de la terre et s'est ensuite précipité pour déchirer les lions les plus terribles.

« Dis aux rois : Donnez-vous à votre maître comme rançon et demandez-lui qu'il vous garantisse votre sécurité,

« Car c'est lui qui, par son équité, fait revivre le pays et disperse les monceaux de ruines accumulées.

« C'est à lui que Dieu a promis la domination du monde et la conquête des Pyramides.

« O toi qui ressembles au Mahdi par la vigueur de tes desseins et par leur prompte réalisation,

« Tu as, grâce à tes fils glorieux, donné le calme à l'univers et consolidé l'Islamisme.

« Ces fils, qui t'entourent, sont semblables aux lionceaux qui vivent dans les forêts touffues, aux jungles impénétrables.

« Elmamoun, le plus loyal d'entr'eux, est comme l'ondée bienfaisante du ciel; il élève son front au dessus des nuées;

« Il est le plus illustre de tous ceux que les hommes pourront choisir comme chef, quand leur chef actuel aura disparu,

« Aussi Ahmed lui a-t-il fait prêter serment par cette nation glo-

CHAPITRE QUARANTE-SEPTIÈME

rieuse; il sera fidèle à ce pacte et l'observera vis-à-vis de ses sujets.

« Que la victoire ne faillisse jamais à ton glaive qui protège la religion et l'Islamisme !

« Reçois donc ces vers que je t'adresse au nom de tes peuples, et qui laissent échapper le parfum du flacon de musc que j'ai ouvert. »

Voici maintenant le poème de l'imam, du savant, du très docte, le jurisconsulte, le lettré, l'éminent, le glorieux mufti de la ville de Maroc, Abou Mâlek Abdelouâhed ben Ahmed, le Chérif filalien, que Dieu lui fasse miséricorde et lui témoigne sa satisfaction !

« J'ai passé la nuit sans sommeil, agité par la vue des éclairs fulgurants et par les tristes souvenirs qu'évoquaient en moi ces demeures,

« Où gîtent maintenant les serpents et les vipères; à cette pensée les larmes brillaient dans mes yeux.

« Il semble que jamais auparavant ces demeures n'avaient été animées, ni peuplées, que jamais ce cercle eût été complet, ni que les êtres qui me sont chers y eussent été réunis.

« Alors je me suis souvenu de Eladjâri et de Ellioua[1], mais qu'ai-je à faire de Eladjâri, qu'ai-je à faire de Ellioua?

« C'est ici que pendant un instant j'ai traîné les pans de la robe de l'amour, et cela, excusez-moi de le dire, sans que des yeux méchants nous aient dérangés.

« C'est ici que cachés par les voiles d'une nuit sombre, je lui ai confié mes peines et qu'elle m'a confié les siennes.

« O toi qui demandes ce qu'elle est devenue, sache que sa tribu s'est éloignée et que mon cœur après cela a dû se fermer à son amour.

« A-t-elle porté ses pas du côté de Elaqîq[2]? Un brillant éclair lui est-il apparu dans les cieux,

« Pour lui montrer que la ville du Prophète était proche? Ah ! c'est dans ces murs que les sources de la révélation ont débordé.

---

1. Noms de localités célébrées par les poètes.
2. Nom d'une vallée près de Médine.

« Salut à ces lieux qu'a défendus le maître des hommes, celui qui a donné de rudes assauts à l'idolâtrie.

« Dieu répande ses bénédictions sur toi, ô le meilleur des Prophètes, toi qui es le plus parfait des êtres pour qui on joint les mains.

« Sans toi, ce monde serait encore dans le néant; tu es celui en qui tous espèrent, bons et méchants.

« A toi la gloire dans ce monde et dans l'autre; à toi le rang assuré dans ce jour que tous les autres prophètes redoutent avec terreur.

« Tu es leur maître, tous sont rangés sous ton étendard et toi seul seras leur intercesseur auprès de Dieu.

« Puisse le Maître du Trône t'accorder la récompense que tu mérites, cette récompense qui causera le dépit de tes détracteurs et de tes ennemis.

« Puisse-t-il aussi récompenser cet imam, qui se rattache à toi par ses généreux ancêtres qui sont seuls issus de toi,

« Lui qui est ton homonyme [1], véritable fils de Essibth, qui sait gouverner les hommes et diriger les événements.

« O fils de califes, vis pour la gloire qui n'appartient qu'à toi seul, car tu l'as achetée, tandis que les autres la vendaient.

« Que ton héritier présomptif vive longuement après toi et qu'il déploie toute son énergie à la conquête de la gloire !

« Il est le loyal qui n'a à redouter aucune sédition, car la générosité déborde de ses deux mains.

« Je le dis en vérité, et les textes qui en font foi sont de véritables hadits, dont nul ne conteste l'authenticité,

« C'est par vous, qu'au commencement de ce siècle, la religion a repris son éclat et que les mers de la science ont roulé leurs flots. »

Je ferai remarquer que l'allusion, qui se trouve dans ces deux vers où il est dit que Elmansour a été le rénovateur de la religion au commencement du xi° siècle, a déjà été formulée en vers au cours de cet ouvrage par le cheikh Elqassâr. Quant au hadits dont on veut parler, c'est celui que [2].........
p. ١٥١ a dégagé sous cette forme : « Au début de chaque siècle

---

1. Ahmed est un des surnoms du Prophète.
2. Le nom manque dans tous les manuscrits.

CHAPITRE QUARANTE-SEPTIÈME

Dieu enverra quelqu'un qui renouvellera pour son peuple les choses de la religion. » Certains théologiens estiment qu'il s'agit dans ce hadits d'un souverain, d'autres d'un saint personnage et d'autres enfin d'un savant. L'opinion du cheikh Elqassâr et celle de l'imam, Sidi Abdelouâhed ben Ahmed, le Chérif filalien, sont tout à fait concluantes en ce qui concerne le rôle glorieux de Elmansour, car la piété de ces deux personnages leur aurait interdit l'exagération et l'hyperbole et ils n'auraient pas décerné dans leurs panégyriques des éloges qui n'eussent pas été mérités. Sans doute, c'est un lieu commun en poésie de faire, par exemple, l'éloge de la justice et de la bravoure d'un prince, mais on n'arrive pas à dire de pareilles choses sans que cela repose sur un fonds de vérité. Là-dessus d'ailleurs Dieu seul sait à quoi s'en tenir. Sur ce sujet, voyez le livre intitulé : *Azhár erriádh fi akhbár menáqib elqádhi 'Iyádh* dans lequel le cheikh, l'érudit Aboulabbas Ahmed ben Mohammed Elmaqqari traite en détails et à fond cette question du *rénovateur de la religion*.

Voici le poème récité par le vizir Aboulhasen Ali ben Mansour Ecchiâdhemi Elmorâbithi :

> « A cause de l'éloignement des hommes du désert et de ceux du pays des dattes, mes soupirs vont grandissant et de même mon mal s'accroît.
>
> « Leur voisinage peut seul me guérir et dissiper les angoisses et les soucis de mon âme.
>
> « Mais quand j'aurai visité leur pays, où retrouverai-je ceux qui autrefois habitaient l'Alhambra?
>
> « Ils sont partis, et ce n'est plus que le souvenir de leurs demeures glorieuses, où florissaient le laurier et l'amour, qui agite mon esprit.
>
> « En les faisant périr, peu s'en est fallu que la caravane du destin n'emportât dans l'espace nos cœurs loin de nos poitrines.
>
> « O bonheur ! si la fortune voulait me seconder et répondre à un appel qui vient de si loin,

« Je chevaucherais sur une lettre semblable à un croissant qui rivalise avec le hamza, sauf au vocatif, pour un appel lointain[1],

« Et je fouillerais les recoins du désert, dévorant les hauts espaces sur une noble et altière monture,

« Qui plongerait dans les ténèbres de l'atmosphère, pareille au pronom mystérieux qui se cache dans une énigme ;

« Elle semblerait un vaisseau qui, dans les flots du mirage, voguerait à pleines voiles par un vent favorable.

« Ce sera à Mina[1], dont le sol est jonché de cailloux, que j'arrêterai ma monture pour visiter ensuite le rendez-vous des pèlerins,

« C'est là que je mettrai pied à terre pour y dresser ma tente à l'ombre du Glorieux qui est mon espoir et mon but suprême.

« Je roulerai mes joues sur le sol afin de les couvrir de cette poussière qu'ont foulée les pieds du plus parfait des prophètes,

« De celui qui a fait revivre l'orthodoxie, qui par sa blancheur a effacé l'erreur et l'idolâtrie ainsi que le péché à la couleur bronzée.

« Dieu répande sur lui ses bénédictions, tant que la générosité sera bienveillante pour le méchant, tant que l'aurore dissipera les ténèbres.

« Qu'il les répande aussi sur ses généreux compagnons et sur les membres de sa famille qui tous ont été de si nobles seigneurs.

« Admirons aussi l'héritier de sa gloire et de sa puissance, le rejeton de sa race prophétique, son illustre descendant,

« Le meilleur des califes, Ahmed Elmansour, celui qui possède la perfection et tous les titres de gloire ;

« Ce glaive de l'Inde dans la main droite de la Foi, cet astre qui brille dans les ténèbres.

« O prince, toi dont les glaives protègent l'orthodoxie, toi qu'à cause de ta raison prévoyante,

« Dieu a fait le dépositaire et le gardien de la victoire, comme il a déposé les fleurs dans les corolles et dans les spadices,

« Il faut que tu t'illustres par une conquête éclatante à l'égal du matin qui dissipe les ombres de la nuit.

« Oui, tu t'empareras de l'enceinte sacrée qui, cela est certain, demeurera sous tes étendards victorieux.

---

1. Je n'ai point saisi la métaphore contenue dans ce vers.
2. Nom d'une localité, voisine de la Mecque, où s'accomplit une des cérémonies du pèlerinage.

CHAPITRE QUARANTE-SEPTIÈME 249

« Tu verras alors toutes les contrées se soumettre à toi, grâce aux princes magnanimes qui sont tes fils.

« Ton œil se réjouira en songeant à ton successeur, à celui qui gouvernera les hommes et sera l'astre des émirs.

« Mohammed Elmamoun, le meilleur de ceux qui ont gravi les degrés de la perfection et qui ont marché à la gloire.

« Il est la branche qui ressemblera à la tige-mère ; il lui ressemblera pas des vertus qui ne se transmettent que par le sang. »

Enfin, voici le poème du secrétaire, du littérateur, Abou Fârès Abdelazîz ben Mohammed ben Ibrahim Elfichtâli :

« Ils ont lassé ma patience, et pourtant la patience était mon fait ; ils ont privé mes paupières des douceurs du sommeil,

« Ils ont fortifié dans mon cœur les tourments de l'amour, mais malgré leur cruauté ma passion n'a cessé de fructifier.

« Et s'ils ont épuisé dans ma coupe la liqueur de la séparation, pourtant leur affection est toujours restée ma compagne et mon convive.

« Si leurs efforts ont provoqué traîtreusement mon inimitié, mon cœur cependant se contente de suivre avec ardeur les traces de leurs litières.

« Arrête leurs chameaux et demande leur de quel côté ils ont porté leurs pas : sont-ils partis de nuit pour aller à Edjiz'ou pour se rendre à Elban ?

« Ont-ils été à Essafh du côté de Ellioua là où les *rim*[1] et les gazelles prennent leurs ébats ?

« Où sont-ils donc allés ? serait-ce sur les collines du Tihama qu'ils ont attaché leurs montures ou bien dans les plaines de Noaman ?

« Ou encore se sont-ils répandus dans la vallée d'un torrent, comme des gens qui cherchent un asile avant même d'avoir été attaqués ?

« Alors qu'ils pressaient leurs montures, le guide les a-t-il détournés de leur route pour les conduire au ravin de Boddan ?

« Ont-ils attaché leurs chameaux près du couvent d'Abdoun ou bien ont-ils été guidés de nuit, par les moines, vers le couvent de Nedjrân ?

---

1. Le *rim* est une sorte de gazelle blanche.

« Ils ont voyagé de nuit alors que les ténèbres obscurcissaient l'horizon, et les litières des femmes se déroulaient avec leurs formes et leurs couleurs variées ;

« Leurs blanches coupoles, lorsque l'aube apparaissait, brillaient dans les replis de la plaine pareilles à des étoiles.

« Elle t'appartient, ô mon Dieu, cette caravane qui franchit rapidement l'espace, conduite par une beauté aux charmes rebondis ;

« Fais reposer ses montures qui emportent l'objet de mon amour avec une ardeur égale à celle que met le vin dans le corps de l'homme ivre ;

« Fais qu'elle se réfugie dans la vallée sainte, dans cet asile où sourd une onde fraîche, où le *saadân*[1] remplit les pâturages,

« Où l'enceinte sacrée offre une bénédiction qui embaume par ses parfums de myrte et de cassie ;

« Là le *chîh*[2] de Yatsreb[3] envoie ses effluves et excite matin et soir mon désir et mon agitation.

« Malgré mon désir de rester en repos, un devoir pieux m'attire dans cette terre[4]...

« Je me suis souvenu du Nedjd et du parfum de ses genévriers, quand le zéphyr de Médine est venu me vivifier ;

« Tout ému je songe à ces lieux qui sont ceux de mon repos, de mon âme et de mon parfum.

« Je vais m'élancer plein d'ardeur vers ces contrées où sûrement j'oublierai mon amour et trouverai ma consolation et

« Me diriger vers les hautes montagnes de la Mecque, dès que brillera un éclair du Tthama ou de Tahalan.

« O vous, qui habitez le territoire sacré, sachez que mon culte pour la fleur n'était qu'une feinte pour dissimuler le désir qui m'enchaîne et m'attire vers vous.

« Quand donc mes paupières ulcérées seront-elles guéries par votre vue, qui lance des clartés brillantes dans les pupilles des yeux ?

« Qui me fera la grâce de rapprocher le moment de notre rencontre, cette grâce que la fortune m'a toujours refusée !

« Votre onde bienfaisante qui a arrosé Elkhîf[5] a été grossie du

---

1. Plante réputée pour être la meilleure nourriture du chameau.
2. Sorte d'armoise.
3. Ancien nom de Médine.
4. Je ne trouve aucun sens aux deux derniers mots de ce vers dont le texte varie d'ailleurs dans les manuscrits.
5. Montagne près de la Mecque.

torrent des larmes qui coulent de mes yeux toujours en pleurs.

« Les *araks*[1] des rives de l'Aqîq ont grossi à la faveur de cette humidité et leur ombre a abrité Mina. Mais l'objet de mon amour s'approche;

« Enfin j'adresse aux champs qui s'étendent entre Meroua et Safa[2] le salut d'un homme épris, que le sort a toujours déçu

« Salut à ces demeures où les anges les plus glorieux récitent les paroles de la révélation, invocations et versets du Coran;

« A cette terre dans laquelle la Foi a donné ses premiers fruits et dont les plaines ont reçu les premières ondées de la religion.

« C'est là que s'est fixé le cortège du Prophète, si nombreux qu'il était comme une mer qui déborde sur les plaines et les vergers;

« Que l'âme loyale a donné son message qui a valu à la *bonne nouvelle* ses louanges les plus flatteuses.

« C'est là que le cachet de la foi a été brisé par le plus noble des êtres, la gloire de la famille de Nizâr, issue de Maadd, fils d'Adnân[3],

« Mohammed, la meilleure des créatures de l'univers, le seigneur de tous les habitants de la terre, hommes et génies,

« Celui dont la mission a été annoncée longtemps à l'avance par les plus habiles devins et par les moines instruits.

« Avec tout autre que lui, la grâce d'un tel événement n'aurait pu atteindre ces sommets élevés, ni plonger dans ces abîmes insondables.

« Elle n'aurait pas fait que, dans chaque jardin de l'Éden il y eût quatre êtres qui louent Dieu : un homme, une houri et deux pages;

« Ni que le soleil de la foi eût dissipé les ténèbres de la nuit de l'infidélité qui obscurcissait la terre;

« Ni que les musulmans fussent enveloppés d'une protection qui met en fuite loin d'eux les suppôts de l'enfer.

« Il a fait des miracles qui ont imposé le silence à tous ses détracteurs et qui ont été comme le glaive de la preuve, pour tous ceux qui doutaient.

---

1. Arbre épineux dont le chameau mange les jeunes pousses.
2. Nom de deux collines, voisines de la Mecque, où s'accomplissent certains rites du pèlerinage.
3. Ancêtres de Mahomet.

« Il a partagé en deux le disque de la lune et il a étanché par l'eau, qui coulait de sa main, quiconque était altéré.

« Il a fait parler les idoles qui se sont alors dépouillées devant Dieu de leurs parures mensongères.

« A son appel, le roc a répondu et s'est couvert aussitôt d'une guirlande de fleurs qui se montraient au milieu des branches.

« Sa clarté a illuminé tous les palais de la Syrie en même temps qu'elle s'étendait à tous les pays proches ou éloignés.

« Sur son invitation, qui a été entendue de toute la terre, les hommes ont suivi de nouveau la voie qu'ils avaient abandonnée.

« Mais le miracle par excellence a été le livre de Dieu qui a confondu les menteurs, terrassé les superbes,

« Et montré à quel degré s'élevait son éloquence persuasive : arrière les rythmes de Qaïs et de Sahbân[1] !

« Il est le prophète de l'orthodoxie ; il a fait lever la vérité comme un astre dont l'éclat efface celui du mensonge et de l'erreur,

« Grâce à la puissance de la Foi, il a abaissé les Césars qui avaient arraché la couronne à la famille de Sassan[2].

« Il a, par ses disciples, conservé à la religion pure l'héritage des souverains de la Chine qui régnaient depuis le temps des Grecs.

« Il a, du poison des lances brunes, gorgé un César et lui a fait ainsi goûter en quelque sorte la piqûre des serpents.

« Bientôt les terres du polythéisme et de l'infidélité sont devenues semblables à un champ où l'écho ne répète que le cri strident du démon.

« La foi a alors brillé de tout son éclat et l'orthodoxie a montré la splendeur de son visage à quiconque s'en approchait.

« O toi, le plus noble et le plus illustre des fils de la terre, toi, le plus généreux des hommes arabes ou étrangers,

« Qui pourrait dans ses vers décrire toutes tes vertus, alors même qu'il mériterait la palme du panégyrique !

« C'est à toi que nous adressons ces pensées afin qu'elles soient arrosées par l'eau pure qui coule sans cesse de tes mains.

« Secours-moi lorsque mes péchés seront exposés au jour de la rétribution et feront pencher, de leur poids, le plateau de la balance,

---

1. Il s'agit ici du grand poète Imroulqaïs et d'un orateur célèbre de la tribu de Wâïl.
2. La dynastie persane des Sassanides.

« Car, sans tes puissantes recommandations, jamais les portes du pardon et de la clémence ne se seraient ouvertes.

« Que Dieu te salue, tant que la brise qui souffle fera courber vers le sol les branches flexibles

« Et que le vent du sud emportera dans ses flancs une bénédiction, qui, pendant la nuit, envoie ses effluves sur toute la terre,

« Vers les deux Omar[1] tes compagnons et vers ton émule en gloire, ton beau-père, Otsman !

« Salut encore à Ali, le plus grand saint de ta famille, lui qui a attiré sur ses rejetons une si grande part des faveurs divines.

« C'est sur toi, ô Prophète de Dieu, que je base toutes mes entreprises et ma résolution prise, noirs et blancs me sont égaux.

« Tu as parlé à mon cœur qui maintenant se retourne sur les charbons ardents du désir ; ah ! viens à mon appel !

« Plût à Dieu que je susse si je puis lancer maintenant mes jeunes chamelles pour aller vers toi ou agiter mes jarres,

« Et franchir l'espace en dirigeant vers toi à travers les plaines immenses des *meharis*[2] aux longues crinières,

« Qui allongent leur cou, enflammés par le désir de voir l'enceinte sacrée, quand, ainsi que moi, le chamelier les excite par ses chants !

« N'effaceras-tu pas mes péchés lorsque je foulerai aux pieds ces pays et ces contrées ?

« Mais quoi ! Peut-être faudra-t-il que je tourne bride, car j'occupe un certain rang auprès d'un de tes descendants, l'illustre chef de ma patrie.

« Si la valeur et la richesse sont assurées à ceux qui te font un pèlerinage, sache que par sa générosité, ton descendant El-mansour Ahmed m'a rendu riche ;

« Il est mon soutien ; lui, qui a sous ses pieds les deux choses les plus hautes et qui domine les sept cieux, il m'a approché de lui.

« Il donne la couronne aux rois de son siècle et, quand il fait la guerre, son glaive s'abat sur un monceau de couronnes.

« Les lions des forêts redoutent de faire du bruit quand un chasseur, comme lui, les poursuit et fait craquer les branches de bambou sous ses pas,

« Il est un lion qui, lorsqu'il pousse son rugissement, oblige les autres lions à se cacher et à se tapir dans leurs fourrés.

---

1. On désigne sous ce nom les deux khalifes, Abou Bekr et Omar.
2. Chameaux de course.

« Quand ses troupes soulèvent au-dessus d'elles des nuages de poussière et que le tonnerre de ses feux gronde autour de son cortège,

« Des foudres tombent alors sur la terre des ennemis et déchaînent comme une mer d'abîmes et de flots tumultueux.

« Les nobles coursiers de ses escadrons dans leur course échevelée sont capables de briser le Redhoua s'ils le gravissent.

« Ses cavaliers, innombrables, sont rusés et habiles, et tous ces braves frappent courageusement de leurs lances.

« Quand la nuit du combat les enveloppe au milieu de l'ardeur de la lutte, les éclairs qui jaillissent de leurs lances guident leurs pas.

« Ce sont ces troupes-là qui ont fait goûter à l'ennemi les angoisses du danger et qui ont fait rouler dans la poussière la tête de Sébastien ;

« Ce sont elles qui ont conquis de nombreuses contrées et qui ont imposé un énorme tribut aux princes du Soudan.

« Il est l'imam des hommes, d'une noble origine, d'une famille qui a régné sur le monde, de la race de Zidân.

« Ces princes sont des piliers de la foi, des soutiens de l'autorité royale, des personnages dont les grands desseins s'élèvent au dessus de Saturne.

« Ils sont les Alides, eux dont les faces ont l'éclat de la pleine lune lorsque la flamme du temps s'obscurcit.

« Ils sont les membres d'une famille dont Dieu a édifié la renommée, avec une base solide, sur le colline de la gloire.

« C'est par l'un d'eux que Dieu a divulgué sa loi et les versets du Verbe et de la Distinction [1] proclamant hautement leur supériorité.

« Ils sont les rejetons du neveu de l'Élu et ses exécuteurs testamentaires : quels plus beaux titres de gloire que ces liens du sang et ceux de la confiance.

« Ils sont comme l'arbre de la gloire qui couvre de son feuillage les parterres de la renommée : les richesses de la révélation se sont étendues aux deux contrées.

« C'est à leur illustration si haute et si pure que Maadd a dû sa supériorité sur les autres Arabes, Ad et Qahtân.

« Ces princes feront ma gloire si je dois être honoré parmi les hommes et si, par mes fonctions, je me rattache à la famille de Selmân.

---

1. Noms donnés au Coran.

CHAPITRE QUARANTE-SEPTIÈME

« Si le poète doit partager l'honneur de ceux qu'il loue, ma part avec Elmansour sera certainement grande.

« Car la fortune sourit au front de cet Imam qui, à cause de sa puissance, devrait ceindre deux couronnes sur sa tête royale.

« Par son ambition, il s'est élevé au-dessus des astres et, pareil à l'aigle, il plane au-dessus des cieux.

« Il a élevé dans les sphères les plus hautes son règne qu'entoure, comme un double collier, une auréole de gloire.

« Quand il siège sur son lit de justice et qu'il drape sa stature royale dans des emblèmes de souverain,

« Vous croiriez voir le Loqmân de l'intelligence qui va parler, ou encore le Khosroès de la justice trônant dans son palais.

« S'il se sent ému par des louanges sincères, les bienfaits coulent de ses doigts avec la rapidité du torrent.

« O toi qui es le chef de l'Islam, guette l'éclair du destin et hâte-toi d'aller aux sommets des parterres cueillir une double part de gloire.

« Dieu a décidé, pour ton renom, que tu serais le maître du monde, que tu conquerrais l'espace conquis entre le Sous et le Soudan,

« Que tu posséderais, sans qu'on te la dispute, toute la terre du pays du Soudan au pays de Baghdân,

« Que tu la remplirais d'équité et que tu planterais ton étendard sur les deux villes saintes ou sur le sommet du Ghomdân[1].

« Combien, grâce à toi, l'Irâq recouvrerait de splendeur ; ce serait encore par toi que la bonne nouvelle serait portée jusqu'aux confins de l'Oman.

« Si ton glaive voulait menacer les pays de l'Orient, tu t'emparerais bien vite de la couronne de Khosroès et de celle du Khaqan[2].

« Si les anciens rois ressuscitaient maintenant, tu ferais partie de la glorieuse famille des fils de Merouân[3] :

« Esseffâh[4] s'unirait à toi et sous son étendard noir, le pays du Khorassân suivrait tes lois.

« La gloire n'atteint son apogée qu'autant qu'elle repose sur l'appui des longues lances et des javelots.

---

1. Grand palais édifié à Sanaa dans le Yémen.
2. Le sultan de Constantinople.
3. Les Omeyyades.
4. Le premier des khalifes abbassides.

« Voici les filles de la muse dont je te découvre les beautés ; elles sont belles à rendre jalouses les houris du séjour de la félicité ;

« Elles accourent vers toi, ô prince des Croyants, pareilles à des parcelles de musc ou aux fleurs brillantes d'un parterre ;

« Elles rivalisent de splendeur au point qu'on pourrait les comparer à des perles rares ou encore à des colliers d'or.

« Puisses-tu toujours posséder l'univers et protéger la religion dans le royaume de Salomon !

« Puisse la victoire éclatante s'attacher toujours à tes pas et soumettre comme de vils esclaves les rois à ton autorité ! »

Dans le *Nefh Etthîb*, on trouve le récit suivant : « L'auteur de ce poème m'a dit lui-même que, par ces mots « si, par « mes fonctions, je me rattache à la famille de Selmân », famille à laquelle appartenait Lisân-eddîn Ibn Elkhathîb, il entendait faire allusion aux fonctions de secrétaire et de lieutenant du prince qui avaient été également exercées par Lisân-eddîn. Ce passage renferme en outre une *tawria*[1] à l'égard de Selmân le Persan, que Dieu lui soit propice ! »

Ce long poème est un des plus remarquables qui aient été composés ; aussi l'auteur du *Monteqa* n'a-t-il, de tous les panégyriques écrits en l'honneur de Elmansour, reproduit en entier que celui-ci. L'auteur du *Nefh Etthîb* en a fait également un grand éloge et l'a vivement admiré. On se laisserait entraîner trop loin si l'on voulait reproduire tout ce qui a été dit de poésies dans ces cérémonies, qui avaient lieu en l'honneur de cette incomparable Nativité, mais en voici assez sur ce sujet. Dieu nous soit propice !

1. Figure de rhétorique qui consiste à employer un mot ayant deux sens, l'un habituel, l'autre plus rare et à vouloir faire entendre ce dernier sens au lecteur.

CHAPITRE XLVIII

DE LA CONDUITE DE ELMANSOUR ET DES TRAITS PRINCIPAUX DE SON ADMINISTRATION

Elmansour était un administrateur fort habile, et tout en étant ferme et résolu dans ses desseins, il demandait volontiers avis dans les affaires importantes. Il avait choisi le mercredi comme jour de conseil, et ce jour-là qu'il appelait le jour du Divan, il réunissait les principaux fonctionnaires et les notables et discutait avec eux les décisions à prendre dans tous les cas graves et dans les questions difficiles. C'était également dans cette audience qu'il recevait les plaintes de ceux qui n'avaient pu autrement les faire parvenir jusqu'à lui.

p. ١٥٨

Malgré l'étendue de son empire et l'opulence de ses revenus, Elmansour imposait à ses sujets le versement de sommes considérables à titre de contribution extraordinaire. Il augmenta ainsi les charges déjà si lourdes qui pesaient sur le peuple durant le règne de son père, charges que nous avons énumérées plus haut, en détail, dans la biographie de ce dernier prince. Les populations se plaignirent vivement de l'aggravation de charges que firent peser sur eux le souverain et ses agents. Elmansour n'était pas avare du sang de ses sujets et ne redoutait pas de le répandre à l'occasion ; mais si nous voulions rapporter tout ce qu'il fit à cet égard, nous manquerions à la ligne de conduite que nous nous sommes imposée dans ce livre, à savoir : ne point montrer les actions honteuses et voiler les turpitudes. Ce que nous en disons suffit du reste pour que le lecteur sache à quoi s'en tenir sur ce que nous dissimulons.

Dans son livre intitulé *Elfaouáid*, Abou Zeïd raconte ce qui suit : « Mohammed Elkebir, un oncle maternel de Elmansour, s'était emparé injustement d'une ferme appartenant à un homme du Draâ. Ce dernier vint se plaindre au sultan qui lui dit : « Combien vaut cette ferme ? » — « Sept « cents onces, répondit le plaignant. » — « Tiens, les voici, « répliqua le sultan, mais dis bien à mon oncle que je lui « donne rendez-vous pour le jour où nous serons appelés à « rendre nos comptes, moi n'étant plus alors souverain, ni « lui oncle de souverain[1]. » Le propriétaire de la ferme, en rentrant dans son pays, rapporta à Mohammed les paroles de Elmansour. Pressant alors sa tête dans ses mains, Mohammed, après un instant de réflexion, dit à l'homme de reprendre son bien et lui remboursa la valeur du dommage qu'il lui avait ainsi causé. »

Un jour, le grand-cadi de Fez, Abou Malek Abdelouâhed Elhamîdi, accompagné de jurisconsultes et de notables de la ville de Fez, se rendait à Maroc afin, suivant sa coutume, de célébrer les fêtes religieuses avec Elmansour. En route, il rencontra une troupe d'hommes et de femmes enchaînés et l'une de ces femmes, au moment où il passait, fut prise des douleurs de l'enfantement et accoucha en plein champ. Ce pénible spectacle attrista vivement le cadi et resta profondément gravé dans son esprit ; aussi, arrivé auprès de Elmansour, il lui fit part de ce qu'il avait vu et manifesta ouvertement sa réprobation. Le sultan ne répondit rien à cela, mais il tint le cadi à l'écart pendant quelques jours, jusqu'au moment où celui-ci, comprenant les motifs de la colère du prince, lui exprima ses regrets d'avoir divulgué un pareil fait et mit ses paroles sur le compte d'une étourderie. « Si ce que tu as vu n'était pas, dit alors Elmansour, tu n'aurais pu venir ici

---

1. Au jour de la Résurrection.

CHAPITRE QUARANTE-HUITIÈME

et voyager pendant dix jours avec tes compagnons en paix et en sécurité. Les gens du Maghreb sont des fous dont on ne ne saurait traiter la folie autrement qu'en les tenant avec des chaînes et des carcans. » Dans cette circonstance, Elmansour avait fait preuve d'une grande indulgence vis-à-vis du cadi, parce que celui-ci avait été son professeur : il supportait d'ailleurs bien des choses de ce personnage à cause de leurs anciennes relations d'élève à maître.

Une autre fois, le cadi Elhamîdi, accompagné de tholbas, s'était rendu auprès du souverain à l'occasion d'une fête. Comme il revenait de la capitale, il se trouva faire route avec une troupe de musiciens et de chanteurs de Fez, qui étaient allés prendre part à la même cérémonie, conformément à l'usage. Un de ces artistes montra alors à ses compagnons une flûte en or garnie de pierreries dont Elmansour lui avait fait présent. « Moi, dit un autre, j'ai reçu tel cadeau. » — « Et moi, reprit un troisième, on m'a donné un présent tel que jamais ni cadi, ni aucun thaleb de son entourage n'en a obtenu d'aussi magnifique. » — « Aussitôt que je serai de retour à Fez, s'écria le cadi, je vais, sans perdre une minute, faire apprendre la musique à mes enfants, car, à cette heure, la pratique de la jurisprudence est devenue un métier ingrat. Si la musique n'était pas la science la plus estimée, serions-nous revenus les mains vides, alors qu'un de ces artistes rapporte une flûte d'or? » Ces paroles, ayant été répétées à Elmansour, celui-ci se contenta d'adresser au cadi quelques légers reproches.

On raconte encore qu'un thaleb admis en présence de Elmansour, lui récita ces deux hémistiches [1] bien connus :

> « Notre époque ressemble à sa population et sa population est ce que vous voyez. »

---

1. Le texte porte « ces deux vers » mais il n'y en a qu'un.

En récitant ce vers, le thaleb avait mis le mot « époque » au cas indirect[1]. « Pourquoi, lui dit le sultan, infléchis-tu ce mot ? » — « Par Dieu, riposta le thaleb, je veux infléchir cette époque comme elle nous infléchit elle-même. » Elmansour admira cette réponse et la tint pour une ingénieuse excuse.

Certain agent du souverain, à ce que l'on raconte, avait injustement dépouillé de ses biens une femme du Doukkala. Celle-ci se rendit à Maroc et porta plainte au sultan contre les exactions de cet agent, mais Elmansour n'écouta pas sa réclamation et ne lui fit pas rendre justice. En sortant du palais, la femme alla rejoindre ses enfants et leur dit : « Partons ! Je croyais que l'eau était pure à sa source, mais maintenant que je vois qu'elle est trouble jusque-là, tout ce qui en sort doit être également souillé. » Les anecdotes de ce genre au sujet de Elmansour sont très nombreuses.

CHAPITRE XLIX

DES MONUMENTS ÉLEVÉS PAR ELMANSOUR ET DES ÉVÉNEMENTS QUI SE PRODUISIRENT SOUS SON RÈGNE

L'auteur du *Monteqa* rapporte que Elmansour fit exécuter de grands travaux et qu'il laissa de nombreux monuments, entr'autres les deux citadelles qu'il fit édifier à Fez, l'une en dehors de la porte de Eldjisa, l'autre en face de la porte de Elfotouh. Ces deux forteresses, connues sous le nom de Elbesâtin[2], mot dont le singulier est *bastion*, sont d'une telle

---

1. Il y a un jeu de mots sur le double sens du verbe خفض qui signifie à la fois *abaisser* et *mettre un mot au cas indirect*.
2. Ce pluriel d'un mot français a été formé suivant les règles de la grammaire arabe.

CHAPITRE QUARANTE-NEUVIÈME

solidité qu'on ne peut s'en rendre compte qu'en les voyant. Parmi les constructions érigées par Elmansour, on peut encore citer les deux forts bâtis à Larache et dont l'un porte le nom de Hisn-elfath ; ce sont deux magnifiques et solides ouvrages. Il fit également construire des pressoirs pour la canne à sucre à Maroc, dans le pays de Haha et dans celui de Chefchaoua. Ces usines, dit Elfichtâli, avaient été déjà commencées par le père de Elmansour, Abou Abdallah Mohammed Eccheikh Elmahdi. Sous le règne de ce dernier prince, les plantations de cannes à sucre étaient devenues si nombreuses que le sucre au Maroc se vendait à vil prix ; on a, du reste, vu plus haut qu'on avait acheté aux chrétiens du marbre contre son poids en sucre.

D'après le *Elmonteqa elmeqçour*, ce fut en l'an 996 (1588) que Elmansour envoya à la mosquée de Elqarouïin sa grande vasque de marbre, ainsi que le piédestal qui la supporte : ces deux pièces pèsent ensemble 100 quintaux. La vasque dont il s'agit est celle qui se trouve au pied du minaret de la mosquée. Suivant Ibn Elqâdhi, l'auteur du *Monteqa*, les vers suivants étaient gravés sur le bord de cette vasque :

> « C'est l'imam de la religion orthodoxe, Elmansour, qui m'a érigée ; il est la mer de générosité parmi les fils d'Adnân[1].
>
> « Grâce à lui je possède toutes les beautés, et il m'a élevé au plus haut degré de splendeur.
>
> « Quiconque se plaint de la soif et vient m'embrasser, reçoit en abondance la pluie qui coule de mes paupières.
>
> « N'allez pas nier que les larmes puissent couler de joie : l'œil pleure dans l'excès du contentement.
>
> « Buvez en paix de cette onde qui murmure ; il n'y a pas de péché à ce que des pleurs abondantes débordent de mes canaux.
>
> « O gloire des sultans, fils de Fathime, toi dont la renommée s'étend jusqu'aux confins de l'Oman,

---

[1]. C'est-à-dire les descendants du Prophète, Adnân étant le nom d'un des ancêtres de Mahomet.

« Mes larmes en coulant frottent de leurs flots la main du calife qui est un descendant de Zìdân.

« Que ce calife ne cesse de diriger la religion et les hommes, tant qu'un amoureux tressaillera et sera ému de mes beautés,

« Lui qui m'a dressée à l'époque dont voici la date : Pour la religion et pour la récompense future, la mer de générosité m'a créée. »

La science de la géométrie donne lieu à des applications merveilleuses. Si, par exemple, on se demande comment il a été possible de connaître le poids de cette vasque et de son piédestal et de dire qu'il est de cent quintaux, alors qu'il est en général impossible de faire une pareille pesée, la réponse à faire est la suivante : On parvient à évaluer ce poids en plaçant la vasque sur une barque ou un navire, par exemple ; on marque le point auquel arrive l'eau sur la coque de la barque ou du navire qui porte la vasque ; on retire ensuite cette vasque et on remplit de pierres, de terre ou de sable le navire de façon à ce qu'il s'enfonce et que l'eau arrive à la marque qui a été tracée. On retire alors ces matériaux, pierres, terre ou sable, on les pèse par petites quantités et l'on arrive ainsi à connaître exactement le poids d'un objet très pesant. C'est du moins ce que rapporte Ibn Elqâdhi, dans le *Djedzouet eliqtibâs*, si je ne me trompe, quand il parle du bassin de marbre qui se trouve à la Medresa Elmisbâhiya. A propos de ce passage, le maître de nos maîtres, le très savant, l'érudit, Abou Zeïd Sidi Abderrahman ben Abdelqader Elfâsi, avait de sa main écrit une note dont voici le sens : Ceci est vrai à la condition qu'on mette dans la barque quelque chose de pesant comme des pierres ou du plomb, par exemple, mais si l'on y plaçait des choses légères, telles que du crin ou de la laine, on n'arriverait pas au but qu'on s'est proposé. Dieu sait si cela est vrai.

En l'an 987 (1579) la cherté des vivres fut excessive et l'on donna à cette année le nom d'année des *légumes*[1]. Il y eut pendant une partie de cette même année une très forte épidémie de grippe ; beaucoup de personnes ayant succombé à la suite de longues quintes de toux, l'année fut encore appelée, pour ce motif, l'année de la toux. Sous le règne de Abou Merouân Abdelmalek, une grande comète se montra dans la constellation du Scorpion ; elle n'y demeura que quelques jours et disparut ensuite. Peu après on vit apparaître une autre comète plus petite que la première. Durant le règne du sultan Abou Mohammed Abdallah Elghâleb, on aperçut dans le ciel une grande étoile qu'on n'y voyait pas en temps ordinaire et, sous le règne de son fils Mohammed ben Abdallah, on remarqua dans l'atmosphère une lueur rouge du côté de l'orient. Cette lueur éclaira la marche des troupes que Abou Merouân amenait d'Alger, de même que l'apparition de la comète coïncida avec l'apparition des troupes chrétiennes que Mohammed ben Abdallah amena à sa suite à Ouâdi Elmekhâzin.

Le 2 du mois de dzoulqaada de l'année 997 (13 septembre 1589) les chrétiens évacuèrent la ville de Asila par suite de la terreur que leur inspirait Elmansour. Ils partirent avec leurs enfants, sans emporter de leurs richesses autre chose que quelques légers objets. A ce sujet, Aboulabbâs Ahmed ben Elqâdhi composa les vers suivants :

> « O Elmansour, réjouissez-vous de votre succès, Dieu vous a fait atteindre le but que vous poursuiviez contre vos ennemis,
>
> « En se servant de vous comme d'un glaive pour décimer ses ennemis, et en dispersant par vos soins les milices de l'erreur.
>
> « Grâce à votre valeur vous avez mis en déroute le polythéisme triomphant, sans même qu'on ait vu votre glaive sortir du fourreau.

---

1. Ou plutôt des herbes des champs.

« Par votre seul prestige, vous avez broyé les cœurs de ces perfides, et conquis Asila, le refuge de vos ennemis.

« Quel admirable prince! que dis-je, quel grand saint que celui qui a su se concilier l'amitié de la poudre des ennemis!

« Qu'il ne cesse donc d'être comme un soleil dans le ciel de la gloire et comme un collyre aux yeux de l'illustration. »

Par ces mots « qui a su se concilier l'amitié de la poudre des ennemis », l'auteur fait allusion à la tentative faite par les chrétiens qui, avant de quitter la ville d'Asila, avaient creusé sous la citadelle une mine qu'ils avaient remplie de poudre. Au moment de leur départ, ils avaient allumé une mèche dont la longueur avait été calculée de façon à ce que le feu atteignît la poudre à l'instant où les musulmans entreraient dans la ville. Mais Dieu sauva les musulmans de ce danger, comme il leur avait épargné les périls du combat.

En l'année 1001 (8 octobre 1592-27 septembre 1593) on amena à Elmansour un éléphant du Soudan. Le jour où cet animal entra dans Maroc fut un véritable événement : toute la population de la ville, hommes, femmes, enfants et vieillards, sortit de ses demeures pour contempler ce spectacle. Au mois de ramadhan 1007 (28 mars-17 avril 1599) l'éléphant fut conduit à Fez. Certains auteurs prétendent que c'est à la suite de l'arrivée de cet animal que l'usage de la funeste plante, dite *tobacco*, s'introduisit dans le Maghreb, les nègres qui conduisaient l'éléphant ayant apporté du tabac qu'ils fumaient et prétendant que l'usage qu'ils en faisaient présentait de très grands avantages. La coutume de fumer qu'ils importèrent se généralisa d'abord dans le Draâ, puis à Maroc et enfin dans tout le Maghreb. Les docteurs de la loi émirent à l'époque des avis contradictoires au sujet du tabac : les uns déclarèrent son usage illicite, d'autres décidèrent qu'il était licite et d'autres enfin s'abstinrent de se prononcer sur la question. Dieu sait ce qu'il faut penser à cet égard.

CHAPITRE QUARANTE-NEUVIÈME

L'an 993 (1585) un certain personnage du nom de Elhadj Qaraqouch se mit à la tête d'une insurrection dans les montagnes de Ghomara et de Hibth. Cet homme qui prenait le titre de prince des Croyants avait débuté par être tisserand et par faire montre de piété et de vertus. Après qu'il eut été pris et tué, sa tête fut portée à Maroc.

Au mois de dzoulqaada 996 (22 septembre-22 octobre 1588) Elmansour se mit en route ; durant ce voyage, on vint lui annoncer la bonne nouvelle que les chrétiens avaient été surpris devant Ceuta. Le chef de l'expédition dirigée contre les infidèles, Ahmed Enneqsîs, s'était placé en embuscade avec un corps de cavalerie. Les habitants étant sortis de la place avec leurs enfants et leurs domestiques, les musulmans se portèrent entre les chrétiens et Ceuta et faillirent s'emparer de la ville. Ce fut au sujet de cet événement que l'auguste et éloquent secrétaire, Abou Abdallah Mohammed ben Ali Elfichtâli, récita le distique suivant qui contenait le présage de la conquête prochaine de Ceuta :

> « Voici Ceuta qui conduit son fiancé vers ton palais au milieu d'un cortège de jeunes gens et de vieillards.
> « Elle est radieuse, et toi tu es digne de toutes celles que tu soumettras après elle dans une conquête prochaine. »

Au mois de djomada II de l'année 1009 (8 décembre 1600-6 janvier 1601) il y eut une grande inondation à Fez, et, au mois de chaaban suivant (5 février-6 mars 1601), une seconde inondation, plus considérable encore que la première, détruisit des maisons et emporta, malgré son épaisseur et sa solidité, le barrage construit sur la rivière de Fez. Ce barrage avait été construit par Ahmed Elouattâsi, et ce fut au moment où il venait d'être terminé que l'imam Sidi Ali ben Haroun avait dit ces vers :

> « Dieu a bien dirigé l'esprit de ses adorateurs et, par ce barrage, il a confondu l'esprit des ignorants.

« Il a rapproché autant qu'il l'a voulu les choses éloignées. Longtemps je proclamerai la louange de Maulay Ahmed.

« Qu'elle aille ou qu'elle vienne, ma langue s'écriera : les esprits des rois sont les rois des esprits. »

C'est encore à propos de ce barrage que le cheikh, l'imam, Abou Zakariya Sidi Yahia ben Esserrâdj a dit :

« Dieu n'a-t-il pas bien guidé celui qui, dans la certitude de son jugement, a construit ce solide barrage?

« Qu'il maintienne la puissance de ce prince; qu'il assure des succès et des triomphes éclatants,

« A cet imam de l'orthodoxie, Ahmed le bien-aimé, la terreur de ses ennemis, l'appui des musulmans! »

C'est toujours de ce même travail que le cheikh, l'imam, Abou Malek Abdelouahed ben Ahmed Elouancherîsî, a voulu parler quand il a dit :

« Habitants de Fez, Dieu vous a bien inspirés en vous faisant construire ce barrage sur l'avis de Aboulabbâs, le défenseur de votre cité.

« Grâce à lui vous ferez revivre vos arbres et vos fruits en dépit des gens qui nient ses bienfaits.

« Que ce prince vive, que le bonheur ne cesse d'être à ses ordres et qu'il reçoive de toute façon le témoignage de notre sincère reconnaissance! »

Le cheikh, maître de nos maîtres, le savant jurisconsulte, Sidi Mohammed ben Saïd Elmerghîtsi, citant dans son *Fahrasa* ces paroles du Coran : « Quiconque se détournera pour ne point entendre le nom du Miséricordieux, nous le mettrons au pouvoir d'un démon qui ne le quittera pas[1], » ajoute : Il y a une admirable moralité à tirer de l'histoire surprenante et édifiante que voici. Sous le règne du sultan Aboulabbâs Ahmed Elmansour, vivait dans la ville de Maroc un homme qu'on appelait Ali Ecchemâl. Un jour des jours

---

1. *Coran*, Sourate XLIII, verset 35.

de Dieu, cet homme en rentrant chez lui aperçut un jeune nègre qui était couché sur son lit et dormait. Poussant aussitôt un cri, il chercha son sabre pour tuer ce jeune homme quand celui-ci lui dit : « Allons, un peu de calme, tu ne peux rien contre moi. » — « Et pourquoi cela ? répliqua Ali. » — « Parce que je suis un démon et que tu as été mis en mon pouvoir, répondit le nègre. » — « Et pourquoi, s'écria l'homme, m'a-t-on mis en ton pouvoir ? » — « Malheureux ! exclama le nègre, n'as-tu donc jamais entendu ces paroles du Coran : « Quiconque se détournera pour ne point entendre le nom du Miséricordieux, nous le mettrons au pouvoir d'un démon qui ne le quittera pas. » — « C'est vrai, dit Ali, Dieu le Très-Haut a dit la vérité. » Puis il se mit à réciter ces mots : « Je me réfugie auprès de Dieu, le Clément ; louange à Dieu le maître des mondes, » et il continua à réciter des prières. Durant ces invocations, le démon s'évanouit peu à peu et finit par disparaître complètement. Depuis ce moment, grâce à Dieu, Ali ne manqua pas un seul jour de réciter le Coran en entier et il devint un homme vertueux.

CHAPITRE L

DES PRINCIPAUX SECRÉTAIRES, VIZIRS, PRÉVOTS ET CADIS DE CE PRINCE

Ce prince eut de nombreux secrétaires dont le plus célèbre fut Abou Fârès Abdelazîz ben Ibrahîm Elfichtâli. Voici comment s'exprime le *Dorret Elhidjâl* au sujet de ce personnage : « Le premier ministre de la plume était Abou Fârès Abdelazîz Essenhâdji. C'était un jurisconsulte, un prosateur et un poète ; il fut l'historiographe du règne de Elmansour, et l'histoire qu'il composa comprend plusieurs volumes dans lesquels sont relatés tous les événements ayant trait à la dynastie des Chérifs depuis ses débuts jusqu'à l'époque à laquelle il écrivit son ouvrage; on y trouve le récit des batailles, des expéditions et des faits auxquels prit part cette dynastie et en outre une étude détaillée sur les splendeurs du règne de Aboulabbâs Elmansour Maulay Ahmed Eddzehebi (Dieu lui fasse miséricorde!). Elfichtâli écrivit aussi le *Meded eldjeïch* sur l'ouvrage de Ibn Elkhathîb Esselmâni, intitulé : *Djeïch ettauchîh*; une introduction sur la mise en ordre alphabétique du *Divan* de Motanebbi et de nombreuses et brillantes poésies. C'était un homme aux vues larges, à l'esprit élevé et jouissant d'un grand prestige; il maniait la plume avec une grande élégance et possédait une grande finesse d'à-propos et beaucoup d'esprit. En un mot, c'était le *chevalier* des divans et de la rhétorique. Il avait reçu les leçons d'un grand nombre de maîtres, tels que Aboulabbâs Elmendjour, Aboulabbâs Ezzemmouri, Abou Malek Abdelouâhed Elhamîdi et d'autres savants de cette époque. Il était né en 956 (1549). »

p. ١٦٠

L'auteur de *Eli'lâm* ajoute que Elfichtâli composa un commentaire de la *Maqsoura* de Elmakoudi et l'auteur du *Nefh Etthîb* rapporte qu'en parlant de ce vizir, le sultan du Maroc, Elmansour, disait : « Elfichtâli nous a rendus plus célèbres que tous les autres princes de la terre; on peut le comparer à Lisân-eddin Ibn Elkhathîb. »

Elfichtâli eut avec Elmansour l'aventure suivante : un jour qu'il avait écrit au prince pour se plaindre de ses embarras financiers, celui-ci composa le distique suivant qu'il écrivit sur la requête en manière d'apostille :

> « O secrétaire, toi qui, lorsque tu écris, plantes un véritable parterre des branches de toutes les sciences.
>
> « Voici ce que j'ai à répondre à la plainte que tu m'adresses au sujet de ta détresse : Dissipe mon chagrin! »

CHAPITRE CINQUANTIÈME

C'est-à-dire : voici de l'argent. J'ai retrouvé ce distique dans mes notes, mais je ne me souviens plus d'où je l'ai tiré. Il faut encore admirer ces vers qui ont été composés par Abou Ali Elhasen Elmesfioui et qui furent gravés sur une des constructions élevées par le secrétaire Abou Fârès Abdelazîz; ils sont rapportés dans le *Nefh Etthib* :

> « Découvre la gloire dans l'amphore de l'allégresse et fais circuler la coupe de l'amitié sans tache.
>
> « Mes faveurs se sont répandues sur ces murs splendides et les ont recouverts aux yeux du monde, d'une parure joyeuse.
>
> « Les arabesques qui sillonnent ma tunique s'entrelacent comme les paillettes d'or qui ornent la gorge des houris.
>
> « Aucun palais ne saurait atteindre au degré que je possède d'offrir la quiétude ;
>
> « Au milieu des constructions du Maroc et de sa contrée, je dédaigne Ezzaura et Elkhabour,
>
> « Car mon dôme qui s'élève merveilleux dans les airs abrite celui qui a obtenu la palme de la poésie et de la prose,
>
> « Celui qui, lorsqu'il s'empare de la plume, en fait sortir des colliers magiques qui s'étalent au milieu des lignes,
>
> « Abdelaziz, le frère de la gloire, le secrétaire d'État du calife Ahmed Elmansour,
>
> « Puisse-t-il ne cesser de vivre dans la paix et la félicité tant que les feuilles s'agiteront dans les parterres vivifiées par la rosée. »

L'auteur du *Nefh Etthib* rapporte qu'il échangea une correspondance avec ce vizir qui, d'après mon ami, l'auteur du livre *Eli'lâm*, mourut en l'année 1032 (5 novembre 1622 — 25 octobre 1623). C'est d'ailleurs la date indiquée également par le secrétaire, le littérateur Abou Abdallah Mohammed ben Ahmed Elmeklâti, dans son poème obituaire en *lam,* quand il dit :

> « La main de la prose est maintenant *desséchée*[1] ; les premiers jours de ce siècle implacable l'ont emportée. »

---

1. La date se trouve indiquée par ce mot, mais à la condition de ne point tenir compte du redoublement du ل de شلّة.

Parmi les secrétaires de Elmansour il faut encore citer :
1° Abou Abdallah Mohammed ben Ahmed ben Aïssa, l'auteur du livre ayant pour titre : *Elmemdoud oua'lmeqsour min sena essolthân Abilabbâs Elmansour*. C'est lui qui a dit :

> « Quand la fortune vous accorde quelque faveur, n'en tenez aucun compte ; ce qu'elle donne ne dure pas ;
> « N'ayez point confiance en son équité vis-à-vis des hommes, car la fortune est comme le cadi de Sodome. »

Et ce distique :

> « Quand vous obtenez une pantoufle d'un souverain, contentez-vous d'un pareil bienfait ;
> « N'ayez nulle confiance en sa justice à l'égard des hommes : la chute est toujours en proportion de la hauteur à laquelle on s'est élevé. »

2° Abou Abdallah Mohammed ben Omar Ecchaouï ; c'était un lettré et ce fut lui qui lança cette épigramme contre les notaires :

> « Les notaires que nous fournit notre époque sont aussi éloignés de l'honnêteté que de la science du notariat ;
> « Ils sont jeunes d'âges et jeunes d'intelligence. Par Dieu ! même s'il s'agissait d'un chien, il ne faudrait pas accepter leurs témoignages. »

Il composa également cet éloge de Elmansour :

> « O illustration des califes, ton pouvoir est assuré et confirmé par le triomphe de ta gloire.
> « Tes bienfaits se répandent sur toute la terre et, grâce à eux, il n'est plus parmi les hommes un seul malheureux.
> « L'Occident se drape dans les vêtements de ta bonté et l'Orient tressaille au bruit de ta gloire.
> « Verse sur moi les nuages de ta générosité qui déborde, mais aie pitié de moi et ne va pas me noyer. »

3° L'éloquent secrétaire, Abou Abdallah Mohammed ben Ali Elouedjdi, thaleb des plus illustres et grand cueilleur de fleurs de rhétorique. Il était surtout remarquable dans le style épistolaire, et j'ai vu de lui une lettre à propos de laquelle Abou Fârès Abdelazîz Elfichtâli lui décerna les plus grands éloges et fit ressortir l'élévation de ses pensées et la hauteur de son esprit. Parmi ses œuvres poétiques, je citerai la réponse qu'il adressa au jurisconsulte, Abou Zeïd Abderrahman ben Ibrahim Elmestetraï, qui lui avait proposé l'énigme suivante :

> « Je propose ces énigmes à un homme supérieur, intelligent et
> et illustre ; qu'il me montre sa profonde sagacité ;
> « Quelles sont les deux choses longues et durables qui partagent
> le temps sans commettre d'injustice ?
> « Quel est l'ami qui m'est venu après une longue attente et qui a
> juré un pacte avec chaque maladie,
> « Hôte qui n'arrivait d'aucun pays et que j'ai reçu pareil à un
> agneau sans os. »

Voici le texte de la réponse :

> « Être qui m'es cher, tu as eu un fils ; c'est là le mouton qui a
> connu le sein de sa mère ;
> « C'est là l'ami dont le visage ressemble à une personne aimée et
> dont on n'arrive qu'avec bien des peines à développer les
> les qualités.
> « Les deux choses qui sont longues sont le *nehar* qui est employé
> souvent à la place du mot *jour*.
> « Et la nuit qui est aussi large que la terre, quand durant son
> temps je suis privé de sommeil.
> « Mais c'est toi, seigneur, qui es habile à déchiffrer les énigmes.
> Puisses-tu vivre aussi longtemps que les gouttes d'eau
> tomberont des nuages ! »

Il est encore l'auteur de ce distique :

> « Que de soirées m'ont paru rapides en compagnie d'un ami et
> combien j'aurais voulu qu'elles consentissent à ne jamais finir !

« Ils sont aussi bien courts les moments d'allégresse durant lesquels on peut rencontrer un ami, à l'abri des regards indiscrets. »

p. ١٦٨ J'ai lu écrit de la main même de Ibn Elqâdhi les mots suivants : « Abou Abdallah Elouedjdi étant à Maroc au mois de rebia II de l'année 1006 (11 novembre — 10 décembre 1597), m'a récité ces vers qu'il appliquait à lui-même :

« Il s'était vêtu de jaune pour briller, ce jeune faon qui semblait s'être échappé des jardins de l'Éden ;
« Il était si beau quand il s'est montré que vous eussiez cru voir la lune au milieu d'un halo d'or. »

Il me récita également ceux-ci qui dépeignaient encore sa personne :

« Sa tunique jaune avait l'éclat du soleil qui brille et ses lueurs couvraient les joues des buveurs ;
« Quand elle se reflétait dans une coupe, l'échanson s'écriait : est-ce une pleine lune que je vois resplendir au fond de cette coupe ? »

Au rapport de *Eli'lâm*, Elouedjdi mourut en 1033 (25 octobre 1623 — 14 octobre 1624).

4° Le lettré, l'éloquent secrétaire, Aboulhasen Ali ben Ahmed Ecchami. — Les Oulad Ecchami descendent de la tribu de Khazeredj ; ils ont été apparentés par alliance avec la famille de Elmansour. — C'était un jurisconsulte érudit ; il composa de brillantes poésies dont une grande partie a été rapportée par Elmaqqari dans son ouvrage intitulé : *Feth elmo'atâl fi medh enni'âl*. Il mourut en 1032 (5 novembre 1622 — 25 octobre 1623) ; il est mentionné dans le *Eli'lâm*.

5° Le célèbre et éminent secrétaire Abou Abdallah Mohammed ben Ali Elfichtâlî, l'auteur d'un obituaire en vers rimant en *lam*[1] ; il a composé de belles poésies dont nous avons déjà cité d'importants fragments.

---

1. C'est-à-dire dont la rime était formée par la lettre *l*.

6° Enfin un personnage que l'on compte parmi les secrétaires, bien qu'il ait occupé une situation plus haute que celle de secrétaire, le jurisconsulte, le littérateur, l'incomparable, l'intelligent, Abou Abdallah Mohammed ben Yaqoub de la tribu berbère des Aït Yousi dans le Sous. Il fut certainement, à son époque, le littérateur le plus remarquable de Maroc et des autres villes de l'empire. C'était à lui que les secrétaires s'adressaient, chaque fois qu'ils avaient une dépêche difficile à rédiger, et on le consultait dans tous les cas douteux et importants. Il vous suffira du reste pour juger de sa valeur de savoir que l'imam Aboulabbâs Ahmed Baba Essoudâni a transcrit des passages entiers de cet auteur dans son *Kifâyat elmohtâdj*, qu'il en parle comme d'une autorité scientifique et qu'il en a dit ceci : « Je n'ai pas rencontré, dans tout le Maghreb, quelqu'un qui fût plus sûr, plus digne de créance, et plus érudit dans les diverses sciences que Ibn Yaqoub. »

Dans sa *Fahrasat*, Ibn Yaqoub a mis de fort beaux vers, parmi lesquels je citerai les suivants, dans lesquels il énumère les animaux qui entreront dans le Paradis :

p. ١٦٩

> « Le bélier[1] qui sera égorgé, puis la huppe messagère, l'âne de Azîz, la chamelle de Sâlih,
> « Le veau d'Abraham, la chamelle de Ahmed, le chien des Compagnons de la caverne, cet admirable aboyeur,
> « La génisse rousse de Moïse, celle dont la couleur réjouissait les yeux, enfin la fourmi qui parla et donna un excellent conseil,
> « Seront dans le Paradis, ainsi que le poisson de Jonas. Tout homme sensé devra réfléchir avant de s'attaquer à ces animaux. »

Voici qui est également de lui :

> « Pendant toute la nuit il m'a semblé que j'avais des aiguilles dans les yeux, car je veillais sans pouvoir goûter le sommeil.

---

1. Ce bélier, qui symbolise la mort, sera égorgé en présence des bienheureux et des réprouvés, aussitôt après le jugement dernier, pour bien montrer que la mort n'existant plus, les récompenses et les châtiments seront éternels.

« Je songeais à une affaire qui aurait réussi si j'avais trouvé un aide ; mais quand le but est grand, il est rare de trouver un appui. »

Aboulabbâs Ahmed ben Elqâdhi exprima la même opinion dans le distique suivant :

« A celle qui me disait : Pourquoi ne vois-je personne venir à ton aide, toi qui es étrangère et éloignée des tiens?
« J'ai répondu : Je recherche la grandeur, et quand le but est grand, il est rare de trouver un appui. »

En somme, Elmansour eut de si nombreux secrétaires que la liste complète en serait bien longue ; ce que nous en avons dit est très suffisant.

Parmi les vizirs de ce prince, l'auteur du *Dorret essolouk* cite : 1° Abdelazîz ben Saîd Elmezouâr, connu sous le nom de Ould Maulât-Ennas. Voici l'article que lui consacre le *Dorret Elhidjál* : « Abdelaziz ben Saîd ben Mansour Elouzkîti fut le compagnon de Ahmed Eddzehebi ; on l'appelait le caïd Azzouz et il commandait dans la montagne de Deren. C'était un des descendants de Mesaoud ben Ouârkàs, le caïd de Ennâsir l'Almohade à la bataille de Eloqâb[1] en Andalousie ; il était aussi connu sous le nom de cet ancêtre, l'auteur du *Raudh Elqarthás*. Abdelazîz avait une très grande ambition. Il rassembla un grand nombre d'ouvrages scientifiques et l'on prétend que sa bibliothèque contenait 50,000 volumes. Il était né à Taroudant en 956 (1549) ; sa famille, qui est établie dans la montagne de Deren, y occupe une situation importante et jouit d'un grand crédit. »

2° Mouloud, un des affranchis du précédent et 3° Ennâsir ben Ali ben Chaqra.

L'auteur du traité intitulé *Elfaouáid* rapporte que sous le

---

1. Cette bataille, dans laquelle les musulmans éprouvèrent une déroute complète, eut lieu en 1212 ; les Espagnols lui donnent le nom de bataille de *las Navas*.

règne de Elmansour, il y avait un poète appelé Eddâïm, également habile à manier l'éloge et la satire. Ce poète composa sur le caïd Ibrahim Essofiâni l'éloge suivant :

> « Au milieu des ténèbres de la nuit, il veille comme un moine et, dans l'ardeur de la mêlée, il se fait admirer à l'égal des héros. »

Il dit également en parlant du chef de la police, Mohammed ben Mohammed ben Elhasen, surnommé Elmismar (le clou) :

> « Que de glaives ont disparu emportés par le temps ! Comment, après cela, un *clou*[1] aspirerait-il à l'éternité. »

Voici comment il parle du caïd Moumen ben Molouk, le renégat :

> « Si tous les musulmans étaient comme Moumen, aucun désastre ne pourrait atteindre les musulmans. »

Parmi les prévôts de Elmansour, Ibn Elqâdhi cite : 1° Aboulhasen Ali ben Seliman Ettâmeli, fils du neveu du jurisconsulte, l'honorable Elhasen ben Otsmân. Ce personnage, dans une réponse à une question de droit, est dépeint par Sidi Abderrahman Ettlemsâni, l'habitant de Redana, comme un homme loyal, de bon conseil et un pieux jurisconsulte. On a déjà vu précédemment le portrait qui en a été donné par Elmendjoûr, dans la biographie de l'oncle de Aboulhasen qui fut un des prévôts du sultan Abou Mohammed Abdallah Elghâleb-billah. Aboulhasen fut le premier de sa famille qui vint habiter Elmouâsîn[2], et c'est de lui que parle le jurisconsulte, le subtil, l'intelligent Seliman ben Ibrahîm ben Seliman, en disant :

> « Par Dieu ! tes pieds n'ont foulé le sol de Maroc et tu n'as traversé un jour ses jardins,

---

1. Ou *Mismâr* qui est son synonyme en arabe.
2. Un des quartiers de la ville de Maroc.

« Que pour faire les grandes choses que tu concevais et ressembler par là aux habitants de Elmouâsin. »

Quant aux cadis de Elmansour, on cite : à Maroc, le jurisconsulte, le cadi Aboulqâsem ben Ali Ecchâthibi qui exerça durant de longues années ses fonctions judiciaires ; ce fut à lui que le jurisconsulte, le littérateur, le prosateur et poète, Abou Fârès Abdelazîz ben Mohammed Elfichtâli, adressa les vers suivants :

« On a élevé aux fonctions de cadi, à Maroc, un jurisconsulte d'un esprit remarquable ;

« Il console ses concitoyens ; il est généreux pour l'étranger et il rend des sentences qui ne sauraient être réformées.

« Il n'a aucun défaut. Si, pourtant, car il se laisse dominer par une femme, sa maîtresse ;

« C'est elle qui le gouverne : il lui obéit alors qu'elle refuse de céder à ses ordres.

« A ce propos je vais lui citer ce vers d'un ancien, à lui qui sait manier la rime :

« Plût au ciel qu'il ne fût pas cadi et que ce fût elle qui rendit la justice ! »

Aboulqâsem répondit :

« O Abdelaziz, toi qui as tous les défauts, ne crains-tu pas, malheureux, de t'exposer à de graves périls.

« Fumier que tu es, convoiterais-tu donc mes fonctions, toi qui ne sais pas même les règles de la prière !

« Ne te souviens-tu plus du temps passé, alors que toi et ta fiancée vous viviez au milieu des archers ;

« Tu leur servais parfois de proxénète, parfois aussi tu leur faisais abandon de ton corps.

« Sois-donc comme ton sacripant de père qui fréquentait les rebelles et éloignait de lui les gens honnêtes.

« Garde-toi de t'occuper à l'avenir de mes fonctions, car avec ma langue je brise les plus durs cailloux. »

Ecchâthibi mourut en 1002 (27 septembre 1593 — 16 septembre 1594). Son successeur fut Abou Abdallah Mohammed ben Abdallah Erregragui, connu sous le nom de Boû Abdelli. C'était un des savants les plus remarquables de son époque; dans les controverses qu'il soutint contre les savants de Fez, il eut toujours gain de cause. Il mourut en 1022 (21 février 1613 — 11 février 1614). La date de sa mort est donnée dans ce vers de l'obituaire, rimant en *lam*, de Abou Abdallah Elmiklâti :

> « Quant à Ibn Abdallah *ses pareils*[1] sont rares; quel admirable cadi et quel homme juste et vertueux! »

A Fez, Elmansour eut pour cadi, le jurisconsulte, le savant éminent, Abou Malek Abdelouâhed ben Ahmed Elhamîdi. Ce magistrat connaissait à fond le *Mokhtasar* de Sidi Khelil; ce livre faisait la base ordinaire de son enseignement qui comprenait en outre diverses autres sciences. Il commença à exercer ses fonctions sous le règne du sultan Abou Mohammed Abdellah Elghâleb-billah, en l'année 970 (31 août 1562 — 21 août 1563). Pour se venger de lui, le sultan Elmoatasem le fit un jour mettre en prison et l'y laissa un certain temps. Elhamîdi dépêcha ses enfants auprès de Sidi Redhouân, le priant d'intercéder en sa faveur auprès du sultan Elmoatasem. Sidi Redhouân, par un distique écrit de sa main, répondit au cadi pour l'engager vivement à solliciter sa grâce, en se réclamant seulement de la protection du Prophète et de sa haute influence : le Prophète étant, disait-il, en quelque sorte la porte de Dieu. Voici ce distique :

> « Dans les circonstances graves et dans les dangers, ne faites appel qu'à l'homme énergique, à celui qui peut dire en présence du péril : Me voici.
> « Tourne donc bride, frappe à son palais, demande-lui son appui, ô mon frère, et entre dans la maison par la porte. »

Le cadi se conforma à cet avis ; il s'adressa directement

---

1. Le mot شبيهه forme le chronogramme et donne la date de 1022.

à son maître et aussitôt la délivrance survint. Ce fut dans le même ordre d'idées que Sidi Redhouân composa ces vers ;

« Lorsque vous implorez un homme généreux au nom de son ami, il rougirait de ne point accéder à votre demande.

« Or qui donc est plus généreux que toi, ô Maître de l'univers, et qui pourrait être ton ami plus que celui qui est né parfait,

« Le Prophète Mahomet. Honneur donc à lui qui est le seigneur des hommes d'aujourd'hui, comme il l'a été de ceux d'autrefois. »

J'ai lu dans le texte autographe du *Djedzouet eliqtibás* de Ibn Elqâdhi, ces mots que l'auteur avait rayés à l'encre rouge : « Abdelouâhed ben Ahmed Elhamîdi, le jurisconsulte, qui fut cadi de la ville de Fez, était très versé dans la connaissance des doctrines de Ibn Malek. Néanmoins il ne tenait aucun compte des lois de la religion mahométane et les rejetait derrière son dos, jugeant, malgré sa science, d'après ses propres caprices, sans s'inquiéter de ce qu'il faisait : lui et ses assesseurs gagnèrent ainsi des sommes si considérables qu'il serait impossible de les évaluer. Quand il mourut, mon ami, le vizir Abderrahman ben Ibrahîm Elyestetsni, composa pour la circonstance le distique suivant :

« Elhamîdi et sa bande ont disparu, ainsi que les funestes jours de son autorité ;

« Il est mort, sa balance sera légère ; il est allé rejoindre sa mère dont l'enfant a été maudit. »

p. ١٧٣ Ce cadi, Elhamîdi était un lettré et un poète remarquable. Voici quelques-uns de ses vers :

« Quiconque n'espère pas que sa science lui survivra est mort, alors même qu'il est encore en vie.

« C'est la science qui fait que l'homme existe sa vie durant ; ce sont les éloges qu'elle lui procure, lorsqu'il est mort, qui le font revivre. »

Parlant d'un thaleb connu sous le nom de Otsmân Eddzeb-dzoub, qui était un grand amateur de discussions, il dit :

> « La voix de Otsmân, dans les assemblées, rappelle la voix d'un rossignol des boucs.
> « Il n'a ni intelligence, ni jugement et tout ce qu'il mérite, c'est de recevoir des coups de nerfs de bœuf. »

Parlant d'un autre thaleb, connu sous le nom de Elhammam à qui on avait volé ses vêtements dans un bain, Elhamîdi s'écria :

> « Il fallait voir marcher Elhammam sortant tout nu du bain ;
> « Son crâne était blanc comme la zédoaire et sa démarche rappelait celle d'un lion. »

Il mourut en 1003 (16 septembre 1594-6 septembre 1595). Il eut un conflit avec Elmendjoûr ; aussi un jour que le sultan Elmansour avait chargé Elmendjoûr de présider la prière, Elhamîdi refusa à ce dernier l'entrée du *mihrâb*. — « Laisse-le entrer, dit le sultan, car il est ton supérieur par la science. » — « Si sa science lui assure la première place, répliqua Elhamîdi, sa basse extraction lui donne le dernier rang. » Dieu leur accorde à tous son pardon !

Quant au cadi de Tombouctou dans le Soudan, ce fut Abou Djaafar Omar ben Elâqeb Essenhâdji ; il exerça en qualité de grand-cadi du Soudan et de ses dépendances.

CHAPITRE LI

DU FILS DE ELMANSOUR, SON HÉRITIER PRÉSOMPTIF, ABOU ABDALLAH MAULAY ELMANSOUR, SURNOMMÉ ECCHEIKH

Ainsi qu'on l'a vu précédemment, Abou Abdallah Mohammed Eccheikh Elmamoun, l'héritier présomptif de Elmansour, avait, du vivant de son père, exercé longtemps les fonctions de gouverneur de Fez et des provinces du Maghreb qui sont voisines de cette ville. Elmansour avait pour ce fils une vive sollicitude ; son désir de le voir arriver au pouvoir était si grand qu'il n'apposait jamais son cachet sur le moindre petit sac d'écus du trésor sans dire : « Dieu fasse que ce cachet soit rompu par la main d'Eccheikh ! » Il espérait, en effet, que ce fils lui succéderait et gouvernerait comme lui ses sujets ; mais le destin immuable et préétabli en avait décidé autrement et comme l'a dit le poète :

> « L'homme n'arrive pas à tout ce qu'il souhaite ; les navires ne sont pas toujours poussés par les vents qu'ils désireraient avoir. »

J'ai lu la lettre suivante, adressée par Elmansour au prince héritier :

« De la part de l'adorateur de Dieu, de celui qui combat dans la voie du Seigneur, l'imam, le prince des Croyants, Aboulabbâs Elmansour-billah, fils du prince des Croyants, Abou Abdallah Mohammed Eccheikh Elmahdi, le Chérif hassanien. Dieu, par sa puissante protection, consolide son autorité et fasse à ses troupes la faveur et la grâce de les rendre victorieuses ! A notre fils, notre héritier présomptif, le prince très glorieux, très cher, très éminent, Baba Eccheikh, que Dieu vous fasse atteindre la perfection et vous accorde dans ce monde et dans l'autre la réalisation de vos vœux ! Le salut soit sur vous avec la miséricorde de Dieu et ses bénédictions !

« Ensuite, nous vous adressons la présente lettre de la ville de Maroc (Dieu la protège ! rien ne la défendra mieux que les bonnes œuvres accumulées par notre souverain, grâce à Dieu à qui nous adressons toutes nos louanges.) Nous avons dû vous écrire (Dieu veille sur vous et vous favorise !) parce que nous avons appris que vous aviez engagé là-bas, à votre service, un certain nombre de personnes des Oulâd Telha, entr'autres, les neveux de Ali ben Mohammed et ceux de Mohammed ben Molouk, en leur assignant comme salaire une somme d'environ 5000 pièces. Quel avantage pensez-vous donc retirer des services de gens pareils, que vous vous soyez engagé dans une dépense aussi considérable ? Tout au contraire, il ne pourra résulter de tout cela que des inconvénients certains, et cette forte dépense ne profitera en rien, ni à vous-même, ni au pays.

« Si, en ce qui concerne ces Oulâd Talha, vous avez voulu suivre nos errements et imiter notre conduite, parce que nous avions nous-même pris ces gens à notre service, souvenez-vous que vous et moi nous nous sommes trouvés dans des circonstances tout à fait différentes. D'abord la ville de Maroc n'est point dans les mêmes conditions que la ville de Fez : ici, ces gens étant éloignés de leur pays, pouvaient rendre des services qu'ils ne sauraient rendre chez vous. Nous connaissons d'ailleurs bien ces populations ayant été dans leur pays. Ils nous avaient demandé à nous-même de les employer alors que nous étions chez eux et, à ce moment, nous n'avions pu faire autrement que de nous engager à les prendre ; aussi, quand ils sont venus nous trouver au jour dit et réclamer l'exécution de notre promesse, il nous a été impossible de ne pas faire droit à leur réclamation ; mais alors nous avons mis comme condition qu'ils résideraient à Maroc. C'est sous cette réserve que nous avons admis un certain nombre d'entr'eux à servir dans nos rangs et, malgré cette restriction, nous avons éprouvé les plus vifs regrets d'avoir pris cette mesure. Nous avions commis une faute et le mieux eût été de les traiter généreusement et de ne point les employer.

« Pour vous, vous n'aviez pas les mêmes ménagements à garder, car vous n'étiez lié par aucune promesse antérieure qu'il vous fût obligatoire de tenir ; vous pouviez donc les écarter en nous demandant notre autorisation et notre avis, car alors nous vous aurions dégagé aisément, en mettant pour condition qu'ils serviraient ici à Maroc, condition que nous avions imposée à ceux d'entr'eux que nous avions employés nous-même. En conséquence, nous vous recommandons instamment de les licencier et de ne garder absolument aucun de leurs cavaliers à votre service, pas même un de ceux dont nous avons parlé, enfin de n'employer aucun homme des Oulâd Talha. Nous vous donnons l'ordre de les éloigner et de leur dire que le sultan vous défend de les garder à votre service à Fez et, pour dégager votre responsabilité vis-à-vis d'eux, vous leur ferez lire la lettre que nous joignons à celle-ci. Toutefois, évitez de les froisser par des paroles dures ; recevez-les, au contraire, avec bonté, ne cessez pas de leur montrer un visage riant et affable, mais fermez bien la porte à toutes leurs espérances.

« Ce qui est plus grave que tout cela et qui nous paraît si difficile à supporter que nous nous refusons à le croire, c'est la découverte que nous avons faite que les Oulâd Talha, Ali ben Mohammed et ses contribules, sont au courant de toutes vos affaires. Nous nous sommes aperçu, en effet, qu'ils avaient certainement là-dessus des informations plus complètes que celles possédées par l'un quelconque de vos plus hauts fonctionnaires, qui pourtant sont nos concitoyens et font partie de notre entourage intime. Tandis que ceux-ci sont discrets et ne cherchent à approfondir que leurs propres affaires, les autres ne songent qu'à connaître nos forces et les secrets de notre gouvernement ; pourtant ce sont ces derniers que vous avez pris pour confidents et pour amis ; vous les tenez au courant de votre situation, de vos affaires, alors que ces gens-là habitent toujours le territoire de nos ennemis et sont sous leur dépendance. Dès qu'ils savent quelque chose sur nos besoins, nos décisions ou nos projets, les Turcs en sont immédiatement avisés et avec autant d'exactitude que s'ils étaient au milieu de nous et prenaient directement leurs informations.

« En admettant que les Oulâd Talha aient pour vous les meilleures dispositions, ce sont toujours des Arabes, c'est-à-dire des gens qui ne gardent rien pour eux des choses qu'ils savent et qui, ne sachant distinguer ce qu'on doit céler de ce qu'on doit divulguer, ne sont plus maîtres d'eux dès qu'il s'agit de parler et de bavarder. Enfin, c'est pour nous une question brûlante, qui nous déchire les entrailles et nous torture le cœur. Ignorez-vous donc que l'on cherche à cacher certaines choses des plus insignifiantes aux étrangers, même quand ce sont des amis les plus intimes ou des parents les plus proches.

« Ne savez-vous pas aussi qu'un jour notre frère, Baba Mansour, ayant une chose de très minime importance à demander à notre frère, Baba Abdallah, et remarquant la présence dans la salle d'audience de Mansour ben Elmezouâr, n'osa pas, par délicatesse, adresser sa demande avant d'avoir consulté son voisin pour savoir si ce ne serait pas mal à lui de parler en présence de Elmezouâr. Or son voisin qui était le caïd Dahho ben Feredj lui répondit par ces mots : « Cet homme est un étranger, ne demandez rien devant lui. »

« Eh bien, ce Mansour ben Elmezouâr était un des serviteurs les plus fidèles et les plus intimes de nos pères; il était de nos familiers et de notre entourage à cause de la haute estime que nos prédécesseurs lui avaient accordée. C'était en outre un ennemi des Turcs qu'il avait souvent combattus en personne. Il avait pris part avec notre frère, Baba Hammou Elharrân, à tous les grands combats qui avaient été livrés sur le territoire des Turcs et ailleurs, à l'époque de la conquête du Maghreb central; il avait ensuite accompagné Baba Abdelqâder, partageant avec lui sa bonne et sa mauvaise fortune. Lorsqu'il vint de Tlemcen, il amena ses enfants et fit le voyage à pied comme Baba Abdallah, qui lui aussi amena ses enfants, et comme bon nombre de nos fidèles de cette contrée. Il continua toujours de servir avec zèle et dévouement et acquit ainsi une haute considération auprès de nos prédécesseurs. Remarquez en outre qu'il fut un de ceux qui obtinrent le commandement de Taza et plus tard du Fahs, deux commandements qui n'ont jamais été confiés qu'à des serviteurs intimes dont l'affection, le zèle et le dévouement étaient assurés. Son affection, sa loyauté, son abnégation et son désintéressement étaient si grands que, lors de l'entrée du chef des Turcs Salah-Raïs à Fez, il quitta cette ville avec ses enfants et se rendit ici auprès du sultan, comme le firent tous les gens de Fez. Et lorsque nous-même nous entrâmes dans cette ville, venant de la direction de l'orient, les habitants de Fez suivirent le chef du Djebel à Maroc, sans jamais s'inquiéter dans ces circonstances de ce qu'on pouvait dire d'eux.

« Voilà le personnage devant lequel on éprouvait de la honte à formuler une demande des plus simples, sous ce prétexte que c'était un étranger. A plus forte raison devrait-on user d'un pareil procédé à l'égard de gens qui n'ont jusqu'à ce jour cessé de vivre sur le territoire ennemi et d'y passer leurs jours et leurs nuits. Et ce sont pourtant ces hommes-là avec qui vous vous mêlez et que vous mettez au courant de toutes vos affaires, au point qu'ils en sont arrivés à connaître tout ce qui vous touche. C'est là une chose qui nous met hors de nous.

« Un autre point nous a aussi vivement irrité et nous nous demandons comment un étranger a pu arriver à un tel résultat. Ainsi Ali ben Mohammed, causant un jour avec nous, s'est mis à faire l'éloge de votre bravoure, de votre sang-froid dans les combats, de votre générosité à l'égard des malheureux, puis il a ajouté : « Il manque de cavalerie, car « il n'a pu en mettre en ligne, ni dans la première, ni dans la « seconde de ses expéditions. Les tribus qui ont de la cavalerie « ont refusé de marcher avec lui. » Ce discours nous a vivement irrité et nous nous sommes demandé comment un étranger pouvait être si bien renseigné. Aussi n'avons-nous trouvé autre chose à répondre que de réfuter ce qu'il avançait, de dire le contraire de ce qu'il supposait et d'attribuer ce fait à votre négligence, afin de ne pas lui laisser croire, comme je voyais bien qu'il le pensait, que le pays était dépourvu de cavalerie.

«Notre fils, lui avons-nous donc dit, n'a rien donné à ces « tribus ; il s'est au contraire montré généreux envers des gens « qui ne le méritaient point, envers de misérables caïds bien « connus pour manger l'argent des autres sans souci des inté-« rêts de l'État ou même à son détriment. S'il avait répandu « ses libéralités sur ces tribus, elles se seraient groupées « autour de lui. En effet les Oulâh Mothâ ont environ 3,000 « chevaux ; les Oulâd Abou Azîz, 1,500 ; les Azfi, les Oulâd « Imrân, les Abda, les Chiâdhema, les Oulâd Bou Râs, les « Ahmer, les Monâbaha commandés par Saïs et les Monâbaha

« placés sous les ordres de Omar ben Mohammedben Abbou
« ont également de la cavalerie. » Et nous nous mîmes à lui énumérer toutes les tribus du Sous et celles de Maroc en indiquant le nombre de leurs chevaux, nombre qui l'étonna. « Si
« notre fils, ajoutâmes-nous, avait été équitable à l'égard de
« ces tribus, il aurait pu mettre en mouvement 16,000 de leurs
« cavaliers ou même davantage; il aurait pu en couvrir toute
« cette contrée et les répandre sur sa surface comme se répan-
« dit le flot d'Arim[1], aussi bien dans sa première que dans sa
« seconde expédition. Si même il leur avait envoyé des recru-
« teurs et des archers, il aurait pu marcher à l'ennemi avec des
« forces telles que personne n'aurait pu lui résister ou échapper
« à ses coups. » En conséquence, nous vous recommandons et
vous invitons instamment à vous tenir sur la plus grande
réserve avec tous ces gens, à ne point leur laisser pénétrer
le secret de vos affaires et à ne point les tenir au courant de
votre situation. Ne soyez plus si négligent en pareille matière.

« Nous avons également appris que malgré leur récente
révolte et leur turbulence, tous les Kholth formaient un corps
de fusiliers sous les ordres de Moustafa. Voilà donc ces gens
en possession de fusils et d'armes à feu, eux qui naguère
encore, lorsque nous luttâmes contre eux, n'avaient d'autres
armes que des épieux. Vous est-il permis vraiment de leur
témoigner une pareille tolérance, alors que ces événements
ne se sont pas passés, assez loin de vous, pour que vous en
ayez seulement entendu parler, ni produits à une date assez
éloignée pour que vous les ayez oubliés, car ils datent d'hier;
vous les avez vus, vous y avez pris part; comment pourriez-vous les avoir oubliés, quand les blessures qu'ils ont faites
ne sont pas encore guéries. Le caïd Moumen qui vient de se
révolter ne s'est pas réfugié ailleurs que chez ces gens-là.

---

1. Allusion à la rupture du célèbre barrage de Arim, dans le Yémen.

Nous insistons donc pour que vous vous priviez des services des Kholth et que vous n'écoutiez plus les avis de Moustafa, ni d'aucun d'autre sur ce point.

« On nous a encore rapporté que les caïds turbulents des Oulâd Hoseïn, qui sont auprès de vous, ont établi leur campement de la porte de Elkhemîs à Dâr-Debibegh[1]. On dirait vraiment que vous avez aussi oublié la conduite que tenaient, hier à peine, les Oulâd Hoseïn qui pillaient le pays, allumaient le feu de l'insurrection et ravageaient la contrée, puisque vous les laissez s'établir en cet endroit. Aussitôt que vous recevrez la présente lettre, vous ferez arrêter tous ces caïds rebelles et, en particulier, Ahmed ben Abdelhaqq des Oulâd Yahia ben Ghanem dont le père était chambellan du Mérinide, car c'est lui qui est le principal fauteur de tous ces désordres. Vous ne laisserez pas même une aile à ces tribus et pour accomplir cette tâche contre ces gens-là et leurs pareils, qui leur ont prêté la main, vous donnerez au caïd Moumen ben Molouk mille fusiliers supplémentaires. Tous ces soldats, que vous gardez là-bas, ne s'occupent qu'à jeter le trouble dans la ville et chaque jour vous avez à enregistrer quelque meurtre inutile. Leur départ sera donc un excellent moyen d'empêcher leurs excès et permettra de tirer d'eux le meilleur parti possible.

« En ce moment vous n'avez pas un seul secrétaire digne d'un personnage tel que vous et capable de rédiger votre correspondance. Parfois vos lettres sont tracées avec une écriture convenable, mais par quelqu'un qui n'est pas au courant des règles du style ; le plus souvent l'écriture est indéchiffrable et le rédacteur un ignorant. Étant notre représentant et notre héritier présomptif, il peut vous arriver en cette qualité de recevoir des lettres de tout le monde, du dey

---

1. Nom d'une localité dans la banlieue de Fez.

d'Alger, du souverain de Tunis, même du sultan des Turcs ou des souverains chrétiens. A un moment donné, tous ceux qui nous écrivent peuvent avoir à vous écrire aussi ; il est donc nécessaire que vous soyez à même de répondre d'une façon convenable à quiconque s'adressera à vous. En outre votre secrétaire doit être une personne sur la discrétion de qui vous puissiez compter. En conséquence, il vous faut faire choix d'un caïd de camp, d'un chambellan, d'un secrétaire d'État, d'un Conseil et d'un prévôt comme celui que nous avons, Sidi Ali ben Selimân.

« Nous devons aussi appeler votre attention sur cette question des caïds qui cherchent à vous imposer la charge de leurs enfants. C'est ainsi, par exemple, que vous avez pris à votre service les enfants et les frères du caïd Barka et que vous leur avez attribué une somme de 500 onces. Nous insistons vivement pour que vous n'employiez plus personne de cette famille, car si nous avons donné Salé au caïd Barka, c'était uniquement pour qu'il y emmenât ses enfants et ses frères. Il faudra agir de la même façon à l'égard de tous ceux à qui nous avons donné, comme à Barka, une fonction, ou que nous avons investis de la charge de caïd. Gardez-vous surtout d'enrôler, parmi les fusiliers, les gens des montagnes qui ne pensent qu'à bien manger et à s'enrichir ; il n'en faut prendre aucun, car, sachez-le bien, en agissant ainsi, c'est comme si vous vouliez qu'ils ne vous paient plus d'impositions, ni maintenant, ni plus tard. Si vous avez besoin de recruter des hommes, vous pouvez les choisir, par exemple, dans le Sous, le Draâ ou à Maroc et, avec eux, vous n'aurez rien de semblable à redouter ; si vous n'en trouviez pas là et qu'il fallût absolument vous adresser ailleurs, prenez alors des habitants de la ville de Fez, mais jamais d'autres. D'ailleurs, comme nous avons à notre service un très grand nombre de fusiliers du Sous, si vous désirez en avoir, vous n'aurez qu'à nous le faire dire et nous les mettrons aussitôt à votre disposition.

« Nous vous recommandons instamment de répondre point par point sur toutes ces questions et de nous envoyer, s'il plaît à Dieu, votre réponse par le serviteur qui vous remettra ces lignes; nous y tenons absolument. Telles sont les questions qui ont motivé l'envoi de cette présente lettre. Dieu, dans sa grâce, veille sur Votre Grandeur. Salut. Le 1er de djomada Ier de l'année 1011 (17 octobre 1602).

CHAPITRE LII

VOYAGE DE ELMANSOUR DE MAROC A FEZ ET DES MOTIFS QUI LE PROVOQUÈRENT

On a vu précédemment que Eccheikh Elmamoun ben Elmansour avait été nommé lieutenant de son père pour le district de Fez. Il menait là une conduite déplorable et son administration était funeste à ses sujets. Débauché, d'un caractère ignoble, Elmamoun était passionné pour l'amour contre nature et s'adonnait à la boisson ; il était en outre sanguinaire et indifférent à toutes les choses de la religion, prières ou autres pratiques. Aussitôt que sa perversité et ses vices avaient été connus du peuple, un des vizirs de son père, le caïd Ibrahîm Essofiâni, lui avait adressé une première fois des remontrances sur son odieuse conduite, mais Elmamoun n'avait tenu aucun compte de ces observations et avait persisté dans ses débauches. Plus tard, Ibrahîm ayant renouvelé ses reproches et ses admonestations, le prince lui fit administrer un poison aux effets duquel il succomba bientôt.

Le sultan avait un autre grief contre son fils ; un de ses secrétaires, Abou Abdallah Mohammed ben Aïssa, dont il a été question déjà ci-dessus, avait été arrêté par Elmamoun qui lui avait imposé une forte contribution, lui avait ravi ses trésors et s'était emparé de tous ses biens ; il lui avait même pris quatre-vingts boîtes incrustées d'or et cent ballots de drap de diverses couleurs. Enfin, ces exactions devenant plus nombreuses, et des plaintes arrivant de tous côtés, le sultan écrivit à son fils d'avoir à cesser ses excès et à réprimer ses malversations et ses abus de pouvoir. Mais tous ces reproches ne firent qu'exciter Elmamoun.

Voyant que son fils méconnaissait ses ordres, qu'il ne mettait aucun frein à sa cupidité et à sa tyrannie, Elmansour se décida à aller lui-même à Fez, afin de trouver un moyen de le ramener à de meilleurs sentiments. Dès que Eccheikh connut ce projet, il rassembla ses troupes, arma ses milices, donna à ses compagnons des avances d'argent et mit son monde sur le pied de guerre. Son armée s'élevait, dit-on, au chiffre de 22.000 hommes, tous vêtus de costumes de drap et de soie et présentant un ensemble magnifiquement équipé et d'un aspect superbe. Il avait dessein, aussitôt qu'il apprendrait le départ de son père de Maroc, de gagner Tlemcen à la tête de ses troupes et de demander protection aux Turcs. Mais Elmansour, ayant appris les projets de son fils Eccheikh de se rendre à Tlemcen, différa son départ de Maroc et lui intima, en termes d'ailleurs affectueux, de ne point donner suite à ses idées. Il lui conféra en même temps le gouvernement de Sidjilmassa et du Draâ, en faisant abandon en sa faveur des revenus de ces deux provinces : « Nous vous laissons, ajoutait-il, tous ces revenus et ne vous en demanderons jamais aucun compte. » Tout cela était fait dans le but de calmer l'excitation de ce fils et de le ramener à de meilleurs sentiments.

CHAPITRE CINQUANTE-DEUXIÈME

Eccheikh parut se soumettre aux ordres de son père ; il se mit un jour en route pour Sidjilmassa, mais à peine avait-il fait quelques pas hors de Fez qu'il rentra dans cette ville où il se livra à ses anciens errements. Elmansour lui dépêcha alors des notables et des ulémas de Maroc qui, par des exhortations, de sages conseils et aussi par des menaces de la malédiction paternelle, firent les plus grands efforts pour retenir Elmamoun dans ses débordements. Celui-ci écouta d'un air distrait tous ces avis, bien décidé à n'en tenir aucun compte ; toutefois il se montra bien disposé à ne plus chercher à se soustraire à une rencontre avec son père et, en apparence du moins, il modéra ses habitudes vicieuses. Revenus à Maroc, les notables et les ulémas annoncèrent au sultan que son fils s'était amendé, qu'il se conduisait mieux, qu'il était très calme et résolu dorénavant à écouter ses ordres et ses défenses.

Elmansour ne fut nullement rassuré par ces paroles : « C'est là, dit-il, un amendement qui, selon toutes probabilités, est perfide et mensonger ; ce n'est pas un retour véritable à de meilleurs sentiments. » Peu de temps après cela, Elmansour donna l'ordre à son fils Zîdân, qui était son lieutenant à Tadela, d'envoyer cent cavaliers sur la route de Taqbâlet, avec mission de faire retourner en arrière quiconque se trouverait là, allant de Maroc dans la direction de la province de Gharb ; il expédia, avec des instructions semblables, son affranchi, Mesaoud Eddouran, occuper la route de Salé. Laissant alors à son fils, Abou Fârès, le commandement de Maroc, il quitta cette ville à la tête de 12.000 cavaliers.

Parti de Maroc dans la première décade du mois de djomada Ier de l'année 1011 (17-27 octobre 1602), le sultan, pressant sa marche, mit quelques jours à peine à atteindre Eddâroudj, localité voisine à la fois de Fez et de Méquinez.

Eccheikh, durant ce temps, ignorait la marche de son père et les desseins qu'il nourrissait contre lui. Un jour qu'il avait envoyé des gens guetter les voyageurs qui venaient de Maroc et s'informer auprès d'eux de ce qui se passait, ces espions furent tout surpris de voir les plaines envahies par un flot de nobles coursiers et des troupes déboucher des sommets des ravins et se répandre dans le fond des vallées. Grâce, en effet, à la précaution prise par Elmansour d'intercepter les communications, ils étaient restés sans nouvelles. Ils revinrent en toute hâte vers Eccheikh, la frayeur agitant leurs membres et les rendant incapables d'aucune résolution; ils lui firent part de l'étonnante surprise qu'ils venaient d'éprouver et lui racontèrent ce qu'ils avaient vu.

Se voyant cerné de tous côtés, Eccheikh n'eut d'autre ressource que d'essayer de fuir; il monta donc aussitôt à cheval et alla se réfugier dans la zaouïa du bienheureux ouâli Abou Eccheta, dans le district de Fichtala, près de la rivière de Ouergha. Ce saint Abou Eccheta était mort dix-huit ans environ avant cette époque, car, selon le *Mirât*, il serait mort en 997 (20 novembre 1588-10 novembre 1589). Eccheikh s'établit dans la zaouïa avec ses courtisans, ses compagnons de débauche et leurs ignobles acolytes.

Instruit de ce fait, Elmansour expédia à la zaouïa le pacha Djouder ainsi que le caïd Mansour Ennebîli, après avoir juré, par les serments les plus solennels, qu'il leur ferait subir un châtiment exemplaire s'ils ne lui ramenaient point son fils. Les deux personnages se rendirent auprès de Eccheikh, mais celui-ci, ayant refusé de se livrer entre leurs mains et s'étant retranché dans la zaouïa avec ses compagnons, une lutte très vive s'engagea; enfin, après des péripéties qu'il serait trop long de raconter, ils réussirent à s'en emparer. Elmansour ordonna alors d'emprisonner son fils à Méquinez puis, quand cet ordre eut été exécuté, il se rendit dans la résidence royale de Fez la Neuve. Il rendit grâce à Dieu du succès qu'il venait de lui faire remporter sans effusion de sang et, à cette occasion, il répandit d'abondantes aumônes.

Elkheizourân, la mère de Eccheikh, s'adressa aux notables de Maroc, qui étaient venus avec Elmansour, et les pria d'intercéder auprès de ce dernier en faveur de son fils, en fournissant au nom de celui-ci toutes les excuses qui seraient de nature à apaiser le courroux du sultan. Les notables allèrent trouver Elmansour et le supplièrent d'user d'indulgence et de pardonner à son fils : « Eccheikh, dirent-ils, a pris devant Dieu l'engagement de renoncer à ses projets ; il se repent de tout ce qu'il a fait et sera dorénavant vertueux. » — « Allez à Méquinez, répondit le sultan ; informez-vous exactement de la situation actuelle, voyez s'il a renoncé à ses turpitudes et si, oui ou non, il a rompu avec ses anciens errements. » Quand les notables se trouvèrent en présence de Eccheikh, ils constatèrent qu'il était plus pervers que jamais et ils furent même témoins de choses si ignobles de sa part, que la langue se refuse à les décrire. Dans l'entretien qu'ils eurent avec lui, dans la prison, Eccheikh ne leur demanda rien autre chose que des nouvelles de ses familiers et de ses horribles compagnons de débauche ; il ne manifesta de regrets qu'à l'occasion de cette triste engeance qu'il tenait seule en estime.

Parmi les notables que Elmansour envoya une première et une deuxième fois à son fils, on cite les Oulâd Sidi Abou Omar Elqastheli, les Oulâd Sidi Abdallah ben Sâsi, les Oulâd Sidi Yahia ben Bekkâr, etc... A leur retour de Méquinez, comme Elmansour les interrogeait sur le résultat de leur mission, quelques-uns d'entre eux eurent l'hypocrisie de dire qu'ils avaient trouvé Eccheikh plein de remords et de repentir de ce qu'il avait fait. Mais l'un des Oulâd Abdallah ben Sâsi prenant la parole s'écria ; « Par Dieu ! je ne veux rien dissimuler devant Dieu, ni tromper en face le prince des Croyants. Vous ne pouvez désormais, ajouta-t-il, confier aucun pouvoir à votre fils, ni le mettre à la tête des créatures de Dieu, car l'avons trouvé toujours animé de ses instincts pervers ; ses sentiments sont mauvais, ses intentions coupables ; il n'éprouve pas le moindre remords de ce qui s'est passé, et il n'a renoncé ni à ses turpitudes, ni à ses débordements. »

En entendant ces mots, les assistants gardèrent tous le silence. « Que faire de cet enfant, demanda Elmansour, donnez-moi votre avis. » Personne n'osa répondre, excepté le pacha Abdelazîz ben Saïd Elouzkîti qui prit la parole en ces termes : « Mon avis, dit-il, est que vous devez mettre à mort cet enfant, car il est incorrigible et il ne faut rien espérer de bon ou de bien de lui ; si j'en parle ainsi c'est que je l'ai vu à l'œuvre. » Le conseil ne fut pas goûté de Elmansour qui s'écria : « Comment pourrais-je faire périr mon fils ! » Toutefois, il donna l'ordre de garder très étroitement Eccheikh et de rendre son emprisonnement plus rigoureux, puis il quitta la ville pour aller camper à Dahr Ezzaouïa et de là gagner Maroc. Il laissa son fils Zîdân en qualité de lieutenant à Fez et, de son camp, écrivit à son fils Abou Fârès auquel il avait laissé le commandement de Maroc. Voici, en entier, la lettre qu'il lui adressa et par laquelle il l'instruisit de tout ce qui s'était passé :

« A notre fils, le très illustre, le très sympathique, l'éminent, l'excellent, le très glorieux, l'auguste, le très fortuné, le glorieux Baba Abou Fârès. Dieu vous récompense de votre perfection et exauce vos vœux ! Le salut soit sur vous avec la miséricorde de Dieu et ses bénédictions ! Ensuite :

« C'est de Elmosteqa, où nous sommes avec notre armée fortunée, que nous vous écrivons la présente lettre. Le seul événement dont nous ayons à vous entretenir est celui que la Destinée a fait éclater et que le Suprême Agissant a décidé, une de ces terribles calamités que le Sort envoie nuit et jour, je veux dire l'affaire de votre frère qui, par ses péripéties, a bouleversé le fond de mon être et a menacé ma sécurité. Toutefois Dieu, dans sa bienveillante assistance, après nous avoir secouru d'abord, nous a ensuite complètement délivré. Qu'il en soit loué éternellement et qu'il reçoive les témoignages de la reconnaissance que nous lui devons.

« Voici maintenant quelques détails sur cette affaire (Dieu vous protège et vous préserve de tout mal!). Nous avions essayé de ramener votre frère dans la bonne voie et, dans ce but, nous avions épuisé toute la somme d'indulgence dont nous étions capable et mis en œuvre toutes les ressources de la politique qui pouvaient donner l'espoir d'arriver à un heureux résultat. Nous étions même allé jusqu'à lui accorder le gouvernement de Sidjilmassa et du Draâ, en lui faisant abandon de tous les revenus de ces pays, et l'avions autorisé à emmener avec lui tout son entourage. Nous espérions que ce changement de résidence apaiserait ses idées d'insubordination, ferait renaître le calme dans son esprit, ramènerait son cœur volage à de meilleurs sentiments et ferait rentrer dans son âme les idées d'humanité qui l'avaient fuie.

« Tout d'abord il avait paru décidé à se rendre dans son nouveau commandement; il s'était mis en route et avait quitté Fez, paraissant disposé à n'y plus revenir, mais tout d'un coup il avait fait volte-face et est rentré dans cette ville. A ce moment nous avions espéré qu'il avait renoncé à ses idées d'insubordination et de révolte, que le repos et le calme étaient rentrés dans son esprit. Pas du tout, ce retour cachait des sentiments tout autres que ceux qu'il laissait paraître et des intentions bien différentes de celles qu'il manifestait.

« En effet, dès qu'il fut informé que nous étions campés à

p. ١٨٣

Dâroudj, il ne fut plus maître de lui, et le mercredi soir, 15 de ce mois, il s'enfuit précipitamment comme quelqu'un qui a fait un mauvais coup et, sa hâte fut telle qu'il arriva seul à la zaouïa de Abou Eccheta. Il y fut bientôt rejoint par une foule énorme composée de ses janissaires, d'un ramassis de courtiers d'insurrection et de gens à la mine sinistre et capables de tout. Aussitôt nous enjoignîmes au pacha Djouder d'équiper sans retard 500 spahis et d'emmener avec lui le caïd Moumen ben Molouk à la tête de 500 cavaliers, puis nous leur expédiâmes d'autres troupes qui allèrent se joindre à eux en même temps que 2.000 fusiliers environ de Baba Zîdân (Dieu le garde!). La zaouïa fut cernée de tous côtés et les cols et défilés furent gardés par nos troupes.

« Durant toutes ces opérations, nous n'avions pas négligé un seul instant d'essayer de ramener le calme dans l'esprit de Eccheikh et de lui montrer les dangers auxquels sa conduite l'exposait; pour ce faire, nous lui avions envoyé des marabouts chargés de lui offrir des gages qui le rassurassent et de prendre en notre nom des engagements de nature à l'amadouer et à gagner sa confiance. Nous avions encore l'espoir que sa conscience le ramènerait dans la bonne voie et ferait naître en lui le désir de s'arracher à ses déportements ou tout au moins d'y mettre un frein; mais ses compagnons de débauche, qui l'entouraient en foule, attisaient le feu de sa méchanceté et l'encourageaient à la résistance et à la rébellion.

« Ce fut alors que nos troupes, protégées par le Ciel, se précipitèrent sur les rangs de ses soldats, à la tête desquels il n'était pas, et qu'un combat acharné s'engagea entre les deux armées. Le feu dura depuis midi jusqu'au milieu de l'après-midi; à ce moment, Dieu décida le triomphe de ceux qui combattaient pour le bon droit et la défaite des milices de l'erreur. Ainsi s'accomplit, grâce au Juge suprême,

CHAPITRE CINQUANTE-DEUXIÈME

l'arrêt inéluctable du Destin dont je vous fais part dans cette lettre.

« Conformément au décret de la prédestination, il est pris maintenant et emprisonné dans la ville de Méquinez. Dieu l'a voulu ainsi, et, dans ces circonstances, sa volonté a été une chose merveilleuse et digne de remarque. Nous vous faisons connaître tout cela, afin que vous sachiez combien Dieu nous a été bienveillant dans cette catastrophe, qui a affligé notre règne, et dans ces douloureuses conjonctures. Vous verrez aussi par ce récit combien Dieu a droit à notre reconnaissance pour avoir donné à ce conflit cette heureuse solution. C'est d'ailleurs lui seul qui mérite les louanges et la gratitude des hommes. Demandons-lui qu'il nous fasse participer à son aide et à sa protection, en sorte que nous n'ayons rien à redouter, ni des proches en qui nous mettons notre confiance, ni des étrangers dont nous devons nous défier. Lundi soir, 20 de djomada Ier de l'année 1011 (5 novembre 1602). »

J'ai également lu la lettre écrite de Fez par Elmansour à son fils Abou Fârès, en réponse à la question que celui-ci lui avait adressée pour savoir si, oui ou non, il devait quitter Maroc où la peste venait de se déclarer. Voici le texte entier de cette lettre :

« De la part de l'adorateur du Dieu Très-Haut, de celui qui combat dans la voie de Dieu, le calife, l'imam, le prince des Croyants, Aboulabbâs Ahmed Elmansour-billah, fils du prince des Croyants, Abou Abdallah Mohammed Eccheikh Elmahdi, fils du prince des Croyants, Abou Abdallah Mohammed Eccheikh Elqaïm-biamrillah, le Chérif hassanien. Que, par son puissant secours, Dieu assure l'exécution de ses ordres, qu'il assure le triomphe de ses armées et favorise toutes ses entreprises !

« A notre fils, le très illustre, le très puissant, l'excellent, le très pieux, le sympathique, le très fortuné, l'illustre et très zélé Baba Abou Fârès. Dieu vous accorde sa protection et daigne veiller sur vous ! Que le salut soit sur vous ainsi que la miséricorde de Dieu et ses bénédictions! Ensuite.

« Nous vous adressons la présente missive de notre capitale, florissante grâce à Dieu, la blanche ville des Mérinides. Dieu la comble de prospérités, de bien-être et de ses faveurs constantes ; qu'à cette occasion, il reçoive nos louanges et l'expression de notre gratitude ! Votre bien chère lettre est parvenue à notre auguste personne dans la soirée de mardi et c'est le lendemain matin mercredi que nous y répondons; si elle nous était arrivée le jour du Divan, nous n'aurions pas retardé notre réponse d'un seul instant et nous vous aurions écrit le jour même de sa réception, tant était vif notre désir de faire diligence pour que vous receviez ces lignes.

« La première chose que vous vous empresserez de faire sera de quitter la ville, dès que le moindre indice de peste vous aura été signalé, même si le mal était sans gravité et qu'une seule personne eût été atteinte. Notre nègre Mesaoud et le caïd Mohammed ben Mousa ben Abou Bekr resteront dans la casbah avec cent de vos fusiliers que vous leur laisserez pour renforcer la garde particulière de cette citadelle. Placez votre confiance en Dieu et vous pourrez alors sortir en paix : ne faites pas comme nous avions fait nous-même, n'hésitez pas à vous mettre en route et à vous déplacer constamment. Aussitôt que vous aurez quitté la ville, ne séjournez jamais plus de deux jours de suite dans un même endroit. Rendez-vous à marches forcées jusqu'à Salé où, s'il plaît à Dieu, vous arriverez heureusement et en bonne santé et où nous nous rencontrerons dans les meilleures conditions de santé et de bonheur.

« Ne négligez pas de faire usage du *remède*, dès que vous sentirez le moindre mouvement de fièvre ou même que vous appréhenderez sa venue; employez la dose habituelle et ne manquez pas de vous en servir. Quant à notre fils (Dieu le garde!), comme il est encore très jeune et que sa constitution ne lui permet pas encore de faire toujours emploi du remède, on lui administrera la potion connue et bienfaisante que nous avons laissée en grande quantité chez Ettounsi; cette potion servira également à tous les jeunes enfants dont nous confions la garde à Dieu. Toutefois si la potion amenait un refroidissement dans l'estomac, faites prendre du remède une ou deux fois, autant qu'il sera nécessaire, et revenez ensuite à la potion. Par sa grâce et par égard aussi pour sa créature la plus pure, le meilleur des hommes, Notre Seigneur Mohammed, Dieu, je l'espère, se chargera de vous protéger et étendra sur vous, comme un rempart infranchissable, sa sauvegarde et sa providence. Sa grâce et sa bonté feront que notre pays et ses habitants seront épargnés.

« Envoyez-nous en toute hâte les marchandises. Pressez vivement le caïd Mesaoud Ennebîli de se rendre au poste que nous lui avons assigné à Khandaq-Elouâd, dans le Sous, où il devra demeurer. Le passage par Tadjedhacht ruinerait notre pays s'il devait devenir définitif et nous avons entendu dire que les gens du Deren en parlaient beaucoup, mais si Dieu veut, cela tournera contre eux. Quant à vous, faites tous vos efforts pour que tout le monde passe comme autrefois par le chemin de Boubiâren et employez tous vos soins à ce que cette voie soit adoptée par eux, je veux dire par les gens qui suivent la voie de Tadjedhacht. Qu'ils se hâtent d'agir ainsi, avant que je ne me rende dans cette contrée où j'arriverai, s'il plaît à Dieu, heureusement et en bonne santé.

« En ce qui concerne l'affaire de Abîbi qui vous a écrit de Khandaq-Elouâd au sujet des céréales, disant qu'il ne leur en restait d'approvisionnement que pour un seul mois, nous vous avions déjà invité précédemment par écrit d'avoir à leur expédier des grains par voie de mer. Si vous avez pu le faire, les choses iront bien, sinon, donnez à Abîbi l'ordre de s'arranger de façon à trouver des grains, quand il devrait, au besoin, les acheter. Insistez vivement dans vos instructions pour qu'il fasse son devoir et prenez un ton ferme à son égard.

« Notre oncle maternel, le caïd Ahmed ben Mohammed, vous a demandé l'autorisation de quitter la capitale mohammédienne[1], en cas d'épidémie. Si l'épidémie devenait grave, ne l'empêchez pas de partir et dites-lui d'aller rejoindre la colonne à Khandaq-Elouâd, après avoir confié la garde de la casbah aux Andalous et à leur caïd. Pour ce qui est de l'affaire de Moumen ben Mansour Heksîma, vous nous avez dit que ce personnage s'était transporté à Demnât à la suite d'une douloureuse maladie, qu'il avait dû s'y faire conduire par un chaouch et que son frère le révolté lui avait fait demander une entrevue à Tamsalouhet. Laissons aller les choses à la grâce de Dieu. D'ailleurs celui qui est sur place est à même de mieux juger. Voici ce que j'avais à vous mander. Dieu vous accorde sa faveur et sa protection ! Salut. Le mercredi, 14 de rebia Ier, le mois vénéré, de l'année 1011 (1er septembre 1602.)

« Cette lettre était déjà écrite, lorsque nous avons reçu celle que vous nous avez adressée et à laquelle nous allons répondre point par point.

« Ne lisez, et même ne laissez pénétrer dans votre palais, aucune des lettres que vous recevrez du Sous, soit du gouverneur de cette province, soit de votre cousin ou de tout autre ; faites remettre ces lettres à votre secrétaire qui se chargera de les lire et vous donnera connaissance de leur contenu. Et comme le secrétaire devra venir en votre pré-

---

1. Maroc.

sence et qu'il sera alors en contact avec vous, qu'il n'ouvre jamais ces lettres avant de les avoir, au préalable, fait tremper dans du vinaigre très fort ; il les étendra ensuite et les fera sécher. C'est alors seulement qu'il les lira et qu'il vous en communiquera le contenu. Vous ne devez d'ailleurs pas, à ce que je sache, recevoir du Sous des lettres que vous ayez à tenir secrètes vis-à-vis de personnes telles que vos secrétaires.

« Nous avons pris connaissance de la dépêche écrite par notre cousin Ahmed ben Mohammed Esseghîr. Au milieu du flux de ses paroles, nous avons pu nous assurer, ainsi que vous le disiez, qu'il exagérait l'importance de l'épidémie, afin d'avoir un prétexte de quitter le Sous. Vous lui enjoindrez donc d'avoir à s'abstenir de se rendre auprès de vous à Maroc ; vous direz que cela nous déplairait et qu'il ne doit pas songer à quitter un poste que nous lui avons assigné, surtout à un moment où nous sommes loin de ce pays. Vous ajouterez que s'il abandonnait son poste, il perdrait certainement les fonctions qu'il occupe auprès de nous et qu'elles ne lui seraient jamais rendues. Toutefois, si l'épidémie prenait une grande violence dans ces contrées, au lieu de sortir des villes et d'aller s'établir dans leur voisinage, qu'il aille rejoindre le corps d'armée de ses compagnons d'armes à Khandaq-Elouâd.

« En ce qui concerne Mohammed ben Abderrahman Elouerdi, nous avons examiné avec attention la liste des demandes qu'il vous a adressées et nous nous sommes aperçu qu'en notre absence, il était impossible de faire droit à la plupart de ses requêtes. En conséquence, nous vous invitons à employer tous vos efforts pour qu'il retourne à son poste, en lui faisant observer qu'il est là beaucoup mieux à sa place que n'y serait son frère. Accordez-lui, parmi les *desiderata* formulés dans sa pétition, tout ce qu'il vous sera possible de lui concéder et, pour tout le reste, ajournez-le jusqu'au moment où, si Dieu veut, nous serons de retour.

« Au sujet de notre frère Ahmed ben Elhasen, à qui nous avons assigné la province du Draâ, sa vie durant, vous nous dites qu'il n'est pas à la hauteur des fonctions qu'il occupe et qu'il est incapable de les remplir. Sans aucun doute, votre appréciation est exacte, mais nous avons dû le choisir pour deux raisons : la première, c'est qu'il offre des garanties au point de vue pécuniaire, car il a une fortune personnelle qui nous empêchera, s'il plaît à Dieu, de perdre nos redevances ; la seconde, c'est que le tribut du Draâ est aisé à percevoir, ainsi que chacun sait. Il se peut, en outre, que notre frère ne se plaise point dans ce gouvernement et qu'il préfère rester chez lui : dans tous les cas, ceux qui vous disent du mal de lui sont mus par des sentiments d'hostilité, et si vous tenez vos renseignements de gens comme Mesaoud Aoutâdi, méfiez-vous en.

« Nous avons examiné la liste des affaires que vous nous soumettez et nous avons vu que vous aviez envoyé les grains des *pressoirs*[1] avec cent fusiliers. Nous ne nous souvenons pas de vous avoir jamais écrit à ce sujet, et ce que nous vous avions mandé c'était seulement de faire transporter par mer les grains destinés au corps d'armée qui est campé à Khandaq-Elouâd. Si c'est de ces derniers grains qu'il s'agit, c'est bien aux troupes qu'ils sont destinés, mais s'il s'agit d'autre chose, faites-nous savoir de quoi il est question ; les grains des pressoirs devant être exclusivement fournis par les juifs et les chrétiens.

« Vous nous mandez également que Ahmed ben Mohammed ben Moussa vous a avisé des dégâts survenus au pont et que vous lui avez adressé des reproches pour ne pas vous avoir averti plus tôt. Il nous est difficile de savoir exactement ce dont il s'agit, car vous ne nous faites pas connaître si les

---

1. Il s'agit des pressoirs destinés à extraire la mélasse des cannes à sucre.

dégâts se sont produits dans la partie ancienne ou dans celle qui est l'objet des réparations dont nous avons ordonné l'exécution. Renseignez-nous donc sur ce point, afin que nous soyons à même d'apprécier la situation.

« Pour l'affaire des Oulâd Talha, occupez-vous de leur trouver un arrangement, soit auprès de Aïsi, soit auprès de tout autre, mais faites en sorte qu'ils ne reviennent plus se plaindre à nous. Ould Ibrahim ben Elhaddâd n'est pas encore arrivé à ce jour, bien que nous ayons reçu le registre des captifs.

« Au sujet de la veste dont vous avez parlé à la lingère chargée de ces costumes auprès de l'intendant de notre garde-robe, envoyez chercher Youcef Elabdi, parlez-lui vous-même et dites-lui de retirer cette veste des mains de cette femme et de remettre la veste à sa place. Quant aux autres vestes qui sont chez vous il est inutile de les rendre, gardez-les pour votre usage personnel. Nous avons aussi donné à ces artisans, nous voulons dire à Berkâdh le Salétin, une commande destinée à notre fille chérie Thahira (Dieu la garde et la protège!). Dès que cette veste sera terminée, réunissez tous ces costumes afin qu'à notre arrivée ils soient tout prêts. D'ici, nous avons aussi donné ordre au Salétin de nous tisser de ces tuniques et nous voudrions trouver tout cela terminé.

« Pressez vivement les architectes pour qu'ils terminent promptement les écuries et le bain ; occupez-vous de faire recouvrir la nef des écuries qui est contiguë au rempart de la casbah, ainsi que la coupole qu'elles contiennent, de façon que nous trouvions ces travaux terminés lorsque nous nous rendrons auprès de vous. Il faudra aussi faire placer les colonnes de marbre dans cette partie de l'édifice, au moment où on la recouvrira. Ne manquez pas de nous tenir au courant de l'avancement des travaux de ces deux constructions.

« Nous vous recommandons bien de soigner notre jeune

cheval bai ; ne tolérez pas qu'on lui donne du fourrage, cela le ferait engraisser et le rendrait plus malade. Voyez plutôt à le faire monter chaque jour par quelqu'un et qu'on ne lui enlève jamais la selle du dos tout le long du jour. Donnez-le au directeur du Meserra qui le montera pour se rendre du Meserra chez lui et *vice versa*. Recommandez-lui qu'il ne le laissse pas monter par un autre que lui et qu'il reste sur le dos de cette monture toute la journée.

« Nous vous recommandons bien, aussitôt que l'épidémie se déclarera dans vos contrées, si, grâce à Dieu, vous quittez la ville en bonne santé, de ne point laisser derrière vous votre cousine, la mère de notre fils chéri, la fille de Abdel-mâlek.

« Donnez à Youcef Elabdi l'ordre de prendre, chez l'officier chargé de notre garde-robe, la quantité du nouveau remède qui sera nécessaire ; c'est celui qui était dans la coupole de Mechouar et qui, par vos soins, a été apporté dans notre auguste demeure. Faites appeler Omm Elmân, la surintendante de notre palais, donnez-lui ce remède qui sera destiné à notre maison ; dites-lui d'en administrer une dose à nos femmes tous les quatre jours ; elle-même devra aussi en prendre, ainsi que Youcef Elabdi et le chef de la garde particulière, nous voulons dire Mesaoud ben Molouk.

« Que Dieu vous garde et veille sur vous et vos enfants ! Nous vous recommandons à Dieu qui ne laisse rien péricliter des choses qu'on lui confie. Vous êtes sous sa sauvegarde et sous protection : il nous remplacera auprès de vous en sorte que vous serez dans la main droite du Miséricordieux dont les deux mains sont des mains droites[1]. Le salut le plus complet soit sur vous de nouveau ainsi que la miséricorde du Très-Haut et ses bénédictions ! Nous envoyons nos saluts à

---

1. La main gauche étant réputée impure, on dit de Dieu qu'il a deux mains droites.

notre très cher et très affectionné fils, Baba Abdelmalek et à notre fille chérie Seyyidat-Elmolouk. Nous désirons ardemment vous voir et sommes attristé de n'être point près de vous. Puisse Dieu nous réunir en considération de Notre-Seigneur Mahomet ; qu'il répande ses bénédictions sur le Prophète et lui accorde le salut ainsi qu'à sa famille, la meilleure des familles ! Amen. »

CHAPITRE LIII

DE LA MORT DE ELMANSOUR ET DE LA FAÇON DONT ELLE EUT LIEU

Les premiers symptômes de la maladie de Elmansour se manifestèrent pendant qu'il était avec son armée campé à Dahr-Ezzaouïa, localité située à peu de distance de la ville de Fez la Neuve, le mercredi, 11 du mois de rebia, le prophétique, le resplendissant et le béni, de l'année 1012 (20 août 1603). Ce jour-là, en revenant de Fez la Neuve à son camp, le sultan prit le lit et le garda jusqu'au lundi suivant, jour où il mourut (Dieu lui fasse miséricorde !) ; il fut enterré ce même jour, lundi, au moment de la prière de l'*asr*. Il était mort de la peste.

Dans son commentaire du *Djami' châmil* de Bahram, le cheikh Sidi Abderrahman ben Yaqoub Essemlâli dit : « Il y eut dans le Maghreb une peste qui dura de longues années, car elle commença en 1007 (4 août 1598 — 24 juillet 1599) et finit en 1016 (28 avril 1607 — 17 avril 1608). Elle exerça ses ravages dans les plaines et les montagnes et fit périr un nombre considérable d'habitants, parmi lesquels de grands personnages, entr'autres le sultan Aboulabbâs Ahmed ben Elmansour qui mourut en l'année 1012. » L'auteur de *Elfa-*

ouâid et d'autres s'exprimant à peu près dans les mêmes termes.

Une légende populaire rapporte que Elmansour aurait été empoisonné par son fils Zîdân, à l'instigation de la mère de celui-ci, au moyen d'une figue-fleur que Zîdân aurait offerte à son père au moment où ce fruit était dans sa primeur. Privé des secours d'un médecin, le sultan serait mort, mais, alors qu'il se sentait perdu, il aurait dit à son fils : « Tu as été trop pressé, ô Zîdân ; puisse Dieu ne pas te laisser jouir paisiblement du pouvoir » ; ou quelque chose d'approchant. La légende ajoute que c'est à cause de cela que les armes de Zîdân ne furent jamais victorieuses, car il fut vaincu dans près de vingt-sept batailles. Ainsi que le démontre ce qui a été dit plus haut, cette légende ne repose sur aucun fondement et n'est qu'une pure fiction. En effet, Elmansour fut victime de la peste, et aucun des historiens qui méritent créance ne fait mention de cet empoisonnement qui n'est qu'un de ces récits imaginés par le peuple et par des thalebs ignorants.

Elmansour fut enterré aussitôt après sa mort, le lundi, après la prière de l'*asr*, dans Fez la Haute ; son corps fut ensuite transporté à Maroc où il fut enseveli dans les tombeaux des Chérifs. Le superbe mausolée, qui lui fut construit là, est bien connu ; sur la dalle qui recouvre sa tombe sont gravés les vers suivants :

> « Ceci est le mausolée de celui qui a donné à la gloire l'occasion d'être fière,
>
> « Ahmed, dont l'étendard a été victorieux et qui a connu toutes les gloires.
>
> « O miséricorde divine, hâte-toi de venir répandre incessamment tes flots,
>
> « Afin d'arroser cette tombe, car ta bienveillance est inépuisable.
>
> « Parfume ce sol d'un parfum qui embaume comme son souvenir.
>
> « La date de sa mort correspond, sans qu'il y ait aucune restriction à faire, à ces mots :
>
> « Il repose dans la vérité, auprès du Souverain Tout-puissant. »

J'ai lu ceci dans les notes d'un auteur: « Quelqu'un ayant vu Elmansour en songe et lui ayant demandé ce que Dieu avait fait de lui, le défunt sultan lui aurait répondu par ces deux vers : » mais l'auteur de la note ne cite pas ce distique. L'auteur du *Kitáb elislït* [1], rapporte avoir entendu dire, au moment où Elmansour quittait Maroc pour se rendre à Fez, que le sultan ne retournerait plus à Maroc. Cette croyance était alors très répandue parmi le peuple et, effectivement, les choses se passèrent ainsi. « J'ignore, ajoute-t-il, ce qui avait donné lieu à cette croyance. Dieu s'était-il prononcé sur ce point et avait-il répandu lui-même cette idée parmi le peuple ou bien était-ce une prédiction formulée par des devins? Cette dernière opinion me paraît la plus vraisemblable. »

A rapprocher de ce qui précède, bien qu'elle se soit produite après l'événement, la prédiction suivante : L'entrée des troupes du sultan Aboulabbâs dans le Soudan, la capture du sultan Sokia dans son palais de Kaghou et la conquête de Tombouctou et de ses dépendances avaient été du nombre des signes précurseurs de la prochaine venue de l'imam fatimite, le mahdi. De même, la peste qui régna durant ces années, les séditions et la cherté des vivres, qui d'ailleurs persiste encore dans les divers pays, avaient été également des indices de la venue du mahdi; il faut même ajouter à cette liste, à ce qu'on nous a dit, la prise d'Oran qui devait être faite soit par le mahdi lui-même, soit par ses ordres.

Tels sont, du moins, les dires des gens qui ne savent point la réalité des choses. De semblables récits troublent les esprits naïfs, mais l'homme clairvoyant préfère à ces histoires le témoignage des faits. Dieu nous préserve de nous voir enlever la ville de Fez, comme certains hâbleurs du peuple nous

---

1. Abou Mahalli, dont la biographie sera donnée plus loin.

le prédisent! Sans doute, l'Islam a été rudement éprouvé par la discorde qui régna entre les fils de Elmansour ; on a pu voir dans ce fait un symptôme des plus graves, mais ce sont là des présomptions à rejeter, car la science de la vérité s'est perdue, la porte en est close et la clé n'en existe plus. Le destin immuable et inéluctable est entre les mains du Souverain qui est lui-même la vérité et que l'on doit adorer.

CHAPITRE LIV

DES CONTESTATIONS QUI SE PRODUISIRENT ENTRE LES ENFANTS DU SULTAN ABOULABBAS ELMANSOUR AU SUJET DE LA ROYAUTÉ ET DES GRAVES ET FUNESTES ÉVÉNEMENTS QUI EURENT LIEU A CE SUJET.

A peine Elmansour était-il mort et ses funérailles terminées que les notables de Fez, les grands personnages influents de cette ville, se mirent d'accord pour prêter serment d'obéissance à Zìdân, fils du sultan défunt, disant que Elmansour avait, de son vivant, désigné pour lui succéder ce fils entre les bras duquel il venait de mourir. Parmi ceux qui émirent cette opinion se trouvaient : le grand-cadi, Aboulqâsem ben Abou Ennoaïm Elghassâni, le jurisconsulte, Aboulhasen Ali ben Imrân Esselâsi, le maître, Sidi Mohammed Ecchâoui et le cheikh illustre, Abou Abdallah Mohammed ben Qâsem Elqassâr.

On raconte que le cadi ci-dessus nommé adressa au peuple le discours suivant : « Salut à vous ! A la mort du Prophète de Dieu, le peuple se groupa autour de Abou Bekr Esseddìq ; eh bien ! faisons de même. Puisque notre souverain, Ahmed, est mort, prenons son fils Zìdân que voici et qui mérite la couronne à plus juste titre que ses frères, et acclamons-le ! » L'assistance prêta aussitôt serment de fidélité au nouveau souverain dont l'élection eut lieu le 16 du mois de rebia Ier, le mois du Prophète, de l'année 1012 (25 août 1603).

Les habitants de Fez écrivirent alors aux habitants de la ville de Maroc pour leur annoncer la proclamation de Zîdân, mais le peuple de cette dernière ville refusa de reconnaître le nouveau souverain et, le vendredi suivant, il prêta serment de fidélité à Abou Fârès. Ce prince se nommait Abdallah ; Abou Fârès était son surnom, et il avait pris pour titre royal le nom de Elouâtsiq-billah. C'était un homme ventru, gros mangeur et sujet à des attaques d'épilepsie. On assure que cette dernière circonstance le porta à faire bâtir la grande mosquée voisine du mausolée du cheikh qui connut Dieu, Aboulabbâs Essibti ; il créa, dans ce magnifique édifice, la bibliothèque qui est près du mihrab de cette mosquée et qu'il enrichit des livres les plus rares et les plus précieux. Il avait ainsi espéré attirer sur lui les bénédictions du saint personnage et guérir de sa maladie. La mère de ce prince, on l'a vu précédemment, se nommait Eldjauher, suivant les uns, Elkheizourân, suivant d'autres.

L'auteur de *Monteqa* rapporte que le secrétaire, Abdelqâder ben Ahmed ben Belqâsem Elfichtâli, avait composé des vers qui furent brodés sur le baudrier de Elouâtsiq-billah Maulay Abou Fârès. Voici ces vers :

« Je retrousse ses manches et dédaigne tout autre baudrier qui brille sur la tunique d'un homme costumé,
« Lorsqu'au jour du combat je suis orné d'un sabre qui ressemble au brandon d'un foyer ;
« Car je suis sur les épaules d'un prince favorisé de Dieu, l'illustre héritier du trône, Abou-Fârès. »

Les habitants de Maroc ayant refusé de reconnaître Zîdân et ayant proclamé souverain Abou Fârès, il se produisit à ce sujet de vives discussions. Le cadi et le mufti de Fez rendirent des *fetoua*[1] en prenant pour base le hadits suivant : « Quand deux personnes auront été choisies pour califes, mettez à mort celle qui aura été nommée la dernière. »

Quand son père était mort, Zîdân avait tenu secret cet événement et il avait dépêché quelqu'un avec mission de se saisir de son frère Eccheikh qui était prisonnier à Méquinez ; mais le pacha Djouder avait déjoué cette tentative en emmenant Eccheikh sous bonne garde à Maroc, et en le remettant aux mains de Abou Fârès, frère germain de Eccheikh, qui le maintint d'ailleurs en prison. Tel est le récit donné par un auteur.

L'auteur du commentaire du *Zahret ecchemárikh fi'ilm ettaríkh* rapporte une version différente. Il dit que Zîdân, après s'être occupé des funérailles de son père, fut trahi par le caïd Ahmed ben Mansour Eleuldj qui réussit à emmener la moitié de l'armée et à la conduire à Maroc. Le caïd avait d'abord dégagé Eccheikh de ses fers et l'avait ensuite conduit à Maroc où il l'avait mis entre les mains de son frère Abou Fârès qui le fit remettre en prison. Abou Fârès garda Eccheikh en prison jusqu'au moment où il envoya le pacha Djouder combattre Zîdân à Fez. Quand Zîdân atteignit les bords de l'Omm Errebia, Abou Fârès rendit la liberté à Eccheikh puis, s'adressant à ce dernier et à ses compagnons, il leur dit : « Partez cette nuit même et hâtez-vous, de façon à vous trouver demain matin au camp de Djouder sur les bords de l'Omm Errebia. »

Pour combattre Zîdân, Abou Fârès avait organisé une armée dont il avait donné le commandement à son fils, Abdelmâlek, assisté du pacha Djouder. « Vous savez, lui avait-on dit, que votre frère Zîdân est un homme courageux, con-

---

[1]. Ces décisions qui règlent les points non prévus par la loi, n'ont de valeur que si elles sont basées sur un hadits.

naissant toutes les ruses de guerre et les stratagèmes ; votre fils Abdelmâlek sera donc incapable de lui résister. Vous auriez plus de chances de succès en rendant Eccheikh à la liberté et en lui confiant le commandement de vos troupes. Les gens du Gharb aiment Eccheikh et refuseront de le combattre parce qu'il a été leur gouverneur. »

Abou Fârès se décida alors à mettre Eccheikh en liberté, après lui avoir fait prendre l'engagement de se conduire dignement, d'être docile et de ne point se révolter contre lui ; puis il l'expédia à la tête de 600 hommes pris dans les divers corps de troupes que Elmansour avait réunis avec l'intention de les envoyer à Kaghou, dans les provinces du Soudan. Aussitôt que Eccheikh eut rejoint l'armée de Abdelmâlek, la foule, qui venait d'apprendre sa venue, se porta vers lui avec enthousiasme et lui témoigna toute sa joie de le revoir.

Zîdân et Eccheikh prirent contact au lieu dit Mouâta, sur les bords de l'Omm Errebia. Abandonné de la majeure partie de ses soldats, Zîdân fut vaincu et dut se replier en déroute sur Fez. Abou Fârès avait bien recommandé à ses compagnons de s'assurer de la personne de Eccheikh, si la victoire se déclarait contre Zîdân, mais Zîdân ayant été vaincu, Eccheikh se tint à l'écart avec tous les gens du Gharb qui l'avaient suivi, en sorte que les compagnons de Abou Fârès ne purent rien contre lui. Il partit ensuite pour Fez à la poursuite de Zîdân.

Aussitôt arrivé à Fez, Zîdân demanda aux habitants de cette ville de repousser l'ennemi et de supporter les rigueurs d'un siège, mais ceux-ci refusèrent de prendre les armes et, manifestant ouvertement leurs sympathies pour Eccheikh, ils déclarèrent le choisir pour souverain et se soumettre à son autorité. Zîdân s'éloigna donc de Fez, emmenant toute sa suite et ses bagages ; une forte armée, composée des partisans de Abou Fârès, se mit à sa poursuite sans pouvoir l'atteindre ; continuant alors sa route dans la direction de Tlemcen, il arriva à Oudjda, où il séjourna quelque temps, avant de retourner à Sidjilmassa, puis dans le Draâ et enfin dans le Sous.

Eccheickh entra à Fez où tous les habitants de la ville, hommes et femmes, accueillirent sa venue avec les plus vives démonstrations de joie. Il se déclara alors prétendant au trône et s'empara du pouvoir royal, puis il donna l'ordre aux troupes venues de Maroc de retourner dans leurs pays, ce qu'elles firent.

Aussitôt que Eccheikh eut réalisé le projet qu'il avait formé de s'emparer du pouvoir royal et d'être seul maître du trône, il fit mander les deux grands jurisconsultes, Aboulqâsem ben Abou Ennoaïm, le grand-cadi de Fez, et Abou Abdallah Mohammed ben Qâsem Elqassâr, le mufti de cette même ville ; il leur reprocha d'avoir élevé Zîdân au pouvoir et d'avoir dit en parlant de lui et de son frère Abou Fârès qu'étant fils de concubines, ils ne pouvaient avoir le pas sur des enfants nés de femmes légitimes. On sait, en effet, que Abou Fârès et Eccheikh étaient tous deux fils d'une concubine nommée Elkheizourân, suivant les uns, Djauher, suivant d'autres, tandis que Zîdân avait eu pour mère la noble dame Chebânia.

Pour se venger de ces deux personnages, Eccheikh les expédia sous bonne escorte à Maroc, auprès de son frère Abou Fârès, afin que celui-ci prît à leur égard telle décision qu'il jugerait convenable. Le cheikh Elqassâr mourut pendant le trajet, à peu de distance de Maroc et fut enterré dans la *koubba*[1] du cadi 'Iyâdh, vers le milieu de l'année 1012 (janvier 1604). Quant au cadi, Aboulqâsem ben Abou Ennoaïm, il fut reçu par Abou Fârès qui, après avoir agréé ses excuses

---

1. Coupole qui surmonte la tombe d'un saint personnage.

et lui avoir pardonné, le renvoya comblé d'honneurs à Fez. Certains auteurs ont donné cette version, mais d'autres assurent que ce fut Zìdân qui manda le cheikh Elqassâr et ils racontent ces faits d'une façon différente. Dieu sait mieux que personne quelle est la vérité.

Eccheikh s'occupa ensuite des caïds qui avaient été au service de son père : il s'empara de leurs trésors, mit la main sur toutes leurs richesses et infligea la torture à ceux d'entr'eux qui essayèrent de dissimuler leurs biens. Puis il convoqua les négociants et leur demanda de lui prêter de l'argent ; enfin, il montra de nouveau la tyrannie, les mauvais procédés et les ignobles instincts qui l'avaient déjà fait remarquer.

Il organisa une armée destinée à aller combatre son frère, Abou Fârès, à Maroc ; cette armée, composée d'environ 3.000 hommes, fut placée sous les ordres de son fils Abdallah, qui marcha contre Abou Fârès et le rencontra dans une localité appelée Akelmîm, selon les uns, Mers-erremâd, selon d'autres. Le combat s'engagea aussitôt et, après une lutte acharnée, la fortune des armes se déclara contre Abou Fârès qui perdit environ cent hommes de ses partisans ; son camp fut pillé et il dut s'enfuir seul jusqu'à Mesfîoua.

Abdallah ben Eccheikh entra à Maroc et abandonna cette ville à la fureur de ses troupes qui pillèrent les maisons et violèrent les femmes ; lui-même il prit part à ces excès, — n'est-il pas tout naturel qu'un fils ressemble à son père, — et il alla même, à ce que l'on raconte, jusqu'à avoir des rapports incestueux avec les femmes de son aïeul Elmansour et à abuser de ses anciennes favorites ; il mangea et but publiquement du vin pendant le ramadhan, enfin il se livra à toutes les voluptés, rejetant loin de son visage le voile de la pudeur. L'entrée à Maroc avait eu lieu, le 20 du mois de chaabân de l'année 1015 (22 décembre 1606).

Lorsqu'il s'était enfui de Fez, ainsi que nous l'avons dit précédemment, Zîdân s'était dirigé vers Tlemcen et avait établi sa résidence dans cette ville. De là, il avait envoyé à Alger demander secours aux Turcs contre ses frères, mais lassé d'attendre les Turcs qui temporisaient, et désespérant même de les voir venir, il se rendit à Sidjilmassa où il entra sans avoir ni à lutter, ni à combattre. Ensuite il passa dans le Draâ et du Draâ dans le Sous, comme on l'a vu plus haut.

A ce moment, les habitants de Maroc écrivirent à Zîdân de venir dans cette ville, dût-il venir seul; il se mit aussitôt en route et arriva au milieu de la nuit. Abdallah ben Eccheikh n'eût pas le temps de se reconnaître que déjà le peuple de Maroc avait acclamé Zîdân et, se groupant autour de ce nouveau chef, avait fait périr Abdallah Aarâs, le caïd de Eccheikh. Ce dernier partit aussitôt à la tête de ses troupes, et fut bloqué par les gens de Maroc au milieu des murs qui séparent les jardins. Près de 5.500 des partisans de Abdallah ben Eccheikh furent tués à l'endroit dit, Djenân Bekkâr (le jardin de Bekkâr) et Zîdân donna l'ordre de massacrer les troupes de son rival qui étaient restées en arrière, dans la ville : tous les soldats de Fez que l'on trouva à Maroc furent ainsi exterminés.

Abdallah était parti en pleine déroute ; quand il arriva, avec ses troupes décimées et en désordre, auprès de son père, celui-ci fut vivement irrité de ce spectacle affligeant. Il songea tout d'abord à mettre sur pied une seconde armée et à réunir de nouvelles troupes, mais la pénurie de ses ressources et l'épuisement du trésor ne lui permirent pas de réaliser son projet ; il n'osa pas, dans ces circonstances, s'adresser aux négociants pour leur faire un nouvel emprunt, n'ayant pu encore leur rendre les sommes qui lui avaient été prêtées par eux précédemment.

En présence de ces événements, Eccheikh fit retomber le

poids de ses malheurs sur ses caïds ; changeant d'attitude à leur égard, il s'empara de toutes leurs richesses, les dépouilla de leurs trésors et distribua une partie de leurs biens aux négociants. Puis, comme il avait ainsi réuni des sommes considérables, il donna de l'argent à ses soldats, en sorte que Abdallah put se préparer à marcher de nouveau sur Maroc.

Les habitants de Fez avaient été vivement irrités du massacre de ceux des leurs qui s'étaient trouvés à Maroc et disaient bien haut qu'ils voulaient venger leurs concitoyens ; aussi bon nombre d'entr'eux se décidèrent-ils, sans demander ni solde, ni rations, à partir avec Abdallah ben Eccheikh, qui quitta Fez à la tête d'une foule considérable, formant une armée imposante.

Aussitôt qu'il apprit la marche de Abdallah, Zìdân, qui était alors à Maroc, envoya à sa rencontre le pacha Moustafa, à la tête de troupes nombreuses recrutées parmi les gens de Maroc et de la contrée avoisinante. Les deux armées prirent contact à un endroit situé sur la route de Salé et appelé Ouâdi Tefelfelt : la bataille fut terrible ; Moustafa fut défait dans ce combat, où près de 9.000 hommes de Maroc trouvèrent la mort. Eccheikh avait envoyé de Fez un certain nombre de *adels* pour faire le dénombrement des morts sur le champ de bataille.

A la suite de cette victoire, Abdallah ben Eccheikh, poursuivit sa route sur Maroc. Les habitants de cette ville, au nombre d'environ 36.000 combattants, sortirent de la place et joignirent leurs adversaires à l'endroit appelé Râs Elaïn, mais ils furent vaincus, et Zìdân dut abandonner précipitamment Maroc pour se réfugier dans des positions inexpugnables, sur les sommets de hautes montagnes. Abdallah ben Eccheikh pénétra alors dans Maroc, où il commit plus d'atrocités encore qu'il n'en avait exercé la première fois. Un grand nombre d'habitants quittèrent la cité pour se retirer dans la montagne de Djillez et vinrent grossir la masse des gens intrépides, courageux et résolus qui s'étaient retirés là.

p. ١٩٠ A la suite de l'arrivée de ce renfort, les réfugiés de Djillez décidèrent de prendre comme souverain, Maulay Mohammed, fils de Maulay Abdelmoumen, fils du sultan Maulay Mohammed Eccheikh Elmahdi ; c'était un homme pieux, bienfaisant, réservé et jouissant d'un grand prestige. Dès qu'il eut connaissance de la mesure prise par ces réfugiés, Abdallah ben Eccheikh marcha contre eux pour les attaquer et essayer de s'emparer du prince qu'ils avaient mis à leur tête, mais dans la rencontre qui eut lieu, ses soldats ayant lâché pied, Abdallah vaincu, dut quitter Maroc et prendre la fuite.

Mohammed ben Abdelmoumen prit immédiatement possession de Maroc ; il fit grâce à tous les gens du Gharb de l'armée de Abdallah, qui étaient demeurés dans la ville, et leur accorda des subsides. Cette mesure déplut aux habitants de Maroc, qui reprochèrent au prince cet acte de générosité. Quinze cents d'entr'eux environ, qui formaient le groupe des mécontents, écrivirent en secret à Zîdân qui, aussitôt, se rendit à leur appel et vint camper sous les murs de la ville. Mohammed ben Abdelmoumen sortit pour combattre son rival, mais à la suite de la lutte acharnée qui s'ensuivit, il fut obligé de prendre la fuite. Zîdân rentra alors dans Maroc et fit grâce également à tous les soldats ayant appartenu au parti de Abdallah ben Eccheikh.

Dans le commentaire du *Zahret ecchemârîkh*, il est dit que le prétendant, élu dans la montagne de Djillez, s'appelait Abou Hassoun et que c'était un des descendants du sultan, Aboulabbâs Ahmed Elaaredj, dont il a été question ci-dessus. L'auteur ajoute que ce Abou Hassoun avait d'abord envoyé Moustafa à Maroc, mais que les habitants de cette ville l'en avaient expulsé au mois de chaabân de l'année

1016 (21 novembre-20 décembre 1607). Il dit encore:
« Abdallah ben Eccheikh fut vaincu le 6 du mois de chaouâl
de cette même année (25 janvier 1608) ; il prit la fuite abandonnant son camp, son artillerie, ses armes et la majeure
partie de ses troupes ; il se dirigea du côté de Tamesna et,
pendant sa fuite, ses compagnons et lui eurent de rudes
épreuves à subir ; ils durent payer, jusqu'à trente onces, un
moudd de froment, et un quart de mitsqâl, un pain d'une
demi-livre. Sur leur route, ils pillèrent toutes les populations
qu'ils rencontrèrent, habitants des tentes ou habitants des
maisons, et leur enlevèrent même des filles. Ils arrivèrent à
Fez, le 24 du mois du mois de chaouâl de cette année (12
février 1608).

A la fin du mois de dzoulhiddja (milieu d'avril 1608),
Abdallah mit en mouvement son armée et marcha sur Maroc.
Il rencontra l'ennemi sur les bords du Bou Regrâg, lui livra
combat, mais vaincu il abandonna son armée et s'enfuit
accompagné seulement d'un petit nombre des siens. Zîdân
fit quartier aux soldats de son adversaire. Ce combat eut lieu
au mois de chaouâl de l'année 1017 (8 janvier-6 février 1609).

Zîdân expédia alors en avant le pacha Moustafa, qui marcha sur Fez et vint mettre son camp sous les murs de cette
ville, à Dahr-Ezzaouïa. Là, Moustafa trouva une grande
quantité de grains qu'il fit distribuer à ses soldats, puis il se
mit en marche dans le dessein de s'emparer de Eccheikh, de
son fils Abdallah, de Abou Fârès et du fils de ce dernier,
Abdelmâlek, qui se trouvaient à ce moment tous réunis à
Alcazar-Elkebir. Dès qu'il connut ce projet, Eccheikh s'embarqua à Laroche avec ses caïds et sa mère, laissant Moustafa faire prisonniers tous ceux de ses partisans qui se trouvèrent à Alcazar-Elkebir. Abdallah et Abou Fârès, qui avaient
également pris la fuite, allèrent s'établir à l'endroit dit le
plateau des Beni Ouartsîn.

Instruit de la présence de ces deux princes en cet endroit, Zîdân se porta à leur rencontre et vint camper en face d'eux dans un endroit appelé Arouârât. Trahis par leurs soldats qui se rallièrent à Zîdân, Abdallah et Abou Fârès prirent la fuite et ne s'arrêtèrent qu'à Dâr Ibn Mechaal où ils demeurèrent jusqu'au moment où Zîdân fut rappelé à Maroc par la nouvelle des troubles qu'y avaient provoqués certains perturbateurs. Alors seulement, Abdallah et Abou Fârès quittèrent Dâr Ibn Mechaal pour marcher sur Fez. Moustafa sortit de cette ville pour engager le combat. Au cours de cette lutte, qui dura longtemps, le cheval de Moustafa ayant trébuché désarçonna son cavalier qui fut pris et tué. Un très grand nombre de soldats du pacha périrent en même temps que lui dans cette journée ; leur camp fut pris et pillé et l'ennemi s'empara d'environ six mille vaches laitières. Abdallah entra ensuite dans la ville de Fez, accompagné de son oncle Abou Fârès. Cette bataille eut lieu le 7 du mois de rebia II de l'année 1018 (10 juillet 1609).

CHAPITRE LV

ASSASSINAT DE ABOU FARÈS ; DERNIERS ÉVÉNEMENTS DE SA VIE

Vaincu une première fois par Zîdân, Abou Fârès s'était enfui dans le Sous où il était demeuré auprès de Abdelaziz ben Saïd, un des amis de son père ; puis, pour échapper à la poursuite acharnée dont il était l'objet de la part de Zîdân, il s'était réfugié auprès de son frère Eccheikh. Il accompagna ensuite Abdallah ben Eccheikh jusqu'au moment où celui-ci ayant tué Moustafa entra à Fez et s'en empara, ainsi que nous l'avons raconté précédemment. Mais les caïds des Cheraga ayant formé le dessein de faire périr Abdallah et de nommer à sa place son oncle, Abou Fârès, Abdallah, mis au courant de leur projet, alla de nuit, accompagné de son chambellan, Hammou ben Omar, trouver son oncle Abou Fârès qui, à ce moment, était sur son tapis de prière, entouré de ses femmes. Il fit sortir les femmes et donna l'ordre d'étrangler son oncle qui, jusqu'au dernier moment, se débattit et chercha à le frapper de ses pieds. Ceci se passait au mois de djomada Ier de l'année 1018 (août 1609).

Le peuple fut fort affligé de l'assassinat de Abou Fârès qui, par ses admonestations, détournait Abdallah d'un grand nombre de turpitudes et l'empêchait de commettre certaines iniquités, en refusant d'y donner son acquiescement. Il n'y a de force et de puissance qu'en Dieu et c'est lui qui dispose de tout.

CHAPITRE LVI

DU SULTAN ECCHEIKH BEN ELMANSOUR ET DES ÉVÉNEMENTS QUI S'ACCOMPLIRENT JUSQU'AU MOMENT OU IL FUT DÉPOSÉ ET MIS A MORT

Après s'être conduit comme nous venons de le dire et s'être enfui à Larache, Eccheikh quitta cette ville et s'embarqua pour la Péninsule où il alla demander assistance au souverain des chrétiens [1] (que Dieu l'anéantisse !) ; mais celui-ci refusa d'abord tout secours. Comme Eccheikh insistait pour obtenir des hommes et de l'argent, offrant de laisser ses enfants et sa suite en otages, le prince chrétien ne voulut céder qu'à la condition qu'on ferait évacuer Larache par les musulmans et qu'on remettrait la ville aux mains des chrétiens. Eccheikh, ayant accepté cette clause et s'étant

---

1. Philippe III, roi d'Espagne.

engagé à la faire exécuter, partit ensuite pour Hodjr Badis où il débarqua au mois de dzoulhiddja de l'année 1018 (25 février-26 mars 1610).

Arrivé à Hodjr Badis, Eccheikh séjourna quelque temps dans cette ville et la quitta ensuite pour aller s'établir dans le pays du Riff. A ce moment, des ulémas et des notables de Fez, tels que le jurisconsulte, le cadi, Aboulqâsem ben Abou Ennoaïm, le chérif célèbre, le glorieux, le pur, Abou Ishaq Ibrahim Essaqli Elhasani, etc., vinrent le trouver et le féliciter de son retour.

Eccheikh, tout joyeux de recevoir cette députation, pria le capitaine des chrétiens de faire tirer le canon, afin d'en imposer à ces délégués et de leur montrer la puissance des chrétiens auxquels il venait de demander assistance. Le capitaine fit alors tirer des salves à briser le tympan et à ébranler les montagnes, puis il débarqua de son vaisseau et vint saluer les notables. Dès que le capitaine se présenta, Eccheikh donna l'ordre aux notables de se lever ; tous se levèrent et remercièrent le capitaine des bons procédés dont il avait usé à l'égard de leur prince et du renfort qu'il avait amené. Selon l'usage des chrétiens, le capitaine avait salué en ôtant son chapeau.

Le peuple blâma vivement la conduite des notables qui s'étaient levés pour recevoir un infidèle ; du reste, à cause de cela, ils furent frappés par le Souverain Juge du bâton de la servitude et de l'avilissement, car à leur retour à Fez, ils furent arrêtés en chemin par les Arabes des Hayâïna qui les détroussèrent et leur enlevèrent tout ce qu'ils avaient avec eux ; on ne leur laissa pas même leurs vêtements, sauf au cadi Aboulqâsem ben Abou Ennoaïm qui fut respecté, parce qu'on avait reconnu à son costume qu'il était cadi.

Eccheikh se transporta ensuite à Qasr Abdelkerim où il séjourna quelque temps. Là, il demanda instamment aux chefs de son entourage et aux caïds de son armée de s'occuper avec lui du soin de remettre Larache aux chrétiens, afin que le prince chrétien exécutât la promesse qu'il avait faite de lui fournir des hommes et de l'argent. Personne ne voulut consentir à l'aider dans cette tâche, sauf le caïd Eldjerni qui lui offrit son concours dans cette circonstance.

En conséquence, Eldjerni reçut l'ordre de se rendre à Larache avec mission de faire évacuer la ville et de n'y laisser aucun musulman. Il se mit en route, mais quand, arrivé à Larache, il invita les habitants à sortir de cette place, ceux-ci s'y refusèrent. Cependant, quand il en eut fait périr un certain nombre, les autres se décidèrent à partir tout en larmes en laissant ondoyer au dessus de leurs têtes les étendards de l'humiliation et de l'avilissement. La ville ayant été évacuée par les musulmans, Eldjerni y demeura jusqu'au jour où les chrétiens vinrent l'occuper, le 4 du mois vénéré de ramadhan, de l'année 1019 (20 novembre 1610).

L'occupation de Larache produisit de violents sentiments de colère dans les cœurs musulmans et excita une réprobation universelle. Le chérif Ahmed ben Edris Elhasani se rendit dans toutes les assemblées religieuses pour y prêcher la guerre sainte et demander qu'on portât secours aux musulmans de Larache. Une foule nombreuse se groupa autour de ce chérif, bien décidée à tenter l'entreprise, mais Eccheikh fit arrêter ce mouvement par son caïd Hammou, surnommé Abou Dobeïra; après de longs efforts, celui-ci vint à bout de détourner ceux qui voulaient tenter l'aventure. Néanmoins, comme il redoutait le scandale et que tous, grands et petits, manifestaient leurs sentiments de réprobation à l'occasion de la cession de Larache, ville musulmane, aux chrétiens, Eccheikh imagina, pour se justifier, de consulter, par écrit, les ulémas de Fez et d'ailleurs, sur cette affaire.

Pour poser la question, il rappela tout d'abord qu'il avait

dû, contre son gré, se réfugier avec ses enfants et sa suite sur le territoire de l'ennemi infidèle. Retenu par les chrétiens, qui n'avaient consenti à le laisser sortir du pays où il était entré qu'à condition qu'il livrerait la ville de Larache, il n'avait pu lui-même partir qu'en laissant ses enfants en otages jusqu'au moment où il aurait réalisé la promesse qu'on lui avait arrachée. Dans ces conditions, ajoutait-il en terminant, m'était-il permis, oui ou non, de racheter la liberté de mes enfants par la cession qui m'était demandée ?

Les ulémas répondirent : Quand il s'agit du rachat de musulmans, surtout si ces musulmans sont les enfants d'un prince des Croyants et, mieux encore, les descendants du seigneur des Prophètes, du plus parfait des Envoyés, de notre seigneur et maître Mohammed (Dieu répande sur lui ses bénédictions et lui accorde le salut !), nous sommes unanimement d'avis qu'il est permis, s'ils sont au pouvoir des infidèles, de les racheter moyennant la cession d'une des villes musulmanes.

Cette consultation juridique avait eu lieu après la cession de Larache, et si certains ulémas formulèrent cette réponse, c'est uniquement parce qu'ils redoutaient la colère du souverain. Un grand nombre de jurisconsultes s'étaient d'ailleurs dérobés à l'obligation de répondre, en prenant la fuite ; parmi eux on cite : l'iman Abou Abdallah Mohammed Eldjennân, l'auteur de gloses célèbres sur le *Mokhtasar* ; l'imam Aboulabbâs Ahmed Elmaqqari, l'auteur du *Nefh Etthib*. Ces deux personnages demeurèrent très longtemps cachés afin de sauvegarder leurs croyances religieuses, et d'obtenir que d'autres qu'eux eussent à répondre à la consultation. Ce fut encore pour ce même motif que certains ulémas quittèrent la ville de Fez pour aller vivre dans la campagne : de ce nombre furent l'imam Sidi Elhasen Ezzeyyâti, le commentateur du *Djomal*, l'imam érudit, Aboulabbâs Ahmed ben Youcef Elfâsi, et bien d'autres. La force et la puissance appartiennent à Dieu.

Eccheikh s'établit dans le Fahs et vit accourir autour de lui une tourbe de gens ignobles, fauteurs ordinaires de séditions, de troubles et de rapines. A la tête de ces soudards, il ravagea tout le pays et marcha sur Tétouan, dont il s'empara, le gouverneur de cette ville, Ahmed ben Enneqsîs, ayant pris la fuite et abandonné la place. Eccheikh continua ainsi à parcourir la province de Fahs jusqu'au moment où les cheikhs de ce district, voyant l'affaiblissement du pouvoir du sultan, son manque de loyauté et l'abandon qu'il faisait aux infidèles du territoire musulman, se concertèrent pour le faire assassiner. Le moqaddem Mohammed Abou Elleïf le fit périr par surprise au milieu de son camp, au lieu dit Feddj Elfcres. Le corps de Eccheikh resta abandonné et nu pendant plusieurs jours ; enfin quelques personnes de Tétouan vinrent le chercher et l'ensevelirent près de cette ville, en même temps qu'un de ses enfants et quelques-uns de ses compagnons, entr'autres les Eddobéirites[1] qui avaient été tués le même jour que lui. Plus tard, le corps du prince et celui de son fils furent transportés à Fez et enterrés par les soins de la mère de Eccheikh. L'assassinat avait eu lieu le 5 du mois de redjeb de l'année 1022 (21 août 1613).

On assure que ce fut à l'instigation du rebelle Aboulabbâs Ahmed ben Abdallah, connu sous le nom de Abou Mahallî, que Eccheikh aurait été assassiné. Abou Mahallî aurait écrit aux deux moqaddems, Ahmed ben Enneqsîs et Mohammed Abou Elleïf, pour les engager vivement à tuer le prince, ce qu'ils auraient fait aussitôt. Les biens de Eccheikh furent pillés ; sa fortune était considérable et on cite comme ayant été livrés au pillage deux moudd pleins de rubis. Une partie

---

1. La famille du caïd Hammou, surnommé Abou Dobeïra, dont il a été question ci-dessus.

de sa fortune faisait le chargement complet d'un navire qu'il avait laissé à Tanger ; suivant l'arrêt inéluctable du destin, les chrétiens se saisirent de ce navire après l'assassinat du sultan.

Eccheikh, que Dieu lui pardonne ainsi qu'à nous, avait une instruction variée ; il possédait des connaissances solides qui lui avaient été enseignées par des maîtres de ses deux capitales. Voici de lui un distique que j'ai vu écrit de la main d'un auteur distingué qui lui en attribue la paternité : c'est une énigme à propos de ces mots de l'*Alfiya* de Ibn Malek : « il se met à l'accusatif comme spécificatif. »

> « O toi qui interroges tous les lecteurs de la *Kholasa*[1] sur une chose étrange, il me semble qu'il faut la lire
> « Comme un terme circonstanciel d'état, et alors c'est un nom mis à l'accusatif à cause de *illa* et c'est un spécificatif : voilà qui est plus merveilleux. »

Parmi les secrétaires de Eccheikh, il faut citer le littérateur, le jurisconsulte, l'érudit, Aboulabbâs Ahmed ben Mohammed, fils du cadi Mohammed Elgherdîs Etteghelloubi, qui était un des hommes les plus habiles et les plus remarquables dans l'art de rédiger. Dans son commentaire du *Delaïl Elkheirât*, le cheikh Sidi Elarbi Elfâsi, à propos des mots de cet ouvrage : « j'avais pour voisin un copiste » dit ceci : « Le cheikh, le secrétaire, le raïs, Aboulabbâs Ahmed ben Mohammed Elgherdîs, le chef des secrétaires rédacteurs de la ville capitale de Fez, m'avait emprunté l'ouvrage intitulé : *Kitâb elanba fi charh elasmâ* de Aqlîchi. Bientôt après, Elgherdîs fut atteint de la maladie dont il mourut et lorsque j'allai lui faire visite, je trouvai ce livre à son chevet en même temps que des cahiers déjà copiés et d'autres préparés pour la copie. « Si je me rétablis, me dit-il, j'en copierai

---

1. Titre du traité grammatical désigné ordinairement sous le nom de *Alfiya*.

« autant que je pourrai ; je ne m'arrêterai que si mon mal
« m'emporte. » — « Pourquoi, lui répliquai-je, vous imposer
« ce souci ? » — « Parce que, répondit-il, c'est avec mes doigts
« que j'ai commis une quantité innombrable de péchés envers
« Dieu, et j'espère, qu'en me livrant, dans l'état où je suis, à la
« copie de ce livre, j'aurai accompli une bonne œuvre dernière
« qui servira à me faire pardonner mes péchés. » Dieu permit
qu'il réalisât son vœu, car il acheva la copie de ce livre ; il
succomba à la maladie dont il était atteint, maladie qui dura
de l'année 1019 à l'année 1020 (26 mars 1610-4 mars 1612).
En tous cas, le métier de copiste est très important au point
de vue des travaux scientifiques.

C'est en parlant de ce secrétaire que le poète a dit :

> « O Gherdis, tu as joui de la vie pendant que la Fortune dormait
> tu t'es trouvé à Fez en même temps que Ibn Djebbour.
>
> « Enfin, grâce à ton heureuse étoile, Kheizourân s'en est allée dans
> la tombe : le malheur des uns fait le bonheur des autres. »

CHAPITRE LVII

DES DÉBUTS DU REBELLE, LE JURISCONSULTE, ABOULABBAS AHMED BEN ABDALLAH, CONNU SOUS LE NOM DE ABOU MAHALLI ; SES AVENTURES ET SA MORT

Voici ce que dit Abou Mahallî dans son livre intitulé *Islit elkherit fi qith' bi'oloum elafrit ennefrit* : « Je suis né à Sidjilmassa en l'année 967 (3 octobre 1559-22 septembre 1560). Je tiens de mon père et de tous mes oncles paternels que les Oulâd Abou Mahallî descendent du Seyyid Elabbâs, fils de Abdelmotthalib. Un des caïds de Aboulabbâs Elmansour m'a rapporté tenir d'un des familiers de ce sultan que celui-ci possédait un livre de généalogie dans lequel ce fait était indiqué. Un thaleb, que je ne puis soupçonner ni de mensonge, ni d'erreur, m'a également affirmé qu'il avait possédé un ouvrage de généalogie dans lequel il était dit que notre tribu, les Oulâd Mahallî, se rattachait à Abdallah, fils de Djaafar. Elle aurait quitté Méquinez pour aller à Sidjilmassa enseigner au peuple les devoirs de la religion et la théologie ; une partie de ses descendants, sous le nom de Miknâsa, seraient établis dans le district de Tlemcen. Comme je demandai ce livre au thaleb, celui-ci me répondit qu'il avait été brûlé dans sa maison, ce que je ne révoque nullement en doute ; je crains seulement qu'il ait confondu Abdallah, fils de Djaafar, avec Abou Djaafar Elmansour, le calife abbasside.

« Mon professeur, Aboulabbâs Sidi Ahmed ben Aboulqâsem Essoumaï Ettadeli, m'a dit avoir lu le *Mokhtasar eddzîl* de Essemaâni, à Maroc, en l'année 981 (3 mai 1573-23 avril 1574), et avoir vu dans ce livre que deux opinions régnaient à l'égard des Oulâd Mahallî, les uns prétendant qu'ils appartenaient à la tribu des Maghraoua, les autres à celle des Lemtouna. Il serait possible, à ce que l'on assure, de concilier ces deux opinions, les Maghraoua se disant issus de Qaïs Ghîlân ; or Qaïs appartient à la tribu de Modhar et les Modhar sont des Arabes purs ou, en d'autres termes, anciens.

« Quant à notre ancêtre le plus illustre, celui qui prit le le surnom de Abou Mahallî, je n'ai pu, malgré la célébrité dont il a joui, connaître les motifs qui l'avaient fait surnommer ainsi, ni avoir des détails sur sa biographie. Sur tout ceci cependant, comme je l'ai écrit ailleurs, on a fait de nombreuses recherches, surtout le généalogiste le plus éminent de son époque, Eccheikh Ettadeli.

« C'est par l'exercice des fonctions de cadi que notre famille s'est rendue célèbre dans notre pays où on nous appelle les enfants du cadi et où notre zaouïa est désignée sous le nom de Zaouia du Cadi. La science est toujours restée en honneur dans nos familles et particulièrement dans celle de mon père, dont les frères et les fils ont été des hommes instruits. Moi-même, j'ai été élevé par mon père qui a mis tous ses soins à me donner une solide instruction. Ma mère, lorsqu'elle était enceinte de moi, vit en songe un des plus grands saints de notre pays et un des professeurs les plus habiles à enseigner, Sidi Ali ben Abdallah, qui lui faisait boire un bol de lait. J'espère que Dieu a réalisé l'interprétation qui fut donnée de ce songe, dans lequel le lait a été regardé comme représentant la religion, la théologie et la vérité.

« Ce fut dans le courant de l'année 980 (14 mai 1572-3 mai 1573) que je quittai mon pays pour aller achever mes études à Fez; à cette époque, j'étais pubère ou à peu près; je ne songeais qu'à m'instruire et n'avais d'autre préoccupation que de meubler ma mémoire et mon intelligence.

« Je demeurai à Fez quatre ou cinq ans, jusqu'à l'époque à laquelle les chrétiens, comme je l'ai dit plus haut, vinrent à Ouâdi Elmekhâzin. La population était consternée par cet événement, et un de mes amis, un vertueux thaleb, que je consultai sur ce qu'il convenait de faire, m'engaga à quitter la ville et à aller dans la campagne, en attendant le retour de la paix et de la sécurité. En conséquence, je me rendis dans la patrie du miel et du beurre, à Adjedzihara; là, j'appris la *Risâla*[1], car à Fez je n'avais appris que de la grammaire et encore n'avais-je guère puisé qu'un seau dans le puits de cette science.

« Dès que la panique fut calmée je rentrai à Fez, où régnait Elmansoûr, qui venait de chasser les chrétiens. Je continuai à

---

1. Traité de droit.

m'occuper de grammaire, bien que mon plus vif désir fût de loger dans ma mémoire la science du droit et d'en étudier à fond la technologie. Durant ma première sortie de Fez, j'avais fait un pèlerinage au tombeau du cheikh qui exauce les prières qu'on lui adresse, Abou Yaaza ; je m'adressai à lui pour obtenir de Dieu qu'il me mît au nombre de ceux qui possèdent toutes les sciences à fond et qu'il m'accordât son absolution.

« Une année s'était à peine écoulée, depuis cette époque, que je me trouvai dans la zaouïa du cheikh Sidi Mohammed ben Mobarek Ezzaeri, et cela sans avoir éprouvé le désir de m'y rendre, car, à ce moment, j'étais passionné pour l'étude et ne songeais nullement à embrasser les doctrines des soufites. Les soufites d'alors jouissaient, en effet, d'une triste réputation, et, pour ma part, j'éprouvais à leur endroit la plus extrême défiance.

« Enfin, le bandeau qui couvrait mes yeux se déchira et, quand j'eus vu ce que je vis, je me convertis. Je m'attachai donc à suivre mon cheikh car, sans son aide et celle de Dieu, j'eusse à coup sûr péri, de même que, si je n'avais été dirigé par lui, je me serais certainement égaré. Et comment en aurait-il pu être autrement, puisque c'est grâce à ce cheikh que Dieu m'a dégagé de l'océan de mes passions où j'allai m'engloutir, qu'il m'a conduit par sa miséricorde au milieu des disciples qui suivent la large voie tracée par Abou Abdallah Sidi Mohammed ben Mobârek, de la tribu des Zoaïr, de la secte des Djerrâr et le dixième chef des siècles[1].

« Ce personnage appartenait à la tribu du Maghreb appelée Zoaïr, nom qui a la forme d'un diminutif, mais dont l'adjectif ethnique s'obtient en prenant pour base la forme augmentative. Un vieillard très âgé de cette tribu m'a raconté que leur ancêtre avait reçu le surnom de Zoaïr, parce qu'il

---

1. En d'autre termes, le principal personnage du xe siècle.

labourait en se servant d'un attelage composé d'un chameau et d'un cheval et que, lorsqu'il voulait exciter ces animaux à marcher, il se servait, pour le premier, de l'expression *za'*, qui sert habituellement à faire avancer les chameaux, et, pour le cheval, du terme *ri'*, qui s'emploie d'ordinaire avec les chevaux pour les presser dans leur marche. On réunit les deux syllabes qu'il prononçait alors et on en fit son surnom. Aujourd'hui le peuple a pris l'habitude de faire usage de *zoaïr*, forme diminutive de ce surnom. Suivant ce même vieillard, avant de s'appeler Ezzaeri, cet ancêtre se nommait Selimân, mais dans l'usage son surnom prévalut sur son nom. Il était, assurait-il, le frère de Berbouch et de Achbân, auxquels diverses tribus arabes du Sous ultérieur font remonter, encore aujourd'hui, leur origine.

« Je demeurai environ dix-huit ans auprès de ce cheikh Abou Abdallah et ne le quittai que sur son ordre formel ; ce fut lui qui, sans me consulter, m'envoya à Sidjilmassa en me disant que moi seul ferai le bonheur des habitants de cette ville. En partant, et sans que je le lui eusse demandé, il m'offrit son bâton, son burnous et ses chaussures ; puis, au moment des adieux, il prit de sa main droite un bonnet qu'il posa sur ma tête en guise d'insigne religieux. Après m'être, sur son ordre, installé dans mon pays, j'allai une douzaine de fois lui rendre visite : ma dernière visite eut lieu au moment où je revenais de mon premier pèlerinage à la Mecque, pèlerinage que j'accomplis durant sa bienheureuse existence, en l'année 1002 (27 septembre 1593-16 septembre 1594). Ce fut au cours de cette dernière visite que le cheikh me dit pour me bénir : « Que Dieu t'éprouve plus qu'il ne m'a éprouvé « moi-même ! » J'interprétai ces paroles comme l'annonce de l'empressement que met, comme vous le voyez, la foule à se réunir autour de moi. Contrairement à son habitude, le cheikh, après ces paroles, poussa un grand cri tel que, pendant tout le temps que j'avais vécu avec lui, je ne lui en avais jamais entendu proférer d'aussi violent, car il était d'une nature calme.

« Après la mort de ce maître (que Dieu le fortifie et le sanctifie!), je demeurai au moins trois ans sans agir, puis le renoncement au monde fit alors briller à mes yeux ses charmes accoutumés. Que le cheikh reçoive les témoignages de ma reconnaissance et de mon admiration pour m'avoir comblé de ses faveurs et m'avoir dirigé dans la bonne voie! »

Abou Mahallî énumère ensuite les noms de ses autres maîtres, tels que Elmendjoûr, Sidi Ahmed Baba Essoudâni, etc., et en dresse une liste qu'il serait trop long de rapporter; il ajoute ensuite : « Je pris une résolution définitive à mon retour du pèlerinage de la Mecque, car ce fut au mois de redjeb de l'année 1001 ou 1002 (avril 1592 ou mars-avril 1593) que j'entrai en relations avec l'ami sincère et intelligent, Abou Yahia Elfâsi, ainsi qu'avec Elbadekhchi de Boukhara, à l'occasion de la *Nokhba* de Ibn Hadjar; à mon retour je visitai les provinces du Maghreb jusqu'à l'Ouâdi Essaoura, où je m'établis ensuite avec toute ma famille. »

Tel est le résumé des débuts de Abou Mahallî puisé dans le livre dont j'ai parlé ci-dessus, livre qui est intéressant. Ayant eu l'occasion de lire cet ouvrage dans un volume de recueils, j'en ai extrait ces notes sommaires. C'est sur l'assistance de Dieu que nous devons compter ; c'est lui qui nous dirige dans la voie la plus droite.

CHAPITRE LVIII

LE CHEIKH PUISE A UNE AUTRE SOURCE ET DE L'ORIENT A L'OCCIDENT
FAIT RETENTIR LE MONDE DE VOCIFÉRATIONS

Dans une épître intitulée : *Maqâm ettedjellî min sahbat eccheikh Abî Mahallî*, longue dissertation en prose rimée, le cheikh, le jurisconsulte, Aboulabbâs Ahmed Ettouâti, ainsi que j'ai pu le constater moi-même sur son manuscrit autographe, rapporte ce qui suit : « Tout d'abord, le jurisconsulte Aboulabbâs Ahmed ben Abdallah Abou Mahallî était un simple légiste ; après s'être dirigé quelque temps dans la voie du soufisme, il reçut l'inspiration divine et manifesta bientôt les signes de sa mission providentielle. Le peuple en foule accourut le voir en pèlerinage, les uns venant isolément, les autres en groupes. Sa renommée se répandit bientôt dans tout le pays et ses adeptes devinrent très nombreux. Moi-même, ajoute Ettouâti, en apprenant tout cela, je me rendis auprès de lui et y demeurai un certain temps, jusqu'au jour où je vis qu'il se donnait pour être le mahdi avéré, annoncé par les traditions authentiques. A ce moment, je refusai de le suivre dans cette voie et l'abandonnai à ses vanités. »

Dans ses *Mohâdharât*, Abou Ali Elyousi raconte que Aboulabbâs Ahmed Abou Mahallî se trouvant un jour avec son maître, Ibn Mobârek, se sentit tout à coup envahir par une inspiration soudaine et s'écria en se débattant : « Je suis sultan, je suis sultan. » — « O Ahmed, lui dit alors son maître, en admettant que tu sois sultan, tu ne seras pas capable d'effondrer le sol sous tes pas, ni d'égaler les montagnes en hauteur. » Un autre jour, se trouvant dans une réunion de soufites, il fut de nouveau pris de convulsions et se mit à crier : « Je suis sultan. » Un autre soufite qui se trouvait dans un coin de la salle tomba aussitôt en convulsions et s'écria : « Trois ans moins un quart. » Ce fut ainsi, en effet, que les choses se passèrent.

On rapporte encore que, au moment où il faisait ses tournées autour du temple de la Mecque, lors de son voyage dans le Hedjâz, on l'entendit s'écrier : « O mon Dieu, tu as dit et tes paroles sont la vérité : et ces règnes nous les donnerons à tour de rôle aux hommes. Fais donc, ô mon Dieu, que je sois du nombre de ceux qui règneront. » Mais il avait oublié de demander que son règne se terminât bien ; aussi, s'il fut exaucé dans sa prière, les circonstances l'entraînèrent bientôt dans la voie fatale qu'avait tracée le Destin.

Abou Mahallî était un jurisconsulte éminent ; son style était élégant et ses pensées élevées. Il a composé divers ouvrages, entre autres : *Elouidhâh, Elqasthâs, Elislit, Medjeniq* et *Essokhour fi'rred 'ala ahl elfodjour*. J'ai vu dans l'exemplaire autographe de ce dernier ouvrage la réponse faite par Elkharroubi à la célèbre épître de Abou Omar Elmerrâkochi. Il fut aussi l'auteur de poésies médiocres. Il s'était cru capable d'accomplir la mission de réformer les mœurs et ce fut là, sans qu'il s'en doutât, ce qui causa sa perte.

Dans les *Mohâdharât*, le maître de nos maîtres, Abou Ali Elyousi s'exprime en ces termes :

« Abou Mahallî avait suivi la voie que lui avait tracée Ibn Elmobârek Ettâstâouti et était arrivé à posséder ainsi la *grâce* jusqu'à un certain degré. Il composa sur ce sujet des traités qui prouvent qu'il en était ainsi, et ce ne fut que plus tard qu'il sentit naître en lui ses idées ambitieuses.

« On raconte qu'au début il s'était lié d'amitié avec Ibn

Abou Bekr Eddilaï. Comme, à cette époque, les mœurs étaient extrêmement relâchées dans le pays et que le mal s'était propagé de tous côtés, Ahmed ben Abdallah dit une nuit à Abou Bekr : « Voulez-vous que nous allions dès demain parmi « le peuple l'exhorter à se mieux conduire et lui défendre de « continuer ses méfaits ? De la sorte nous nous mettrions nous-« mêmes à la tête de la réforme des maux qui couvrent le pays « et l'affligent. » Ibn Abou Bekr refusa de prêter son concours à cette œuvre, donnant pour prétexte que le mal était trop général et trop profond. « Nous n'avons pas, ajouta-t-il, « toutes les qualités requises pour nous donner comme « réformateurs. »

Le lendemain de cette conversation, les deux amis sortirent. Ibn Abou Bekr se rendit sur le bord de la rivière, lava ses vêtements, se rasa la tête, puis passa le reste de son temps à dire des oraisons et à faire ses prières canoniques aux heures prescrites. Abou Mahallî, pour sa part, mit à exécution ses projets de réforme ; dans ce but, il se laissa entraîner dans des discussions et des querelles telles qu'il ne put faire ses prières canoniques au moment voulu et, en fin de compte, il n'aboutit à aucun résultat. Le soir, quand les deux amis retournèrent dans leur demeure pour y passer la nuit, Ibn Abou Bekr dit son compagnon : « En ce qui me concerne, j'ai accompli tous mes devoirs : j'ai fait mes prières aux heures prescrites et je suis rentré ici, sain et sauf, l'âme pure et tranquille. Pour ce qui est de ceux qui se livrent au mal, Dieu réglera leur compte. » Puis, après avoir dit ces mots ou quelque chose d'approchant, il ajouta : « Et toi, maintenant, vois dans quelle situation tu t'es mis. »

En dépit de tout cela, Abou Mahallî ne renonça pas à son projet ; il se rendit un peu plus tard dans les contrées du sud, sur les bords de l'Ouâdi Essaoura et là, il se posa en prétendant ; il annonça qu'il n'avait été amené à jouer ce rôle que par suite de l'extrême corruption des mœurs et le débordement des mauvaises passions, puis, non content de cela, il déclara être le Mahdi attendu, envoyé pour faire la guerre sainte. Il sut ainsi gagner la confiance du peuple qui marcha à sa suite.

Abou Mahallî entra en correspondance avec les chefs des tribus et les grands personnages des villes ; il les exhorta à se mieux conduire et insista pour qu'ils suivissent les préceptes de la Sonna ; il fit répandre le bruit qu'il était le *fatimite*[1], affirmant que quiconque lui obéirait serait dans la bonne voie, tandis que ceux qui contreviendraient à ses ordres seraient au nombre des égarés. Parfois, dans le but d'enflammer le zèle de ses disciples, il leur disait : « Vous êtes supérieurs aux disciples du Prophète, car c'est à une époque d'erreurs que vous vous levez au secours de la Vérité, tandis qu'eux vivaient au temps même de la Vérité. » Et il leur débitait encore d'autres sornettes du même genre.

Dans un poème, où il combattait Abou Mahallî et engageait le peuple à se méfier de lui, le jurisconsulte, Abou Zakaria Yahia ben Abdallah ben Saïd ben Abdelmonaïm Elhâhi, a fait allusion à tout cela quand il a dit :

> « O nation de l'Élu, du Guide, vous manque-t-il donc de modèles parmi les ulémas des temps passés ?
>
> « Croyez-vous donc que Dieu va vous laisser ainsi abandonnés ? Il vous a mis à même de saisir pourquoi
>
> « Je m'adresse à vous au nom de celui qui vous rassemblera au jour de la Résurrection. Ne voulez-vous donc pas comprendre — l'homme vain n'est pas comme celui qui sait —
>
> « Que votre Maghreb est partout maudit par la Providence ! O mon Dieu, sois notre soutien.
>
> « Quand on dit aux hommes que leurs passions les égarent, ils répondent que le jurisconsulte *un tel* a péché avant eux et que

---

1. Le Mahdi véritable doit appartenir à la famille du Prophète, et par conséquent, être un *fatimite* ou descendant de Fathima, la fille de Mahomet.

CHAPITRE CINQUANTE-HUITIÈME

> « Si cette réponse n'était pas décisive, l'Imam se serait prononcé sur ce point et qu'on n'aurait pas vu venir l'illustre fils de celui qui détruit.
>
> « A ceux qui leur disent : « Voici ce qu'a dit le meilleur des « êtres », ils répondent : Ce que nous apprend ce *maître de l'heure*[1], nous suffit ;
>
> « Nous sommes supérieurs aux disciples du Prophète ; nous aurons une récompense qui doublera les bracelets de nos bras. »
>
> « Les illusions du moment ont séduit les cœurs de la foule qui, éprise de lui, a perdu la bonne voie. »

p. ٢٠٦

Il y eut, du reste, entre Abou Mahallî et Yahia ben Abdallah, un échange de correspondances et d'épigrammes en vers et en prose. Voici, par exemple, ce que dit Abou Mahallî :

> « O Yahia, ô vil immondice ! Comment oses-tu prétendre critiquer les autres à l'exemple des grands auteurs de l'antiquité !
>
> « C'est comme si tu assurais appartenir à la famille du Prophète, alors que tu es le dernier de la plus infime des tribus.
>
> « Ton visage est celui d'un singe, rien n'est plus horrible à voir ; quant à ta tête, c'est celle d'un coq qui émerge d'un tas de fumier ;
>
> « Quand tu la coiffes d'un turban, elle te donne l'apparence d'une vieille femme chrétienne accroupie, en train de laver des torchons. »

On prétend que Yahia avait été le condisciple et l'ami de Abou Mahallî à la médressa de Fez. Quant aux sarcasmes qu'ils échangèrent entre eux, je m'abstiendrai de les retracer dans cet ouvrage. Que Dieu soit indulgent pour tous.

---

1. Nom que le vulgaire donne au Mahdi.

CHAPITRE LIX

ENTRÉE DE ABOU MAHALLI A SIDJILMASSA, DANS LE DRAA ET A MAROC ET DES CIRCONSTANCES DANS LESQUELLES CES ÉVÉNEMENTS SE PRODUISIRENT.

Quand Abou Mahallî eut groupé autour de lui une foule considérable de partisans et qu'il vit ses nombreux adeptes accourir en pèlerinage auprès de lui, il déclara hautement qu'il fallait s'occuper de réformer les abus qui s'étaient introduits et propagés parmi le peuple. « Les enfants de Elmansour, disait-il, cherchent à s'entre-détruire pour conquérir la royauté. Dans cette lutte fratricide, le peuple a été décimé, les richesses de la population mises au pillage et les harems violés ; il importe de mettre un frein aux agissements de ces prétendants et de briser leur autorité. »

En apprenant la nouvelle que Eccheikh, fils de Elmansour, avait fait évacuer par les musulmans la ville de Larache et l'avait vendue aux infidèles, Abou Mahallî avait bondi de colère, et cette colère avait paru provoquée plutôt par son zèle pour la religion de Dieu et l'intérêt des musulmans que par le désir de grouper autour de lui les défenseurs du pays.

A la suite de cet événement, il partit un jour pour Sidjilmassa avec l'intention de s'emparer de cette ville, dans laquelle Zîdân avait laissé comme lieutenant un certain Elhâdj Elmir. Le lieutenant de Zîdân sortit aussitôt de la ville à la tête d'environ 4.000 hommes et se porta à la rencontre de Abou Mahallî, qui n'avait avec lui qu'un chiffre approximatif de 400 combattants. A peine les deux armées se trouvèrent-elles en présence que le combat s'engagea : la lutte se termina par la défaite des troupes du lieutenant de Zîdân. Dans le peuple, on répandit le bruit que les balles qui atteignaient les partisans de Abou Mahallî, arrivaient sans force et ne produisaient aucun mal ; cette croyance augmenta aux yeux des populations la vénération qu'elles professaient pour Abou Mahallî et lui valut un prestige considérable.

Entré dans Sidjilmassa, Abou Mahallî réforma les abus et fit régner la justice dans cette ville. Des députations envoyées par les habitants de Tlemcen et les Benou Râched, vinrent le complimenter sur son triomphe et le féliciter de ses succès ; parmi les membres de ces députations, se trouvait le savant jurisconsulte, Sidi Saïd Qodoura Eldjezâïri, l'auteur d'un commentaire sur le *Essollem*, qui fut un des disciples de Abou Mahallî ainsi que celui-ci le rapporte dans son livre intitulé : *Elislît*.

Instruit par les fuyards, qui le rejoignirent, de la défaite de ses troupes, Zîdân organisa un armée considérable qu'il expédia sous le commandement de son frère, Abdallah ben Mansour, connu sous le nom de Ezzobda. Aussitôt qu'il fut informé de ce mouvement, Abou Mahallî se rendit dans le Draâ ; là, il livra bataille à Abdallah qui fut défait et perdit environ 3.000 hommes de son armée. Cette victoire renforça le parti de Abou Mahallî, lui donna une grande autorité et réunit sous ses ordres les provinces du Draâ et de Sidjilmassa.

Le caïd Younès Elaïssi, victime du ressentiment de Zîdân, avait quitté ce prince pour se rendre auprès de Abou Mahallî ; il mit celui-ci au courant des secrets de son ancien maître, dont il dépeignit la faiblesse, et réussit, par de constantes excitations, à le faire marcher sur Maroc. Zîdân abandonna immédiatement cette ville et s'enfuit vers le port de Asfi, d'où il songea un instant à s'embarquer pour la Péninsule[1]. Abou Mahallî entra donc dans le palais impérial de Maroc et s'y installa en maître ; il donna même le nom de Zîdân à un fils qui lui naquit alors dans ce palais et l'on assure qu'il épousa la mère de Zîdân et qu'il consomma le mariage avec cette princesse. L'ivresse du pouvoir souverain lui troubla dès lors l'esprit, et bientôt il négligea la dévotion et la piété qui avaient été les bases de sa fortune.

Dans ses *Mohâdharât*, le cheikh Elyousi raconte le fait suivant : Lorsque Abou Mahallî fut entré à Maroc, ses frères en religion vinrent lui rendre visite et lui adresser leurs félicitations. Admis en sa présence, ils lui manifestèrent la joie que leur causait son arrivée au pouvoir et le complimentèrent. Un seul homme parmi eux avait gardé le silence et, comme Abou Mahallî lui demandait pourquoi il n'avait rien dit en insistant pour avoir une réponse, cet homme répondit : « Aujourd'hui tu es un sultan ; si donc tu veux que je te dise la vérité, promets-moi de ne me faire aucun mal. » — « Parle sans crainte, répliqua Abou Mahallî. » — « Au jeu de la balle[2], reprit l'homme, cent ou deux cents personnes poussent devant elles une balle au milieu de grands cris et de bousculades qui font que quelques-uns se rompent un membre ou se blessent assez grièvement pour en mourir ; personne pourtant ne s'émeut de ces accidents, quoique, en somme, cette balle, si vous l'examinez bien, ne soit formée que de vieux chiffons roulés. » Abou Mahallî ayant saisi le sens de cet apologue, se mit à pleurer et s'écria : « Nous avons voulu faire revivre la religion et voilà que nous l'avons fait périr ! »

---

1. L'Espagne.
2. Les joueurs sont armés de solides bâtons recourbés avec lesquels ils frappent la balle. Divisés en deux camps rivaux, qui doivent chacun conduire la balle dans une direction opposée, il arrive souvent, dans l'animation du jeu, que les partenaires échangent, sans le vouloir, de terribles horions.

CHAPITRE LX

ZIDAN APPELLE YAHIA BEN ABDALLAH A SON SECOURS. ABOU MAHALLI EST MIS A MORT. CIRCONSTANCES QUI ACCOMPAGNÈRENT CET ÉVÉNEMENT.

En présence de ces événements, Zîdân ayant acquis la certitude que son influence était gravement compromise et qu'il était trop faible pour tenir tête à Abou Mahallî, écrivit au jurisconsulte, Abou Zakaria Yahia ben Abdallah ben Saïd ben Abdelmonaïm Elhâhi Eddaoudi, pour implorer son aide et son assistance. Yahia, qui habitait la zaouïa de son père dans la montagne de Deren, jouissait d'une grande considération dans le pays du Sous où il comptait de nombreux adeptes. En faisant appel à l'appui de ce personnage et en lui demandant secours, Zîdân avait écrit ces mots : « Vous avez le devoir de défendre ma couronne, car je suis un des vôtres. Il vous faut donc agir en ma faveur et combattre avec moi quiconque conspirera contre moi. » Abou Zakaria répondit à l'appel de Zìdan et se porta à son secours, il rassembla de nombreuses troupes de tous côtés et, à la tête de ses partisans, il se mit en marche sur Maroc, le 8 du mois de ramadhan de l'année 1022 (22 octobre 1613). Arrivé à l'endroit dit Foum Tânout, à deux journées de marche de Maroc, Abou Zakaria reçut de Abou Mahallî la lettre suivante :

« Au nom du Dieu clément et miséricordieux.

« De la part de Ahmed ben Abdallah à Yahia ben Abdallah. J'ai appris qu'après avoir rassemblé une armée sous vos drapeaux vous étiez campé en ce moment à Tânout. Descendez dans la plaine afin que nous nous trouvions face à face. Le chacal use de ruse, mais le lion attaque résolûment. On n'affermit son pouvoir qu'en frappant avec la lance et en combattant avec l'épée. Salut. »

Voici la réponse que fit Yahia :

« Au nom du Dieu clément et miséricordieux.

« De la part de Yahia ben Abdallah à Ahmed ben Abdallah. Ensuite : Le pouvoir n'appartient ni à vous, ni à moi, mais uniquement au Souverain qui sait tout. Je viens à vous avec des gens armés de fusils et bien aguerris, recrutés dans la tribu des Chebâna et chez leurs alliés, les Benou Djerâr; j'ai aussi des terribles et valeureux guerriers du pays qui va de Hechtouka aux Benou Kensoûs. Je vous donne rendez-vous à Djillez, où Dieu tirera vengeance du pervers et fera triompher celui qui lui est cher. Salut. »

Se mettant alors à la tête de ses troupes, Yahia marcha sur Maroc et vint camper près de Djillez, montagne qui domine la ville de Maroc. Ahmed ben Abdallah, de son côté, se porta à la rencontre de son adversaire et l'action s'engagea entre les deux armées près de Djillez. Dès le commencement du combat, Abou Mahallî fut atteint en pleine poitrine d'une balle qui le tua sur le coup; ses troupes se débandèrent aussitôt et son camp fut pillé par l'ennemi. On coupa la tête de Abou Mahallî et on la suspendit aux remparts de la ville de Maroc, où elle demeura exposée pendant près de douze ans, ainsi que les têtes des principaux chefs de son armée. Cette tête fut ensuite enlevée et enterrée dans le mausolée du célèbre ouali, Aboulabbâs Essebti, au dessous de l'école qui, en cet endroit, est contiguë à la mosquée.

Le cheikh, le célèbre jurisconsulte, Aboulabbâs Ahmed Elmerîdi Elmerrakochi (Dieu lui fasse miséricorde!) a fixé la date du soulèvement de Abou Mahallî et celle de sa mort.

par cette phrase : « Il se souleva *bouc*[1] et mourut *bélier*. »
On remarquera la forme piquante de ce chronogramme et
la fine allusion qu'il contient.

Les disciples de Abou Mahallî assurent qu'il ne mourut
point, mais qu'il disparut seulement. Cette croyance a persisté jusqu'à ce jour chez quelques-unes des populations de
l'Ouâdi Essâoura, du moins cela m'a été affirmé par quelqu'un
en qui j'ai une entière confiance. La force et la puissance
appartiennent à Dieu !

Abou Mahallî ayant ainsi péri, Yahia entra à Maroc et
s'installa dans le palais des souverains ; il jeta là son bâton
de voyage et songeait à s'y établir à demeure, quand il reçut
de Zîdân une lettre dans laquelle celui-ci lui disait : « Si tu
es venu dans le seul dessein de me secourir et de me débarrasser du rebelle, tu m'as fait atteindre mon but et tu as
donné la paix à mon cœur. Mais si c'était pour mettre du feu
dans ton âtre et t'emparer du pouvoir royal comme d'une
proie, Dieu, dans ce cas, n'a réjoui que tes yeux ! »

Yahia fit aussitôt ses préparatifs pour retourner dans son
pays, voulant montrer ainsi qu'il n'avait pas ambitionné le
pouvoir suprême et qu'il était venu dans le seul but de protéger l'autorité du prince dont il s'était engagé à défendre
la couronne. Il se mit donc en route pour son pays, tandis
que Zîdân rentrait à Maroc. On assure que Yahia avait véritablement voulu se faire proclamer souverain, mais que les
soldats berbers qui l'accompagnaient avaient, à la suite
d'une série d'événements, refusé de l'aider dans ses projets.
Dieu, par sa grâce et sa bonté, peut seul favoriser une
entreprise.

---

1. Les mots traduits par « bouc » et « bélier » forment deux chronogrammes, donnant les dates de 1019 et 1022.

CHAPITRE LXI

SUITE DE L'HISTOIRE DE YAHIA BEN ABDALLAH. QUELQUES MOTS SUR CE PERSONNAGE ET SUR DIVERS FAITS QUI SE RAPPORTENT A LUI

Ce personnage s'appelait Yahia ben Abdallah ben Saïd ben Abdelmonaïm Eddaoudi Elmennâni Elhâhi. Son grand-père Saïd avait été, par sa science et sa piété, l'homme le plus remarquable de son temps ; il avait fait revivre la Sonna dans le Sous et avait donné, dans ce pays, un vif éclat à l'islamisme. C'était, en parlant de lui, que Sidi Ahmed ben Moussa Essemlâli disait : « Aucun fils de femme n'a été son égal dans le passé, aucun ne le sera dans l'avenir. » Tout le monde s'accordait à vanter sa gloire, ses vertus et son extrême sollicitude. « Savez-vous, disait-il un jour à ses disciples, ce que fera pour vous votre cheikh, au jour de la Résurrection ? » — « Non, répondirent ceux-ci. » — « Eh ! bien, leur répliqua-t-il, il vous assistera au moment de la *pesée*[1] ; toute bonne action qui sera en excédent chez l'un de vous, il la prendra pour la reporter à l'actif de ceux de vos frères qui en auront besoin, de façon à ce qu'il ne reste pour l'enfer que ceux dont les bonnes œuvres auront été tout à fait insuffisantes. En outre, il se tiendra près du Sirâth jusqu'à ce que vous ayez tous, jusqu'au dernier, franchi ce pont. » Il fit un si grand nombre de miracles qu'il serait impossible d'en donner la liste complète. Il mourut en l'année 953 (4 mars 1546-21 février 1547).

Après sa mort, son fils Abdallah prit sa place et imita

---

1. La pesée des bonnes et mauvaises actions, au jour du jugement dernier.

son père en suivant la même voie que lui ; quelques personnes prétendent même qu'il le surpassa. Abdallah fut un savant qui pratiquait ses devoirs de piété et un saint homme modeste qui donnait d'excellents conseils. « Je ne me souviens pas, disait-il, d'avoir commis la moindre infraction à mes devoirs envers Dieu, ni d'avoir fait du mal à un seul animal, pas même à une fourmi. »

L'auteur du *Bedzl elmonásaha* s'exprime sur ce personnage en ces termes : « Jamais je n'ai vu un aussi pieux personnage, ni entendu dire d'aucun saint qu'il ait pris plus à cœur que lui l'instruction et l'éducation de ses disciples. Sa sollicitude était telle que, même pour les laboureurs de la zaouïa, il avait désigné un de ses disciples qui était chargé de leur fournir l'eau dont ils avaient besoin aux heures de la prière. Ce disciple, à ce moment, devait porter à l'endroit où on labourait de l'eau, une écuelle et du feu ; il faisait chauffer l'eau, et les laboureurs, après avoir fait leurs ablutions l'un après l'autre, récitaient la prière en commun.

« Il avait composé un ouvrage sur les terreurs de la vie future ; il le lisait en arabe et en berbère à ceux qui venaient le voir en pèlerinage. On ne pouvait arriver jusqu'à lui que pendant la nuit et, sauf une seule fois, il ne se montra jamais de jour à personne. Il disait que son maître Sidi Ahmed ben Moussa lui avait recommandé d'agir ainsi. Il fit de nombreux miracles et peut-être qu'un jour nous en ferons le récit dans un ouvrage autre que celui-ci. Il fut le disciple de Sidi Ahmed ben Moussa, de Sidi Abdallah Elhibthi, dont il suivit les doctrines, de Mohammed ben Ibrahim Ettinmârti, de Ezzeqqâq, de Elouancherisi et d'autres. Il mourut en 1012 (11 juin 1603-30 mai 1604) et fut enterré à Beradâa, dans la montagne de Deren, à l'endroit même où il avait établi sa zaouïa sur l'autorisation qui lui en avait été donnée par le sultan Elghâleb-billah. Ses disciples étant devenus fort nombreux et sa réputation très grande, il fut desservi auprès de Elmansour et dénoncé à lui comme un homme dangereux. Elmansour avait envoyé son caïd Mansour ben Abderrahman Eleuldj avec ordre d'arrêter le cheikh, mais, grâce à Dieu, celui-ci put se soustraire à ce danger.

« Sidi Abdallah mort, son fils Yahia prit la direction de la zaouïa et continua les traditions de son père. Yahia était un jurisconsulte d'une instruction variée ; il avait été à Fez où il avait suivi les leçons de maîtres tels que Elmendjoûr et autres, et il avait été en outre le disciple du bienheureux, du savant qui connaît Dieu, le célèbre Sidi Ahmed ben Mohammed, connu sous le nom de Adbâl Essousâni, qui est enterré dans le Draâ. Ce fut sous la direction de ce maître, son principal guide, qu'il étudia un grand nombre de sciences, et ce fut de lui qu'il reçut son diplôme de docteur pour la science des hadits. »

A son tour, l'auteur de *Elfaouâïd Eldjomma* dit : Yahia était un érudit ; il avait étudié les hadits, la jurisprudence, la syntaxe, la lexicologie et le soufisme. Il m'a raconté qu'il avait vu en songe Abou Horeïra. « Je vis, disait-il, un
« homme de taille moyenne au teint fortement coloré en
« rouge et comme je lui demandai son nom il me répondit :
« Je suis Abderrahman ben Sakhr ou Abderrahman ben
« Sakhr Eddoûsi, dont vous avez entendu parler. » — « Avez-
« vous assisté, ajoutai-je, à la fracture de la lune[1] ? » —
« Non, répliqua-t-il, mais la chose est authentique. » Je lui
« demandai alors sa bénédiction et plaçai sa main sur mon
« visage pour me porter bonheur. Quand je me réveillai, je
« fis des recherches sur l'époque à laquelle s'était converti
« Abou Horeïra et je constatai qu'elle était postérieure à la
« fracture de la lune. »

1. On prétend que Mahomet pour prouver sa mission divine fendit la lune en deux. Ce miracle est rapporté dans le Coran, sourate LIV.

CHAPITRE SOIXANTE ET UNIÈME

« Yahia me récita ensuite ces vers qui s'appliquaient à lui :

> « O Abou Zeïd, il n'est personne qui, comme moi, puisse dans un hadits remonter jusqu'à une autorité pareille à la tienne.
> « Toi qui es l'hôte du monde entier, atténue les vices dans les bourgs et redoute le châtiment de Dieu. »

« Yahia était un poète distingué ; il a composé sur la *félicitation* un poème rimant en *lam*, qui renferme un grand nombre d'allitérations et qu'il a lui-même commenté, dans un fascicule intitulé : *Errechfa elheniya min risâlat ettehnia*. Il a également écrit une pièce de vers du mètre *redjez*, sur les martyrs. Mon ami, le cadi Abou Zeïd Essedjetâni, m'a raconté avoir lu un gros volume contenant les poésies épigrammatiques et autres échangées entre Yahia et Abou Mahallî ; ce recueil avait pour titre : *Ettedjelli fîma ouaqaa beïna Yahia oua Abi Mahallî*.

« De même que son père et son aïeul, Yahia eut une grande réputation de sainteté et ses adeptes furent nombreux. De tous côtés la foule se rendait en pèlerinage auprès de lui et de grands personnages eux-mêmes allèrent le visiter. Toutefois, il tomba dans des errements analogues à ceux qu'avait suivis Abou Mahallî, car il usurpa le souverain pouvoir et se conduisit en véritable sultan. Cette circonstance troubla son repos et ternit sa réputation ; il ne s'était pas aperçu qu'il avait été à ce moment le jouet des perfidies les plus subtiles et des embûches du Satan maudit. »

Certains auteurs assurent que, lorsque l'ambition s'est logée dans le cœur d'un homme, celui-ci ne la délaissera jamais, dût-il en perdre la vie. Aussi l'auteur de *Elfaouâïd* ajoute-t-il après ce qui vient d'être rapporté au sujet de Yahia : « Il essaya de réunir le pouvoir temporel à la direction spirituelle des affaires de la nation, mais, malgré tous ses efforts, il mourut avant d'avoir pu mener à bout son œuvre. »

p. ٢١٢ Ce fut à son retour du Sous que Yahia songea pour la première fois à s'emparer de la royauté et à réunir sous une même autorité les villes et les tribus du Maghreb qu'il voyait désunies. Il alla d'abord à Taroudant, s'empara de vive force de cette ville et l'occupa. Ce fut alors qu'il s'engagea entre lui et Aboulhasen Ali, petit-fils du bienheureux Sidi Ahmed ben Moussa Essemlâli, une série de luttes et de combats à faire blanchir les cheveux et à rendre caducs des enfants encore à la mamelle. Il poursuivit sans relâche ses projets de conquérir l'autorité absolue jusqu'au jour de sa mort qui eut lieu le mercredi soir, 6 du mois de djomada II de l'année 1035 (4 mars 1626), dans la casbah de Taroudant. Le lendemain, son corps fut porté au *ribâth* de son père et de son grand-père, et ce fut à côté de la tombe de ce dernier qu'on l'enterra.

Yahia était en correspondance avec Zîdân à qui il donnait des conseils ; il le contraignait souvent à subir la présence des personnages qui étaient venus réclamer son appui, ce qui froissait vivement Zîdân. La lettre suivante que j'ai lue et qui avait été écrite par Yahia donnera un aperçu de cette situation que nous venons de signaler :

« De la part de Yahia ben Abdallah ben Saïd ben Elmonaïm (que Dieu lui conserve toujours sa bienveillante faveur ! *Amen !*) O mon Dieu, nous t'adressons nos louanges en toutes circonstances et nous te sommes reconnaissants, ô patron des Croyants, d'écarter loin d'eux les malheurs et les épreuves. Nous te demandons de répandre tes bénédictions sur ton Élu, le meilleur des êtres et de lui accorder le salut, à lui dont la tombe attire la foule des voyageurs. O Seigneur, nous te prions de nous donner des marques de ton exquise générosité et de ta haute faveur aussi bien quand nous sommes en voyage que quand nous sommes au repos. Nous implorons ta face auguste afin que, ô Tout-Puissant, tu nous épargnes la colère que méritent nos mauvaises actions.

« Le salut le plus complet de Dieu, ses faveurs les plus étendues, sa miséricorde et ses bénédictions soient sur le magnanime, l'auguste prince molouyen[1], l'imam de la famille de Ali ! Comment vous portez-vous et comment vous trouvez-vous dans ces temps où le sort s'acharne à détruire les religions et entraîne les fidèles à ne songer qu'à assouvir leurs passions. Nous appartenons à Dieu ; il n'y a de force et de puissance qu'en lui, sur qui nous comptons, car il est la meilleure des providences.

« Cette lettre qui vous est adressée a pour objet d'élucider trois points qui se rattachent à ces paroles du Prophète : « La « religion, c'est le bon conseil. » Et comme on demandait alors à Mahomet à qui il appartenait de donner des conseils, il répondit : « A Dieu, au Prophète, aux grands des musulmans « et enfin au peuple lui-même. »

« Nous allons donc traiter les trois points suivants : 1° Doit-on s'appuyer sur vous et reconnaître votre autorité ? 2° Faut-il combattre vos décisions ? 3° Doit-on s'astreindre à vous donner des conseils et vous rappeler avec fermeté que vous êtes tenu de préserver vos sujets de l'arbitraire de vos agents ?

« Sur le premier point, les raisons ne manquent pas. L'appui qu'on vous doit s'explique par les égards qu'on est tenu d'avoir pour toute personne appartenant à l'auguste famille du Prophète. Abou Bekr Esseddîq n'a-t-il pas dit, en effet : « Révérez Mahomet dans la personne des membres de

---

[1]. La Molouya, qui est la rivière la plus importante du bassin méditerranéen du Maroc, traverse des contrées où l'autorité du sultan est souvent méconnue. C'est sans doute pour affirmer leur autorité sur ce territoire que les souverains marocains prennent souvent le titre de princes molouyens ou de la Molouya.

« sa famille » et il a ajouté : « Certes, les parents du Pro-
« phète me sont plus chers que mes propres parents. »

p. ٢١٣

> « O membres de la famille du Prophète, vous aimer est un des dogmes que Dieu nous a révélés dans le Coran.
>
> « Il suffit à l'éclat de votre gloire qu'on puisse dire : Quiconque n'a pas prié pour vous n'a pas fait de prière. »

« Il est donc du devoir des principaux musulmans d'enga-ger le peuple à se bien conduire vis-à-vis des descendants du Prophète et de chercher à leur ramener, soit de vive voix, soit par correspondance, tous les esprits égarés. C'est pour-quoi, pour notre part, nous avons mis tout notre zèle à attein-dre ce but. Puisse Dieu rendre cette conviction sincère chez tous !

« Deuxième point : Du moment que le Destin a voulu que cet homme appelé à disposer de notre vie, de celle de nos femmes, de tous nos biens, se laissât entraîner par des interprétations bien éloignées de la vérité, à introduire des choses contraires à la saine doctrine; que ses fonctionnaires aient molesté les sujets bons ou méchants; enfin que ce chef à qui nos serments nous liaient mît lui-même injustement la main sur nos personnes ou sur nos biens, nous l'avons inter-pellé. En parlant ainsi, nous avions agi selon les décisions prises par les imams, car tout le monde avait pu constater *de visu* tous les griefs que nous venons d'énumérer. Mais les événements ont suivi leurs cours d'après l'ordre du Des-tin; le passé comme l'avenir est tout entier au pouvoir de Dieu !

« Troisième point : Sur ce dernier point nous avons pour nous le Coran, la Sonna et l'Idjmâ'.

« Dans le Coran, en effet, la sourate *Elasr* nous fournit des arguments qui sont probants pour tous les temps et à toutes les époques. Dieu, dans le livre saint, fait aussi dire à Moïse : « O mon Dieu, à cause des faveurs dont tu m'as

« comblé, je ne serai jamais du nombre de ceux qui proté-
« geront les méchants¹. » Certains docteurs ont vu là un témoignage justifiant le droit d'adresser des représentations
par écrit aux princes chargés du pouvoir. Dieu, d'ailleurs,
suffit à tout. Quelle admirable Providence ! Ajoutons encore
ces mots du Coran : « Prêtez-vous une assistance mutuelle
« pour la vertu et la piété, mais ne vous entr'aidez pas pour
« le vice et l'irréligion². »

« La Sonna nous donne ces hadits : « Tout aide est un
« complice » ; « quiconque d'entre vous voit une iniquité doit
« la faire disparaître de sa main ; s'il ne peut le faire avec sa
« main, qu'il le fasse avec sa langue, et, à son défaut, avec
« son cœur : par ce moyen, il doublera sa foi. » Or, nous avons
été impuissants à obtenir justice par nos discours et nos
écrits, parce que le pouvoir effectif était seul entre vos
mains ; vous nous aviez si bien enchaînés et domptés, par un
ensemble de mesures, qu'il nous était difficile même de
protester.

« On trouve dans un autre hadits ces mots : « Quiconque
« prêtera son concours pour le meurtre d'un musulman, ne
« fût-ce qu'en prononçant la moitié d'un mot, sera amené au
« jour de la Résurrection avec ces mots inscrits sur le front :
« Celui-ci doit désespérer de la miséricorde divine. »

« Dans son commentaire sur le *Mokhtasar,* Elmouâq dit :
« Celui qui aide à destituer quelqu'un de son emploi pour le
« donner à un autre et qui ne craint pas pour cela de répandre
« le sang d'un musulman, sera également responsable du
« sang qui aura été répandu. » Elmouâq cite ensuite le hadits
que nous avons donné ci-dessus pour faire ressortir l'énor-
mité de cette honteuse action.

« Nous appartenons à Dieu et c'est vers lui que nous

---

1. Sourate XXVIII, verset 16.
2. Sourate V, verset 3.

devons retourner. Par Dieu ! nous avons été bien trompé quand nous avons cru autrefois que nous ne vous verrions plus répandre le sang, ainsi que vous nous l'aviez souvent promis par écrit, par messagers ou encore par des gages d'amnistie.

p. ٢١٤

« Nous redoutions déjà les effets de votre cruauté à Azemmour, à Asfi, à Maroc et dans le Gharb ; aussi avions-nous insisté pour obtenir la confirmation des engagements pris par vous. Ce fut alors que nous reçûmes la visite du caïd Abdessâdeq qui nous apporta un exemplaire du Coran de petit format et qu'il nous dit appartenir au sultan de Tlemcen. « Le sultan, ajouta le caïd, m'a donné l'ordre de jurer, en son « nom, qu'il confirmait l'engagement pris avec vous d'assurer « la sécurité de tous ceux que vous prendriez sous votre « protection, et d'exécuter toutes les mesures que vous jugeriez « profitables à la nation du Prophète. » Comme cela ne nous suffisait pas, le cadi est venu nous apporter ces mots que vous nous écriviez : « Je ferai exécuter tout ce qui vous « paraîtra utile et je respecterai tous ceux à qui vous aurez « assuré votre protection. »

« Revenu plus tard dans votre palais, vous nous avez écrit de nouveau que vous continueriez à observer la convention intervenue entre nous et que toute chose serait réglée conformément aux préceptes de la loi divine. Aussi avons-nous été bien saisi en apprenant que vous aviez manqué à l'engagement pris devant Dieu et que vous aviez trahi la promesse de sécurité que nous avions faite au peuple. Vous emprisonniez les uns, vous enchaîniez les autres ; vous pressuriez les gens ou les chassiez de leur pays.

« D'autres nouvelles nous arrivaient encore de tous les points de la côte ; on nous annonçait qu'on y vendait des musulmans aux chrétiens infidèles (Dieu les anéantisse !) et nous ne pensions point qu'il y eût parmi les fonctionnaires auxquels vous aviez confié le commandement des ports du Maroc, quelqu'un capable de commettre un tel forfait. Ne sachant point si vous étiez au courant de tout cela, ce qui nous aurait déchargé de tout blâme au point de vue de la loi, ou si vous ignoriez ces faits, nous avons voulu, pour calmer nos angoisses, vous informer de ce qui se passait et nous vous avons écrit à ce sujet, mais vous ne nous avez jamais répondu. Vous avez tenu là une conduite bien étrange, surtout si vous récapitulez les faveurs dont Dieu vous a comblé, en vous ramenant dans le palais de votre père, en vous permettant de remonter en paix sur votre trône. Ce sont là des bontés dont le souvenir doit être gravé dans votre cœur, et si vous étiez porté à considérer ces faits autrement, songez que tout ce qui est dans les cieux et sur la terre appartient à Dieu.

« Pour ce qui est de l'Idjmâ', nous ne sachions pas qu'il y ait eu des docteurs interdisant de donner de sages conseils aux grands d'entre les musulmans ou d'attirer leur attention sur ce qui pourrait leur être profitable à eux ou à leurs sujets. Bien au contraire, ils considèrent cela comme un des devoirs de la religion, ainsi que l'établit le premier des hadits que nous avons cités et d'autres.

« Vous avez été, à ce qu'on nous a appris, irrité du ton peu courtois de nos lettres ; pourtant, par égard pour votre rang, nous ne vous avons jamais dit la moitié de ce que disaient les premiers imams aux seigneurs de leur temps ; d'ailleurs vous avez lu leurs livres et vous savez sur ce point des choses que nous ignorons, ne les ayant point étudiées. Il sera suffisant, nous le pensons, de vous citer les conseils donnés par Elfodhaïl ben Iyâdh, par Sofiân Ettsouri et par notre imam Malek, qui adressèrent de remontrances à ceux de leurs contemporains qui détenaient le pouvoir. Parmi les princes ainsi admonestés, les uns pleurèrent et profitèrent des conseils donnés, d'autres s'évanouirent à la lecture de ces documents et tombèrent malades ; enfin il en est qui éprouvèrent des remords et cherchèrent à se corriger. Chacun de ces imams modifiait son attitude suivant l'époque ou suivant la forme du gouvernement.

« Voilà donc les exemples que nous avons suivis et nous avons agi vis-à-vis de vous comme l'avaient fait, à l'égard de vos ancêtres, nos maîtres et nos aïeux. Telle a été, par exemple, l'attitude du maître de notre père, Sidi Abdallah Elhibthi, envers défunt votre grand-père. Notre ambition est de faire suivre nos bons avis dans ce monde et dans l'autre ; c'est pour cela que nous avons usé de ces procédés envers vous et que nous continuerons à nous en servir, car, en tout état de cause, nos avertissements profiteront aux Croyants.

« Louange à Dieu ; qu'il répande ses bénédictions sur notre seigneur Mahomet et qu'il lui accorde le salut ainsi qu'à sa famille, la meilleure des familles ! Écrit à la date de la dernière décade du mois de rebia Ier, le mois noble et prophétique, sur l'ordre de celui qui a été mentionné ci-dessus, par l'adorateur de son Dieu, Mohammed ben Elhasen ben Belqâsem (Dieu lui soit propice !) Louange à Dieu, le maître de l'Univers. »

Le sultan Zîdân répondit à cette lettre en ces termes :

« Au nom du Dieu clément et miséricordieux.

« Que Dieu répande ses bénédictions sur notre seigneur Mahomet ; et qu'il lui accorde le salut ainsi qu'à sa famille et à ses compagnons !

« De la part de l'humble serviteur soumis à Dieu, Zîdân ben Ahmed ben Mohammed ben Abderrahman, au Seyyid Abou Zakaria Yahia, fils du Seyyid Abdallah, fils du Seyyid Saïd ben Abdelmonaïm. Que Dieu vous aide, ainsi que nous, à suivre la bonne voie et qu'il nous préserve des mauvaises pensées et des mauvaises actions. Le salut soit sur vous avec la miséricorde de Dieu et ses bénédictions. Ensuite :

« Nous avons reçu votre lettre et, après en avoir brisé le cachet, nous avons pris connaissance des divers points qu'elle contenait. Si nous vous répondions sur le ton qui conviendrait au rang de la personne à qui vous vous êtes adressé, cela vous déplairait certainement et serait de nature à provoquer l'inimitié et la haine entre nous.

« On raconte qu'un jour Otsman envoya chercher Ali (que Dieu honore sa face!) et, quand celui-ci fut en sa présence, il lui reprocha l'attitude des fils des Compagnons du Prophète, qui s'étaient ligués avec les renégats, dont la conversion à l'islamisme avait été faite autrefois par Abou Bekr Esseddiq. Comme, durant ce discours, Ali ne répondait rien Otsman lui dit : « Pourquoi gardes-tu le silence ? » — « O « prince des Croyants, répondit Ali, si je parle, je vous dirai « des choses qui vous déplairont ; si je me tais, alors seulement, « vous aurez obtenu de moi ce que vous désirez. »

« Mais pour ce qui est de nous, nous ne pouvons nous dispenser de vous répondre ; toutefois avant de le faire nous vous adressons le prologue suivant :

« Quand Abdelmalek ben Merouân eut donné le gouvernement de l'Iraq à Elheddjâdj, — la conduite de Elheddjâdj est trop connue pour qu'il soit utile de la rapporter ici, — Ibn Elachaats songea à se révolter contre lui et bon nombre de *tabi'* se montrèrent prêts à suivre son exemple ; on peut citer entr'autres, Saïd ben Djobeïr et d'autres fils des Compagnons du Prophète. Ce dessein étant bien arrêté, les conjurés invitèrent Elhasen Elbasri à se joindre à eux : « Je ne « le ferai pas, répondit celui-ci ; certes, j'estime que Elhed- « djâdj est un des fléaux de Dieu, mais je préfère chercher « un refuge contre lui dans la prière. »

« Certains docteurs éminents, parmi les Persans, tirent de

cette réponse la conclusion que c'est un grand péché de se révolter contre le souverain et qu'il vaut mieux subir le joug de son autorité, si oppressive et si injuste qu'elle soit.

« Vous savez d'ailleurs ce qu'il en est de l'histoire de Abderrahman ben Elachaats, de Saïd et de leurs congénères et vous connaissez également ce qui est advenu aux habitants de Elharra, quand ils furent assaillis sur le territoire sacré de la Mecque par les troupes de Yezid ben Moawia. Ce fut en apprenant cet événement que Yezid, qui était alors en Syrie, dit ce vers :

« Plût au Ciel que mes cheikhs eussent été témoins à Bedr de la frayeur qui s'empara des Khazeredj, au moment du combat! »

« Tous ces événements sont bien connus de tous ; ils se passaient à l'époque où vivaient encore les principaux Compagnons du Prophète ou leurs enfants, et personne n'a jamais songé à nier ces faits, ni entrepris d'en contester l'authenticité.

« Venons-en maintenant à la réponse à votre lettre. Vous nous avez rapporté les paroles d'Abou Bekr Essediq au sujet des membres de la famille du Prophète, ainsi que les hadits qui enjoignent de les vénérer, de les honorer et de les glorifier à cause de l'Envoyé de Dieu lui-même. Eh ! bien, puisque votre devoir est d'honorer les membres de cette famille, c'est nous tout le premier à qui vous êtes tenu de témoigner ces honneurs ; vous mettrez ainsi en pratique ces mots du Coran : « Dis : je ne vous demande pour lui aucun salaire ; « aimez seulement ceux qui lui sont apparentés[1]. » Dieu a, en quelque sorte, fait de ce verset une règle de conduite, car personne n'a pu manifester d'inimitié pour la famille du Prophète sans avoir été renversé la face contre terre.

---

1. *Coran*, sourate XLII, verset 22.

« En ce qui concerne les hadits relatifs aux conseils, par Dieu ! nous ne demandons pas mieux que de recevoir vos avis, en secret comme en public, et nous vous serons très reconnaissant de nous en faire part ; nous verrons même là une preuve de votre affection et compterons cela comme une marque d'amitié. Toutefois nous ne les suivrons que dans la mesure de nos moyens, car il est dit dans le Coran : « Dieu « n'imposera à aucune âme que ce dont elle sera capable[1]. » C'est pour cette raison que la plupart des docteurs, dans la préface de leurs ouvrages, s'expriment à peu près dans ces termes : Je n'ai épargné aucun effort sur tel sujet, parce que les âmes nobles et élevées ne doivent jamais laisser de côté l'occasion de faire bien, ni manquer d'essayer d'accomplir tout ce qu'il ne leur est pas impossible d'atteindre ou ce qu'il n'est point par trop difficile d'exécuter.

« Parlant ensuite de l'affaire de Abou Mahallî, de sa conduite et du pouvoir qu'il avait usurpé, vous dites que la faute en est à nous qui n'avons pas fait appel à votre aide. Mais vous oubliez qu'à plusieurs reprises, nous vous avons demandé de prendre les armes et qu'il a fallu vous envoyer messages sur messages avant d'obtenir votre concours. Cependant, en cette circonstance, il n'était point besoin de vous donner d'autre raison que celle-ci : « Abou Mahallî « s'est mis hors la loi de la communauté musulmane », ou de vous citer autre chose que ces paroles du Prophète : « Tuez, « quel qu'il soit, celui qui lèvera l'étendard de la révolte ! »

« Ah ! si cet agitateur était arrivé régulièrement au pouvoir, s'il avait été proclamé souverain par ceux qui disposent de la couronne ou encore qu'il eût employé quelque moyen analogue à celui dont on avait fait usage défunt mon grand-père, qui fut élevé au trône grâce au concours des

---

1. *Coran*, sourate II, verset 286.

ulémas du Maghreb et des plus illustres personnages religieux, il n'eût pas fallu, dans ces conditions, ni le combattre, ni lutter contre lui : un souverain ne pouvant, en effet, être déposé pour cause d'impiété ou de tyrannie. Les Compagnons du Prophète étaient encore très nombreux à l'époque de Yezid ben Moawia et pourtant pas un d'eux ne songea à se révolter contre ce calife, ni même à essayer de le déposer, quoique aucun d'eux n'eût consenti à le suivre dans ses erreurs, l'eût-on pour cela menacé de lui scier le corps en deux.

« Dès que Abou Mahallî s'était révolté, vous auriez dû, vous et les autres, m'aider contre ce rebelle, puisque vous m'aviez prêté serment de fidélité ; ce serment vous liait et vous faisait un devoir de m'être soumis. Votre père vous était supérieur, car il a été dit : « Vos pères vaudront mieux que « vos fils, jusqu'au jour de la Résurrection. » Aussi malgré les excès bien connus de tous que commit mon oncle Abdelmalek (que Dieu lui soit favorable et indulgent!), votre père, qui vivait sous son règne, qui lui avait juré fidélité et lui avait envoyé des députations, ne refusa jamais de lui obéir; en aucune occasion, il ne manifesta de résistance à l'autorité royale; il ne renia point son prince, ne fit rien qui pût porter atteinte à son pouvoir et jamais on ne l'entendit élever la moindre protestation. Ou il approuvait les actes du souverain, et il était son complice ; ou il les désapprouvait, et alors quelles raisons avait-il de garder le silence et de continuer ses relations avec lui?

« Vous avez aussi parfaitement su que l'influence religieuse de Ahmed ben Moussa Eldjezouli lui avait donné une autorité presque absolue et que, grâce à la célébrité dont il jouissait parmi le peuple et parmi les grands du Maghreb, tout le pays était à sa dévotion. Or Maulay Abdallah (que Dieu refroidisse sa tombe!), qui régnait à cette époque, se livrait, comme chacun sait, à toutes sortes d'excès; malgré cela, le cheikh ne cessa pas un instant de faire des prières pour le prince et pour le maintien de son empire; il manifesta toujours des sentiments d'affection pour Maulay Abdallah, bien que celui-ci ne fît que nommer, révoquer, tuer et autres choses semblables.

« Cependant, pour échapper à ce tyran, Eldjezouli avait dû se réfugier dans la zaouïa de Elmorabith Elandalousi, puis dans celle de Ould Azik et ailleurs ; malgré cela, il continuait avec succès à intercéder auprès du prince en faveur des gens; il ne menaçait point, il ne récriminait pas; il restait dans ces limites sans aller au-delà et continuait à demeurer fidèle et dévoué. Le prince ayant donné à Ibn Hosaïn l'ordre de faire fermer la porte de la maison du cheikh, celui-ci la laissa fermée et ne la rouvrit que quand il y eut été autorisé. Personne ne songea à faire une affaire de cet événement ; on n'en jasa point et l'on n'en tira pas prétexte à ouvrir la porte de l'insurrection.

« Les caïds de Maulay Abdallah, par exemple, son vizir Ibn Chaqra, Abdelkerim ben Eccheikh, Abdelkerim ben Moumen Eleudj, Elhibthi, Ezzerhouni, Abdessâdeq ben Molouk et d'autres, dont les noms ne me reviennent pas en mémoire, car il y a longtemps que se passait ceci, étaient plongés dans tous les excès ; ils s'enivraient avec des liqueurs fermentées, ils s'entouraient d'hétaïres et usaient de tapis de soie ou d'autres objets interdits, tels que des ustensiles d'or et d'argent.

« Or, à cette époque, vivaient Ahmed ben Moussa Eldjezouli, Ibn Hosaïn Eccherqi, Abou Omar Elqastheli, Mohammed ben Abdallah Ettinmârti, Ecchathibi et d'autres cheikhs illustres par leur piété, qui était si grande qu'aucun de ceux qui marchent dans cette voie n'ont pu les dépasser, ni même acquérir quelque vertu en dehors de leur appui. Ces saints personnages ont continué à mener une vie exemplaire sans faire d'opposition au souverain, sans faire entendre la moindre critique contre le sultan ou les chefs de son armée qui, pourtant, avaient tous charge d'âmes dans l'empire et étaient seuls responsables de son administration.

« A l'exemple de ces illustres saints, on peut également citer le célèbre savant de son époque, l'incomparable maître des maîtres de l'Ifriqiya et d'une partie du Maghreb, Abdelaziz Elqosamthîni[1], l'apôtre du soufisme, l'auteur d'une foule de miracles. Ce cheikh habitait Tunis alors que le prince, qui régnait dans cette ville, et tous les agents placés sous ses ordres commettaient des iniquités sans nombre, dont le retentissement fut aussi grand parmi les peuples d'Orient que parmi ceux de l'Occident. Néanmoins, jusqu'à sa mort, ce cheikh continua à demeurer dans le pays, sans essayer de réformer les abus, ni de prêcher la vertu.

« Quand vous dites de celui qui aide au meurtre d'un musulman, ne fût-ce qu'en prononçant un demi-mot, qu'il viendra au jour de la Résurrection avec ces mots écrits sur le front : « Celui-ci doit désespérer de la miséricorde divine », c'est un argument qui tourne contre vous et nullement contre nous, car nous n'avons jamais fait mettre à mort qui que ce soit, pas même un assassin, sans nous conformer aux décisions des cadis et des docteurs de la loi, quand il s'en trouvait là. Remarquez que, dans ce hadits, la menace s'adresse à celui qui tue une seule personne ; que pensez-vous qu'il arrivera à celui qui essaye d'ouvrir les portes d'une sédition dans laquelle le nombre des victimes peut s'élever à cent, deux cents, mille ou cinq mille, et où il y aura des fortunes pillées, des femmes violées, etc.

« Ignorez-vous donc ce qu'a coûté la révolte de Abou Mahallî, en hommes tués et en richesses gaspillées ! Aucun calculateur n'en pourrait dresser la statistique et aucun écri-

---

1. Forme vulgaire, pour Elqosanthini, originaire de Constantine.

vain n'en saurait faire la description complète. Abou Mahallî est seul responsable de toutes ces calamités, car c'est lui qui en a été le premier la cause en ouvrant les portes de l'insurrection. Il a fait mettre à mort tous ceux qui avaient pris parti pour nous et ça été à cause de lui que, dans un seul jour, on a massacré 500 hommes qui, sans lui, n'auraient point péri ce jour-là.

« Voici, du reste, au point de vue du respect dû à la vie humaine, un passage du Coran plus important que vos citations : « Nous avons écrit ceci pour les fils d'Israël : Celui « qui tue quelqu'un, sans avoir à punir un meurtre ou une « iniquité commise sur la terre, est aussi coupable que s'il « avait fait périr le genre humain tout entier [1]. »

« Les paroles de Elmouâq que vous citez ne sauraient avoir force d'argument contre un souverain. Ce jurisconsulte, en effet, n'a voulu parler que des fonctionnaires qui existaient de son temps, tels que les officiers de police, l'officier de police du marché, par exemple, qui sont les agents d'exécution du cadi, ou encore d'autres fonctionnaires du même ordre. Or Abou Mahallî, n'ayant pas été régulièrement investi de fonctions, ne pouvait avoir à subir une révocation au sens strict du mot.

« D'ailleurs, nous avons lu et étudié sous des maîtres illustres tout ce qui a été écrit par Elmouâq et d'autres ; nous connaissons les doctrines des Chaféïtes et des Hanéfites et nous avons nous-mêmes, plus d'une fois, enseigné ces matières. Nous ne sommes pas de ceux à qui on peut appliquer ces paroles : le plus malheureux des hommes est le savant à qui Dieu n'a pas permis qu'il profitât de ses études.

« Pourquoi, du reste, avoir recours aux paroles de Elmouâq et vouloir en faire un argument décisif en faveur du but que

---

1. *Coran*, sourate V, verset 35.

vous poursuivez? Que ne nous répondez-vous plutôt à ce que nous vous avons écrit au sujet de Younès Elyousi, en vous citant ces paroles du Prophète : « L'abstention fait « devenir rebelle », paroles qui, au dire de Elobbi, sont la condamnation des gens des zaoüias? Mais vous avez préféré ne point répondre, ce qui est peu digne au point de vue des convenances de la discussion.

« Dites-nous donc pourquoi vous avez voulu soustraire Younès Elyousi aux poursuites de la justice, alors qu'il avait gardé nos biens par devers lui, que les servantes de nos femmes étaient restées dans sa maison jusqu'au jour du combat; il devait cependant rendre compte aux musulmans de ces biens et de ces existences. Vous qui prétendez être de ceux qui réclament la justice, pourquoi n'en avez-vous pas voulu à ce moment? Vous saviez bien alors que vous ne le disculperiez pas, que vous agissiez contre votre conscience et vous étiez certainement libre à ce moment de faire ce que vous vouliez.

« Ajoutez à cela que, lorsque nous avons arrêté la femme de Younès, vous nous avez écrit en sa faveur et que, sans hésitation, nous lui avons rendu la liberté aussitôt après avoir reçu votre lettre. Si nous avions été cruel, nous l'aurions maltraitée, comme son mari avait maltraité les servantes de nos femmes et nos femmes elles-mêmes. Mais jamais, depuis que nous vous connaissons, nous n'avons négligé de tenir compte de votre recommandation.

« C'est encore à cause de vous et sur votre demande que nous avons mis en liberté Ibrahim ben Yaza. Cependant cet homme était débiteur de plus de 50.000 onces, et cet argent n'était autre que celui qui porte le nom d'argent du trésor public des musulmans : Ibrahim aurait donc dû être maintenu en prison à perpétuité.

« Pour les gens de la citadelle que nous avions tous expulsés jusqu'au dernier, nous les avons tous réintégrés aussitôt que, par écrit, vous nous avez demandé de le faire. De même nous avons laissé à la tête de notre maison Ibn Yaqoub Aouzâl, le chef de la ville, une sorte de khalîfa, bien qu'il eût fait une expédition sans nous en demander l'autorisation, ni prendre notre avis. Nous l'avions remplacé, mais dès que vous nous avez eu écrit à son sujet, nous lui avons rendu ses fonctions. En quelles circonstances vos lettres sont-elles parvenues jusqu'à nous, sans que nous nous soyons hâté de souscrire à ce que vous nous demandiez?

« Dans l'affaire de Azemmour, n'avons-nous pas, aussitôt votre lettre reçue, destitué le gouverneur de cette ville et rendu à la liberté les personnes qu'il détenait et auxquelles nous avons restitué leurs chevaux. Tout le monde n'a-t-il pas reconnu la sagesse des mesures que nous avons prises à l'égard des Hannâcha ainsi qu'à l'égard des Arabes? Les Arabes, vous le savez, ont ravagé toute la terre et ont ruiné à la fois ces contrées et celles du Gharb. On peut encore avec justesse, leur appliquer cette sentence formulée par Sahnoun sur les Arabes de l'Ifriqiya et du Maghreb : « Si « nous leur réclamions l'impôt de la dîme pendant toute la « durée de l'insurrection dans le Maghreb, ils seraient ruinés, « mais les gens perdant toute retenue en viendraient à désirer « les insurrections pour qu'on les laissât en repos. »

« Lisez sur ce sujet le livre intitulé : *Elifâda lilqâdi*, dans lequel l'auteur traite cette question, à propos d'une décision juridique, et la formule clairement dans son style ancien. « Les Arabes, dit-il, se sont maintenus dans le Maghreb « parce qu'ils sont les hommes qui ont le moins de cœur. « Voyez donc ce qu'ils ont fait; que pensez-vous de ce peuple « qui a dévasté le monde et dont les jeunes gens et les « vieillards étaient pour détruire sur le pied d'égalité. »

« Si vous prêtez l'oreille à leurs discours, si vous cédez

à leurs passions en faisant avec eux opposition au sultan, vous aurez consommé ainsi la ruine du monde. Lisez la lettre que notre ami nous a envoyée de chez les Rahamena, et ce qui s'est passé là vous instruira. Maintenant, avant d'aller plus loin, je veux vous adresser un apologue, bien qu'il ait un caractère purement littéraire.

« On disait à Ibn Erroumi, de son nom Ali ben Elabbâs : Pourquoi ne dis-tu pas comme Abdallah ben Elmoatezz :

> « On dirait que nos couvents[1] lorsque le soleil y darde ses rayons
> « Sont comme des flacons d'or dans lesquels il est resté des fragments de musc. »

« Parce que, répondit-il, il n'a pas pu dire, comme moi, « en parlant du pain :

> « O mes amis, jamais je n'oublierai ce boulanger auprès duquel j'ai passé : il étalait son pain avec la rapidité d'un clin d'œil :
> « Entre le moment où le pain apparaissait dans sa main, à peine formé, et celui où on le voyait s'arrondir comme la lune
> « Il ne s'écoulait pas plus de temps que n'en mette à se former les cercles, à la surface d'une eau dans laquelle on a jeté une pierre. »

« Chacun de nous, ajoutait-il, décrit les choses de sa mai-« son. Par le Dieu du Temple ! les gens de la Mecque con-« naissent mieux que qui que ce soit leurs ravins et le « banquier sait mieux que tout autre la valeur des écus. »

« L'histoire de Elkhidhr et de Moïse suffit d'ailleurs à démontrer ces vérités à tout homme intelligent. Quand Elkhidhr défonçait l'embarcation, qu'il tuait le jeune homme, qu'il relevait le mur, Moïse cherchait à l'empêcher de faire tout cela et il fallut que Dieu fit connaître à Moïse, qui les ignorait, les motifs secrets de toutes ces actions. Il y avait donc entre la science de Moïse et celle de Elkhidhr le même rapport

---

1. Je ne suis sûr ni de la lecture de ce mot, ni de son sens.

qu'il y a, au point de vue de la surface, entre un anneau de porte et l'immensité d'un désert. Tel est l'avis de certains docteurs, car d'autres assurent que chacun de ces deux personnages avait reçu de Dieu une science spéciale. C'est d'après cette doctrine que Ibn Elarbi Elhâtemi, dans un de ses ouvrages, le *Kitâb Elfosous*, à ce que je crois, établit que Dieu, lorsqu'il porte son choix sur un saint personnage et lui accorde spécialement son affection, peut lui donner une science qu'il n'a pas accordée aux prophètes. Moi-même, ajoute-t-il en parlant de lui, Dieu m'a fait savoir des choses que ni Adam, ni aucun autre homme n'a jamais sues. Le pouvoir suprême, vous le savez, est subordonné à certaines conditions indispensables et doit employer certains moyens qu'il ne convient pas de divulguer.

p ۲۲۱

« Mais revenons à vos idées et à vos projets. Dites-moi comment vous entendez que nous nous conduisions à l'égard des populations du Gharb. Voudriez-vous que nous suivissions la voie tracée par Maulay Abdallah? Mais les temps ne sont plus les mêmes; les denrées ont renchéri et atteint le maximum de leur valeur. Dieu lui-même tenait compte des circonstances quand il envoyait ses prophètes ou qu'il révélait les livres saints; c'est là une chose que sait tout homme qui a étudié la théologie, qui a pratiqué les livres révélés, qui a reçu la science de la bouche des maîtres et qui a fait son éducation dans les assemblées savantes.

« Nous allons, à ce propos, vous exposer brièvement ce que l'on a rapporté au sujet du *kharâdj*. Nous ne nous appesantirons pas sur les principes qui ont présidé à l'établissement de cet impôt au début de l'Islamisme et sous les grandes dynasties, car cela est fort connu. Mais, pour ce qui est du Gharb, en particulier, nous dirons que le premier qui établit le kharâdj fut Abdelmoumen ben Ali et il le fit porter sur la propriété foncière, se fondant sur ce que le

Gharb était un pays conquis. Telle a été, du moins, l'opinion de certains docteurs, car il en est d'autres qui disent que les plaines furent seules terres conquises, tandis que les montagnes auraient été terres de capitulation.

« Cette première opinion admise, vous concevez bien que, du moment que les habitants de l'époque de la conquête ont péri et disparu, toutes les plaines, par voie d'héritage, appartiennent aujourd'hui au domaine public et que le kharâdj sur ces terres dépend du bon plaisir du maître du sol, qui est le sultan. Pour les montagnes, il y aurait lieu de distinguer les parties qui ont été terres de capitulation, mais comme il n'existe aucun moyen de faire cette distinction, il faut s'en tenir ici à une question d'appréciation. Cette appréciation a été faite par nos généreux ancêtres, dès les premiers temps de leur noble dynastie, et, sur ce point, ils se sont mis d'accord avec les docteurs de la loi ainsi qu'avec les principaux maîtres en théologie de cette époque. Les choses demeurèrent établies sur ces bases équitables jusqu'au jour où le vent de la discorde vint à se déchaîner sous le règne de notre cousin, le maître de la montagne, qui fut chassé des villes du Maghreb par notre seigneur l'Imam et défunt son collègue, et qui dut appeler les Turcs à son secours. La révolte s'étendit jusque dans la montagne et dura jusqu'au moment où le prince périt avec les chrétiens (que Dieu les maudisse!) dans la bataille célèbre.

« Dieu ayant alors amené sur le trône le prince dont le nom est sanctifié dans la montagne, celui-ci délivra l'Islamisme du déluge de dangers qui l'avait envahi et établit les choses de la façon la plus équitable. Mais comme au milieu de ces troubles, le Maghreb était menacé d'être dévoré par deux ennemis, l'un, les Turcs, peuple puissant, l'autre, les chrétiens, les ennemis de notre religion, le prince se vit dans la nécessité d'augmenter le nombre de ses soldats pour tenir tête aux ennemis, protéger la religion et défendre les citadelles de l'Islam. L'augmentation de l'armée devait amener un surcroît de dépenses et ce surcroît de dépenses déterminer un accroissement d'impôts qui aurait imposé une lourde charge au peuple. Or il répugnait au prince d'aggraver les charges qui pesaient sur ses sujets et de manquer ainsi aux sentiments d'équité qui le guidèrent durant tout son règne.

« En cette occurrence, il ne resta plus au prince d'autre parti que d'étudier avec soin l'assiette de l'impôt. Il s'aperçut alors que, depuis l'époque à laquelle on avait établi la taxe, il s'était produit entre le taux auquel on avait estimé la matière imposable, céréales, beurre, moutons, et la valeur qu'avaient ces mêmes objets durant son règne, un écart du double environ. Mû par un sentiment d'équité, il offrit à ses sujets de choisir entre le paiement de l'impôt en nature et son paiement proportionnellement à la valeur des denrées imposables sous son règne.

« Le peuple préféra payer d'après ce dernier mode ; il redoutait en effet, en adoptant l'autre système de voir les denrées renchérir encore et les charges de l'impôt augmenter par ce seul fait. Le souverain ayant adopté cette mesure, tout le monde reconnut qu'il avait sagement agi, et personne, soit parmi les personnages religieux, soit parmi les personnages politiques, ne trouva rien à redire à cela. Plût au ciel que nous pussions aujourd'hui exiger de nos sujets le paiement de l'impôt d'après les cours du jour, car depuis cette époque la valeur des denrées a quadruplé. Qu'en diriez-vous, vous qui nous payez actuellement une redevance si légère ? Enfin, sur tout ceci, reportez-vous à ce qui a été dit par l'imam Maouerdi dans ses *Ahkâm Essolthania,* au sujet de l'assiette de l'impôt, vous trouverez dans ce livre les renseignements les plus complets.

« Vous paraissiez surpris que nous mettions beaucoup de temps à vous répondre, alors pourtant que nous tardons moins à le faire que vous-même. Ainsi, pour la lettre pressante que vous nous aviez adressée au sujet des gens de Azemmour, il nous a bien fallu envoyer quelqu'un pour chasser le gouverneur de cette ville, faire mettre en liberté les gens qu'il détenait et attendre le retour du messager avant de pouvoir vous répondre. Mais cela fait, nous vous avons écrit immédiatement la lettre que vous avez reçue. D'ailleurs la diligence ou le retard à répondre dépendent, vous le savez, de diverses circonstances ; il se peut, par exemple, que nous n'ayons pas connaissance de la question dont vous nous entretenez, qu'il nous faille envoyer faire une enquête et rechercher les causes de cette affaire ; tout cela exige un certain temps qui varie, selon les localités ou les difficultés d'information, et nous ne saurions vous répondre sans préciser les faits et les motiver. Quand nous avons par devers nous les renseignements nécessaires pour traiter la question que vous nous soumettez, notre réponse ne se fait jamais attendre, vous avez pu le constater maintes fois. Si cette lettre a tardé à vous être écrite, cela tient aux événements qui ont fait que Dieu nous a permis de remonter sur le trône et de nous retrouver au milieu de nos frères.

« Chassé par les populations du Maghreb, nous avons dû nous rendre en Orient, où nous sommes entré en relations avec les Turcs et les chrétiens. Ils nous ont reçu chez eux comme nous les recevions chez nous ; nous avons conféré ensemble, soit de vive voix, soit par correspondance, et durant tout notre séjour parmi eux nous avons été traité comme un souverain encore assis sur son trône. Grands et petits, chefs et subordonnés, tous ont reçu des marques de notre générosité et ont sollicité des témoignages de notre faveur. Malgré la modicité de nos ressources et la

pénurie de notre trésor, nous avons donné à tous de riches
présents.

« Nous avons ensuite cessé notre correspondance avec nos égaux, les seigneurs des Arabes et des étrangers, et sans avoir recours à personne, nous avons prodigué toutes les réserves dont nous pouvions disposer pour nous constituer une armée complète de fantassins et de cavaliers. Les étrangers nous avaient vivement sollicité ; ils avaient fait toute sorte de bassesses pour nous garder auprès d'eux et nous ranger sous leur drapeau ; ils nous avaient offert des fiefs superbes, des résidences royales, et tout cela en termes affectueux et avec des paroles obligeantes.

« Le sultan Amurat lui-même, le chef des saintes milices, a été jusqu'à nous dire : « Un homme tel que vous ne sau« rait demeurer avec les Arabes ; je mets à votre disposition « ma fortune, mes troupes, mes vaisseaux ; vous irez où « vous voudrez et où il vous plaira. » Avant de quitter tous ces personnages, nous leur avons adressé une lettre autographe dans laquelle nous leur disions que nous allions chercher nos femmes et notre entourage, et que nous reviendrions auprès d'eux, si nous ne pouvions rentrer dans notre royaume ou reconquérir tout ou partie de notre pays. Nous avons quitté ces seigneurs sans que, pas plus parmi eux que parmi les Arabes, la moindre souillure eût terni l'hermine de notre honorabilité. Nous ne sommes redevable d'aucune faveur, ni d'aucun bienfait à personne, sinon à Dieu, dont la bonté pour nous a été immense.

« Depuis cette époque, nous sommes entré dans Sidjilmassa en dépit de ses habitants et de son gouverneur ; de là, nous sommes allé dans le Sous, où nous avons choisi pour être notre intermédiaire entre notre frère et nous, le bienheureux personnage, qui connaît Dieu, Abou Mohammed Abdallah ben Mobarek, et c'est grâce à lui que nous avons retrouvé notre famille et nos biens. A ce moment, les Turcs nous avaient envoyé, dans le Sous, un bouloukbâchi du nom de Moustafa Soulhi; cet envoyé venait nous demander de tenir notre engagement. Nous étions décidé à le suivre, mais notre famille aussi bien que nos partisans s'émurent de ce projet et considérèrent comme une chose très grave que nous quittassions le pays. Nous nous rendîmes à leur désir de nous voir rester dans le Maghreb, et nous fîmes un bout de conduite à l'envoyé turc, qui retournait auprès des siens, au moment où il quittait Sidjilmassa, alors que nous étions entré pour la seconde fois dans cette ville dont les habitants avaient cherché à se soustraire à notre autorité. Nous fîmes accompagner l'envoyé turc par un ambassadeur chargé par nous d'offrir aux Turcs, de notre part, des présents et de l'argent.

« Plus tard, aidé des habitants de Fez, nous avons attaqué Maroc; malgré l'abondance des troupes et des approvisionnements de cette ville, comparée à la modicité de nos ressources et à notre isolement, Dieu nous assura la conquête de cette cité. Nous retournâmes ensuite, pour la seconde fois, dans le Sous; sur notre route nous rencontrâmes Maulay Ahmed Eccherif à la tête des troupes de la ville de Maroc qui s'étaient rangées sous ses ordres, parce qu'elles appartenaient au clan de son grand-père. Nous passâmes malgré eux et nous combattîmes Ahmed dans les plaines et dans les montagnes jusqu'à ce qu'enfin Dieu, se prononçant en notre faveur, nous permit de nous emparer de ce personnage.

« Ce fut à ce moment que commença à paraître le traître Abou Mahalli; nous perdîmes la tête. Notre seigneur Ali, qui nous était de beaucoup supérieur, l'a dit : « On perd la tête « quand on n'est plus obéi. » Tandis que Abou Mahalli pénétrait dans ces contrées, nous partions pour le Sous, espérant que nous rejoindrions nos tribus à l'endroit où elles se réunissaient habituellement. Mais, avant que nous les eus-

CHAPITRE SOIXANTE ET UNIÈME

sions atteintes, Abou Mahallî les avait déjà attaquées. Elles lui livrèrent combat et le contraignirent à se retirer après un rude engagement. Enfin nous ralliâmes nos tribus et la lutte continua avec des chances diverses.

« Durant toutes ces épreuves, avez-vous jamais entendu dire que nous ayons eu besoin de qui que ce soit, grand ou petit. Si nous vous rapportons tout ceci, c'est pour que vous n'ignoriez pas, comme vous pourriez l'avoir supposé, que l'ambassade que nous vous avions dépêchée était envoyée sous l'empire de la nécessité et de la contrainte. Certes, nous savons bien que nous ne nous sommes pas adressé à vous pour des choses temporelles ; nous avions entendu parler de votre foi vive, de votre sainteté, de votre dévouement à Dieu et de votre attachement à la Sonna du Prophète ; il n'y avait donc rien d'étonnant à ce qu'on s'adressât à un personnage jouissant de ces vertus pour en obtenir des prières, des bénédictions et la paix du cœur.

« Il est bien certain que nous nous sommes rendu dans votre maison, que nous avons séjourné près de vous, que dans nos conversations il a été question de Abou Mahallî et d'autres. Vous avez même rédigé le document dont nous avons suivi les instructions ; ce document écrit de votre main, nous l'avons par devers nous et si nous avons oublié quelques-uns de ses termes ou si nous n'avons pas agi d'après son contenu, dites-le nous et nous le rechercherons.

« Dans cette ville de Maroc, nous nous serions conduit, dites-vous, de la même façon. Nous avons, en effet, vu Abdelmoumen ben Sâsi, nous lui avons même fait une autre visite pendant qu'il était malade, mais croyez-vous que nous soyons allé lui demander son appui temporel et que nous n'ayons fait sa connaissance que dans ce but ? Croyez-vous qu'il en ait été de même avec Mohammed Abou Omar avec qui nous avons eu une entrevue dans la medressa bâtie par

Maulay Abdallah et à qui nous avons également fait une visite dans sa maison? Mais nous n'avons agi ainsi que pour resserrer des liens d'amitié et arriver à mieux connaître Dieu. Si nous avions pu supposer que cela donnât lieu à une autre interprétation et laissât croire que nos démarches avaient un but intéressé, nous n'eussions certes pas fait une seule visite à l'un d'entr'eux, quand il nous eût promis l'empire du monde avec toutes ses bourgades[1]. Le bonheur et le malheur sont entre les mains du Souverain Créateur et c'est à lui qu'il vaut le mieux s'adresser. Notre conduite n'avait rien eu de répréhensible pour que nous eussions besoin d'être rassuré.

« Les gens qui étaient dans la maison dont vous parlez étaient tous des membres de ma famille ou des descendants de mes oncles. Nous allons d'ailleurs quitter cette maison pour nous transporter dans un des ports du Maroc, ainsi que nous vous l'avions annoncé de vive voix lorsque vous nous avez dit comme le tenant de votre père : « C'était bon « du temps de nos ancêtres de s'établir dans la montagne. »

« Ce que vous a dit le cadi à l'époque où nous arrivions au Sous et où nous parvenait votre lettre contenant ces mots : « Les gens se rassemblent, les esprits sont troublés et « les convoitises se manifestent; nous désirons vous donner « un avis, car les princes ont besoin de conseils « est exact; notre intention était seulement de rentrer dans notre pays, sans qu'il en résultât aucun inconvénient pour les deux partis. Tous les engagements pris en notre nom par ce cadi seront tenus; nous nous y sommes conformé jusqu'à ce jour. S'il nous arrivait d'en oublier, faites-nous le savoir et nous ne faillirons pas à les remplir.

» Quant au serment sur le Coran, que nous aurions juré

---

1. Je ne suis pas sûr d'avoir bien lu ce mot dans les divers manuscrits.

au caïd Abdessâdeq, il n'a point existé; par Dieu! nous n'avons jamais juré sur le Coran et n'y jurerons en faveur de personne jusqu'au jour où le Tout-Puissant nous rappellera à lui. Ne savez-vous donc pas que nous étions présent à la prestation du serment de fidélité au souverain de Maroc (que Dieu lui soit indulgent!), qu'il y avait là les fils du sultan auxquels on avait demandé de jurer et qu'il y a eu une exception pour moi, le sultan ayant dit alors : « Un tel ne jurera pas; « cela n'est pas nécessaire, car il fera toujours ce que je lui « ordonnerai de faire. « Ces paroles furent pénibles à nos frères qui laissèrent voir sur leurs visages leurs sentiments d'hostilité contre nous. Ce que nous avons dit à Ibn Abdessâdeq, c'est qu'il jurât au marabout et que nous, nous remplirions les engagements qu'il aurait contractés. Et cela nous n'avons cessé de le faire.

« Venons maintenant aux craintes que vous manifestiez à cette époque, que nous ne molestassions les habitants et les dignitaires de Maroc et ne leur fissions subir un traitement analogue à celui qui avait été infligé à Abdelqâder. Eh! bien, nous n'avons molesté personne parmi les habitants de Maroc, nous leur avons même laissé, à cause de vous, des objets à nous appartenant, comme, par exemple, à Ould Elmoulou' et à d'autres. Envoyez qui vous voudrez sur les places et les carrefours de cette cité, faites-lui crier à haute voix que si nous ou nos serviteurs nous devons quelque chose à quelqu'un, nous sommes prêts à lui rendre son dû.

« Vous ne connaissez sans doute pas l'affaire de Elakkâri. Cet Elakkâri avait logé ma famille dans sa tente, au moment de la bataille de Ras-Elaïn. Quand ma famille voulut se rendre dans la montagne, elle laissa la majeure partie de ses richesses dans la tente de cet homme, sous la garde de quelques serviteurs, car on redoutait de la part des Berbers une surprise analogue à celle dont Baba Abou Fârès avait été la victime. Elakkâri déroba alors une table en or valant plus de 60.000 onces. (Ce personnage avait fait partie de l'entourage de Abou Hassoun et était demeuré avec lui jusqu'à la mort de Elqâïm.) Il remboursa d'abord 20.000 onces ; puis promit de payer le surplus aussitôt qu'il le pourrait et demanda pour cela d'être nommé *'âmel*[1] où d'être investi de fonctions publiques, de façon à réunir la somme dont il avait besoin. Nous crûmes à cet engagement, mais bientôt arriva l'affaire de Abou Mahallî, et depuis, nous lui réclamâmes vainement cette dette qu'il lui était impossible de nier.

« La même chose s'est passée avec Abdelkerim qui est dans votre zaouïa même ; il sait bien que ses frères, au moment où nous étions campés dans leur douar, nous ont pris pour plus de 50.000 onces de marchandises et de chameaux qui se trouvaient au milieu de leur campement. Cette fois encore nous avons gardé le silence et nous n'avons rien réclamé. Pourtant Abdelkerim vous a dit : « Voyez donc « comment il s'est conduit vis-à-vis de mes frères ». Nous avons même, à ce sujet, échangé une correspondance, sans que vous vous doutiez de l'origine de cette affaire.

« Dieu s'est montré généreux envers nous et, grâce à sa bonté, nous avons assez d'argent pour suffire à la cinquième ou la sixième génération de nos enfants. D'ailleurs nous connaissons beaucoup de gens qui nous estiment et qui sont en relations d'affaires avec nous. Si nous voulions 50.000 mitsqals, nous n'aurions qu'à écrire au roi de Hollande ou au roi d'Angleterre et ils nous enverraient aussitôt cette somme sans chercher le moindre faux-fuyant ou se retrancher derrière la moindre excuse. Mais, grâce à Dieu, nous avons de quoi nous suffire.

« Nous vous avons, vous le savez, en grande estime ; sans

---

1. Titre qui équivaut à celui de gouverneur.

cela nous ne vous aurions pas donné 5.000 mitsqals, ni fait abandon gracieux des sommes que vous a apportées dernièrement Ibn Abdelouâsi', non plus que des marchandises des vaisseaux. Tout ceci vous indique la sincérité de nos sentiments et la loyauté de notre caractère. Mais à cet égard, Dieu est mieux fixé que qui que ce soit.

« Parlant de la colère que soulèvent chez nous la dureté de vos paroles et la violence de vos discours, alors que Dieu a dit : « Parlez avec gens d'une façon bienveillante », vous assurez que vous nous avez dit à peine la moitié de ce que disaient les grands imams à leurs contemporains. Vous ajoutez que nous savons à quoi nous en tenir là-dessus et qu'il suffit de nous rappeler les conseils donnés par Elfodhaïl ben Iyâdh, Sofian Ettsouri et Malek ben Anas. Sur ce point, le ton de notre lettre répond suffisamment. Salut. »

Voici maintenant une autre lettre que j'ai lue et qui était adressée à Yahia par le cadi, le juste, le jurisconsulte très illustre, Abou Mahdi Aïssa ben Abderrahmann' Essedjetâni, dans les circonstances suivantes : Yahia ayant demandé, sur les projets qu'il méditait à ce moment, un conseil à Aïssa qui était alors cadi à Taroudant, celui-ci refusa de donner son assentiment aux desseins de Yahia et de lui prêter son concours dans cette occurence. Ce dernier fut si vivement irrité qu'il donna l'ordre de surprendre le cadi et de le tuer, mais Aïssa effrayé, ayant aussitôt quitté Taroudant, attendit une occasion favorable et réussit, avec l'aide de Dieu, à se sauver en gagnant Maroc où il s'établit. Cette lettre était ainsi conçue :

« Au nom du Dieu clément et miséricordieux.

« Que Dieu répande ses bénédictions sur notre seigneur Mahomet, sur sa famille, sur ses compagnons et qu'il leur accorde le salut !

« Voici en quels termes s'exprime l'humble adorateur de son

Dieu, celui qui a le plus pressant besoin de la clémence du Seigneur qui suffit à tout, à l'exclusion de tout autre, celui qui demande au Ciel de lui être propice et bienveillant chez lui comme au dehors, l'écrivain de ces lignes, Aïssa ben Abderrahman (Dieu lui soit indulgent et lui pardonne!)

« Louange à Dieu qui, après avoir donné à ses envoyés et à ses prophètes mission de rétablir la Vérité, a fait hériter de cette fonction un certain nombre de docteurs pratiquants et de bienheureux personnages. Salut et bénédiction à celui qui a mis tous ses soins à donner des conseils et qui a dit : « La « religion consiste à donner de bons conseils. » Et comme on lui disait : qui donc, ô Prophète de Dieu, peut donner des conseils, il répondit : « Dieu, d'abord, puis son envoyé, « ensuite les chefs des musulmans et enfin le peuple. » Dieu témoigne sa satisfaction à la famille du Prophète, à ses Compagnons qui ont suivi la voie qu'il avait tracée, aux tâbi' et aux disciples des tâbi', jusqu'au jour de la Rétribution des hommes, de leur classification et de leur châtiment! Ensuite:

« Je suis, grâce à Dieu, arrivé sans encombre et en bonne santé au milieu de mes amis. Ma femme et mes enfants ne pouvaient plus supporter la vie des champs, quoique tous mes ancêtres y soient nés et que j'y aie passé moi-même mes premières années. Ils étaient si bien accoutumés au séjour des villes, ils en avaient si bien pris les habitudes, qu'ils ne pouvaient plus se passer d'y vivre ni d'en fréquenter les habitants. J'étais très peiné et très affecté du chagrin de mes enfants et je me rappelais qu'un certain jurisconsulte andalous, qui avait été frappé comme je l'avais été moi-même et qui avait éprouvé ce que j'éprouvais, avait dit :

p. ۲۲۷

« N'est-il pas honteux qu'un homme, comme moi, en soit réduit à vivre dans un séjour d'humiliation, où ses vertus sont éclipsées ?

« Qu'il n'ait pour société que des pâtres et des bergers et qu'il vive au milieu d'un troupeau de chameaux. »

« Bien que toute chose arrive par l'ordre et la volonté de Dieu, j'ai vu cependant, en y réfléchissant, que mon aventure était, comme tout homme clairvoyant peut en juger, un des moindres résultats de la situation faite au Maghreb par l'anarchie et par le désordre qu'ont jetés dans les esprits les suggestions de tous les démons, hommes ou génies. On s'est divisé en clans et en partis : chaque groupe s'est laissé entraîner à suivre la fougue de ses passions, en sorte que l'homme intelligent qui voudrait, soit de son propre mouvement, soit à l'instigation d'autrui, essayer d'extirper le mal, se verrait immédiatement fermer la porte des réformes par des démons qui le circonviendraient de leurs perfidies et lui feraient croire qu'en se conduisant ainsi, il se rendrait odieux au peuple et perdrait de son estime et de sa considération. Pourtant tout ceci ne constituerait une véritable déchéance, qu'aux yeux du traître[1] et maudit qui remplit de ses suggestions les cœurs de tous les êtres, hommes ou génies.

« L'honnête homme ne sent-il donc pas que la déchéance aux yeux de Dieu est seule le plus grand des malheurs? Ne s'aperçoit-il pas qu'il faut s'appuyer sur les indications fournies par le Livre saint et par la Sonna de l'Envoyé de Dieu, et non sur les discours de la vile canaille dont le démon se fait un jouet constant, en menant tous ces gens-là par la bride et en élisant domicile dans leurs cœurs ou sur leurs langues? Ne se souvient-il plus de ces paroles du Coran :
« Quiconque aura été injuste et aura préféré les biens de ce
« monde, aura l'enfer pour demeure dernière, tandis que
« celui qui aura craint la majesté de Dieu et aura mis un
« frein aux passions de son âme, ira habiter le Paradis[2]. »

« Vous dites : « Nous appartenons à Dieu et c'est vers lui
« que nous devons retourner. Tout ceci n'est qu'une terri-

---

1. Satan.
2. *Coran*, sourate LXXIX, versets 37, 38, 39, 40 et 41.

« ble calamité qui frappe le Maghreb et jette la division par-
« mi ses habitants. » Or les hommes généreux ont péri ; les
les richesses ont été gaspillées, les choses saintes profanées,
les réputations calomniées ; la religion est amoindrie et trou-
blée, enfin les partis sont si divisés que l'ennemi pourrait
s'emparer, que dis-je, s'est déjà emparé d'une partie du pays.
O mon Dieu, toi qui possèdes la durée et la grâce, qui es compatissant et bienveillant, qui es doué de la gloire et de la générosité, viens par tes faveurs secrètes, au secours de notre foi et
de notre existence, viens ô Créateur des cieux et de la terre !

« Si vous persistez à dire que vous avez quitté le séjour
des villes pour aller habiter dans la campagne, parce que
l'anarchie régnait ; que vous avez agi ainsi à l'exemple des Compagnons du Prophète ; que votre décision était louable et que
rien n'indique que vous ayez agi à la légère, je vous répondrai en vous citant les hadits qui, d'après les imams orthodoxes, interdisent de fuir le souverain. Il est, en effet, du
devoir de ceux qui sont témoins de choses blâmables, d'être
résignés et patients, car la suprême tyrannie, même la plus
odieuse, est de beaucoup moins grave que l'abandon de son
pays, cet abandon ayant pour conséquence de porter le trouble dans les esprits, dans les fortunes, dans les réputations,
dans la religion et d'amener tous les excès. C'est pour ce
motif que certains docteurs parmi les compagnons du Prophète et les tabi' ont supporté la tyrannie de Elheddjâdj jusqu'au jour de leur mort, ce qui ne les avait pas empêchés
d'accomplir exactement leurs devoirs religieux et de profiter
de leurs biens temporels.

« Souvenez-vous maintenant de la marche des événements en ce qui concerne Abou Mahallî. Cet homme jouissait d'une grande réputation dans son pays ; on venait le voir
en pèlerinage pour lui demander sa bénédiction et on le
regardait comme le *Pôle* de son époque. Enivré par ces hon-

neurs, il en arriva à se persuader, ou on lui persada, qu'il pourrait accomplir des réformes que nul être humain, autre que lui, n'était à même de faire. Il se mit donc à l'œuvre, mais il fut aidé dans sa tâche par des gens bien différents de lui, aussi le pays fut-il bientôt rempli de vociférations et de revendications mensongères telles que ni l'intelligence, ni l'imagination ne se les peuvent figurer. Bientôt il domina tous les musulmans et aucun d'eux ne put désormais échapper à sa langue ou à sa main. Il injuria, calomnia, tua, pilla et en vint à vouloir se charger d'un fardeau qu'il n'avait point la force de porter, sollicité qu'il était à cela par les démons, hommes et génies, par l'ambition et la cupidité.

« Eh! bien, malgré tous ses efforts, il ne réussit pas à atteindre son but ; sa funeste négligence à l'égard du Coran et de la Sonna, l'entraînement de l'ambition et de la cupidité, qui bientôt s'emparèrent de lui et en firent leur jouet, l'amenèrent à formuler des prétentions qui rendirent légitime l'effusion de son sang et qui, plus tard, furent encore des causes de ruines, de morts et d'autres calamités.

« Qui donc, parmi ceux qui méditent le Coran et la Sonna et qui examinent les choses avec les yeux de la foi, oserait mettre en doute que toute cette conduite lui avait été imposée par ces démons contre lesquels il faut toujours lutter, l'ambition et la cupidité ? Peut-être cependant qu'au nombre des gens de son parti qui, dominés par lui, se laissèrent entraîner par ses exemples funestes, il s'en est trouvé quelques-uns pour approuver ses agissements. Quant à vous, si vous vous élevez au pouvoir, vous aurez à partager le péché des *Arisi*[1], les seuls, jusqu'à présent, qui aient admiré ses actes et approuvé ses paroles, malgré qu'ils fussent en contradiction formelle avec le Coran et la Sonna.

---

1. C'est sans doute le nom d'une confrérie religieuse.

« Si vous dites que ces confréries de faqirs sont tantôt unies et fidèles, mais que parfois elles cherchent à dérober les secrets de l'avenir dont Dieu a fait choix, qu'elles accumulent les péchés et se vautrent dans les crimes, je vous répondrai qu'il y a des confréries qui font des choses encore bien plus graves que cela et dont la liste serait si longue que les lignes de tous les cahiers ne suffiraient point à l'enregistrer, aussi ont-elles été détruites par des séditions et dispersées par de terribles épreuves, si bien qu'aujourd'hui les sciences sont mortes, les intelligences abattues, la production littéraire tarie et aucun orateur n'est plus en état de discourir, ni de trouver quelqu'un qui le comprenne.

p. ٢٢٩
« Ce temps est bien celui dont nous étions menacés selon les paroles de Kaab et celles de Ibn Mesaoud.

« Si cela dure, il n'y aura plus de vicissitudes du sort ; il ne restera plus personne pour pleurer un mort ou pour se réjouir de la naissance d'un enfant. »

« Ce cheikh Abou Zakaria, dirai-je encore, était un de ceux aux avis de qui les hadits nous engagent à nous conformer ; nous l'invoquions pour obtenir une guérison, nous lui demandions de faire tomber la pluie. De tous côtés on accourait vers lui sur de nobles coursiers ; femmes et hommes ne cessaient de venir en foule le voir des diverses parties du Maghreb. Les lions et les chacals lui obéissaient ; il instruisait les ignorants, dirigeait les égarés, donnait des aliments à qui avait faim et distribuait des vêtements à qui était nu ; il venait en aide à quiconque était dans le besoin et secourait les affligés. Quelle admirable conduite était la sienne et dans quelle voie sublime il était engagé !

« Bientôt ces groupes se dispersèrent de tous côtés ; ils s'émiettèrent peu à peu, si bien qu'il n'en resta plus la moindre trace : tel avait été l'ordre inéluctable du destin. O cheikh (que Dieu vous favorise de sa grâce !), trouverez-vous donc

dans ce monde une autorité plus considérable que celle que vous possédiez pour que vous en recherchiez une autre ; pouvez-vous souhaiter un autre pouvoir qui l'égale ou même s'en rapproche ? Comment avez-vous pu ignorer que ce cheikh était indispensable ? Comment vous, qui êtes intelligent, avez-vous pu vous laisser entraîner loin des textes du Coran et de la Sonna ? « N'est-il pas temps, pour ceux qui ont cru, d'hu-
« milier leurs cœurs devant la parole de Dieu[1] ? » — « Certes
« la colère de Dieu est plus redoutable que votre propre
« colère[2]. « Le discours qui déplaît le plus à Dieu est celui de l'homme à qui quelqu'un ayant dit : « Crains Dieu », lui répond : « Occupe-toi de toi-même. » Ceci est un fragement de hadits rapporté par Ennisâï.

« Quand je vous ai exhorté et vous ai dit que la prière vous serait utile, m'appuyant sur les paroles du Glorieux : « Prie, car la prière est profitable aux Croyants[3] », vous m'avez répondu, à ma grande surprise : Plût au ciel que je susse si les Omayyades sont éveillés ou dorment[4]. »

« Si quelque démon d'entre les hommes ou les génies disait : « C'est ainsi que j'entends mériter les faveurs de Dieu », je lui répondrais : « Dieu vous jugera ; méfiez-vous
« du doute, car le doute rend les hadits mensongers. Vous
« rencontrerez bientôt votre Seigneur qui vous demandera
« comptes de vos actes. » Mais si pareille chose surgissait dans le cœur ou dans l'esprit du cheikh (que Dieu le favorise !), j'ajouterais : Et le démon s'insinue à la manière du sang dans les veines chez les fils d'Adam.

« La meilleure preuve que j'entends donner un bon conseil au cheikh, c'est que m'ayant consulté quand il s'agissait

1. *Coran*, sourate LVII, verset 15.
2. *Coran*, sourate XL, verset 10.
3. *Coran*, sourate LI, verset 55.
4. Phrase consacrée pour montrer qu'on ne tient aucun compte de ce qu'on vous dit.

de repousser Abou Mahallî, je lui ai dit : « Avec cet homme, « jamais la vertu ne saura se maintenir. » Comme il ne goûtait pas mon avis, je l'ai quitté ; alors il m'a dit : « Consultez « Dieu pour moi. » Je lui ai également écrit de ne point s'allier à Abou Mahallî ; enfin, quand il est venu camper à Bab Elghezou à Taroudant, je l'ai pris à part, lui ai fait savoir que le peuple disait telle et telle chose et l'ai informé de tout ce que je savais sur les personnages de cette époque. Jusqu'à présent vous nous avez réuni sur une dune de sable ; réussirez-vous à nous préserver de sa chaleur ?

« Pour moi je me déclare non responsable de tout ce qui pourra être dit, car je n'avais cessé de prêcher l'abstention jusqu'au moment où je reçus quelques brochures de Abou Mahallî ; j'examinai ces écrits et je constatai que ce n'était qu'un ramassis d'impostures ; alors seulement Dieu ouvrit mon cœur et me fit déclarer qu'il était légitime de combattre cet agitateur. Et comme à ce moment je me demandai s'il fallait donner l'ordre de le combattre, je me répétai, à part moi, ces paroles de l'imam Sahnoun à propos de l'affaire de Abou Djouâd : « Que peut-il y avoir de commun entre moi et cet homme puisque la loi l'a condamné à mort ? »

« Si j'avais été capable de perfidie, j'aurais agi traitreusement dans cette affaire et vous aurais engagé tout d'abord à combattre cet homme, car c'eût été montrer mon attachement au prince. Si je n'ai pas servi les intérêts du prince à cette époque, pourquoi voudriez-vous qu'aujourd'hui je lui facilite ses entreprises.

« Reconnaissez que je vous donne un sage avis ; suivez-le donc, sinon vous serez comme certain prophète dont Dieu a dit : « Mais vous n'aimez pas ceux qui vous donnent des con-« seils [1]. Je vous le demande au nom de Dieu, par la per-

---

1. *Coran.* Sourate VII, verset 77.

mission duquel les cieux et la terre demeurent dans l'espace, ne vous ai-je pas dit lorsque vous êtes revenu pour la première fois de Maroc, et même déjà l'année précédente, que toute excuse était sans valeur. N'ai-je pas énergiquement et hautement déclaré, et cela à plusieurs reprises, qu'il n'était point permis de se révolter? Et comme si ma parole ne suffisait pas, je l'ai corroborée par des actes, en quittant cette ville contre laquelle pourtant je n'avais aucune aversion, car ainsi que l'a dit le poète :

« Par Dieu ! je ne l'ai point quittée, parce que je m'y ennuyais; certes pourtant j'en connaissais tous les recoins. »

« J'ai accepté la vie des champs avec ses misères pour fuir la sédition ; j'ai agi d'après ces paroles du Prophète : « Le « sort le plus heureux pour un homme est vraisemblable- « ment d'avoir un troupeau de moutons qu'il conduise tantôt « dans les défilés des montagnes, tantôt dans les bas-fonds « qui recueillent les eaux des pluies ; il peut ainsi sauvegar- « der sa religion de toutes les tentations. »

« C'est après mon départ que je vous ai adressé mes conseils et certes cela ne m'a pas réussi, tandis qu'au contraire ceux qui vous avaient trompé prospéraient. Ce sont ces bons avis qui sont cause que je vis aujourd'hui dans une situation misérable et qu'on m'impute à crime ma fidélité au souverain. Cependant, le jour où le prince est venu dans votre maison, vous disiez à tous : « Voici votre prince ! » Et nous, qui ne doutions pas que vous fussiez un des personnages considérables de notre Maghreb, nous avions cru devoir accepter aveuglément le souverain choisi par vous.

« Et encore, quand vous êtes allé à Maroc lors de l'affaire de Abou Mahallî, comme les habitants de cette ville voulaient vous proclamer souverain, vous avez refusé ; vous avez engagé vivement le pays à se soumettre aux agents du prince, en disant que lui seul était le souverain ; le peuple a si bien compris cela, d'après votre attitude et d'après vos discours, qu'il lui a prêté son appui. Après avoir vu ce que vous faisiez, après avoir entendu ce que vous disiez, pouvions-nous encore douter que si vous agissiez ainsi, c'était dans le but de proclamer le prince? Vous étiez notre guide et puisque les choses ont eu lieu ainsi, quel argument vous reste-t-il, soit contre le prince, soit contre ses partisans? Celui qui vous engage à combattre le prince vous trompe, car celui-ci est un musulman et un descendant de musulmans.

« Si vous prétendez que votre concours était subordonné à certaines conditions, que le prince n'a pas remplies à votre égard, je vous répondrai ceci : En admettant qu'il n'ait pas tenu ses promesses, serait-ce une raison de déclarer légitime la lutte contre lui sur ce seul motif, alors que le Prophète a dit : « Si deux musulmans ont une rencontre le sabre « en main, le meurtrier ainsi que celui qui aura été tué, « iront en enfer... »

« Par Dieu ! ô cheikh, que dites-vous de ce hadits et des hadits analogues ? Que dites-vous aussi de celui qui pille, je veux dire les biens du peuple, ou qui, sans aucun droit, s'empare des richesses des gens pour en dissiper le produit en faveur d'un rebelle ? Pourtant le Prophète a prononcé ces paroles : « Il ne vous est pas permis de disposer des « biens d'un musulman, à moins que celui-ci n'y consente. « N'avez-vous donc point honte de ce qui arrivera le jour où « votre-Seigneur vous demandera compte des plus petits « faits? »

« Vous n'êtes pas de ceux qui ignorent toutes ces choses ; vous ne pouvez donc arguer d'ignorance vis-à-vis du monde. Vous savez donc bien aussi, n'est-ce pas, que beaucoup de gens dans la foule s'imagineront, en vous le voyant faire, que tout cela est licite, en sorte que vous serez cause qu'on suivra ces fâcheux errements et que beaucoup de musulmans s'égareront dans une fausse voie. Ne craignez-vous pas les malédictions des opprimés qui arrivent sans être interceptées jusqu'à Dieu ? N'avez-vous pas, autrefois, adressé des reproches aux fonctionnaires qui se conduisaient de la sorte et n'avez-vous pas déploré leurs agissements ? « Ne blâmez « pas votre frère musulman, dit encore un hadits. » « Ne « défendez pas à autrui de faire ce que vous faites vous-« même, dit le poète, ce serait pour vous une grande honte « d'agir ainsi, etc... »

« Quand les gens du Draâ ont vu leurs biens mis au pillage, leurs hommes libres emmenés en esclavage, leurs femmes violées, ne vous êtes-vous donc plus souvenu de ce hadits : « Le sang des musulmans et leurs richesses doivent « être sacrés pour vous. » A cette époque, le cheikh m'avait adressé une consultation au sujet de tous ces actes. Mais aucun de ceux qui sont éclairés par la science n'avait pu alors peser du poids d'une goutte d'eau sur les décisions de ceux qui avaient mis le Draâ, dans cette triste situation.

« Les notables, parmi ces gens-là, savaient tous le Coran, mais la masse était composée de simples d'esprit et les simples d'esprit seront les plus nombreux dans le Paradis. Eh ! bien, est-il digne d'opprimer ainsi de futurs bienheureux et de n'avoir point pitié d'eux ? Il n'y a que les cœurs des misérables qui soient sans pitié. Dieu ne fera grâce qu'à ceux de ses adorateurs qui auront été compatissants. Quiconque ne sera point compatissant ne sera l'objet d'aucune indulgence ; Dieu sera clément pour ceux qui auront été indulgents. Soyez indulgents sur la terre si vous voulez qu'on le soit pour vous dans les cieux.

« Avez-vous oublié que les hommes seront responsables des œuvres du démon, que la seule injustice que Dieu ne laissera pas impunie sera celle que vous commettez entre musulmans les uns vis-à-vis des autres. Êtes-vous bien sûr que vos bonnes œuvres suffiront à contrebalancer vos péchés, ou encore que personne n'aura à vous inputer ses péchés ? Car eussiez-vous été un des combattants de Bedr qu'on pourrait vous appliquer ces paroles du Prophète à Omar : « Qui vous assure que Dieu s'occupera spécialement « des combattants de Bedr. » Maintenant que je vous ai averti, faites comme il vous plaira. Rappelez-vous encore ces paroles : « L'injustice se répandra en ténèbres le jour de « la Résurrection ; si vous pouvez dissiper les ténèbres qui « envelopperont le Sirâth, ce sera bien ; sinon, vous subirez « la responsabilité de vos moindres actions.

« J'ai appris aussi que vous ne vous étiez pas contenté de menacer les gens de Taroudant, mais que vous aviez été jusqu'à les opprimer et à les obliger de se disperser. Craignez Dieu, ô cheikh, ne soyez pas comme ceux qui ont dit de craindre Dieu et qui se jettent aveuglément dans le péché.

« Voici, en partie du moins, ce qui touche aux intérêts du peuple ; mais en ce qui me concerne spécialement, moi, l'écrivain de ces lignes, vous m'avez pris à partie parce que j'avais montré mon dévouement au prince et que j'avais observé les saines traditions des Croyants qui sont : la fidélité à la foi jurée, et l'abstention de tout désordre et de toute révolte. J'ai, en outre, déployé tout mon zèle à vous éclairer de mes avis et à bien conseiller le prince, en faisant tous mes efforts pour obtenir l'union des partis. Je me suis, sur ce point, donné beaucoup de peines ; je me suis exposé à des épreuves telles que seul un homme de valeur aurait osé les affronter ; j'ai suivi une voie dans laquelle une homme de religion et de science comme moi et dans ma situation n'aurait pas dû s'engager, mais, dit le proverbe : Quand les marins ont abandonné le navire que les vents emportent à la dérive, ce sont les grenouilles qui le dirigent. Un poète a dit :

> « J'en jure par la vie de ton père, tant qu'il y aura au monde un homme généreux le pouvoir lui sera attribué.
> « Mais lorsque la terre se couvre de plantes desséchées, on fait brouter jusqu'aux chaumes. »

« D'ailleurs il n'est pas indispensable que celui qui donne des conseils soit un homme parfait, pas plus qu'il n'est nécessaire que celui qui veut corriger les abus soit un homme sans défaut ; ce sont là deux choses essentiellement distinctes qu'il appartient à Dieu de réunir.

« J'ai appris, et on me l'a affirmé, que, malgré les avis que je vous ai donnés ainsi qu'au prince (Dieu nous rende meilleurs et nous unisse!), vous m'aviez fait surveiller lorsque je suis allé voir mes enfants, et pourtant ce voyage n'avait d'autre but que de veiller à leurs affaires et de sauvegarder leurs intérêts. Dans cette circonstance, n'avez-vous pas encore agi d'une façon perverse et diabolique? Aviez-vous le moindre motif qui vous autorisât à faire pareille chose? surtout à moi qui, Dieu merci, en quelque endroit que je sois, ne cherche qu'à faire le bien dans la mesure du possible, à donner des conseils quand je vois que personne n'est là pour en donner ou à venir en aide aux affligés qui ont besoin d'être secourus.

« Le Coran n'a-t-il pas dit : « Si tu étends ta main vers « moi[1]. »

« Le Créateur a dit encore : « Les ruses perfides n'at-« teindront que les méchants[2] » ; le Pentateuque contient ces mots : « Quiconque creusera un trou devra le faire large » et un poète a dit : « Ne creuse pas un trou pour y faire tom-

---

1. *Coran*, sourate V, verset 31.
2. *Coran*, sourate XXXV, verset 41.

« ber ton frère... » Où avez-vous trouvé qu'il vous fût licite d'en user ainsi dans vos discours, dans vos actes, dans vos allusions publiques ou mystérieuses? Quel crime est plus grand que celui-là! Quel péché capital est plus grave! Mais Dieu nous jugera et ceux qui auront été pervers verront quel châtiment leur est réservé.

P. ٢٣٣ « Cette tentative que vous avez faite pour obtenir une consultation qui vous permît de combattre Sidjilmassa, comment pouviez-vous espérer qu'on trouvât à la motiver? Ignoriez-vous donc qu'il s'agissait de commettre un grand péché et que le Prophète a dit : « L'homme ne devra pas prononcer « une parole qui le ferait précipiter en enfer pour soixante« dix ans. » Est-ce là la conduite ordinaire d'un croyant ou d'un homme scrupuleux? la conduite d'un homme issu d'une famille vertueuse? Votre grand-père n'aurait certes pas consenti à faire pareille chose, et comme votre père, lui non plus, n'était pas un homme méchant, il faut donc que tout cela soit le fait des ignobles compagnons qui vous entourent.

« Ne fréquentez pas, a-t-on dit, celui dont la situation ne « vous élèvera pas et dont les discours ne vous guideront pas « vers Dieu. » C'est à ce que j'ai fait que s'élèvent les devoirs de l'amitié, c'est-à-dire à donner des conseils. Dieu demandera compte de l'amitié, même si elle n'a duré qu'un instant. J'ai été votre ami, j'ai eu foi en vous et vous ai adressé des conseils et des exhortations. « Secourez votre frère, a-t-on « dit, qu'il soit oppresseur ou opprimé », eh! bien, je vous ai secouru en vous remettant dans le droit chemin.

« Ah! quelle distance il y a entre vous et notre maître Elhasen ben Ali qui, lui, s'est soumis à son cousin Moawia, alors qu'il était de la tribu de Hachem, de la famille d'Ali et de Fathima, une des deux émanations du Prophète, tandis que Moawia n'était qu'un Omayyade dont l'autorité n'avait d'autre base qu'une communauté de parenté remontant à Abd-Monaf. Pourtant Elhasen était un imam fils d'imam, et ce fut grâce à lui que Dieu réconcilia les deux grands partis qui divisaient les musulmans : Elhasen avait même porté le titre de prince des Croyants. Au moment où il abandonnait le pouvoir, ses partisans lui reprochèrent sa conduite comme une honte pour les musulmans, mais lui ne tint aucun compte de cela et se contenta de dire : l'enfer est plus redoutable que la honte.

« Que Dieu nous inspire ainsi qu'à vous le désir de marcher dans la bonne voie! qu'il nous mette avec vous au nombre de ceux qui écoutent les discours et en suivent les meilleures indications. »

CHAPITRE LXII

SUITE DE L'HISTOIRE DE ABDALLAH BEN ECCHEIKH BEN ELMANSOUR DE CE QU'IL LUI ADVINT AVEC LES CHEFS DE LA RÉVOLTE DE FEZ

Tant que son père, Eccheikh vécut, Abdallah demeura sous ses ordres, écoutant ses avis et ne faisant rien sans le consulter. La majeure partie de son armée et de ses troupes auxiliaires était recrutée parmi les Cheraga ; il s'appuyait surtout sur les gens de cette tribu et leur avait distribué des jardins et des maisons qu'il avait enlevés au peuple. Il arrivait parfois qu'un propriétaire, se rendant à son jardin, trouvait installé au milieu de sa propriété un Arabe qui y avait dressé sa tente et disait : le sultan m'a donné ce jardin. Ces Cheraga ne craignaient pas de s'emparer des femmes, de piller les marchés et de commettre ouvertement leurs brigandages ; ils se montraient en état d'ivresse dans les rues et s'introduisaient de force dans les maisons.

Un jour qu'une femme était occupée à faire cuire de la viande salée, ayant auprès d'elle son enfant encore à la mamelle, un Cheraga entra de vive force dans la maison. La femme s'enfuit sur un balcon et s'y enferma à clé. Voyant qu'il ne pouvait l'atteindre, l'Arabe l'engagea à descendre, et comme celle-ci s'y refusait, il lui dit : « Si tu ne descends pas vers moi, je jette ton enfant dans le chaudron. » La femme persistant à ne pas vouloir descendre, le soldat accomplit sa menace. A cette vue la femme poussa un grand cri, puis, se précipitant du haut du balcon, elle se brisa les reins et mourut.

Cet événement causa un vif mécontentement parmi la population. Un homme du nom de Seliman ben Mohammed Eccherif Ezzerhouni, surnommé Elaqra‘ (le chauve), se mit alors à la tête d'un mouvement contre les Cheraga. Il réunit autour de lui une foule de gens du peuple qui prirent parti pour lui et on tua tous les Cheraga et les Tlemcéniens qu'on trouva à Fez ; ils furent tous ou passés au fil de l'épée ou violemment expulsés de la ville, qui fut ainsi débarrassée de leurs violences et purifiée de leurs souillures.

La population ayant approuvé la conduite de Seliman, reconnut son autorité.

Le pouvoir et l'insolence des Cheraga avaient commencé en l'année 1019 (24 mai 1610-16 mars 1611) et le soulèvement de Seliman eut lieu au mois de rebia 1er de l'année 1020 (16 mars 1611-4 mars 1612). Au moment où Seliman agissait si vigoureusement contre les Cheraga, Abdallah était à Salé. Dès qu'il eut connaissance de cette nouvelle, il se rendit à Fez et essaya à diverses reprises d'amener une réconciliation entre les Cheraga et les habitants de la ville, mais malgré tous ses efforts, ceux-ci répondirent : *La, la* (non, non) ; aussi appela-t-on cette année, l'année de *Lala*.

Sçliman donna ordre à la population d'acheter des armes

et de se préparer à attaquer les Cheraga qui étaient campés hors de la ville du côté de la porte de Eldjisa, puis il se porta à leur rencontre. Les Cheraga ayant été défaits, la ville reprit son calme et les habitants jouirent d'une sécurité qu'ils n'avaient plus connue depuis le règne du sultan Elghalebbillah.

Le mercredi, 14 de djomada II de l'année 1020 (24 août 1611) un combat eut lieu à Elmetreb, localité située hors de Fez du côté de la porte de Elfotouh. Voici la cause de cette rencontre : par ruse et par perfidie, les Melàlga avaient appelé à leur secours les habitants de Fez pour les protéger contre les Cheraga. Les habitants de Fez étant sortis de la ville par un jour de grand vent, les Cheraga, qui s'étaient placés en embuscade à Khaulân, se précipitèrent à l'improviste sur leurs adversaires et les mirent en déroute après leur avoir tué environ 2.000 hommes. Les habitants de Fez fermèrent alors les portes de la ville qui, à la suite de ces événements, fut dans une grande agitation et dans une situation critique.

Une autre fois, les habitants de Fez sortirent de la ville pour aller combattre Abdallah ben Eccheikh; ils le vainquirent et le firent prisonnier. Mais quand ils eurent le prince en leur pouvoir, ils lui firent grâce de la vie, lui rendirent sa liberté et l'accompagnèrent en grand cortège jusqu'à sa maison à Fez-la-Neuve.

Quand Eccheikh eut été tué et que la nouvelle de sa mort parvint à Fez, son fils, malgré sa faiblesse et son manque d'autorité, se déclara aussitôt souverain de Fez et des localités qui en dépendent. Il conçut le dessein de venger la mort de son père et, dans ce but, il voulut se mettre en marche, accompagné de Seliman, du jurisconsulte Elmerbou' et de leurs partisans qui faisaient cause commune avec lui. Mais le peuple refusa de le suivre dans cette entreprise,

Eccheikh ayant perdu l'affection des musulmans, depuis le jour où il avait vendu Larache aux chrétiens. La population s'assembla dans la mosquée de Elqarouïn et déclara au milieu d'un tumulte, qui rappelait le braiement d'une troupe d'ânes sauvages, qu'elle ne voulait plus ni de Seliman, ni de Elmerbou' et qu'elle prendrait dorénavant d'autres chefs.

A la suite de ces événements, il se produisit une grande disette : les denrées atteignirent de si hauts prix qu'une mesure de blé se vendit deux onces et quart. Par suite, beaucoup de personnes périrent et le directeur du Maristân compta 4.600 morts, depuis la fête des Sacrifices de l'année 1022, jusqu'au mois de rebia Ier de l'année suivante (du 21 janvier au 11 avril 1614). Les faubourgs de la ville tombèrent en ruines, les villages furent abandonnés et à Lemtha il ne resta plus que des animaux sauvages ; enfin les caravanes furent bien souvent pillées.

Au mois de moharrem de l'année 1026 (9 janvier-8 février 1617) Seliman arrêta quatre chefs des Cheraga et les fit mettre à mort. Les Lemthiens n'osèrent rien dire, mais la population conçut des craintes pour la sécurité de la ville et comme on redoutait un malheur, la terreur s'empara si bien de tous les esprits qu'il se produisit une grande panique dans toutes les mosquées où l'on faisait un prêche. Au moment où l'imam de la mosquée de Elqarouïn faisait son sermon aux fidèles assemblés dans la cour, un orage vint à éclater. Les gens qui étaient dans la cour coururent chercher un abri sous les nefs, mais tout le monde crut que ce mouvement était dû à une attaque inopinée des Cheraga contre Seliman. Aussitôt chacun se sauva en désordre de la mosquée en bousculant ses voisins et la nouvelle, parvenant à la citadelle, y causa la même panique.

Le samedi 5 du mois de safar de l'année 1026 (12 février 1617) Seliman périt assassiné par surprise à l'enterrement d'un Lemthien auquel il assistait. Il fut tué par Elmerbou' qui fit périr également le père de Seliman, ses cousins et six de ses partisans. Seliman et son père furent enterrés dans la mosquée de Eldjarf.

Seliman mort, Elmerbou', le Lemthien, resta seul maître de la ville; les Lemthiens se groupèrent autour de lui et accrurent les forces de son parti. Les frères de Seliman vinrent alors de Zerhoun dans le dessein de surprendre Elmerbou', mais celui-ci, ayant eu vent de leur projet, leur livra un combat dans lequel il périt environ 131 hommes. Après avoir échappé à ce danger, Elmerbou' se décida, avec les gens de son entourage, à faire venir de Zerhoun, au mois de djomada Ier de l'année 1027 (16 avril-26 mai 1618), un certain Abderrahman Elkhonnoud, homme qui faisait profession de piété. Il voulait le faire proclamer souverain et grouper le peuple autour de lui. On installa ce personnage avec sa suite dans le jardin[1] de Sidi Ali ben Herzhoum.

Aussitôt informé de ce fait, le caïd Ahmed ben Omeïra, vizir de Abdallah ben Eccheikh, se rendit au jardin de Sidi Ali ben Herzhoum; il s'empara de la suite de Abderrahman qui, lui, chercha asile dans l'intérieur du mausolée du cheikh Ibn Herzhoum; on réussit néanmoins à le tuer en tirant sur lui par une fenêtre et il tomba mort sur le catafalque du saint.

Comme les gens de Fez souffraient du blocus de leur ville et que leur situation devenait critique, par suite des incursions des Arabes, ils se rendirent auprès de Abdallah ben Eccheikh à Fez-la-Neuve. Ils acclamèrent ce prince comme souverain et lui témoignèrent leurs sentiments d'affection. Tout heureux de cette démarche, Abdallah se fit jurer fidélité et soumission par le peuple et par les grands, puis il leur accorda une amnistie complète pour leur conduite

---

1. Le jardin qui entoure le mausolée de ce saint personnage.

passée, et de la sorte la situation devint meilleure pour tous.
Le prince envoya ensuite son vizir offrir l'aman à Elmerbou',
mais celui-ci n'ajoutant pas foi à cette promesse et craignant
quelque piège, persista, aidé des Lemthiens, à vouloir combattre Abdallah ben Eccheikh. Il fit, dans ce but, des préparatifs si actifs que pendant ce temps, on ne fit plus les cinq
prières canoniques à la mosquée de Elqarouïin.

Le vizir de Abdallah, le caïd Omeïra offrit alors aux Lemthiens de leur accorder l'aman; ceux-ci, à l'exception d'un
très petit nombre, abandonnèrent tous Elmerbou'. Abdallah
envoya ensuite son chapelet et sa bague, en signe d'aman, à
Elmerbou' qui, ne se croyant plus en sûreté, prit la fuite au
milieu de la nuit; il se réfugia chez les Beni Hassan. Mais
Serhan, le chef de cette tribu, le fit arrêter et le conduisit à
Abdallah qui lui fit grâce et le laissa retourner dans sa maison. A ce moment, le règne d'Abdallah recouvra en quelque
sorte sa jeunesse; le royaume devint prospère, le calme se
rétablit dans le pays et la population se montra docile. Tous
ces événements se passèrent au mois de djomada Ier de
l'année 1027 (29 décembre 1617-19 décembre 1618).

Après avoir rassemblé des troupes, Abdallah en envoya
une partie mettre le siège devant Tétouan, tandis qu'un autre
corps d'armée allait procéder à la perception des impôts. Il
envoya également son vizir Hammou ben Omar avec
Elmerbou' à Andjera, localité située dans la montagne de
Ezzebîb, mais Elmerbou' attira le vizir dans un guet-apens
et le tua. Ce meurtre avait été provoqué par certains propos
que Elmerbou' avait entendu tenir à Abdallah. Ce dernier
très irrité, dissimula pour l'instant son ressentiment, mais le
lundi, 3 du mois de rebia Ier de l'année 1028 (18 février 1619).
Elmerbou', le Lemthien, mourut assassiné; sa maison fut
ensuite pillée. Quelques jours après, Abdallah imposa aux
Lemthiens une contribution de 80.000 onces; ceux-ci trou-

vant cette somme excessive, commençaient à fuir quand le sultan réduisit la contribution de moitié. Tout appartient à Dieu.

CHAPITRE LXIII

DE LA RÉVOLTE DE MOHAMMED BEN ECCHEIKH, SURNOMMÉ ZEGHOUDA CONTRE SON FRÈRE ABDALLAH BEN ECCHEIKH ET DES ÉVÉNEMENTS QUI S'ENSUIVIRENT

L'auteur du *Zahret ecchemârîkh* rapporte que les habitants du pays de Elhibth, voyant l'anarchie qui régnait au milieu de l'embrasement des feux de la sédition, proclamèrent comme souverain, sur le mausolée de Maulay Abdesselâm ben Mechîch, Mohammed ben Eccheikh, surnommé Zeghouda, et cela à l'instigation de Elhasen ben Ali ben Mohammed ben Rîsoun. Cette proclamation avait été faite dans le but de faire revivre la religion de Dieu, de détruire l'erreur et d'assurer le triomphe de la vérité.

Dès que cette nouvelle lui fut connue, Abdallah partit pour combattre son frère, mais à la suite du combat qui eut lieu, il fut vaincu et Mohammed entra à Fez, au mois de chaaban de l'année 1028 (14 juillet-12 août 1619). Aussitôt entré dans la ville, il fit arrêter un certain nombre de fonctionnaires de Abdallah, les mit à mort et confisqua tous leurs biens. A la fin du mois de chaaban de cette même année, un second combat eut lieu entre les deux frères, à Méquinez; Mohammed fut mis en déroute et Abdallah rentra à Fez, le 1ᵉʳ du mois de ramadhan (12 août 1619); celui-ci se montra clément; il fit grâce au peuple et aux notables.

Plus tard les habitants de Fez, ayant tué Ibn Choaïb, un des caïds du prince, se mirent en état de défense contre Abdallah ben Eccheikh ; le combat s'engagea bientôt entre les gens de la citadelle et ceux de Fez-la-Neuve, mais après une lutte qui dura assez longtemps, la paix fut faite, le 9 du mois de rebia II de l'année 1029 (14 mars 1620). Abdallah partit ensuite de nouveau pour combattre son frère Mohammed ; dans la bataille qui s'engagea à Beht, Mohammed vaincu, s'enfuit et, après avoir erré de différents côtés, il fut tué, ainsi qu'on le verra plus loin, s'il plaît à Dieu, par par son cousin Ahmed ben Zîdân.

Le vendredi, 5 du mois de dzoulqaada de l'année 1032 (31 août 1623), des malfaiteurs assassinèrent le célèbre jurisconsulte, le cadi, Aboulqâsem ben Abounnoaïm, à la porte de la medressa El'inânia, au moment où il revenait de faire la prière du vendredi à Fez-la-Neuve. Ces malfaiteurs avaient tué le cadi parce qu'ils le soupçonnaient d'être favorable à Abdallah ben Eccheikh. Cet événement provoqua une vive inimitié entre les gens des deux grands quartiers de Fez. Abdallah fit tout ses efforts pour se concilier les habitants de Fez qui parfois penchaient en sa faveur, mais parfois aussi s'éloignaient de lui à cause de son ignoble conduite et de son naturel perfide. C'est ainsi que son caïd, Mâmi Eleuldj, pillait ouvertement les maisons de la ville sans être puni, ni blâmé par Abdallah qui, chaque jour, recevait sur le produit de ces rapines, 10.000 onces.

A Méquinez, un homme qu'on appelait le chérif Amghâr, se révolta contre l'autorité de Abdallah ; à Tétouan, ce fut le moqqadem Ahmed Enneqsîs qui leva l'étendard de la révolte, en sorte qu'il ne resta plus de fidèle au souverain que Fez-la-Neuve, car pour Fez-la-Vieille elle subit les alternatives que nous avons signalées ci-dessus. Après avoir eu pour chefs Seliman et Elmerbou' qui furent tués ainsi que nous venons de le dire tout à l'heure, Fez se soumit aux aux deux agitateurs, Mohammed ben Seliman Ellemthi et Ali ben Abderrahman. Le premier ayant été tué, Ibn Elachhab, essaya de s'emparer de l'autorité en même temps que Ibn Abderrahman, ce qui amena entre ces deux personnages de nombreux combats ou escarmouches. Puis, le pouvoir fut usurpé par Elhadj Ali Sousân et Ibn Elarbi ; ensuite par Yzrour et Mesaoud ben Abdallah et par d'autres usurpateurs.

Durant cette période, Fez fut divisée en un grand nombre de partis et de factions. Aucun commerçant n'était en sécurité, s'il ne se plaçait point sous la protection d'un des chefs de ces clans. Enfin il y eut tant de troubles que l'atmosphère de Fez en fut obscurcie et que ses émanations parfumées en furent empuanties. La plus grande partie de la ville devint déserte, se couvrit de ruines et les hostilités persistantes entre les habitants des deux Quartiers[1] faillirent amener la destruction complète de la cité.

Certaines personnes dignes de foi m'ont raconté qu'après la longue lutte qui éclata entre les habitants des deux Quartiers, les Andalous n'ayant point eu le dessus sur les Lemthiens, le cheikh qui connut Dieu, Sidi Abderrahman ben Mohammed Elfâsi, aurait dit : « Jamais les Lemthiens ne seront vaincus tant qu'ils s'astreindront à réciter le grand *hizb*[2] de Ecchadzeli. » En effet, chaque matin, un groupe de Lemthiens ne manquait pas de réciter ce hizb, dans la zaouïa de Sidi Redhouân, située dans le quartier des Lemthiens.

Informés de ce fait, les Andalous usèrent de ruse pour empêcher que l'on continuât de réciter le hizb ; ils dépêchèrent auprès des gens qui le récitaient, un homme qui les

---

1. Fez a toujours été divisé en deux quartiers rivaux : le quartier des Andalous et celui des Qarouïin ou Lemthiens.
2. Prière spéciale que l'on fait pour une circonstance donnée.

invita à dîner chez lui. Les Lemthiens acceptèrent l'invitation et passèrent la nuit chez cet homme. Au moment où l'aube parut ou allait paraître, l'homme prétendit qu'on avait égaré la clé de la porte de sa maison ; il feignit alors de vouloir ouvrir la porte et y mit tant de temps qu'elle ne s'ouvrit qu'à l'instant où le soleil se levait. Les Lemthiens sortirent à ce moment, mais sans avoir récité le hizb, ce jour-là. Dès que les Andalous eurent connaissance de cette particularité, ils attaquèrent les Lemthiens, les mirent en fuite et en tuèrent un certain nombre, chose qu'ils n'avaient pas réussi à faire jusqu'à ce jour, à cause de la bénédiction qu'attirait sur les Lemthiens la récitation du hizb de Ecchadzeli.

Faisant le récit de ces discordes intestines, certain auteur raconte que Abdallah ben Eccheikh ayant, durant cette insurrection, remporté une victoire sur les habitants de Fez, ceux-ci, effrayés et désireux de rentrer en grâce auprès du souverain, auraient fait intercéder en leur faveur les deux saints, les bienheureux illuminés, Sidi Djelloul ben Elhadj et Sidi Mesaoud Eccherrâth qui appartenaient à la confrérie des Melâmita. A peine ces deux personnages étaient-ils introduits en présence du prince, que celui-ci s'écria : « Les gens de Fez sont donc bien à court de recommandations qu'ils n'ont trouvé personne de mieux à m'envoyer que ces deux gâteux[1] ! » — « Par Dieu, s'écria Djelloul furieux, tu ne la gouverneras pas — c'est-à-dire Fez — avant quarante et un ans. » Cela dit, les deux personnages s'en allèrent. On rapporte qu'à la suite de cette entrevue, l'estomac de Abdallah se renversa sens dessus dessous, en sorte que ses excréments sortaient par la bouche. Il resta affligé de cette infirmité pendant quelques jours, jusqu'au moment où il alla demander aux deux cheikhs de lui rendre leur estime.

---

1. Dans le texte l'expression est plus énergique.

La prédiction de Sidi Djelloul se réalisa : les notables de Fez ne courbèrent la tête devant aucun prince, jusqu'au moment où, ainsi qu'on le verra plus loin, Dieu envoya Maulay Errechid, c'est-à-dire lorsque le temps prescrit fut expiré. Durant cette période, la ville n'eut d'autres maîtres que les voleurs appelés, par les gens de Fez, *Sayyâb*[1]. Cette histoire est authentique, car je l'ai entendu raconter par plus d'une personne, mais je n'en ai donné qu'un récit sommaire.

Abdallah ne cessa pas d'être en lutte avec les habitants de Fez-la-Vieille, depuis l'année 1020 (16 mars 1611-4 mars 1612), c'est-à-dire deux ans avant la mort de son père Eccheikh, jusqu'au moment où il mourut lui-même en 1033 (25 octobre 1623-14 octobre 1624), à la suite d'une maladie occasionnée par un usage constant et immodéré de boissons alcooliques, car il ne cessait de boire nuit et jour aussi bien en particulier qu'en public. Parmi les monuments que fit construire Abdallah ben Eccheikh, on cite la coupole qui surmonte le bassin situé au pied du minaret au milieu de la cour de la mosquée de Elqarouïin. Avant cela, il n'y avait d'autre coupole que celle qui recouvre le bassin qui fait face au premier sur le côté est de la mosquée.

Mon maître, le jurisconsulte, l'érudit, Aboulhasen Ali ben Ahmed, m'a dit tenir du maître de nos maîtres, le jurisconsulte, l'imam, Abou Abdallah Mohammed ben Ahmed Meyyâra, que la venue de Admed ben Elachhab, dont il a été question ci-dessus, avait été annoncée par le Prophète dans un hadits cité dans le *Kitâb eldjâmi' elkebir* de l'érudit Djelaleddin Essoyouthi.

---

1. Ce mot est toujours employé dans la langue vulgaire, au Maroc et dans certaines parties de l'Algérie, avec le sens de *voleur*.

CHAPITRE LXIV

SUITE DE L'HISTOIRE DE ZIDAN BEN ELMANSOUR ; DES ÉVÈNEMENTS QUI ADVINRENT A CE PERSONNAGE JUSQU'AU JOUR OU IL MOURUT

Depuis le jour de la mort de son père, Zîdân n'avait cessé de lutter contre ses frères et ses cousins et il avait eu, en outre, à combattre tous les chefs de révolte qui ont été énumérés ci-dessus : durant tout son règne, il ne se passa pas une année sans que lui ou les siens eussent à subir une défaite. Les luttes qu'il eut à soutenir contre ses frères auraient fait blanchir les cheveux d'un enfant à la mamelle ; elles occasionnèrent la ruine de Maghreb et en particulier celle de la ville de Maroc.

Parmi les choses qu'on peut mettre sur le compte de la male chance de Zîdân et qui annonçaient l'affaiblissement prochain de son autorité, on peut citer celle-ci : durant une des luttes qu'il eut à soutenir, Zîdân avait envoyé son secrétaire, Abdelazïz Ettsaâlebi, porter dix quintaux d'or au sultan de Constantinople et demander à ce souverain de lui prêter l'assistance d'un corps de troupes ainsi qu'il l'avait déjà fait pour Abdelmalek Elghâzi, l'oncle de Zîdân. Le sultan ottoman expédia aussitôt une armée turque composée de 12.000 hommes, mais les navires sur lesquels elle était embarquée firent naufrage et un seul bâtiment, porteur d'un petit détachement, échappa au désastre.

Ainsi que je l'ai dit précédemment, Zîdân eut à soutenir de nombreux et terribles combats contre son frère Eccheikh et le fils de ce dernier, Abdallah. En dernier lieu, Abdallah,

CHAPITRE SOIXANTE-QUATRIÈME

ayant appris que les chrétiens (Dieu les anéantisse!) avaient débarqué à Larache, fit appel au peuple et l'exhorta vivement à partir avec lui pour la guerre sainte. On avait fait de grands préparatifs et on se disposait à aller secourir Larache, quand on apprit avec surprise que Zîdân, venant de la direction de Adkhisân, était campé dans le voisinage de Fez et se disposait à canonner la ville. La population abandonna aussitôt Abdallah et les Cheraga entrèrent dans la ville.

Zîdân envoya alors son caïd Abdessemed avec mission de calmer les alarmes du pays et d'expédier un héraut qui annoncerait qu'il revenait prendre le pouvoir souverain. Le héraut partit, mais, arrivé à la porte de Esselsala, il rencontra des malfaiteurs de la ville de Fez qui le frappèrent et le blessèrent. Dès qu'il connut cette nouvelle, Zîdân déclara les habitants de Fez hors la loi et donna l'ordre de les massacrer ; mais regrettant bientôt cette mesure, il fit annoncer qu'il leur faisait grâce, et ramena ainsi le calme parmi eux. Zîdân vint ensuite camper sur les bords de la rivière de Fez ; la population s'étant portée à sa rencontre, il lui adressa un discours dans lequel il injuria les notables ; il avait même songé à en faire mettre à mort un certain nombre, mais Dieu les sauva de ce danger. Zîdân entra ensuite en maître dans Fez.

Les Arabes, au nombre d'environ 8.000, s'étaient massés auprès du pont en ruines ; aidé d'Arabes de l'Est, Zîdân marcha contre eux, mais abandonné de ces auxiliaires, il ne lui resta bientôt plus qu'une petite troupe de fidèles. Néanmoins, comme il ne voyait devant lui qu'un petit nombre de combattants, il les attaqua ; Abdallah ben Eccheikh qui était à leur tête prit aussitôt la fuite, en sorte que Zîdân qui, à un moment avait songé à fuir, se vit bientôt rallié par ses soldats et le lendemain il rentrait dans Fez.

Les habitants de Fez, grands et petits, étant accourus

pour le féliciter de sa victoire, Zîdân, qui s'imaginait que c'était par ironie, donna l'ordre de dépouiller de leurs vêtements hommes et femmes et de les laisser tout nus; il y eut ainsi dix mille vêtements qui furent enlevés. Puis les troupes entrèrent dans la ville, la mirent à sac et se livrèrent à toute sorte d'excès. Enfin Zîdân donna l'ordre de cesser ces horreurs et de proclamer l'amnistie. Cet événement eut lieu le 6 du mois de redjeb de l'année 1019 (24 septembre 1610). Le 11 du même mois (29 septembre), Abdallah ben Eccheikh vint camper à Ras-Elma. Zîdân alla l'attaquer en cet endroit et la bataille s'engagea : il perdit environ de cinq cents ses partisans et courut se réfugier au camp qu'il avait laissé à Adkhisân ; ce fut la dernière fois qu'il revint à Fez.

Dans l'ouvrage intitulé : *Ibtihâdj elqoloub fi' akhbâr elmedjdzoub*, on trouve ce qui suit : parlant un jour des souverains de son époque, le divin cheikh, Sidi Gueddâr, dit : « Quant à Eccheikh, qui a donné Larache aux chrétiens, les fidèles musulmans viennent de lui dresser une barrière qui l'arrêtera jusqu'à sa mort. » En effet, Eccheikh ne revint plus en cet endroit jusqu'au jour de sa mort, qui eut lieu à l'endroit appelé Feddj Elferes, dans la banlieue de Tétouan, en l'année 1022 (21 février 1613-11 février 1614). « Quant à Zîdân, disait également Sidi Gueddâr, le jour où il a décidé le sac de Fez, Maulay Edris lui a donné un tel coup de pied qu'il l'a envoyé derrière l'Ouâdi Elabîd qu'il ne pourra plus désormais franchir, pour revenir de nouveau à Fez.

Zîdân ne régna véritablement que sur Maroc et les environs de cette ville ; c'était un prince sanguinaire qui ne reculait devant aucun crime. Il fit empoisonner le jurisconsulte, l'éminent grand-cadi de Fez, Sidi Ali ben 'Imrân Esselâsi, après l'avoir jeté en prison, à cause de certains faits qu'on lui avait rapportés sur ce personnage. Ce fut durant son séjour en prison, que ce cadi reçut du secrétaire, du littérateur, Abou Abdallah Mohammed ben Ahmed Elmeklâti, cette pièce de vers :

> « Ce croissant qui a disparu n'a-t-il donc pas laissé quelque rayon qui éclairera les ténèbres du malheur qui nous enveloppent ?
> « Prends patience si la Fortune t'accable de ses coups, car tu es illustre et l'homme illustre est patient.
> « Bientôt ta splendeur accoutumée va reparaître, comme la pleine lune qui resplendit après l'éclipse ;
> « Tu feras revivre les traces de la gloire qui avait disparu, car après le trépas les morts doivent ressusciter.
> « O Abou Hasen, je serai toujours fidèle à ton amitié et en remplirai es devoirs tant que le mont Tsabîr[1] durera.
> « Ma bouche est encore remplie du suc de vos bontés, et leur goût m'en semble toujours sain et agréable.
> « La paix de Dieu soit avec toi, tant que la pluie tombera et que les oiseaux chanteront sur les arbres des jardins. »

Quand, dit l'auteur, je lui récitai ces vers dans sa prison, le cadi pleura tant que je craignis qu'il en mourût ; mais bientôt prenant le dessus, il récita ce verset du Coran : « C'est à Dieu que le pouvoir a d'abord appartenu, c'est à lui qu'il appartiendra toujours[2]. » Quelques jours après cela, il me répondit par les vers suivants :

> « Du milieu de vos lignes s'échappent les fleurs du printemps ; elles forment comme un parterre avec son bassin.
> « Vous avez chassé les soucis de mon cœur ulcéré, vous qui commandez en prince à la phalange des discours.
> « O Mohammed, y a-t-il à notre époque un poète tel que vous dont l'oriflamme est visible des deux bouts de l'horizon.
> « Cher enfant, vous êtes un véritable ami, j'en prends à témoin mon cœur brisé par le chagrin ;
> « Bientôt peut-être la Fortune tournera bride, si elle fait un faux pas ; or, elle est sujette à trébucher ;
> « Alors elle réalisera des espoirs, elle accomplira des désirs et fera succéder des événements aux événements.

---

1. Montagne de l'Arabie dont il est question dans la *Moallaqa* de Imroulqaïs.
2. *Coran*, sourate XXX, verset 3.

« La paix de Dieu soit avec vous, je le demande au Ciel, moi qui suis exilé et captif dans le plus reculé des deux Maghreb[1]. »

Ce même cadi a mis en *tekhmîs* deux vers composés par le prince des Croyants, Aboulabbâs Elmansour. Voici ce tekhmîs :

« O mes amis, il m'a lancé un regard langoureux; mais, ô miracle, cette langueur était acérée.

« Quand il a eu conquis mon affection et qu'il a été maître de tout mon être, j'ai été frapper à la porte de son asile, entouré de lions,

« Car, si loin qu'il fût, je ne pouvais résister au désir de le voir.

« Ne sait-il pas que je suis audacieux et hardi : dans les combats et la mêlée, je rugis et bondis comme un lion,

« Sans m'inquiéter si l'armée de mon adversaire est innombrable : c'est moi qui ai enseigné aux lions de la terre à marcher en avant.

« Comme j'ai appris aux gazelles du désert qu'elles doivent me fuir. »

Le cadi Esselâsi fut tué le 1ᵉʳ de rebia Iᵉʳ de l'année 1018 (4 juin 1609).

Zîdân était un homme instruit et son érudition portait sur diverses sciences ; il composa un commentaire du Coran, dans lequel il s'appuyait surtout sur l'autorité de Ibn Athiya et de Zamakhchari. Il aimait beaucoup la controverse et la discussion, ainsi qu'il en donna le preuve avec Sidi Ahmed Belqâsem Essoumaï. Il fut l'auteur de poésies passables dont voici deux spécimens :

« Ce qui nous fait mourir, ce sont des tresses, des joues, des cheveux noirs tombant jusqu'aux coudes,

« Des visages pour lesquels nous devons bénir le Ciel et des yeux noirs languissants.

---

1. Bien qu'en réalité on reconnaisse trois divisions dans le Maghreb, dans l'usage on n'en compte que deux : l'une qui comprend toute la contrée qui s'étend de l'Ifriqiya aux rives de la Tafna ; l'autre qui va de la Tafna à l'océan Atlantique.

CHAPITRE SOIXANTE-QUATRIÈME

« Ce qui nous fait mourir, ce sont des gazelles qui nous domptent et devant lesquelles nous nous faisons bien humbles, nous qui sommes des lions. »

Distique :

« J'ai passé auprès d'un brillant tombeau placé au milieu d'un parterre couvert de tapis de fleurs.
« De qui est-ce la tombe, ai-je dit? — D'un amant, m'a-t-on répondu, en faisant un geste de compassion. »

Ce prince mourut en l'année 1037 (12 septembre 1627- 31 août 1628). Il fut enterré auprès du tombeau de son père dans le cimetière des Chérifs, sis au sud de la mosquée de Elmansour. Les vers suivants furent gravés sur le marbre qui recouvre sa tombe :

« Ceci est le tombeau de celui dont la gloire s'enorgueillit,
« Zîdân, le fils de Ahmed, le promoteur des choses glorieuses,
« Le protecteur de la sainte religion contre quiconque l'attaque ou la menace.
« Il fut le plus illustre de ceux qui se sont élancés dans la mêlée et qui ont dompté leurs ennemis.
« Dieu ne cesse de répandre sur lui les flots de sa miséricorde !
« Qu'il déverse sur lui ses faveurs qui exhalent tous les parfums !
« Voici la date de la mort de celui qui est maintenant le voisin d'un Dieu indulgent !
« Qui, dans le séjour de la Vérité, protège les hommes illustres. »

Parmi les vizirs de Zîdân on cite : le pacha Mahmoud et Yahia Adjâna Elourîki; parmi ses secrétaires : Abdelaziz Elfichtâli, l'ancien secrétaire de son père et Abdelaziz ben Mohammed Ettsaâlebi; enfin parmi ses cadis : Abou Abdallah Erregrâgui.

CHAPITRE LXV

HISTOIRE DE ABDELMALEK BEN ECCHEIKH BEN ABOULABBAS ELMANSOUR

Lorsque Abdallah ben Eccheikh mourut, dit l'auteur du commentaire du *Zahret ecchemârikh,* son frère Abdelmalek lui succéda, au mois de chaaban de l'année 1033 (25 octobre 1623-14 octobre 1624). Jusqu'à sa mort, survenue en l'année 1036 (22 septembre 1626-12 septembre 1627), Abdelmalek ne cessa de voir diminuer le patrimoine qui lui avait été légué par son frère.

CHAPITRE LXVI

HISTOIRE DE ABOULABBAS AHMED ELASGHER, FILS DU SULTAN ZIDAN, FILS DU SULTAN ELMANSOUR

D'après l'auteur du commentaire du *Zahret,* lorsque le sultan Zîdân mourut à Maroc, son fils Ahmed se déclara prétendant à la couronne et fit son entrée à Fez, quarante-six jours après la mort de son père, c'est-à-dire le vendredi, 25 de safar (5 novembre 1627); il fit frapper des monnaies en son nom. Le 13 du mois de chaoual (16 juin 1628), il fit périr, par trahison, son cousin, Mohammed Eccheikh, surnommé Zeghouda, qui occupait la casbah de la ville. Le 11 du mois de dzoulhiddja (12 août 1628), il fut mis en prison dans le palais de Fez-la-Neuve, avant d'avoir réussi à monter sur le trône.

CHAPITRE LXVII

HISTOIRE DU SULTAN ABOU MEROUAN ABDELMALEK BEN ZIDAN BEN AHMED ELMANSOUR

Zìdân avait laissé un certain nombre d'enfants parmi lesquels nous citerons : Abdelmalek, Eloualîd, Ahmed et Mohammed Eccheikh. A sa mort, on avait, ainsi que nous l'avons dit, proclamé son fils Abdelmalek, mais à peine eut-on prêté serment de fidélité à ce prince que ses frères, Eloualîd et Mohammed Eccheikh, se soulevèrent contre lui. A la suite des nombreux combats qui furent la conséquence de cette révolte, les deux rebelles furent vaincus et Abdelmalek s'empara de leurs trésors et de leurs approvisionnements.

Abdelmalek était d'une nature perverse et avait une intelligence bornée. Il avait si peu de retenue qu'un jour, à l'occasion de la naissance d'un de ses enfants, et sous prétexte de donner plus d'éclat à la cérémonie du septième jour [1], il fit mander dans son palais les femmes des notables de Maroc et de ses hauts fonctionnaires. Quand elles furent arrivées, il monta sur une tour du palais et se mit à examiner toutes ces femmes qui avaient enlevé leurs voiles et leurs mantes, puis il fit venir dans ses appartements toutes celles qui lui plurent.

Ce prince faisait abus des liqueurs fermentées et il était en état d'ivresse lorsque les renégats l'assassinèrent à Maroc, le dimanche, 6 du mois de chaaban de l'année 1040

---

1. On donne un nom aux enfants le septième jour de leur naissance et, à cette occasion, les parents offrent une fête à leurs amis.

(10 mars 1631); il fut enterré auprès de la tombe de son père.

Voici le distique que j'ai vu gravé sur la plaque de marbre qui recouvrait son corps :

p. ٢٤٥

« Ne désespère pas, car Dieu est bienveillant ; il a pour l'humanité de la tendresse et de l'indulgence.

« Si de ton côté, il y a eu négligence ou faute, du côté de Dieu il y a toujours clémence et bonté. »

Au nombre de ses vizirs on cite : Mahmoud bacha, le renégat, Djouder et Yahia Adjâna Elourîki ; parmi ses autres fonctionnaires : le cadi Aïssa ben Abderrahman Essedjetâni, à Maroc, et le mufti de cette même ville, le jurisconsulte Ahmed Essâlemi.

CHAPITRE LXVIII

HISTOIRE DU RÈGNE DU SULTAN ELOUALID BEN ZIDAN BEN AHMED ELMANSOUR, LE SAADIEN

Le jour même que le sultan Maulay Abdelmalek ben Zîdân avait été assassiné, c'est-à-dire le 6 du mois de chaaban de l'année 1040 (10 mars 1631) son frère, Maulay Eloualîd ben Zîdân, avait été proclamé souverain à sa place. D'après l'auteur du commentaire du *Zahret*, Eloualîd faisait montre de sentiments religieux ; il était d'abord facile et se fit par là bien venir du peuple et des grands. Il aimait les savants et leur témoignait une grande déférence : ce fut pour lui que le caïd Ali Etthebîb composa son poème célèbre sur les fruits de l'été et de l'automne et que le cadi Aïssa ben Abderrahman Essedjetâni commenta la *Soghra* du cheikh Essenoussi. Il était très généreux ; cependant il fit périr le plus grand nombre des chérifs, ses frères et ses cousins, et emprisonner son frère Mohammed Eccheikh Elasgher, parce qu'il redoutait de les voir se révolter contre lui et lui disputer le sceptre royal.

De son vivant il y eut un grand renchérissement des denrées. En l'année 1036, le samedi, 23 du mois de redjeb (9 avril 1627), il se produisit, au moment du point du jour, un grand tremblement de terre. Le 5 du mois de chaaban de la même année (21 avril 1627), il y eut un violent orage de grêle : quelques-uns des grêlons étaient de la grosseur d'un œuf de poule, et l'on en vit un qui, tombant sur une tente, en transperça le toit et mit en fuite les personnes qu'elle abritait. On raconte que ces grêlons demeurèrent trois jours sans fondre.

Eloualîd avait une véritable passion pour la musique ; il s'en faisait jouer nuit et jour. Il fut adonné au même vice que son père et s'enivra jusqu'au jour où il périt assassiné par les renégats. Voici quelle fut la cause de sa fin tragique : Comme les renégats lui réclamaient leur solde et les cadeaux d'usage en lui disant : « Donnez-nous de quoi manger », il leur répondit ironiquement : « Eh ! bien, mangez des écorces d'oranges dans le Meserra. » Cette réponse provoqua une vive colère parmi les renégats ; quatre d'entr'eux s'embusquèrent et tuèrent le prince par surprise, le jeudi, 14 du mois vénéré de ramadhan de l'année 1045 (21 février 1636). C'est à Dieu qu'appartient toute chose.

CHAPITRE LXIX

DU RÈGNE DU SULTAN MOHAMMED ECCHEIKH ELASGHER, FILS DE ZIDAN BEN AHMED ELMANSOUR ET DES ÉVÉNEMENTS QUI S'Y RATTACHENT

Le sultan, Maulay Eloualîd, ayant péri, ainsi que nous venons de le rapporter, le peuple, après avoir hésité un instant sur le choix de son successeur, se décida à placer sur le trône le frère du défunt, Maulay Mohammed Eccheikh, et à lui remettre les rênes du pouvoir. On le fit donc sortir de prison et on le proclama à Maroc, le vendredi, 15 du mois de ramadhan de l'année 1045 (22 février 1636). Le nouveau souverain se conduisit d'une façon louable vis-à-vis du peuple; il se montra bienveillant à l'égard de tous, car il était d'une nature indulgente et porté à excuser les fautes légères; enfin il était avare du sang de ses sujets, ayant un vif penchant pour le calme et la tranquillité. Toutefois ses armes ne furent pas heureuses et ses troupes ne purent jamais tenir tête à l'ennemi; aussi ne réussit-il pas à maintenir l'intégrité de son empire et dut-il se résoudre à n'exercer son autorité que sur Maroc et la province de ce nom.

Sous le règne de ce prince, la puissance des *Dilāïtes* fit de grands progrès et leur influence se répandit dans tout le Maghreb. Le sultan leur envoya son cadi, le jurisconsulte, le très docte, Abou Abdallah Elmezouâr Elmerrakochi, pour leur demander de cesser de méconnaître son autorité et les engager à se rallier autour de lui. « Votre père, écrivit-il, le bienheureux saint, Sidi Mohammed ben Abou Bekr, avait juré fidélité à mon frère Maulay Eloualîd ben Zîdân et il a tenu son serment. Vous, mieux que personne, vous devriez donc imiter son exemple et suivre la même voie. » Arrivé chez les Dilâïtes, le cadi leur remit ce message; il exposa le but de sa mission et leur donna de vive voix tous les arguments qu'il tenait en réserve, mais les Dilâïtes trouvèrent diverses raisons pour justifier et expliquer leur conduite.

Aussitôt que le cadi fut de retour de son ambassade, le sultan Maulay Mohammed Eccheikh écrivit aux Dilâïtes la lettre suivante que j'ai lue et dont voici la teneur complète et intégrale :

« Louange à Dieu qui a établi, dans les diverses contrées, les dynasties pareilles à des citadelles fortifiées destinées à p. ٢٤٧ protéger les hommes, les femmes, les biens et les lois, et qui a recommandé de couper les racines et les branches de la rebellion, dont les fauteurs mettent leurs efforts à détruire les bases de la société par toute sorte d'innovations. Nous déclarons que Dieu est unique, qu'il n'a point de semblable dans tout l'Univers et qu'il n'a point d'associé. Personne, en dehors de lui, ne saurait venir en aide à un malheureux ou à un affligé, ni connaître, malgré ses efforts, le secret de l'avenir et vous montrer ce que Dieu a résolu et décidé. Il fait ce qu'il veut et ce qu'il désire ; il accueille les supplications de ceux qui souffrent et il efface les péchés.

« Nous déclarons encore que notre seigneur, notre Prophète et notre maître, Mahomet, est le serviteur de Dieu et son envoyé vers les hommes, rouges, blancs ou noirs. Quel merveilleux intercesseur pour tous ceux qui ont péché, quand ils ne sont point de ceux qui retombent dans leurs fautes. Que Dieu répande sa bénédiction sur lui, sur sa noble et illustre famille, sur les califes et sur les Compagnons du Prophète, tant que dureront les sourires dans les parterres et les pleurs que versent les nuages. Il est plus agréable à Dieu que tous ceux qui l'ont suivi ou ont suivi ses successeurs, et qui ont, en quelque sorte, uni les membres de sa religion comme les doigts de la main.

« Exposons maintenant nos desseins à ceux que nous avons désignés aux traits du châtiment éternel, à ceux qui s'attachent aux subtilités des métaphores et se renferment dans les cercles de la casuistique, c'est-à-dire aux habitants de Dilâ, à ceux qui ont besoin d'être abreuvés à la source de la vérité, les sieurs Aboulqâsem ben Ibrahim, Omar et Mohammed Elhadj, enfin à tous ceux à qui on devrait ouvrir le livre de l'équité, par exemple, au sieur Abdelkhâleq.

« Salut sur vous, tant que les exhortations exerceront leur action sur les natures endurcies et que les exorcismes protègeront les fidèles contre les embûches du démon ou les attaques des fauves. Que sur vous soient la miséricorde de Dieu et ses bénédictions, aussi longtemps que les niches abriteront la flamme des lampes.

« Nous vous avions déjà écrit de la capitale qui a brisé les cerveaux des sceptiques et des hérétiques, l'Alhambra[1] des Lemtouniens et des Almohades. Que Dieu lui assure sa protection contre tous les hypocrites et contre quiconque s'éloigne de cette ville et la dédaigne après avoir essayé de l'épouser de force.

« Après ces préliminaires qui, pour les lettrés, sont une sorte d'introduction à ce qui va suivre et comme un échantillon de marchandise faisant pressentir le présent et l'avenir, nous n'ajouterons rien, sinon que nous désirons vous réveiller d'un sommeil, qui a duré cette longue nuit dans laquelle le Maghreb a été plongé, et qui s'est étendu sur un espace immense aussi vaste que la vallée de Josaphat.

« Avez-vous agi, comme vous l'avez fait, dans le but de revendiquer l'honneur du califat, ou bien par aveuglement, ou

---

1. Maroc.

CHAPITRE SOIXANTE-NEUVIÈME

encore pour vous montrer sourds aux exigences que le peuple est en droit d'attendre? Ce serait là une honte capable d'effacer les vertus les plus pures, car celui qui a de semblables pensées ne saurait trouver asile nulle part, ni avoir une heureuse fin. Ce serait encore plus grave de la part de celui qui se conduit ainsi, s'il manquait au serment de fidélité prêté à celui que la Providence a investi du gouvernement des plaines fertiles et qu'elle a chargé de diriger le cours des choses, à la condition de peser ses décisions avec équité, de ne rien bouleverser, ni modifier, mais de défendre par les lances, les flèches ou les traits, les bases de la religion, de trancher les têtes de ceux qui altèrent les textes de la loi sainte ou qui, comme vous particulièrement, lèvent l'étendard de la révolte et essaient, par leurs menées ambitieuses, d'attirer sous leur seule domination toutes les tribus du pays.

« Vous étiez pareils à des bêtes de somme, n'ayant dans les forteresses de vos montagnes d'autre frein que la sottise et la terreur; vous ignoriez encore jusqu'à l'usage des chemises et des calottes, quand l'imposteur Mohammed Elayyâchi vous a entraînés à sa suite pour fouler le sol du Gharb. C'est lui qui a été cause de la dispersion des Cheraga par les armes de Ibn Ahmed; c'est lui qui a abandonné les autres tribus qui sont demeurées les yeux rougis et tuméfiés par les larmes de tristesse qu'il avait fait couler de leurs yeux; enfin c'est lui encore qui, par ses impostures, les a établis dans les montagnes des Beni Yâzegha.

« Dès que vous avez été libres de vos mouvements et que les populations ont commencé à venir s'adresser à vous, vous avez dressé des tables pour les hôtes et, sans la moindre pudeur, vous avez pris les armes. Vous avez été favorisés dans vos projets par l'agitation qui régnait parmi les tribus, par la famine qui, cette année-là, avait sévi sur le pays. Vous arrêtiez au passage quiconque traversait votre territoire dans quelque direction qu'il allât ; du ribâth de Taza aux bords de l'Ouâdi Elabîd, vous aviez livré la contrée à la plus vile populace et aux rebelles.

« Vous vous êtes laissés gorger de tributs d'or et d'argent; vous vous êtes laissés enivrer par les faveurs des femmes des Chaouïas, qu'elles fussent rouges comme le vin ou blanches comme l'argent pur. Grâce à Elqirâfi et à Elmontasir vous avez pu réunir des sommes considérables, mais vous vous êtes bien gardés de les dépenser, soit pour entretenir une armée pleine d'élan et de vigueur qui se serait élancée contre les chrétiens infidèles, soit encore pour fonder une ville, bâtir un rempart ou un pont, toutes choses qui vous eussent assuré une glorieuse renommée et une ample récompense dans l'autre monde. Au lieu de cela, cet argent n'a profité qu'à des troupes de prostituées, à des fauteurs de désordre ou à des ivrognes.

« Vous ne vous attendiez pas à être trahis par ceux-là mêmes qui, parmi les Berbers, vous avaient élevés au pinacle et vous avaient fait asseoir sur les trônes des palais ou dans les chaires et les tribunes des temples de Dieu. Vous aviez cru, dans votre aveuglement, que les profondes forêts étaient désormais vides de ces tigres et de ces lions qui abaissent l'orgueil des tyrans et des oppresseurs, et l'on vous a vus, troupe de rebelles, glapir contre nous, pareils à des chacals qui sortent des fourrés et des ravins, essayant de rendre difficiles et vains les efforts dirigés par nous contre vous. A ce moment, d'ailleurs, nous ne savions pas pour qui penchait le peuple, s'il voulait courber la tête devant le roi du désert ou devant le chef de Ilegh dans le Sous.

« Vous avez laissé lancer contre nous les plaisanteries les plus basses et l'on nous a comparé au rebut de la couche de Abderrahman Eddâkhel ; mais il faut que nous secouions la torpeur de ceux qui sont encore engourdis par l'ivresse du

sommeil ; il faut que nous dégaînions le glaive de la fureur
pour trancher le nœud de toutes ces machinations et montrer
qu'il n'appartient qu'à un prince de ranger des troupes sous
la bannière d'un chef dont les décisions doivent être exécutées et les paroles écoutées et respectées. C'est surtout dans
le Gharb qu'il doit en être ainsi, car cette contrée a toujours
été remplie par les satellites des devins et par les sbires des
intrigants ; là, en effet, le hibou qui le soir était obscur et
inconnu, se réveille le lendemain armé de serres et d'un
bec puissant.

p. ٢٤٩

« Les mines qui fournissent la calomnie, la trahison, la
médisance, l'hypocrisie et l'effronterie, ce sont les zaouïas,
les ribâth, les fondouqs, les ateliers, les bazars et les prisons.
Autrefois les gouvernements de Maghreb obligeaient chacun à
mettre tous ses soins à instruire ses enfants dans les sciences
ou dans les métiers et à les rendre assidus auprès des grands
personnages qui ne cessaient de répandre l'instruction dans
les académies. Mais aujourd'hui, dans le Sous, ceux qui détiennent le pouvoir dans les villes ne songent qu'à gaspiller
l'or, l'argent, les chevaux, les esclaves mâles ou femelles ;
celui qui a reçu un soufflet d'eux, ne peut ni gémir, ni soupirer, ni pleurer. Celui qui malmène quiconque s'en est remis à lui du soin de le diriger, n'est point molesté et n'est
même pas l'objet d'une plainte.

« Comme nous vous avions laissé faire, que nous avions
temporisé et que d'ailleurs nous vous avions traité avec bienveillance en vous laissant accomplir vos pratiques de dévotions et tenir table ouverte, la foule a pu croire que nous
vous considérions comme de très grands personnages. C'est
ainsi que les membres de votre confrérie ne juraient que par
les vertus du chef de leur secte, qu'il s'agît de pacte ou de
mariage ou d'une remise faite par un créancier avare. Mais
tout homme qui, sans y être contraint, transgresse la loi

sera promptement puni par le Dieu vengeur qui le couvrira de honte et d'humiliation ; à plus forte raison en sera-t-il ainsi pour celui qui achète les biens de ce monde au prix de son honneur, de sa dignité d'homme et de sa religion, dans le but de détruire la vérité et de répandre, au moyen de la luxure, l'iniquité dans les villes et les campagnes, dans les plaines et sur les montagnes.

« Aujourd'hui encore, nous vous demandons de respecter le pacte d'une fidélité qui nous est due, par les populations rebelles ou soumises qui couvrent le pays, de Oudjda aux confins du Sous ultérieur. Si vous le faites, nous aurons ouvertement pour votre zaouïa et ceux qui l'habitent, les égards qu'ils méritent, pourvu toutefois que vous fassiez sortir de l'égarement où ils sont plongés les gens de votre zaouïa. Si, au contraire, vous persistez à ne pas vouloir diriger vos pas dans la voie de la soumission et à ne pas accéder à nos propositions, c'est que vous acceptez que l'on vous combatte au nom de Dieu et de son Prophète.

« Nous vous avons envoyé notre cadi, le jurisconsulte Abou Abdallah Mohammed Elmezouâr ; vous l'avez éconduit de la façon la plus complète, en sorte qu'il a dû revenir tout honteux sur ses pas. Pourtant, si nous n'avions eu pour vous, ni estime, ni égards, nous n'aurions pas autrefois mis à votre disposition notre nègre, l'émir Mobârek Essoussi, qui a construit avec tant de goût et de solidité le mausolée de votre père, Mohammed ben Abou Bekr, dont vous avez souillé l'honneur inctact et qui, grâce à vous, a perdu le fruit de ses vertus et de sa piété.

« Vous deviez cependant nous éclairer par ce messager sur les sentiments que vous inspirait votre haute situation, car on nous a raconté, sans que nous l'ayons demandé, que les yeux des ânes étaient tournés vers les meules, que quiconque s'adressait, pour obtenir secours, à toute cette vale-

CHAPITRE SOIXANTE-NEUVIÈME 415

taille était mal reçu et que les vices émanaient de la source la plus pure. D'après cette description, vous auriez des cœurs de renard. Ah! Dieu nous suffit comme protecteur. Il n'y a de force et de puissance qu'en lui, le Très-Haut, le Prévoyant.

« Il nous est impossible de vous laisser avec les chérifs de Sidjilmassa et les Beni Moussa vous jouer de nous comme on le fait avec le chat musqué enfermé dans sa cage ; on sait qu'on ne saurait obtenir le riche produit de cet animal si on n'a soin de l'irriter un peu afin de l'obliger à sauter. Vous avez trait les mamelles de toutes les contrées de ce pays, à droite comme à gauche, et vous nous avez secoué comme on secoue un vêtement pour le débarrasser du sable ou de la cendre qui l'ont sali.

« En résumé, ce que nous vous demandons c'est que, par vos paroles, par vos actes et par vos convictions, vous soyez fidèles à notre autorité comme l'a été défunt votre très pieux, généreux, éminent et glorieux père, vis-à-vis de notre bien-aimé frère Maulay Eloualid ; alors nous pourrions, avec l'aide de Dieu, organiser en un seul faisceau toutes les forces de l'islam et empêcher tout autre que nous de parler ou d'agir en son nom. Si vous donniez l'exemple, la foule, dans les villes et dans les campagnes suivrait vos traces et personne ne voudrait plus écouter le discours d'un autre que nous, ni lever les yeux vers lui.

« Mais s'il vous est trop pénible de renoncer à l'amour des têtes, des chevelures et des mains et que vous ayez pris l'habitude de chevaucher sur les montures de guerre et non sur celles qui servent aux fêtes et à la chasse, alors attendez-vous à nous voir bientôt apparaître pareil à l'aurore qui se lève pour dissiper les ténèbres de la nuit : notre infanterie et notre cavalerie se répandront comme les flots de la mer ; notre valeur vous enveloppera dans la masse de ses nuées intenses et la justice souveraine s'accomplira pour vous, avec ses prohibitions et ses prescriptions. Grâce à elle, nous franchirons l'espace qui nous sépare, puis nous irons renverser le gouvernement des Chérifs à Sidjilmassa pour revenir ensuite à la zaouïa du Sahel, en sorte que tout le territoire qui obéit aux *cheikhs*[1] redevienne le domaine des glorieux descendants d'Ali et jouisse de la paix et du calme, à moins toutefois que vous ne réussissiez à jeter dans l'abîme les fils de Saad ben Bekr[2].

« Maintenant répondez-nous avec sincérité et sans détours, après avoir examiné ce qu'il convient de faire dans votre intérêt; l'intelligence est la meilleure des clés pour ouvrir les portes qui sont fermées. Voyez quel sera le meilleur flambeau qui nous aidera à sortir de cette situation si sombre, et si vous préférez faire vos prières en dirigeant vos regards vers la Mecque ou vers Jérusalem. Là-dessus nous terminons ce sage discours. Salut !

« Cette lettre a été rédigée par Mohammed ben Abderrahman, dans le parc de Djenan Meïmoun de la Casbah de la ville de Maroc (Dieu protège son territoire et accorde la paix à son prince et à ses habitants !) dans la matinée du lundi, 11 de djomada II de l'année 1047 (31 octobre 1637). »

Voici maintenant la réponse des gens de la zaouïa de Eddilâï :

« Louange à Dieu à qui appartient le souverain pouvoir en ce monde et dans l'autre. Appuyons-nous sur lui, car c'est vers lui que nous devons retourner. C'est grâce à lui que l'homme de la condition la plus vile et la plus basse peut chercher à atteindre la situation la plus haute et la plus honorée. Il est l'Élevé, le magnifique, celui qui voit et entend tout. Dans son équité il abaisse les superbes et, dans sa bonté, il élève

---

1. C'est-à-dire aux chefs des confréries religieuses.
2. Les Saadiens.

les humbles à leur place. Personne ne lui demandera compte de ce qu'il aura fait, tandis que tous les autres êtres seront interrogés sur leurs actes, chacun selon ce qu'il aura accompli, soit en progressant, soit en faisant un retour en arrière.

« Nous témoignons qu'il n'y a pas d'autre divinité que Dieu, qu'il est unique, qu'il n'a pas pas d'associé, qu'il est le Verbe de vérité, le maître, l'immuable, jusqu'à la consommation des siècles, l'Éternel dont l'existence n'a pas de bornes. Nous déclarons aussi que notre seigneur et maître, le Prophète Mahomet est le serviteur de Dieu et son envoyé ; qu'il a répandu la vraie foi, en abreuvant aux réservoirs de la croyance islamique aussi bien ceux qui ont vécu de son temps que ceux qui sont venus plus tard. Dieu répande ses bénédictions sur lui, sur les membres de sa famille qui sont les astres du bonheur, sur ses Compagnons qui ont lapidé quiconque lançait de loin ses traits contre la religion orthodoxe, sur la foule des tâbi', enfin sur ceux qui les ont suivis, dociles et attentifs, dans le but de faire triompher l'orthodoxie.

« Le discours qui va suivre est la réponse que nous faisons à celui qui est pur, qui a développé dans la bonne voie les branches du trône dont il est issu, Abou Abdallah Mohammed Eccheikh, le fils du prince des Croyants, Abou Elmaâli Maulay Zîdân, fils du célèbre, du magnanime, de l'incomparable prince des Croyants, Aboulabbâs Maulay Ahmed. Dieu rende glorieuses, dans ce monde et dans l'autre, notre existence, la vôtre et celle de tous les musulmans. Qu'il renouvelle pour vous les illustres événements dont vos ancêtres ont planté les germes dans le Maghreb ; qu'il dirige vos paroles et vos actes en vue de la félicité éternelle et qu'il fasse fouler par vos pieds les tapis de la joie et de l'allégresse. Qu'il conduise avec le bonheur votre auguste personne afin qu'elle détruise l'ulcère de la révolte et de la trahison ;

Nozhet-Elhâdi

qu'il anéantisse ceux qui déchirent ou violent leurs engagements ; qu'il fasse de vous comme une citadelle où l'honneur de chacun sera protégé, soit qu'il demeure en repos, soit qu'il voyage ou qu'il s'expatrie. Que sur vous soit le salut de quiconque place en vous sa confiance, après l'avoir d'abord mise en Dieu ; que la miséricorde et les bénédictions du Ciel soient sur vous, tant que l'oiseau gazouillera au milieu des bois touffus.

« Nous vous écrivons de la zaouïa consacrée à l'adoration de celui qui conduit dans la voie droite ; qui, dans sa sagesse, sait pourquoi ce qui est fécond est supérieur à ce qui est stérile ; qui voyage et demeure, qui a été le protecteur des Compagnons de la Caverne [1] et de leur chien Erraqîm. Dieu étende sur nous ainsi que sur vous le voile de la sécurité, du pardon et de la paix ; qu'il jette sur vous, sur nous et sur tous les musulmans les épais manteaux de sa bienveillance inépuisable.

« Après avoir loué Dieu à qui tous les êtres doivent l'éloge et la reconnaissance, à qui, dans notre ferveur, nous prodiguons les oraisons, les prières et les litanies, n'étant pas sûrs que nous ne soyons emportés à l'improviste par le destin, il ne nous reste à vous dire que ceci :

« Quand votre lettre si dure nous est parvenue, notre esprit a été troublé, notre intelligence confondue ; en présence d'expressions si sévères, nos mains, en quelque sorte liées, se refusaient à agir ; nos langues étaient devenues muettes en entendant l'éclat de votre voix. Vous aviez dépassé le but, car le carnassier lui-même crie avant d'attaquer sa proie. A la lecture de votre message, les femmes enceintes ont failli non seulement faire une fausse couche, mais encore perdre leur placenta. Ah ! quel vigoureux coup de fouet !

---

1. Les sept Dormants.

Jamais, dans le cours des années, nous ne l'oublierons. Vous nous avez fait entendre des choses si étonnantes que, ni dans le passé, ni dans le présent, personne n'en avait ouï de semblables, et si on eut lu votre lettre à haute voix au milieu d'un cimetière, tous les morts se seraient soulevés dans leurs tombeaux.

« Telle n'a pas été la façon dont en ont usé à notre égard ceux qui vous ont précédé dans votre haute situation, vos oncles, vos frères et celui qui vous était encore plus proche, votre père Maulay Zîdân ; ils ne nous ont pas comme vous mis aux enchères sur le marché de la honte et de l'ignominie.

« Que sommes-nous, sinon un refuge et un asile ? Quiconque est frappé par la maladie, quiconque est dans l'angoisse ou veut se mettre à l'abri d'un frère, d'un père ou d'un oncle, trouve chez nous la sécurité pour sa personne, pour les siens et pour sa fortune ; s'il survient à quelqu'un un coup du sort qui l'oblige à fuir ou une défaite, il n'a ordinairement d'autre refuge que notre pays.

« Pour vous, vous agissez d'après les conseils de renégats portés par leur nature à la perfidie et à la trahison ; ils veulent la ruine des institutions de leur souverain, car ils ne sont jamais rassasiés avec ce qu'ils ont dans leur nid. Ce qui vous le prouve et le démontre, c'est qu'ils ont trahi votre frère, de connivence avec les femmes, en l'absence des troupes et du divan. Ils ont développé dans le Maghreb le fléau de la guerre qu'ils avaient précédemment propagée en Orient après le règne de Elmoatasem, de la famille des Abbassides. Ne les gardez donc pas à votre service, car la réflexion les amènerait à se conduire comme leurs ancêtres les polythéistes (que Dieu les fasse périr de quelque côté qu'ils soient). Ce sont eux qui ont arraché chez votre auguste aïeul l'âme du fourreau du corps et qui ont porté sa tête dans une musette en filet; ils ont attaqué votre oncle, Maulay Abdallah, à Ouâdi Elleben, sur le territoire des Senhadja, et auraient réussi dans leur entreprise sans l'intervention du Vivant Éternel. Nous le jurons solennellement, s'ils continuent à demeurer avec vous dans le Gharb, ils en raviront le territoire pour la troisième fois.

« Quant à nous, nous n'avons point cessé d'être fidèles au serment que vous a prêté notre père et nous avons observé nos engagements avec zèle et dévouement. Il ne convient pas que nous renouvelions ce serment, ce qui indiquerait en quelque sorte que nous ayons voulu nous affranchir de ses obligations. Un autre motif qui nous empêcherait encore de le faire, c'est que les Berbers abandonneraient aussitôt notre territoire; ce serait donc le meilleur moyen et le plus sûr de nous déconsidérer aux yeux des honnêtes gens.

« Ce faucon, qui ne redoute ni le simoun de la nuit, ni les ardeurs brûlantes de l'été, Maulay Mohammed, fils de Maulay Eccherif, lui qui, pareil à un aigle blanc, est constamment perché sur les cimes des montagnes, n'est pas satisfait de ses immenses richesses, il lui faut encore couper des têtes. Quand parfois il nous arrive de négliger notre surveillance, il lance aussitôt ses cavaliers dans les ravins contre les tribus de la Molouya, ou encore il dirige ses troupes, étendards et drapeaux déployés, sur les ribâth de Taza. Et il faut ajouter que les deux ailes de son armée sont composées d'hommes à l'âme intrépide, les Berbers des Senhadja et de Dekhîsa, véritables éperviers quand ils luttent contre une tribu, contre une armée ou encore qu'ils font une incursion.

« Elayyâchi, vous le savez, était parti tout d'abord dans le dessein de combattre les chrétiens, puis, plus tard, il voulut aller plus loin et gravir les échelons de la royauté. C'est contre notre assentiment qu'il a trahi les populations berbères, et, s'il s'est emparé des grains des Arabes, l'année de la famine, c'était pour nous montrer, ainsi qu'à eux, qu'il était notre ennemi à cause de ce qui s'était passé. Les choses demeurèrent en cet état jusqu'au moment où l'inéluctable destin intercepta toute communication entre lui et nous.

« Quant à votre nègre, l'amin Mobârek Essoussi, lorsqu'il est venu s'installer au milieu de nous pour tracer le plan du mausolée de notre père et construire cet édifice, nous lui avons fait, en secret comme en public, l'accueil qu'il méritait. Après quelques jours de repos, nous l'avons autorisé à parcourir le pays de façon à ce qu'il ait pu se rendre exactement compte par lui-même de la topographie du pays, de ses montagnes et de ses profondes vallées. Il est certain que c'est à la suite de cette excursion que nous avons été rabaissés dans votre estime, puisque c'est à ce moment que vos sentiments bienveillants pour nous ont cessé d'exister et que vous nous avez dressé des embûches qui ont amené notre hostilité réciproque.

« Votre agent avait parcouru le pays au moment où toutes nos tribus étaient dispersées pour la récolte des grains, pendant la saison d'été ; il n'avait donc pas vu nos hommes montés sur leurs chevaux, armés de leurs lances, de mousquets ou de sabres, et il s'était imaginé qu'il y avait ici une proie facile à prendre. Il ne se doutait pas que ces gens-là étaient comme les ogres de midi qui vont et viennent. Si c'est sur ce rapport que vous avez espéré soumettre ces gens indépendants, sachez que votre opinion est erronée et que votre espoir sera déçu : celui qui monte à cheval pour son propre compte, sans être à la solde d'un gouvernement, est un homme dont on ne doit pas dédaigner le courage, car on aurait à s'en repentir.

« Lorsque votre caïd, Mohammed Elmezouâr, a vu les députations venues de toutes les contrées, répandues comme des nuées de sauterelles dans nos rues et sur nos places, sans compter les personnes que nous recevions dans nos jardins et nos coupoles, il a pu s'assurer de ses propres yeux qu'un tel rapprochement entre un maître et ses subordonnés ne pouvait être opéré que par des chefs puissants. Il vous a donc raconté à vous et à votre entourage ce qu'il pensait, ce qu'il avait vu et entendu.

« Encore aujourd'hui, si vous dirigez vos armes contre le Gharb, les Arabes ou la citadelle de Fez, vous ne rencontrerez de notre part ni hostilité, ni mauvais vouloir. C'est seulement quand vous vous serez établi dans la Ville blanche[1], la Neuve ou la Vieille, que nous aurons à prendre un parti, à décider si nous devons vous remplacer, vous abandonner ces pays ou appeler à notre aide un chérif, authentique comme vous, qui sera notre souverain et déploiera plus de zèle que vous pour l'organisation du pays. C'est alors que nous mettrons aux prises le lion et le sanglier[2] et que nous jetterons aux dents des peignes[3], la dépouille de celui des deux qui succombera. Au vainqueur appartiendra le Gharb et, en dépit des envieux, il aura tout ce qu'il désirera. Quant à vous, si vous vous contentez de l'Alhambra de Maroc et que vous repoussiez loin de vous les auxiliaires des troubles et des mésintelligences, laissez-nous, avec ceux qui font du pouvoir l'objet de leurs préoccupations et dont l'unique souci est d'acheter l'autorité, demeurer le lion des forêts de Sidjilmassa.

« Quant au chef de Ilegh dans le Sous, il ne désire rien au fond, sinon assurer la sécurité des villages et échapper au danger d'être fait prisonnier. Dans tout ce que nous venons de vous énumérer, il y a plus qu'il ne faut pour vous décider à vivre tranquillement et à faire bon marché de vos dé-

---

1. Fez.
2. Ce mot est douteux.
3. Pour en tanner la peau.

boires. Si vous nous laissez en repos sous la sauvegarde de notre honneur et de notre considération, nous n'avons rien à dire, mais si vous nous attaquez avec vos armées avilies et méprisables, vous serez repoussé loin de nous par celui qui assure, lui aussi, avoir des revendications à exercer. Si nous venions à apprendre que vous vous disposez à franchir l'Ouâdi Omm Errebia, Dieu rassemblerait alors ceux qui achètent et ceux qui vendent. Salut.

« Écrit au nom de la foule de ses frères, par Abdallah Elmasnaouï ben Mohammed ben Abou Bekr Eddilâî, le dimanche, 22 du mois de redjeb, l'unique et le sacré de l'année 1047 (10 décembre 1637) .»

Il y eut entre Mohammed Eccheikh Elasgher et les gens de la zaouïa une rencontre qui se termina par la déroute du prince, celui-ci ayant été vaincu dans la bataille livrée à Bou-Aqba, un des gués de l'Ouâdî Elabîd. En présence de cette hostilité des gens de la zaouïa de Eddilâ dont l'autorité s'était accrue dans le Maghreb et se renforçait chaque jour par des hommes et des armements, Mohammed Eccheikh, qui sentait qu'il ne pouvait leur tenir tête, ni briser leur puissance, cessa de lutter contre ces rebelles ; il ne les inquiéta plus et parut désirer vivre en paix avec eux, sans s'occuper davantage de la situation qu'ils s'étaient créée.

Un homme des Hechtouka, tribu que l'on rencontre quand on sort de Maroc par la porte de Elkhemîs, se souleva contre le prince qui eut beaucoup de peine à tenir tête à ces rebelles qui, chaque jour, venaient l'attaquer ; cependant il finit par les vaincre et les disperser. La tribu des Chiâdhema se révolta à son tour ; le sultan marcha contre elle, mais dans la bataille qu'il livra près du Djebel Elhadîd, il fut honteusement défait. Dieu seul est le maître ; il élève qui il lui plaît, il abaisse qui il veut.

J'ai lu une lettre qui avait été écrite par Maulay Mohammed Eccheikh et adressée à Maulay Mohammed ben Eccherif Elhasani Essidjilmassi, lorsque ce dernier avait été proclamé souverain à Fez. Cette lettre dans laquelle Eccheikh félicitait le nouveau souverain, tout en l'engageant à se méfier des populations du Gharb et de leur perfidie, avait été rédigée par son vizir, le caïd Mohammed ben Yahia Adjâna ; elle se terminait par la *qacida* suivante qui était également l'œuvre du caïd Adjâna :

> « O Mohammed, lionceau issu de Maulay Ecchérif, soleil du bonheur, croissant parfait,
>
> « Ton glorieux renom emplit notre Maghreb et brille en Orient dans Ispahan et dans Mossoul.
>
> « Tu es le faucon des citadelles, tu te précipites contre l'ennemi avec fureur et, et comme un torrent qui s'écoule, tu t'élances dans la mêlée.
>
> « Tes serres déchirent les hérétiques et chacune d'elles, lorsqu'elle frappe, est pareille à une lance.
>
> « Tes troupes sont montées sur des chevaux de race et tout le Sahel tremble dès que tu jettes tes regards vers Tlemcen.
>
> « Ce sont elles qui contraignent au devoir les tribus rebelles, et les animaux eux-mêmes abandonnent leurs aiguades, quand ils les voient s'avancer.
>
> « Quand, dans la mêlée, la sueur ruisselle de ton corps, tu embaumes; on dirait que ta sueur est une solution mélangée d'ambre et de santal.
>
> « Grâce à toi, ô prince, ton pays a été heureux dans le passé et sera florissant dans l'avenir.
>
> « La victoire chérie t'a appelé dans le Maghreb, et Fez-la-Neuve a reçu tes cohortes.
>
> « Mais prends bien garde, sois méfiant comme le corbeau et ne sois pas comme le canard quand son gésier est gavé de grains.
>
> « Sois juste, tu en seras récompensé ; ne prends point pour second un ambitieux qui te ferait haïr et t'empêcherait d'être équitable.
>
> « N'attaque jamais les Berbers dans leurs montagnes ; attends que tu trouves un moyen plus facile d'arriver jusqu'à eux.
>
> « N'aie point confiance dans la parole des Arabes ; écrase jusqu'au dernier tous ceux qui t'ont trahi ou veulent te trahir.

« Attaque les Arabes sur leur territoire avec des troupes qui pillent tout et tuent sans merci.

« Ferme les yeux sur les négociants des villes, ne les moleste point, ce sera le moyen de rester toujours à l'abri.

« Ne recrute parmi les gens de Fez aucun courtisan, ni aucun fonctionnaire qui ait à diriger ou juger les affaires ;

« Ces gens-là sont ombrageux comme des mulets qui, dans l'écurie même, vous lancent une ruade au moment où on s'y attend le moins.

« N'emporte point tes trésors dans tes expéditions au désert, car les gens du Gharb diraient aussitôt que tu les abandonnes.

« Dresse le palais de ta puissance sur le pilotis de la terreur ; c'est de cette façon que ton prestige s'accroîtra et que les esprits te seront soumis.

« Attache-toi le cœur des Arabes ; sache de quoi ils sont capables et alors tu sauras sûrement ce que tu peux attendre de chaque tribu.

« Étends des mains bienveillantes vers les populations, et si tu plantes des racines d'équité elles donneront des rejetons.

« Telles sont nos recommandations dont les bases ont été dressées pour un autre que toi, qui n'en a tenu aucun compte².

« Dès que nous laissons nos montures marcher à l'aventure vers la gloire, la victoire nous abandonne et la fortune fait défection.

« Acceptons toutefois les décrets de la Providence, car Dieu fait ce qu'il veut et il est toujours équitable. »

Maulay Mohammed ben Eccherif à son tour termina sa réponse par une qacida qui fut composée par le jurisconsulte, Sidi Mohammed ben Souda ; la voici :

« O Mohammed Eccheikh, fils de Zîdân, l'agréable à Dieu, l'honneur des califes, le grand, le magnanime,

« Voici la réponse que j'adresse à ta lettre écrite en vers et en prose ; tu verras ce que tu me demandes ;

« Car à mon tour je veux t'adresser mes recommandations, si toutefois tu veux accueillir le sage avis que je te donne :

---

1. Le texte de ce vers me paraît altéré ; la traduction que j'en donne est tout à fait incertaine.

« Jusques à quand demeureras-tu endormi ? Ne vois-tu pas chaque jour les palanquins de la royauté s'éloigner de toi ?

« La Fortune arrache les plumes de tes ailes; elle souille tout ce que tu laves pour le purifier.

« Aucun calife n'a pu goûter les joies du repos, sans devenir l'objet du mépris et sans s'avilir.

« Qui donc a plus besoin d'être guidé que celui qui voit de tous côtés les révoltés en foule lutter contre lui et l'ennemi se ruer sur lui de ses repaires,

« Cherchant à le trahir en toute circonstance et le chassant comme on chasse un chevreuil ?

« Réveille-toi donc de ton ivresse : celui qui paît un troupeau ne doit pas négliger de le protéger contre le lion de la forêt.

« Secoue la poussière de l'humiliation, ôtes-en les chaussures; alors seulement ton visage croîtra en éclat et en splendeur.

« Au milieu de l'abondance, tu as laissé périr ta royauté; tu l'as laissé tourner en dérision et vilipender jusque dans les villages de ton pays;

« Tu es resté au repos sous les ombrages touffus, près d'une femme qui embellit le Bedi‘, chaque fois qu'elle y traîne les pans de sa tunique.

« Si tu veux conserver le prestige de ton pouvoir et rester protégé par les honneurs qui te sont dus,

« Laisse-là, dans l'Alhambra, l'ombrage des cognassiers et cette femme qui se drape dans ses robes couleur de safran et de piment.

« Enfourche la monture à trois pieds[2], va dans la mêlée, acquiers-y la gloire ou bien trouves-y la mort.

« Bats le tambour contre tes compétiteurs, car c'est dans le feu des combats que l'être pusillanime peut faire revivre un peuple;

« Enfonce-toi dans la mêlée, brandis ta lance, revêts ta cuirasse et tiens ferme la bride de ton cheval, tandis que de ta main droite tu dégaînes ton sabre.

« Expose ta vie sur les champs de bataille, cours pour anéantir ton ennemi et que chaque nuit tu l'attaques.

« Chasse la gloire d'abord avec des lévriers, puis avec des aigles, des faucons et des éperviers.

« Conduis tes troupes avec la même énergie que tu conduirais

---

1. Un cheval vigoureux.

des animaux sauvages; ne permets pas qu'on te désobéisse ; contrains chacun à faire son devoir.

« Laisse de côté dans tes conseils cet Adjâna qui gémit sans cesse; prends pour compagnons des hommes braves et prodigues de leurs richesses.

« Ne garde pas de renégats dans ton entourage : ce sont des êtres au naturel perfide et prompts à la trahison.

« Quant aux Chebâna, méfie-toi de leur perfidie; ils finissent toujours par tromper et trahir,

« Car ils espèrent qu'un jour la royauté leur appartiendra et ils écartent de ta personne tous ceux qui veulent t'être fidèles.

« Puisse la Fortune, qui t'a abandonné, revenir à toi; puissent les jours d'allégresse se renouveler pour toi!

« Ton père Zìdàn, n'a goûté la douceur du repos que le jour où la mort l'a ravi.

« Si tu te conformes aux conseils contenus dans cette réponse, la Fortune te secondera et ton bonheur ne sera point troublé. »

Sous le règne de Maulay Mohammed Eccheikh, il y eut abondance de vivres, sauf en l'année 1060 (1650) où la disette fut excessive. Ce prince mourut en l'année 1064 (22 novembre 1653-11 novembre 1654); il fut enterré auprès de son père, dans le cimetière des Chérifs. Sur la plaque de marbre qui recouvrait sa tombe on avait gravé les vers suivants :

« La pleine lune des cieux de la gloire a elle-même son déclin : ainsi est maintenant descendu dans la tombe,

« Mohammed Eccheikh ben Zìdàn que la mort a surpris ; le monde pleurera longtemps ta perte,

« O imam de la gloire, toi dont les œuvres sont célèbres et dont la supériorité brille d'un vif éclat parmi les saints personnages.

« Puisse le souverain du Trône éternel te favoriser d'une clémence particulière et t'accorder dans le Paradis la place qui t'est due. »

Ce prince eut pour vizirs, Yahia Adjâna, son fils, Mohammed, etc... Ses cadis furent : Aïssa ben Abderrahman et Mohammed Elmezouâr.

CHAPITRE LXX

DU SULTAN MAULAY AHMED, SURNOMMÉ ELABBAS, FILS DU SULTAN MAULAY MOHAMMED ECCHEIKH BEN MAULAY ZIDAN

Maulay Mohammed Eccheikh étant mort, ainsi que nous venons de le raconter, son fils, Maulay Elabbâs, fut proclamé souverain en l'année 1064 (22 novembre 1653-11 novembre 1654), et régna sur le territoire que son père avait occupé. Alliée au prince par les femmes, la tribu des Chebâna acquit une grande influence sous ce règne et bientôt son importance devint telle qu'elle attaqua le souverain pour essayer de s'emparer du pouvoir. Les Chebâna bloquèrent et assiégèrent Elabbâs dans la ville de Maroc durant plusieurs mois. La mère du prince, voyant que la situation devenait de plus en plus critique, engagea son fils à aller trouver les Chebâna, ses oncles maternels, à gagner leur confiance et à effacer les sentiments d'animosité qu'ils avaient contre lui. Sur ce conseil, Elabbâs se rendit auprès des Chebâna; mais, dès que ceux-ci l'eurent en leur pouvoir, ils le firent périr traitreusement et se rendirent en toute hâte à Maroc où ils proclamèrent souverain Abdelkerîm ben Abou Bekr Ecchebâni Elharzi.

L'assassinat de Elabbâs, qui eut lieu en l'année 1069 (29 septembre 1658-18 septembre 1659), mit fin à la dynastie des Saadiens; leur pouvoir s'éteignit alors et leur source cessa de couler. Gloire à celui dont le règne n'aura point de fin, dont la souveraineté ne sera jamais amoindrie.

Cette situation, ajoute l'auteur de ces lignes, m'a remis

en mémoire le vers suivant qui se trouve dans la qacida envoyée par Maulay Mohammed ben Eccherif et rapportée ci-dessus :

> « Quant aux Chebàna, méfie-toi de leur perfidie ; ils finissent toujours par tromper et trahir. »

Les choses se passèrent effectivement ainsi. Or la qacida envoyée par Maulay Mohammed ben Eccherif à Maulay Mohammed Eccheikh avait été écrite en l'année 1059 (1649) et la trahison des Chebàna envers Maulay Elabbàs eut lieu en 1069 (1659) c'est-à-dire dix ans après. Maulay Mohammed ben Eccherif avait dû recevoir ces prédictions d'un devin ou de quelque personne analogue ; souvent d'ailleurs les faits vérifièrent ses paroles.

La dynastie saadienne a duré environ 150 ans et le nombre de ses princes a été de dix, ainsi qu'on a pu le voir. (Dieu leur soit bienveillant et leur pardonne !) Leur règne a marqué le front des infidèles de profonds stigmates, tandis qu'il a épanoui les visages des musulmans par une série de fêtes et de réjouissances. Aux yeux de Dieu, la dignité du calife a toujours joui d'une haute estime et ceux-là seuls l'ignorent qui ne savent point distinguer une perle rare d'un simple caillou.

Nous nous sommes abstenus de donner trop de vivacité aux critiques que méritaient certains princes de cette dynastie ; nous avons agi ainsi par égard pour leur réputation et par respect pour la dignité du califat. D'ailleurs, si les princes ont des faiblesses, ils ont toujours des qualités et rendent des services ; il ne serait donc pas équitable d'amoindrir leurs mérites, surtout quand il s'agit de ces chérifs qui

> « Ont cueilli les fruits de la gloire dans les champs qu'ils avaient plantés eux-mêmes, et quelle belle plantation ils avaient faite!
>
> « Qui ont, dans le palais de la gloire, un rang élevé, car ils ont l'intelligence pénétrante et leurs rameaux sont parfumés. »

Conclusion qui contient trois remarques intéressantes :

1° On a trouvé, écrits de la main même de Ibn Ghâzi, les mots suivants : « Ibn Elkhathîb Esselmâni répète à plusieurs reprises, dans son livre, intitulé *Eli'lâm fimen boui'a qabla elihtilâm*, que les dynasties s'éteignent avec un prince qui porte le même nom que le fondateur de cette dynastie. Ceci, en effet, est confirmé par ce fait que Abdelhaqq, par exemple, est le nom que portèrent également le premier et le dernier prince de la dynastie des Beni Merin. » Cette particularité semble s'appliquer à la dynastie saadienne : le premier de ces princes se nommait Mohammed Eccheikh, car ce fut lui qui véritablement régna le premier et la dynastie s'éteignit dans la personne de Maulay Mohammed Eccheikh qui en a été, à vrai dire, le dernier souverain.

2° Le savant Essoyouthi ainsi que d'autres auteurs, tels que Eddemîri, par exemple, dans son livre intitulé *Hayat elhayaouân* rapportent que le sixième prince d'une dynastie doit être déposé, fait qui se vérifie dans un grand nombre des premières dynasties de l'islam : ainsi Elhasen ben Ali, le sixième calife, fut déposé. Cette coïncidence se rencontre encore ici : Maulay Mohammed l'Écorché, qui fut déposé, a été, en effet, le sixième prince de la dynastie saadienne, si on admet que le premier ait été Zîdân ben Ahmed Elaaredj, qui fut proclamé à Sidjilmassa.

3° Il convient d'établir une distinction entre le titre de *malek* et celui de *solthán*. Ibn Fadhallah, dans son livre intitulé *Kitâb elmesâlik*, rapporte sur ce sujet l'opinion de Ali ben Saïd. La technologie, dit ce dernier, ne permet de donner le titre de solthân qu'à un prince qui a sous sa dépendance d'autres souverains (malek), par exemple, s'il a sous son autorité l'Égypte, la Syrie, l'Ifriqiya ou l'Andalousie et qu'il ait environ 10.000 cavaliers. S'il a un territoire plus étendu ou une armée plus considérable, son pouvoir étant plus grand, il conviendra de lui appliquer le titre de Essolthân-Eladham. Si plusieurs contrées font la prière en son nom, par exemple, l'Égypte, la Syrie et la Mésopotamie, ou bien le Khorassan, l'Iraq adjemi et la Perse, ou encore l'Ifriqiya, le Maghreb moyen et l'Andalousie, le souverain prendra le titre de Solthân-Esselâthin. Dieu sait si cela est exact. Ceci est extrait du livre de Essoyouthi, intitulé *Hosn elmohâdharât*.

CHAPITRE LXXI

BIOGRAPHIE DE SIDI MOHAMMED ELAYYACHI; ÉLOGES QU'EN ONT FAIT LES GRANDS ULÉMAS. DES DÉBUTS DE CE PERSONNAGE ET DE SES EXPÉDITIONS

Ce personnage, dit l'auteur de ce livre, s'appelait Mohammed ben Ahmed Elmâleki Ezzeyyâni, mais il était plus connu sous le surnom de Elayyâchi. Les Beni Mâlek forment une tribu du Maghreb et la famille de Elayyâchi qui en était originaire jouissait, depuis longtemps, d'une réputation de vertu et de sainteté.

Dans son commentaire du livre intitulé *Elmorchid elmo'în*, le cheikh, l'imam, Abou Abdallah Mohammed ben Ahmed Meyyâra, dépeint Elayyâchi en ces termes : « C'était un ouali, un saint, un pratiquant et un ascète; il fut le pôle de son époque et l'asile de la loyauté. Il combattit dans la voie de Dieu et, sa vie durant, il se voua dans un ribâth à la défense de la frontière des pays musulmans. On lui doit de nombreux et célèbres miracles et de glorieuses conquêtes. Personne, à son époque, ne pouvait l'égaler ni même lui être comparé. Seul il sut faire triompher l'islamisme sans autre secours que celui de Dieu qui, dans sa générosité, nous a fait la faveur de nous l'envoyer, de l'établir parmi nous. On aurait pu dire de lui ce qu'a dit le poète :

> « La Fortune avait juré de nous donner son pareil ; mais, ô Fortune, tu as manqué à ton serment ; tu dois donc une expiation. »

« Cette bénédiction, ce modèle, ce saint dont les prières ont été exaucées, c'était Abou Abdallah Sidi Mohammed ben Ahmed Elayyâchi. »

Le docte Sidi Elarbi Elfâsi en a fait un portrait analogue, et le grand ouali qui connut Dieu, le célèbre Sidi Mohammed ben Abou Bekr Eddilâï, a célébré les vertus de ce personnage et ne tarissait pas d'éloges sur son compte ; dans ses prières, il disait : « O mon Dieu ! accorde en notre nom la meilleure des récompenses à Sidi Mohammed Elayyâchi ; donne-lui ta plus belle rétribution. Fais que les voiles qui couvrent son cœur se dissipent afin qu'il soit plus rapproché de toi que je ne le suis. O mon Dieu ! ne nous prive pas du bonheur de le voir tourner sa face vers toi et se consacrer entièrement à ton culte. O mon Dieu ! allège ses soucis, exauce ses vœux, accueille ses prières, dirige ses traits et inflige une défaite à quiconque le combattra dans son œuvre de vérité. Certes tu es puissant en toutes choses. »

J'ai lu encore cette lettre écrite par Sidi Mohammed ben Abou Bekr :

« Louange à Dieu le clément, l'indulgent, le compatissant, dont aucune description ne saurait donner le portrait. Dieu répande ses bénédictions sur notre Seigneur Mahomet, cette cité de la science qu'entourent des remparts de mansuétude et de bienveillance ; qu'il les répande aussi sur les parents du Prophète, sur ses compagnons et sur tous ceux qui ont suivi leurs traces en s'incorporant dans son clan.

« A celui qui, par son éclat sidéral, a dissipé les ténèbres de l'oppression et de la corruption ; qui se pare des trésors de la gloire en obligeant l'hypocrisie à perdre ses chalands pour un temps; qui loge l'affection dans les replis des cœurs; à qui les actions généreuses ont jeté la bride pour les conduire; qui, grâce à Dieu, rend les hommes vertueux et rend florissants les pays par ses bénédictions; qui est le rempart de l'islam et son défenseur, le serviteur de la religion mahométane et son appui, Sidi Mohammed ben Ahmed Elayyâchi, celui qui, au témoignage de tous ceux qui sont tenus pour être gens équitables, est doué des vertus mahmoudiennes [1].

« Que Dieu lui accorde les vertus les plus hautes et y ajoute les perles les plus rares et les plus précieuses de la gloire; qu'il le couronne du diadème de la générosité et de la bienveillance; qu'il le comble toujours de ses bontés éternelles en sorte qu'il éprouve une complète satisfaction. Qu'il délivre de toutes les afflictions sa personne sainte, savante, vouée à la défense de l'islam et à la guerre sainte; qu'il lui fasse don de ses grâces supérieures et divines dans la plus large mesure; enfin qu'il répande sur lui ses bénédictions et sa clémence en sorte que sa haute religion soit satisfaite de cette marque de protection.

« Nous déclarons solennellement reconnaître votre supériorité sur nous; tout ce qui vous réjouira sera notre joie; tout ce qui vous nuira nous causera un dommage. Dans ces dispositions, nous déclarons être de vos amis les plus intimes, au point qu'aucune calomnie ne pourra nous détacher de vous. Celui qui endommage l'œil en endommage le possesseur; hélas! les âmes des hommes servent de siège à leurs propres erreurs et à leurs oublis.

« La conduite de celui que nous avions placé auprès de vous en qualité de serviteur et de fils, conduite que nous venons d'apprendre, nous a peiné autant que vous. Nous

---

1. C'est-à-dire de vertus comparables à celles du Prophète qu'on désigne souvent sous l'épithète de El-Mahmoud (Le glorieux).

demanderons cependant de votre nature généreuse de lui accorder un entier pardon. L'homme qui n'est pas protégé par Dieu ne cessera jamais d'être sollicité au mal et d'y succomber.

« Vous le savez, si la chaleur n'existait pas on ne connaîtrait pas la fraîcheur de l'ombre ; s'il n'y avait pas d'averses, on croirait que la rosée suffit ; on ignorerait le pardon, si le mal n'existait pas ; on ne pourrait dire qu'un homme est patient si personne ne lui avait fait du mal.

« Nous ne savons où mettre ce jeune homme, sinon auprès de quelqu'un qui soit un personnage religieux. S'il cesse d'être sous votre surveillance, il verra venir à lui l'erreur du côté où il s'y attend le moins. »

Dans une autre lettre que j'ai lue et qu'avait écrite de sa main, le cheikh, l'imam, le docte, l'argument fait homme, Abou Abdallah Sidi Mohammed ben Nâcer Eddrâï, El yyâchi était traité de prince des Croyants et de seigneur des Musulmans : voilà certes un témoignage émané d'un personnage dont la haute notoriété doit vous suffire.

Le lettré, le secrétaire, Abou Abdallah Mohammed ben Ahmed Elmiklâti a célébré ainsi Elayyâchi :

p. ٢٦٢

« Les caravanes portent partout le récit de votre gloire ; l'Orient et l'Occident l'enregistrent dans leurs écrits.

« Vous aimer est un dogme pour tout musulman qui aspire à occuper la place la plus rapprochée de Dieu.

« Vous êtes le glorieux rejeton de souches augustes, qui, pareils à des astres, ont guidé les hommes dans les ténèbres.

« L'Envoyé de Dieu vous a nommé le défenseur de sa religion et, grâce à vous, le doute et l'incertitude ont disparu de son horizon.

« Jamais, avant vous, je n'avais vu une mer en refouler une autre[1]

---

1. Par ces deux mers, l'auteur entend le monde spirituel et le monde matériel ; c'est ce dernier qui est refoulé.

qui donnait généreusement aux nuages¹ ses mains pleines d'or :

« Mais pour moi, ces deux mers ne sont pas égales : celle-ci, je le jure, est amère qnand on la boit, tandis que celle-là est douce au goût. »

Le célèbre imam, Abou Mohammed Sidi Abdelouâhed ben Achir a fait le panégyrique suivant :

« O toi qui conduis les palanquins garnis de plumes d'autruche, fais parvenir mon salut à notre orgueil, Elayyâchi.
« Sa supériorité est manifeste ; son éclat brille et sert à diriger les caravanes et les troupeaux ;
« Il est le pilier de la gloire, la générosité en personne, l'homme de bien, l'incomparable de son siècle, l'imam soumis
« A Dieu, le glaive qui perce, qui tranche et qui brise, la terreur des ennemis grands ou petits.
« De combien d'angoisses n'a-t-il pas abreuvé leurs cœurs en attaquant ceux qui étaient arrêtés et ceux qui marchaient !
« Il les laissait, au moment du combat, comme otages du malheur, étendus et gisant à terre, pareils à un vil troupeau.
« Ah ! vous serez heureux, ô musulmans, tant que parmi vous vivra Sidi Elayyâchi.
« Il fera sûrement reposer tous les hommes à l'ombre de la sécurité dont le lit est si doux.
« O toi qui me blâmes de l'aimer ainsi, laisse-là tes reproches et ne me rapporte point les propos des méchants.
« Car je suis un homme épris du beau et qui me détourne pour ne point entendre les reproches des censeurs.
« Ceci est un présent que j'offre à tout homme généreux, c'est-à-dire à tous ceux qui écoutent le bien, pour ensuite le divulguer. »

Un grand nombre de personnages ont fait l'éloge de Elayyâchi ; il serait trop long d'énumérer ici tous ces éloges ; ce qui vient d'être donné ici est suffisant.

Quant à la date des débuts de Elayyâchi, voici ce qu'en dit l'auteur du poème intitulé : *Zahret ecchemârikh fi 'ilm*

---

1. *Nuages* ici est employé pour désigner les hommes riches et généreux.

ettarîkh, le cheikh, le savant, Abou Zeïd Sidi Abderrahman, fils de l'imam Sidi Abdelqâder Elfâsi :

« Et après *lâm*[1] parut Elayyâchi ; peu à peu *il grandit*[2] et mourut. »

Le commentateur du *Zahret* fournit à ce propos les détails suivants : Au début, Sidi Mohammed Elayyâchi était un des disciples du ouali, du bienheureux qui connut Dieu, Sidi Abdallah ben Hassoun Esselâsi, qui est enterré à Salé. Il était l'élève chéri du maître et un des plus empressés à le servir ; il parlait peu, passant tout son temps à lire le Coran et à jeûner. Il était de la part de son maître l'objet d'une attention spéciale et resta auprès de lui jusqu'au jour où, devenu célèbre par ses miracles, son cheikh fut entouré d'une foule considérable.

Un jour qu'un chef de tribu avait offert un cheval au cheikh, celui-ci donna l'ordre de seller l'animal et demanda ensuite où était Mohammed Elayyâchi. Ce dernier ayant répondu qu'il était présent, le cheikh lui dit : Par la puissance de Dieu, enfourche ton cheval, ta vie de ce monde et ta vie future. » Comme Elayyâchi, par politesse, demeurait en arrière, il le supplia de faire ce qu'il venait de dire et, lui tenant l'étrier, il ajouta : « Éloigne-toi d'ici, va à Azemmour, établis-toi chez les Oulâd Abou Azîz ; plus tard tu reviendras certainement dans ce pays où tu jouiras d'une situation considérable. » Comme Elayyâchi prenait congé de lui, le cheikh lui posa la main sur la tête, pleura et fit des vœux pour lui.

Elayyâchi partit pour Azemmour où il s'établit à l'endroit même que le cheikh lui avait désigné. Il ne cessa dès lors de

---

1. Ce mot, dont la valeur numérique est de 81, marque sans doute la date de la naissance de Elayyâchi qui, d'après cela, serait né en 981.
2. Le mot arabe traduit par *il grandit* donne la date de 1051.

CHAPITRE SOIXANTE-ONZIÈME

s'occuper activement de la guerre sainte et de se montrer impitoyable envers l'ennemi chrétien. Il connaissait toutes les ruses de guerre ; il était toujours au premier rang dans la mêlée, infatigable, audacieux et déployant la plus grande impétuosité. Bientôt sa renommée se répandit dans tout le pays et, parmi le peuple, on ne parla que de lui et de l'énergie qu'il montrait en guerroyant contre les infidèles.

Le caïd d'Azemmour était tout heureux d'avoir un pareil auxiliaire. Mais bientôt ce caïd qui commandait la cité d'Azemmour et le territoire du Fahs étant mort, le sultan Zîdân ben Ahmed Elmansour demanda qui il convenait de nommer au gouvernement de cette place forte ; tout le monde lui désigna alors Sidi Mohammed Elayyâchi. Aussitôt que ce dernier eut reçu sa commission, il se mit à exercer les fonctions dont on venait de l'investir et à prendre la direction des affaires du Fahs. Il livra de grands combats aux chrétiens et les bloqua si étroitement qu'ils ne purent ni faire paître leurs troupeaux, ni labourer leurs terres. Les chrétiens d'Elbridja essayèrent par des cadeaux et de riches présents de gagner l'entourage de Zîdân afin que celui-ci donnât l'ordre à Sidi Mohammed Elayyâchi de cesser de les bloquer. Les courtisans engagèrent vivement Zîdân à révoquer Elayyâchi ; ils lui donnèrent à entendre que Elayyâchi jouissait d'une trop grande autorité dans la contrée et qu'il était à craindre qu'il cherchât à s'emparer du pouvoir souverain.

Chaque fois qu'il envoyait à Maroc le butin ou les prisonniers que Dieu lui procurait par ses victoires, Elayyâchi voyait sa renommée s'accroître ; le peuple ne s'entretenait que de ses hauts faits, aussi la jalousie s'empara-t-elle du cœur du sultan qui, dans sa colère, expédia son caïd Mohammed Essenoussi à la tête de 400 cavaliers avec ordre de s'emparer de Elayyâchi et de le mettre à mort. Dieu inspira de la compassion au caïd qui, sachant que Elayyâchi était innocent des choses dont on l'accusait, lui fit dire secrètement : « Sauve-toi, tu es trahi. » Celui-ci partit aussitôt avec quarante hommes, tant cavaliers que fantassins, et gagna la ville de Salé. Quand Essenoussi arriva à Azemmour il ne trouva plus trace de Elayyâchi ; cependant il déploya en apparence un grand zèle pour le retrouver et châtia même quelques habitants du Fahs, sous le prétexte qu'ils avaient favorisé cette évasion.

Arrivé à Salé, Elayyâchi fit un pèlerinage au mausolée du cheikh de cette ville et passa la nuit en cet endroit. Le lendemain les habitants de la ville vinrent l'y trouver et l'entretinrent du danger que leur faisaient courir les chrétiens dont les incursions s'étendaient jusqu'à l'Ouâdi Elmekhâzin et qui, en dehors de leur cavalerie, comptaient un millier d'hommes. Elayyâchi engagea les habitants à se préparer à la lutte et à se procurer des armes, mais, à ce moment, on ne trouva que deux cents armes environ dans toute la ville de Salé. Sur ses instances, et après bien des recherches et des efforts, on réussit à atteindre le chiffre de 400 en y comprenant les armes que l'on possédait déjà. A la tête de cette petite troupe, Elayyâchi se porta sur La Mamoure, où il rencontra les chrétiens en forces considérables. Une lutte terrible, qui dura jusqu'au coucher du soleil, s'engagea alors près de La Mamoure ; environ 400 Chrétiens perdirent la vie dans ce combat, tandis que 170 hommes seulement parmi les musulmans y trouvèrent le martyre. Cette expédition fut la première que Elayyâchi entreprit dans le Gharb après son départ de la citadelle d'Azemmour ; elle eut pour conséquence d'empêcher les chrétiens d'aller dans la forêt et, par suite, de rendre leur situation critique.

Zîdân, ayant appris que les populations se groupaient autour de Elayyâchi, manda à son caïd Ezzaarouri, qui commandait la citadelle de Salé, d'avoir à s'emparer par surprise de ce personnage. Ezzaarouri ayant fait part de ces instructions aux cheikhs des Andalous, ceux-ci décidèrent d'envoyer quelques-uns des leurs auprès de Sidi Mohammed Elayyâchi avec mission de l'espionner pour connaître ses véritables desseins et en même temps de le protéger contre les menaces dont il était l'objet. Un certain nombre d'Andalous se rendirent auprès de lui dans ce but.

Antérieurement à cette époque, Zîdân avait donné l'ordre à ce même caïd Ezzaarouri d'expédier dans le Draâ un corps de 400 hommes, pris parmi les Andalous qui étaient à Salé. Le caïd avait exécuté cet ordre, mais comme l'expédition durait longtemps, la plupart des Andalous avaient déserté et avaient pris en aversion le sultan et Ezzaarouri. Aussi quand Zîdân demanda aux habitants de Salé de fournir un nouveau contingent pour le Draâ, ceux-ci refusèrent d'obéir à cette injonction et, dans leur irritation, ils décidèrent de ne pas obéir au sultan. Puis ils dénoncèrent le caïd Ezzaarouri à Zîdân qui expédia aussitôt quelqu'un pour l'arrêter. Cette arrestation opérée, les Andalous pillèrent la maison du caïd et écrivirent au sultan une lettre dans laquelle ils protestaient de leur fidélité ; mais cette démarche n'était qu'un stratagème et une perfidie. Zîdân leur envoya alors comme gouverneur le mamlouk Adjib ; ce mamlouk était à peine resté quelques jours au milieu des Andalous que ceux-ci, qui n'avaient tenu aucun compte de ses ordres et l'avaient tourné en dérision, le mirent à mort.

p. ٢٦٠

Cela fait, les Andalous entrèrent en révolte ouverte contre Zîdân ; ils rompirent toute relation avec lui et, resté sans chef, Salé fut en proie à l'anarchie. Les malfaiteurs pillèrent les propriétés des habitants et violentèrent les femmes, sans que tout d'abord Sidi Mohammed osât rompre le silence et leur adresser des remontrances. Mais bientôt, les négociants et les voyageurs s'étant plaints hautement du danger que présentaient les routes infestées par les brigands, la population s'adressa à Sidi Mohammed Elayyâchi et fit auprès de lui de nombreuses démarches qui le décidèrent à faire briller son heureuse étoile dans le ciel salétin; il déploya aussitôt la plus grande activité à rétablir le calme et à réprimer les abus. Puis, quand la population l'eut prié de prendre en mains la direction des affaires et de se mettre à la tête des musulmans pour les mener au combat contre les chrétiens, Elayyâchi donna l'ordre aux chefs des tribus, aux notables, aux commandants berbers et arabes, d'apposer leurs signatures sur une convention écrite dans laquelle ils déclaraient l'agréer comme chef et lui donner toute autorité sur eux; ils s'engageaient, en outre, à lui demeurer fidèles, à combattre sous ses ordres, jusqu'à ce qu'elle se soumît aux ordres de Dieu, toute tribu qui méconnaîtrait son autorité. Cette convention, signée de tous, fut ensuite approuvée par tous les cadis et jurisconsultes de l'époque, qui étaient répandus sur le territoire qui s'étend de Tamesna à Taza.

Elayyâchi avait été porté à agir ainsi parce qu'on lui avait rapporté qu'un certain thaleb aurait dit : « Il n'est licite de faire la guerre sainte que si on est sous les ordres d'un prince. » De cette manière, il voulait montrer de nouveau qu'il n'était point un simple agitateur, bien qu'il eût déjà reçu des lettres des ulémas de l'époque, tels que l'imam Sidi Abdelouâhed ben Achir, l'imam Sidi Ibrahim Elguelâli, l'imam Sidi Elarbi Elfâsi et d'autres, lui assurant que pour diriger la lutte contre l'ennemi infidèle, il n'était pas nécessaire d'être un prince et que, dans ce cas, la communauté musulmane avait une autorité souveraine.

Les choses ainsi réglées, le peuple ayant déclaré Elayyâchi souverain afin qu'il pût porter haut la parole de Dieu et délivrer les humbles de l'oppression, la situation des Arabes du Gharb n'en resta pas moins critique, car ils étaient habitués au désordre et à l'anarchie, et ils étaient enclins au vol et au pillage ; aussi un certain nombre d'entr'eux refusèrent-ils de reconnaître l'autorité de Elayyâchi. Ainsi Ennâser ben Ezzobéïr, à la tête d'un contingent des Cheraga, se révolta contre Si Mohammed Elayyâchi qui, après avoir vaincu ces dissidents, leur accorda l'amnistie. Plus tard, ce fut le tour de Etthâghi, — le peuple prononce son nom comme s'il était écrit avec un *ta* (ت) et non un *tha* (ث) — qui se mit à la tête des Oulâd Achdjîz ; il fut également vaincu et obtint l'amnistie. Après lui, les Hayâïna ayant pillé et maltraité les habitants de Fez et s'étant ensuite répandus dans la contrée pour la ravager, sous les ordres de Ahmed, fils de Maulay Zìdân, furent également attaqués par Sidi Mohammed Elayyâchi ; la fortune leur ayant été contraire, ils firent amende honorable en même temps qu'un certain nombre des chefs des Cheraga qui avaient fait cause commune avec les Hayâïna. Enfin tous ceux qui se révoltèrent contre Elayyâchi ou l'attaquèrent subirent une défaite éclatante.

p. ٢٦٦

Voici maintenant, d'après le commentateur de la *Zahret*, le récit des expéditions de Elayyâchi :

Les chrétiens avaient débarqué, en l'année 1022 (21 février 1613-11 février 1614) dans le port de Elhalq[1] et en avait occupé la citadelle ce qui avait causé une vive douleur aux musulmans. Aussitôt que Sidi Mohammed Elayyâchi eut groupé autour de lui les populations et qu'il eut ramené à lui les dissidents, son premier soin fut de préparer une expédition contre Elhalq ; il espérait en déloger les chrétiens et accroître la puissance des musulmans par les trésors dont il s'emparerait.

---

1. Ce mot est un nom commun qui sert à désigner l'embouchure d'une rivière. ici il est employé pour désigner l'embouchure de la rivière de l'Ouâdi Lekkos qui se jette dans la mer à Larache.

Les musulmans avaient précédemment assiégé la place, mais ils n'avaient pas réussi à s'en emparer, par suite des grandes difficultés qu'ils avaient rencontrées. Quand Dieu avait décidé de lui assurer la victoire, Sidi Mohammed Elayyâchi se voyait toujours en songe conduisant un troupeau de porcs. Or dès qu'il fut arrivé avec ses troupes devant Elhalq et qu'il eut commencé ses opérations, il vit deux troupeaux de porcs parmi lesquels se trouvaient des boucs. Le lendemain de ce jour-là, dans la matinée, il arriva que quelques navires se présentèrent devant le port de Elhalq et y entrèrent. Placés derrière leurs retranchements, les tirailleurs musulmans cernèrent ces navires et quand ceux-ci voulurent regagner la haute mer, ils échouèrent sur la barre de sable du fleuve. Les musulmans s'emparèrent alors de cette flotte, firent prisonniers tous ceux qui la montaient, pillèrent les navires et délivrèrent trois cents captifs musulmans, qu'ils trouvèrent à bord. Plus de trois cents chrétiens furent faits prisonniers et plus de cent d'entr'eux périrent dans le combat ; quant au capitaine des chrétiens, homme d'un haut rang, qui avait été fait prisonnier, il fut racheté par les soldats du raïs d'Alger qui le fit enfermer dans une cage de fer.

L'expédition de Larache eut lieu en l'année 1040 (10 août 1630. — 30 juillet 1631). Elayyâchi avait déployé la plus grande activité pour bloquer étroitement les chrétiens et les inquiéter par d'incessantes incursions. Une fois après être restés embusqués dans la forêt pendant six jours, les musulmans ayant surpris les chrétiens les attaquèrent vivement et, grâce à Dieu, les mirent en pièces en quelques instants. Une autre fois, devant Larache également, Elayyâchi ayant pris un espion, nommé Ibn Aboud et appartenant à la tribu arabe des Thelîq, allait le faire mettre à mort quand celui-ci lui dit : « Faites-moi grâce de la vie, je favoriserai désormais les musulmans ; je me repens devant Dieu de tout ce que j'ai fait. » Elayyâchi ayant rendu la liberté à cet Arabe, celui-ci retourna chez les chrétiens qui avaient la plus entière confiance en lui et lui donnaient des gages fixes comme espion. « Les tribus arabes, leur dit-il, sont actuellement campées sur les bords de l'Ouâdi Elaraïch ; si vous les attaquez à l'improviste, vous ferez un riche butin. » Aussitôt les chrétiens partirent en foule, mais ils furent bientôt cernés par Sidi Mohammed Elayyâchi qui n'en laissa échapper qu'un petit nombre, car il en tua environ un millier. Les chrétiens arrêtèrent alors Ibn Aboud qui était resté parmi eux ; ils lui arrachèrent les dents et l'auraient tué si celui-ci ne s'était adressé à leurs juges qui le firent remettre en liberté.

Grande expédition contre Elhalq. — Les gens de Fez s'étaient établis dans un endroit appelé « la Fontaine du Lion » et y étaient demeurés embusqués pendant trois jours. Le quatrième jour, les chrétiens, étant sortis sans méfiance, furent attaqués par les musulmans qui leur tuèrent environ 600 hommes et s'emparèrent de 400 fusils. Cependant, lorsque ces troupes avaient quitté Fez pour entreprendre cette expédition, les chrétiens avaient été prévenus de leur départ par un rénégat musulman qu'ils avaient auprès d'eux. Mais celui-ci, à qui les chrétiens avaient donné des marchandises et qui était allé à Salé pour les vendre, fut arrêté et mis à mort. Ce fut ainsi que privés des nouvelles qu'ils en attendaient, les chrétiens se laissèrent surprendre par la cavalerie musulmane qui les cerna et en laissa échapper un si petit nombre que quarante hommes à peine passèrent cette nuit-là dans Elhalq.

Sidi Mohammed Elayyâchi n'avait pas assisté personnellement à cette affaire ; il était allé, à ce moment, à Tanger, très préoccupé de ce qui s'était passé le jour de la bataille des *Clous* : ces clous, fabriqués par les chrétiens avaient quatre pointes ; l'une fichée en terre, les trois autres se dressant en l'air et constituant un stratagème terrible qui avait occasionné de grands dommages aux musulmans, tant à leurs hommes qu'à leurs chevaux. A son retour de Tanger, Elayyâchi, ayant appris la faiblesse de la garnison de Elhalq, manda aux Andalous de Salé de fabriquer des échelles pour monter à l'assaut de cette citadelle. Les Andalous, soit par une perfidie dirigée contre l'Islam, soit par haine de Sidi Mohammed Elayyâchi, tardèrent tant à préparer ces engins que des renforts eurent le temps d'arriver à Elhalq et que, quand on installa ces échelles, elles ne furent plus d'aucune utilité.

C'est à dater de ce moment que l'inimitié, qui existait entre Elayyâchi et les Andalous, devint très vive. Ceux-ci allèrent jusqu'à informer les chrétiens que la colonne qui assiégeait et bloquait Elhalq ne pourrait se maintenir dans ses positions. Aussitôt qu'il eut connaissance de ce fait, Elayyâchi le fit constater et consulta les ulémas sur le point de savoir si cela lui donnait un motif suffisant de combattre les Andalous. Sidi Elarbi rendit alors un *fetoua*, déclarant qu'il était licite de lutter contre les Andalous qui avaient forfait à Dieu et à son Prophète, en prenant le parti des chrétiens et en leur donnant des avis. Il ajouta qu'ils avaient en outre gaspillé la fortune des musulmans en les privant de leurs revenus et en empêchant la population de se livrer au commerce qu'ils avaient accaparé pour eux-mêmes ; enfin qu'ils avaient fait alliance avec les chrétiens et les avaient aidés en leur fournissant des vivres et des armes.

L'imam Sidi Abdelouâhed ben Achir ne répondit pas tout d'abord à cette consultation ; mais quand, s'étant rendu à Salé, il eut vu de ses yeux les Andalous porter des vivres aux chrétiens et les renseigner sur les points faibles des musulmans, il déclara, lui aussi, qu'il était permis de combattre les Andalous. Pendant quelques jours, Elayyâchi en fit passer un certain nombre au fil de l'épée, puis quand il vit que leurs machinations avaient cessé, il les traita de nouveau en sujets fidèles.

Après la grande expédition de Elhalq, de nombreuses députations vinrent féliciter Sidi Mohammed Elayyâchi de la victoire que Dieu lui avait fait remporter. En les recevant, Elayyâchi les engagea vivement à extirper l'ulcère partout où il en restait des traces ; il blâma ensuite les Arabes d'avoir laissé les chrétiens s'établir dans leur pays. Parmi les députations arabes qui vinrent à cette occasion, se trouvaient des Kholth, des Beni-Mâlek, avec les personnages de Etthâghi, Eddekhîsi et autres : « Par Dieu ! Par Dieu ! Par Dieu ! s'écria Elayyâchi, si vous échappez aux chrétiens ce sera certainement pour tomber entre les mains des Berbers. » — « Seigneur, répondirent-ils, comment cela pourrait-il se faire, alors que vous êtes au milieu de nous. » — « Taisez-vous, répliqua-t-il, c'est vous-même qui me couperez la tête. » Les choses se passèrent effectivement ainsi et ces paroles de Elayyâchi furent une véritable prédiction.

Quant au combat livré aux gens de Elbridja[1], voici quelles en ont été les causes d'après ce que j'ai vu dans la *Rihla* écrite de la main même de son auteur, le jurisconsulte, le très docte cadi de Tamesna à son époque, Abou Zeïd Abderrahman ben Ahmed Elghenâmi Ecchâouï : Une trêve avait été conclue pour quelque temps entre les gens de Elbridja et les habitants de Azemmour. Durant ce temps, il se passa divers faits qui accrurent la puissance des chrétiens et abaissèrent celle des musulmans, au point de déchirer leurs cœurs et de faire écrouler les montagnes avec fracas. En voici un entr'autres : Un jour la femme du capitaine était sortie en litière accompagnée de ses suivantes pour se rendre à un

---

1. Aujourd'hui Mazagan.

campement arabe. Les Arabes la reçurent en poussant des cris de joie; ils lui préparèrent ensuite une collation et lui offrirent en présents des poules, du lait et des œufs. La journée se passa en grande liesse, puis la nuit venue, la femme du capitaine revint chez elle. Une autre fois, cette dame demanda au capitaine, son mari, de sortir avec ses troupes et de donner l'ordre au caïd d'Azemmour d'amener ses contingents musulmans afin qu'elle pût assister au spectacle de leurs jeux habituels. Le capitaine céda aux instances de sa femme; les musulmans se mirent à jouter devant elle, mais bientôt un cavalier infidèle chargeant un musulman le tua. Comme le caïd annonçait ce qui venait de se passer au capitaine et lui adressait des observations à ce sujet, celui-ci lui répondit en manière de plaisanterie et en raillant les musulmans : « Voyons quel tort cela vous fait-il, puisqu'il est mort martyr[1] ? »

Le saint, le bienheureux, le pieux, l'ascète, le combattant qui portait bien haut le drapeau de l'Islam, le revivificateur de la tradition du Prophète, Sidi Mohammed Elayyâchi, chaque fois qu'il entendait parler de choses de ce genre ou qu'il les voyait, était si vivement affecté qu'il passait la nuit sans manger, ni dormir, cherchant par quel moyen il arriverait à faire cesser cette opprobre des musulmans et à laver leur honneur des souillures de cet avilissement. Il avait d'ailleurs à redouter les espions qui le guettaient au nom du souverain du Maroc, du Caïd d'Azemmour et du capitaine d'Elbridja. Cette situation dura trois ans. Enfin, voyant que le mal ne faisait que croître, Elayyâchi engagea quelques-uns des Oulâd Douaïb, de la tribu des Oulâd Abou Azîz, à porter en cachette un peu de grains aux chrétiens, mais il leur recommanda de n'en livrer que de petites quantités à la

1. On donne le nom de martyr à tout musulman qui succombe en luttant contre les infidèles.

fois de façon à ne point inquiéter les chrétiens et aussi à se
faire bien venir d'eux en leur témoignant du dévouement et
de l'affection.

Quand les choses furent au point voulu, des gens des
Oulâd Douaïb vinrent trouver Elayyâchi et l'en informèrent;
ils ajoutèrent que les chrétiens ne se tenaient point sur leurs
gardes. Elayyâchi résolut alors d'attaquer Elbridja, mais il
lui semblait préférable de commencer ses opérations contre
Larache avant d'entreprendre son expédition contre Elbridja.
Cependant, le 4 du mois de safar de l'année 1049 (6 juin 1639),
il se mit en marche dans la direction de cette dernière place,
malgré le rapport qu'on lui fit que l'Ouâdi Omm Errebia
atteignait à ce moment sa plus grande crue. Quand il arriva
sur les bords de la rivière, il la trouva, en effet, tellement
gonflée par les eaux qu'il était presque impossible de la traverser sans risquer de s'y noyer. Il dit alors à ses disciples
de mettre leur confiance en Dieu, puis après avoir adressé
de ferventes prières, il lança son cheval dans la rivière en se
recommandant à Dieu; tout le monde le suivit et pas un
homme ne resta en arrière. L'eau arrivait à peine aux
genoux des chevaux, bien que, comme chacun sait, il soit
impossible d'avoir pied dans cette rivière, au moment des
crues. Ce fut donc là un miracle manifeste et une preuve
merveilleuse de la faveur que Dieu accordait au cheikh.
Jamais, à notre connaissance, pareil miracle n'avait été fait,
sinon en faveur des Compagnons du Prophète, lorsqu'ils
firent la conquête de l'Irâq sous la conduite de Elala, fils de
Elhadhrami. Ce sont là des marques de la bonté de Dieu qui
les dispense à qui il lui plaît.

Arrivé à Elbridja, Elayyâchi apprit que des gens des
Oulâd Abou Azîz, qui avaient entendu parler de sa marche
en avant et qui redoutaient quelque surprise de sa part,
s'étaient réfugiés avec leurs cavaliers auprès du capitaine.

Elayyâchi était caché dans la forêt lorsqu'il aperçut le capitaine quitter Elbridja à la tête de sa cavalerie ; aussitôt qu'il vit l'ennemi à une certaine distance de la place, il l'attaqua vivement avec ses cavaliers et lui coupa la retraite sur Elbridja. Les chrétiens s'enfuirent alors du côté de la mer et, à l'exception de 27 hommes, ils périrent tous tués ou noyés. Ce fait d'armes contraria vivement le prince de Maroc, il blâma la conduite de Elayyâchi, et son cadi, le jurisconsulte, Aïssa ben Abderrahman joignit son blâme au sien.

En somme Sidi Mohammed Elayyâchi fit de nombreuses expéditions ; tout le monde, parmi les grands comme parmi les petits, sait quels glorieux services il a rendu à l'Islamisme. Il allait entreprendre la conquête de Larache, lorsque la mort vint l'empêcher de réaliser son projet ; il aurait bien voulu aussi s'emparer de Tanger, mais le sort ne favorisa pas ce dessein.

Le jurisconsulte, le très docte, Abou Abdallah Mohammed ben Ahmed a écrit de sa main ce qui suit : « Des frères dignes de foi m'ont raconté que le jurisconsulte, le célèbre docteur, Sidi Abdallah, fils de Sidi Mohammed Elayyâchi, leur avait dit avoir trouvé des notes de son père établissant que le nombre des chrétiens tués dans les diverses expéditions, que celui-ci avait entreprises, s'élevait à 7.670 hommes environ.

Le gouvernement de Sidi Mohammed Elayyâchi s'étendit sur Salé et son district, sur Tamesna et sur toutes les tribus arabes du Gharb ; partout sur ce territoire, son autorité fut admise et respectée. Poursuivant sans relâche ses ennemis, il parvint à rendre leur situation précaire et à assurer la sécurité des musulmans. Les prières de Elayyâchi étaient toujours exaucées et ainsi qu'on put le constater, à maintes reprises, il ne demanda jamais rien à Dieu sans l'obtenir. Il avait le don de seconde vue, car il annonçait au peuple, longtemps à l'avance, les victoires qu'il devait remporter.

C'était un jurisconsulte d'une vaste érudition ; ses disciples subirent l'influence de ses bénédictions et montrèrent quelle était la puissance de ses vertus et de sa foi ardente.

CHAPITRE LXXII

DU MEURTRE DE ELAYYÂCHI ; DE LA CAUSE DE CES ÉVÉNEMENTS ET DES CIRCONSTANCES QUI L'ACCOMPAGNÈRENT

Nous avons précédemment raconté que les Andalous de Salé s'étaient ligués contre Elayyâchi et avaient tous vigoureusement lutté contre lui. Nous avons dit encore qu'en présence de la façon dont ils trahissaient l'islamisme et ses fidèles, en appuyant l'infidélité et ses partisans, Elayyâchi avait consulté les ulémas pour savoir s'il lui était permis de combattre les Andalous. Les ulémas ayant décidé qu'il était licite de déclarer la guerre à des gens qui se conduisaient de la sorte, Sidi Mohammed les avait mis hors la loi et, pendant quelques jours, en avait fait périr un certain nombre ; mais la plupart d'entr'eux s'étaient dérobés par la fuite au courroux du cheikh : les uns avaient gagné Maroc, d'autres Alger, quelques-uns avaient cherché un refuge auprès des chrétiens, enfin, il en était qui s'étaient rendus à la zaouïa de Dilâ. Les gens de la zaouïa intercédèrent alors en faveur des Andalous auprès de Elayyâchi, mais celui-ci refusa de tenir compte de ces recommandations en disant : « Ces gens-là sont un ulcère qu'il faut détruire jusqu'à la racine. »

En présence de cette résistance et de ce refus d'accepter leur intervention amicale, les gens de Dilâ furent vivement irrités ; ils rassemblèrent leurs troupes et marchèrent contre Elayyâchi. Celui-ci se porta à leur rencontre, à la tête de son armée ; il les attaqua, les défit, et châtia les Arabes qui s'étaient rangés autour de Ettâghi, puis, après avoir dispersé ces masses et séparé les soldats de leurs chefs, il alla faire une razzia à Tanger. Au retour de cette razzia, Elayyâchi trouva les Berbers unis aux gens de Dilâ; tous ensemble s'étaient avancés jusqu'aux environs de Azghâr, ayant avec eux Ettâghi, son clan de la famille des Kerârda[1], ainsi que Eddekhîsi qui tous avaient résolu de renverser la puissance du cheikh. Elayyâchi aurait voulu fermer les yeux sur cette entreprise afin de diriger ses efforts d'un autre côté, mais ses compagnons et ses parents insistèrent pour qu'il livrât combat. La bataille s'engagea donc, mais Elayyâchi, après avoir eu un cheval tué sous lui, fut vaincu et mis en déroute avec toute son armée. Il retourna alors dans le pays des Kholth dont la plupart des chefs appartenaient au clan de Etthâghi et suivaient les avis de Elkerrâdi. Aussi les Berbers étant rentrés dans leurs montagnes, Elayyâchi, qui était resté quelques jours chez les Kholth, fut bientôt trahi par eux et assassiné dans un endroit appelé Aïn Elqosob; sa tête fut séparée du tronc et portée ensuite à Salé. Dans cette circonstance, il se produisit un nouveau miracle: la nuit, pendant qu'on portait sa tête, on entendit le cheikh réciter le Coran à haute voix. Le fait ayant été constaté par toutes les personnes présentes, on remit la tête à sa place; ce miracle fut cause que beaucoup de gens revinrent à de meilleurs sentiments.

La nouvelle du meurtre de Sidi Mohammed Elayyâchi causa une grande joie aux chrétiens; ils donnèrent une gratification à celui qui leur annonça cet événement et, pendant trois jours, ils se livrèrent à toute sorte de réjouissances. Un homme, qui se trouvait à Alexandrie, voyant les chrétiens se

---

1. Pluriel de *Kerrâdi*; on se sert fréquemment, dans les pays barbaresques, du pluriel du nom d'un chef de famille pour désigner sa famille entière ou la tribu qui est composée de ses descendants.

réjouir et tirer des salves de coups de canon, demanda quel était le motif de cette allégresse : « *Santo*[1] a été tué dans le Maghreb, lui répondit-on. » Par ce mot *santo* (santon), ils entendaient tout homme qui dirige la guerre sainte. Sidi Elayyâchi fut assassiné le 19 du mois de moharrem de l'année 1051 (30 avril 1641). On s'est servi, comme chronogramme pour rappeler cette date, des mots : *máta zerbou 'lislám*[2], mais dans le calcul il faut supprimer l'alif d'union.

Dans sa *Rihla*, Abou Sâlem Sidi Abdallah Elayyâchi rapporte ce qui suit : « Étant à la Mecque, le cheikh Mohammed Elfezzâr m'a raconté qu'il y avait dans la noble cité de Médine un grand personnage maghrebin, à l'époque où fut assassiné le ouali, le bienheureux, le saint guerrier, Sidi Mohammed ben Ahmed Elayyâchi. Ce maghrebin, ajouta-t-il, vint un jour me trouver et me dit : « Cette nuit, j'ai vu en songe ma sœur ; à côté d'elle était assis un homme dont la main était coupée et laisser couler du sang. « Qui es-tu, lui ai-je « demandé ? » — « Je suis l'Islam, m'a-t-il répondu ; ma main vient d'être coupée à Salé. » D'après votre songe, lui dis-je, il semblerait que le bienheureux et saint guerrier qui était à Salé a été tué. — En effet, quelques temps après, vers la fin de l'année, quand les pèlerins arrivèrent du Maghreb, ils m'annoncèrent la mort de Elayyâchi.

Le très glorieux jurisconsulte, le docte Abdallah, fils de Elayyâchi a composé, sur les victimes du combat de Bedr, un poème dans lequel il a imploré l'intercession de ces martyrs et leur a demandé de faire périr ceux qui avaient provoqué le meurtre de son père. Quelque temps s'était à peine écoulé après cela que la fortune se déclara si bien contre ces instigateurs du meurtre de Elayyâchi qu'ils périrent tous jusqu'au

---

1. C'est le mot espagnol dont on a fait *Santon*.
2. « Le rempart de l'islam est mort. » Ce chronogramme n'est exact qu'à la condition de supprimer deux *alif* et non un seul, comme le dit l'auteur.

dernier. Dieu est le Dominateur et le souverain Juge. Nombre d'élégies ont été composées en l'honneur de Sidi Mohammed Elayyâchi : voici celle qui eut pour auteur le littérateur, l'éloquent, le remarquable, Aboulabbâs Sidi Ahmed Eddeghoughi.

p. ٢٧٢

« Ah ! qu'il est pénible de voir disparaître ces mers débordant de générosité, de voir le champ de la mort encombré de ceux qui ont tant de fois répandu une rosée bienfaisante !

« Imitez-le, ô mes larmes, en faisant un déluge au-dessus duquel il surnagera, lui dont nous ne trouverons plus le pareil dans tout notre Occident.

« Celui qui avait allumé ces clartés et ces feux les a éteints, mais quant à notre affliction elle ne saurait jamais être calmée ;

« Jamais mes larmes ne tariront, jamais les feux qu'il a allumés dans mon cœur et qui le consument ne s'éteindront.

« Le soleil qui se lève à l'horizon est impuissant à dissiper les ténèbres, maintenant que l'astre qui illuminait ce monde a disparu.

« Que de choses il a édifié, ce défenseur de vos forteresses ; quel secours il vous a apporté en aménageant vos ressources[1].

« Quelle masse de chrétiens il a anéantie dans ses victoires ; quelle humiliation il a infligée à ces ennemis en repoussant ce fléau qui menaçait l'islam.

« O mes pauvres yeux, pleurez, laissez couler mes larmes ; ô mon cœur, sois plongé dans l'affliction et la douleur ;

« La joie est morte, les maux nous accablent, car les rebelles se réjouissent de la mort de celui qui défendait la vérité,

« De celui qui était toujours debout, qui jeûnait, qui avait fait revivre la fidélité, véritable ribâth qui a chassé vigoureusement les spectres ;

« Du savant, qui guerroyait sans cesse à la tête du peuple et qui est aujourd'hui l'appui, le soutien et le pilier de la gloire.

« Aucun malheur plus grand que cette mort ne pouvait nous frapper ; il nous a contristés et affaiblis au point que nous sommes anéantis.

« L'océan de bontés, l'âme des actions généreuses a disparu avec celui qui irritait les envieux, car, dès ses premiers jours, il a été la merveille de son siècle,

1. Le sens de cette dernière partie du vers est très obscur.

« La fraicheur des yeux, le dompteur des tyrans; il avait à peine paru qu'il imprimait une nouvelle vigueur à la religion et à la marche du monde.

« Qu'a-t-il été, sinon une récolte pour le vendangeur, un glaive pour quiconque a voulu combattre l'ennemi de la religion;

« Un héros venant en aide à quiconque était opprimé par les caprices des tyrans, un guide dans la bonne voie pour les gens honnêtes.

« Chaque fois qu'il priait, l'espoir se mêlait à sa crainte, et son désir était d'atteindre, avec les martyrs, la félicité pure.

« Enfin Dieu a exaucé sa prière; son sacrifice a été agréé, son but a été atteint, mais après combien d'efforts;

« Il est même allé au delà de son désir; toutefois ses regards élevés vers Dieu feront naître des légions de ses pareils.

« Son corps et son âme ont eu des jouissances sans limites, lorsqu'ils ont marché à la conquête de la gloire.

« Aucune âme ne fut plus forte dans le danger, et pourtant elle a fui de son enveloppe craintive[1].

« Son caractère était indomptable, mais en même temps il était bienveillant, jaloux de son honneur; il avait l'âme pure et la générosité facile.

« Qu'allons-nous devenir, maintenant qu'il n'est plus? la gloire ne saurait plus exister. Plus n'est besoin que les enfants vivent désormais;

« Ils seraient comme de jeunes chiens qu'on traînerait vers un lion dont le sang coule au milieu d'une meute, et qui ne redoute pas d'attaquer un autre lion.

« Jamais, ni le matin, ni le soir, on ne l'a vu autrement que s'élançant en avant pour exterminer une troupe d'ennemis.

p. ٢٧٣

« On dirait qu'il n'a pas lutté en faveur de Dieu, détruisant tout en son nom et l'appelant à son aide contre ceux qui niaient son existence;

« On dirait qu'il ne s'est pas levé pour venger la vérité ou qu'il n'a point pris les armes pour abattre le mensonge.

« C'est lui qui, jusqu'à sa mort, avait donné la vie à la religion; maintenant elle est comme une âme qui est séparée de son corps.

« Dans le texte de la Révélation il est dit : « Il ne meurt pas « l'homme qui a donné sa vie et son bonheur pour les « martyrs. »

---

1. La lecture du mot ainsi traduit est douteuse.

« Celui qui porte le nom de son père, quand ce nom qui est déjà une qualité est suivi d'une autre qualité, a droit au pouvoir parmi les Croyants.

« Toutes les qualités appartiennent au Glorifié et la gloire n'a pas d'existence en dehors de lui;

« Toutes les beautés et toutes les bontés qui brillent en paroles et en actions chez un homme se trouvent dans la vie du Prophète.

« C'est lui que je veux et non celui qui, conduit par les circonstances à l'imiter dans sa conduite généreuse, craint le danger.

« C'est lui que je veux et non celui qui a besoin de s'enfermer dans une forteresse; c'est lui que je veux et non celui qui voudrait toujours m'y enfermer.

« C'est lui enfin que je veux et non le défenseur qui viendra après lui, fût-il un héros qui ne craindrait dans la mêlée, ni le nombre des combattants, ni la puissance de leurs armes.

« Le feu de l'hospitalité jaillissait de son glaive au jour de détresse; combien de fois n'a-t-il pas nourri ses hôtes des vivres de l'ennemi.

« Les uns l'ont abandonné, d'autres l'ont trahi; bien que ce soit deux choses différentes, un même châtiment leur est applicable.

« Ils n'étaient point de ses parents, il est vrai, mais ils étaient de ses hommes de confiance; pourtant ils ont trahi celui qui les avait appelés près de lui.

« Si armé de son glaive de justice, il avait eu des légions devant lui, il aurait résisté à lui seul contre les troupes de l'oppression.

« Pareils à un troupeau de bœufs égarés qui a fui son berger, puissent ces soldats maintenant passer leurs jours à beugler;

« Qu'ils rient aujourd'hui, bientôt ils pleureront, car leurs esprits troublés ignorent ce qu'ils verront demain.

« Telle est la vie dans ce monde changeant : celui qui est gai ce soir, sera triste demain matin.

« Par votre existence, ô famille de Elayyâchi, ne redoutez plus rien maintenant que vous avez eu le fils de Ahmed; si on le blâme il a été glorieux autrefois.

« S'il a disparu de nos regards, ses traces restent comme un témoignage remarquable; que quiconque le nie, sois contraint de le reconnaître.

« Dans l'éternité, les faveurs du Maître suprême, qu'il est allé retrouver, le feront revivre et lui assureront le repos.

« O vous qui avez iniquement commis ce meurtre, le Souverain qui donne la victoire à celui qui prie, a été témoin et vous en demandera compte.

« Cette mer de générosité n'a pas disparu ; elle a débordé et s'est ensuite déversée en flots qui répandent partout la générosité :

« Ces flots, ce sont son fils et ses petits-fils qui sont des lions et dont le bonheur remplira plus tard nos yeux et nos mains de l'objet de nos désirs.

« Leur destinée s'accomplira parmi les hommes et se terminera d'une façon heureuse qui confondra les patrons de nos ennemis. p. ٢٧٤

« Dans ma pensée, j'augure que ma prophétie se réalisera et que personne, malgré son zèle ou ses efforts ne saurait vous empêcher d'arriver.

« Toute ma récompense, c'est que les deux Hassan soient heureux. Dieu sera mon juge, sa véracité suffira à me défendre contre le mensonge. »

CHAPITRE LXXIII

DES GENS DE LA ZAOUIA DE DILA : DU DEBUT DE LEUR PUISSANCE ET DE SON DÉVELOPPEMENT ; DE LEUR GLORIEUSE RENOMMÉE

Les Dilâ tirent leur origine des Berbers de Medjâth, une des grandes tribus des Senhâdja, c'est du moins ce que rapportent Ibn Khaldoun et d'autres historiens ; c'est également ce que j'ai vu écrit de la main de notre cheikh, l'imam, Abou Abdallah Elmasnâouï. Au début, leur ancêtre, le très célèbre ouali, Abou Bekr ben Mohammed, surnommé Hammi, fils de Saïd ben Ahmed ben Amr, vint habiter Dilâ et y établit une zaouïa. Son fils, le ouali très pur, Mohammed ben Abou Bekr, qui lui succéda, acheva par ses vertus l'œuvre commencée par son père et montra les plus rares qualités. Bientôt les caravanes portèrent aux quatre coins du monde la renommée de la zaouïa et de tous côtés on vit accourir la foule ; enfin les descendants de ces personnages arrivèrent à la situation dont ils jouissent actuellement, situation que nous allons retracer dans les lignes suivantes :

Abou Bekr ben Mohammed était né en l'an 943 (20 juin 1536 — 10 juin 1537). On raconte que ce nom de Abou Bekr lui fut donné par le célèbre cheikh Aboulhasen Ali ben Ibrahim Elbouzîdi dont le corps est enterré à Agrath. Passant dans cette contrée à l'époque où venait de naître Abou Bekr, le cheikh se trouva être présent le jour de l'Aqiqa[1] ; comme on lui apportait des mets préparés à l'occasion de cette cérémonie et qu'on lui demandait comment il fallait appeler l'enfant, il répondit : « Abou Bekr. » — « Mais, lui objecta-t-on, les Berbers qui estropient tous les noms vont l'appeler Abou Bekrîk. » — « Non, répondit-il, si Dieu veut, ils n'estropieront pas son nom. » C'est ainsi en effet que les choses se passèrent.

Dès que Abou Bekr commença à avoir souci des choses célestes, il se préoccupa de chercher un cheikh dont il suivrait les doctrines, et dans cette pensée, il se rendit auprès du cheikh Abou Omar Elmerrâkochi. A peine le cheikh vit-il Abou Bekr assis devant lui, qu'il lui fit un accueil des plus honorables et le pressa dans ses bras ; puis prenant son bonnet il le lui posa lui-même sur la tête. Comme Abou Bekr avait la tête plus forte que celle du cheikh Abou Omar, il ne put coiffer le bonnet et ce fut le cheikh lui-même qui l'élargit et le fit entrer de force sur sa tête. Sidi Abou Bekr racontait plus tard que cette action du cheikh lui avait valu une large part de son autorité morale et religieuse et que c'est à la suite de ce fait qu'il connut les anges et ensuite l'avenir.

On rapporte que le cheikh Abou Omar avait chargé son

---

1. Le septième jour de la naissance d'un enfant ; c'est ce jour-là qu'on lui donne un nom.

nouveau disciple du soin de veiller sur son jardin. Après être resté un certain temps au service du cheikh, Abou Bekr reçut de lui l'autorisation de retourner dans son pays. Il s'y rendit, mais il revint bien souvent à la zaouïa avec les autres membres de la confrérie. Un jour que son affection pour le cheikh l'agitait et que la brise du désir soufflait dans son cœur, Abou Bekr partit seul pour la zaouïa et en arrivant trouva son maître en train d'assister à un enterrement ; c'était au moment où la peste régnait à Maroc, probablement lors de l'épidémie de l'année 965 (24 octobre 1557. — 14 octobre 1558). « Pourquoi es-tu venu, lui dit le cheikh, ne sais-tu pas que le Prophète a dit : « Si vous apprenez que la « peste soit quelque part, gardez-vous d'aller dans ce pays. » — « Je l'avais oublié, répliqua Abou Bekr. » — « Et où sont tes compagnons de route, demanda le cheikh ? » — « Je suis venu seul, répondit Abou Bekr. » — « Eh ! ne sais-tu donc pas que le Prophète a dit : « L'homme qui est seul est un « démon ; quand deux hommes sont ensemble ce sont deux démons, » s'écria Abou Omar. » — « Je l'avais oublié, répliqua Abou Bekr. » Néanmoins le cheikh excusa son disciple.

Quand le cheikh mourut, Abou Bekr sentit un vide profond dans son esprit ; il devint irrésolu, ne s'arrêtant sur aucun sol, ne s'abritant sous aucun ciel et il erra ainsi par les déserts au milieu des animaux et des fauves. Il se mit alors à lire le Coran et le récita souvent en entier sans pouvoir retrouver le calme ; il répéta ensuite pendant très longtemps la formule : « Il n'y a d'autre divinité que Dieu » ; tout cela ne produisit aucun effet. Enfin il ne s'occupa plus que d'adresser des prières au Prophète, renonçant au monde, dédaignant ses vanités et c'est alors seulement que le calme lui revint et qu'il retrouva ce qu'il avait perdu.

Abou Bekr était très versé dans la Sonna ; il observait la

loi religieuse et recherchait la science, aussi bien dans le désir de l'acquérir que dans celui de l'enseigner ensuite. Il lisait toujours le Coran, faisait de nombreuses oraisons et adressait de fréquentes prières au Prophète. Il était indifférent aux biens de ce monde ; il ne leur prêtait aucune attention et n'aspirait point aux splendeurs. Tout ce qu'il recevait il le dépensait aussitôt, sans s'inquiéter s'il y en avait peu ou beaucoup.

L'auteur du *Mirât elmahâsin* a fait le portrait suivant de Abou Bekr : « C'était un des plus illustres docteurs de l'islamisme et un des grands saints qui approcheront de Dieu ; il fut l'unique et l'incomparable de son siècle. Remarquable par la pratique de la loi qu'il connaissait à fond, il était encore une mer de générosité sans rivages, car il donnait comme quelqu'un qui ne redoute pas la pauvreté. Si les anciens avaient connu quelques-uns des actes de sa générosité, ils n'auraient pas dit qu'ils savaient ce que c'était que la générosité. Par lui, Dieu a fait refleurir la générosité et a répandu ses faveurs sur ses créatures, à tel point que ni la langue, ni la plume ne sauraient faire une énumération complète de ses bienfaits qui sont d'ailleurs plus visibles que les feux qui brillent sur les cîmes des montagnes.

« Il suffit, au reste, à sa gloire de rappeler que le Maghreb avait perdu ses institutions, que le pouvoir royal y avait vu s'écrouler ses appuis, que l'anarchie était partout et le peuple profondément agité, quand Abou Bekr servit de refuge aux gens de science et de religion, qu'il fut le consolateur des faibles et des affligés. Ce fut lui qui éleva autour de l'islamisme un rempart invincible et le plaça sur un haut sommet solidement assis. Ce fut lui qui l'arracha à sa perte et lui rendit pour toujours son parfum et son éclat. Sa maison n'a pas cessé d'exister ; puisse-t-elle si Dieu veut, demeurer toujours l'asile de la science et de la piété, le carrefour de la générosité, une source abondante et pure, enfin le siège où se traiteront les affaires des musulmans. »

Au mois de moharrem, le premier mois de l'année 1018 (6 avril 1609-26 mars 1610), le cheikh, l'érudit, Aboulabbâs Sidi Ahmed ben Youcef Elfâsi, se rendit chez Abou Bekr et demeura quelque temps auprès de lui. Il étudia sous sa direction, tira grand profit des leçons du maître, puis il retourna à Fez. Interrogé par les habitants de cette ville sur le cheikh, il leur répondit : « Son peuple en fait l'éloge et Sidi Abou Bekr le mérite. »

Abou Bekr exerçait largement l'hospitalité ; il avait table ouverte et les repas qu'il donnait étaient toujours en rapport avec la situation de ses invités, car il suivait la prescription du hadits qui dit : « J'ai reçu l'ordre de traiter les gens selon leur rang. » Il fit de nombreux miracles qui sont restés célèbres. Il mourut au moment du lever du soleil, le samedi, 3 du mois de chaaban de l'année 1021 (29 septembre 1612) et on l'enterra à Dilâ.

Son fils, Sidi Mohammed ben Abou Bekr fut en quelque sorte le médaillon de ce collier, le plus parfait des cheikhs du Maghreb et l'étoile du bonheur. Il réunit en religion et en politique l'autorité suprême et, par son habileté, il accomplit de grandes choses et s'éleva au plus haut point de la gloire. Son pouvoir spirituel arriva à un degré qu'aucun de ses contemporains n'avait pu acquérir ; sa renommée et son influence s'étendirent bien au delà des limites que d'autres saints comme lui avaient pu atteindre. Pour en juger, vous n'avez qu'à vous reporter à la lettre que le jurisconsulte, le traditionniste, Aboulhasen Sidi Ali ben Abdelouâhed Elansâri Esselâouï, écrivait à notre maître, le jurisconsulte érudit, Aboulabbâs Ahmed Elmaqqari, alors que celui-ci était en Égypte. Voici, entr'autres choses, ce que contenait cette lettre : « Votre célèbre ami, votre ouali le plus pur, le seigneur actuel des habitants du Maghreb, le cheikh de la bonne voie, celui qui a été élevé dans le sentier de la vérité, qui connaît Dieu, le maître divin, l'auteur de nombreux miracles et d'actions glorieuses, Sidi Mohammed ben Abou Bekr Eddilâï, qui vous aime et vous honore, qui ne cesse de parler de vous en termes reconnaissants, est en bonne santé. » Cette lettre a été reproduite dans le *Nefh Etthib* par Elmaqqari.

D'après ce que rapporte notre maître, dans son *Fahrasa*, Sidi Mohammed serait né vers l'année 967 (3 octobre 1559-22 septembre 1560). Il finit par adopter les doctrines du cheikh Abou Abdallah Sidi Mohammed ben Aboulqâsem Eccherqi, après avoir suivi les leçons de divers pieux personnages du Maghreb et avoir tout d'abord dédaigné les théories de ce Sidi Mohammed ben Aboulqâsem. Ce ne fut donc qu'en dernier lieu qu'il choisit ce maître à l'exclusion des autres ; il s'en déclara le disciple et acquit ainsi une autorité et une considération de beaucoup supérieures à celles de ses contemporains. Instruit, érudit, très sagace, il eut surtout de vastes connaissances en matière d'exégèse du Coran et des hadits ainsi qu'en théologie ; il possédait, en outre, la langue arabe, la lexicographie et d'autres sciences variées.

Voici comment s'exprime, à son sujet, l'auteur du *Bedzl elmonasâha* : « Tous, nobles et savants, s'empressaient autour de lui pour recevoir ses libéralités, car Dieu l'avait fait aussi généreux que possible ; il l'était au point que la plupart des gens besogneux venaient le voir, non pas en pèlerinage et dans un but de piété, mais simplement pour participer à ses largesses. Les quémandeurs, qui n'étaient point satisfaits des dons qu'ils recevaient, ne craignaient point, tant il est vrai que l'homme est injuste, de s'en exprimer catégoriquement, soit qu'ils fussent venus réclamer quelque créance qui leur était due, soit même qu'ils n'eussent aucun droit aux libéralités qu'ils en attendaient. Sidi Mohammed connaissait bien le *Sahîh* de Elbokhâri et en lisait le texte avec une grande exactitude. J'ai eu moi-même occasion de le rencontrer et de causer avec lui de l'*Aqîda* de Elouâhidi dont il ne faisait pas grand cas. »

Les cheikhs de cette époque, l'érudit Aboulabbâs Elmaqqari, Sidi Abdelouâhed ben Achir, l'érudit Aboulabbâs Ahmed ben Youcef Elfâsi, le jurisconsulte Abou Abdallah Mohammed ben Ahmed Meyyâra et d'autres, se rendaient en pèlerinage auprès de Sidi Mohammed ; ils venaient lui demander sa bénédiction et le consulter sur les difficultés que présentent certaines questions théologiques.

Parlant de ce cheikh, l'auteur de *Eli'lâm* dit : « Quelqu'un qui aurait voulu réunir dans un même recueil la liste entière de ses vertus, n'aurait jamais pu en donner qu'une faible partie, même en faisant un volume spécial pour chaque genre de vertus, eût-il composé pour cela mille volumes. »

Quoi de plus beau que le panégyrique suivant qui fut composé en son honneur par le littérateur, l'éloquent jurisconsulte, Aboulabbâs Sidi Ahmed Eddeghoughi :

« Étonne-toi de ne pas t'abstenir et réjouis-t'en ; n'est-ce pas une honte de s'abstenir de faire l'éloge de ses vertus.

« O toi qui prétends être un lettré, arrête-toi, car tu n'arriverais pas ; tu n'es point à la hauteur de celui que tu entreprends de célébrer.

« Qu'aurais-je jamais eu affaire avec la poésie, si je n'avais eu à célébrer la gloire du fils de Abou Bekr,

« Mohammed, le pôle dont les mérites défient toute description, la lampe qui nous éclaire de ses feux ?

« C'est lui qui est le soleil de la splendeur ; que dis-je, il s'élève bien au delà du soleil, là où personne ne saurait l'atteindre.

« Il est le savant, l'étendard qui guide les hommes vers la voie la plus droite et cela grâce au voisinage où il est de Dieu.

« Il est le protecteur du voyageur et celui qui chasse le mal de ses demeures avec le consentement du tyran ou malgré sa résistance.

« Il a fait revivre la Loi, ou plutôt il a détruit toute innovation et même il a épargné tout effort au fidèle, en écartant les obstacles;

« Parfois quand celui-ci s'est reposé pour se distraire, il lui a reproché de se reposer en se fiant à son titre de fidèle.

« N'est-il pas vrai, — j'en jure par celui qui t'a donné toutes les vertus, que nul autre que toi, par les plus grands efforts, n'a pu obtenir, —

« Qu'avec une partie seulement des mérites que tu possèdes, tu ressembles à une mer dont le fond serait formé de perles et de pépites d'or?

« La science, grâce à toi, s'est trouvée hier avoir deux familles, et, sans ton assistance, le jour de l'ignorance serait venu aujourd'hui même la détruire.

« Que de pauvres misérables, par toi, sont devenus riches, que de gens désespérés ont retrouvé la vie calme et heureuse!

« Que de captifs tu as délivrés qui n'avaient aucun soutien, que d'affligés tu as consolés, qui étaient abattus par l'acharnement du sort!

« Que de malheureux opprimés tu as soulagés, en sorte qu'ils ont pu échapper à leurs maux et retrouver la paix, après avoir souffert!

« Que de gens à qui l'on avait ravi la fortune ou la religion qui, grâce à toi, se voient restituer ce qu'on leur avait pris!

« Que de victimes tu as protégées contre leurs tyrans en obligeant ceux-ci à rendre le fruit de leur spoliation!

« Que de gens tu as combattus, alors que le lion n'aurait osé les attaquer pour défendre ses petits : la mollesse, chez un chef, le perd.

« Que de musulmans qui n'ont eu d'autre père que toi : c'est à son père que chacun s'adresse.

« Depuis que tu es le plus pieux des hommes, tu n'as pas cessé d'en être le plus généreux, et le plus généreux parmi le peuple est celui qu'on redoute le plus.

« Tu es le compagnon le plus vigilant et le plus audacieux quand il s'agit de payer d'audace et de marcher en avant.

« Oui! et tu es encore le savant le plus profond, l'homme d'honneur le plus scrupuleux et le plus bienveillant malgré ta haute situation.

« Tu as la main la plus généreuse et c'est toi qui es le maître le plus équitable, écartant des autres les dangers qu'ils redoutent ou les causes qui doivent amener ces dangers.

« Que je voudrais savoir si les anciens qui, avec toute leur rhétorique, auraient essayé de faire ton éloge,

« Auraient été capables, s'ils ne pouvaient arriver à décrire toutes tes vertus, à en donner au moins la dixième partie ;

« Car tu possèdes toutes les perfections ; ton origine est pure ainsi que celle de tes collatéraux, si loin qu'on remonte dans ta généalogie. »

Les Berbers de la Molouïa avaient une grande foi en Sidi Mohammed et lui étaient très dévoués, car il attirait sur eux les bénédictions du ciel ; ils suivaient scrupuleusement ses avis et s'arrêtaient aux limites exactes qu'il leur fixait. Sa zaouïa jouissait d'un grand renom : on s'y adonnait à l'étude des sciences, et nuit et jour les cours et les conférences s'y suivaient sans interruption. Aussi cette zaouïa produisit-elle un grand nombre de maîtres et de savants remarquables. On s'y rendait de tous les coins du Maghreb ; aucun étudiant ne manquait d'y aller et tout homme avide de s'instruire ne pensait pas à s'adresser ailleurs.

J'ai entendu raconter à plus d'un maître, qu'au moment où il sentit sa dernière heure venue, Sidi Mohammed réunit ses enfants et ses parents et leur dit : « Dieu nous a fait connaître le discours de Thaloût à son peuple : « Dieu va vous éprouver avec un fleuve ; quiconque boira de ses eaux ne sera pas des miens ; celui-là seul qui n'y goûtera pas sera avec moi, à moins toutefois qu'il n'en ait pris qu'un peu dans le creux de sa main [1]. » Eh ! bien, moi je vous dis, pas même celui qui n'en aura pris qu'un peu dans le creux de sa main. » En disant ces derniers mots, il faisait allusion au désir qu'ils auraient de se disputer le pouvoir après sa mort et

---

[1]. *Coran.* Sourate II, verset 250.

de chercher à arriver aux fastes du califat. C'était là une sorte de divination de sa part. Quelques thalebs trouvent que Sidi Mohammed manqua aux convenances en se servant de cette expression : « Eh ! bien, moi je vous dis » car il mit en opposition son propre discours avec les paroles de Dieu. Un de ses petits-fils, notre cheikh, le jurisconsulte, le très docte, le célèbre Abou Abdallah Sidi Mohammed ben Elmasnâouï, fils de Sidi Mohammed ben Abou Bekr, a répondu à cette critique dans une brochure spéciale que nous aurions reproduite ici en entier si elle n'avait pas été si longue.

Sidi Mohammed ben Abou Bekr mourut en l'année 1046 (5 juin 1636-26 mai 1637), à l'âge d'environ quatre-vingts ans. Il laissa un certain nombre d'enfants dont l'aîné appelé Mohammed fut surnommé Elhadj, parce qu'il avait fait plusieurs fois le pèlerinage en compagnie de son père et de son grand-père ; dans ses voyages au Hedjaz et en Égypte, Mohammed Elhadj s'était rencontré avec un certain nombre de cheikhs ; on assure aussi qu'à la suite de certaines circonstances, il fut appelé à présider la prière publique le jour de Arafa [1], honneur qu'aucune personne de Maghreb n'avait eu avant lui. C'était un jurisconsulte érudit, un savant et un homme très généreux.

J'ai lu, écrits de la main même du jurisconsulte, le littérateur, Aboulabbâs Ahmed ben Seliman Eddaoudi, les vers suivants qu'il adressa à Mohammed Elhadj (que Dieu le garde par sa grâce !) :

> « O seigneur des peuples, notre départ est proche, et tout voyageur a un désir ardent de vous voir ;
>
> « Aucune attaque ni aucune guerre ne sauraient se passer de vous, car vous êtes un maître.
>
> « Si je ne puis vous voir, du moins je reviendrai avec une mule ou un chameau qui vous aura vu et entendu. »

---

[1]. C'est-à-dire à l'une des cérémonies du pèlerinage de la Mecque.

Mohammed Elhadj sourit en entendant ces vers qui lui causèrent une grande joie et il envoya trente mitsqâls à l'auteur en lui faisant dire : « Acceptez cette modeste offrande. » Les habitants de la zaouïa s'occupaient avec ardeur de littérature ; ils se délassaient en lisant de brillantes poésies et en faisant de la calligraphie. Il y eut parmi eux un certain nombre de personnages qui acquirent un talent remarquable dans ce genre d'études et qui composèrent de belles œuvres qui brillèrent de l'éclat de la lune.

J'ai trouvé les lignes suivantes écrites de la main même du très docte Sidi Abdelouahhâb Elfâsi : « Sidi Mohammed Eccherqi m'ayant récité, au sujet de Abou Bekr, le vers suivant dans lequel il me donnait à entendre ce personnage en parlant de la disparition du soleil :

« Le soleil a-t-il disparu ou non ? Quoi qu'il en soit, réponds à ma question et puisse ton ombre ne pas cesser de s'étendre sur la littérature. »

Je répondis :

« Le soleil a disparu ; que vos vertus ne cessent jamais, dans la suite des temps, d'éclairer les horizons du monde !
« Si le soleil a disparu dans ses demeures de l'Occident, votre soleil du moins brille toujours dans le ciel de la gloire,
« Et si l'horizon occidental réclame un soleil, nous n'avons pas besoin d'en avoir d'autre que l'*oriental*[1]. »

Sidi Eccherqi a également composé ces vers :

« La clémence attend vos ordres et l'indulgence est à votre service comme un captif étranger.
« La douceur, la bonté et la réprimande appartiennent à l'homme de cœur, mais la bienfaisance est encore la meilleure des qualités.

---

1. Il y a ici un jeu de mots sur le nom de Eccherqi, qui signifie l'*Oriental*.

« L'homme habile est celui qui montre un visage souriant ; il n'y a que celui qui est maladroit qui essaie de frapper l'intelligence avec des traits.

« Transforme en breuvage doux l'amertume que l'on t'apporte et tu y trouveras un goût agréable. »

Parmi les personnages les plus célèbres de cette zaouïa, il faut citer le très docte Abou Abdallah Mohammed Etthaïeb ben Elmasnâouï, fils de Sidi Mohammed ben Abou Bekr; ses vers et ses stances sont célèbres. Au nombre de ceux qui se distinguèrent par leur érudition dans toutes les sciences et particulièrement dans la langue arabe, il y eut encore Abou Abdallah Mohammed Elmorâbith ben Mohammed ben Abou Bekr qui a composé sur le *Teshîl* [1]. un commentaire comme il n'en a jamais été écrit de semblable. Il a également commenté *Elbasîth wa'tta'rîf, Elouaraqât*, etc...; c'était un littérateur d'une grande envergure. En résumé, je dirai, car c'est un devoir strict que de dire la vérité, qu'il y aurait beaucoup encore à raconter sur les gens de Dilâ, mais si j'entreprenais de faire l'énumération complète de leurs travaux en vers et en prose, cela m'entraînerait trop loin et risquerait d'être fastidieux. Du reste, personne n'ignore leurs mérites à l'exception toutefois des hommes grossiers dont le cœur est atteint du mal de l'envie. Le parterre des beautés des Dilâïtes serait vaste si on voulait le parcourir en entier, mais comme dit le poète :

« Si l'homme n'a pas un œil clairvoyant, il n'est pas étonnant qu'il hésite au moment où le glaive brille. »

Mohammed Elhadj se fit remarquer par sa belle conduite comme jurisconsulte et comme souverain, deux fonctions

---

1. Sans doute le traité de grammaire intitulé : *Teshîl elfaouâïd*, composé par Djemaleddin Abou Abdallah Mohammed ben Abdallah Elthaïy Eldjiyâni, surnommé Ibn Malek.

qu'il exerça avec une véritable habileté. Ce fut sous son règne que l'œuvre des gens de la zaouïa dilâite se constitua définitivement. Sa renommée fut si grande et s'étendit si loin qu'elle remplit tous les esprits, assurant ainsi le pouvoir aux mains de Abou Abdallah Mohammed Elhadj, de ses fils, de ses frères et de ses cousins. Il réussit à faire reconnaître son autorité par les villes de Fez et de Méquinez avec tout leur territoire et par toute la région de Tadela. Les Berbers de la Molouïa se groupèrent autour de lui ; ils lui jurèrent fidélité et le soutinrent dans la bataille qu'il livra à Abou Aqaba contre le sultan Mohammed Eccheikh, fils de Zîdân, le prince saadien, dans le courant de l'année 1050 (23 avril 1640-12 avril 1641). Le sultan ayant été vaincu dans cette rencontre et son armée mise en déroute complète, cessa, à partir de ce moment, d'exercer son autorité sur la contrée sise en arrière de l'Ouâdi Elabîd.

Dans la matinée du samedi 12 de rebia Ier de l'année 1056 (28 avril 1646), Mohammed Elhadj livra la bataille de Elgâra au prince de Sidjilmassa, Abou Abdallah Mohammed, le Chérif hassanien ; ce dernier ayant été vaincu, Mohammed Elhadj entra dans Sidjilmassa où les Berbers se portèrent à tous les excès. Les deux chefs conclurent ensuite la paix dans les conditions suivantes : tout le territoire qui s'étendait du Sahara au Djebel Ayyâch, fut attribué à Maulay Mohammed ben Eccherif et tout le territoire en-deçà de la montagne d'Ayyâch fut dévolu aux gens de Dilâ. En outre les Dilâïtes stipulèrent que Maulay Mohammed ben Eccherif leur remettrait cinq des districts situés sur son territoire, savoir : le district des Oulâd Aïssa, commandé par le cheikh Moghfir ; celui de Qasr Essouq, placé sous les ordres de Etthaïeb ; celui de Qasr Beni Otsmân, qui avait à sa tête Ahmed ben Ali; le Qasr Halîma dans le territoire des Eghris et Isrir Ferkla. Les Dilâïtes s'engagèrent à ne point faire prendre les armes, en leur faveur, à aucun des habitants de ces cinq districts et la paix fut conclue à ces conditions.

Les Dilâites, ramenant leurs troupes, s'étaient à peine éloignés que Maulay Mohammed ben Eccherif rompit le pacte auquel il s'était engagé, en attaquant le cheikh Moghfir et en violant certaines autres conditions qu'il avait promis de respecter. Dès qu'ils eurent connaissance de ces faits, les Dilâites rassemblèrent leurs troupes et marchèrent sur Sidjilmassa, bien décidés à ne rien laisser à Maulay Mohammed ben Eccherif et à le dépouiller entièrement de ses possessions. Ils lui écrivirent une lettre dans laquelle ils lui adressèrent des menaces, l'accusant de perfidie, lui reprochant d'avoir manqué à ses engagements et d'avoir parjuré ses serments. A cette lettre si dure et conçue en termes très violents, Maulay Mohammed ben Eccherif répondit ce qui peut se résumer ainsi :

« Au Seyyid Mohammed, surnommé Elhadj, fils du Seyyid Mohammed, fils du Seyyid Abou Bekr ben Mohammed, autrement dit Hammi ben Saïd ben Ahmed ben Omar ben Sîr Elouddjâri Ezzemmouri, ainsi qu'à tous ceux qui revêtent avec lui le manteau du conseil, ses fils, ses oncles et ses frères, salut à tous d'un salut affectueux et conforme à la Sonna. Nous vous écrivons de Sidjilmassa — puisse Dieu lui fournir contre votre méchanceté la plus profitable des amulettes et la revêtir du plus haut turban pour lutter victorieusement contre vous ! Salut !

« C'est vous qui avez rallumé les feux de l'insurrection alors qu'ils étaient éteints, mais vous n'êtes pas dignes de les entretenir, car on ne vous connaît dans le Maghreb que par les immenses plats de *acida*[1] que vous offrez à vos hôtes et par les épigrammes en vers détestables que vous vous lancez

---

1. Le mets national des Berbères marocains.

les uns aux autres. Quant aux sciences véritables, nous vous concéderions volontiers que vous les possédez, si du moins vous vouliez les mettre en pratique et les enseigner. Mais grand Dieu ! si le Souverain Juge nous accorde le pouvoir, vous verrez alors, vous et vos fils, de quoi sont capables nos enfants et nos frères.

« Les maîtres dans l'art de la divination rapportent que, dans votre lutte contre nous, vous éprouverez des vicissitudes terribles. Comment espéreriez-vous donc nous échapper, alors surtout que vous avez jeté l'effroi parmi les chérifs et les chérifas, parmi les dévots et les dévotes? Faites, si vous le voulez, tous vos efforts pour maintenir la paix et jouir du calme, tant que les circonstances vous le permettront, car la guerre est un feu qui dévore et on ne saurait l'éviter sans déshonneur lorsqu'il a été allumé. Dieu sait d'ailleurs que ces bravades de votre part ne sont ni redoutables, ni effrayantes et qu'au moment de la lutte vous ne serez pas plus terribles que les phalènes quand elles se précipitent sur la flamme des lampes. Votre désir le plus vif est d'étendre sur vous le manteau de notre protection afin que vous ne soyez point opprimés, le jour où nous vous attaquerons avec les serres de l'audace ; vous n'agissez ainsi que pour dissimuler votre insigne faiblesse, mais nous serons impitoyables et n'accepterons aucune excuse. Vous prêchez l'abstention des crimes et vos cœurs sont remplis de mauvaises pensées ; quand on vous contraint à ne point faire mal, vous dites : « Pardon ! nous n'en voulions rien faire » ; mais quiconque a enfanté une chose reste apparenté avec elle, quiconque redoute un événement en devient la victime.

« Quant aux populations berbères et arabes que contiennent les plaines du Gharb, nous espérons de Dieu qu'il les soumettra à notre autorité ; mais si nous ne parvenons pas à nous en emparer, eh ! bien, cela sera réservé à nos fils et à nos frères, car dans toutes les dynasties l'œuvre créée par son premier fondateur n'acquiert tout son éclat que sous ses successeurs. Voyez ce qui pourra ramener le calme dans nos esprits, nous vous aiderons à l'obtenir, et c'est à cela que nous nous arrêterons. Eddeghoughi a été inspiré par Dieu lorsqu'il a fait connaître vos turpitudes, dans ces vers que nous a récités Maulay Mohammed ben Mobârek :

p. ٢٨٣

> « Sache que tu es un des antechrists du Maghreb, que ta puissance périra sous les coups des disciples de Jésus ;
>
> « Vous n'êtes tous que les vils rejetons d'une prostituée et votre aïeul Abou Saïd était un Goliath.
>
> « Vos jeunes gens sont des mignons et ceux d'entre vous qui sont d'âge mûr, des cornards, grâce à la conduite de votre cheikh l'entremetteur[1].
>
> « Les cieux de la gloire ont horreur de votre dynastie et ni la terre, ni Behemot ne veulent vous supporter. »

« Vous n'êtes en réalité que des espèces de singes et le montreur de singes, exposé aux poursuites des chiens, est bientôt en guenilles. Vous nous déclarez que les traités de paix entre princes ne sont que des pièges, mais le sultan Abou Hammou l'avait déjà dit bien avant vous. Maintenant, cette lettre sera la dernière tentative de rapprochement entre vous et nous ; si vous désirez la paix, c'est également vers ce but que nous nous sentons attirés de toutes nos forces ; si vous préférez autre chose, nous vous répondrons alors par ce vers de Aboutthaïeb Elmotanebbi :

> « Désormais c'est avec des piques et des lances que nous vous écrirons et vous ne recevrez d'autre ambassadeur qu'une armée innombrable. »

« Salut. »

Eddeghoughi dont il vient d'être question et dont Maulay

---

1. Le texte porte ديّوث au lieu de ديّوث qui ne rimerait pas. Les Barbaresques remplacent volontiers le ث par un ت dans la prononciation et font parfois la même substitution lorsqu'ils écrivent.

Mohammed Eccherif cite l'épigramme dans sa lettre, était un des clients des gens de Dilâ. Il avait été élevé parmi eux et était devenu un littérateur distingué ; il était sceptique et peu de personnes ont échappé à sa verve caustique. On raconte qu'il se tenait habituellement dans un endroit qui servait de dépotoir aux ordures, et personne, homme ou femme, ne pouvait passer près de lui, sans qu'il lui décochât quelque épigramme, soit en vers, soit en prose ; ses traits portaient toujours. Il attaqua aussi un grand nombre de poètes qui n'osèrent lui répondre. Pourtant un musulman qui avait étudié les belles-lettres à la zaouïa eut le courage de le faire : comme Eddeghoughi portait quelques traces de lèpre, cet homme lui dit :

> « O vengeance ! tu es assis dans un parc à bestiaux et les traces les plus hideuses se montrent sur ta face ;
> « Quand les gens te voient, ils peuvent s'écrier : Le ciel soit loué ! il vient de montrer le diable aux hommes. »

Maulay Mohammed ben Eccherif ne cessa d'enfreindre les clauses du traité qu'il avait conclu avec les gens de la zaouïa de Dilâ jusqu'au moment où, ainsi que cela sera dit en détail plus loin, les habitants de Fez le mandèrent auprès d'eux et lui prêtèrent serment de fidélité. Il demeura un certain temps dans cette ville, puis Mohammed Elhadj ayant marché contre lui à la tête d'une armée considérable, il livra bataille à l'endroit appelé Dahr-Erremka, dans le voisinage de Fez, le mardi, 10 du mois de chaaban de l'année 1059 (19 août 1649). Maulay Mohammed, mis en complète déroute ainsi que les habitants de Fez, retourna alors à Sidjilmassa.

Quant aux gens de la zaouïa de Dilâ, ils entrèrent dans la ville de Fez et y rétablirent leur autorité ; ils y maintinrent leur pouvoir jusqu'à l'époque où le puissant sultan Maulay Errechîd, fils de Maulay Eccherif, ayant levé l'étendard de la révolte dans le pays du Djerid, s'avança à la tête des troupes nombreuses formées des valeureux et braves Arabes des Angâd, et mit le siège devant la ville de Fez dont il s'empara ainsi que nous le dirons plus loin, si Dieu veut. Maulay Errechid marcha ensuite sur la zaouïa de Dilâ. Abou Abdallah Mohammed Elhadj réunit alors une grande armée composée de Berbers et d'autres peuples ; les deux armées en vinrent aux mains à l'endroit appelé Bathn-Erroummân et, dans la bataille qui eut lieu en cet endroit, dans la première décade du mois de moharrem de l'année 1079 (11 — 20 juin 1668), les gens de Dilâ essuyèrent une défaite.

Dans ses *Mohâdharât*, le cheikh Abou Ali Elyoussi, rapporte l'anecdote suivante : « Après la défaite dont il vient d'être parlé, je m'étais rendu chez Abou Abdallah Mohammed Elhadj qui, à cause de son grand âge, n'avait pu assister à la bataille ; il était entouré de ses fils et de ses frères qui manifestaient tous un vif chagrin, une grande angoisse et une extrême frayeur . « Pourquoi, leur dit-il, cette terreur? pourquoi cette affliction? puisqu'il vous a dit qu'il vous suffirait, qu'il vous suffise donc. » En prononçant ces derniers mots, il voulait parler de Dieu.

Quand Maulay Errechid eut occupé la zaouïa, il la bouleversa de fond en combles et dispersa ceux qui l'habitaient ; il en détruisit si bien les édifices qu'il laissa l'emplacement comme un champ moissonné sur lequel on ne trouve plus trace des richesses de la veille. Cette zaouïa qui avait brillé à l'égal du soleil qui se lève, se vit privée de toute clarté par les événements ; son abri tutélaire et ses richesses disparurent pour toujours après avoir si longtemps resplendi, grâce à Abou Bekr ; après avoir exhalé et répandu ses parfums odorants, elle fut désertée par les chevaliers de la plume dont les traits du visage suffisaient à dissiper les ténèbres. Les beautés qu'on cache à tous les regards s'en éloignèrent pour toujours et leur souvenir seul demeura dans les cœurs ; ces membres de la zaouïa qui arrêtaient les souffles du vent furent emportés par les vents jusqu'à leur dernière trace. Leurs corps disparurent, mais leur renommée subsista. Ce trône écroulé, les nuits débarrassées de tout élément de discorde, reprirent leur marche régulière. Ni le glaive, ni la lance, non plus que leurs superbes présents n'avaient pu arrêter les coups du sort. Arrière donc, ô puissance mondaine, qui n'a pu défendre leurs droits, ni maintenir leur éclat ! Ainsi va le pouvoir ; il ne laisse point durer ceux qui l'ont cueilli, il fait à la fois disparaître ses maîtres et ses valets. C'est lui qui a effacé les traces des alliances, qui a éteint les feux des serments, qui a fait pâlir l'étoile du fils de Cheddâd[1] et renversé le château de Sindâd[2] avec tous ses créneaux. Chacun est renversé à son heure, l'un plus tôt, l'autre plus tard et le Coran seul parviendra jusqu'à son terme.

Dieu les a récompensés dignement des bienfaits qu'ils ont répandus, en inspirant l'élégie qu'a composé l'imam, dont tous les cheikhs du Maghreb, sans exception, s'accordent à vanter la science et la vertu, Abou Ali Elhasen ben Mesaoud Elyoussi ; cette élégie qui rime en *r* et dans laquelle l'auteur pleure sur les beaux jours de la zaouïa de Dilâ, commence par ce vers :

> « Je voudrais contraindre la paupière de mon œil à verser un torrent de larmes, mais elle s'y refuse et y substitue un torrent de flammes. »

Ce poème est long et, comme d'ailleurs il est très connu, nous nous dispenserons de le reproduire ici.

---

1. Antara, l'auteur d'une des Moallaqa.
2. Il s'agit sans doute du temple de Dhoul Caabat, élevé à Sindâd dans l'Irâq avant l'islamisme.

Errechid donna à Sidi Mohammed Elhadj l'ordre de se rendre avec ses enfants et ses parents dans la ville de Fez et d'y habiter. Ils s'y établirent effectivement, mais, après y avoir passé un certain temps, ils reçurent l'ordre de se rendre à Tlemcen. Ils partirent alors pour cette dernière ville où ils demeurèrent.

On m'a raconté qu'en entrant à Tlemcen, Mohammed Elhadj aurait dit : « J'avais bien vu dans certains livres, prédisant l'avenir, que j'irais à Tlemcen, mais j'avais cru que ce serait en souverain, tandis que j'y entre dans l'état où vous me voyez. » Mohammed Elhadj habita Tlemcen jusqu'au moment où il mourut âgé de plus de quatre-vingts ans ; il fut enterré dans le mausolée de l'imam Essenoussi.

Après la mort de Maulay Errechid, les enfants et les parents de Mohammed Elhadj retournèrent à Fez où ils demeurèrent ; ils furent invités à revenir dans cette ville par le sultan victorieux Maulay Ismaïl (que Dieu sanctifie son âme dans le Paradis !) Plusieurs de mes condisciples de Fez m'ont récité les vers suivants qui avaient été composés par le jurisconsulte Abou Mohammed Abdelouahhâb, fils du très docte Sidi Elarbi Elfâsi, et qui faisait partie d'un poème en l'honneur des gens de la zaouïa de Dilâ :

> « Les gens de Dilâ sont de noble race ; leur pays est une contrée bénie.
> « Que la gloire demeure parmi eux jusqu'au jour de la Résurrection ! »

Le sultan Errechid ben Eccherif punit l'auteur de ces vers et lui refusa toute gratification en disant : « Un pareil éloge ne saurait convenir qu'aux descendants du Prophète. » Comme curiosité littéraire, on raconte qu'après s'être emparé des gens de la Zaouïa, ainsi que nous venons de le dire, le sultan Maulay Errechid se trouvant dans son palais avec

Abou Abdallah Mohammed Elmorâbith lui récita ce vers qui était bien en situation :

> « Rien n'est plus triste, en ce monde, pour un homme de valeur que de voir un ennemi auquel il ne peut se dispenser d'accorder son estime. »

Abou Abdallah, comprenant l'allusion, répondit : « Dieu fortifie notre prince ! C'est un bonheur pour un homme d'avoir affaire à un adversaire intelligent. » Cette réplique plut au sultan, et les assistants admirèrent la présence d'esprit et l'à-propos de Elmorâbith. Dieu protège quiconque s'adresse à lui.

CHAPITRE LXXIV

DE LA RÉVOLTE DE ABOULHASEN ALI BEN MOHAMMED DANS LE SOUS ; DE CELLE DE SON ÉMULE ABOU HASSOUN, ET DE TOUT CE QUI S'Y RATTACHE

Ali ben Mohammed était le fils du bienheureux et vertueux Aboulabbâs Sidi Ahmed ben Moussa Essoussi Essemlâli. Son rôle politique commença au moment ou Zîdân fut impuissant à maintenir son autorité sur la province du Sous. A ce moment il se présenta comme prétendant au trône et essaya d'attirer vers lui les feux du pouvoir ; il réussit à grouper autour de lui les Berbers des plaines de Djezoula et de Harsa, en même temps que toutes les tribus du Sous.

Il s'empara de Taroudant et de la province de ce nom, mais il en fut chassé à la suite d'une longue lutte par le jurisconsulte, le morâbith, Abou Zakaria Yahia ben Abdallah et ce ne fut qu'après la mort de ce dernier qu'il devint maître incontesté du Sous, que sa parole et ses ordres y furent partout écoutés. Il s'attaqua ensuite au Draâ dont il s'empara également, puis à Sidjilmassa et à la province de ce nom qui reconnurent également son autorité. Devenu dès lors fort et puissant, il s'établit à Sidjilmassa et régna sur les contrées qu'il venait de conquérir jusqu'au moment où, après des combats et des luttes qui auraient fait blanchir les cheveux d'un enfant à la mamelle, il fut chassé de cette ville par l'aigle brillant, le lion irrésistible, Maulay Mohammed ben Eccherif.

Chassé ensuite du Draâ par ce même compétiteur, Ali eut à soutenir de rudes combats, mais il se maintint néanmoins dans le Sous jusqu'à l'époque de sa mort survenue en l'année 1070 (18 septembre 1659-6 septembre 1660). C'était un homme d'un abord facile, d'une conduite exemplaire, qui était chaste et peu enclin à répandre le sang. Son fils, Abou Abdallah Mohammed ben Ali, lui succéda et conserva la situation que lui avait léguée son père jusqu'au jour où il fut écrasé par le sultan Maulay Errechid, ainsi que cela sera dit plus loin. L'étendard de Aboulhasan dut alors chercher un refuge à Ilegh dans le Sous et y demeura désormais impuissant à poursuivre la lutte. Le pouvoir appartient à Dieu seul.

CHAPITRE LXXV

DU SOULÈVEMENT DE ABDELKERIM BEN ABOU BEKR ECCHEBANI A MAROC

Le sultan Maulay Elabbâs ben Maulay Eccheikh ben Zîdân ayant été tué, ainsi que nous l'avons raconté plus haut, Maroc se souleva à l'appel de Abdelkerîm, fils du caïd Abou Bekr Ecchebâni Elharîri, le chef de la grande tribu des

Chebâna, dont les Harîr forment la fraction la plus importante et la plus ancienne. Le peuple avait donné à cet Abdelkerîm le surnom de Keroum Elhadj. Étant entré à Maroc, Abdelkerîm invita la population à lui prêter serment de fidélité, ce qui eut lieu en l'année 1069 (29 septembre 1658-18 septembre 1659). Il réunit sous son autorité tout le royaume de Maroc et se conduisit d'une façon admirable à l'égard de ses sujets. Ce fut sous son règne qu'eut lieu la grande famine dite de l'année 1070 (18 septembre 1659-6 septembre 1660) ; la disette fut telle que, réduit à la dernière extrémité, le peuple en vint à manger des cadavres. Abdelkerîm resta fièrement assis sur le trône de Maroc jusqu'à l'époque de sa mort qui survint en 1079 (11 juin 1668-1ᵉʳ juin 1669), quarante jours avant l'élévation au trône de Maulay Errechîd. A la mort de Keroum, son fils Abou Bekr lui succéda comme souverain à Maroc ; il assura son autorité sur cette ville et suivit dans sa conduite l'exemple de son père, jusqu'au moment où le sultan Errechîd s'étant emparé de lui et de ses cousins, les fit tous mettre à mort et décima la tribu des Chebâna. Le cadavre de Abdelkerîm fut retiré de sa tombe et jeté au feu. Dieu seul est éternel.

CHAPITRE LXXVI

DE LA DYNASTIE DES CHÉRIFS HASSANIENS DE SIDJILMASSA. QUELQUES MOTS DE LEURS ACTIONS GLORIEUSES ET DE LEURS BRILLANTES QUALITÉS

Tout d'abord nous donnerons la généalogie de cette famille, bien que, plus brillante encore que le soleil et plus agréable qu'un ombrage touffu, elle n'ait guère besoin d'être rappelée. Les trois premiers princes de cette dynastie sont : Maulay Mohammed, Maulay Errechîd et Maulay Ismaïl, tous trois fils de Maulay Eccherif, fils de Maulay Ali, fils de Maulay Mohammed, fils de Maulay Ali, fils de Maulay Youcef, fils de Maulay Ali, surnommé Eccherif, fils de Maulay Elhasen, fils de Maulay Mohammed, fils de Maulay Elhasen, fils de Maulay Qâsem, fils de Maulay Mohammed, fils de Maulay Belqâsem, fils de Sidi Mohammed, fils de Maulay Elhasen, fils de Maulay Abdallah, fils de Maulay Abou Mohammed Arfa, fils de Maulay Elhasen, fils de Maulay Abou Bekr, fils de Maulay Ali, fils de Maulay Elhasen, fils de Maulay Ahmed, fils de Maulay Ismaïl, fils de Maulay Qâsem, fils de Maulay Mohammed, surnommé Ennefs Ezzakïa, fils de Maulay Abdallah Elkâmil, fils de Maulay Elhasen II, fils de Maulay Elhasen Essibth, fils de Ali ben Abou Thaleb et de Fathîma, la fille du Prophète.

Cette généalogie, qui mériterait vraiment d'être appelée une chaîne d'or, a été ainsi donnée par nombre de savants et de personnages, entr'autres par le cheikh Aboulabbâs Ahmed ben Aboulqâsem Essoumaï, le cheikh, l'imam, Abou Abdallah Mohammed Elarbi ben Youcef Elfâsi. Je l'ai vu également reproduite en ces termes dans l'ouvrage intitulé : *Eddorr esseni fimen bifâs min enneseb elhasani* et composé par le maître de nos maîtres, Abou Mohammed Abdesselâm Elqadiri. On la retrouve, du reste, dans un très grand nombre d'autres ouvrages.

J'ai vu dans le livre du généalogiste, le cheikh, le chérif, Abou Abdallah Elazourqâni, que cet auteur, après avoir donné la généalogie relatée ci-dessus, ajoute : Dans la généalogie de Mohammed Ennefs Ezzakïa à Yanbo Ennekhel, on trouve Mohammed et Hasen, tous deux fils de Abdallah ben Mohammed ben Abou Arfa. Or ses ancêtres et leurs descendants étaient établis à Yanbo, parce que leur premier ancêtre, Ali ben Abou Thaleb (que Dieu anoblisse sa face !), avait reçu cette ville en fief des mains du Prophète. C'est pour cette raison que les descendants de cette famille sont restés à Yanbo.

Le premier de ces chérifs qui vint s'établir dans le Maghreb fut Elhasen ben Qâsem. Voici, à ce sujet, ce que j'ai lu dans un manuscrit autographe d'un éminent docteur de mon pays : « Notre cheikh, le très docte Abou Abdallah Mohammed ben Saïd Elmerghîti, m'a dit tenir de son maître, la gloire de sa patrie, Abou Mohammed Maulay Abdallah ben Ali ben Tahar Elhassani, le récit suivant : le premier de nos ancêtres qui pénétra dans le Maghreb venait de Yanbo Ennekhel ; il s'appelait Elhasen ben Qâsem et arriva dans le Maghreb à la fin du VIIe siècle (milieu du XIIIe siècle de notre ère) ; il devait avoir à cette époque environ soixante ans et il mourut avant que le siècle ne prît fin. »

D'autres auteurs fixent pour date de l'arrivée du premier chérif l'année 664 (13 octobre 1265-2 octobre 1266). Selon le cheikh, l'imam Abou Ishaq Ibrahim ben Hilâl, cet événement aurait eu lieu sous le règne des Mérinides, du moins s'exprime-t-il ainsi dans son *Mansak*. Si cette opinion était admise, l'arrivée du chérif aurait eu lieu sous le règne de Abou Bekr ben Abdelhaqq Elmerîni et il serait mort sous le règne du sultan Yaqoub ben Abdelhaqq, frère de Abou Bekr dont il vient d'être parlé. L'auteur des *Ardjouza* rapporte, d'après Ibn Hilâl, que l'arrivée du chérif aurait eu lieu au VIIe siècle, mais dans sa *Rihla*, le maître de nos maîtres, l'imam, Abou Sâlem Elayyâchi dit que Maulay Elhasen vint au Maghreb dans le courant du VIIIe siècle, opinion à laquelle fait allusion l'auteur des *Ardjouza*, lorsqu'il dit :

« Ensuite vint Ibn Sàlem Obeïd-Allah ; dans quel heureux monde il a vécu.

« Dans sa magnifique *Rihla*, l'auteur rapporte que l'entrée de cet homme glorieux se produisit dans le septième [1]. »

Elhasen habitait à Yanbo Ennekhel dans un hameau appelé hameau des Beni Ibrahim. L'auteur du livre intitulé : *Elanouâr esseniya fi' nisba men bisidjilmássa min elachráf elmohammediya* indique dans les termes suivants les motifs de la venue de Maulay Elhasen : les caravanes des pèlerins du Maghreb venaient souvent en cet endroit visiter les chérifs. Le chef de la caravane qui se trouvait être, à cette époque, un habitant de Sidjilmassa, du nom de Abou Ibrahim, à ce qu'il me semble, avait rencontré à plusieurs reprises dans ses voyages le seyyid Elhasen. Comme Sidjilmassa ne possédait alors aucun chérif parmi ses habitants, Abou Ibrahim insista tant sur la beauté de son pays et les agréments qu'offrait le séjour du Maghreb, que Elhasen se laissa entraîner à faire le voyage avec lui. La caravane du Maghreb ramena donc au milieu d'elle Elhasen qui, cédant aux sollicitations des habitants de Sidjilmassa, demeura parmi eux.

Le petit-fils de l'imam Abou Mohammed Abdallah ben Ali ben Tahar dit dans les notes qu'il a données sur son aïeul : « Les habitants de Sidjilmassa, qui ramenèrent avec eux Elhasen, appartenaient aux Oulâd Elbachîr, aux Oulâd Elmeghzâri, aux Oulâd ben Aqêla et aux Oulâd Elmoatesemi et le chérif prit femme chez les Oulâd Elmeghzâri. » L'auteur des *Ardjouza* ajoute que le cheikh Abou Ibrahim, qui fut un de ceux qui ramenèrent Elhasen, était un des descendants du calife Omar ben Elkhetthâb.

Suivant un autre auteur, quelques habitants de Sidjilmassa, voyant que les fruits de leur pays n'arrivaient point à maturité, se rendirent dans le Hedjaz dans le dessein de ramener parmi eux un descendant du Prophète ; ce fut ainsi qu'ils amenèrent

---

[1]. C'est-à-dire la septième centaine, entre 700 à 800.

CHAPITRE SOIXANTE-SEIZIÈME

Maulay Elhasen. Dieu justifia leur espérance et bientôt leurs fruits mûrirent et leur pays devint en quelque sorte le Hedjer[1] du Maghreb.

J'ai encore vu écrit de la main d'un de mes amis, le récit suivant sur la cause de la venue des chérifs dans le Maghreb : « Les chérifs édrissites s'étaient dispersés dans tout le Maghreb et comme ils avaient perdu toute cohésion, ils avaient été persécutés par les émirs zénètes qui en avaient fait périr un certain nombre ; les chérifs avaient donc diminué de nombre et beaucoup d'entr'eux renièrent leur origine pour échapper à la mort. Quand les Mérinides s'élevèrent au pouvoir dans le Maghreb, ils honorèrent les chérifs, rétablirent leur influence et les traitèrent avec de grands égards. Comme à cette époque Sidjilmassa ne possédait pas un seul chérif, les chefs et les notables du pays décidèrent d'aller chercher un descendant du Prophète pour attirer sur eux les bénédictions du ciel. Or on dit que c'est dans les mines qu'il faut aller chercher l'or, qu'il faut demander les rubis au pays qui les produit et que le Hedjaz est la patrie des chérifs et en quelque sorte leur huître perlière. En conséquence, les gens de Sidjilmassa, se rendirent au Hedjaz et en ramenèrent Maulay Elhasen, ainsi que nous l'avons déjà dit. Depuis ce moment, le soleil prophétique brilla à Sidjilmassa, éclaira ses remparts et l'on peut dire que son cimetière est la *Beqia*[2] du Maghreb.

Sidjilmassa n'a aucun mérite plus grand que celui de posséder des chérifs, et, sans cette circonstance, son nom n'aurait eu ni la popularité dont il jouit, ni le moindre prestige. C'est, d'ailleurs, dans cet ordre d'idées que le maître

---

1. Ville et contrée d'Arabie sur le golfe Persique; pays renommé par l'abondance de ses dattes.
2. Célèbre cimetière de Médine où sont enterrés de nombreux personnages illustres.

de nos maîtres, Abou Ali Elhasen ben Mesaoud Elyoussi a dit ce vers.

> « Si les êtres généreux, issus de l'Élu, ne s'étaient établis sur leur territoire, dans ces derniers temps, on n'aurait jamais parlé d'eux.

Ce vers fait partie de cette poésie détachée dans laquelle Elyoussi faisait la satire de certain jurisconsulte de Sidjilmassa.

> « O mes vers, partout où vous serez cités, saluez en mon nom mes amis et particulièrement ceux qui, dans ma patrie, sont des hommes marquants.
> « Ne saluez point les méchants que vous rencontrerez et chez qui la perfidie et la trahison sont innées.
> « Dites à ce Sidjilmassien que notre réputation est sans tache et et qu'il ne la ternisse pas, le traître!
> « Quoi d'étonnant d'ailleurs que tu déchires la chair de tes semblables, comme le fait un chien qu'on ne tient pas en laisse?
> « Tes ancêtres immondes mangeaient la chair des chiens et l'hérédité t'a conservé ce tempérament.
> « Les gens de Sidjilmassa sont les plus faux des hommes quand ils parlent et les plus féroces quand ils ont le pouvoir.
> « Si les êtres généreux, issus de l'Élu, ne s'étaient établis sur leur territoire, dans ces derniers temps, on n'aurait jamais parlé d'eux. »

Un auteur dit encore que les gens de Sidjilmassa s'étaient adressés à Maulay Qâsem, pour le prier d'envoyer un de ses enfants dans le Maghreb, parce que ce personnage était, à cette époque, le plus en renom et le plus dévot de tous les chérifs du Hedjaz. Maulay Qâsem voulut éprouver ses enfants qui étaient dit-on au nombre de huit, avant de désigner celui qui conviendrait le mieux à cette mission; il les interrogea donc successivement l'un après l'autre en leur disant: « Comment vous conduiriez-vous à l'égard de quelqu'un qui vous aurait fait du bien? » Tous répondirent qu'ils lui feraient du bien. « Et, ajouta-t-il alors, comment vous conduiriez-vous envers celui qui vous aurait fait du mal ? » Chacun des enfants, à qui cette question avait été posée, ayant répondu qu'il rendrait le mal pour le mal, le père leur avait dit de s'asseoir; mais arrivé à Maulay Elhasen Eddâkhil, et lui ayant adressé la même question, celui-ci répondit : « Je lui ferai du bien. » — « Et s'il continue à te faire du mal, répliqua le père. » — « Je lui ferai encore du bien et je persévérerai jusqu'à ce que mes bontés viennent à bout de sa méchanceté, reprit Maulay Elhasen. » En attendant cette réponse, le visage de Maulay Elqâsem s'illumina ; la joie brilla dans ses yeux et se sentant pénétré par une inspiration hachémite, il appela les bénédictions du ciel sur ce fils et ses descendants ; son appel fut exaucé.

Quant à la légende populaire qui prétend qu'on aurait payé au père le poids de son fils en argent, c'est là une de ces fables vaines qui n'ont ni queue ni tête. Dieu sait mieux que personne quelle est l'exacte vérité.

Ainsi qu'on l'a vu précédemment, il y a eu quinze générations entre Maulay Elhasen Eddâkhil et entre son ancêtre Mohammed Ennefs Ezzakia. L'auteur du livre intitulé : *Elanouâr esseniya* dit que cet arbre généalogique a toujours été considéré comme exact quant au nombre des générations et que les descendants de cette famille acceptent pour vraie cette filiation. Cette opinion est d'ailleurs admise par beaucoup de savants éminents, entr'autres par Mohammed ben Yahia Elalmi, l'aïeul des chérifs de Chefchaouen, ainsi que cela ressort d'une note autographe de l'auteur du *Mirât elmahâsin*, dont ceci n'est qu'un résumé. On a vu plus haut qu'une opinion contraire avait été soutenue.

En résumé, les chérifs de Sidjilmassa ont une origine authentique incontestable ; chez tous les habitants du Maghreb il y a unanimité sur ce point et, comme l'a dit le cheikh

Abou Ali Elyoussi, leur noblesse est indiscutable et aussi claire que le soleil qui brille le matin.

Un de mes amis, le jurisconsulte, l'historien, Aboulabbâs Ahmed Elouzîr Elghassâni, m'a raconté ce qui suit : « J'ai entendu notre cheikh, Aboulabbâs Ahmed ben Abdallah ben Maan Elandalousi, dire que, parmi les dynasties qui avaient régné après celle des Edrissites, aucune n'avait eu une généalogie plus authentique que celle des chérifs de Sidjilmassa. » Enfin j'ai moi-même entendu un de mes cheikhs rapporter d'après son maître, l'imam Abou Mohammed ben Abdelqader Elfâsi, que les gens du Maghreb avaient classé tous les chérifs, au point de vue de l'authenticité de leur origine, en cinq catégories : dans la première catégorie, qui comprend tous ceux que l'on s'accorde unanimement à regarder comme de véritables chérifs, figurent les seigneurs de Sidjilmassa.

Maulay Elhasen Eddâkhil était un homme vertueux et d'une grande piété, il était versé dans diverses sciences, particulièrement dans celle de la logique qu'il possédait à fond. Il venait de s'installer à Sidjilmassa et s'y était reposé seulement quelques jours, lorsqu'il épousa la fille de Abou Ibrahîm ; il habitait dans cette ville l'endroit appelé Elmeslah. Lorsqu'il mourut, une discussion, si vive qu'elle faillit dégénérer en une lutte à main armée, s'éleva entre les gens de Sidjilmassa au sujet de l'emplacement de sa tombe. On finit cependant par s'entendre ; on partagea, à l'aide de câbles, la ville en quatre parties égales et on l'enterra au point de croisement des deux câbles, de telle façon que la tombe ne fut pas plus rapprochée d'un quartier que de l'autre. Ainsi qu'on l'a dit plus haut il était mort en l'année 706 ou 707 (juillet 1306 — juin 1308).

J'ajouterai que la venue de Maulay Elhasen dans le Maghreb, l'accueil que lui firent les habitants de Sidjilmassa et l'attachement qu'ils lui témoignèrent, attachement analogue à celui qu'avaient eu auparavant les gens du Maghreb pour Ettâdj Edris, viennent confirmer le hadits que l'on attribue au Prophète et qui est ainsi formulé dans le *Djomân* : « Fathima, la fille du Prophète, avait remis une aumône à une de ses suivantes, en lui disant : « Va sur le marché et dis : qui veut recevoir une « aumône de la fille du Prophète? Amène-moi ensuite la per- « sonne qui l'aura acceptée. » La suivante se rendit au marché et se mit à dire : « Qui veut accepter une aumône de la fille « du Prophète? — « Moi, s'écria un Maghrebin, je mérite de « recevoir une aumôme de la famille du Prophète. » La servante remit l'aumône au Maghrebin, puis elle lui dit : « Viens ; la fille du Prophéte désire te parler. » — « Je suis à « vos ordres, repliqua le Maghrebin. » Quand il fut arrivé à la porte de la maison de Fathima, celle-ci lui dit : « Qui es-tu? » « — « Un Maghrebin, répondit-il. » — « De quel Magreb, « ajouta Fathima? » — « Des Berbers, répartit le Maghrebin. » En entendant ces derniers mots, Fathima pleura et s'écria : « Mon père, le Prophète, me l'a dit : chaque prophète « a eu ses apôtres ; les miens, dans l'avenir, ce seront les « Berbers. On massacrera Elhasen et Elhoseïn ; leurs en- « fants s'enfuieront au Maghreb et là ils ne trouveront un « asile que parmi les Berbers. Malheur à ceux qui persécute- « ront ces enfants ! Honneur à ceux qui les traiteront avec « égards et les rendront puissants ! »

Maulay Elhasen ne laissa qu'un seul fils, Maulay Mohammed, qui lui-même n'eut qu'un seul enfant mâle, Maulay Elhasen ; on avait donné à ce dernier le nom de son grandpère et c'est lui dont le tombeau est aujourd'hui situé près des remparts de la cité principale de Sidjilmassa en face du tombeau de Sidi Mohammed Elkharrâz. Ce second Maulay Elhasen eut deux fils : l'aîné, le Seyyid Abderrahman, surnommé Aboulbarakât, qui fut l'ancêtre des Oulâd Esseyyid

p. ٢٩٣ Abou Homeïd, établis sur les bords de l'Ouâdi Erreteb, près de Alqasr Eldjedid, à une journée de marche de Sidjilmassa et de qui sont issus les chérifs qui habitent chez les Beni Zerouâl. Le second, Maulay Ali, surnommé Eccherif qui fut l'ancêtre d'un grand nombre de branches de la famille mohammédienne.

Maulay Ali était un saint personnage dont les prières étaient exaucées ; il se répandit en aumônes et multiplia les fondations pieuses ; il fit le pèlerinage de la Mecque et prit part à la guerre sainte ; son ambition était grande et sa conduite bienveillante. A un certain moment, il fit le voyage de Fez qu'il habita longtemps dans une maison située au quartier dit Djeza Ibn Amer, dans la cité des Andalous ; il conserva plus tard cette habitation. Il séjourna aussi quelque temps dans le bourg de Safrou, où il laissa, dans sa succession, des terres et des constructions qui existent encore aujourd'hui. Il laissa également des propriétés dans le pays de Djers-eddin qu'il habita et qui est situé à deux journées et demie de marche de Sidjilmassa.

Maulay Ali alla plusieurs fois en Andalousie pour y prendre part à la guerre sainte et séjourna longtemps dans la Péninsule. Lorsqu'il la quitta afin de retourner à Sidjilmassa, les Andalous engagèrent une correspondance avec lui pour le supplier de revenir dans leur pays et de s'y occuper activement des choses de la guerre sainte ; dans ces lettres, ils lui exposaient la décadence de l'Andalousie qui n'avait plus une personnalité capable de rallier autour d'elle toutes les sympathies. Durant son séjour en Andalousie, ils lui avaient déjà offert avec insistance la couronne, s'engageant à lui prêter serment de fidélité et à le soutenir par les armes ; mais Maulay Ali refusa tout cela par piété, par modestie et aussi par indifférence pour les pompes de ce monde.

J'ai vu de nombreuses lettres qui lui furent adressées par

les ulémas de la ville de Grenade (que Dieu la rende à l'islamisme !). Dans cette correspondance, les ulémas engageaient vivement Maulay Ali à passer la mer pour venir chez eux prendre en main la défense du drapeau de l'Islam. Ils annonçaient, en outre, que tous, ulémas, chefs religieux ou militaires, s'étaient imposés, sur leurs biens particuliers et en dehors des impositions du fisc, une contribution considérable qui serait affectée aux troupes qu'il amènerait avec lui du Maghreb. Voici un spécimen du protocole qui embellissait ces lettres : « Au lion magnanime, le pôle et la sphère des chevaliers de l'Islam, le brave audacieux, le lion dévorant, le terrible pourfendeur, le pieux, l'éclaireur des saintes milices, le glorieux des glorieux, celui qui apporte la victoire dans ces contrées, celui qui s'empresse de déférer aux désirs du Maître des hommes, Aboulhasen Maulay Ali Eccherif. »

Les ulémas de Grenade s'adressèrent à leurs collègues de Fez pour les prier d'insister auprès de Maulay Ali afin qu'il passât en Andalousie. En conséquence, les ulémas de Fez lui écrivirent une lettre dans laquelle ils le pressaient d'aller au secours des Andalous en lui rappelant le mérite qu'il y avait à faire la guerre sainte qui est considérée comme la meilleure des œuvres pies. Comme Maulay Ali avait donné pour principale raison de son refus d'aller porter secours aux Grenadins le projet qu'il avait fait d'accomplir le pèlerinage, les ulémas lui répondirent dans une de leurs lettres : « Remplacez ce projet de pèlerinage, auquel vous vous étiez arrêté et que vous teniez à exécuter, par la traversée du détroit pour aller faire la guerre sainte. Aux yeux des gens du Gharb, la guerre sainte offre plus de mérites que le pèlerinage ; c'est ce qu'a déclaré Ibn Rochd, quand on l'a questionné sur ce point, et il s'en est expliqué avec de longs détails dans ses *Adjouiba* ; suivez donc l'opinion qu'il a émise à cet égard. »

p. ٢٩٤

Les ulémas de Grenade qui écrivirent à Maulay Ali furent nombreux ; parmi eux, on peut citer le cheikh de Elmouâq, l'imam, Abou Abdallah ben Sarh, grand-cadi. Parmi les ulémas de Fez qui entrèrent en correspondance avec lui à cette occasion, on cite le cheikh, Abou Abdallah Elikrimi, cheikh de l'imam Ibn Ghâzi, Aboulabbâs Elmâouâsi le commentateur de la *Raudha*, Abou Zéid Abderrahman Erreqaï, l'auteur de poésies célèbres et bien d'autres que pour abréger notre récit, nous avons laissé de côté.

Une des lettres dont nous venons de parler contenait une harmonieuse qacida en l'honneur de Maulay Ali Eccherif, et de son éminent compagnon, Abou Abdallah Sidi Mohammed ben Ibrahim Elamri. Voici cette pièce de vers composée par le très docte Abourrebia Elgharnâthi ; elle contient une invitation pressante d'accepter la proposition qui leur était faite :

« O toi qui voyages, dévorant les déserts et les solitudes, tu es dans la bonne voie et tu arriveras sain et sauf.

« Marche, accélère ta course, voyage nuit et jour, car tu vas vers un astre brillant qui se lève;

« Emporte — que Dieu te protège ! — de ma part, vers cet asile, le salut d'un homme dont la voix de la renommée a excité les désirs;

« Dirige-toi vers les demeures de la tribu de Sidjilmassa; là est le palais qui renferme à la fois la puissance et la gloire.

« Salue ces tentes; salue leurs habitants du salut d'un ami qui ne peut supporter d'être éloigné d'eux.

« L'affection que j'ai pour eux court dans toutes mes veines; mes os, mon sang, mes cheveux mêmes en sont imprégnés.

« C'est là la patrie de la religion, du bien et de l'orthodoxie; combien, parmi ceux qui gravitent dans son ciel, sont des pleines lunes !

« Ce sont des hommes en compagnie desquels on n'éprouve aucune peine, car des groupes de fleurs répandent en se balançant leurs parfums au milieu d'eux.

CHAPITRE SOIXANTE-SEIZIÈME 489

« Dis-leur : O famille de la Kibla¹, ô seigneurs qui, lorsqu'on vous appelle au moment du danger, vous hâtez d'accourir.

« Adresse-toi particulièrement au rejeton d'Ali, le gendre du Hachémite², dont le pouvoir s'élève au dessus de Saturne ;

« A Aboulhasen, le noble Maula qui a fait briller à l'Occident le soleil de la victoire sur le Sahara ;

« Lui dont les merveilleuses qualités qui apparaissent à l'horizon des cœurs ravissent les esprits et semblent tenir de la magie.

« Il est un aigle quand les braves brandissent leurs armes, un lion chaque fois que l'on combat avec des dents ou des griffes.

« Il est le sauveur quand le combat roule sa meule dans la mêlée ; il est l'orage bienfaisant alors que le ciel ne laisse tomber que quelques gouttes d'eau.

« Il a lutté contre les chrétiens ; il a anéanti leurs bataillons ; il a tué les uns et dispersé les autres en les faisant prisonniers.

« A Tanger, les quelques hommes qui défendaient la ville ont été heureux de mourir, car ils espéraient que Dieu les en récompenserait.

« Il les avait appelés des frontières du Sous, ces héros qui ont sellé aussitôt leurs coursiers au poil ras et sont accourus sans chercher d'excuses.

« Alors les étriers des cavaliers ont résonné ; le soleil a brillé et les soldats de Dieu ont infligé une défaite à l'ennemi.

« Il n'y a rien d'étonnant à ce que ceux au milieu desquels ils se trouvaient fussent comme des lions de Chera³ qui bondissent hors de leurs repaires.

« Viens au secours de ton voisin affligé par ses malheurs, ô Aboulhasen ; accours à la délivrance d'Algésiras.

« Appelle à ton aide ton ami Abou Abdallah ; grâce à lui, tu apporteras la joie au milieu de nos calamités ;

« Il est le descendant d'Abou Ishaq ; ô heureux père qui laisse après lui un rejeton pur, honnête et vertueux.

« N'est-ce pas lui, qui est venu à l'appel des gens de Tanger, qui en un instant a réuni toutes les populations du Gharb,

« Et qui a infligé aux infidèles une défaite et quelle défaite ! Ceux qui n'ont pas péri par le glaive sont morts de frayeur.

---

1. La Kibla, qui est le point vers lequel on doit se tourner quand on fait sa prière, étant la Mecque, c'est comme si le poète avait dit : O famille issue de la Mecque.
2. Mahomet.
3. Localité d'Arabie, célèbre par l'abondance et la férocité de ses lions.

« Aussitôt la citadelle de la religion a souri en montrant ses blanches dents, tandis que la face de l'infidélité était envahie par la tristesse et la terreur.

« Dieu lui a déjà accordé le bonheur et la satisfaction, et, pour le jour de la Rencontre suprême, il lui réserve les jardins de l'Éden.

« Ah! parle, ô homme juste, dont la piété est la règle et qui t'es élevé par elle à la hauteur de Sirius.

« Je vois tous ceux qui sont dans le Gharb désespérés; je vois l'Andalousie qui attend le secours de votre bonne étoile :

« La brillante ville de Grenade vous crie : Venez tous deux, apportez l'étendard blanc pour secourir l'Alhambra;

« Ses habitants vous attendent; tous n'ont d'espoir qu'en vous, vieillards, enfants ou vierges aux seins arrondis.

« Venez avec tous ceux de votre pays qui peuvent nous défendre, fantassins ou cavaliers, brillants seigneurs,

« Protecteurs des opprimés et vaillants défenseurs; amenez tous ces hommes généreux et glorieux qui rivalisent avec l'orage, le torrent et la mer.

« L'infidèle aspire à nous soumettre à sa domination, et pour cela il ravage, sur nos terres, les moissons et les vendanges.

« A vous d'anéantir ces tyrans infidèles; rassasiez de leurs cadavres les fauves et les oiseaux de proie!

« Les habitants de chaque forteresse et de chaque bourg de notre pays vous appellent tous deux à leur secours dans cette amère conjoncture;

« Ah! combien il y a ici d'êtres faibles dont le corps ne peut se mouvoir, de vieillards qui ont dépassé cent dix ans,

« De filles brunes et blondes, belles comme des statues, de jeunes enfants au berceau qui ne distinguent ni le bien, ni le mal;

« Que de chaires retentissent du bruit des prières et des sermons; que d'oratoires sont remplis par la prière et l'enseignement;

« Que de chaires de la science où siègent de nobles esprits qui enseignent les vérités qui illuminent les cœurs;

« Que de tombeaux de fils des Compagnons du Prophète sur cette terre; que de saints aux cheveux en désordre et couverts de guenilles!

« Tout cela vous implore pour une prompte délivrance, car déjà l'infidélité a presque décimé ce pays.

« Hâtez-vous de vous mettre en marche; amenez-nous promptement vos proches, pour nous délivrer des embûches de ceux qui logent l'injustice dans leurs cœurs,

« Amenez-en ensuite une seconde troupe pareille à la première, afin que cet Alphonse[1] connaisse votre immense pouvoir.

« Grâce à Dieu, vous savez ce que le Prophète a dit au sujet de la guerre sainte.

« Ah ! c'est Dieu qui lui a inspiré ces belles paroles : « Je voudrais « avoir été tué, puis ressuscité ensuite pour combattre encore « bravement. »

« Le Coran aussi contient, sur ce sujet, des versets qui brillent comme le soleil du matin en traversant le ciel bleu.

« Accueillez cette requête comme une vierge dont la tunique répand des parfums et qui dirige ses pas vers votre demeure ;

« Faites parvenir mes saluts à ceux des hommes généreux de l'Andalousie qui ont traversé la mer pour s'établir dans le Gharb.

« O hommes de Dieu, accourez vite au secours d'un pays que l'infortune accable et que la guerre désole.

« Vous serez pour nous comme une puissante amulette ; c'est vous que nous désirons, hâtez-vous de venir vers nous !

« Maintenant, glorifions le meilleur des êtres, notre guide dans la bonne voie, Mohammed, l'envoyé chargé d'apporter la glorieuse religion.

« Glorifions encore sa famille, ses compagnons, ainsi que tous ceux qui suivent sa voie et qui veulent le triomphe des musulmans. »

Par ces missives aux paroles suaves, aux idées généreuses, on voit que Maulay Ali Eccherif jouissait, à son époque, d'une grande célébrité et qu'il était regardé comme supérieur à tous les autres habitants de son pays. On y voit encore qu'il était l'objet de la plus vive admiration, que sa famille était honorée de longue date et qu'on lui accordait la suprématie.

Maulay Ali continua à s'adonner aux bonnes œuvres ; il déploya tous ses efforts pour assurer la tranquillité du pays et partagea sa vie entre les devoirs du pèlerinage et ceux de la guerre sainte. On raconte qu'une année, au retour d'un

---

1. Les Arabes désignent tous les souverains d'Espagne sous le nom générique de Alphonse,

de ses pèlerinages, il lui vint à l'idée d'aller dans le district de Adjedeg, une des provinces du Soudan. Là, il attaqua une des villes appartenant aux infidèles et dans laquelle on ne pouvait pénétrer que par un pont de fer. Les habitants de cette ville, serrés de près, levèrent le pont et quand Maulay Ali, monté sur son cheval, chargea l'ennemi, il lui fut impossible de trouver une issue pour pénétrer dans la place. Comme il se ruait alors sur la porte, les assiégés craignant qu'il ne réussît à la forcer, lui lancèrent un morceau de fer qui coupa son cheval en deux ; mais Dieu sauva la vie de Maulay Ali. Les musulmans se précipitèrent aussitôt dans le fossé, en retirèrent leur chef et s'emparèrent ensuite de la place. Cela fait, Maulay Ali s'assit près de la porte de la ville. Les infidèles lui amenèrent alors deux femmes d'une remarquable beauté en lui disant de choisir celle qu'il préférait. Le chérif en ayant choisi une, les infidèles l'emmenèrent et l'égorgèrent pour faire de sa chair un repas qu'ils voulaient offrir à leur vainqueur. Quand on apporta les plats surmontés de quartiers de viande, Maulay Ali, soit par la vue, soit par divination, éprouva du dégoût pour ces mets ; il demanda alors quelle était cette viande, et comme les infidèles lui répondaient que c'était la chair de l'esclave qu'il avait choisie, il les fit tous massacrer jusqu'au dernier, à l'exception toutefois de ceux qui se firent musulmans.

Après avoir raconté ce qui précède, l'auteur du livre intitulé : *Elanouâr*, rapporte que Maulay Ali Eccherif demeura quatorze ans sans avoir d'enfant ; ce ne fut qu'après ce temps qu'il en eut deux : Maulay Mahammed et Maulay Abouldjemâl Youcef, ce dernier plus jeune que le précédent. Quant à Maulay Mahammed, il laissa quatre enfants qui étaient, en suivant par rang d'âge : Esseyyid Elhasen, Esseyyid Abdallah, Esseyyid Ali et Esseyyid Qâsem. On les désigne tous sous le nom de fils de Mahammed, sans remonter dans leur filiation au-delà de cet ancêtre ; ils ont laissé une nombreuse postérité dont il serait trop long de donner l'énumération.

Quant à Maulay Youcef il succéda à son père dans la direction de la zaouïa et tout le monde s'accorde à reconnaître qu'il était digne de remplir ces fonctions, mieux que tout autre, à cause de son bon sens et de sa grande intelligence. Toutefois, il n'obtint l'administration de la zaouïa qu'après une vive contestation. L'acte qui lui confirma cette autorité est encore aujourd'hui entre les mains d'un de ses arrière-petit-fils. Tout ceci se passait sous le gouvernement des Beni Merin.

On prétend, dit l'auteur de *Elanouâr*, que Maulay Ali n'eut pas d'enfants avant d'avoir atteint l'âge de quatre-vingts ans et qu'il en eut alors neuf. Cinq étaient issus de la même mère, la Seyyida Khalifa, une descendante des Almoravides établis à Sidjilmassa et se nommaient : Esseyyid Ali, — l'ancêtre direct de notre glorieux souverain, — Esseyyid Ahmed, Esseyyid Abdallah, Esseyyid Etthaïeb et Esseyyid Abdelouâhed, surnommé Aboulghaïts, à cause des grandes pluies qui tombèrent à l'époque de sa naissance, et qui vinrent à la suite d'une grande sécheresse. Ils sont énumérés par rang d'âge. Les quatre autres fils de Maulay Ali étaient également issus d'une même mère, la Seyyida Etthahira, qui descendait aussi des Almoravides fixés à Sidjilmassa ; ils se nommaient Esseyyid Elhasen, Esseyyid Mohammed, Esseyyid Elhoseïn et Esseyyid Abderrahman. Les descendants des cinq premiers sont établis aujourd'hui à Akhenousen.

Il serait trop long de donner en détail la descendance de tous ces enfants ; nous en laisserons donc de côté huit pour ne parler que de la postérité de Maulay Ali qui rentre directement dans notre sujet. Maulay Ali, disons-nous donc, eut trois enfants : Maulay Mahammed, Maulay Mahrez et Maulay Hâchem, ce dernier qui fut l'ancêtre des habitants de la

Zaouïa de Elamrâni. Tous ces fils laissèrent une postérité : Maulay Mahammed eut pour fils Maulay Ali, l'aïeul direct de notre souverain actuel, ainsi qu'un certain nombre d'autres enfants ; il mourut à Maroc où son petit-fils, le prince des Croyants, Maulay Errechid, lui a fait bâtir le mausolée en forme de coupole qui fait face au cénotaphe du cadi 'Iyâdh.

Un uléma raconte qu'un ouali de l'Orient était venu à Maroc ; dans le peuple on assurait que cet homme était un devin ; et lui-même prétendait qu'il reconnaissait les morts dans leurs tombeaux de façon à distinguer un vertueux d'un méchant, un être parfait d'un être inférieur. Dans le but de le mettre à l'épreuve, un jurisconsulte le conduisit à la zaouïa du cadi 'Iyâdh et le fit entrer dans la coupole qui se trouve dans le cimetière d'Aboulfadhl. A peine entré, le ouali s'écria : « Je vois ici des porcs ». Or, il en était bien ainsi, car c'est dans cette coupole qu'on enterrait les renégats. Il entra ensuite dans la coupole de Maulay Ali : « Ah ! je sens ici le parfum du Prophète, exclama le ouali. » On en a raconté long sur ce personnage et quelques-uns même ont fait des récits à la sincérité desquels on ne saurait croire.

Maulay Ali eut neuf fils : Maulay Eccherif, le père de notre souverain, Esseyyid Elhafîd, Esseyyid Elheddjâdj, Esseyyid Mahrez, Esseyyid Merouân, Esseyyid Fodheïl, Esseyyid Abou Zakaria, Esseyyid Mobârek et Esseyyid Saïd. Telle est la liste des enfants de Maulay Ali, parmi lesquels le plus éminent et le plus célèbre fut Maulay Eccherif. Celui-ci eut un certain nombre d'enfants tous remarquables et doués de brillantes qualités : Maulay Ismaïl fut certainement le médaillon de ce collier ; on peut en outre citer Mahammed qui était l'aîné, Maulay Errechid, le plus sage de ces princes, — il sera question d'eux dans ce récit, s'il plaît à Dieu, — Maulay Elharrân, Maulay Mahrez, Maulay Youcef, Maulay Ahmed, Maulay Elkebir, Maulay Hammâdi, Maulay Elabbâs, Maulay

Saïd, Maulay Hâchem, Maulay Ali et Maulay Elmahdi, frère germain de notre souverain. Voici tout ce que j'ai pu rassembler sur cette noble généalogie, et cela suffit. Dieu connaît l'avenir et ses lois ; il tient entre ses mains la marche des affaires.

CHAPITRE LXXVII

p. ٢٩٩

DE LA FAÇON DONT MAULAY MAHAMMED BEN ECCHERIF ARRIVA AU POUVOIR ET COMMENT IL S'EMBARQUA DANS CETTE AFFAIRE

Aboulamlâk Maulay Eccherif jouissait d'un grand crédit auprès des habitants de Sidjilmassa et de tout le Maghreb ; on venait s'adresser à lui dans les circonstances difficiles, on avait recours à son intervention dans le malheur, et que le danger fût grand ou petit, tout le monde accourait vers lui.

Tout jeune encore, comme il passait un jour près de l'imam, le savant, le pratiquant, Abou Mohammed Abdallah ben Ali ben Tâher Elhassani, celui-ci, qui ne le connaissait pas, demanda qui était cet enfant. « C'est le fils de Maulay Ali ben Mohammed, lui répondit-on. » Abou Mohammed fut tout heureux de voir cet enfant ; puis lui passant la main le long du dos, il s'écria : « Ah ! comme il en sortira des princes et des rois de ces reins ! » Le peuple, qui connaissait la sainteté de Abou Mohammed, fut persuadé que cette prédiction se réaliserait. Plus tard, Maulay Eccherif, qui avait pris de l'âge et avait un grand nombre d'enfants, répétait partout cette prédiction, ajoutant qu'elle se réaliserait sûrement, et que ses fils régneraient et joueraient un rôle important, tant il avait foi dans la perspicacité divinatoire de Maulay Abdallah ben Ali ben Tâher.

Une très vive inimitié existait entre Maulay Eccherif et les habitants de Tabouasamt, une des fortes citadelles de Sidjilmassa. Maulay Eccherif appela à son aide Aboulhasen Ali ben Mohammed, le maître du Sous dont il a été question ci-dessus et avec qui il avait des relations d'amitié. De leur côté les habitants de Tabouasamt s'adressèrent aux gens de la zaouïa de Dilâ qui vinrent à leur secours. Les troupes de Aboulhasen et celles des gens de la zaouïa se concentrèrent devant Sidjilmassa, mais elles se séparèrent sans combattre, la paix ayant été faite pour éviter de répandre le sang des musulmans. Cet événement eut lieu en 1043 (8 juillet 1633-27 juin 1634).

En voyant les liens d'affection qui unissaient sincèrement Maulay Eccherif et Aboulhasen Ali ben Mohammed Essoussi, les habitants de Tabouasamt prirent tous parti pour Aboulhasen, se dévouant eux et leurs enfants à son service, et lui témoignant une amitié et un dévouement sans bornes ; ils espéraient ainsi arriver à rompre les liens d'affection qui unissaient Maulay Eccherif et le prince qui l'avait soutenu contre eux. Ils manœuvrèrent si bien dans ce sens, que bientôt les relations se tendirent entre les deux princes et aboutirent à une rupture définitive.

Quand il s'aperçut de ce qui se passait, Maulay Mohammed ben Eccherif s'empressa de profiter de l'occasion pour attaquer les habitants de Tabouasamt ; il partit de nuit, à la tête d'environ 200 cavaliers, simulant un départ dans une autre direction, puis changeant tout à coup, il cerna à l'improviste les habitants de Tabouasamt, les massacra et s'empara de la citadelle et des trésors qu'elle contenait. Ce succès causa une grande joie à Maulay Eccherif, car Dieu venait ainsi de lui donner sur ses ennemis tous les avantages qu'il avait souhaités.

Aussitôt que Aboulhasen eut eu connaissance de ce qui s'était passé à Tabouasamt, il entra dans une violente colère et manda à son représentant, qui gouvernait Sidjilmassa, de s'emparer par ruse de Maulay Eccherif, pour le lui envoyer ensuite comme prisonnier. Le gouverneur de Sidjilmassa exécuta les ordres de son maître ; il fit conduire Maulay Eccherif au prince du Sous, qui le retint prisonnier dans une des forteresses du pays. Maulay Eccherif demeura captif jusqu'au moment où son fils Maulay Mahammed le fit élargir moyennant une somme d'argent considérable ; il retourna ensuite à Sidjilmassa. Pour abréger, nous avons omis beaucoup de détails sur cet événement, qui se passa dans le courant de l'année 1047 (26 mai 1637-15 mai 1638).

Durant la captivité de son père, Maulay Mahammed, qui avait mis tout son zèle à exterminer ce qui restait des habitants de Tabouasamt et à extirper cet ulcère, avait réussi, grâce aux richesses enlevées aux habitants de Tabouasamt, à réunir une armée de médiocre importance. Un certain nombre d'habitants de Sidjilmassa et des environs s'étaient incorporés dans cette armée, à cause des exactions dont ils étaient les victimes de la part des fonctionnaires de Aboulhasen Ali ben Mohammed ; ceux-ci, en effet, avaient montré une telle avidité qu'ils avaient semé la haine du prince dans le cœur des habitants; dans leur rapacité, ils avaient prélevé des impôts sur toute chose, et étaient allés jusqu'à faire payer une redevance à celui qui, en hiver, se mettait au soleil, et à celui qui, en été, se mettait à l'ombre. Ainsi opprimés, les habitants de Sidjilmassa méprisèrent ces fonctionnaires et les prirent en aversion, aussi quand Maulay Mahammed se souleva, il les trouva tout disposés à lui venir en aide et à se rallier à lui ; ils chassèrent alors du pays tous les partisans de Aboulhasen et ses représentants et déclarèrent hautement qu'ils refusaient désormais d'obéir à ce prince. Le destin leur fut favorable et l'ordre éternel de Dieu se réalisa. C'est vers lui que toute chose doit revenir.

CHAPITRE LXXVIII

DE L'ÉLÉVATION AU TRONE DE MAULAY MAHAMMED BEN ECCHERIF ; HISTOIRE DE SON RÈGNE JUSQU'AU MOMENT OU IL FUT ASSASSINÉ

Maulay Mahammed ben Eccherif reçut le serment de fidélité à Sidjilmassa, après qu'on eut expulsé de cette ville tous les partisans de Aboulhasen, c'est-à-dire en l'année 1050 (23 avril 1640-12 avril 1641). Tous les personnages influents de Sidjilmassa prêtèrent serment au nouveau souverain, qui s'occupa aussitôt de serrer de près Aboulhasen dans la province du Draâ qui était soumise à l'autorité de ce dernier. La lutte fut acharnée : les deux adversaires se livrèrent des batailles si terribles qu'elles auraient fait blanchir les cheveux d'un enfant à la mamelle. Enfin le nuage du combat s'étant dissipé, on constata que Maulay Mahammed, vainqueur, était maître du Draâ, tandis qu'Aboulhasen, vaincu, avait dû prendre la fuite.

Dès que Maulay Mahammed eut agrandi ses États, que ses troupes furent nombreuses et que sa renommée se fut répandue dans le pays, les habitants de Fez et les Arabes du Gharb lui envoyèrent demander de venir parmi eux, disant qu'ils s'engageaient à lui prêter assistance et à lui fournir des armes et des approvisionnements. Maulay Mahammed se hâta de répondre à cet appel et entra à Fez, comme le soleil entre dans la constellation du Bélier, le dernier jour du mois de djomada II de l'année 1059 (10 juillet 1649). Les habitants de Fez la Vieille et de Fez la Neuve lui ayant prêté serment d'obéissance, il demeura dans cette ville jusqu'au moment où il en fut chassé par les gens de la zaouïa, ainsi que nous l'avons rapporté ci-dessus, en parlant des événements de cette année-là.

De retour à Sidjilmassa, Maulay Mahammed se contenta de régner sur ses possessions du Draâ, de Sidjilmassa et de la province de ce nom ; mais bientôt son frère, Maulay Errechid ben Eccherif, qui d'abord lui avait été soumis et était resté à son service, se révolta contre lui à la tête des Arabes des Angâd. La haine ayant éclaté entre les deux frères, Maulay Errechid, craignant pour ses jours, s'enfuit ; il alla de ville en ville cherchant à s'emparer de l'autorité royale et arriva à la suite de ses pérégrinations à la casbah de Ibn Mechaal. Là il trouva un juif, soumis à la capitation, qui possédait d'immenses richesses et de précieux trésors ; cet homme opprimait les musulmans et tournait en dérision l'islam et ses sectateurs. Maulay Errechid chercha longtemps par quel moyen il arriverait à faire tomber ce juif dans un guet-apens ; enfin Dieu lui en fournit l'occasion, à la suite d'événements qu'il serait trop long de rapporter ici. Maulay Errechid tua donc ce juif, s'empara de ses richesses et de ses trésors, qu'il distribua à ceux qui l'avaient suivi et à ceux qui se joignirent à lui, ce qui accrut bientôt ses forces, en lui valant, en même temps que des renforts, une renommée que les caravanes transportèrent au loin.

Aussitôt qu'il fut instruit de ces événements, Maulay Mahammed, qui redoutait une attaque soudaine de la part de son frère, se porta à sa rencontre pour le combattre et essayer de s'emparer de sa personne. Mais, quand la bataille s'engagea entre les deux armées, la première balle tirée atteignit à la gorge Maulay Mahammed qui succomba immédiatement à la suite de cette blessure, le vendredi 9 du mois de moharrem, le premier mois de l'année 1075 (2 août 1664). Maulay Errechid éprouva un vif chagrin de la mort de son frère et en prit le deuil. Maulay Mahammed mort, toutes ses troupes allèrent grossir les rangs de l'armée de Maulay Errechid, qui se trouva ainsi à la tête de forces considérables. La royauté n'appartient qu'à Dieu ; il la donne à qui il lui plaît.

Maulay Mahammed était plein de courage et d'audace ; dans les combats il payait bravement de sa personne, sans s'inquiéter du danger quand il s'agissait de lutter contre ses semblables. Les gens de la zaouïa l'ont bien dépeint lorsqu'ils ont dit de lui : « C'était un véritable gerfaut aussi insensible au simoun de la nuit, qu'à l'ardeur accablante du soleil de l'été, et pareil à l'aigle fauve il était constamment perché sur la cîme des rocs. La possession des richesses ne l'empêchait pas de couper des têtes. Sa bravoure était célèbre et sa vigueur était telle qu'on ne pouvait lui tenir tête dans le combat. »

On raconte que lors d'un des sièges de Tabouasamt, Maulay Mahammed plaça sa main dans une meurtrière de la citadelle, et qu'un nombre considérable de guerriers purent monter sur son bras, aussi solide qu'une poutre fichée dans un mur ou qu'une assise de briques. Il était d'une nature généreuse ; sa libéralité était telle qu'il donna au littérateur célèbre qui excella dans la poésie vulgaire et dans la poésie pure, Abou Otsman Saïd Ettlemsâni, environ vingt-cinq rothl[1] d'or pur, en récompense d'un panégyrique qu'il avait fait de lui. Les anecdotes de ce genre, relatives à ce prince, sont d'ailleurs bien connues. Lorsqu'il fut tué, son fils Maulay Mahammed essaya de lui succéder, mais il ne put arriver au pouvoir, par suite de circonstances qu'il serait trop long d'énumérer.

---

1. Le *rothl* est un poids de 0 kilog. 850.

CHAPITRE LXXIX

DU RÈGNE DU PUISSANT SULTAN, MAULAY ERRECHID ; DE CE QUI ARRIVA A CE PRINCE JUSQU'A SA MORT

Maulay Mahammed ayant été tué comme il vient d'être dit, Maulay Errechid se mit à la tête de ses troupes ; il marcha sur Taza et après une longue lutte, il réussit à emporter cette place, où il s'établit. Ensuite il dirigea ses efforts contre Fez ; mais, arrivé devant cette ville, il fut cerné de tous côtés par les habitants ; il leur tint d'abord tête avec ses cohortes puis, après avoir lancé contre eux pendant quelque temps son infanterie et sa cavalerie, il entra de vive force dans cette place, dont il avait abattu les braves guerriers et fait périr les défenseurs.

A ce moment, l'anarchie régnait à Fez ; chaque quartier avait son chef et sur chaque colline il y avait un coq qui chantait. Ibn Salah s'était constitué le chef des Andalous et de tous leurs partisans, tandis que Ibn Seghir était à la tête des Lemthiens et de tout leur clan ; les deux partis étaient constamment en lutte ouverte, ainsi que nous l'avons rapporté plus haut. Quant à Fez-la-Neuve, elle était au pouvoir d'un certain individu appelé Edderidi.

Maulay Errechid s'empara de Fez-la-Vieille ; il en massacra tous les chefs et bientôt le pays, redevenu calme, se soumit à son autorité. Il était entré à Fez-la-Vieille dans la matinée du lundi 1ᵉʳ du mois de dzoulhiddja de l'année 1076 (4 juin 1666) et se fit prêter serment de fidélité le même jour. La cérémonie terminée, il distribua des sommes considérables aux ulémas et les combla de présents. Il déploya la plus grande bienveillance à l'égard des habitants de Fez et montra un vif désir de faire revivre la Sonna en faisant respecter la loi religieuse ; cette conduite le plaça bien haut dans l'esprit de la population tout entière, qui lui voua une vive affection.

Après être resté peu de temps à Fez, Moulay Errechid marcha contre la zaouïa de Dilâ, il éteignit la puissance de cette confrérie, en dispersa les membres de tous côtés et détruisit leur influence, ainsi que nous l'avons exposé plus haut en détail. Il alla ensuite attaquer les Chebâna à Maroc et les ramena sous son autorité : ceux-ci, en apprenant la nouvelle de sa venue, avaient abandonné la ville, redoutant le sort subi par les gens de la zaouïa de Dilâ que Maulay Errechid avait dispersés et mis en pièces. Leur frayeur avait été telle qu'ils avaient fui précipitamment hors de la ville pour chercher un refuge dans des montagnes inaccessibles. Entré à Maroc, Maulay Errechid y fit périr tous les Chebâna qu'il y trouva, puis il réussit à déloger de sa retraite cette tribu puissante et la maîtrisa vigoureusement par la tête et par les pieds. De là, il se rendit dans le Sous ultérieur ; après avoir pacifié toute cette contrée et y avoir ramené la sécurité, il alla mettre le siège devant Ilegh, la résidence de Aboulhasen, dont il ruina l'autorité. A ce moment, tout le Maghreb, de Tlemcen à l'Ouâdi Noul sur la frontière du Sahara, fut soumis aux ordres de Maulay Errechid.

Ce prince témoignait une grande affection aux savants ; il les honorait, recherchait leur société et se montrait généreux à leur égard partout où il les rencontrait. Comme il était d'une grande libéralité, on venait à lui de tous côtés, même de l'Orient et d'ailleurs. Un thaleb d'Alger, qui s'était rendu auprès de ce prince, en fit l'éloge dans le distique suivant :

> « Le fleuve de l'Euphrate a débordé dans toutes les contrées, répandant par tes mains la générosité comme une onde douce et pure;
>
> « Tout le monde y a puisé, et la misère, impuissante à trouver son salut, a dû périr. »

Maulay Errechid donna à ce thaleb une gratification de 2,500 dinars. Il serait impossible de relever tous les actes de générosité de ce prince ; d'ailleurs les anecdotes à ce sujet sont nombreuses et connues. Sous son règne, la science fut florissante ; les savants jouirent de grands honneurs et de considération ; la paix et l'abondance régnèrent partout. Il mourut dans les circonstances suivantes : Un jour que, monté sur un cheval difficile, il l'avait lancé à fond de train, il ne pût maîtriser l'animal, qui le jeta contre un oranger. Le prince fut tué sur le coup, sa tête ayant porté sur une des branches de l'arbre qui lui fendit le crâne. A l'occasion de cette mort, un poète dit :

> « La branche de cet arbre n'a pas brisé le crâne de notre imam par cruauté, ni par ingratitude, en méconnaissant les devoirs de l'amitié;
>
> « C'est seulement par jalousie de sa taille svelte, car parmi les arbres aussi, il y a des envieux. »

Maulay Errechid mourut à Maroc, le jeudi soir, 11 du mois de dzoulhiddja de l'année 1082 (9 avril 1672) ; on l'enterra dans cette ville, mais plus tard, d'après une recommandation dernière faite par le défunt, son corps fut transporté à Fez et enterré dans le jardin du saint ouali, le savant versé dans la vraie science, Aboulhasen Sidi Ali ben Herzhoum.

CHAPITRE LXXX

DU GLORIEUX SULTAN MAULAY ISMAIL BEN ECCHERIF

La nouvelle de la mort de Maulay Errechid à Maroc fut apportée à Abounnasr Maulay Ismaïl, qui était alors lieutenant du prince à Fez-la-Neuve, le mardi soir, 15 du mois de dzoulhiddja de l'année 1082 (13 avril 1672). On prêta serment de fidélité à Maulay Ismaïl, et tous les notables et les saints personnages du Maghreb prirent part à cette cérémonie. Personne ne fit opposition à la proclamation du nouveau souverain, car chacun reconnaissait que Maulay Ismaïl avait plus de droits et plus de titres que tous ceux qui auraient pu être ses concurrents. La proclamation eut lieu à la deuxième heure du mercredi 16 du mois de dzoulhiddja, le dernier mois de l'année 1082 (14 avril 1672) qui correspondait au 3 avril (vieux style). Le prince avait alors 26 ans, car il était né l'année de la bataille de Elgâra, qui eut lieu, selon des historiens dignes de foi, en l'année 1056 (17 février 1646-6 février 1647.

La cérémonie du serment terminée, Maulay Ismaïl se mit aussitôt en devoir d'exercer sa royauté. Habile dans sa conduite, il administra d'une main ferme et ramena tout le pays à son obéissance : de près comme de loin, toutes les provinces reconnurent son autorité, mais ce ne fut qu'après de longues luttes et de nombreux combats contre les agitateurs. Son neveu, Aboulabbâs Maulay Ahmed ben Mahrez ben Eccherif, s'étant révolté contre lui à Maroc et ailleurs, il le poursuivit sans relâche et, à la suite de combats terribles qu'il serait trop long de rapporter ici, il finit par le tuer, dans le courant de la deuxième décade du mois de dzoulqaada de l'année 1096 (9-19 octobre 1685).

Les habitants de Fez s'étaient également révoltés contre lui ; il les assiégea dans leur ville durant quinze mois et au bout de ce temps il reçut leur soumission, le 19 du mois de redjeb de l'année 1084 (30 octobre 1673). Enfin il eut tant de luttes à soutenir contre divers agitateurs qu'il serait trop long de les raconter ici, notre désir étant d'abréger notre récit. Ce ne fut donc qu'après avoir guerroyé sans trêve, ni relâche, contre tous ces rebelles et contre toutes les tribus qu lui résistèrent que Maulay Ismaïl réussit à dompter tout le Maghreb ; il fut alors obéi dans les plaines comme dans les montagnes. Il conquit aussi des provinces du Soudan et ses possessions dépassèrent les rives du Niger. Maître des parties fertiles du Soudan, il étendit son domaine bien au delà du point qu'avaient atteint, avant lui, le sultan Aboulabbâs Ahmed Eddzehebi Elmansour et ses autres prédécesseurs. Du côté de l'Est, son royaume s'étendit jusqu'au voisinage de Biskra, dans le Bilâd Eldjerîd, englobant tout le territoire dépendant de Tlemcen. Dieu sait à qui il confie ses missions.

CHAPITRE LXXXI

GRANDEUR DU RÈGNE DE MAULAY ISMAIL ; ÉNUMÉRATION DES FAITS GLORIEUX QUI S'Y RAPPORTENT

Quiconque examine les choses d'un œil impartial et aime à dire la vérité — ce qui est la plus louable des qualités — ne saurait manquer de reconnaître que jamais on n'a vu un gouvernement pareil à celui des Hassaniens, ni même entendu parler d'une dynastie qui puisse lui être comparée.

p. ٣٠٦ On s'épuiserait vainement à vouloir faire un récit complet de toutes ses gloires. A cette époque, en effet, il y eut une prospérité inouïe ; on ne saurait s'imaginer la sécurité, l'abondance et le calme qui régnèrent dans tout le pays. Ces faits, du reste, sont connus de tous et leur récit a souvent retenti aux oreilles de chacun de nous.

Un des principaux titres de gloire de ce règne, c'est d'avoir débarrassé le Maghreb de la souillure de l'infidélité et d'avoir mis un terme aux agressions de l'ennemi chrétien. Maulay Ismaïl a, en effet, conquis un certain nombre de villes dont la possession entre les mains des chrétiens était une cause de troubles pour le Maghreb et une source d'inquiétude pour les musulmans. Parmi ces villes il faut citer :

La Mamoure, appelée aussi Elmehedia qui fut prise d'assaut après un assez long siège, le jeudi, 14 du mois de rebia II de l'année 1092 (3 mai 1681) : 300 chrétiens environ furent faits prisonniers dans cette ville ;

Tanger, ville contre laquelle Maulay Ismaïl envoya des troupes qui la bloquèrent si étroitement que les chrétiens durent fuir sur leurs vaisseaux et s'échapper par mer, en laissant la place ruinée de fond en comble. Cet événement eut lieu au mois de rebia II de l'année 1095 (18 mars-16 avril 1684) ;

Larache, que les chrétiens (Dieu les anéantisse !) avaient reçu des mains du sultan Mohammed Eccheikh ben Elmansour Eddzehebi et qu'ils occupèrent, sans interruption, jusqu'au jour où ils en furent chassés par Maulay Ismaïl. Ce prince envoya une armée assiéger cette ville ; après un siège qui dura près de trois mois et demi, Dieu fit aux musulmans la faveur de leur accorder la prise de la place, mais ce ne

CHAPITRE QUATRE-VINGT-UNIÈME

fut qu'après de grands efforts, et une série de combats. Une mine que les chrétiens avaient creusée et qu'ils avaient remplie de poudre ayant fait tomber un pan de muraille, les musulmans se précipitèrent par cette brèche et se ruèrent sur les soldats qui garnissaient les remparts. Un sanglant combat s'engagea alors et bientôt les chrétiens durent se réfugier dans leurs bastions où ils demeurèrent encore un jour et une nuit; puis saisis de terreur ils capitulèrent. Ce fut ainsi que cette race inique fut exterminée au Maroc : Dieu, le maître de l'univers, en soit loué ! Avant la prise de la ville, Larache renfermait 3,200 chrétiens ; comme les musulmans avaient fait 2,000 prisonniers, il y eut donc 1,200 chrétiens qui furent tués dans cette affaire. On trouva dans la place un immense approvisionnement de poudre et environ 180 canons, dont 22 en bronze et le reste en fer.

Parmi ces canons, se trouvait celui qu'on appelait Elqassâb, qui avait 35 pieds de long et dont le boulet pesait 35 rothl ; la culasse était de telle dimension que quatre hommes pouvaient à peine l'embrasser ; du moins c'est ce qu'on a entendu dire à des témoins oculaires qu'on avait interrogé sur ce sujet.

La prise de Larache accrut les forces des musulmans et de leur prince ; ils éprouvèrent, à cette occasion, une grande joie et une vive allégresse, tandis que les chrétiens en conçurent une amère affliction et de pénibles regrets; ils demeurèrent dans une vive anxiété sur terre et sur mer depuis la prise d'assaut de cette ville par les musulmans. Ce fait d'armes s'était accompli le 18 du mois de moharrem de l'année 1101 (1ᵉʳ novembre 1689).

A l'occasion de la prise de Larache, le cheikh, le khathib, l'éloquent, le littérateur de la cité de Fez, le mufti de cette ville, Abou Mohammed Abdelouâhed Elbouinâni Eccherif, composa en l'honneur de Maulay Ismaïl et pour le féliciter, le poème suivant qui met l'allégresse dans l'âme :

« Allons ! réjouissez-vous ; cette conquête est brillante et grâce à votre valeur, nos affaires sont rétablies.

« L'oiseau du bonheur a chanté bien haut, et nos cœurs s'épanouissent en songeant à votre victoire.

« L'éclat du triomphe nous illumine, car la clarté de la gloire est dorénavant tournée vers vous.

« Tous les bonheurs vous accompagnent; l'existence est douce maintenant et la joie nous enivre.

« Vous avez protégé le drapeau de l'Islam, lorsqu'il a défendu ses citadelles par la bouche de la vérité.

« Vous avez fait la guerre sainte, vous avez combattu ; vous avez été les pleines lunes de la religion de Dieu.

« Vous avez nourri vos glaives de la chair de vos ennemis infidèles dans les combats que vous avez livrés.

« Les jours de la paix vous surpassiez la lune en beauté et au jour de la mêlée vous avez été un lion terrible.

« C'est dans la citadelle de Larache que votre gloire s'est élevée au dessus de Sirius ;

« Car les rois qui l'avaient désirée et attaquée avaient tous dû se retirer.

« Mais quand vous êtes venu, elle vous a appelé et vous a dit : ô prince, ce bonheur vous était dû.

« Vous vous êtes emparé par capitulation des chefs qui l'habitaient ; ni leurs remparts, ni la fuite n'ont pu les sauver.

« Vous avez vaincu, grâce à de vaillants héros qui tous, dans la mêlée, sont audacieux.

« Que d'infidèles le soir ont eu la tête séparée du tronc et qui râlaient alors qu'on les traînait.

« Que de gorges ont servi de colliers à nos lances, que de pointes de lances se sont plantées dans leurs poitrines !

« Que de captifs, que de morts gisant à terre, que de blessés dont le sang se répandait !

« Nos troupes étaient grisées, et pleines d'ivresse ; cependant elles n'avaient pas bu de liqueurs fermentées.

« Honneur à vous ! cette victoire est brillante. Honneur à vous de la part de l'Éternel !

« Grâce à ce succès, votre renommée s'est encore élevée et votre récompense sera grande à cause de votre gloire.

CHAPITRE QUATRE-VINGT-UNIÈME

« Allons ! troupe d'infidèles, cet homme vous anéantira et il ne faillira pas à sa tâche.

« Allons ! gens de Ceuta, le sultan redoutable va venir vers vous avec le glaive de Dieu ;

« S'il vient à Ceuta un soir, le lendemain de bonne heure la ville l'appellera à elle.

« Aussitôt qu'il arrivera, il s'en emparera et tous les habitants de cette cité seront anéantis.

« Oran l'appelle chaque jour et dit : « Quand donc viendra l'imam pour nous visiter ?

« Il vous mettra en fuite, il vous chassera, il vous fera des prisonniers en tenant à la main le glaive brillant de la vérité.

« O monseigneur, levez-vous, allez vite vers l'Andalousie, vous en serez l'émir ;

« Faites la guerre sainte, combattez, dispersez ces ennemis : Dieu vous donnera ta victoire.

« Rien ne vous arrêtera, grâce à Dieu ; vous y arriverez, comme on dit, par terre ou par mer.

« Son attitude même est un appel dont le sens n'échappe pas à nos cœurs.

« C'est à Cordoue que vous acquerrez toute votre gloire ; c'est là que vous trouverez le rang et le pouvoir suprêmes :

« Avec l'aide de Dieu, cela vous sera facile et grâce à la faveur céleste dont vous jouissez, l'entreprise sera peu de choses.

« O Maulay Ismaïl, je ne suis qu'un humble serviteur, faible et implorant votre appui,

« Je vous appelle, je vous appelle et fais des vœux que la Fortune ne dédaignera pas.

« O Maître des hommes, ô mon Dieu, ô Miséricordieux, ô le meilleur des protecteurs,

« Répands sur ce prince tous tes biens, fais que ses entreprises ne périclitent point.

« Conserve-lui le pouvoir ainsi qu'à ses fils, en dépit des Zeïd et des Omar.

« Nous sommes tes sujets, nous désirons la gloire et nous espérons que notre souverain organisera toutes choses.

« Sur vous soit le salut de votre humble serviteur, tant que le monde durera ; que ce salut parfumé

« Enveloppe votre Majesté, tant qu'un amoureux parlera. Allons ! réjouissez-vous car cette victoire est brillante. »

En résumé, les faits glorieux de ce règne fortuné sont tels

qu'aucun discours ne les saurait énumérer tous ; aucune langue, ni aucune plume n'arriverait sans s'émousser à en formuler la liste. Tous les hommes d'une véritable intelligence seront unanimes à proclamer que dans aucune des dynasties passées il n'y a eu un gouvernement fortuné et glorieux pareil à celui-ci, que jamais on n'a entendu parler de rien de semblable. L'importance de cet empire, la gloire de son souverain sont telles qu'elles font oublier tous les souverains précédents du Maghreb. Demandons à Dieu qu'il nous conserve cette ombre touffue, qu'il préserve ce noble prince de tout fléau, car sa présence parmi nous est une digue opposée aux déluges des révoltes et une protection contre les Gog de malheur.

Dans le *Kitâb elhilia* de l'historien Abou Noaïm, j'ai lu ce qui suit : Un jour que Haroun Errechid passait près de Elfodheïl ben 'Iyâdh, celui-ci s'arrêta pour contempler le calife et ses courtisans, puis, quand il les eut perdus de vue, il s'écria : « Que de révolutions les hommes verront, quand l'astre de cet homme aura disparu ! » Si un tel propos a pu être tenu au temps où vivaient ces deux personnages, alors que la plupart des hommes étaient gens de bien et de vertu, que pensez-vous qu'il faille dire à notre époque où les flots du mal coulent à pleins bords et où le vice sert d'habitation aux hommes.

Ah ! que j'admire ces vers que m'a récité mon ami, le juriconsulte, Abou Abdallah Mohammed ben Abdallah Eldjezouli et qui font partie d'un poème qu'il avait composé en l'honneur de ce souverain :

> « O Maulay Ismaïl, ô soleil du monde, ô toi à qui tous les êtres créés suffiraient à peine comme rançon ;
> « Tu n'es autre chose que le glaive de la Vérité que Dieu a tiré du fourreau pour le remettre à toi seul parmi les califes.
> « Celui qui ne voit pas qu'il doit t'obéir, c'est que Dieu l'a rendu aveugle et qu'il l'a égaré loin du but auquel il devait tendre. »

L'auteur de cet ouvrage, l'humble adorateur de Dieu, Mohammed Esseghir ben Elhadj Abdallah, (Dieu redresse ses écarts et calme ses angoisses!) originaire des Oufrân et habitant de la ville de Maroc, ajoute : Ici se termine ce que j'avais dessein d'écrire ; ici se trouve achevé ce que la pluie a fait pousser dans le parterre de ces feuilles, en fait d'histoire de princes et d'émirs. J'en ai fait l'énumération complète avec leurs défauts et leurs qualités. J'ai ajouté à cette description quelques spécimens de pièces littéraires et de morceaux d'éloquence choisis parmi ceux qui, par la grâce et la finesse des pensées, sont comme des pleines lunes dans le ciel des brillants recueils ou des perles merveilleuses et dans lesquels les intelligences trouveront un admirable profit. Pour arriver à ce résultat, j'ai fait un choix scrupuleux des documents que j'avais mis tous mes soins à réunir ; j'ai déployé toute l'activité dont j'étais capable pour mener à bien cette œuvre.

J'avais d'abord rassemblé les matériaux de cet ouvrage sur des feuillets détachés et lorsque j'avais voulu les coordonner, j'en avais été empêché par un obstacle imprévu. Quand cet affreux malheur[1] me frappa, que je me sentis percé de ses traits qui atteignaient aussi l'honneur de la religion, je fus obligé de calmer l'ardeur de mon esprit ; je fus dominé par des soucis qui m'enlevèrent toute mon énergie et me rendirent impossible toute activité, car alors toutes les forces vives de mon corps furent absorbées par l'inquiétude où m'avait mis ma disgrâce. Je jetais toutes mes notes dans le recoin de la solitude si bien que les araignées de l'oubli

---

1. Il s'agit sans doute de quelque disgrâce qui frappa l'auteur ; probablement la perte de sa place.

les eurent bientôt enveloppées de leurs toiles. Et quand je songeais à mettre la dernière main à ce *Nozhet*, il me semblait que la situation présente murmurait ce vers :

> « Nous sommes à une époque d'argent et non d'autre chose ; laisse donc là la littérature jusqu'à des temps meilleurs. »

Plus tard, je fus sollicité vivement et à plusieurs reprises, de mettre au jour cet ouvrage, par quelqu'un dont je ne pouvais dédaigner les ordres et à qui il m'était impossible de refuser l'exécution d'un désir qu'il m'exprimait. Ce personnage, c'était le notable par excellence, le maître des rhéteurs et des logiciens, le jurisconsulte dont la science et les œuvres servent à guider les autres, le littérateur qui, par sa plume brillante, est le représentant des anciens et le modèle des modernes, le ouali, le vertueux Abou Abdallah Sidi Mohammed Essâlah, fils du ouali qui connut Dieu, Mohammed Elmothi, le petit-fils du diadème de ceux qui ont connu Dieu, le plus parfait des oualis aimés, Abou Abdallah Sidi Mohammed Eccherqi (Dieu nous fasse profiter de sa grâce ; qu'il veille à la durée de sa gloire et qu'il perpétue son renom dans les parterres de la générosité !) C'est lui qui m'a rendu toute l'activité de mon esprit ; il l'a orné de la parure de l'allégresse et alors le nuage de paresse et d'impuissance s'est dissipé. J'ai fait appel à mon intelligence, si faible qu'elle fût, pour qu'elle composât ce livre ; elle m'a aussitôt répondu. J'ai donc retracé tout ce qui était resté dans mes souvenirs et ce qu'il m'avait paru bon de conserver, malgré les soucis dont j'étais enveloppé et l'impuissance de ma plume à agir sans aucun secours.

Louanges soient rendues à Dieu de ce qu'il m'a facilité ma tâche, alors que les sources de mon âme étaient troublées, et de ce qu'il m'a fait la faveur de mener à bien cette œuvre, en dépit des circonstances et de la difficulté de se procurer des documents en cette matière. Louange à Dieu qui nous a conduit dans la bonne voie, car sans lui nous n'eussions jamais été bien dirigés. Qu'il répande ses bénédictions sur Notre-Seigneur Mahomet, le sceau des Prophètes, l'intercesseur des pécheurs et qu'il lui accorde le salut! Que Dieu donne aussi des marques de sa satisfaction à la famille du Prophète et à ses généreux disciples! Enfin nous terminerons par cette dernière invocation : Louange à Dieu, le maître de l'univers, qui par sa grâce, sa protection et son bienveillant appui nous a permi d'achever ce travail. Il n'y a de force et de puissance qu'en Dieu, le Très-Haut, le Puissant.

INDEX ALPHABÉTIQUE

NOTA. — Les titres d'ouvrage sont en italiques. Les noms précédés d'un astérisque sont des noms de localité. La lettre *n* indique que le mot se trouve dans une note.

A

Abbassides, 71 *n*, 255 *n*, 419.
Abd Ghâfir, 218.
Abd-Monaf, 387.
*Abda, 285.
Abdâl Essoussani (surnom de Sidi Ahmed ben Mohammed), 344.
Abdallah, 47, 83, 88, 89, 105, 171, 309, 313, 314, 315, 316, 317, 318, 319.
Abdallah (ben Eccheikh), 387, 388, 391, 392, 393, 394, 396, 397, 398, 399.
Abdallah (ben Mansour), 337.
Abdallah (ben Yahia), 342, 343.
Abdallah (Séyyid —), 11.
Abdallah Aarâs (caïd), 314.
Abdallah ben Djaafar, 326.
Abdallah ben Eccheikh, 313, 314, 315, 316, 317, 318, 389, 391, 392, 393, 394, 396, 397, 399, 400, 404.
Abdallah ben Eccheikh ben Elmansour, 387.
Abdallah ben Elayyâchi, 451.
Abdallah ben Elmoatezz, 362.
Abdallah ben Mansour (connu sous le nom de Ezzobda), 337.
Abdallah ben Obayy ben Saloul, 46.
Abdallah ben Omar Elmethghâri, 46.
Abdallah Elachter ben Mohammed Ennefs Ezzakia, 8, 9.
Abdallah Elmasnaouï ben Mohammed ben Abou Bekr Eddilâï, 423.
Abdelaziz, 87, 269, 274, 276.
Abdelaziz, (Azzoûz ben Saïd Elouzkiti, vizir surnommé), 113.
Abdelaziz ben Mohammed Ettsaâlebi (vizir de Zidân), 403.
Abdelaziz ben Saïd, 318.
Abdelaziz ben Saïd ben Mansour Elouzkiti, 274.
Abdelaziz ben Saïd Elmezouâr, 274.
Abdelaziz ben Saïd Elouzkiti (pacha), 294.
Abdelaziz ben Yaqoûb Elahsen, 36.
Abdelaziz Elfichtâli (secrétaire de Zidân), 403.
Abdelaziz Elqosanthîni, 87, 358.
Abdelaziz Ettsaâlebi (secrétaire de Zidân), 398.
Abdeldjelil ben Mohammed ben Ahmed ben Hathoum Elmorâdi Elqaïrouâni, 38 *n*.
Abdelhaqq, 430.
Abdelkerîm, 372, 477.
Abdelkerîm Essidjilmâssi, 31.

Abdelkerîm ben Abou Bekr Ecchebâni Elhariri, 476.
Abdelkerim ben Abou Bekr Ecchebâni Elharzi, 428.
Abdelkerim ben Eccheikh, 87, 357.
Abdelkerim ben Moumen ben Yahia Eldjondi, 99.
Abdelkerim ben Moumen Eleuldj, 357.
Abdelkerim ben Moussa Eleuldj, 87.
Abdelkhâleq, 410.
Abdelmâlek, 86, 105, 109, 110, 111, 112, 113, 114, 119, 133, 134, 136, 137, 138, 304, 310, 311, 317, 356.
Abdelmâlek (ben Eccheikh ben Aboulabbâs Elmansour), 404.
Abdelmâlek (ben Zidân), 405.
Abdelmâlek (sultan), 132.
Abdelmâlek ben Eccheikh ben Aboulabbâs Elmansour, 404.
Abdelmâlek ben Merouân (5ᵉ Omayyade), 119, 353.
Abdelmâlek Elghâzi (oncle de Zidân), 398.
Abdelmedjid, 208.
Abdelmoumen (ben Mohammed Eccheikh), 105.
Abdelmoumen (dinars d'—), 192.
Abdelmoumen ben Ali, 71, 192, 363.
Abdelmoumen ben Sàsi, 369.
Abdelouadites, 161.
Abdelouâhed, 65, 156.
Abdelouâhed (Abou Mohammed), 64.
Abdelouâhed ben Ahmed Elhamidi, 100, 278.
Abdelouâhed Elouancherist, 58, 66.
Abdelqâder, 371.
Abdelqâder (Abou Mohammed), 53.

Abdelqâder ben Ahmed ben Belqâsem Elfichtâli, 309.
Abdelqâder ben Maulay Mohammed Eccheikh, 97.
Abderrahman, 9, 10.
Abderrahman III, 181 *n*.
Abderrahman ben Elachaats, 354.
Abderrahman ben Ibrahim Elyestetsni, 278.
Abderrahman ben Mansour Ecchiâdhemi Elmorîdi (caïd), 153.
Abderrahman ben Sakhr Eddoûsi, 344.
Abderrahman Eddâkhel, 412.
Abderrahman Elkhonnoud, 391.
Abderrahman Elmendjoûr, 66.
Abdessâdeq (caïd), 350 371.
Abdessâdeq ben Molouk, 357.
Abdesselâm (professeur de l'imam Ibn Arfa), 18.
Abdessemed (caïd de Zidân), 399.
Abdoun, 249.
Abibi, 299, 300.
Abou Abdallah, 52, 56, 59, 77, 81, 202, 329, 489.
Abou Abdallah (ben Maulay Abdallah), 101.
Abou Abdallah (Elqaïm-biamrillah), 19.
Abou Abdallah (Mohammed ben Mobarek), 21.
Abou Abdallah (Mohammed Elmorâbith), 475.
Abou Abdallah (sultan), 35, 47, 49, 51, 58, 59, 74, 80,
Abou Abdallah Elqaïm-biamrillah, 31.
Abou Abdallah ben Adhâri l'Andalous (cheikh), 192.
Abou Abdallah ben Allâl, 8.
Abou Abdallah ben Sarh, 488.
Abou Abdallah Eccheikh, 56, 57.
Abou Abdallah Ela'oufi, 100.

INDEX

Abou Abdallah Elazourqànî, 11, 478.
Abou Abdallah Elghouri, 46.
Abou Abdallah Elhezmirî (imâm), 205.
Abou Abdallah Elhoseïn ben Elhasen, 9.
Abou Abdallah Elikrimi, 488.
Abou Abdallah Elmahdî (commentateur du *Dorret essolouk*), 52.
Abou Abdallah Elmasnâouï, 455.
Abou Abdallah Elmezouâr Elmerrakochi (cadi de Mohammed Eccheikh Elasgher), 408.
Abou Abdallah Elmezouâri, 83.
Abou Abdallah Elmiklâti, 277.
Abou Abdallah Elmosaab Ezzobeïri, 8, 8 *n*.
Abou Abdallah Elmotawwakil-'ala-llahi, 102.
Abou Abdallah Elouedjdi, 272.
Abou Abdallah Elqaïm-biamrillah, 19, 20, 23, 31, 33, 75.
Abou Abdallah Elyestetsni, 70.
Abou Abdallah Erregrâgui (cadi de Zîdân), 403.
Abou Abdallah Maulay Elmansour (surnommé Eccheikh), 280.
Abou Abdallah Maulay Mohammed, 97.
Abou Abdallah Maulay Mohammed ben Maulay Abdallah ben Maulay Mohammed Eccheikh, 102.
Abou Abdallah Maulay Mohammed Elmamoun, 148.
Abou Abdallah Mohammed, 76.
Abou Abdallah Mohammed, chérif hassanien, 467.
Abou Abdallah Mohammed ben Abdallah Eldjezouli, 510.
Abou Abdallah Mohammed ben Abdallah Elyfrenî. 64.
Abou Abdallah Mohammed ben Abdallah Erregrâgui (Bou Abdelli). 277.
Abou Abdallah Mohammed ben Abderrahman Elmedjâsî. 51.
Abou Abdallah Mohammed ben Abou Mohammed Abdelqâder ben Abou Abdallah Mohammed Eccheikh Eccherîf, 46.
Abou Abdallah Mohammed ben Ahmed, 448.
Abou Abdallah Mohammed ben Ahmed ben Aïssa, 270.
Abou Abdallah Mohammed ben Ahmed Elmeklâti, 269, 401, 434.
Abou Abdallah Mohammed ben Ahmed Elyestetsni, 51.
Abou Abdallah Mohammed ben Ahmed Meyyâra, 397, 431, 461.
Abou Abdallah Mohammed ben Aïssa, 14, 201, 203, 290.
Abou Abdallah Mohammed ben Ali (ben Mohammed), 476.
Abou Abdallah Mohammed ben Ali Elfichtâli, 239, 265, 272.
Abou Abdallah Mohammed ben Ali Elhouzâli Ennâbigha, 147, 208, 239.
Abou Abdallah Mohammed ben Ali Elkharroûbi, 77.
Abou Abdallah Mohammed ben Ali Elouedjdi, 271.
Abou Abdallah Mohammed ben Asker, 135.
Abou Abdallah Mohammed ben Elfichtâli, 206.
Abou Abdallah Mohammed ben Elqâsem Elqassâr, 10.
Abou Abdallah Mohammed ben Ghâleb ben Hachchâr, 8.
Abou Abdallah Mohammed ben Ibrahim (surnommé Abou Chamâ), 63.
Abou Abdallah Mohammed ben

Ibrahîm ben Elqâsem ben Beddja (caïd), 150.
Abou Abdallah Mohammed ben Mobârek, 21, 22, 31.
Abou Abdallah Mohammed ben Mohammed ben Ali Edderaï Eldjezoulî, 142.
Abou Abdallah Mohammed ben Omar Ecchâouï, 178, 207, 270.
Abou Abdallah Mohammed ben Omar Ecchâouï Eldjezaïri, 210.
Abou Abdallah Mohammed ben Qâsem Elqassâr, 308, 312.
Abou Abdallah Mohammed ben Saïd Elmerghiti, 479.
Abou Abdallah Mohammed ben Sâsi, 37.
Abou Abdallah Mohammed ben Yaqoub, 273.
Abou Abdallah Mohammed ben Youcef Edderaï, 216.
Abou Abdallah Mohammed ben Youcef Elbethâïhi Elmoqadessi Ecchâféï, 212.
Abou Abdallah Mohammed ben Youcef Etterghi, 25.
Abou Abdallah Mohammed Eccheikh, 24, 56, 58, 69, 74, 83, 105, 138, 417.
Abou Abdallah Mohammed Eccheikh (sultan), 23, 24, 52, 61, 62, 77.
Abou Abdallah Mohammed Eccheikh ben Abou Abdallah Elqàïm-biamrillah (sultan), surnommé Amghâr, 44.
Abou Abdallah Mohammed Eccheikh Elmahdi, 54, 57, 67, 70, 78, 172, 195, 261, 280, 297.
Abou Abdallah Mohammed Eccheikh Elmamoun, 149, 280.
Abou Abdallah Mohammed Eccheikh Elqàïm-biamrillah (chérif hassanien), 297.

Abou Abdallah Mohammed Elandalousi, 93 n.
Abou Abdallah Mohammed Elarbi ben Youçef Elfâsi, 478.
Abou Abdallah Mohammed Eldjennân (imâm), 322.
Abou Abdallah Mohammed Elhadj, 467, 472.
Abou Abdallah Mohammed Elmahdi, 33.
Abou Abdallah Mohammed Elmezouàr (cadi de Mohammed Eccheikh Elasgher), 414.
Abou Abdallah Mohammed Elmorabith ben Mohammed ben Abou Bekr, 466.
Abou Abdallah Mohammed Elmorâbith, 475.
Abou Abdallah Mohammed Elqàïm, 25.
Abou Abdallah Mohammed Etthaïeb ben Elmasnâouï ben Sidi Mohammed ben Abou Bekr, 466.
Abou Abdallah Mohammed Etthebib, 146.
Abou Abdallah Sidi Mohammed ben Aboulqâsem Eccherqi, 460.
Abou Abdallah Sidi Mohammed ben Ahmed Elayyâchi, 432.
Abou Abdallah Sidi Mohammed ben Ali Elfichtâli, 202.
Abou Abdallah Sidi Mohammed ben Elmasnâouï ben Sidi Mohammed ben Abou Bekr, 464.
Abou Abdallah Sidi Mohammed ben Ibrahim Elamri, 488.
Abou Abdallah Sidi Mohammed ben Mobârek (de la tribu de Zoaïr de la secte de Djerrâr), 328.
Abou Abdallah Sidi Mohammed ben Nâcer Eddrâï Elayyâchi, 434.

INDEX

Abou Abdallah Sidi Mohammed ben Selimân Eldjezoûli, 35, 43.
Abou Abdallah Sidi Mohammed Eccherqi, 512.
Abou Abdallah Sidi Mohammed Essâlah, 512.
Abou Mohammed Abdelqâder (ben Abou Abdallah Mohammed Eccheikh, sultan), 53.
Abou Ali, 50, 51.
Abou Ali Elhasen ben Abou Bekr Essedjtâni, 70.
Abou Ali Elhasen ben Aïssa Elmisbâhî, 77.
Abou Ali Elhasen ben Mesaoud Elyoussi, 473, 482.
Abou Ali Elhasen ben Otsmân ben Abdallah Ettâmeli (jurisconsulte), 48.
Abou Ali Elhasen ben Otsmân Ettâmeli (imam), 49.
Abou Ali Elhasen Elmesfioui, 269.
Abou Ali Elyoussi, 117, 331, 332, 472, 484.
Abou Amr (Elqastheli), 43.
Abou Amr Abdelouâhed Ezzaëri, 54.
Abou Amr Elqastheli, 87.
*Abou Aqaba, 467.
Abou Bekr, 41, 106, 221, 253 n, 472.
Abou Bekr (ben Keroum), 477.
Abou Bekr (ben Mohammed), 456, 457, 458, 459.
Abou Bekr (Ibn Abou Bekr Eddilâï), 333.
Abou Bekr (Sidi Mohammed ben —), 465.
Abou Bekr ben Abdelhaqq Elmerîni, 479.
Abou Bekr ben Mohammed, 456.
Abou Bekr ben Mohammed (surnommé Hammi) ben Saïd ben Ahmed ben Amr, 455.

Abou Bekr Essedîq, 308, 347, 353, 354.
Abou Bekr Selimân, 221.
Abou Bekrik, 456.
Abou Chamâ (voir : Abou Abdallah Mohammed ben Ibrahim), 63.
Abou Daoud, 10.
Abou Djaafar Elmansour (calife abbasside), 326.
Abou Djaafar Mohammed ben Elhasen, 9.
Abou Djaafar Omar ben Elâqeb Essenhâdji, 279.
Abou Djomaa Saïd ben Mesaoud Elmâghousi, 226.
Abou Djomra, 219.
Abou Djouâd, 380.
Abou Dobéïra (surnom de Hammou), 321, 323 n.
Abou Eccheta, 292.
Abou Elmaâli Maulay Zîdân, 417.
Abou Errouâïn (cheikh), 53, 54, 60, 61, 69.
Abou Fârès, 141, 175, 201, 204, 291, 294, 297, 309, 310, 311, 312, 313, 317, 318, 319.
Abou Fârès Abdelaziz, 157, 269.
Abou Fârès Abdelaziz ben Ibrahim, 216.
Abou Fârès Abdelaziz ben Ibrahim Elfichtâli, 267.
Abou Fârès Abdelaziz ben Mohammed Elfichtâli, 167, 206, 276.
Abou Fârès Abdelaziz ben Mohammed ben Ibrahim Elfichtâli (secrétaire), 14, 156, 190, 204, 239, 249.
Abou Fârès Abdelaziz Elfichtâli, 271.
Abou Fârès Abdelaziz Essenhâdji, 267.
Abou Fârès Elfichtâli, 182, 192.
Abou Hafs Omar, 70.

Abou Hafs Omar ben Mahmoud ben. Amràguit Essenhâdji (cadi de Tombouctou), 164.
Abou Hammou (sultan), 470.
Abou Hasen, 401.
Abou Hassoûn, 57, 58, 59, 79, 316, 372, 475.
Abou Hassoûn (Elbâdisi), 56.
Abou Hassoûn le Mérinide, 56, 172.
Abou Hassoûn Ali ben Ahmed Elakhsâsî, 70.
Abou Hayyân, 124.
Abou Horeïra, 344.
Abou Ibrahim, 480, 484.
Abou Imrân, 99.
Abou Imrân Eloudjânî (secrétaire du sultan Abou Abdallah), 80.
Abou Imrân Moussa ben Makhloûf Elkensoûsî, 99.
Abou Imrân Moussa Erredâni, 216.
Abou Ishaq, 489.
Abou Ishaq Ettounsî, 95.
Abou Ishaq Ibrahim ben Hilâl, 479.
Abou Ishaq Ibrahim Essaqli Elhasani, 320.
Abou Leïla, 119.
Abou Mahallî (Aboulabbâs Ahmed ben Abdallah —), 307 n, 323, 325, 326, 330, 332, 333, 334, 335, 336, 337, 338, 339, 340, 341, 345, 355, 356, 358, 359, 368, 369, 372, 376, 380, 381.
Abou Mahdi Aïssa ben Abderrahman Essedjtâni, 13, 84, 373.
Abou Mahdi Essektani, 50.
Abou Mâlek, 41, 204, 206, 207.
Abou Mâlek Abdelouâhed ben Ahmed, 239.
Abou Mâlek Abdelouâhed ben Ahmed Eccherif, 204.
Abou Mâlek Abdelouâhed ben Ahmed Eccherif Elhasanî Elfilâli (imam), 18, 245.

Abou Mâlek Abdelouâhed ben Ahmed Eccherif Essidjilmassi, 156.
Abou Mâlek Abdelouâhed ben Ahmed Elhamidi, 277.
Abou Mâlek Abdelouâhed ben Ahmed Elouancherisi, 40, 266.
Abou Mâlek Abdelouâhed Elhamidi (grand cadi de Fez), 97, 205, 258, 268.
Abou Mâlek Sidi Abdelouâhed ben Ahmed Eccherif, 207.
Abou Merouân, 263.
Abou Merouân Abdelmâlek, 74, 104, 112, 137, 263.
Abou Merouân Abdelmâlek ben Zidân ben Ahmed Elmansour, 405.
Abou Merouân Abdelmâlek Elghâzi Elmoatasem (sultan), 74.
Abou Merouân Abdelmâlek Elghâzi-fi-sebil-allah, 69.
Abou Merouân Maulay Abdelmâlek, 111.
Abou Merouân Maulay Abdelmâlek ben Maulay Mohammed Eccheikh, 105.
Abou Mohammed, 17, 59, 61, 98.
Abou Mohammed (Abdallah ben Ali ben Tâher Elhassani), 495.
Abou Mohammed Abdallah ben Ali ben Tahar, 480.
Abou Mohammed Abdallah ben Ali ben Tâher Elhassâni, 495.
Abou Mohammed Abdallah ben Elhasen, 9.
Abou Mohammed Abdallah ben Mobârek, 367.
Abou Mohammed Abdallah ben Mobârek Elaqâounî, 47.
Abou Mohammed Abdallah ben Mohammed Elfâsi, 97.
Abou Mohammed Abdallah ben Omar Elmethghârî, 24,

INDEX

Abou Mohammed Abdallah Elghâleb, 42, 263.
Abou Mohammed Abdallah Elghâleb-billah (sultan), 69, 84, 275, 277.
Abou Mohammed Abdallah Elkoûch, 37.
Abou Mohammed Abdelouâhed (jurisconsulte, imam, mufti, prédicateur), 61, 64.
Abou Mohammed Abdelouâhed Elbouïnâni Eccherif, 507.
Abou Mohammed Abdelouâhed Elouancherîsi (imam), 63.
Abou Mohammed Abdelouahhâb ben Mohammed Ezzeqqâq (jurisconsulte, grand cadi de Fez), 59.
Abou Mohammed Abdelouahhâb ben Sidi Elarbi Elfâsi, 474.
Abou Mohammed Abdelqâder, 69.
Abou Mohammed Abdesselâm Elqadiri, 478.
Abou Mohammed Ali ben Hazm, 8 n.
Abou Mohammed ben Abdelqâder (vizir), 97.
Abou Mohammed ben Abdelqâder Elfâsi, 484.
Abou Mohammed ben Omar (cheikh), 46.
Abou Mohammed Elmesâri, 65.
Abou Mohammed Elouancherîsi, 66, 67.
Abou Mohammed Maulay Abdallah ben Abou Abdallah Maulay Mohammed Eccheikh Eccherif (sultan), 82.
Abou Mohammed Maulay Abdallah ben Ali ben Thâher Elhasani, 16.
Abou Mohammed Maulay Abdallah ben Ali ben Tahar Elhassani, 479.

Abou Mohammed Maulay Abdallah Elghâleb-billah, 100.
Abou Mohammed Moumen ben Ghâzi Elamri (caïd), 141.
Abou Mohammed Sahl ben Abdallah Ettestouri, 88.
Abou Mohammed Sâlah, 96.
Abou Mohammed Sidi Abdallah Elghezouâni, 38.
Abou Mohammed Sidi Abdelouâhed ben Achir (imam), 435.
Abou Noaïm, 510.
Abou Omar (Elmerrâkochi, cheikh), 456.
Abou Omar Elmerrâkochi, 332, 456.
Abou Omar Elqastheli, 357.
Abou Otsmân, 77.
Abou Otsmân Elhoûzâli, 47.
Abou Otsmân Saïd ben Abou Bekr, 77.
Abou Otsmân Saïd Ettlemsâni, 500.
Abou Râched, 45, 50.
Abou Râched Elgafsi, 49.
Abou Râched Yaqoub ben Yahia Elyedri, 8.
Abou Râched Yaqoub Elyedri, 131.
Abou Saïd, 470.
Abou Saïd Otsmân, 70, 92.
Abou Salem, 219.
Abou Sâlem Abdallah ben Mohammed Elayyâchi, 25.
Abou Sâlem Elayyâchi, 479.
Abou Soliman Daoud ben Abdelmoumen ben Elmahdi, 150.
Abou Thâleb (Elmekki), 88.
Abou Thâleb Elmekki, 88.
Abou Zakaria, 85, 378.
Abou Zakaria (Yahia ben Abdallah ben Saïd ben Abdelmonaïm Elhâhi Eddaoudi), 339.
Abou Zakaria Sidi Yahia ben Esserrâdj, 266.

Abou Zakaria Yahia ben Abdallah, 475.

Abou Zakaria Yahia ben Abdallah ben Saïd ben Abdelmonaïm Elhâhî, 71, 85, 334.

Abou Zakaria Yahia ben Abdallah ben Saïd ben Abdelmonaïm Elhâhi Eddaoudi, 339.

Abou Zakaria Yahia Esserrâdj, 217.

Abou Zéïd, 47, 143, 171, 212, 221, 258, 345.

Abou Zeïd Abderrahman ben Abdelqâder Elfâsi, 163.

Abou Zéïd Abderrahman ben Ahmed Elghenâmi Ecchâoui, 445.

Abou Zéïd Abderrahman ben Ibrahim Elmestetraï, 271.

Abou Zéïd Abderrahman ben Mohammed ben Abdallah Elannâbi, 206.

Abou Zéïd Abderrahman ben Mohammed Ettinmârti (imam), 142.

Abou Zéïd Abderrahman ben Omar Elbouaqîli, 221.

Abou Zéïd Abderrahman Erreqaï, 488.

Abou Zéïd Abderrahman Ettlemsâni, 13, 84.

Abou Zéïd Elqaïrouâni, 49 n.

Abou Zéïd Essedjetâni (caïd), 345.

Abou Zeïd Sidi Abderrahman ben Abdelqâder Elfâsi, 262.

Abou Zeïd Sidi Abderrahman ben Abou Mohammed Sidi Abdelqâder Elfâsi, 21.

Abou Zeïd Sidi Abderrahman ben Sidi Abdelqâder Elfâsi, 436.

Abou Yaaza (chéikh), 328.

Abou Yahia Elfâsi, 330.

Abou Youcef, 96.

Abou Youcef Yaqoub Elyedri, 13.

Aboulamlâk Maulay Eccherif, 495.

Aboulabbâs (sultan), 38, 39, 65, 147, 189, 266, 307.

Aboulabbâs (Ahmed Ezzemmouri imam), 103, 104.

Aboulabbâs (le détrôné), 52.

Aboulabbâs (Elaaredj), 41, 42.

Aboulabbâs Ahmed (surnommé Elaaredj, sultan), 36.

Aboulabbâs Ahmed Abou Mahalli, 331.

Aboulabbâs Ahmed Adfâl Essousâni, 219.

Aboulabbâs Ahmed Afqaï Elandalousi (chéikh), 200.

Aboulabbâs Ahmed Baba Essoudâni, 273.

Aboulabbâs Ahmed ben Abdallah (connu sous le nom de Abou Mahallî), 323, 325.

Aboulabbâs Ahmed ben Abdallah Abou Mahalli, 331.

Aboulabbâs Ahmed ben Abdallah Eddeghoughî (chef de la police à Taroudant), 142.

Aboulabbâs Ahmed ben Abdallah ben Maan Elandalousi, 484.

Aboulabbâs Ahmed ben Aboulqâsem Essoumaï, 478.

Aboulabbâs Ahmed ben Ahmed Baba, 169.

Aboulabbâs Ahmed ben Ali Elhouzâlî (secrétaire), 152.

Aboulabbâs Ahmed ben Ali Elmendjour, 8, 210.

Aboulabbâs Ahmed ben Ecchâhed Elmisbâhî, 54.

Aboulabbâs Ahmed ben Elmansour, 305.

Aboulabbâs Ahmed ben Elqâdhî, 7, 108, 263, 274.

Aboulabbâs Ahmed ben Elqâdhî Ezzouâoui (imam), 33.

Aboulabbâs Ahmed ben Melouka, 35.

INDEX

Aboulabbâs Ahmed ben Mohammed Elgherdis Etteghelloubi, 324.
Aboulabbâs Ahmed ben Mohammed Elmaqqari, 247.
Aboulabbâs Ahmed ben Mohammed Elouattâsi, 61.
Aboulabbâs Ahmed ben Moussa, 94.
Aboulabbâs Ahmed ben Qâsim Essouma'ï, 13.
Aboulabbâs Ahmed ben Selimàn Eddaoudi, 464.
Aboulabbâs Ahmed ben Yahia Elhouzâli, 7.
Aboulabbâs Ahmed ben Youcef Elfâsi (imam), 322, 461.
Aboulabbâs Ahmed Eddzehebi Elmansour, 505.
Aboulabbâs Ahmed Elaaredj (sultan), 20, 23, 33, 38, 68, 316.
Aboulabbâs Ahmed Elasgher (ben Zidân ben Elmansour, sultan), 404.
Aboulabbâs Ahmed Elmendjour (imam), 216.
Aboulabbâs Ahmed Elmansour, 14 n, 69, 136, 138, 266.
Aboulabbâs Ahmed Elmansour billah, 297.
Aboulabbâs Ahmed Elmaqqari (imam), 322, 459.
Aboulabbâs Ahmed Elmaqqari Ettlemsâni, 12.
Aboulabbâs Ahmed Elmerìdi Elmerrakochi, 340.
Aboulabbâs Ahmed Elouancherisi (imam), 61.
Aboulabbâs Ahmed Elouzîr Elghassâni, 484.
Aboulabbâs Ahmed Elqedoumî, 216.
Aboulabbâs Ahmed Ettouâti, 331.
Aboulabbâs Ahmed Ezzemmourî, 98, 103, 229.
Aboulabbâs Elaaredj (sultan), 24, 35, 39, 40, 41, 43, 47, 82.
Aboulabbâs Elhabbâk (jurisconsulte de Fez), 58.
Aboulabbâs Elmendjoûr (imam), 97, 98, 216, 268.
Aboulabbâs Elmansoûr (sultan), 10, 16, 18, 112, 136, 142, 150, 175, 215, 217, 308, 325, 402.
Aboulabbâs Elmansoûr-billah, 280.
Aboulabbâs Elmansoûr Maulay Ahmed Eddzehebi, 268.
Aboulabbâs Elmâouâsi, 488.
Aboulabbâs Elmaqqari, 461.
*Aboulabbâs Essebti (porte du cheikh), 39.
*Aboulabbâs Essebti (mausolée de), 309, 340.
Aboulabbâs Ezzemmouri, 268.
Aboulabbâs Maulay Ahmed, 417.
Aboulabbâs Maulay Ahmed ben Mahrez ben Eccherif, 504.
Aboulabbâs Maulay Ahmed Elmansour Eddzehebi (sultan), 140.
Aboulabbâs Sidi Ahmed Baba Essoudâni, 13.
Aboulabbâs Sidi Ahmed ben Aboulqâsem Essoumaï Ettadeli, 326.
Aboulabbâs Sidi Ahmed ben Moussa Essemlâli, 13, 84.
Aboulabbâs Sidi Ahmed ben Moussa Essoussi Essemlâli, 475.
Aboulabbâs Sidi Ahmed ben Youcef Elfâsi, 459.
Aboulabbâs Sidi Ahmed Eddeghoughi, 452, 461.
Aboulfadhl, 211.
*Aboulfadhl (cimetière d'—) 494.
Aboulfadhl ben 'Iyâd (cadi), 128.
Aboulfadhl 'Iyâd ben Moussa (cadi), 120.
Aboulfaradj ibn Eldjauzî, 95.

Aboulghaïts (surnom de Esseyyid Abdelouàhed), 493.
Aboulhasen, 175, 275, 476, 489, 498, 502.
Aboulhasen (Ali ben Mohammed), 496, 497.
Aboulhasen (Ali Harzoûz Elmiknâsi), 60.
Aboulhasen Ali, 175, 346.
Aboulhasen Ali ben Abdelkerim, 207.
Aboulhasen Ali ben Abderrahman ben Amrân Esselàsi, 169.
Aboulhasen Ali ben Abou Bekr Essedjtàni (jurisconsulte), 80.
Aboulhasen Ali ben Ahmed, 397.
Aboulhasen Ali ben Ahmed Ecchami, 272.
Aboulhasen Ali ben Ahmed Elmesfioui, 239.
Aboulhasen Ali ben Haroun (cadi), 45, 106.
Aboulhasen Ali ben Haroun Elmethgharî, 40.
Aboulhasen Ali ben Ibrahim Elbouzìdi, 456.
Aboulhasen Ali ben Imrân Esselàsi, 308.
Aboulhasen Ali ben Mansour Ecchiâdhemi (juriscons. et vizir), 190, 201, 208, 225, 234, 239.
Aboulhasen Ali ben Mansour Ecchiâdhemi Elmorâbithi, 247.
Aboulhasen Ali ben Mansour Elbouzìdi, 177.
Aboulhasen Ali ben Mohammed, 475, 497.
Aboulhasen Ali ben Mohammed Essoussi, 496.
Aboulhasen Ali ben Selimân ben Abdallah ben Otsmân, 50.
Aboulhasen Ali ben Selimân Ettâmeli, 221, 275.
Aboulhasen Ali Harzoûz Elmiknâsi, 60.
Aboulhasen Elmerini, 93.
Aboulhasen Harzoûz (Elmiknàsi), 60, 61.
Aboulhasen Maulay Ali Eccherif, 487.
Aboulhasen Sidi Ali ben Abdelouâhed Elansâri Esselâouï, 459.
Aboulhasen Sidi Ali ben Herzhoum, 503.
Aboulmaâli, 85, 87.
Aboulmaâli Zìdân ben Ahmed Elmansour, 85.
Aboulmaâli Zìdân ben Mansour (sultan), 71.
Aboulmahàsin Sidi Youcef Elfàsi, 133.
Aboulouoqt, 217.
Aboulqâsem ben Abou Ennoaïm (grand cadi de Fez), 312, 320, 394.
Aboulqâsem ben Abou Ennoaïm Elghassâni (grand cadi), 308.
Aboulqâsem ben Ali Ecchâtthibî. 100, 153, 243, 276.
Aboulqâsem ben Ibrahim, 410.
Aboulqâsem Ecchâthibi. 174.
Aboulqâsem Ecchiâdhemi, 205.
Aboulwalid ben Rochd, 128.
Abounnasr Maulay Ismaïl, 504.
Abourrebia Elgharnâthi, 488.
Abourrebia Seliman ben Ibrahim, 216.
Abourrebia Soliman-chah (Soliman le magnifique), 78.
Aboussaâda Abdelmoumen, 70.
Aboutthaïeb, 107.
Aboutthaïeb Eddherîf Ettounsi, 106.
Aboutthaïeb Elmotanebbi, 46, 470.
Abraham, 214, 273.
*Abraham (mosquée d'—), 212.
Achbân, 329.

INDEX

Achoura, 242.
acida (mets national des Berbères marocains), 468.
ad, 254.
Adam, 243, 363, 379.
adel (témoin instrumentaire), 64 n, 315.
Adjâna (Mohammed ben Yahia), 424, 427.
*Adjedeg, 492.
*Adjedzihara, 327.
Adjib (mamlouk), 439.
Adjouiba, 487.
*Adkhisân, 399, 400.
Adnân, 251, 261.
Adoua (gens de), 125.
adultère, 137.
affaire des poudres, 93.
*Afrique, 35 n, 174.
*Agadir (Santa Cruz), 32 n, 76.
*Aghmât (mausolée des saints d'—), 192, 204, 205.
*Agrath, 456.
Ahmed, 9, 10, 133, 190, 191, 203, 211, 215, 244, 246 n, 266, 273, 306, 308, 454.
Ahmed (Aboulabbâs Ahmed Abou Mahalli), 331.
Ahmed (ben Mohammed Eccheikh Elmahdi), 142.
Ahmed (ben Mohammed Sultan), 58.
Ahmed (sultan), 59.
Ahmed (ben Moussa), 86, 100.
Ahmed (ben Moussa Eldjezoûli), 88.
Ahmed (ben Zidân), 404, 405.
Ahmed (Elmansour), 143, 218.
Ahmed (Maulay Ahmed Eccherif), 368.
Ahmed Baba (cheikh), 46, 169, 170, 171, 172.
Ahmed ben Abdallah, 333, 339, 340.
Ahmed ben Abdelhaqq, 287.
Ahmed ben Ali, 467.
Ahmed ben Barka (caïd), 154.
Ahmed ben Edris Elhasani (chérif), 321.
Ahmed ben Elachhab, 397.
Ahmed ben Elhasen, 302.
Ahmed ben Elqâdhi Elmiknâsi, 16.
Ahmed ben Enneqsis, 323.
Ahmed ben Haddâd Elghamri Elmaâqili (caïd), 154.
Ahmed ben Hammou Edder'aï, 104.
Ahmed ben Hanbal (imam), 88.
Ahmed ben Mansour Eleuldj (cadi), 310.
Ahmed ben Maulay Zidân, 441.
Ahmed ben Mohammed, 58, 300.
Ahmed ben Mohammed (souverain mérinide), 38.
Ahmed ben Mohammed ben Mohammed ben Mohammed ben Elâfia, surnommé Ibn Elqâdhi, 7 n.
Ahmed ben Mohammed ben Moussa, 302.
Ahmed ben Mohammed Esseghir, 301.
Ahmed ben Moussa, 86, 87, 88, 89.
Ahmed ben Moussa Eldjezoûli, 87, 88, 356, 357.
Ahmed ben Omeïra (caïd et vizir), 391.
Ahmed ben Ouedda Elghamri (caïd), 152.
Ahmed ben Soliman, 27.
Ahmed ben Zidân, 394.
Ahmed Eddzehebi, 274.
Ahmed Elhibthi, 99.
Ahmed Elmansoùr (ben Mohammed), 11.
Ahmed Elmansoùr, 105, 113, 248, 269.
Ahmed Elouattâsi, 265.
Ahmed Enneqsis, 265.
Ahmed Enneqsis (moqaddem), 394.

Ahmed Essâlemi (mufti de Maroc sous Abdelmâlek), 406.
Ahkâm Essolthania, 365.
Ahmer (tribu), 285.
*Aïn Elqosob, 450.
Aïsi, 303.
Aïssa (Abou Mahdi Aïssa, cadi à Taroudant), 373.
Aïssa ben Abderrahman, 374.
Aïssa ben Abderrahman (cadi de Maulay Eccheikh ben Zîdân), 427.
Aïssa ben Abderrahman (cadi), 448.
Aïssa ben Abderrahman Essedjetâni (cadi d'Abdelmâlek à Maroc), 406.
Aït Yousi (tribu berbère), 273.
*Akelmîm, 313.
*Akhenousen, 493.
*Alcazar, 133, 136.
*Alcazar Elkebir (chef-lieu de la province de Gharb), 52 *n*, 133 *n*, 317.
*Alcazar Esseghîr (district), 16 *n*.
*Alexandrie, 450.
Alfiya (de Ibn Malek), 225, 324.
*Alger, 33, 34, 56, 57 *n*, 58, 78, 79, 89, 92 *n*, 105, 109, 145, 210, 263, 288, 314, 442, 449, 502.
*Algérie, 161, 397.
Algériens, 79, 89, 109.
*Algésiras, 489.
*Alhambra, 247, 410, 426, 490.
*Alhambra (de Maroc), 422.
Ali (ben Ennefs Ezzakia), 9.
Ali (ben Mohammed), 476.
Ali (calife), 106, 253, 347, 353, 368, 386, 416, 489.
Ali (Ecchemâl, habitant de Maroc), 267.
Ali ben Abderrahman, 395.
Ali ben Abou Bekr, 104.

Ali ben Abou Bekr Aziki (caïd, gouverneur de Maroc), 42.
Ali ben Abou Bekr Aziki Elhâhî (chambellan de Abdallah Mohammed Eccheikh), 70.
Ali ben Abou Thâleb (prince des croyants), 123, 479.
Ali ben Chaqra (caïd), 104.
Ali ben Elabbâs (Ibn Erroumi), 362.
Ali ben Mohammed, 281, 282, 285, 475.
Ali ben Mohammed ben Abou Zekri Elouattâsi, 58.
Ali ben Ouedda (caïd), 90.
Ali ben Saïd, 430.
Ali ben Selimân Ettâmeli, 205.
Ali ben Youcef ben Tachefîn (le Lemtounien), 124.
*Ali ben Youcef Ellemtoûni (mosquée de), 93.
Ali Ecchemâl, 266.
Ali Etthebîb (caïd), 406.
Ali Oloudj (raïs), 151.
Alide, 204, 254.
Almohades, 4 *n*, 160, 161, 179, 192, 410.
Almoravides, 124, 160, 161, 162, 179, 493.
Alphonse, 491.
Alqami, 217.
*Alqasr Eldjedid, 486.
'âm, 223.
aman, 392.
'âmel, 372.
'amel ettedzyili, 234.
Amghâr (surnom du sultan Abou Abdallah Mohammed Eccheikh), 44.
Amghâr (chérif), 394.
Amina (maîtresse de Elmansour), 229, 233.
amulettes, 141.
Amurat III (sultan ottoman), 105 *n*, 108, 151.

INDEX

Amurat (sultan, fils de sultan Sélim le Turcoman), 151, 152, 367.
Anas, 106.
Andalous, 196, 197, 198, 300, 395, 396, 439, 444, 449, 486, 487, 501.
*Andalous (Quartier des — à Fez), 395 n.
*Andalousie, 106, 161, 193, 274, 430, 431, 486, 487, 490, 491, 509.
*Andjera, 392.
*Angâd, 472, 499.
*Angleterre, 372.
*Anmâï, 39.
anqa, 95.
Antara, 473 n.
Antechrist, 129, 470.
Aqaïd, 158.
Aqîda (de Elouâhidi), 461.
*Aqîq, 251.
aqiqa (jour de l' —), 456.
Aqlichi, 324.
*Aqqa (oasis), 23, 32.
Arabes, 88, 108, 126, 160 n, 173, 195, 206 n, 254, 283, 320, 326, 361, 367, 387, 391, 399, 420, 422, 424, 425, 440, 445, 446, 450, 472, 491, 498, 499.
*Arabie, 11 n, 401 n, 481 n, 489 n.
*Arafa, 464.
arak (arbre), 183 n, 251.
Arcturus, 186, 189.
Ardjouza, 479, 480.
*Arim, 286.
Arisi (confrérie), 377.
Arouârât, 318.
Aroudj Ettorkomâni (émir et bey), 34, 35.
arth (esp. de buisson), 183.
*Arzille (nom de la place forte Asila), 20, 37, 124, 139, 176.
*Asfi, 68, 337, 350.
asida (mets berbère), 23.
*Asila (v. Arzille), 20, 37, 68, 263, 264.

*Atlas marocain, 112.
Avicenne, 94.
*Ayyâch (montagne), 467.
*Azemmour, 37, 68, 75, 90, 350, 361, 366, 436, 437, 438, 445, 446.
Azfi (tribu), 285.
Azghâr (tribu), 172, 173, 450.
Azhâr erriâdh fi akhbâr menâqib elqâdhi Iyâdh, 247.
Azîz, 273.
Azzoûz (caïd), 274.
Azzoûz ben Saïd Elouzkiti (pacha), 174.

B

* Bâb Dokkala (quartier de Maroc). 140.
*Bâb Ecchemmâïn (porte de la mosquée de Elqarouïïn), 63.
* Bâb Elghezou (à Taroudant), 380.
Baba Abdallah, 283, 284.
Baba Abdelmâlek, 305.
Baba Abdelqâder, 284.
Baba Abou Fârès, 294, 298, 371.
Baba Ahmed, 74, 138, 178.
Baba Eccheikh, 281.
Baba Hammou Elharrân, 284.
Baba Mansour, 283.
Baba Zidân, 296.
* Babel, 208.
* Bâdis (place forte), 20, 69, 92.
* Bagdâd, 181.
* Baghdân, 255.
Bahram, 305.
Bakhtiâr, 196, 197.
baqchich (gratification), 111.
Barakat ben Mohammed ben Abou Bekr Ettedsi, 22.
Barbaresques, 55 n.
Barberousse (frères), 34 n.
Barka (caïd), 288.
bastion, 260.
*Bathn Erroummân, 472.

Beaumier, 4 n.
bécrite (seigneur), 215.
* Bédi' (palais du —), 179, 180, 181, 187, 188, 190, 191, 193, 194, 195, 240, 426.
bédouin, 222.
* Bedr, 131, 354, 384, 451.
Bedr eddin Elqirâfi (imâm), 178, 219.
Bedzl elmonâsaha, 169, 343, 460
Beghi, 196.
Behemot, 470.
* Beht, 394.
Beni Djerâr (tribu), 340.
Beni Hassan, 173, 392.
* Beni Ibrahim (hameau des —), 480.
Beni Kensoûs, 340.
Beni Mâlek, 431, 445.
Beni Merin, 4, 40, 52, 53, 54, 77, 172, 430, 493.
Beni Moussa, 415.
Beni Nizâr ben Maadd, 15.
Beni-Oatès, 4 n.
Beni Ouàrtsin (plateau des —), 109, 317.
Beni Ouattâs, 4, 20, 38, 59, 65.
Beni Râched, 337.
Beni Saad ben Bekr ben Haouâzin, 13, 14, 15, 16.
Beni Selmàn, 81.
Beni Yâzegha, 411.
Beni Yznasen, 34.
Beni Zerouàl, 486.
beleberdouch (3ᵉ corps de soldats étrangers, turcs et renégats), 196, 198.
bélier (chronogramme), 341.
Bélier (constellation), 498.
* Beqia, 481.
* Beradâa, 343.
Berbers, 23 n, 88, 150, 179, 273, 371, 412, 420, 424, 445, 450, 455, 456, 463, 467, 468, 472, 475, 485.

Berbouch, 329.
Berkâdh (le Salétin), 303.
bey, 196.
beylerbey, 198.
* Bilâd Eldjerid, 505.
* Biskra, 505.
bismillah, 219.
biyàk (1ᵉʳ corps de soldats étrangers turcs et renégats), 196, 198.
* Boddan, 249.
Bohtori, 208.
boldat sarika (chronogramme), 55.
Bouloukbâchi, 197, 198, 368.
Borda, 4 n.
* Bornou, 166.
Bostán eladeb, 213.
Bou Abdelli, 277.
* Bou-Aqba, 423.
* Bou Oqba, 39.
Bou Ras (cheikh), 20 n.
* Bou Regràg, 317.
* Boubiâren, 299.
bouc, 341.
* Boukhara, 330.
Brânès (tribu), 176.

C

* Caire (le), 13 n, 142, 181, 212, 215, 218, 219.
calife abbasside (Motawwakel), 30.
casbah (citadelle), 68, 298, 300, 303, 346, 404, 416, 499.
Castille (prince de), 146.
Castille (roi de), 176.
Castor et Pollux (étoiles), 186, 188.
Caverne (Compagnons de la —), 418.
Césars, 252.
* Ceuta, 46, 88, 89, 120 n, 205, 509.
Chaféites, 359.

INDEX

Chah (Ismaïl, roi de Perse de la dynastie des Sophis), 26.
*Chahar, 227.
chanchariya (4ᵉ corps de soldats étrangers, turcs et renégats), 196.
chaouchs (6ᵉ corps de soldats étrangers, turcs et renégats), 196, 197, 300.
chaouïas, 412.
chat musqué, 415.
Chebâna (tribu), 340, 427, 428, 429, 477, 502.
Chebânia, 312.
Cheddâd, 473.
*Chefchaoua, 261.
*Chefchaouen, 483.
chehada (profession de foi musulmane), 222, 223.
Cheikh (chef de la zaouïa), 77.
cheïkhs (chefs de confréries religieuses), 416.
chelha (race) 1 n.
*Chélif (rivière), 55, 68.
Chems Eddin Mohammed ben Aboullothf, 213.
Chemsiya, 216.
*Chera, 489.
*Cheraga, 197, 318, 387, 388, 389, 390, 399, 411, 441.
chérif, 11 n, 55, 57, 69, 76, 85, 90, 179, 190, 210, 215, 225, 268, 469, 481, 482, 483, 484.
chérifs (chefs des confréries religieuses), 416.
chérifs (cimetière des), 81, 101, 198, 306, 403, 427.
Chérifs (mosquée des), 93, 97.
chérif hassanien, 138, 280, 297, 477.
chérifas, 469.
chérifienne, 179.
Chiâdhema (tribu), 33, 285, 423.
Chifa, 214.

chih (sorte d'armoise), 250.
Chihâb eddin Aboulabbâs Ahmed ben Ettadj, 25.
Chihâb eddin Ahmed (surnommé Ibn Hadjar Elasqalânî), 45 n.
*Chine, 185, 252.
*Chouchaoua, 180.
civettes, 169.
clous (bataille des), 443.
Compagnons de la caverne, 273, 448.
*Constantine, 358 n.
*Constantinople, 78, 80, 105, 108, 145, 151, 212, 226, 255, 398.
Coptes, 184.
*Cordoue, 509.
Corneille, 147 n.
coupole de cristal (du Bedi'), 191.
coryphées, 239.
cryptologie, 232, 233, 234.

D

Daho ben Feredj (caïd), 284.
*Dahr-Erremka, 471.
*Dahr Ezzaouïa, 294, 305, 317.
*Damas (coupoles de), 181.
Daniel (prophète), 31.
Daoud, 150, 151, 158.
Daoud ben Abdelmoumen, 150.
*Dàr Debibegh, 287, 318.
Dàrin, 227.
*Dàroudj, 296.
Dastugue (colonel), 131 n.
Dauhet ennâchir li mahâsin man kâna min elmaghrib min ahl elqarn elâchir (dictionn. biogr. par Mohammed ben Ali ben Omar ben Hosaïn ben Misbah, surnommé Ibn Asker), 16 n, 22, 23, 24, 46, 47, 53, 58, 60, 71, 77, 93, 135.
*Dekhisa, 420.
Delaïl elkheïrât, 35, 324.

Delphin et Guin, 199 n.
demi sâ' (mesure de capacité), 48.
*Demnât, 300.
dépêches secrètes (caractères nouveaux pour), 202.
*Deren (montagnes de), 80, 112, 114, 274, 299, 339, 343.
Description et histoire du Maroc (par Godard), 4 n.
Dhahérite (le), 92.
dheîqa (asthme), 100.
dhomma (voyelle), 223.
Dhou Yazan, 187.
*Dhoul Caabat, 473.
Djami‘ châmil (commentaire du — de Bahram, par Sidi Abderrahman ben Yaqoub Essemlâli, 305.
Djami‘ eldjouâmi‘, (de Ibn Essebki), 217.
Djauher, 312.
djebel, 284.
*Djebel Ayyâch, 467.
*Djebel Elhadîd, 423.
*Djebel Ezzebîb, 177.
Djedzouet eliqtibâs fîmen halla min elaalâm medinet Fâs (par Ahmed ben Mohammed ben Mohammed ben Mohammed ben Elâfia surnommé Ibn Elqâdhi), 4 n, 7 n, 262, 278.
Djeïch ettauchîh (par Ibn Elkhathîb Esselmâni), 268.
Djelâl eddin Essoyouthi (imam), 158, 397.
Djelâl eddin Mahmoud ben Abderrahman Elqazouïni, 2 n.
Djelloul (Sidi), 396.
Djemâl eddin Abou Abdallah Mohammed ben Abdallah Elthaïy Eldjyâni surnommé Ibn Mâlek, 466 n.
Djemhara (par Abou Abdallah Elmosaab Ezzobéïri), 8.

Djemharet elansâb (par Abou Mohammed Ali ben Hazm), 8 n.
*Djenân Bekkâr, 314.
*Djenân Meïmoun (parc de —), 416.
Djérîd, 472.
Djerrâr (secte), 328.
*Djers-eddin, 486.
Djesîma (tribu), 21, 22.
*Djeza ibn Amer (un quartier de Fez), 486.
*Djezoula, 475.
*Djillez, 316, 340.
djinâs ettawria etterkibiya (figure de rhétorique), 234.
Djochem (tribu), 172.
Djomal (calcul du), 28.
Djomal (commentaire du — par Sidi Elhasen Ezzeyyâti), 322.
*Djomân, 485.
Djouder (pacha), 163, 164, 165, 166, 168, 196, 198, 292, 296, 310.
Djouder (vizir d'Abdelmâlek), 406.
*Dilâ, 449, 450, 455, 459, 466, 467, 471, 472, 473, 474, 496, 502.
*Dilâï, 410.
Dilâïtes, 408, 409, 466, 467, 468.
dîme (impôt), 361.
dinar, 167.
Divan de Motanebbi, 45, 46, 268.
doha (moment intermédiaire entre le lever du soleil et midi), 164 n.
Don Sébastien (roi de Portugal), 114 n.
Dormants (les Sept —), 418 n.
Dorer Essimth fi akhbâr Ibn Abbâr (par Abou Djomaa Saïd ben Messaoud Elmâghousi), 226.
Dorrèt elhidjâl fi asma erridjâl (dictionnaire biographique par Ahmed ben Mohammed ben Mohammed ben Mohammed ben Elâfia, surnommé Ibn Elqâdhi),

INDEX 531

4 n, 7 n, 44, 89, 136, 226, 267, 274.
Dorret essolouk fi-man houa elmolk min elmolouk (par Ibn Elqâdhi), 18, 19, 52, 54, 100, 109, 168, 274.
douar, 372.
* Doukkala, 260.
Dzoulfiqàr (nom d'un sabre qui a appartenu à Mahomet puis à Ali), 167 n, 168.
* Draà, 12, 18, 19, 21, 22, 24, 25, 32, 46, 47, 151, 258, 264, 288, 290, 295, 302, 312, 314, 336, 337, 344, 383, 439, 476, 498, 499.
Dugat. *Analectes sur l'histoire et la littérature des Arabes d'Espagne*, 13 n.

E

Ecchadzeli, 395, 396.
Ecchâfia (un des deux traités grammaticaux de Ibn Hâdjeb; voir Elkafia), 64 n.
Ecchâthibi, 239 n, 276, 357.
Ecchebîh, 223.
Eccheikh, 42, 45, 46, 55, 56, 280, 290, 291, 292, 293, 296, 310, 311, 312, 313, 314, 315, 317, 318, 319, 320, 321, 323, 324, 387, 389, 390, 397, 398, 400.
Eccheikh (Maulay Mohammed) 424.
Eccheikh ben Elmansour (sultan), 319, 336.
Eccheikh Elmamoun ben Elmansour, 289.
Eccheikh Ettadeli (généalogiste), 326.
* Eccherâth, 112.
Ecchérif, 211.
Eccherqî, 87.
Ecchiâdemi, 153.
Ecchochtari, 239.

écorché (l'—), 135.
Eddâïm, 275.
Eddakhil, 12 n.
Eddaoudi, 217.
* Eddâroudj, 291.
Eddauhat, (par Abou Abdallah Elazourqâni), 11.
Eddeghàli, 110.
Eddeghoughi, 470, 471.
* Eddekhîsi, 445, 450.
Eddemîri, 430.
Edderidi, 501.
* Eddilà (zaouïa de —), 423.
* Edilâï, 416.
Eddobéirites, 323.
Eddor esseni fîmen bifâs min enneseb elhasani (par Abou Mohammed Abdesselâm Elqadiri), 478.
Eddzehebî (l'Aurique, surnom de Elmansour), 167.
* Éden, 251, 272, 490.
* Edjiz'ou, 249.
édrissite, 481, 484.
Eghris, 467.
* Égypte, 26, 27, 28, 29, 30, 78, 157, 158, 166, 226, 430, 431, 459, 464.
Elaaredj (Sultan Aboulabbâs Ahmed) —, 36, 37, 39.
Elabbàs, 428.
Elachmoûni, 214.
Elachter, 9.
Eladjàri, 245.
Elakhâm essoltaniya (par l'imam Elmâouerdi), 74, 119.
Elakkàri, 371, 372.
Elala, 447.
el'amel elhisàbi (figure de cryptologie), 234.
el'amel ettedzyili (figure de cryptologie), 233.
Elamrâni, 494.
L'anouâr esseniya fi nisba men bi-

sidjilmássa min elachráf elmohammediya, 480, 483, 492, 493.
Elaqìq, 245.
Elaqra' (le chauve, surnom de Seliman ben Mohammed Eccherif Ezzerhouni), 388.
Elarifa bent Neddjoû (devineresse), 55.
Elasâkiri, 218.
Elasr (sourate du Coran), 383.
Elayyâchi (surnom de Mohammed ben Ahmeb Elmâleki Ezzeyyâni), 25, 420, 431, 434, 435, 436, 437, 438, 440, 441, 442, 443, 444, 445, 446, 447, 448, 449, 450, 451, 454.
Elazìz, 200.
Elazìz ben Nizâr, 200.
Elbadekhchi (de Boukhârà), 330.
Elbâdisi (Abou Hassoûn —), 56.
* Elban, 249.
Elbasith wa' tta'rif (commenté par Abou Abdallah Mohammed Elmorabith ben Mohammed ben Abou Bekr), 466.
* Elbedi' (palais de —). (voir Bedi'), 179.
Elbekri (imâm), 215, 218, 219.
Elbesâtin, 260.
Elbokhâri, 45, 62, 120 n, 129, 142, 154, 174, 217, 218, 221, 241, 461.
Elborzouli (imâm), 124.
* Elbrìdja, 90, 437, 445, 446, 447, 448 (auj. Mazagan).
* Eldjarf (mosquée de—), 391.
Eldjauher, 309.
Eldjeloudi, 218.
Eldjerni (caïd), 321.
Eldjezâïri, 210.
Eldjezoùli (cheikh et imâm), 35, 36, 43, 78, 357.
* Eldjisa (une des portes de Fez), 260, 389.
éléphant (arrivée d'un —), 264.
Elfaouâid eldjomma bi isnád 'oloum elomma (par Abou Zéid Abderrahman ben Mohammed Ettinmârti), 46, 47, 142, 220, 258, 274, 305, 344, 345.
Elfàsi, 99.
Elferaouï, 218.
Elfezzi, 218.
Elfichtâli, 145, 147, 150, 159, 164, 166, 174, 180, 188, 190, 195, 197, 200, 202, 204, 210, 216, 217, 220, 224, 225, 226, 235, 237, 242, 261, 268.
Elfodhaïl ben 'Iyâdh, 351, 373, 510.
* Elfotouh (une des portes de Fez), 260, 389.
* Elgâra, 467, 504.
Elghâleb, 74, 175, 195.
Elghâleb-billah (surnom de Abou Mohammed Maulay Abdallah), 82, 141, 343, 389.
Elgherdis, 324.
Elghezouâni (cheikh), 39.
Elghoûri, 31.
Elhadhrami, 447.
* Elhadid (montagne), 423.
Elhâdj, 158.
Elhâdj Ali Sousân, 395.
Elhâdj Elmir, 336.
Elhâdj Mohammed, 158.
Elhâdj Mohammed Sokia, 157.
Elhâdj Qaraqouch, 265.
Elhakem, 10.
* Elhalq (port de —), 441, 442, 443, 444, 445.
Elhamidi (Abou Mâlek Abdelouàhed, — cadi de Fez), 98, 205, 206, 207, 221, 222, 259, 277, 278, 279.
Elhammâm, 279.
* Elharra, 354.
Elharrân (Maulay Mohammed —), 69.
Elhasen (ben Ali), 387, 485.

INDEX 533

Elhasen (ben Ennefs Ezzekia), 9.
Elhasen (ben Qâsem), 480.
Elhasen ben Ali, 386, 430.
Elhasen ben Ali ben Mohammed ben Risoun, 393.
Elhasen ben Otsmân, 275.
Elhasen ben Qâsem, 479.
Elhasen ben Qâsim, 12.
Elhasen Ela'ouer ben Mohammed Elkabouli, ben Abdallah Elachter, ben Mohammed Elmadhi, c.-à-d. Ennefs Ezzekia, 9.
Elhasen Elbasri, 353.
Elheddjâdj, 353, 376.
* Elhibth, 393.
Elhibthi, 87, 357.
Elhidjâzi, 217.
Elhoseïn (ben Ali), 485.
Elhoseïn (ben Ennefs Ezzakia), 9.
Elhoseïn Ezzeyyâti, 227.
Elhouzâlî, 152, 153.
Elifâda lilqâdi, 361.
Eli'lâm bimen madha oua ghabara min ahl elqarn alhâdi âchara (Dictionnaire biographique par Abou Mohammed Abdallah ben Mohammed Elfâsi), 97, 99, 268, 269, 272.
Eli'lâm fîmen boui'a qabla elihtilâm (par Ibn Elkhathib Esselmâni), 430, 461.
* El'inânia (medressa à Fez), 394.
Elimâra (de Moslim), 120.
Elislit (par Abou Mahalli), 332, 337.
Elkâfi (par Youcef), 223.
Elkafia (un des deux traités grammaticaux de Ibn Hadjeb ; voir Ecchâfia), 64 n.
Elkerrâdi, 450.
Elkhabour, 269.
* Elkhamsiniya (nom d'une coupole du Bedi'), 182.
Elbkarroûbi, 78, 332.

Elkheizourân (mère de Eccheikh), 293, 309, 312.
Elkhelîli, 211.
* Elkhemis (nom d'une porte à Dâr-Debibegh, banlieue de Fez), 287.
* Elkhemis (nom d'une porte de Maroc), 423.
Elkhettâb, 40.
Elkhidhr, 362.
* Elkhif, 250.
* Elkhoud (palais de —), 183.
Elkoûch (chéikh Abou Mohammed Abdallah —), 37.
Elkouchi, 169.
Ellioûâ Elmansour (grand étendard blanc), 199.
* Ellioûâ, 245, 249.
Elmahdi (surnom de Sultan Abou Abdallah Mohammed Eccheikh), 44, 141, 173.
Elmâghousi, 226.
El-Mahmoud (surnom du Prophète), 433.
Elmakoûdi, 65, 268.
Elmamoum, 149, 150, 244, 289, 290.
Elmamdoud ou elmaqsour min sena essolthan Abilabbâs Elmansour (par Abou Abdallah Mohammed ben Aïssa), 14, 270.
Elmansour, 8, 10, 11, 17, 18, 74, 76, 113, 129, 130, 134, 136, 141, 142, 143, 144, 145, 146, 147, 148, 149, 150, 151, 152, 153, 154, 155, 156, 159, 160, 161, 162, 163, 164, 165, 166, 167, 169, 170, 171, 172, 173, 174, 175, 177, 178, 179, 180, 185, 186, 187, 191, 193, 195, 198, 199, 200, 201, 203, 204, 205, 209, 210, 211, 212, 214, 215, 216, 217, 218, 219, 220, 221, 222, 224, 225, 226, 227, 229, 230, 233, 235, 237, 240, 244, 246, 247, 255, 256, 257,

258, 259, 260, 261, 263, 264, 265, 267, 268, 270, 272, 274, 275, 276, 277, 279, 280, 289, 290, 291, 292, 293, 294, 297, 305, 307, 308, 311, 313, 327, 336, 344.
Elmansour Ahmed, 188, 253.
Elmansour ben Abou Amir (vizir de Hichâm II), 181 n, 193.
* Elmansour (mosquée de —), 81, 93, 403.
Elmâouerdî (imâm), 74, 119.
Elmaqqari, 13, 272, 460.
Elmasnaouî (chéikh), 8, 9.
Elmedjâlis elmiknâsiya, 64.
* Elmehedia (La Mamoure), 506.
Elmekki Essamarqandî, 9.
Elmendjoûr (imâm), 13, 51, 63, 64, 66, 70, 221, 222, 225, 275, 279, 330, 344.
Elmerbou' (jurisconsulte), 389, 390, 391, 392, 394.
Elmesilî, 225.
* Elmeslah, 484.
Elmesloûkh (l'écorché), 102.
* Elmetreb, 389.
Elmezouâr, 283.
Elmezouârî, 83.
* Elmisbâhiya (medressa), 65, 262.
Elmismar, 275.
Elmoatasem (ben Abou Abdallah, sultan), 74, 138, 176, 195, 210, 277, 419.
Elmoatezz l'Abbasside, 9.
Elmoayyed, 218.
elmofalleq (terme de versification), 234.
Elmokhtasar (abrégé de l'ouvrage de droit de Sidi Khelil), 49 n.
Elmontasir, 412.
Elmonteqa elmaqsour' ala maatsir khilafet essolthin Abî' l'Abbâs Elmansour (par Aboulabbâs Ahmed ben Elqâdhi), 7, 88, 261.

Elmorâbith Elandaloust, 86, 357, 475.
Elmorâdî, 216.
Elmorchid elmo'in (par Abou Abdallah Mohammed ben Ahmed Meyyâra), 431.
Elmosâmarât (par Mohiy - eddin ben Arbi), 194.
* Elmosteqa, 294.
Elmotawekkel, 176, 195, 201.
Elmouâq, 349, 359, 488.
Elmouâsî (jurisconsulte de Fez), 58.
* Elmouâsin, 93, 275, 276.
Elmowaffaq, 223.
Elobbi, 360.
Eloloudj (caïd), 196.
* Eloqâb, 274.
Elouâhidi, 461.
Eloualîd (ben Zidân), 405, 406, 407.
Eloualîd ben Zidân ben Ahmed Elmansour le Saadien, 406.
Elouancherisî (imâm), 46, 50, 58, 61, 62, 63, 65, 67, 343.
Elouaraqât (par Abou Abdallah Mohammed Elmorabith ben Mohammed ben Abou Bekr), 466.
Elouâtsiq-billah, 309.
Elouâtsiq-billah Maulay Abou Fârès, 309.
Elouedjdi, 272.
Elouidhâh (par Abou Mahalli), 332.
Elqâdhi, 18.
Elqâïm, 9, 32, 33, 37, 372.
* Elqarouïïn (mosquée de —), 62, 390, 392, 397.
Elqâsim (seyyid —), 8 9, 11.
Elqassâr (chéikh —), 10, 11, 217, 246, 247, 312, 313.
Elqassâb (canon célèbre), 507.
Elqasthâs (par Abou Mahalli), 332.
Elqirâfi, 412.
Elqosanthini, 358 n.
Elyesa', 192.

Elyestetsnî (Abou Abdallah Mohammed ben Ahmed —, imâm), 51, 59.
Elyezid ben Moawia, 85.
Elyoussi (chéikh), 338, 482.
Ennâbigha, 208, 239.
Ennâser, 175, 176, 177, 178.
Ennâser ben Ali ben Chaqra, 274.
Ennâser ben Elghaleb-billah, 175.
Ennâser ben Ezzobéïr, 441.
Ennâsir l'Almohade, 274.
Ennefha elmeskia fi 'ssefârâ ettorkia, 107, 108, 204, 240.
Ennefs Ezzakia, 8, 11.
Ennisâï, 379.
Erraqîm (chien des Sept dormants), 418.
Errechfa elheniya min risâlat ettehnia (par Yahia ben Sidi Abdallah), 345.
Errechid (sultan), 474, 477.
Errechid ben Eccherif (sultan), 474.
* Errecif (pont de —, fait communiquer les deux quartiers de Fez), 65.
* Errokn, 109, 110.
* Erromeïla, 200.
* Espagne, 176, 201, 491.
Essaad, 216.
* Essafh, 249.
* Essâliha (jardin de —), 192.
Esseffâh, 255.
Esselâoui, 225.
Esselâsi (Sidi Ali ben 'Imrân —, cadi), 402.
* Esselsala (nom d'une porte de Fez), 399.
Essemaâni, 326.
Essenoussi (cheikh et imâm), 216, 406, 438, 474.
Esserekhsi, 217.
Esseyyâf (le bourreau), 36.
Esseyyid Abdallah, 492, 493.
Esseyyid Abdelouâhed (surnommé Aboulghaïts), 493.
Esseyyid Abderrahman, 493.
Esseyyid Abou Zakaria, 494.
Esseyyid Ahmed, 493.
Esseyyid Ali, 492, 493.
Esseyyid Elhafîd, 494.
Esseyyid Elhasen, 492, 493.
Esseyyid Elheddjâdj, 494.
Esseyyid Elhoseïn, 393.
Esseyyid Etthaïeb, 493.
Esseyyid Fodheïl, 494.
Esseyyid Mahrez, 494.
Esseyyid Merouân, 494.
Esseyyid Mobârek, 494.
Esseyyid Mohammed, 493.
Esseyyid Qâsem (ben Mohammed), 492.
Esseyyid Saïd, 494.
Essiâdj (la haie) (pavillon de Elmansour), 204.
Essibth, 246.
Essokhour fi 'rred 'ala ahl elfodjour (par Abou Mahalli), 332.
Essollem (commenté par Sidi Saïd Qodoura Eldjezâïri), 337.
Essolthân-Eladham, 431.
Essoyouthî (imâm), 158, 217, 430, 431.
* Éthiopie, 184.
ettawria elmorakkaba fi'lasl, 236.
Ettonoukhi, 217.
Ettouâti (Aboulabbâs Ahmed —; voir Aboulabbâs), 331.
Ettounsi, 299.
Ettâdj Edris, 485.
Ettâmelî, 221.
Ettedjelli fimâ ouaqaa beïna Yahia oua Abi Mahalli (recueil de poésies échangées entre Yahia et Abou Mahalli), 345.
ettedjnis elmorakkeb, 228.
* Etthâghi, 441, 445, 450.
Etthaher, 9.
Etthaïeb, 467.
Etthebîb, 146.

Euclide, 217.
* Euphrate, 186, 503.
* Europe, 180.
évêques (ils permettent l'adultère), 137.
Exploration scientifique de l'Algérie, 25 n.
Ezzarouri (caïd de Zidàn), 438, 439.
Ezzaeri, 329.
* Ezzâhira (palais de —), 181, 193, 194.
* Ezzahra (palais de —), 181, 183, 194.
Ezzaura, 269.
* Ezzebîb (montagne de —), 64, 177, 392.
Ezzeqqàq, 65, 343.
Ezzerhoûni Abdessàdeq ben Molouk 87, 357.
Ezzerkechi, 218.
Ezzobda (Abdallah ben Elmansour —), 337.
Ezzobeïri, 217.

F

Fahrasa (par Sidi Mohammed ben Saïd Elmerghitsi), 266, 460.
Fahrasat (par Elmèndjoûr), 49, 63, 70, 217.
Fahrasat (par Ibn Elmèndjoûr), 106.
Fahrasat (par Ibn Yaqoub), 273.
* Fahs, 284, 323, 437, 438.
Faoûàïd (par Abou Zéïd), 212, 215.
faqirs, 237, 378.
fatha (voyelle), 223.
Fathima (fille du Prophète), 261, 334 n, 386, 485.
fatimide, 224.
fatimite, 307, 334.

* Feddj Elferes (banlieue de Tétouan, endroit où mourut Eccheikh), 323, 400.
félicitation (nom d'un poème), 345.
Feth elmo'atâl fi medh enni'âl (par Aboulhasen Ali ben Ahmed Ecchamî, 272.
fetoua, 310, 444.
* Fez, 16, 38, 39, 40, 42, 48, 49, 50, 52, 53, 54, 55, 56, 57, 58, 59, 61, 62, 64, 65, 67, 70, 77, 79, 83, 84, 89, 92, 97, 100, 102, 106, 109, 110, 111, 113, 117, 119, 121, 133, 136, 137, 138, 140, 141, 145, 148, 149, 150, 152, 154, 163, 174, 176, 203, 205, 217, 258, 259, 260, 264, 265, 266, 277, 278, 280, 281, 282, 284, 287 n, 288, 289, 290, 291, 294, 295, 297, 307, 308, 309, 310, 311, 312, 313, 314, 315, 317, 318, 320, 321, 322, 323, 324, 325, 327, 328, 335, 344, 368, 387, 388, 389, 391, 393, 394, 395, 396, 397, 399, 400, 404, 422, 424, 425, 441, 443, 459, 467, 471, 472, 474, 486, 487, 488, 498, 501, 502, 503, 505, 507.
* Fez-la-Haute, 144, 306.
* Fez-la-Neuve, 83, 97, 110, 293, 305, 389, 391, 394, 404, 422, 424, 498, 501, 504.
* Fez-la-Vieille, 394, 397, 422, 498, 501.
Fez (grand cadi de —), 41.
* Fezouata (district de Tagmadart), 21 n.
* Fichtala, 292.
Fichtàli, 16.
filalien (chérif —), 239.
fondouq, 413.
* Fontaine du Lion, 443.
* Fonti (source et village de Teftent), 32 n, 76.

INDEX

Foucauld (*Reconnaissance au Maroc*), 1 n, 15 n, 21 n, 23 n.
* Foughal (province de Haha), 33.
* Foum Tânout, 339.
Français, 146.
Francs, 125, 146, 161.

G

Garmân (caïd), 110.
Géhenne (la —), 60.
Gémeaux (les —), 182.
gerfaut, 500.
ghâitha (sorte de clarinette), 199.
* Ghana, 162.
* Gharb, 52, 53, 68, 69, 143, 291, 311, 316, 350, 361, 363, 364, 411, 413, 420, 422, 424, 425, 438, 440, 448, 469, 487, 489, 490, 491.
Gherdis, 325.
ghezâl (gazelle), 233.
* Ghomara, 265.
* Ghomdân (palais de —), 181, 187, 255.
ghoul, 95.
ghouride (Touman bey, sultan —), 26.
ghouts (secours), 134.
Godard (*Description et histoire du Maroc*), 4 n.
Gog, 510.
Goliath, 470.
Goulette (La —), 107 n.
Gràberg de Hemsô, 70 n.
Grecs, 184, 252.
* Grenade, 90, 487, 488, 490.
Grenadins, 487.
* Guelâguel, 80.
* Guerâra, 113.

H

Hâchem, 2, 9, 52 n, 386.
hachémite, 52, 483, 489.
hadits, 85.

Hadji Khalfah, 38 n.
Hafsides, 107.
* Haha, 33, 34, 35, 180, 261.
hâithi (tenture murale), 188.
Halima Essaadia (nourrice du Prophète), 14.
halo, 189, 205, 272.
* Halq elouâd (le goulet de la rivière = la Goulette), 107.
Hamidi, 222.
Hammou (caïd, surnommé Abou Dobéïra), 321, 323 n.
Hammou ben Omar, 319, 392.
hanéfites, 127, 128, 359.
Hannâcha, 361.
Harîr, 477.
Haroun Errechid, 510.
Harrân, 53, 54, 69.
* Harsa, 475.
Harzoûz (jurisconsulte et prédicateur), 60.
hasanide (chérif), 74.
Hasen ben Abdallah ben Mohammed ben Abou Arfa, 478.
Hassan, 455.
hassanide, 217.
hassanien, 280, 298, 506.
Hassen ben Abou Anmi (sultan de la Mecque), 178.
Hassen ben Kheir-eddin (pacha d'Alger), 57 n, 92 n.
Hayâïna, 320, 444.
Hayat elhayaouân (par Eddemîri), 430.
* Hechtouka, 340, 423.
* Hedjâz, 30, 157, 226, 332, 464, 480, 481, 482.
* Hedjer, 481.
Henri, roi de Portugal, 145.
* Hibth, 16 n, 265.
Hichâm II, calife de Cordoue, 181 n.
* Hintata, 38.
* Hisn-elfath (fort bâti à Larache), 261.

* hispanique (péninsule), 200.
hizb (prière spéciale), 395, 396.
* Hodjr Bàdis, 89, 320.
* Hollande, 372.
Hosaïn (pacha) ben Kheir-eddin Ettorki, 92.
Hosn elmohâdharât (par Essoyouthi), 431.
* Houzàla, 150, 151.

I

Iblîs, 223.
Ibn Abbâd l'Andalous, 125, 171.
Ibn Abdallah, 277.
Ibn Abdelberr, 96.
Ibn Abdelouâsi, 373.
Ibn Abderrahman (Ali —), 395.
Ibn Abdessàdeq, 371.
Ibn Abou Bekr, 461.
Ibn Abou Bekr Eddilâï, 333.
Ibn Aboud, 442, 443.
Ibn Aboullothf, 214.
Ibn Ahmed, 411.
Ibn Ardhoun, 13.
Ibn Arfa (imam), 18, 225.
Ibn Asker, 22, 71, 135.
Ibn Asker Ecchérif Ecchefchâouni, 16.
Ibn Athyia, 402.
Ibn Batouta, 94.
Ibn Chaqra (ministre de Maulay Abdallah), 87, 110, 357.
Ibn Choaïb (caïd de Abdallah ben Eccheikh), 394.
Ibn Djebbour, 325.
Ibn Elabbàr, 194.
Ibn Elachaats, 353.
Ibn Elachhab, 395.
Ibn Elaqqâd Elmekki, 211, 214.
Ibn Elarbi, 395.
Ibn Elarbi Elhâtemi, 363.
Ibn El'aroûs, 108.
Ibn Elferes (vizir), 178.

Ibn Elghâzi (inâm), 50.
Ibn Elhadid, 230.
Ibn Elhâdjeb, 216.
Ibn Elkelà'i, 106.
Ibn Elkhathib Esselmâni, 268, 430.
Ibn Elmendjoûr, 106.
Ibn Elmobârek, 23, 24.
Ibn Elmobârek Ettàstâouti, 332.
Ibn Elqàdhi, 8, 9 n, 12, 31, 36, 43, 54, 58, 68, 88, 89, 91, 102, 132, 137, 168, 215, 219, 234, 262, 272, 275, 278.
Ibn Erroumi (Ali ben Elabbâs —), 362.
Ibn Essebki, 217.
Ibn Fadhallah, 430.
Ibn Ghânia, 161.
Ibn Ghâzi (voir Ibn Elghâzi), 50, 65, 430, 488.
Ibn Habib, 222.
Ibn Hadjar, 45, 62, 217, 330.
Ibn Hâdjeb, 64.
Ibn Haroûn, 64.
Ibn Hazm, 8, 9.
Ibn Hazm le Dhahérite, 92.
Ibn Herzhoum (Sidi Ali ben Herzhoum), 391.
Ibn Hilâl, 479.
Ibn Hosaïn Eccherqi, 86, 87, 357.
Ibn Kémâl (pacha), 27, 28, 29, 30, 31.
Ibn Khaldoun, 162, 455.
Ibn Khallikàn, *Biographical dictionary*, 200, 239 n.
Ibn Malek (Djemâleddin Abou Abdallah Mohammed ben Abdallah Elthaïy Eldjiyâni, surnommé—), 225, 278, 324, 466.
Ibn Mechaal (casbah de —), 490.
Ibn Mesaoud, 378.
Ibn Mobârek, 331.
Ibn Omar, 24, 46, 47.
Ibn Ouedda (caïd), 152.
Ibn Rochd, 487.

Ibn Sahl, 214.
Ibn Salah, 501.
Ibn Sâlem Obeïd-Allah, 479.
Ibn Seghir, 501.
Ibn Sofyân, 218.
Ibn Thâher (cheikh), 17, 18.
Ibn Touda, 99.
Ibn Yaqoub, 273.
Ibn Yaqoub Aouzâl, 361.
Ibn Zekri, 216.
Ibrahim (ben Ennefs Ezzakia), 9.
Ibrahim ben Yaza, 360.
Ibrahim Essofiâni (caïd), 275, 289.
Ibtihâdj elqoloub fî akhbar elmedjdzoub (par Sidi Gueddâr), 143, 177, 400.
Idâh elmenâsik (par Elouancherîsî), 65.
idjmâ' (droit canonique), 119, 348, 351.
Ifrân (tribu), 1 *n*.
* Ifriqiya, 87, 106, 108, 162, 358, 361, 452 *n*, 430, 431.
iftinân (figure de rhétorique), 236.
Iklîl (constellation d'—), 182.
Ikmâl elmoallim âla charh Moslim (par Aboufadhl 'Iyâd ben Moussa), 120.
* Ilegh, 412, 422, 476, 502.
illa, 324.
imâm, 364.
Imam-eddin Elkhelîlî, 211, 212, 213
Imroulqaïs, 252 *n*, 401 *n*.
* Inde, 29, 185, 187, 241, 248.
insidjâm (terme de rhétorique), 234.
intiqâd (terme de rhétorique), 232.
* Irâq, 26, 27, 29, 168, 186, 194, 255, 353, 447, 473.
* Irâq adjémi, 431.
Ishâq (Sokia), 164, 165, 166, 168.
Ishâq ben Daoud, 159.
Ishâq Sokia, 159, 164.
Islît elkherit fî qith' bi 'oloum elafrit ennefrit (par Abou Mahalli), 325.
Ismaïl ben Aboulheddjâdj Youcèf, surnommé Ibn Elahmer, 4 *n*.
* Ispahan, 424.
isqâth (terme de rhétorique), 232.
Israël, 359.
* Isrir Ferkla, 467.
istikhdâm (terme de rhétorique), 234, 235.
* Italie (marbre d' —), 183.
ithel (sorte de tamaris, 183.
' Iyâd (cadi), 120 *n*.
' Iyâdh (cadi), 312, 494.

J

janissaires, 79.
* Jérusalem, 211, 213, 416.
Jérusalem (imâm de —), 231.
Jésus, 188, 470.
jeu de la balle, 338.
Jonas, 273.
Josaphat, 410.
Joseph (peuple de —), 129.
Juifs, 97, 124.
jujubier, 183.

K

Kaab, 378.
Kaaba, 48.
* Kaboul, 9.
Kafîya (de Ibn Elhâdjeb), 216.
* Kâghou (capitale du royaume de Ishâq), 159, 165, 166, 168, 171, 307, 311.
kamth (espèce d'arbre sans épine), 183.
* Kano, 166.
Kerârda, 450.
Keroum Elhadj (surnom de Abdelkerim ben Abou Bekr Ecchebâni Elharîri), 477.

Kerrâdi, 450 n.
kesra (voyelle), 223.
* Ketâma (château de —), 133.
Khachâch (de Ibn Habib), 222.
khalifa (= vice-roi), 83.
* Khamsînya (nom de la coupole du palais du Bedi'), 168.
* Khandaq—Elouâd, 299, 300, 301, 308.
* Khandaq Errihân, 112.
Khaqan (souverain de Constantinople), 151, 152, 153, 255.
kharâdj (impôt), 363, 364.
khathîb (prédicateur), 59.
* Khaulân, 389.
* Khawarnaq (palais de — dans l'Irâq), 186.
Khazeredj (tribu des —), 272, 354.
Khazeredjiya (par Essenoussi), 216.
Kheizourân, 325.
Kheizourâna, 187.
Khelil (Sidi —), 49.
khethâyà (forme de pluriel), 223.
Kholasa (de Ibn Mâlek), 324.
Kholth (tribu), 172, 286, 287, 445, 450.
* Khorassân 255, 431.
Khosroès, 183, 187, 255.
Kibla, 135, 489.
Kifayèt elmohtâdj (par Ahmed Baba), 46, 273.
Kitâb elanba fi charh elasmâ (de Aqlichi), 324.
Kitâb elbayân elmoarib an akhbâr elmaghrib (par Abou Abdallah ben Adhâri l'Andalous), 192.
Kitâb eldjâmi' elkebir (de Djelâleddin Essoyouthi), 397.
Kitâb Elfosous (par Ibn Elarbi Elhâtemi), 363.
Kitâb elhilia (de Abou Noaïm), 510.
Kitâb elislit (de Abou Mahalli), 307, 332, 337.

Kitâb elmesâlik (par Ibn Fadhallah), 430.
Kitâb essiâsa (par Sultan Elmansour), 224.
Kobra (par Essenoussi), 216.
* Koukla, 166.
Koubba (par le cadi ' Iyâdh), 312.

L

Lala (année de —), 388.
* La Mamoure (voyez : Elmehedia), 438, 506.
Lamiyat eladjem (par Abou Djomaa Saïd ben Mesaoud Elmâghousi), 226.
Lamiyat elarab (par Abou Djomaa Saïd ben Mesaoud Elmâghousi), 226.
* Lamtha (montagne de —), 81.
lapsus calami, 214.
* Larache (port et place forte), 20, 133, 135 n, 136, 139, 261, 317, 319, 321, 322, 336, 390, 399, 400, 441, 442, 447, 448, 506, 507, 508.
* Ledjâïa, 177.
légumes (année des —), 263.
leïsa (verbe), 222, 223.
* Lemtha, 390.
Lemthiens, 390, 391, 392, 395, 396, 501.
Lemtouna (tribu), 326.
Lemtouniens, 410.
leqqâf (sorte de lance), 196.
lézards, 222, 223.
Lisân-eddin ibn Elkhathib, 256, 268.
Livre sacré (le —), 115, 129.
Livre saint (le —), 375.
Loqath elfaouâïd (par Ibn Elqâdhi), 219.
Loqmân, 255.

M

Maadd, 251, 254.
Maghraoua (tribu), 326.
* Maghreb, 11, 12, 19, 20, 22, 29, 33, 34, 40, 55, 56, 57, 67, 71, 86, 87, 92, 111, 144, 166, 172, 177, 185, 188, 217, 226, 259, 264, 273, 280, 284, 305, 328, 330, 334, 346, 356, 358, 361, 364, 366, 368, 375, 376, 378, 381, 398, 402, 408, 410, 413, 417, 419, 423, 424, 431, 451, 458, 559, 460, 463, 464, 468, 470, 473, 479, 480, 481, 482, 483, 484, 485, 487, 495, 502, 504, 505, 506, 510.
Maghrébin, 485.
Mahdi (le), 82, 244, 307, 331, 334, 335.
Mahmoud (pacha, vizir de Zîdân et d'Abdelmâlek ben Zîdân), 166, 169, 196, 198, 403, 406.
mahmoudiennes, 433.
Mahomet (voir Mohammed et Prophète), 46 n, 120 n, 124 n, 181 n, 218, 222 n, 239, 243, 261 n, 278, 305, 334, 344 n, 347, 352, 373, 409, 432, 489 n, 513.
maître de l'heure (nom vulgaire donné au Mahdi), 335.
* Malaga, 176 n, 241.
Malek (imam), 93, 128, 351.
Malek (titre), 430.
Malek ben Anas, 373.
Malékites, 49.
Maloû (tribu), 76.
Mâmi Eleudj (caïd d'Abdallah ben Eccheikh), 394.
Mansak (par l'imam Abou Ishaq Ibrahim ben Hilâl), 479.
Mansour ben Abderrahman Eleudj (caïd d'Elmansour), 344.
Mansour ben Elmezouâr, 283, 284.
Mansour Ennebili, 292.

mansouriya (sorte de vêtement), 243.
Maqâm ettedjelli min sahbat eccheikh Abi Mahalli (par Aboulabbâs Ahmed Ettouâti), 331.
Maqsoura (par Elmakoudi), 268.
marabout, 371.
* Mareb (torrent de —), 168.
* Maristàn, 390.
* Maroc, 1, 13 n, 16, 17, 23 n, 32 n, 35, 36, 38, 39, 42, 57, 59, 70, 72, 73, 76, 77, 78, 79, 81, 84, 89, 92, 93 n, 97, 100, 102, 104, 105, 109, 110, 111, 112, 113, 114, 115, 116, 120, 121, 123, 131, 132, 135, 137, 140, 144, 145, 148, 149, 150, 151, 152, 154, 156, 164, 167, 169, 170, 171, 172, 173, 174, 175, 176, 177, 178, 181, 192, 193, 200, 203, 211, 212, 237, 245, 258, 260, 261, 264, 265, 266, 268, 269, 273, 275, 276, 281, 282, 284, 286, 288, 289, 290, 291, 293, 294, 297, 300 n, 301, 306, 307, 309, 310, 312, 313, 314, 315, 316, 317, 318, 326, 336, 337, 338, 339, 340, 341, 347, 350, 351, 368, 369, 370, 371, 373, 381, 397 n, 398, 404, 405, 408, 410, 416, 422, 423, 428, 437, 446, 448, 449, 457, 476, 477, 494, 502, 503, 504, 507, 511.
Marocains, 93 n, 176 n.
* Mascara, 69.
Masmouda (tribu), 32.
Maouerdi, 365.
Maula, 489.
Maulay Abdallah, 13, 14, 70, 83, 84, 85, 86, 88, 89, 90, 91, 93, 94, 97, 99, 100, 101, 105, 356, 357, 363, 370, 420.
Maulay Abdallah ben Ali ben Thâher (voir : Abou Mohammed Abdallah ben Ali ben Tàher Elhassani), 16, 495.

Maulay Abdelmâlek, 86, 108, 109.
Maulay Abdelmâlek ben Zidân, 406.
Maulay Abdelmâlek Elghâzi, 105.
Maulay Abdelqâder, 70.
Maulay Abdesselâm ben Mechich, 393.
Maulay Abou Abdallah Mohammed Elmamoun, 8.
Maulay Aboulabbâs Ahmed Elmansour, 7 *n*.
Maulay Abouldjemâl Youcef, 492.
Maulay Ahmed, 118, 142, 266, 494.
Maulay Ahmed (sultan), surnommé Elabbâs, ben sultan Maulay Mohammed Eccheikh, ben Maulay Zidân, 428.
Maulay Ahmed Ecchérif, 368.
Maulay Ali (surnommé Ecchérif), 486, 487, 488, 491, 492, 493.
Maulay Ali (ben Maulay Ecchérif), 495.
Maulay Ali (ben Maulay Mahammed ben Maulay Ali), 494.
* Maulay Ali (coupole de —), 494.
Maulay Ali ben Mohammed, 495.
Maulay Ali Eccherif, 488, 491, 492.
Maulay Eloualid, 415.
Maulay Ecchérif, 424, 495, 496, 497.
Maulay Ecchérif (ben Maulay Ali), 494.
Maulay Edris, 400.
Maulay Elabbâs, 428, 429, 494.
Maulay Elabbâs ben Maulay Eccheikh ben Zidân, 476.
Maulay Elharrân, 494.
Maulay Elhasen, 479, 480, 481, 483, 485.
Maulay Elhasen (Eddâkhil), 484.
Maulay Elhasen ben Maulay Mohammed ben Maulay Elhasen, 485.
Maulay Elhasen Eddâkhil, 483, 484.
Maulay Elkebir, 494.

Maulay Elmahdi, 495.
Maulay Eloualid, 408.
Maulay Eloualid ben Zidân, 406, 408.
Maulay Elqâsem, 483.
Maulay Ennâser, 177.
Maulay Errechid (sultan, ben Maulay Eccherif), 471, 472, 474, 476, 477, 478, 494, 499, 500, 501, 502, 503, 504.
Maulay Errechid (ben Maulay Eccherif, ben Maulay Ali, ben Maulay Mohammed..... ben Ali ben Abou Thaleb, ben Fathima, la fille du Prophète), 397.
Maulay Errechid ben Eccherif, 499.
Maulay Hâchem, 493, 495.
Maulay Hammâdi, 494.
Maulay Ismaïl (ben Maulay Ecchérif, ben Maulay Ali, ben Maulay Mohammed..... ben Ali ben Abou Thaleb, ben Fathima, la fille du Prophète), 474, 478, 494, 504, 506, 508, 509, 510.
Maulay Ismaïl ben Eccherif (sultan), 193, 504.
Maulay Mahammed, 497, 498, 499, 500.
Maulay Mahammed (ben Maulay Ali), 493, 494.
Maulay Mahammed (ben Maulay Ali Ecchérif), 492.
Maulay Mahammed (ben Maulay Mahammed), 500.
Maulay Mahrez, 493, 494.
Maulay Mohammed, 89, 90, 102, 103, 104, 110, 114, 118, 471, 478, 485, 501.
Maulay Mohammed (ben Maulay Ecchérif, ben Maulay Ali, ben Maulay Mohammed..... ben Ali ben Abou Thaleb, ben Fathima, la fille du Prophète), 478.

INDEX

Maulay Mohammed (Elharrân), 69.
Maulay Mohammed ben Abdallah, 72 n, 105, 109, 114.
Maulay Mohammed ben Eccherif. 425, 429, 467, 468, 471, 476, 495, 496, 498.
Maulay Mohammed ben Eccherif Elhasani Essidjilmassi, 424.
Maulay Mohammed ben Maulay Abdallah le Saadien, 115.
Maulay Mohammed ben Maulay Abdelmoumen ben Maulay Mohammed Eccheikh Elmahdi, 316.
Maulay Mohammed ben Maulay Eccherif, 420.
Maulay Mohammed ben Maulay Eccherif Elhasani Essidjilmâssi, 15.
Maulay Mohammed ben Mobârek, 470.
Maulay Mohammed Eccheikh, 118, 408, 409, 423, 427, 428, 429, 430.
Maulay Mohammed Eccheikh Elasgher, ben Maulay Zidân, 15.
Maulay Mohammed Eccherif, 15, 470.
Maulay Mohammed l'Écorché, 430.
Maulay Mohammed Elharrân, 68, 69, 70.
Maulay Qâsem, 482.
Maulay Saïd, 495.
Maulay Youcef, 493, 494.
Maulay Zidân, 419.
Maures d'Espagne, 110 n.
* Mazagan (anc. Elbridja), 445.
* Mechouar (coupole de —), 304.
* Mecque (la —), 19 n, 178, 190 n, 211, 212, 226, 248 n, 250, 329, 330, 332, 354, 362, 416, 451, 464, 486, 489 n.
Mecquois, 211.
Meded eldjeïch (par Elfichtâli), 268.
Medina-Sidonia (duc de —), 176 n.

* Médine, 8 n, 19, 127, 211, 212, 220 n, 245 n, 250, 451, 481 n.
* Medjâth, 455.
Medjeniq, 332.
* médressa (de Ali ben Youcéf Ellemtoûni), 93, 369.
* médressa (de Fez), 335.
* Médressa Eli'nânia (à Fez-la-Neuve), 394.
* Médressa Elmisbâhiya, 65, 262.
méharis (chameaux de course), 253.
Melâha, 223.
Melâlga, 389.
Melâmita, 396.
* Mélilla, 176.
Menâhil essafa fi akhbâr elmolouk ecchorafa (par Abou Fârès Abdelaziz ben Mohammed ben Ibrahim Elfichtâli), 14, 15, 16, 141, 179, 180, 199, 204, 240.
* Méquinez (Miknaset Ezzitoun) 16. n, 52, 53, 75, 77, 81, 175, 291, 292, 293, 297, 310, 326, 393, 394, 467.
Mercier (*Histoire de l'Afrique septentrionale*), 161 n.
Meriem (sœur d'Abdelmâlek), 112.
mérinide, 4 n, 38, 39, 56, 79, 160, 161, 172, 173, 179, 287, 298, 479, 481.
* Mérinide (mosquée du —), 51.
* Meroua (colline voisine de la Mecque), 251.
Merouân, 255.
* Mers-erremâd, 313.
Mesaoud (nom d'un nègre de Elmansour), 298.
Mesaoud Aoutâdi, 302.
Mesaoud ben Abdallah, 395.
Mesaoud ben Ennâser, 38.
Mesaoud ben Molouk, 304.
Mesaoud ben Ouârkâs, 274.
Mesaoud Eddouran, 291.

Mesaoud Ennebili (caïd), 299.
Mesaouda bent Aboulabbâs Ahmed ben Abdallah Elouzguiti Elouerzerâti, 140.
* Meserra, (le — , immense verger), 191, 192, 230, 304, 407.
* Mesfioua, 210, 313.
* Mésopotamie, 431.
Messie (le), fils de Marie, 31.
Methghara (tribu de Tlemcen), 40.
Miknâsa (tribu), 326.
* Miknaset Ezzitoun (Méquinez), 16, 59.
* Mina, 248, 251.
Mirât Elmahâsin, 24, 292, 458, 483.
mihrâb, 77 *n*, 279, 309.
mismâr (clou), 275 *n*.
mitsqàl d'or, 155, 165, 317, 372, 373, 465.
Miyâr (par Elouancherisi), 46, 50, 64.
Moallaqa (de Imroulqaïs), 401 *n*, 473 *n*.
Moàwia, 124, 386.
Mobàrek Essoussi (l'amin), 421.
Mobàrek Essoussi (émir de Mohammed Eccheikh Elasgher), 414.
* Mochtaha, 168, 191, 198, 230.
modd (du Prophète, mesure de capacité pour les grains), 47, 75.
Modawwana (traité de droit malékite par Sahnoun), 65.
Modhar (tribu), 326.
Moghfir (cheikh du district des Oulâd Aïssa), 467, 468.
Mohâdharât (par Abou Ali Elyoussi), 177, 331, 332, 338, 472.
Mohammed (Abou Abdallah ben Ahmed Elmeklâti), 401.
Mohammed (ben Abdallah), 112, 113, 114.
Mohammed (ben Abderrahman), 10.

Mohammed (ben Abou Bekr), 461.
Mohammed (ben Eccheikh), 393, 394.
Mohammed (ben Elachter), 9.
Mohammed (ben Maulay Eccherif), 424, 494.
Mohammed (Elandalousi), 93.
Mohammed (Elkebir, oncle de Elmansour), 258.
Mohammed (ibn Aboullothf), 214.
Mohammed (le Prophète), 63, 115, 251, 299, 322, 491. (Voir: Mahomet et Prophète.)
Mohammed Abou Elléïf, 323.
Mohammed Abou Omar, 369.
Mohammed Asker, 136.
Mohammed ben Abdallah, 112, 132, 133, 135, 136, 263.
Mohammed ben Abdallah ben Mohammed ben Abou Arfa, 478.
Mohammed ben Abdallah Ettinmârti, 357.
Mohammed ben Abdelmoumem, 316.
Mohammed ben Abderrahman, 10, 416.
Mohammed ben Abderrahman Essidjilmâssi, 100.
Mohammed ben Abderrahman Elouerdi, 301.
Mohammed ben Abou Arfa, 11.
Mohammed ben Abou Bekr, 414, 455.
Mohammed ben Abou Zéïd Elmetràzi (chambellan d'Aboulabbâs), 43.
Mohammed ben Abou Zekri le mérinide, l'ouattaside, 56.
Mohammed ben Aboulhasen Elbekri, 215.
Mohammed ben Aboulhasen Essediqi (descendant de la famille de Elhasen), 219.
Mohammed ben Ahmed ben Aïssa

INDEX

(secrétaire de Maulay Abdalhal), 100.
Mohammed ben Ahmed Elmâleki Ezzeyyâni (connu sous le nom de Elayyâchi), 431.
Mohammed ben Aïssa, 138.
Mohammed ben Ali ben Omar ben Hosaïn ben Misbah (surnommé Ibn Asker), 16, 16 n.
Mohammed ben Ali Elankarthi (chambellan d'Aboulabbâs), 43.
Mohammed ben Eccheikh (surnommé Zeghouda), 393.
Mohammed ben Elhasen ben Belqâsem, 352.
Mohammed ben Ibrahim Ettinmârti, 343.
Mohammed ben Ibrahim Ettinmârti Ecchethibî, 87.
Mohammed ben Mohammed ben Elhasen (surnommé Elmismâr), 275.
Mohammed ben Molouk, 281.
Mohammed ben Mousa ben Abou Bekr (caïd), 298.
Mohammed ben Omar Ecchâoui, 138.
Mohammed ben Seliman Ellemthi 395.
Mohammed ben Yahia Adjâna (vizir de Maulay Mohammed Eccheikh) 424, 427.
Mohammed ben Yahia Elalmi, 483.
Mohammed Eccheikh, 40, 41, 42, 61, 68, 69, 70, 175, 423, 430.
Mohammed Eccheikh (Abou Abdallah, sultan), 53.
Mohammed Eccheikh (ben Zîdân), 405.
Mohammed Eccheikh (surnommé Zeghouda, cousin de Aboulabbâs Ahmed Elasgher ben Zîdân), 404.
Mohammed Eccheikh ben Elmansour Eddzehebi, 506.

Mohammed Eccheikh ben Zîdân, 425, 427. 467.
Mohammed Eccheikh Elasgher ben Zîdân ben Ahmed Elmansour, 407, 408, 423.
Mohammed Eccheikh Elmahdi, 142.
Mohammed Eccheikh Elmamoun, 147, 174.
Mohammed Elandalousî (jurisconsulte), 92.
Mohammed Elayyâchi, 411, 436.
Mohammed Elfezzâr, 451.
Mohammed Elhadj (ben Sidi Mohammed ben Abou Bekr), 410, 464, 465, 466, 467, 471, 474.
Mohammed Elkebir, 258.
Mohammed Elmahdi, 20.
Mohammed Elmahdi, ben Mohammed Elqaim-biamrillah, ben Abderrahman.... ben Fathima, fille du Prophète, 7.
Mohammed Elmamoun, 249.
Mohammed Elmezouâr (caïd de Mohammed Eccheikh ben Zîdân) 421, 427.
Mohammed Elmothi, 512.
Mohammed Elqâïm, 9.
Mohammed Elqâïm-biamrillah, 10 n.
Mohammed Ennefs Ezzakia, 8, 9, 478, 483.
Mohammed Esseghir ben Elhadj Abdallah, 511.
Mohammed Esseghir ben Elhadj Mohammed ben Abdallah, 1.
Mohammed Essenoussi (caïd de Zîdân), 437.
mohammédienne, 300.
Mohiy-eddin ben Arbî, 194.
Moïse (prophète), 273, 348, 362.
Mokhtâr (tribu), 172.
Mokhtasar (commenté par Abou Abdallah Mohammed Eldjennân), 322.

Mokhtasar (par Elmouàq), 349.
Mokhtasar (par Sidi Khelil), 277.
Mokhtasar eddzil (par Essemaàni), 326.
Mokhtasar d'Essaad (par Saad ed-din Mesaoud ben Omar Ettaftàzàni), 2, 216.
Molkhis elmaqàsid (commenté par Essenoussi), 216, 225.
* Molouya (rivière de la), 34 n, 156, 176 n, 347, 420, 463, 467.
molouyen (prince), 347.
molouyenne (majesté), 156.
Momatti' elasmà', 40, 53, 80, 81, 88, 89.
Monàbaha (tribu), 46, 285.
Monteqa, 9, 12, 45, 49, 50, 76, 131, 132, 136, 140, 143, 210, 211, 234, 256, 260, 261, 309.
moqaddem (le —), 323, 394.
Moqtadzir, 223.
moràbith, 475.
morakkeb (terme de rhétorique), 234.
Mosaab, 9.
* Mosalla (enclos en dehors de la ville, où on fait des prières), 67. 98.
* Mosellema, 58.
Moslem, 174, 218.
Moslim, 119, 120 n.
* Mossoul, 424.
Mostaïn-billah, 9 n.
* Mosteqa (nom d'un jardin), 98.
Motanebbi (*divan de* —), 45, 46, 268.
Motawakkel (calife abbasside), 30 n.
Motawwel (par Saad Eddin Mesaoud ben Omar Ettaftàzàni), 2.
* Mouàta, 311.
moudd (mesure de capacité), 317, 323.
Mouloud, 274.

Mouloud Ecchàoui (caïd), 197.
Moumen (ben Ghâzi), 141.
Moumen (ben Molouk), 286.
Moumen ben Ghâzi Elghamri (caïd), 148.
Moumen ben Mansour Heksima, 300.
Moumen ben Molouk, 275, 287, 296.
mouna (réquisitions en nature), 74.
Mouràd, ben Sélim (surnommé Sélim Châh) ben Sélim Khan, sultan ottoman, (Amurat III), 105, 108.
Moussa ben Abou Djomâda Elamri, 173.
Moussa ben Abou Djomâda Elghomri, 70.
Moustafa (chef des Kholth), 286, 287.
Moustafa (pacha, perd la bataille de Ouàdi Tefelfelt), 315, 316, 317, 318.
Moustafa-bey (commandant des spahis du palais d'Elmansour), 196.
Moustafa bou Chelaghem, 69.
Moustafa Soulhi (boloukbâchi), 368.
muezzin, 140, 237.
mufti, 30.
musc, 169.

N

nàïba (impôt direct), 70, 74, 75.
Naouàzil (par le grand-cadi Abou Mahdi Aïssa ben Abderrahman Essedjtâni).
Naouàzil (par Abou Mahdi Essektàni, 50.
Naouàzil (par l'imam Elborzouli), 124.

Nasihet ahl essoudân (par l'imam Ettekrouri), 157.
Nativité (fête de la —), 238.
* Navas (las —), 274.
* Nedjd, 250.
* Nedjrân, 249.
Nefh Etthib (par Elmaqqari), 13, 14, 182, 191, 211, 229, 235, 256, 268, 269, 322, 460.
negîr, 199.
nehar (jour), 271.
nesib, 239.
nesim, 232.
* Nesîm Elmansour (coupole de —), 232.
* Niger (fleuve), 163, 165, 166, 505.
* Nil (fleuve), 30, 153 n.
nîm (sorte de calcul divinatoire), 169.
Nizâr, 251.
Noaman, 249.
Noaman ben Mondhir, 186 n.
Nokhba (de Ibn Hadjar), 330.
Notes sur la poésie et la musique arabes (par Delphin et Guin), 199 n.
Nozhet elhâdi biakhbar molouk elqarn elhâdi (par Mohammed Esseghir ben Elhadj Mohammed ben Abdallah), 4, 512.
* Nubie, 166.
nuit du destin (26 à 27e de Ramadhan), 100.

O

obituaire (poème), 269.
* Occident, 87, 95, 168, 207, 208, 270, 358, 434, 452, 465, 489.
Oloudj, 152, 153.
* Ohod, 46.
* Oman, 255, 261.
* Omm Errebia (rivière et pont de l' —), 76, 140, 310, 311. (Voyez Ouâdi Omm Errebia.)

Omm Elmân (surintendante du palais d'Elmansour), 304.
Omar (2e calife), 106, 124, 253, 253 n, 384, 509.
Omar (caïd de l'armée du Sous), 196.
Omar (habitant de Dilaï), 410.
Omar ben Elkhettâb, 480.
Omar ben Mohammed ben Abbou (chef de la tribu des Monâbaha), 286.
Omar Elmeghîtî Ecchiâdhmî, 35, 36.
Oméïra (caïd Ahmed ben, vizir de Abdallah ben Eccheikh), 391, 392.
Omeyyades, 71, 255, 379, 386.
Onyx, 181.
Oqba ben Nâfi Elfihri, 174.
* Oran, 33, 69, 69 n, 307.
* Orient, 78, 87, 95, 168, 185, 203, 208, 226, 255, 270, 358, 366, 419, 424, 434, 502.
Otsmân (3e calife), 253, 353.
Otsmân (Eddzebdzoub), 279.
* Ouâd Draâ, 1 n, 12 n, 15, 21.
* Ouâd Elabîd, 39.
* Ouâd Elleben, 90, 92.
* Ouâd Ennedja, 110.
* Ouâd Imi Ougadir (affluent de l'Ouâd Draâ), 1 n.
* Ouâd Noûl (= Ouâd Noun), 52.
* Ouâd Noun (= Ouâd Noûl), 52 n.
* Ouâd Omm-Errebia (V. Omm Errebia et Ouâdi Omm Errebia), 39 n.
* Ouâd Oulghas, 15 n.
* Ouâdi Elabîd, 400, 410, 423, 467.
* Ouâdi Elaraïch, 443.
* Ouâdi Elleben, 420. (Voy. Ouâd Elleben.)
* Ouâdi Elmekhâzin, 72, 131, 133,

135 *n*, 144, 145, 173, 176, 197, 263, 327, 438.
* Ouàdi Erreteb, 486.
* Ouàdi Essàoura, 330, 333, 341.
* Ouàdi Lokkos, 135, 441 *n*.
* Ouàdi Noûl, 502 (Voyez Ouàd —).
* Ouàdi Omm Errebia, 423, 447. (Voyez Omm E.).
* Ouàdi Tefelfelt, 315.
ouali, 177, 340, 431, 432, 436, 451, 455, 459, 494, 503, 512.
ouattaside, 56, 66, 79.
Oudaïas, 151.
* Oudjda, 34 *n*, 312, 414.
ouerd (formule spéciale de prière), 51.
* Ouergha, 292.
Oufràn, 1, 511.
Oulàd Abdallah ben Sàsi, 293.
Oulàd Abou Aziz, 285, 436, 446, 447.
Oulàd Abou Mahalli, 325.
Oulàd Achdjiz, 441.
* Oulàd Aïssa (district), 467.
Oulàd Amran, 110.
Oulàd ben Aqêla, 480.
Oulàd Bou Ràs, 285.
Oulàd Djelloul, 75.
Oulàd Douaïb, 446, 447.
Oulàd Elbachir, 480.
Oulàd Ecchami, 272.
Oulàd Elmeghzàri, 480.
Oulàd Elmoatesemi, 480.
Oulàd Esseyyid Abou Homeïd, 485.
Oulad Hoseïn, 287.
Oulàd Imràn.
Oulàd Mahalli, 326.
Oulàd Misbàh, 54.
Oulàd Motha', 143, 173, 285.
Oulàd Sidi Abdallah ben Sàsi, 293.
Oulàd Sidi Abou Omar Elqastheli, 293.
Oulàd Sidi Yahia ben Bekkàr, 293.

Oulàd Talha, 282, 283, 303.
Oulàd Telha, 281.
Oulàd Yahia ben Ghanem, 287.
Ould Azik, 86, 357.
* Ould Elmoulou', 371.
Ould Ibrahim ben Elhaddàd, 303.
Ould Maulàt-Ennas, 274.
Ouzegha, 198.

P

pantalon, 213, 214.
paradis, 375.
parasol, 198, 199, 200.
* péninsule d'Espagne, 319, 338, 486.
* Perse (Chah Ismaïl, roi de —), 26 *n*, 215.
* Perse, 431.
Persans, 184, 353.
* persique (golfe —), 481.
Perviz (caïd —), 198.
pesée (des bonnes œuvres), 342.
phalènes, 469.
Philippe III, roi d'Espagne, 319 *n*.
placenta, 418.
Pléïades (les —), 82, 182.
pôle (terme employé pour désigner une personne très pieuse), 85, 88, 376.
polythéïstes, 419.
porteurs (du Coran, ceux qui le savent par cœur), 129.
* Portugal (roi de —), 73, 114, 145, 146.
pressoirs, 302.
Prolégomènes d'Ibn Khaldoun (traduits par de Slane), 169 *n*.
Prophète (le —), 11 *n*, 52 *n*, 78, 85, 90, 93 *n*, 122, 123, 124, 125, 126, 129, 141, 142, 143, 153, 157, 170, 179, 186, 213, 214, 216, 218, 225, 236, 237, 244, 245, 246, 251, 253, 261 *n*, 277, 278, 305, 308, 322, 334, 335, 347, 348, 350, 360,

369, 374, 381, 382, 384, 386, 397, 409, 414, 417, 432, 433, 444, 446, 454, 457, 458, 474, 479, 480, 481, 485, 491, 494, 513. (Voir Mahomet et Mohammed.)
Prophète (Compagnons du —). 353, 354, 356, 376, 409, 417, 447, 490.
puits (année des —), 76.
pyramides, 244.

Q

qabdjiya (5ᵉ corps de soldats étrangers turcs et renégats), 197.
qacida (pièce de vers). 168, 424, 425, 427, 488.
Qâhtân, 254.
* Qaïrouân, 65 n, 174 n.
Qaïs, 252, 326.
Qaïs Ghîlân, 326.
qâla (verbe concave), 223.
Qaouâïd (du cheïkh Zerroûq), 88.
* Qarouïin (minaret des —, à Fez), 83.
* Qarouïin (quartier des —, à Fez), 395 n.
Qâsem ben Ali Ecchâthibi, 239.
Qâsem Ezzerhoûnî, 55, 99.
qasida, 239. (Voy. qacida.)
Qâsim, 8, 9.
Qâsim ben Elhasen, ben Mohammed, ben Abdallah Elachter, ben Mohammed Ennefs Ezzakia, ben Abdallah Elkamil, 8.
Qâsim ben Elhasen, 9.
* Qasr Abdelkerim, 320.
* Qasr beni Otsmàn, 467.
* Qasr Essouq (district), 467.
* Qasr Halîma, 467.
qatha (nom d'un oiseau du désert), 160.
* qibla (point de l'horizon vers lequel on doit se tourner pour faire sa prière), 77.

* Qobour elachrâf (nom de la coupole des tombeaux des chérifs), 43.
Qoréich (tribu), 8 n, 13, 160.
Qoréïchites, 46 n.
Qoût elqoloûb (par Abou Thâleb Elmekki), 88.
* Quartiers (les deux —, à Fez), 395.

R

Rahamena (tribu), 362.
raïs, 150, 442.
Raqma, 243.
* Râs Elaïn, 315, 371.
* Râs-Elma, 400.
Raudh Elqarthâs (écrit à Fez en 1326 par l'imam Abou Mohammed Salah ben Abd el-Halîm de Grenade), 4, 274.
Raudha (par Aboulabbâs Elmâouâsi), 488.
Raoudhet Ennesrin fi Molouk Beni Merin (par Ismaïl ben Aboulheddjàdj Youcèf, surnommé Ibn Elahmer), 4, 4 n.
Reconnaissance au Maroc (par de Foucauld), 1 n.
Recueil des textes étrangers (par Lanier), 71 n.
* Redana, 275.
* Redhoua (le —), 254.
Redhouân (le rénégat), 134.
Redhouân Eleudj (caïd des Turcs), 137, 138.
redjez (forme de mètre), 345.
rénégats, 405, 407, 419, 427, 443, 494.
Revue africaine, 131 n, 154 n.
* Riâdh Ezzitoûn (le jardin des Oliviers), 93.
* ribâth (sorte de couvent), 413, 452.
* ribâth d'Asila, 37.

* ribâth de Beradâa, 346.
* ribâth de Elayyàchi, 431.
* ribâth de Taza, 412, 420.
* Riff, 320.
Rihla (voyages d'Ibn Batouta), 94.
Rihla (par Abou Sâlem Sidi Abdallah Elayyàchi), 25 n, 30, 451, 479, 480.
Rihla (par Abou Zeïd Abderrahman ben Ahmed Elghenâmi Ecchâoui), 445.
Rihlet ecchihâb ila liqa elahbâb, par Aboulabbâs Ahmed Afqaï Elandalousi), 200.
rim (sorte de gazelle blanche), 249.
Risâla (petit traité de droit d'Abou Zeïd Elqaïrouàni), 49, 216, 327.
rothl (poids), 47, 500.
rossignol, 239.
* Rouge (mer —), 11 n.
rubis, 323.

S

sâ' (du Prophète, mesure de capacité = 285 litres), 47, 48, 49, 75, 180, 222, 223.
* Saad ben Bekr, 416.
Saad-eddin Mesaoud ben Omar Ettaftâzàni, 2 n.
saadân (plante), 250.
Saadiens, 7, 12, 13, 14, 17, 18, 19, 25, 200. 416 n, 428.
saadienne, 199, 429, 430.
sacrifices (fête des —) 390.
* Safa (colline voisine de la Mecque), 251.
* Safrou, 486.
Sahâba Errahmânia (mère d'Abdelmâlek), 105, 109.
* Sahara, 68, 467, 489, 502.
Sahbân, 252.
* Sahel, 424.
* Sahel (zaouïa du —), 416.
sahfa (mesure de capacité), 75.

Sahih (recueil des traditions du Prophète, par Elbokhâri), 45, 62, 129, 142, 174, 241, 242, 461.
Sahih (recueil des traditions du Prophète, par Moslim), 120, 174.
Sahl At-tustari (ou Shustari), célèbre soufi, 239 n.
Sahnoun (imam, auteur d'un traité de droit malékite), 61, 361, 380.
Saïd, 354.
Saïd (ben Abdelmonaïm Eddaoudi Elmennâni Elhâhi), 342.
Saïd ben Ali Elhâmidî (secrétaire d'Aboulabbâs), 43.
Saïd ben Djobeïr, 353.
Saïd Eddeghàli, 110.
* Saïd d'Égypte, 166.
Saïs (le chef des Monâbaha), 285.
Sâlah (Elkiahia), 80.
Sâlah Elkiahia, 79, 80.
Sâlah-Raïs (5e pacha turc à Alger en 1556), 57, 284.
* Salé (port sur l'Atlantique), 75, 112, 288, 291, 298, 315, 388, 436, 438, 439, 443, 444, 448, 449, 450, 451.
Salétin, 303, 440.
Sàlih, 273.
Salomon (royaume de —), 256.
* Sanaà, 181 n, 187, 255 n.
* Santa Cruz (ou Agadir, village sur la côte de l'Atlantiq.), 32 n.
Santo (santon, tout homme qui dirige la guerre sainte), 451.
santon, 31, 451.
saouâ, 222, 223.
saouâiyà (pl. du préc.), 223.
Sapor (palais des —), 187.
Sassan, 252.
Sassanides, 252 n.
Satan, 222 n, 345, 375 n.
Saturne (planète), 182, 254, 489.
sauterelles (invasion de —), 221.
Sayyâb, 397.

INDEX 551

scorpion (animal), 222.
Scorpion (constellation du —), 263.
Sébastien le Portugais (roi de Portugal, 1557-1578), 132, 136, 145, 254.
* Sebou (rivière du —), 76, 111, 176 n.
* Sedir (château de —, dans le Yémen), 186.
* Seksâoua, 150.
Sélim Ier (sultan ottoman 1512-1520), 26, 27, 29, 30.
Selimân (ancêtre de Sidi Mohammed ben Mobârek Ezzaeri), 329.
Selimân (ben Mohammed Ecchérif), 388.
Selimân (ben Mohammed Ecchérif Ezzerhouni), 388 389, 390, 391, 394.
Selimân ben Mohammed Ecchérif Ezzerhouni, surnommé Elaqra' (le chauve), 388.
Selimân ben Ibrahîm, ben Selimân, 275.
Selmân, 254, 256.
Senhâdja, 157, 420, 455.
septième jour (cérémonie du —), 405.
Serhan (chef des Beni Hassan), 392.
serrâdja (cavaliers), 198.
* Séville (prince ou roi de —; c'est Ibn Abbâd l'Andalous), 125 n.
Seyyid (titre), 11 n.
Seyyid Abderrahman, surnommé Aboulbarakât, 485.
Seyyid Abou Zakaria Yahia, ben Seyyid Abdallah, ben Séyyid Saïd, ben Abdelmonaïm, 352.
Seyyid Elabbâs ben Abdelmotthalib, 325.
Seyyid Mohammed Elhadj, ben Séyyid Mohammed, ben Séyyid Abou Bekr, ben Mohammed,

autrement dit Hammi, ben Saïd, ben Ahmed, ben Omar, ben Sîr Elouddjâri Ezzemmouri, 468.
Seyyida Etthahira, 493.
Seyyida Khalifa, 493.
Seyyidat-Elmolouk (fille de Elmansour), 305.
Si Mohammed Elayyâchi, 441.
Sidi Abdallah, 344.
Sidi Abdallah ben Hassoun Esselâsi, 436.
Sidi Abdallah ben Hosaïn Eccherif, 84.
Sidi Abdallah ben Sidi Mohammed Elayyâchi, 448.
Sidi Abdallah Elhibthî, 33, 343, 352.
Sidi Abdallah Elkoûch, 77.
Sidi Abdelmedjid (cheikh), 205.
Sidi Abdelouâhed, ben Ahmed, le chérif filâlien, 247.
Sidi Abdelouâhed, ben Ahmed Ecchérif Essidjilmâssi (imam), 98.
Sidi Abdelouâhed ben Achir (imâm), 440, 444, 461.
Sidi Abdelouâhed Eccherif (imâm), 99.
Sidi Abdelouahhâb Elfâsi, 465.
Sidi Abderrahman, ben Mohammed Elfâsi, 395.
Sidi Abderrahman, ben Omar Elbouâqilî, 85.
Sidi Abderrahman, ben Yaqoub Essemlâli, 305.
Sidi Abderrahman Elmedjdzoub, 143.
Sidi Abderrahman Ettlemsâni, 275.
Sidi Abou Amr, 78.
Sidi Abou Amr Elqasthelî, 78.
Sidi Abou Amr Eqasthelî Elandalousî Elmerrakochî, 43.
Sidi Abou Bekr (ben Mohammed), 456, 459.
Sidi Abou Errouâïn, 60.

Sidi Aboulabbâs Essebtî, 134.
Sidi Ahmed (ben Moussa), 85.
Sidi Ahmed (Eccherif), 81.
Sidi Ahmed Baba Essoudâni, 330.
Sidi Ahmed Belqâsem Essoumâï, 402.
Sidi Ahmed, ben Belqâsem Essoumâï, 178.
Sidi Ahmed, ben Elqâdhî, 34.
Sidi Ahmed, ben Mohammed, connu sous le nom de Abdâl Essousâni, 344.
Sidi Ahmed, ben Moussa, 85, 94, 99, 343.
Sidi Ahmed, ben Moussa Essemlâli, 342, 346.
Sidi Ahmed, ben Sidi Ali Essousî Elbousaïdi, 21.
Sidi Ahmed Eccherif, 80.
Sidi Ahmed Elbekri Essediqi, 178.
Sidi Ali, ben Abdallah, 327.
Sidi Ali, ben Haroun, 25.
Sidi Ali, ben Herzhoum, 391.
Sidi Ali, ben Imrân Esselâsi (grand-cadi de Fez), 400.
Sidi Ali, ben Selimân, 288.
Sidi Ayyâd Essoussî, 84.
Sidi Barakât (Seyyid), 21, 22.
Sidi ben Haroun, imam, 265.
Sidi Chagroun, ben Hibet-allah Elouaharani Ettlemsâni, 217.
Sidi Djelloul, 397.
Sidi Djelloul, ben Elhadj, 396.
Sidi Eccherqi, 465.
Sidi Edderrâs ben Ismaïl, 143.
Sidi Elarbi, 444.
Sidi Elarbi Elfâsi, imam, 324, 432, 440.
Sidi Elayyâchi, 435, 451.
Sidi Elhasen Ezzeyyâti, imam, 322.
Sidi Elmahdjoub (Abou Errouâïn), 40.
Sidi Gueddâr, le malékite, 143, 400.
Sidi Ibrahim Elguelâli, imam, 440.

Sidi Khâled Elmasmoûdi, 71.
Sidi Khelil, 49 n, 277.
Sidi Mesaoud Eccherâth, 396.
Sidi Mohammed (ben Abou Bekr Eddilâï), 460, 461, 463. 464.
Sidi Mohammed (Elayyâchi), 439, 449.
Sidi Mohammed, ben Abdelli Erregrâgui, 225.
Sidi Mohammed, ben Abou Bekr, 408, 464.
Sidi Mohammed, ben Abou Bekr (ben Mohammed), 459.
Sidi Mohammed ben Abou Bekr Eddilâï, 432, 460.
Sidi Mohammed, ben Aboulqâsem (Abou Abdallah —), 460.
Sidi Mohammed, ben Ahmed Elayyâchi, 433, 451.
Sidi Mohammed, ben Ali, 217.
Sidi Mohammed, ben Mobârek, 24.
Sidi Mohammed, ben Mobârek Ezzaeri, 328.
Sidi Mohammed, ben Saïd Elmerghiti, 266.
Sidi Mohammed, ben Sidi Abdallah, Elhibthî, 135.
Sidi Mohammed, ben Souda, 425,
Sidi Mohammed Elayyâchi, 431, 432, 436, 437, 439, 440, 441, 442, 443, 444, 445, 446, 448, 450, 452.
Sidi Mohammed Elbekri, 219.
Sidi Mohammed Ecchâoui, 308.
Sidi Mohammed Eccherqî, 178, 465.
Sidi Mohammed Elhadj, 474.
Sidi Mohammed Elkharrâz, 485.
Sidi Omar Elkhettâb, 40.
Sidi Redhouân, 217, 277, 278, 395.
Sidi Redhouân, ben Abdallah Eldjenouî, 217.
Sidi Saïd, ben Abdelmonâïm, 34.
Sidi Saïd, ben Abou Bekr, 81.
Sidi Saïd Qodoura Eldjezâïri, 337.

INDEX 553

Sidi Sofyân Essofyâni, 217.
* Sidjilmassa, 12, 16, 17, 18, 44, 80, 105, 290, 291, 295, 312, 314, 325, 326, 329, 336, 337, 367, 368, 386, 415, 416, 422, 430, 467, 468, 471, 476, 477, 480, 481, 482, 483, 484, 485, 486, 488, 493, 495, 496, 497, 498, 499.
Sidjilmassien, 482.
simoun, 420, 500.
Sinan-Pacha, 108 n.
* Sind, 9.
* Sindâd (château de —, dans l'Iraq), 473.
Sinnimar (architecte du château de Sedir, dans l'Yémen), 186 n.
sirâth (pont qui mène au paradis), 63 n, 342, 384.
Sirius, 490, 508.
Slane (de), 4 n, 154 n, 169 n, 200 n.
spadices (d'une lance), 135.
spahis, 196, 198.
* Sodome, 270.
Sofiân (tribu), 172.
Sofiân Ettsouri, 351, 373.
Soghra (du cheikh Essenoussi), 406.
Sokia (souverain des noirs du Soudan), 155, 156, 307.
Sokia (famille des —), 157, 159.
sokoun (voyelle), 234.
Solimân Iᵉʳ le Magnifique, souverain ottoman, (1520-1566), 78, 78 n, 79.
solla, 230.
sollâf, 230.
sollâq (2ᵉ corps de soldats étrangers, turcs et rénégats), 196, 198.
solthân (titre), 430.
solthân-esselâthin, (titre), 431.
Sonna (la —) 29, 72, 116, 158, 220, 342, 348, 349, 369, 375, 377, 379, 457, 458. (Voir : souna.)

Sophis (dynastie des —) 26 n.
* Soudan, 155, 157, 158, 159, 160, 162, 163, 166, 167, 168, 169, 172, 196, 254, 255, 264, 279, 307, 311, 492, 505.
Soudaniens, 160, 165.
soufi, 237, 239.
Souna (la —), 334, 502. (Voir : Sonna.)
* Sous, 20, 21, 22, 23, 24, 32, 33, 38, 40, 47 50, 60, 68, 75, 76, 112, 113, 123, 175, 196, 197, 255, 273, 286, 288, 299, 300, 301, 312, 314, 318, 329, 339, 342, 346, 367, 368, 370, 412, 413, 414, 422, 475, 476, 489, 496, 497, 502.
* Syrie, 13, 26, 123, 212, 226, 252, 354, 430, 431.

T

Tabaqât (ouvrage biographique spécial par Tadj-eddin Ibn Essebkî), 90.
tabiʿ (suivants), 353, 374, 376, 417.
* Tabouasamt, 496, 497, 500.
* Tâdela, 39, 40, 52, 175, 178, 291, 467.
Tadj-eddin Ibn Essebkî (cheikh —), 90.
* Tadjedhacht, 299.
* Tafna, 402 n.
* Tagmadart (district), 21.
* Tahaddert, 133.
* Tahalan, 250.
* Talmest, 27.
* Tâmesna, 75, 130, 174, 317, 440, 445, 448.
* Tamsalouhet, 300.
* Tanger, 88, 89, 114, 132, 324, 443, 444, 448, 450, 489, 506.
tanistry (ordre successoral), 118.
* Tânout, 340.
tansis (terme de rhétorique), 232.

* Taqbâlet, 291.
* Taroudant, 32, 82, 142, 212, 221, 274, 346, 373, 380, 384, 475.
* Taroudant (mosquée de —), 84.
Tatars, 26.
Taudîh (de Khelil), 49.
tawria (terme de rhétorique), 235, 256.
tawria morakkaba (terme de rhétorique), 236.
* Taza, 176, 177, 284, 440, 501.
* Taza (ribâth de —), 412, 420.
techdîd, 169.
* Tedsi (qsour et bourg), 15, 32, 33, (voir Tidsi).
* Teftent (source et port près d'Agâdir = Santa-Cruz sur l'Atlantique), 32.
tekellouç, 239.
Tekmilet eddibâdj (dictionnaire biographique par Aboulabbâs Sidi Ahmed Baba Essoudâni), 13 *n*.
tekhmîs (mode de versification), 103, 104, 229, 402.
teleqqi elmokhâtheb bighayri ma yetereqqeb (phrase citée), 17.
Telkhis (par Djelâl-eddin Mahmoud ben Abderrahmân Elqazouïni), 216.
Telkhis el miftah (par Djelâl-eddin Mahmoud ben Abderrahmân Elqazouïni; commentaire classique de cet ouvrage par Saad-eddin Mesaoud, ben Omar Ettaftâzâni), 2 *n*.
Telkhis elmisbâh, 70.
Tenbîh Elanân (par Abdeldjelil ben Mohammed, ben Ahmed, ben Hathoum Elmorâdi Elqaïrouâni), 38.
* Tensift, 149.
* Tétouan (port sur la Méditerranée), 133, 136, 153, 323, 392, 394, 400.

Teshil elfaoudïd (par Djemal-eddin Abou Abdallah Mohammed, ben Abdallah Elthaïy Eldjiyâni, surnommé Ibn Mâlek), 466.
Thahira, 303.
thaleb, 65.
Thaloût, 463.
Theliq (tribu), 442.
tholbas, 259.
* Tidsi (petit district et bourg), 15 *n*. (Voir : Tedsi).
* Tighâzi, 155.
* Tigourârîn, 154, 155, 173.
* Tihama, 249,
* Tlemcen, 13 *n*, 16, 33, 34, 35, 40, 55, 56, 68, 80, 105, 128, 161, 170, 284, 290, 312, 314, 326, 337, 350, 424, 474, 502, 505.
Tlemcéniens, 388.
tobacco, 264.
Tohfet elakhilla bi isnad eladjilla (par Abou Salem), 219.
Tohfat elqâdim, 194.
Tohfet Etthâleb (par Elmekki Essamarqandi), 9.
tobbas, 241.
* Tombouctou, 164, 165, 166, 170, 180, 279, 307.
* Touât, 154, 155.
Tornberg, 4 *n*.
Touman-bey, 26 *n*.
toux (année de la —), 263.
tremblement de terre, 407.
* Tripoli, 78.
trombetta (trompette), 199.
* Tsabir, 401.
Tsowayba (une des nourrices du Prophète), 14 *n*.
* Tthana, 250.
*Tunis, 18 *n*, 87, 106, 107, 108, 128, 288, 358.
Turcs, 26, 33, 34, 42, 46, 56, 57, 68, 69, 72, 73, 78, 79, 80, 81, 88, 89, 91, 106, 108, 109, 111, 137,

138, 154, 161, 162, 170, 171, 173, 195, 211, 283, 284, 288, 290, 314, 364, 366, 368.
* Turquie. 240, 241.

U

ulémas, 240, 334, 356, 444.

V

* Valence, 241.
* Ville blanche (Fez), 422.
vinaigre (employé contre la peste), 301.
vizirs, 240.
Voie lactée, 182, 189.
voleur (sayyâb), 397 *n*.

W

Waïl (tribu), 252 *n*.

Y

Yahia (Abou Zakarïa —, ben Aballah, ben Saïd, ben Abdelmonaïm Elhâhi Eddaoudi), 339.
Yahia (ben Abdallah), 335, 340, 341, 373.
Yahia (ben Sidi Abdallah), 344, 345, 346.
Yahia Adjâna Elourïki (vizir de Zîdân, de Abdelmâlek et de Eccheikh ben Zîdân), 403, 406, 427.
Yahia, ben Abdallah, 335, 339, 340, 342.
Yahia, ben Abdallah, ben Saïd, ben Elmonaïm, 346.
Yahia, ben Abdallah, ben Saïd, ben Abdelmonaïm Eddaoudi Elmennâni Elhâhi, 342.
* Yanbo, 11, 12, 18, 478, 479.
Yakub ben Killis, 200 *n*.
* Yanbo Ennakhel, 11, 478, 479, 480.

Yaqoub (ben Killis, vizir de Elazîz ben Nizâr), 200.
Yaqoub ben Abdelhaqq, sultan (frère de Abou Bekr, ben Abdelhaqq Elmerini), 479.
* Yatsreb (ancien nom de Médine), 250.
* Yémen, 29, 181 *n*, 185 *n*, 211, 255 *n*, 286.
yéménite, 187, 198.
Yézid (ben Moawia, 2me calife omeyyade 680-684) 354, 356.
Youçef (auteur du Elkâfî), 223.
Youçef Elabdi, 303, 304.
Younas (Jonas), 243.
Younes Elaïssi (caïd), 337.
Younes Elyousi, 360.
Younes, ben Selimân Ettâmeli, 104.
Yzrour, 395.

Z

Zaʿ, 369.
Zahra, 134.
* Zahra, 194.
Zahret ecchemârikh fiilmʿ ettarikh, 44, 203, 393, son commentaire : 20, 23, 40, 83, 310, 316, 404, 406, 436, 441.
Zakariya (Elghomari), 217.
Zakariya Elghomari, 218.
Zamakhchâri, 225, 402.
* zaouïa (sorte de couvent), 76, 360, 413.
* Zaouïa (de Abdallah ben Saïd, ben Abdelmonaïm Elhâhi Eddaoudi, dans la montagne de Deren), 339.
* Zaouïa (de Abou Eccheta, district de Fichtala), 292, 296.
* Zaouïa (de Abou Ostmân Saïd ben Abou Bekr), 77.
* Zaouïa (de Abou Zakaria Yahia, ben Seyyid Abdallah, ben

Seyyid Saïd, ben Abdelmonaïm), 372.
* Zaouïa (de Ahmed ben Moussa), 86.
* Zaouïa du Cadi (Abou Mahalli), 327.
* Zaouïa (du cadi 'Iyàdh), 494.
* Zaouïa (de Dilà), 414, 416, 418, 423, 449, 455, 456, 457, 463, 465, 466, 471, 472, 473, 474, 496, 499, 500, 502.
* Zaouïa (dilaïte), 467.
* Zaouïa (de Elamràni), 494.
* Zaouïa (de Elmoràbith Elandalousi), 357.
* Zaouïa (de Maulay Youçef), 493.
* Zaouïa (du Sahel), 416.
* Zaouïa (de Sidi Redhouàn, à Fez), 395.
* Zaouïa (de Sidi Mohammed, ben Mobârek Ezzaeri), 328.
* Zaouïa (de Yahia ben Abdallah, ben Saïd, ben Abdelmonaïm Eddaoudi Elmennàni Elhâhi, à Beradàa, montagne de Deren), 343, 344.
Zédoaire (la —), 279.
Zeghouda (Mohammed ben Eccheikh, surnommé —), 393, 404.

Zeïd, 509.
* Zemzem (puits de —), 190.
zénètes (émirs —), 481.
* Zerhoun, 40, 391.
Zerroûq (chéikh), 88.
Zidàn, 171, 175, 254, 262, 291, 294, 306, 308, 309, 310, 311, 312, 313, 314, 315, 316, 317, 318, 336, 337, 338, 339, 341, 346, 352, 399, 400, 402, 404, 405, 427, 438, 439, 475.
Zidàn, abou Qasim, abou Elhasen Eddakhîl, 12.
Zidàn (ben Elmansour), 398.
Zidàn ben Aboulabbàs Elaaredj, 44.
Zidàn ben Ahmed, 403.
Zidàn ben Ahmed ben Mohammed ben Abderrahman, 352.
Zidàn ben Ahmed Elaaredj, 430.
Zidàn ben Ahmed Elmansour (sultan), 437.
Zidàn ben Ahmed ben Mohammed, 12.
Zidàn ben Elmansour, 175, 398.
Zin-elabidin Mohammed Elbekri, 219.
* Zitoûna (mosquée de —), 106.
Zoaïr (tribu de —), 328, 329.
Zouâoua (tribu de —), 34.

TABLE DES MATIÈRES

	Pages
Préface	1
Introduction	3
Chapitre Premier. — De la noble généalogie des Saadiens et des opinions contradictoires auxquelles elle a donné lieu.	7
Chapitre II. — De la façon dont les Saadiens arrivèrent au pouvoir et des motifs qui les firent s'embarquer dans cette entreprise	19
Chapitre III. — Suite du récit relatif au règne du prince Abou Abdallah Alqâïm-Biamrillah	31
Chapitre IV. — Récit relatif au règne du sultan Aboulabbâs Ahmed surnommé Elaaredj	36
Chapitre V. — Récit de la déposition du sultan Aboulabbâs Elaaredj, de son emprisonnement qui dura jusqu'à sa mort et des motifs qui amenèrent ces événements.	41
Chapitre VI. — Récit relatif à Zïdân ben Aboulabbâs Elaaredj.	44
Chapitre VII. — Des premières années du règne du sultan Abou Abdallah Mohammed Eccheikh, fils du prince des Croyants Abou Abdallah Elqâïm-Biamrillah	44
Chapitre VIII. — De l'avènement au trône du sultan Abou Abdallah Mohammed Eccheikh et de ses conquêtes	52
Chapitre IX. — Abou Hassoun le Mérinide entre dans la ville de Fez et en chasse Abou Abdallah Mohammed Eccheikh	56
Chapitre X. — De la grandeur du règne du sultan Abou Abdallah Mohammed Eccheikh Elmahdi et de l'étendue de ses États	67
Chapitre XI. — Du nom des fils du sultan Abou Abdallah Mohammed Eccheikh, de ses chambellans et de ses cadis.	69
Chapitre XII. — De la conduite de ce prince. Aperçu sur son administration.	70
Chapitre XIII. — Des monuments élevés par le sultan Abou Abdallah Mohammed et de divers événements qui eurent lieu sous son règne.	76
Chapitre XIV. — De la mort du sultan Abou Abdallah Mohammed Eccheikh Elmahdî, de ses causes et de la façon dont elle eut lieu	78
Chapitre XV. — Du règne du sultan Abou Mohammed Maulay Abdallah, fils du sultan Abou Abdallah Maulay Mohammed Eccheik Eccherîf.	82
Chapitre XVI. — De la conduite du sultan, des éloges qu'elle lui valut et de tout ce qui a été dit à ce sujet.	84
Chapitre XVII. — Suite de l'histoire de Maulay Abdallah; des événements qui eurent lieu sous son règne.	91

TABLE DES MATIÈRES

	Pages
Chapitre XVII. — Des ministres, chambellans, secrétaires et prévôts de ce prince.	97
Chapitre XIX. — De la mort de Maulay Abdallah et des causes qui l'amenèrent.	100
Chapitre XX. — Du règne du sultan Abou Abdallah Maulay Mohammed, fils de Maulay Abdallah, fils de Maulay Mohammed Eccheikh	102
Chapitre XXI. — De la venue de Abou Merouân, Maulay Abdelmâlek, fils de Maulay Mohammed Eccheikh, à la tête d'une armée turque et de la victoire qu'il remporta sur son neveu Maulay Mohammed ben Abdallah.	105
Chapitre XXII. — Du règne de Abou Merouân Maulay Abdelmâlek et de l'établissement de son autorité sur le Maghreb	111
Chapitre XXIII. — De l'appel adressé aux chrétiens par Maulay Mohammed ben Abdal'ah et des événements qui en furent la conséquence	114
Chapitre XXIV. — De la bataille de Ouâdi Elmekhâzin et de l'éclatante victoire qu'y remportèrent les musulmans.	131
Chapitre XXV. — Des causes de la mort de Abou Merouân Abdelmâlek et d'autres faits qui concernent ce prince.	137
Chapitre XXVI. — Des débuts du sultan Aboulabbâs Maulay Ahmed Elmansour Eddzehebî.	140
Chapitre XXVII. — De l'avènement de Elmansour au trône	144
Chapitre XXVIII. — Elmansour envoie dans tous les pays annoncer la nouvelle de sa grande victoire.	145
Chapitre XXIX. — Elmansour fait prêter serment de fidélité à son fils, l'héritier présomptif, Mohammed Eccheikh Elmamoun ; des motifs de cette mesure	147
Chapitre XXX. — Sédition et révolte du prince Daoud, fils d'Abdelmoumen, contre son oncle Aboulabbâs Elmansour ; événements qui s'ensuivirent.	150
Chapitre XXXI. — De la conduite de Elmansour vis-à-vis du sultan ottoman Amurat et des causes qui la provoquèrent.	151
Chapitre XXXII. — De la conquête des pays du Touat et du Tigourârîn.	154
Chapitre XXXIII. — De la conquête du Soudan par Elmansour ; des causes qui l'amenèrent et de la façon dont elle fut accomplie	151
Chapitre XXXIV. — De la famille des Sokîa, princes du Soudan et de son origine	157
Chapitre XXXV. — Le sultan Elmansour consulte son entourage sur l'expédition qu'il veut entreprendre, contre Ishàq Sokîa et sur la conquête du Soudan	159
Chapitre XXXVI. — Elmansour envoie son armée au Soudan.	163
Chapitre XXXVII. — Expéditions de Elmansour contre les tribus arabes des Kholth et autres populations de l'Azghâr, et motifs qui les déterminèrent.	172
Chapitre XXXVIII. — Elmansour fait de nouveau prêter serment de fidélité à son fils Mohammed Eccheikh Elmamoun	174
Chapitre XXXIX. — Révolte de Ennâser ben Elghâleb-Billah contre son oncle Aboulabbâs Elmansour	175
Chapitre XL. — De la construction du palais de Elbedî, par Elmansour ; date à laquelle il fut édifié et motifs qui le firent bâtir	179
Chapitre XLI. — De la façon dont Elmansour organisa et disposa ses armées.	195
Chapitre XLII. — De la bravoure de Elmansour ; son activité, son habileté et sa perspicacité	201

TABLE DES MATIÈRES

Pages

Chapitre XLIII. — De la façon dont Elmansour voyageait et de ce qui touche à ce sujet 203

Chapitre XLIV. — De la générosité et de la bienveillance de Elmansour; des ambassades qu'il reçut de pays lointains 209

Chapitre XLV. — Des études de Elmansour; des sciences qu'il cultivait et des diplômes qu'il reçut des savants. 216

Chapitre XLVI. — Des ouvrages remarquables qui furent composés par Elmansour et spécimens de ses poésies merveilleuses 224

Chapitre XLVII. — Du cérémonial adopté par Elmansour pour la fête de la nativité du Prophète et du soin qu'il apportait à la célébration des fêtes religieuses 237

Chapitre XLVIII. — De la conduite de Elmansour et des traits principaux de son administration 257

Chapitre XLIX. — Des monuments élevés par Elmansour et des événements qui se produisirent sous son règne 260

Chapitre L. — Des principaux secrétaires, vizirs, prévôts et cadis de ce prince. 269

Chapitre LI. — Du fils de Elmansour, son héritier présomptif, Abou Abdallah Maulay Elmansour, surnommé Eccheikh 280

Chapitre LII. — Voyage de Elmansour de Maroc à Fez et des motifs qui le provoquèrent 289

Chapitre LIII. — De la mort de Elmansour et de la façon dont elle eut lieu. . 305

Chapitre LIV. — Des contestations qui se produisirent entre les enfants du sultan Aboulabbâs Elmansour au sujet de la royauté et des graves et funestes événements qui eurent lieu à ce sujet 308

Chapitre LV. — Assassinat de Abou Farès; derniers événements de sa vie. 318

Chapitre LVI. — Du sultan Eccheikh ben Elmansour et des événements qui s'accomplirent jusqu'au moment où il fut déposé et mis à mort . . . 319

Chapitre LVII. — Des débuts du rebelle, le jurisconsulte, Aboulabbâs Ahmed ben Abdallah, connu sous le nom de Abou Mahallî; ses aventures et sa mort 325

Chapitre LVIII. — Le cheikh puise à une autre source, et de l'Orient à l'Occident fait retentir le monde de vociférations 331

Chapitre LIX. — Entrée de Abou Mahallî à Sidjilmassa, dans le Draâ et à Maroc et des circonstances dans lesquelles ces événements se produisirent. 336

Chapitre LX. — Zîdân appelle Yahia ben Abdallah à son secours. Abou Mahallî est mis à mort. Circonstances qui accompagnèrent cet événement. 339

Chapitre LXI. — Suite de l'histoire de Yahia ben Abdallah. Quelques mots sur ce personnage et sur divers faits qui se rapportent à lui 342

Chapitre LXII. — Suite de l'histoire de Abdallah ben Eccheikh ben Elmansour; de ce qu'il lui advint avec les chefs de la révolte de Fez . 387

Chapitre LXIII. — De la révolte de Mohammed ben Eccheikh, surnommé Zeghouda, contre son frère Abdallah ben Eccheikh et des événements qui s'ensuivirent 393

Chapitre LXIV. — Suite de l'histoire de Zîdân ben Elmansour; des événements qui advinrent à ce personnage jusqu'au jour où il mourut. . 397

Chapitre LXV. — Histoire de Abdelmâlek ben Eccheikh ben Aboulabbâs. Elmansour 404

TABLE DES MATIÈRES

Pages

CHAPITRE LXVI. — Histoire de Aboulabbâs Ahmed Elasgher, fils du sultan Zîdân, fils du sultan Elmansour 404

CHAPITRE LXVII. — Histoire du sultan Abou Merouân Abdelmâlek ben Ahmed Elmansour. 405

CHAPITRE LXVIII. — Histoire du règne du sultan Eloualîd ben Zîdân ben Ahmed Elmansour, le Saadien 406

CHAPITRE LXIX. — Du règne du sultan Mohammed Eccheikh Elasgher, fils de Zîdân ben Ahmed Elmansour et des événements qui s'y rattachent. 408

CHAPITRE LXX. — Du sultan Maulay Ahmed, surnommé Elabbâs, fils du sultan Maulay Mohammed Eccheikh ben Maulay Zîdân 428

CHAPITRE LXXI. — Biographie de Sidi Mohammed Elayyâchi ; éloges qu'en ont fait les grands ulémas. Des débuts de ce personnage et de ses expéditions 431

CHAPITRE LXXII. — Du meurtre de Elayyâchi ; de la cause de ces événements et des circonstances qui l'accompagnèrent. 449

CHAPITRE LXXIII. — Des gens de la zaouïa de Dilâ : du début de leur puissance et de son développement ; de leur glorieuse renommée . . 455

CHAPITRE LXXIV. — De la révolte de Aboulhasen Ali ben Mohammed dans le Sous ; de celle de son émule, Abou Hassoun, et de tout ce qui s'y rattache 475

CHAPITRE LXXV. — Du soulèvement de Abdelkerîm ben Abou Bekr Ecchobani à Maroc 476

CHAPITRE LXXVI. — De la dynastie des chérifs hassaniens de Sidjilmassa. Quelques mots de leurs actions glorieuses et de leurs brillantes qualités. 477

CHAPITRE LXXVII. — De la façon dont Maulay Mahammed ben Eccherif arriva au pouvoir, et comment il s'embarqua dans cette affaire . . . 495

CHAPITRE LXXIII. — De l'élévation au trône de Maulay Mahammed ben Eccherif. Histoire de son règne jusqu'au moment où il fut assassiné. . 498

CHAPITRE LXXIX. — Du règne du puissant sultan, Maulay Errechid ; de ce qui arriva à ce prince jusqu'à sa mort 501

CHAPITRE LXXX. — Du glorieux sultan Maulay Ismaïl ben Eccherif. . . 504

CHAPITRE LXXXI. — Grandeur du règne de Maulay Ismail ; énumération des faits glorieux qui s'y rapportent. 505

ANGERS, IMPRIMERIE A. BURDIN ET Cⁱᵉ, RUE GARNIER, 4.

www.ingramcontent.com/pod-product-compliance
Lightning Source LLC
Chambersburg PA
CBHW060510230426
43665CB00013B/1464